2025年度版

埼玉県
公立高校紹介

JN046117

関東図書株式会社

楽しく充実した、

大宮光陵高校

吹奏楽部

越ヶ谷高校

新入生歓迎行事「たんぽぽ広場」では黄色い風船
を空高く飛ばします

川越工業高校

建築科

デザイン科

機械科

化学科

電気科

まずは、情報収集からスタート

"埼玉県公立高校web"をチェックしよう!

　新型コロナウイルスは感染症法上、毎年流行するインフルエンザと同じ扱いになり、対策は個人に委ねられることになりました。しかし、感染状況によっては、学校説明会、文化祭など、学校行事にも影響がでることも考えられます。志望校選びは実際にその高校に行ってみるのが一番ですが、まずは自宅から積極的な情報収集にチャレンジしてみよう。

学校ページの
QRコードを
活用しよう!

志望校のホームページをチェック!

学校の沿革から進学実績、部活動の様子、学校説明会・体験入学の日程など情報満載。

事前予約制かどうかチェック!

学校説明会などは事前予約制の学校もあります。各校のホームページで確認してください。

活躍できる 高校生活

📷 大宮東高校

体育祭大縄跳び

沖縄修学旅行

📷 草加高校

図書館での授業

📷 岩槻高校

オーストラリア海外授業体験学習

📷 浦和西高校

管弦楽部（定期演奏会）

インフルエンザ罹患をはじめ、急病等でやむを得ない事情により学力検査を受検できなかった場合、追検査を受検できる場合もあります。また体調不良等で学力検査を中断した場合、中断した教科から追検査を受検できる場合もありますので、あわてずに埼玉県教育委員会ホームページ等で最新の情報を確認してください。

必ずチェックしてね 2025年度 公立高校入試スケジュール

- 1月27日（月）～2月10日（月）：インターネットを活用した出願
- 2月13日（木）、14日（金）、17日（月）：入学願書、調査票、学習の記録等一覧表提出期限
  ↓
- 2月18日（火）、19日（水）：志願先変更期間
  ↓
- 2月26日（水）：学力検査
  ↓
- 3月6日（木）：合格発表

各学校の 制服一覧

次の高等学校は、制服がありません。
浦和西高等学校、大宮中央高等学校、川越高等学校、
熊谷高等学校、所沢高等学校、羽生高等学校

五十音順

ARで制服の着せ替えをしてみよう!

行きたい学校の制服にスマホをかざすと…

まるで制服を着ているみたい!?

ダウンロード用
QRコード

Download on the
App Store

ANDROID APP ON
Google play

① 左QRコードから専用アプリ「COCOAR」をインストール
② アプリを起動

③ 行きたい学校の写真にかざす

④ 自分の顔に当てはめてみると

写真も撮れます

※写真データの都合により一部見づらいものがありますので、予めご了承ください。　ご利用期間:2025年3月31日まで

P 186	岩槻高等学校

P 244	岩槻商業高等学校

P 188	浦和高等学校

P 190	浦和北高等学校

P 246	浦和商業高等学校

P 192	浦和第一女子高等学校

P 196	浦和東高等学校

P 198	大宮高等学校

P 240	大宮工業高等学校

P 200 大宮光陵高等学校	P 248 大宮商業高等学校	P 202 大宮東高等学校
	女子のスラックスも用意しています	

P 204 大宮南高等学校	P 206 大宮武蔵野高等学校	P 254 小鹿野高等学校

P 104 小川高等学校	P 208 桶川高等学校	P 210 桶川西高等学校
リボン・ネクタイはオプションです		

P 106 越生高等学校	P 26 春日部高等学校	P 84 春日部工業高等学校

P 28 春日部女子高等学校	P 30 春日部東高等学校	P 212 川口市立高等学校

P 214 川口高等学校	P 216 川口北高等学校	P 242 川口工業高等学校
	 ※学生標準服（学ラン）も選択できます。	

P 218 川口青陵高等学校	P 220 川口東高等学校	P 162 川越工業高等学校

P 110 川越市立川越高等学校	P 112 川越女子高等学校	P 114 川越総合高等学校

P 116 川越西高等学校	P 118 川越初雁高等学校	P 120 川越南高等学校

P 222 北本高等学校	P 32 久喜高等学校	P 86 久喜工業高等学校

P 34 久喜北陽高等学校	P 286 熊谷工業高等学校	P 288 熊谷商業高等学校

P 258 熊谷女子高等学校	P 260 熊谷西高等学校	P 282 熊谷農業高等学校

P 36 栗橋北彩高等学校	P 172 芸術総合高等学校	P 262 鴻巣高等学校

P 264 鴻巣女子高等学校	P 38 越ヶ谷高等学校	P 40 越谷北高等学校

P 90 越谷総合技術高等学校	P 42 越谷西高等学校	P 44 越谷東高等学校

P 46 越谷南高等学校	P 266 児玉高等学校	P 224 さいたま市立浦和高等学校

P 226 さいたま市立浦和南高等学校	P 228 さいたま市立大宮北高等学校	P 122 坂戸高等学校
	\n令和4年度よりユニクロ制服導入（選択制）	
P 124 坂戸西高等学校	P 48 幸手桜高等学校	P 168 狭山経済高等学校

P 164 狭山工業高等学校	P 126 狭山清陵高等学校	P 311 狭山緑陽高等学校

P 128 志木高等学校	P 50 庄和高等学校	P 52 白岡高等学校

P 268 進修館高等学校	P 54 杉戸高等学校	P 82 杉戸農業高等学校

P 94 誠和福祉高等学校	P 56 草加高等学校	P 58 草加西高等学校

P 60 草加東高等学校	P 62 草加南高等学校	P 270 秩父高等学校

P 284 秩父農工科学高等学校	P 130 鶴ヶ島清風高等学校	P 250 常盤高等学校

P 134 所沢北高等学校	P 170 所沢商業高等学校	P 136 所沢中央高等学校

P 138 所沢西高等学校	P 315 戸田翔陽高等学校	P 140 豊岡高等学校

P 142 滑川総合高等学校	P 230 南稜高等学校	P 144 新座高等学校

P 166 新座総合技術高等学校	P 146 新座柳瀬高等学校	P 64 蓮田松韻高等学校

P 232 鳩ヶ谷高等学校	P 92 羽生実業高等学校	P 66 羽生第一高等学校

P 148 飯能高等学校	P 150 日高高等学校	P 272 深谷高等学校

P 290 深谷商業高等学校	P 274 深谷第一高等学校	P 152 富士見高等学校

P 154 ふじみ野高等学校	P 68 不動岡高等学校	P 276 本庄高等学校

P70 松伏高等学校	P156 松山高等学校	P158 松山女子高等学校

P72 三郷高等学校	P74 三郷北高等学校	P88 三郷工業技術高等学校

P76 宮代高等学校	P278 妻沼高等学校	P78 八潮南高等学校

P323 吉川美南高等学校	P234 与野高等学校	P280 寄居城北高等学校

 P 160 和光国際高等学校	P 80 鷲宮高等学校	P 236 蕨高等学校

School Uniform

> 2023年度から希望するすべての女子生徒が制服でスラックスを選べるようになりました。
> また、各学校の紹介ページにQRコードがあります。気になる学校のHPを調べてみてください。

2025年　埼玉県公立高等学校入学者選抜日程表

1		月
27	月	↑出願入力期間
28	火	（インターネットを活用した出願を実施）
29	水	
30	木	
31	金	
2		**月**
1	土	
2	日	
3	月	
4	火	
5	水	
6	木	
7	金	
8	土	
9	日	
10	月	↓
11	火	（建国記念の日）
12	水	
13	木	出願書類等の配達指定日（郵送の場合）
14	金	↑出願書類等の提出期間

15	土	
16	日	
17	月	↓志願先変更期間
18	火	
19	水	
20	木	
21	金	
22	土	
23	日	（天皇誕生日）
24	月	（振替休日）
25	火	
26	水	学力検査
27	木	実技検査（芸術系学科等）、面接（一部の学校）
28	金	
3		**月**
1	土	
2	日	
3	月	追検査
4	火	
5	水	
6	木	入学許可候補者発表

※追検査はインフルエンザ罹患をはじめとするやむを得ない事情により学力検査を受検できなかった志願者を対象とする。

※入学許可候補者発表後に実施する欠員補充の日程及び内容については、実施する高等学校において定める。

インターネットで「埼玉県の高校」を調べてみよう！

🏫 公立高校（県立・市立・特別支援学校）

💻 埼玉県教育委員会のホームページ内にある「高等学校教育」をみてみよう！

https://www.pref.saitama.lg.jp/kyoiku/gakko/kokokyoiku/index.html 🔍

📢 注目ポイント

◆埼玉県公立高校 web ～夢の方向性に合う学校を探そう！～

埼玉県公立専門高校の魅力を紹介する YouTube と、埼玉県公立専門高校（専門学科）の学校をまとめたサイトにもアクセスできます。

◆公立高校のホームページ

県立高校（50音順）と 市立高校（市別）のホームページが一覧になっています。
気になっている学校名をクリックすると、学校のホームページに簡単にアクセスできます。

◆県立学校の活性化・特色化方針【県立学校魅力発信サイト】
（※県立学校の全日制・定時制・通信制・特別支援学校が掲載）

埼玉県が県立学校の魅力を伝えることを目的としたサイトです。
「県立学校の活性化・特色化方針※」と、「各学校のホームページ」、「入学者選抜者基準（県立高校のみ）」をリンクしています。

※「県立学校の活性化・特色化方針」…各県立学校の基本情報や入学してから卒業するまでの学校生活について、わかりやすくまとめた資料です。

💻 埼玉県立総合教育センター「入試情報」

https://www.center.spec.ed.jp/nyuushi 🔍

入試情報、過去問、学校説明会日程などが見られます。

💻 彩の国さいたま公立高校ナビゲーション

https://navi.spec.ed.jp 🔍

転編入学試験情報、各学校情報、入試情報などが見られます。

🏫 私立高校

💻 埼玉県ホームページ「埼玉県の私立学校一覧」

https://www.pref.saitama.lg.jp/a0204/shiritsuitiran/ 🔍

💻 一般社団法人埼玉県私立中学高等学校協会「埼玉私学ドットコム」

https://saitamashigaku.com 🔍

2025年度版
埼玉県公立高校紹介

目　　次

巻末資料　特色ある学科・コース等について

参考資料

県内特別支援学校高等部

 POINT !

「埼玉県公立高等学校入学者選抜における各高等学校の選抜基準」は、埼玉県教育委員会ホームページの入学者選抜情報でご確認下さい。

50音順 公立高校一覧
50音順索引としてご利用ください

普通科のある学校

お知らせ　埼玉県魅力ある県立高校づくり第2期実施方策

令和8年度（2026年度）に新たに6校の新校が開校します。これに伴う学校統合のため、和光高校、岩槻北陵高校、皆野高校、鳩山高校、八潮高校、浦和工業高校（6校）は令和6年度（2024年度）より生徒募集は行いません。

1 国際感覚を身に付けたグローバル人材を育成する高校の設置

和光国際高校と和光高校の統合

募集人員（予定）　普通科 240人　国際科 80人

【新校の概要】 国際に関する学科及び普通科の併置校として、和光国際高校と和光高校を統合し、現在の和光国際高校の場所に新校を設置します。

新校の基本方針

◇国際感覚や語学力を身に付け、国内外で活躍できるグローバル人材の育成を目指します。

◇自国の伝統や文化を理解し、異なる文化や価値観を尊重する態度を育成するとともに、SDGsなどの地球規模の課題の探究活動に取り組みます。

◇国際に関する学科の中心的役割を担う高校を目指します。

岩槻高校と岩槻北陵高校の統合

募集人員（予定）　普通科 280人　国際教養科 40人

【新校の概要】 国際に関する学科及び普通科の併置校として、岩槻高校と岩槻北陵高校を統合し、現在の岩槻高校の場所に新校を設置します。

新校の基本方針

◇国際感覚や語学力を身に付け、国内外で活躍できるグローバル人材の育成を目指します。

◇自国の伝統や文化を理解し、異なる文化や価値観を尊重する態度を育成するとともに、SDGsなどの地球規模の課題の探究活動に取り組みます。

◇地域の伝統産業を海外に発信することで、地域社会に貢献しつつ、豊かな表現力を身に付けることを目指した教育を行います。

秩父高校と皆野高校の統合

募集人員（予定）　普通科 160人　国際教養科 40人

【新校の概要】 国際に関する学科及び普通科の併置校として、秩父高校と皆野高校を統合し、現在の秩父高校の場所に新校を設置します。

新校の基本方針

◇国際感覚や語学力を身に付け、国内外で活躍できるグローバル人材の育成を目指します。

◇自国の伝統や文化を理解し、異なる文化や価値観を尊重する態度を育成するとともに、SDGsなどの地球規模の課題の探究活動に取り組みます。

◇地域の観光資源を海外に発信することで、地域社会に貢献しつつ、豊かな表現力を身に付けることを目指した教育を行います。

2 アニメーション・美術分野で活躍できる人材を育成する高校の設置

越生高校と鳩山高校の統合

募集人員（予定） 普通科 120人　美術表現科 40人

【新校の概要】 アニメーション・美術に関する学科及び普通科の併置校として、越生高校と鳩山高校を統合し、現在の越生高校の場所に新校を設置します。

新校の基本方針

◇クリエイティブな分野で活躍できる人材の育成を目指します。

◇美術に関する専門科目に加え「アニメーション」に関する科目などを設け、専門的な知識や技術の習得を目指します。

◇県内にあるアニメーションスタジオなどの外部機関との連携を通して、より実践的・体験的な学習活動を行います。

3 ビジネス分野で活躍できる人材を育成する高校の設置

八潮南高校と八潮高校の統合

募集人員（予定） 普通科 120人　ビジネス探究科 120人

【新校の概要】 ビジネスに関する学科及び普通科の併置校として、八潮南高校と八潮高校を統合し、現在の八潮南高校の場所に新校を設置します。

新校の基本方針

◇ビジネス分野で活躍できる人材の育成を目指します。

◇科学的根拠に基づいたデータ分析や課題研究などを通して、創造的に解決する力や社会人基礎力を養います。

◇株式会社の設立・マネジメントなど実践型のビジネス教育に取り組むパイロット校を目指します。

4 先端産業分野で活躍できる人材を育成する高校の設置

大宮工業高校と浦和工業高校の統合

募集人員（予定） 機械工学科 80人　電気工学科 40人　建築デザイン工学科 80人　ロボット工学科 40人　情報サイエンス科 80人

【新校の概要】 県内初の工業に関する学科及び情報に関する学科の併置校として、大宮工業高校と浦和工業高校を統合し、現在の大宮工業高校の場所に新校を設置します。

新校の基本方針

◇機械、電気、建築、ロボット技術及び専門情報に関する学科を置き、先端産業分野で活躍できる人材の育成を目指します。

◇学科横断型の課題研究などを通して専門知識の統合を図り、新たな価値の創造に結び付けていく資質・能力を育成します。

◇県内の工業・情報教育の拠点となる高校を目指します。

（埼玉県教育委員会HPより転載）

2025年度
埼玉県公立高等学校

各高等学校の 学校紹介

East

東部

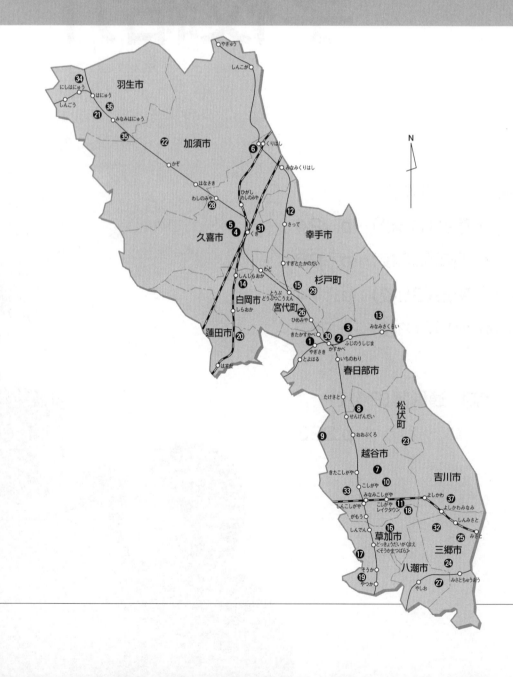

N

やぎゅう
しんこが

にしはにゅう ③④
しんごう
⑨① ㊱
③⑤
㉒ 加須市
羽生市
はにゅう
みなみはにゅう
⑥ くりはし
かぞ
みなみくりはし
はなさき
ひがし
わしのみや
わしのみや ㉘
⑫
さって
⑤④ ③①
くき
久喜市
すぎとたかのだい
⑭
しんしらおか
わど
⑮ 杉戸町
しらおか ⑯ ㉙
とうぶ
白岡市 どうぶつこうえん
宮代町 ㉖
蓮田市 ⑳ ⑬
はすだ きたかすかべ ㉚ ② ③ みなみさくらい
① ② かすかべ
やぎさき ふじのうしじま
とよはる いちのわり
たけさと 春日部市
松伏町
⑧
せんげんだい
⑨ おおぶくろ ㉓
越谷市
きたこしがや 吉川市
⑦
こしがや ⑩ よしかわ
みなみこしがや ㊲
㉝ こしがや よしかわみなみ
しんこしがや レイクタウン ⑱ しんみさと
がもう ㉜ ㉕ みさと
しんでん ⑯ 三郷市
草加市
どっきょうだいがくまえ ㉔
⑰ 〈そうかまつばら〉 八潮市 ㉗
そうか やしお みさとちゅうおう
⑲ やつか

普通科・総合学科のある学校

専門科のみの学校

定時制・通信制のある学校

※次の高校は2024年度から生徒募集を
　停止しています。
・八潮高等学校(全日制)

埼玉県立 春日部高等学校（全日制）

所在地 〒344-0061 春日部市粕壁5539 ☎ 048-752-3141
ホームページ https://kasukabe1899.spec.ed.jp/
最寄り駅からの順路 東武アーバンパークライン八木崎駅から徒歩約1分

校　　　長	角坂　清博
創　　　立	明治32年4月1日
教職員数	89人

生徒数

学年	1年（男）	2年（男）	3年（男）	計
普通科	360	357	353	1,070

百年の伝統と実績

　本校は、明治32年埼玉県第四中学校として開校し、今年度、創立126年目を迎える県内屈指の伝統をもつ男子校です。創立以来、「質実剛健」「文武両道」を旨に教育活動を行い、政・官界・実業界・学界・文壇・芸術・スポーツ等の各分野で活躍する3万7千人を超える卒業生を送り出し、日本の発展に貢献しています。

教　育　課　程

　春日部高校では毎日50分×6の授業を実施するとともに、隔週の土曜日に授業を実施することで、授業時間を確保し学力向上に向け、充実した授業を展開しています。

　また令和2年度から令和6年度まで、文部科学省のSSH事業第Ⅲ期指定を受け、「『21世紀型スキル』を身につけ、科学技術分野のリーダーとして活躍する人材を育成するための総合プログラムの開発」をテーマとし、科学的創造に夢と希望を持つ人材の育成を目指しています。また、1年次に各自でテーマを設定し研究を進める「SS課題研究基礎」を履習します。

第1学年
　1年次は豊かな英語、数学、国語の授業を中心に幅広く学習し、基礎基本の定着を図っています。芸術は希望する科目を選択します。

第2学年
　2年次までは共通履修科目で、大学入学共通テスト、難関大学受験に対応できる能力を育成します。2年次より数学は少人数習熟度別授業を展開しています。

第3学年
　3年次には文理に分かれ、選択科目を充実させ、入試対策演習を中心に授業を展開しています。英語、数学ともに少人数習熟度別授業を行い、大学入試に備えた応用力を養成しています。

データ

日　課　表	
朝　　　学	8：40～8：50
SHR	8：50～9：00
第　1　時	9：00～9：50
第　2　時	10：00～10：50
第　3　時	11：00～11：50
1　　　昼	11：50～12：20
第　4　時	12：20～13：10
2　　　昼	13：10～13：30
第　5　時	13：30～14：20
第　6　時	14：30～15：20
LHR（月曜日）	15：30～16：20

（例）　1年　前期B週時間割

	月	火	水	木	金	土
	朝　学					言語文化
	S H R					
1	数学ⅠA	言語文化	歴史総合	SS論表Ⅰ	保　　健	数学ⅠA
2	現代国語	情　　報	物理基礎	数学ⅠA	地理総合	生物基礎
3	英コⅠ	体　　育	生物基礎	体　　育	英コⅠ	情　　報
	第1昼休み					
4	物理基礎	数学ⅠA	数学ⅠA	現代国語	歴史総合	
	第2昼休み					
5	体　　育	英コⅠ	言語文化	音　　楽	言語文化	
6	SS論表Ⅰ	地理総合	英コⅠ	音　　楽	数学ⅠA	
	S H R・清掃					
7	LHR		SS課題研究基礎			

※時間割は前期・後期ともにA週B週2種類が交互に行われます。
　芸術は、音楽・書道・美術から1科目選択します。

教 育 活 動

1　学習指導
　在校生全員が４年制大学への進学を希望しています。そのため毎日の授業は真剣勝負。予習、復習は欠かせません。また、長期休業中と授業日の早朝と放課後に全学年にわたって進路講習を行っています。

2　生徒指導
　制服は黒の詰襟学生服です。
　高校生としての良識とその判断を尊重し、自主性を育てる指導を行っています。

3　進路指導
　定期考査の他、実力考査、宿題考査、模擬試験などを行い、学力向上に努めています。生徒との面談、保護者との懇談など、授業を離れたところでもきめ細かな指導が行われています。朝と放課後の講習に加え、長期休業中には入試対策講習も充実しています。
　また進路指導の一環として、１・２年生が実際に大学に行き講義に参加する大学体験授業、大学教授を招いての模擬講義を行っています。また進路講演会では各界で活躍する卒業生から貴重な話を聞くことができます。生徒一人ひとりがより高い目標に向かって努力し、挑戦しています。

特 別 活 動

1　主な学校行事
(1)　春高祭は春高生の汗とほこりの結晶です。グリーン・ファイア・フェスティバルでの春高ジェンカは他に類を見ず、その爆発する青春のエネルギーには想像を絶するものがあります。応援指導部の「臙脂の集い」は圧巻です。
(2)　校内体育大会はクラス対抗の総合優勝制です。バレーボール大会（５月27日）、大運動会（10月３日）、水泳・卓球（７月17日）、１万ｍ走大会（11月７日）、サッカー・バスケットボール・体操・柔道（12月20日）で競い合います。
　　１年生が３年生に勝てるか、みなさんも是非挑戦してください。
(3)　芸術鑑賞会、２年生修学旅行（11月24日～11月27日）など行事も多数です。

2　部活動
　約90％の生徒が部活動に参加し活躍しています。陸上競技部、野球部、サッカー部、ソフトテニス部、テニス部、ハンドボール部、ラグビー部、バレーボール部、バドミントン部、バスケットボール部、体操競技部、卓球部、柔道部、剣道部、弓道部、水泳部、応援指導部、新聞部、英語部、文学部、J.R.C.、吹奏楽部、音楽部、美術部、書道部、写真部、物理部、化学部、生物部、天象部、放送部、数学研究部、軽音楽部、演劇部、茶道部、囲碁部、将棋部、メディア研究部など多数の部活動があります。
　昨年は、陸上競技部、書道部、写真部、物理部が全国大会に出場し、体操部、文学部、囲碁部が関東大会に出場するなど、多くの成果をあげています。

そ の 他　※日程は必ず学校ＨＰ等でご確認ください。
　スーパーサイエンス・ハイスクール事業や国際交流事業（オーストラリア　メルボルン・ハイスクール兄弟校）の充実、また埼玉県教育委員会オンライン連携講座事業を受け、広く社会で活躍できるリーダーを育成しています。
　夏季学校説明会は７月27日（土）と７月28日（日）、秋季学校説明会は９月７日（土）、10月５日（土）、11月16日（土）、個別相談会は１月11日（土）に行う予定です（要申し込み）。

卒業後の進路状況
　全員が大学進学を目指しています。令和５年大学入試においては、
国公立大学合格157名〔難関国公立大学54名（東京大２、京都大２、北海道大13、東北大17、東工大２、一橋大５、名古屋大２、大阪大５、九州大２、神戸大１、国公立医学科３名）〕
私立大学合格1235名〔東京理科大98、学習院大20、明治大142、青山学院大26、立教大38、中央大64、法政大119、他・難関私立大学98名（早稲田大47、慶應義塾大39、上智大12）〕
　また、早稲田大、慶應義塾大、東京理科大、中央大、明治大、学習院大、立教大、明治薬科大など多くの指定校枠を持っています。

地図　東武アーバンパークライン八木崎駅から徒歩約１分

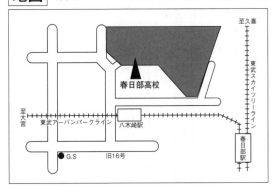

埼玉県立 春日部女子高等学校 (全日制)

所在地　〒344-8521　春日部市粕壁東 6-1-1　☎ 048-752-3591　FAX 048-760-1203
ホームページ　https://kasujo-h.spec.ed.jp/
メールアドレス　n523591@pref.saitama.lg.jp
最寄り駅からの順路　東武線春日部駅東口下車徒歩17分、またはバス 5 分

〈授業風景〉

校　　長	岩井　幸一
創　　立	明治44年 5 月16日
教職員数	82人

生徒数

学科＼学年	1年(女)	2年(女)	3年(女)	計(女)
普 通 科	238	235	266	739
外国語科	40	39	40	119
計	278	274	306	858

教 育 課 程

1　普通科
　幅広い教養と心豊かな人間の育成に重点が置かれており、国際社会で活躍できる人材育成を目指します。2 年生では文理選択に分かれます。英・国・社を重視した文系コース、数・理・英を重視した理系コースのいずれかを選び、また豊富な科目選択によって、一人一人の進路希望の実現を可能にしています。
　英語や数学では、少人数制・習熟度別授業を取り入れ、きめ細かな指導が受けられるとともに、一人一人が主体的に学習できるようになっています。

2　外国語科
　コミュニケーション能力の向上と国際感覚の育成に重点が置かれており、国際社会で活躍できる人材の育成を目指します。授業全体の 1 ／ 3 が英語関係の授業です。卒業までに多くの生徒がTEAP や英語検定で高実績を残しています。
　2 年生からは、ドイツ語、フランス語、中国語、韓国語のいずれかを学習します。

教 育 活 動

1　学習活動
　ほとんどの生徒が大学に進学しています。【4年制大学現役進学率88％】進路実現に必要な学力はもとより、社会に出てから必要な知識教養を偏りなく学習しています。

2　55分授業
　令和 4 年度から平日 6 時間の55分を導入しました。これにより、年間33単位を確保し、学習内容の充実を図るとともに放課後や土曜日を有効活用し、部活動、進学補習や模試の充実を図っていきます。

データ

日課表	
SHR	8 ：35～ 8 ：45
第 1 時限	8 ：50～ 9 ：45
第 2 時限	9 ：55～10：50
第 3 時限	11：00～11：55
昼休み	11：55～12：40
第 4 時限	12：40～13：35
第 5 時限	13：45～14：40
第 6 時限	14：50～15：45
SHR・掃除	15：45～16：05

令和 7 年度入学生の例
（普通科 1 年　時間割の例）

	月	火	水	木	金
1	数学 I	地学基礎	地理総合	保健	言語文化
2	家庭基礎	英語コミュ I	体育	化学基礎	化学基礎
3	情報	数学 A	地学基礎	英語コミュ I	体育
4	歴史総合	言語文化	現代の国語	数学 A	家庭基礎
5	論理・表現 I	芸術	数学 I	現代の国語	歴史総合
6	LHR	芸術	情報	総探	論理・表現 I

カセット
地理総合
数学 I
英語コミュ I

（カセットは毎週入ります。）

3　学校生活
　豊かな美しい緑に囲まれた環境の中、110年を越える伝統を誇りに、のびのびと自分らしさを発揮しながら充実した高校生活を送っています。

4　進路指導
　「高い志を持ち、夢をあきらめない生徒の育成を目指す、伝統ある女子の進学校」を目指す学校像としており、3年間の系統的な進路指導計画を設定しています。
　入学後すぐの学習オリエンテーションで学習習慣の確立を促し、「春女手帳」で日常の生活・学習管理、振り返りの定着を行います。早朝、放課後、土曜日及び長期休業中の進学補習、模試を行っています。自学自習を支援するために、2つの自習室を土曜日に利用できます。Classi やGoogle Classroom も活用しています。
　全 HR 教室にプロジェクターを設置し、Wi-Fi環境、タブレット整備などハード、ソフト面を充実させ、生徒一人一人の進路実現を支援しています。

特別学習

1　生徒会行事
　生徒が企画、運営している行事が盛りだくさんです。4月に行われる「新入生歓迎会」から、5月「体育祭」、9月「文化祭」、12月「球技会」、そして3月「予餞会」など多彩な行事で春女生の力を発揮しています。

2　部活動
　文化部が18、運動部が14あり、全生徒の9割が加入しています。全国大会出場の陸上競技部、書道部、競技かるた部、関東大会出場の水泳部、卓球部、剣道部をはじめ、多くの部が活発に活動しています。文化部では、音楽部、吹奏楽部、マンドリンギター部、ホームメイキング部、運動部では、ワンダーフォーゲル部、ハンドボール部、新体操部、バスケットボール部に多くの生徒が集まっています。

卒業生の声

　春女生は、校章のひまわりのように明るく、日々の学校生活に全力で取り組んでいます。

　生徒主体で学校行事を行うため、春女祭を始めとする学校行事は大変盛り上がります。仲間と協力し合い、お互いの良さを活かして何事も元気いっぱいに楽しむ校風は、在籍時から変わりません。
　様々なチャレンジを応援してくれる仲間と過ごす3年間はとても充実したものになります。春女で出会った友人とは、今でも切磋琢磨し、高め合っていける関係です。それぞれが個性を認め合い、自分の持ち味を発揮できる環境で、高校生活を送ってみませんか。
（平成22年度卒業　日沖奈保子　本校国語科教員）

その他
※日程は必ず学校HP等でご確認ください。

1　国際教育の推進
　本校では2名の ALT が常駐し、また世界の各地から留学生を迎え一緒に勉強しています。夏休みには希望者を対象に、オーストラリア英語研修を行っています。その他、外国語科のスプリングセミナーや海外からの訪問者の受け入れ等を実施して、外国語学習や異文化理解に力を入れています。

2　学校見学について
第1回学校説明会　8月3日(土)
　　　　　　　　　　　　　春日部市中央公民館
第2回学校説明会　9月28日(土)　本校　授業公開
第3回学校説明会　10月26日(土)　本校
第4回学校説明会　11月30日(土)　本校
第5回学校説明会　3月28日(金)　本校
※学校見学は随時受け付けています。事前にご連絡ください。

卒業後の進路状況

		令和5年度卒業生		過年度卒業生		計	
		合格数	進　　学　　数	合格数	進学数	合格数	進学数
進	国公立大	15	13（ 4.7%）	0	0	15	13
	私立大	774	228（83.2%）	7	3	781	231
学	短　大	7	6（ 2.1%）	0	0	7	6
	専門学校	21	21（ 7.6%）	0	0	21	21
就　　職		2（0.7%）		0		2	
家庭・浪人・他		4（1.4%）		0		4	

主な合格大学【令和5年度卒業生のみ】
東京外国語大　横浜市立大　埼玉大　茨城大　高知大　埼玉県立大　群馬県立女子大　県立広島大　都留文科大　国際基督教大　早稲田大　上智大　東京理科大　学習院大　明治大　青山学院大　立教大　中央大　法政大　武蔵大　國學院大　成蹊大　成城大　明治学院大　工学院大　津田塾大　日本女子大　東京女子大　日本大　東洋大　駒澤大　専修大　獨協大　東京電機大　東京農業大　神田外語大　文教大　獨協医科大　日本赤十字看護大　杏林大　昭和女子大　清泉女子大　東京家政大　聖心女子大　実践女子大　学習院女子大　大妻女子大　共立女子大

地図
東武線春日部駅東口下車徒歩17分、またはバス5分

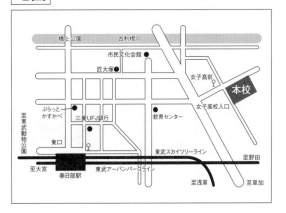

埼玉県立 春日部東高等学校（全日制）

所在地　〒344-0002　春日部市樋籠363番地　☎ 048-761-0011（代）
ホームページ　https://kasukabehigashi-h.spec.ed.jp
メールアドレス　information1@kasukabehigashi-h.spec.ed.jp
最寄り駅からの順路　春日部駅（東武スカイツリーライン・東武アーバンパークライン）東口下車
　　　　　　　　　　自転車15分／朝日バス「東高校入口」下車　徒歩2分
　　　　　　　　　　藤の牛島駅（東武アーバンパークライン）下車　自転車10分

「文」は、「武」と。

埼玉県立 春日部東高等学校

校　　長	竹本　淳
創　　立	昭和52年4月1日
教職員数	87人

生徒数

学科＼学年	1年 (男)(女)	2年 (男)(女)	3年 (男)(女)	計 (男)(女)
普通科	319 (235)(84)	312 (200)(112)	314 (230)(84)	945 (665)(280)
人文科	40 (17)(23)	37 (22)(15)	28 (19)(9)	105 (58)(47)
合計	359 (252)(107)	349 (222)(127)	342 (249)(93)	1,050 (723)(327)

本 校 の 特 色

〈校訓「文武両道」〉

　知を高める「文」と心技を磨く「武」が互いに支え合い高め合う、校訓「文武両道」の下、生徒はひたむきに自ら学び、鍛え、未来を切り開くための力を付ける高校生活を送っています。「武」にも励む生徒たちは、忙しい学校生活だからこそ「授業第一主義」と「スキマ時間活用」で「文」を高める充実した毎日を過ごしています。放課後や休日も元気に一生懸命に活動している生徒の声が響く、すがすがしくさわやかな校風です。

〈人文科の併設〉

　人文科では、英語、国語、社会に重点を置いた教育課程が設定されており、難関私立文系大学を目指す生徒の進路実現を手厚くサポートしている学科です。また、スプリングセミナーや海外研修など人文科独自の行事により、多面的視野や多様な思考を身に付ける機会が多くあります。さらに、学科独自の「人文科探究」という授業では、生徒一人一人が探究したいテーマを決めて、2年かけて研究を進め、最後は論文を書き上げます。生徒1人に指導担当の先生が1人つく手厚い指導体制が整っており、大学で行われている「ゼミ」の先取りのような学びができる授業です。

データ

平常授業時	
職員朝会	8：20～8：30
Ｓ Ｈ Ｒ	8：30～8：40
第1時限	8：40～9：35
第2時限	9：45～10：40
第3時限	10：50～11：45
第4時限	11：55～12：50
昼休み	12：50～13：35
第5時限	13：35～14：30
第6時限	14：40～15：35
清　　掃	15：35～15：50
Ｓ Ｈ Ｒ	15：50～
火曜4時限以降の時程	
第4時限	11：55～12：45
昼休み	12：45～13：30
第5時限	13：30～14：20
第6時限	14：30～15：20
第7時限	15：30～16：20
清　　掃	16：20～16：35
Ｓ Ｈ Ｒ	16：35～

Cochi（コチ）
春日部東高校30周年
スクールマスコット

カリキュラム

入学時同レベルの他校より高い実績が出ている秘訣はカリキュラムにあります。

〈普通科〉

　2年次から理系・文系に分かれます。文系では、知識や選択の幅を狭めないように理科・歴史科目でそれぞれ2科目学ぶようになっています。このことより自分の興味関心の高い方を受験科目として選ぶことができます。理系では数学の単位数が他校よりも多くなっており、2学期後半からは受験科目に応じてクラス分けをし、入試対策として手厚い指導をおこなっています。3年次では、文系・理系それぞれの主要科目を軸にしながら、幅広い選択科目が用意されており、国公立大学文系型・理系型、私立大学文系型・理系型、すべての進路志望に合わせてじっくりと実力を養うことができるカリキュラムとなっています。

〈人文科〉

　英語、国語、社会に重点を置いた教育課程になっていますが、国公立大学入試にも対応できるように選択科目が設定されています。また、1年次では英語と数学、2年次では英語と国語（古典）、3年次では全34単位中16単位で少人数授業が行われています。

〈土曜日授業を行わず、週34単位を確保〉

　令和4年度新学習指導要領の実施に伴い、週34時間授業（火曜7限）を実施しています。

　また、55分授業とカセットシステムを併用することにより、土曜日授業を行うことなく34単位時間を確保しています。（カセットシステムとは、通常時間割の指定する3時間を、カセット（3コマ）に授業変更するものです。）

教 育 活 動

　「文武両道」を追い求める本校では、生徒も教員も入試に直結する「日常の授業」を何よりも大切にしています。また、進学補習やきめ細やかに行われる面談、3年生では自習室の開放など進路実現のバックアップ体制が整っています。総合的な探究の時間やLHRでは、3年間を見通した進路学習が設定されており、講師をお招きして実施する講演会も各学年複数回実施しています。

　部活動は、運動部20団体、文化部20団体があり、生徒会を含めた全41団体が熱心に活動しています。昨年度は運動部20団体中19団体が県大会以上の成績を収め、野球部は全国高等学校野球埼玉大会で公立高校唯一のベスト8入りを果たしました。また、陸上競技部は開校以来47年連続関東大会に出場、全国大会常連校でもあります。その他、男女バスケットボール部、吹奏楽部など多くの部活動が県大会で活躍しています。

令和6年度学校説明会 ※日程等は必ず本校HPでご確認ください。

第1回	5／25（土）午前・午後	ふれあいキューブ（春日部駅西口）　全体会・部活動見学
第2回	9／21（土）午前　本校	全体会・個別相談・部活動見学
第3回	11／9（土）午後　本校	全体会・授業公開・個別相談・部活動見学・人文科フェア（人文科の学習内容の紹介、在校生との交流会などを予定しています）
第4回	12／21（土）午前　本校	全体会・個別相談・部活動見学
第5回	1／25（土）午前　本校	全体会・個別相談・部活動見学

令和6年度個別相談会など ※日程等は必ず本校HPでご確認ください。

〈学習塾対象説明会〉　6／20（木）午前　本校　全体会・授業見学・校内施設見学

〈部活動体験会〉　7／27（土）・28（日）　本校

〈放課後個別相談会〉　10／21（月）・22（火）午後

卒業後の進路状況

（令和5年度卒業生進路実績・（　）内は過年度生の件数で内数）

国公立大学　36名合格

埼玉大学13名　茨城大学3名　宇都宮大学2名　群馬大学1名　弘前大学1名　岩手大学1名　金沢大学2（1）名　静岡大学2（1）名　埼玉県立大学9名　都留文科大学1名　福井県立大学1名

私立大学（合格者数は延べ数）

早稲田大学4（1）名　東京理科大学4名　上智大学2名　明治大学11名　青山学院大学3名　立教大学14名　中央大学5名　法政大学18名　学習院大学9（1）名　成蹊大学4名　成城大学3名　武蔵大学12名　明治学院大学4（1）名　國學院大學14名　日東駒専182名

地図

東武線春日部駅東口下車　自転車15分
朝日バス東高校入口下車　徒歩2分

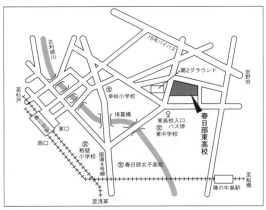

— 31 —

埼玉県立 久喜高等学校（全日制）

所在地 〒346-0005　久喜市本町 3-12-1　☎ 0480-21-0038　FAX 0480-29-1024

ホームページ　https://kuki-h.spec.ed.jp/comm2/

最寄り駅からの順路　JR宇都宮線・東武伊勢崎線久喜駅（西口）から徒歩12分（1.2km）

校　長	鎌田　勝之
創　立	大正 8 年 4 月15日
教職員数	66人

生徒数

学科＼学年	1 年（女）	2 年（女）	3 年（女）	計（女）
普通科	280	273	260	813

学校の歴史・概要

　創立100年を超える歴史と伝統を誇る女子校です。大正 8 年の開校以来、卒業生は 2 万 8 千人余。教育、医療、福祉、芸術等の分野で、人々の幸福や社会の発展に貢献する人材を多数輩出してきました。「困難にもくじけぬ何事にも頑張る心」と「思いやりや優しさを大事にする心」を「なでしこの心」と呼び、この心を大切に育て、21世紀の新しい時代をしなやかに力強く生きる力と豊かな心を育む教育に取り組んでいます。

教 育 課 程

Growing Nadeshiko

あなたが大事！一人一人を3年間で大切に育てます。

1　真の生きる力をつけるため、勉強も部活動もあきらめない総合力重視の女子高校を目指す。
2　授業、進路行事、総合的な探究の時間を通じて、幅広い教養と思考力・判断力・表現力を育み、一人一人の希望進路の実現を図る。
3　学校行事、ホームルーム活動、部活動等を通じて、主体性を伸ばし、なでしこの心を育む。

◆ **1年「久喜高生になる」**
・授業に集中、基礎力をつける
・部活動で自分を磨き、継続する力を身につける
・行事を通じて、久喜高校の伝統を感じる
・ボランティア活動で体験の幅を広げる
・自分の適性を見極め、自己理解を深める
・スケジュール管理力を身につける
・学習習慣を確立する

◆ **2年「久喜高生を楽しむ」**
・学んだことを応用し、実践力をつける

・部活動での役割を自覚し中心になる
・コミュニケーション能力を磨き、行事を楽しむ
・地域活動に参加する
・職業・進路を研究し、必要とされる力を理解する
・表現力をつける
・資格取得に挑戦する

◆ **3年「久喜高から花咲く」**
・授業を活用し、入試に対応する力をつける
・部活動での目標を掲げ、成果を出す
・行事を盛り上げ、伝統を引き継ぐ
・地域の取組に貢献し、幅広い世代と交流する
・プレゼンテーション能力を磨く
・一人一人の自己実現を目指す
・少人数クラス展開
・個別の小論文、面接指導
・進路希望に合わせた補習

教 育 活 動

1　学習活動　**整った学習環境、密度の濃い授業**
　緑につつまれ、四季の変化に富む落ち着いた環境のもとで、毎日の授業は、明るく楽しく、しか

令和 6 年 3 月　進路実績（卒業者数272）

大学	短大	専門学校	就職	公務員	その他
156	28	77	3	0	8

主な合格校（総合型・指定校推薦・公募推薦・一般を含む。★印は指定校枠あり。）
【四大】埼玉県立大、跡見学園女子大★、大妻女子大★、学習院女子大★、学習院大、神田外語大、共立女子大★、工学院大★、國學院大★、駒大、実践女子大★、十文字学園女子大★、昭和女子大★、女子栄養大★、白百合女子大★、清泉女子大★、専修大、大正大★、大東文化大★、東京医療保健大★、東京家政学院大★、東京家政大★、東洋大★、獨協大★、二松學舍大★、日本女子体育大★、日本女子大★、日本大★、フェリス女学院大★、文教大★、武蔵大★、武蔵野大★、目白大★、立正大★、麗澤大★、和洋女子大★　他
【短大】山形県立米沢女子短大、大妻女子大短大部★、共立女子短大★、埼玉医科大短大★、女子栄養大短大部★、東京家政大短大部★、東京歯科大短大、目白大短大部★　他
【専門学校】上尾中央看護専門学校、春日部市立看護専門学校、北里大学看護専門学校★、さいたま市立高等看護学院、さいたま看護専門学校★、埼玉県立高等看護学院★、慈恵柏看護専門学校★、慈恵第三看護専門学校★、舘林高等看護学院、千葉県立野田看護専門学校、東京女子医科大学看護専門学校、戸田中央看護専門学校★、獨協医科大学附属看護専門学校三郷校★　他

も真剣に行われています。昼休みや放課後の図書館や年中無休の学習室は、いつも多くの生徒が、**冷暖房完備**のもとで自主学習に励んでいます。

進路実現のために、**早朝・放課後や長期休業中**に課外授業を実施しています。

２　学校生活 ┃充実度、満足度の高さが自慢┃

女子校としてのメリットを生かし、落ち着いた和やかな雰囲気の中、礼儀正しく和気あいあいと充実した学校生活を送っています。

３　進路指導 ┃細やかな個別指導による現役合格┃

希望する進路を実現するための課外授業（平日・夏季休業）・小論文対策・面接指導・進路ガイダンス・進路相談など、一般選抜入試はもちろん総合型選抜入試や学校推薦型選抜など、どの受験形態で挑戦しても合格を勝ち取る体制が確立しています。創立100年を超える伝統校でもあり、指定校推薦枠が充実しているのも本校の強みです。

卒業生のほとんどが現役で進路を決定しています。

特　別　活　動

100年の伝統に培われた体育祭、文化祭、修学旅行、芸術鑑賞会、百人一首大会、ダンス発表会、球技大会等の多彩な行事が、豊かな人間性を育てる絶好の機会となっています。

部活動も大変盛んで、20の文化部、13の運動部が熱心に活動し、優れた実績をあげています。生徒の加入率は約90％以上になっています。

卒　業　生　の　声

女子だけの高校３年間を、皆さんは想像できますか？３年間を終えた私が言えることは、この久喜高校に来て本当に良かったということです。男子だから、女子だからという概念に全くとらわれる事なく、私達はあらゆる事を考え、行動する力

を得ることができました。また、自分と同じ目標に向かって切磋琢磨し合える同性の仲間と必ず出会えます。

勉強面では、英検の資格取得に向けて、先生方が親身になって向き合ってくださり、大学受験に有利な準１級に合格することができました。

久喜高校の３年間で得られる、学び・友情・経験は、皆さんの長い人生の中で、とても濃いものになると思います。久喜高校の良さを味わいませんか。Welcome！　　　　　（武蔵大学　Y.S）

久喜高校は穏やかで明るい雰囲気の学校です。クラスの雰囲気もとてもよく、私自身３年間のびのびと過ごすことができました。また、部活動や行事を通して多くの友人と知り合うことができ充実した学校生活を送ることができました。受験の際には、進路実現のために小論文や面接練習など先生方が最後まで手厚くサポートをしてくださり第一志望校に合格することができました。

私は、久喜高校でたくさんの思い出を作ることができました。皆さんもぜひ久喜高校で思い出を作り、充実した高校生活を送ってください。

（埼玉県立大学　Y.K）

そ　の　他

国際理解教育の推進

今年度は、夏休み（７月下旬から８月上旬の11日間）を利用して、希望者にオーストラリアへの語学研修旅行を実施予定です。クイーンズランド州でホームステイをしながら現地の女子校に通います。さらに、１年生では、全員対象の「One Day Speak-Up　Program」という英語での留学生との交流事業も行いました。

令和５年度　部活動実績（主なもの）

〈運動部〉
陸上競技部　学校総合体育大会北関東予選会　棒高跳び第7位、関東陸上競技選手権大会　棒高跳び出場
ソフトテニス部　関東大会県予選　団体ベスト8
サッカー部　埼玉県高校女子サッカー新人大会　ベスト16
バレーボール部　新人大会埼玉県　ベスト8
ソフトボール部　インターハイ　埼玉県予選　ベスト32
剣道部　東部支部高等学校剣道大会　団体第3位　個人優勝
バスケットボール部　第10回3×3U18日本選手権　第3位
卓球部　埼玉県新人大会県予選会　シングルス6名、ダブルス3組、団体（県ベスト8）出場、地区予選　シングルス3位、4位、ダブルス優勝、団体優勝
登山部　学校総合体育大会　女子縦走の部　第2位、関東高等学校登山大会出場（埼玉大会）
弓道部　県民総合スポーツ大会兼高校弓道新人戦　女子団体2位、東日本大会出場
バドミントン部　県民総合体育大会兼高等学校バドミントン新人大会　県大会出場（ダブルス・シングルス）
新体操部　関東高等学校体育大会埼玉県予選会　団体競技6位
水泳部　埼玉県東部支部水泳競技大会　50mバタフライ1位、100mバタフライ1位
〈文化部〉
音楽部　埼玉県合唱コンクール　銀賞
吹奏楽部　第29回西関東吹奏楽コンクールBの部　金賞
箏曲部　第40回埼玉県高等学校総合文化祭　第47回高校邦楽祭　銀賞
ギター部　全国学校ギター合奏コンクール2023　カテゴリーA　銀賞
書道部　第24回高校生国際美術展　書の部　奨励賞、佳作
美術部　第66回埼玉県高校美術展出品　奨励賞
文学部　第24回関東地区高校生文芸大会山梨大会俳句部門　佳作
競技かるた部　第30回関東地区高等学校小倉百人一首かるた大会　出場（Cチーム）
写真部　第38回高等学校写真連盟東部地区写真展　優良賞
家庭部　久喜市主催「第9回クッキー甲子園」LOVE くきネットワーク賞
演劇部　埼葛地区春季演劇祭　出場
放送部　第59回埼玉県高校放送コンテスト　出場（県予選出場：朗読部門2名）

┃地図┃　久喜駅下車　徒歩12分

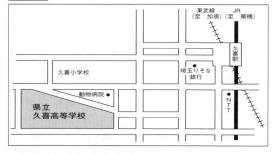

┃久喜高校を体験しませんか！┃

● 学校説明会　　7／13（土），9／21（土），11／9（土），12／7（土），1／25（土）

● 体験部活動　　8／8（木）・9（金）・24（土）

※予定は変更になる場合がございます。
　詳細は必ず本校ホームページをご覧ください。

埼玉県立 久喜北陽高等学校 （全日制）

所在地 〒346-0031　久喜市久喜本837-1　☎ 0480-21-3334　FAX 0480-29-1025

ホームページ　https://kukihokuyo-h.spec.ed.jp/

最寄り駅からの順路　JR宇都宮線・東武伊勢崎線久喜駅（西口）より徒歩約25分

登校風景

校　　　長	小秋元　美弥子
創　　　立	昭和62年4月1日
教職員数	96人

生徒数

学年 学科	1年(男)(女)	2年(男)(女)	3年(男)(女)	計(男)(女)
総合学科	319 (191)(128)	312 (195)(117)	299 (166)(133)	930 (552)(378)

39期生になる君たちへ

　本校は進学型の総合学科として学習指導に力を入れると共に部活動も大いに奨励しています。そしてチャレンジ精神を持ち『真剣勝負』のできる生徒を育てようとしています。

教育課程

　将来の進路希望実現のため効率よく学習できるように、3つの系列が用意されています。
(1)　人文社会国際系列：国公立・私立文系大学を目指すため国英社を重点的に学習
(2)　数理科学系列：国公立・私立理系大学を目指すため数理英を重点的に学習
(3)　情報ビジネス系列：看護医療系・資格取得系など様々な分野を幅広く学習
　以上の系列を選択し、自分の適性・進路希望に合った科目選択をします。普通科に比べて自由度が高く、進路実現にも有益な科目選択が可能です。

教育活動

1　学習活動
　1年生はほとんど必修科目を履修するためクラス単位で授業を受けますが、2・3年生は各自で選択した科目の時間割で授業を受けます。

2　学校生活
　本校の校訓は「誠実」、合言葉は「真剣勝負」です。先生と生徒、先輩と後輩、同級生が敬愛と信頼の絆で結ばれています。充実した設備と、明るく快適な学習環境の中で、勤勉で誠実な生徒が育っています。

3　進路指導
(1)　個人面談、三者面談を毎年計画的に実施し、進路設計の早期具体化を図っています。1・2

時間割の例 ユニット・パターン制によって、進路希望実現のために必要な科目の選択が可能です。

Aさん（2年次・4年制大学文系進学希望）

	月	火	水	木	金
1	地理総合	英語コミュニケーションⅡ	世界史探究	論理・表現Ⅱ	地学基礎
2	世界史探究	体育	公共	古典探究Ⅰ	数学Ⅱ
3	数学Ⅱ	古典探究Ⅰ	保健	英語コミュニケーションⅡ	論理国語Ⅰ
4	英語コミュニケーションⅡ	論理国語Ⅰ	数学Ⅱ	地理総合	世界史探究
5	公共	論理・表現Ⅱ	地学基礎	体育	古典探究Ⅰ
6	古典探究Ⅰ	世界史探究	LHR	数学Ⅱ	探究
7	産社				

Bさん（3年次・4年制大学理系進学希望）

	月	火	水	木	金
1	化学Ⅱ	物理	応用科学	理系発展数学演習	論理国語Ⅱ
2	数学Ⅲ	応用科学	体育Ⅲ	探究	英語コミュニケーションⅢ
3	英語コミュニケーションⅢ	論理・表現Ⅲ	数学Ⅲ	物理	数学C
4	物理	論理国語Ⅱ	数学C	物理	数学Ⅲ
5	体育Ⅲ	数学Ⅲ	英語コミュニケーションⅢ	論理・表現Ⅲ	化学Ⅱ
6	論理国語Ⅱ	理系発展数学演習	LHR	英語コミュニケーションⅢ	保健
7	探究				

年次に「北陽タイム(産業社会と人間)」を利用して職業観の育成を図るとともに、進路ガイダンスや適性検査、進路講演会などを実施して自己理解を深めます。
⑵　勉強方法の習得や大学進学に向けて、課外補習を実施しています。
⑶　将来の職業生活に役立てられるように、積極的に各種資格を取得できるよう支援しています。

体育祭

特 別 活 動

　5月下旬の「体育祭」、9月初旬の「光陽祭」に、生き生きと取り組んでいます。部活動も毎年約85％の加入率で大変盛んです。運動部は、全国大会や世界大会に出場した山岳部をはじめ、男女バドミントン部、野球部、サッカー部、男女テニス部、剣道部、男女卓球部など18部が活動しています。文化部は、全国大会出場のチア部や新聞部をはじめ、吹奏楽部、新聞部、美術部など18部があります。チア部は、久喜市の「くき親善大使」としても活躍しています。

そ の 他

1　情報化社会に対応しています
　「情報」の授業を中心に、全生徒にコンピュータ学習を実施しています。コンピュータ室が4教室あり、マルチメディアに対応した専門性の高い学習もできます。資格取得のほか、課題研究の情報収集や進路実現のための諸準備に役立っています。
2　国際化社会に対応しています
　夏休みを利用して「オーストラリア短期留学」と、「イングリッシュサマーセミナー」を隔年で実施し、外国人留学生も受け入れています。また、ALTによる授業、英語によるスピーチコンテストも行っています。2018年度から2年連続して本校生が「埼玉県グローバルリーダー育成プロジェクト」に選抜され、アメリカに短期留学を果たし、ハーバード大学及びマサチューセッツ工科大学で講義を受け、両大学生と交流しました。

3　本校で取得できる資格は次のとおりです
全商簿記実務検定(1級原価計算：1名、2級：27名、3級：32名)
全商ビジネス文書検定(1級：25名、1級部門合格33名、2級：83名、2級部門合格41名)
全商情報処理検定(1級：8名、2級：86名、3級：8名)
全商電卓検定(総合1級：4名、1級普通計算：36名、1級ビジネス計算：2名)
実務技能秘書検定(3級：38名)
全経簿記能力検定(2級：8名)
(人数は、令和5年度合格者数)
他に、実用英語技能検定、日本漢字能力検定、実用数学技能検定など
4　学校説明会　※日程は必ず学校HP等でご確認ください。
部活動体験　　　　　4月〜8月(各部ごとに実施)
第1回学校説明会　　7月27日(土)
第2回学校説明会　　10月5日(土)
オープンスクール　　11月9日(土)
第3回学校説明会　　12月14日(土)
個別質問会　　　　　1月25日(土)
※詳細は、本校HPに掲載します。

卒業後の進路状況 （数値は現役のみ）

	R2	R3	R4	R5
大学	142	190	189	211
短大	20	17	21	10
専門学校(看護・医療系)	117(30)	80(16)	83(21)	58(9)
公務員・就職	14	14	12	10

＜卒業生の主な進路先＞
大学　明治大学・法政大学・文教大学・獨協大学・芝浦工業大学・東洋大学・日本大学・日本体育大学・日本女子体育大学・東京電機大学・東京家政大学・東京農業大学・東海大学・女子栄養大学・その他
短大　東京家政大学短期大学部・星美学園短期大学・日本大学短期大学部・東京成徳短期大学・帝京短期大学・埼玉純真短期大学・その他
専門　獨協医科大学附属看護専門学校三郷校・日本医科大学看護専門学校・上尾中央看護専門学校・上尾中央医療専門学校・資生堂美容技術専門学校・武蔵野調理師専門学校・早稲田速記医療福祉専門学校・その他
公務員　警視庁・埼玉県警察・自衛官・久喜市役所・その他

地図　JR宇都宮線、東武伊勢崎線
久喜駅(西口)より徒歩約25分

久喜北陽高校前　●ヤマダ電機
公園　●ニトリ
健美の湯
住宅展示場
久喜北陽高校
久喜駅入口
●しまむら
●くき眼科
さいたま栗橋線
イトーヨーカドー
東武伊勢崎線
宇都宮線
久喜駅
西口　東口

埼玉県立 栗橋北彩高等学校 （全日制）

所在地 〒349-1128 久喜市伊坂南2-16 ☎ 0480-52-5120 FAX 0480-55-1008

ホームページ https://kurihashihokusai-h.spec.ed.jp

最寄駅からの順路 JR宇都宮線・東武日光線栗橋駅西口より徒歩10分

栗橋北彩の
マスコット
「みのりちゃん」
©2009

本校の概要

栗橋北彩高校は、栗橋高校、北川辺高校が統合し、平成22年4月に新たに設立されました。全日制課程、普通科単位制の高校で4クラス（160名）の募集定員です。本校は「正々堂々・希望・創造」の校訓のもと、生徒ひとりひとりが秘めている能力を最大限に引き出す教育を行っています。

校　　長	酒井　直人
創　　立	平成22年4月1日
教職員数	69人

生徒数

学年 学科	1年 (男)(女)	2年 (男)(女)	3年 (男)(女)	計 (男)(女)
普通科	173 (105)(68)	173 (77)(96)	157 (86)(71)	503 (268)(235)

学校概要・コンセプト

○君が秘めている素敵な花を咲かせたい

「4つの学習プランで君たちをサポート！」

夢を実現するために、あなたの秘めた能力を最大限に引き出します。大学に進学してもっと勉強したい人、勉強の基礎・基本を固めたり、身体能力を伸ばしたい人、事務系の職種に就きたい人、保育や家政の仕事に就きたい人。様々なニーズに応えるため、4つの学習プランを用意しました。

○個別指導を徹底！

「全学年少人数＋習熟度別指導」

県内でも数少ない全学年少人数クラス編制を実現。さらに1年次では、英語、数学、国語の基本3教科で習熟度別授業を展開しています。自分の力に合った懇切丁寧な指導で、実力アップがはかれます。

○みんなイキイキ！　けじめある生活

「栗橋北彩は熱血指導がモットーです」

自分の夢を実現し、豊かな生活を送れるようになるためには、ルールやマナー、自分自身をコントロールする方法を身につけることが大切です。お互いが約束をきちんと守ることで、気持ちよく学校生活が送れます。栗橋北彩は、周囲を思いやり自分の力を発揮できる人材を育成します。

プログレスプランの教育課程表

	1 2 3	4 5	6 7	8 9	10 11 12 13	14 15	16 17	18 19 20	21	22 23 24	25 26	27 28
2年次	文学国語	国語選択	歴史総合	公共	数学Ⅱ	数学B	化学基礎	体育	保健	英語コミュニケーションⅡ	論理・表現Ⅰ	家庭総合
3年次	論理国語	国語選択	選択○		選択▲		政治経済	数学理解	体育		英語コミュニケーションⅢ	論理・表現Ⅱ

※　選択○は〔世界史探究・日本史探究〕、〔数学Ⅲ・数学C〕から選択
　　選択▲は物理、化学、生物から1科目選択
　　国語選択は、国語表現、古典探究から1科目選択

ビジネスプランの教育課程表

	1 2 3	4 5	6 7	8 9	10 11	12 13 14 15	16	17 18 19 20	21 22	23 24	25 26 27 28
2年次	文学国語	国語表現	歴史総合	公共	化学基礎	体育	保健	英語コミュニケーションⅡ	家庭総合	簿記	情報処理
3年次	論理国語	国語表現	日本史探究	政治経済	地学基礎	体育		英語コミュニケーションⅢ		課題研究	ソフトウェア活用

4つの学習プラン

○プログレスプラン
「大学進学で自分を高める」

フクロウは知恵の
女神アテナの象徴

プログレスとは「発展」のこと。大学合格を目指し、試験科目の基礎から応用まで、進学のための学習に特化したプランです。大幅な選択科目の設定で、あなたの志望大学の試験科目に合わせた選択が可能です。

○ステップアッププラン
「基礎から自分を磨き上げる」

炎は人間に知恵を
与えた神プロメテ
ウスの象徴

ステップアップとは「一歩ずつ上がる」こと。自分の力を確実なものとしながら、公務員をはじめ、様々な職種への就職や専門学校などへの進学に対応します。また、体育の単位を強化し、身体能力の向上にも力を入れています。

○ビジネスプラン
「事務系への就職を目指す」

魔法の杖は商業の
神ヘルメスの象徴

社会で通用する文書作成や情報処理、簿記などを学び、事務系の就職を目指すプランです。3年間で16単位の商業科目を取得します。

○ホームエコノミクスプラン
「「保育」「衣食」を学び生活をデザイン」

クジャクは家庭の
女神ヘラの象徴

ホームエコノミクスとは「家庭の経済、家政学」のこと。保育や被服、食物それぞれの分野の実践的・体験的学習を通して専門性を高めます。保育分野では、隣接する「栗橋さくら幼稚園」との連携により、実践的な実習を行っています。

部活動・学校生活

運動部：陸上競技、硬式野球、弓道、剣道、サッカー、バレーボール、バスケットボール、卓球、バドミントン、テニス、ラグビー

文化部：音楽、美術、家庭、茶道、華道、書道、漫画研究、演劇

学び舎：平成21年度ホームルーム棟改修、平成22年度管理棟改修、平成23年度体育館改修、図書室、情報処理室、生徒会館(合宿所・食堂)完備、平成25年度普通教室棟に冷房完備

学校説明会・体験入学等
※日程は必ず学校ＨＰ等でご確認ください。

一日体験入学
　7月27日(土)
学校説明会
　9月21日(土)、10月20日(日)、11月9日(土)、
　12月21日(土)、2025年1月11日(土)
※各回参加申込みが必要
個別相談会
　12月25日(水)、2025年1月19日(日)

卒業後の進路状況 （令和5年度卒業）

4年制大学	短期大学	専門学校	就職	その他
18	5	49	53	5

主な進路先
四年制大学　東洋大、日本工業大、駒沢女子大、日本保健医療大、桜美林大、白鷗大、大東文化大、城西国際大、城西大　他
短期大学　埼玉純真短大、国際学院埼玉短大、埼玉東萌短大、國學院大栃木短大　他
就職　東京地下鉄、コロンバン、キョーラク、セキ薬品、ニッポー、なとり、YKK AP埼玉窓工場、センコー埼玉主管支店、湖池屋、ベルク、古河市役所、エスビースパイス工業、アルプス物流　他

地図　栗橋駅西口から徒歩10分

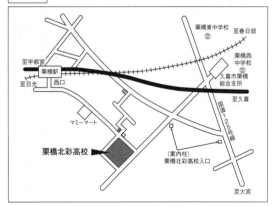

埼玉県立 越ヶ谷高等学校（全日制）

所在地 〒343-0024　越谷市越ヶ谷2788-1　☎ 048-965-3421　FAX 048-960-1184
ホームページ　https://koshigaya-h.spec.ed.jp/
最寄り駅からの順路　東武スカイツリーライン　越谷駅より徒歩15分　北越谷駅より徒歩15分
　越谷駅東口より「花田循環」行バス「越ヶ谷高校」下車

越ヶ谷高等学校白梅館

校　　長	池田　靖
創　　立	大正15年3月25日
教職員数	86人

生徒数

学年学科	1年次 (男)(女)	2年次 (男)(女)	3年次 (男)(女)	計 (男)(女)
普通科	322 (187)(135)	319 (169)(150)	358 (186)(172)	999 (542)(457)

【越ヶ谷高校は、2025年度に創立100周年を迎えます】

1. 校訓「自主自律」
　目指す学校像「「知・徳・体」の調和がとれた社会の発展に貢献するリーダーの育成」
2. 「65分授業×5時間×5日」
　本校は週5日制で、土曜授業実施校に匹敵する授業時間を確保しています。行事や部活動を活発に行えるような環境を整え、勉強だけでは培えない人間力を生徒同士が切磋琢磨しながら身につけてほしいと考えています。
3. 授業力の向上
　生徒の学力及び進学実績の向上を目指して、教員どうしで授業を公開しあう「授業研究週間」を設け、生徒による全教員の授業評価を実施し、教員の授業力向上に取り組んでいます。

教　育　課　程

「進学重視型単位制」
　生徒の進路希望にあわせた国公立・難関大学受験に、よりきめ細かに対応するため、全科目数75科目という多彩な選択科目を設置しています(内、学校設定科目14)。また、英語・数学では2年次から少人数授業を実施し、3年次では全科目の平均

データ

65分授業

日　課　表	
ＳＨＲ	8：35〜
1時限	8：50〜
2時限	10：05〜
3時限	11：20〜
昼休み	12：25〜
4時限	13：10〜
5時限	14：25〜
ＳＨＲ清掃	15：30〜

卒業後の進路状況　「県内の公立で最も現役進学率の高い高校です！」

過去4年間の国公立大学合格実績の推移（既卒者を含む）

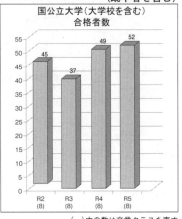

国公立大学（大学校を含む）合格者数

R2 (8)	45
R3 (8)	37
R4 (8)	49
R5 (8)	52

（　）内の数は卒業クラスを表す

主な合格数（現役のみ）

国公立大学		私立大学	
東北大	1	早稲田大	4
茨城大	2	上智大	2
筑波大	1	東京理科大	10
宇都宮大	2	明治大	35
群馬大	1	青山学院大	6
埼玉大	11	立教大	40
千葉大	4	中央大	15
東京学芸大	1	法政大	62
東京農工大	1	学習院大	16
横浜国立大	1	東洋大	149
新潟大	1	日本大	79
信州大	2	駒澤大	36
埼玉県立大	16	芝浦工大	30
東京都立大	2	東京電機大	33
その他	4	その他	720
国公立合計	50	私立合計	1237

授業人数は28.6人となっています。このように個々の進路実現に直結した「個を大切にする進路指導」を通して生徒のニーズに応えています。

教 育 活 動

1. 学習指導

多くの科目で協調学習やグループワークを活用したアクティブラーニングを推進しています。情報機器の整備も進み、各教室へのプロジェクター設置、iPad 1人1台導入、校内 Wi-Fi 環境も整っています。

またスタディサプリを導入することによって、いつどこででも映像講義を視聴して勉強できるよう生徒の自学自習を支援する体制を整えています。

2. 進路指導

本校では、1000日で夢を現実にする「自己啓発、自己研鑽、自己実現」のための進路指導を行っています。1年次、2年次の3学期に行われる、卒業生による進路講演会は、実際に受験を乗り越えた先輩たちの生の声を聴けるということもあって、大変好評なイベントとなっています。

3年次生の進学講習はもちろん、1、2年次生にも長期休業中に進学講習優先週間を設けています。他にも、大会などで受けられなかった実験補習、成績が思わしくない生徒への補充授業なども行っています。また、年間5回の定期考査の他に、長期休業期間後の課題考査や実力テストを実施し、学力の向上を図っています。

特 別 活 動

1. 部活動

運動部21部活、文化部12部活、どの部活動も活気に満ち、目標に向かって熱心に活動しています。全国大会、関東大会、県大会への出場多数です。

2. 生徒会活動

伝統的に生徒会活動がとても盛んです。入学5日目に行われる新入生歓迎行事「たんぽぽ広場」では1日を通して先輩たちと楽しく交流します。「体育祭」の応援合戦は学年を超えた団編成で、団や学年、クラスの結束力は、高校生活の最高の思い出を作ります。9月の「越高祭」では各団体が夏季休業中から準備をすすめ、その熱気は後夜祭で最高潮になります。12月の「予餞会」実施まで、全て生徒会と各実行委員会の企画運営によるものです。

3. その他の行事

年次ごとの「遠足」、毎年テーマを変えて実施する「芸術鑑賞会」、埼玉スタジアムの周囲を走る「大競走大会」、3月のクラスの最後の団結を高める「球技大会」では教員チームも参戦しています。また本校は面談を大切にしており、各学期に面談週間を設けています。

そ の 他　　※日程は必ず学校HP等でご確認ください。

《学校説明会》

①7/22, 23部活動見学会②8/21学校説明会(越谷サンシティ)③10/12学校説明会・授業見学会④11/9学校説明会

申し込み方法等は、6月下旬に各中学校へ案内をお送りします。また、イベントの1ヶ月前にHP上でご案内しますので、参加の申し込みをお願いいたします。携帯サイトへは下のQRコードでアクセスできます。

本校の取り組み

「ビブリオバトル大会」　毎年、1年次生が7月に開催し、班、組、学年を勝ち抜いた生徒が、埼玉県大会に出場しています。2023年度は、学校代表の生徒が全国優勝しました。

「総合的な探究」　1年次は「SDGs」について探究活動を行い、様々なテーマに分かれてクラスを超えた4〜5人のグループを作り、自分たちに何ができるかを考えながら、調べ学習や資料の作成を行いました。1月に行った最終報告会ではiPadを活用した発表を行い、そこでグループごとに優秀作品を選び、3月に報告会を行いました。また、2年次では修学旅行先を、3年次ではキャリア学習について探究活動を実施しています。

これらの活動によって、本校生徒には「探究力」「コミュニケーション力」「プレゼンテーション力」などが育まれています。

| 地図 | 東武スカイツリーライン | 越 谷 駅　下車・徒歩15分
北越谷駅　・越谷駅東口バス「花田循環」5分 |

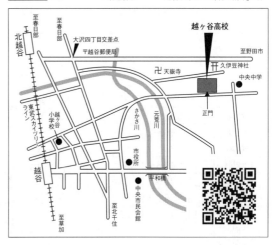

埼玉県立 越谷北高等学校 （全日制）

所在地 〒343-0044 越谷市大泊500-1 ☎ 048-974-0793 FAX 048-973-1181
ホームページ https://koshigayakita-h.spec.ed.jp/
最寄り駅からの順路 東武線せんげん台駅東口下車徒歩18分

〈北高のシンボルツリー・ヤマモモの木〉

校　　長	若菜　健一
創　　立	昭和44年 4 月 1 日
教職員数	93人

生徒数

学科 ＼ 学年	1 年 (男)(女)	2 年 (男)(女)	3 年 (男)(女)	計 (男)(女)
普通科	320 (153)(167)	319 (154)(165)	321 (137)(184)	960 (444)(516)
理数科	41 (21)(20)	39 (19)(20)	39 (24)(15)	119 (64)(55)
計	361 (174)(187)	358 (173)(185)	360 (161)(199)	1,079 (508)(571)

学校の歴史・概要

　本校は、昭和44（1969）年に全日制普通科高校として開校以来、56年の伝統をもつにいたりました。その間、平成元（1989）年 4 月には埼玉県の公立高校として初めて理数科を設置し、特色ある教育活動を展開しています。「大学進学指導拠点校・理数教育指導推進校」として更なる飛躍を目指しています。また令和 5 年度より第Ⅱ期目、文部科学省から、スーパーサイエンスハイスクールの指定を受け、高度な科学系人材の育成に力をいれています。

教育課程

　越谷北高校では、何よりも授業を大切にしています。50分 6 時間授業に加えて、週 2 回の 7 限目の設定と、隔週で土曜授業を行い、徹底した学習指導で知の充実を図ります。
○普通科…1 年次に各教科の基礎・基本を学び、2 年次では、リベラルアーツを重視して幅広い分野を学習し、3 年次では arts・science に分かれて進路希望に応じた授業を展開します。
○理数科…理科、数学に多くの授業時間をあて、実験・実習・研究を通してより深く高度な内容を学習します。また SSH の指定に伴い探究活動を重視します。

教育活動

1　学習活動―「深める学び」へ―

　越谷北高の生徒は、大学進学という目的を持って入学してきます。土曜授業をほぼ隔週で実施す

データ

日　課　表	
Ｓ Ｈ Ｒ	8：30～8：40
1 時限	8：40～9：30
2 時限	9：40～10：30
3 時限	10：40～11：30
4 時限	11：40～12：30
昼休み	12：30～13：15
5 時限	13：15～14：05
6 時限	14：15～15：05
㊋ 7 時限	15：15～16：05
㊍ 7 時限	15：10～16：00

時　間　割(例：普通科)

	月	火	水	木	金	土	
1	生　基	AC	公　共	BD	歴　総	A	物　基
2	英　Ⅰ	数　学	言　文	情　報	現　国	B	生　基
3	体　育	歴　総	数　学	公　共	論　表	C	数　学
4	言　文	英　Ⅰ	情　報	言　文	数　学	D	体　育
5	芸　術	現　国	保　健	数　学	物　基		
6	芸　術	理　探	英　Ⅰ	論　表	体　育		
7		総　探		LHR			

ることで授業時間を確保し、またどの教科も質の高い授業を行い、生徒一人一人の進路希望が実現できるよう努めています。「大学に入ってからも伸びる学力」を身につけるための学習活動や探究活動が展開されています。

2 高校生活―「広がる学び」へ―

学校行事や生徒会活動においても、一所懸命取り組む姿勢は人間的な成長を促します。また部活動などで他者と協働する力を身につけることは大いに重要なことです。バランスの取れた高校生活こそ、次のステージへの飛躍につながるのです。

3 進路指導―「つながる学び」へ―

越谷北高の進路指導の目標は、「大学に入学してからも伸びる生徒の育成」です。受験に合格することだけを目指すのでなく、幅広い教養と探究心を育てます。大学出張講座や進路講演会、キャリアガイダンスの充実を図るなど、きめ細かな指導を行っています。

特 別 活 動

勉強との両立をモットーとして、部活動を奨励しています。運動部が21、文化部が17、同好会が1あります。加入率は90％以上です。

運動部では、パワーリフティング部が全国大会、陸上、テニス、ソフトテニス、ソフトボール、水泳、体操、バレーボール、卓球、バドミントンなどが県大会で活躍しています。

文化部では、吹奏楽部、新聞部、囲碁・将棋部、書道部、箏曲部、文芸部、生物部、化学部などが全国規模の大会に参加し、優秀な成績をあげています。

〈授業風景〉アクティブラーニング教室

そ の 他

説明会などの日程

コシキタ進学フェア：8／22(木)　会場：越谷サンシティ　中学生向けの学校紹介。学校生活や行事、部活動など生徒の活動を中心に紹介します。

学校説明会：9／28(土)午後　11／9(土)午後　1／25(土)午前　中学生・保護者向けの説明会。募集内容や選抜方法、本校の進路指導、学校生活などについて説明します。

理数科説明会：10／26(土)午後　中学生・保護者向けの説明会。理数科について教員や生徒からの説明、体験授業を行います。

土曜公開授業：5／11、6／8、6／22、9／28、10／26、11／9、1／25、2／1（すべて午前）中学生・保護者対象。生徒の普段の姿をご覧いただけます。（9月より3年生は非公開）

部活動見学会：9／28(土)午後　11／9(土)午後
※詳細は1ヶ月ほど前にホームページに掲載します。

卒業後の進路状況 （令和5年度）

国公立大学合格者数

大学名	現役
北 海 道 大	1
東 北 大	2
福 島 大	3
茨 城 大	2
宇 都 宮 大	1
埼 玉 大	31
千 葉 大	11
横 浜 国 立 大	2
筑 波 大	13
お茶の水女子大	2
電 気 通 信 大	2
東京医科歯科大	1
東 京 学 芸 大	5
東 京 藝 術 大	1
東 京 工 業 大	1
東 京 農 工 大	2
東 京 海 洋 大	2
鳥 取 大	1
徳 島 大	1
熊 本 大	1
福島県立医科大	1
会 津 大	1
高 崎 経 済 大	1
埼 玉 県 立 大	9
東 京 都 立 大	2

私立大学合格者数

大学名	現役	大学名	現役	大学名	現役	大学名	現役
酪 農 学 園 大	1	埼 玉 学 園 大	3	専 修 大	18	武蔵野美術大	2
千 葉 工 業 大	41	浦 和 大	1	大 正 大	5	明 治 大	66
麗 澤 大	1	横 浜 薬 科 大	1	大 東 文 化 大	21	明 治 学 院 大	5
神 奈 川 大	3	青 山 学 院 大	13	拓 殖 大	6	明 治 薬 科 大	13
鎌 倉 女 子 大	1	亜 細 亜 大	2	中 央 大	32	立 教 大	49
獨 協 大	62	大妻女子大	12	津 田 塾 大	3	立 正 大	5
鶴見学園女子大	1	学 習 院 大	23	東 京 家 政 大	12	早 稲 田 大	43
城 西 大	3	北 里 大	9	東京家政学院大	1	文 化 学 園 大	2
文 教 大	57	共 立 女 子 大	11	東 京 経 済 大	9	明 星 大	5
日 本 工 業 大	2	慶 應 義 塾 大	9	東 京 女 子 大	16	武 蔵 野 大	32
洗足学園音楽大	1	工 学 院 大	15	東京女子医科大	2	帝 京 大	11
獨協医科大	1	國 學 院 大	9	東 京 電 機 大	61	杏 林 大	6
駿 河 台 大	2	国 士 舘 大	6	東 京 農 業 大	13	東 京 工 科 大	9
帝 京 平 成 大	3	駒 澤 大	10	東 京 薬 科 大	2	日本赤十字看護大	2
聖 学 院 大	1	実 践 女 子 大	2	東 京 理 科 大	46	駒 沢 女 子 大	1
江 戸 川 大	1	芝浦工業大	57	東 邦 大	9	学習院女子大	4
聖 徳 大	1	順 天 堂 大	12	東 洋 大	182	東京医療保健大	2
帝 京 科 学 大	1	上 智 大	19	日 本 大	46	立 命 館 大	9
文 京 学 院 大	2	昭 和 大	2	日 本 女 子 大	18	大 阪 医 科 大	1
目 白 大	8	昭 和 女 子 大	21	法 政 大	72	関 西 医 科 大	1
国 際 医 療 福 祉 大	1	昭 和 薬 科 大	1	星 薬 科 大	6	藍 野 大	1
十 文 字 学 園 大	2	女 子 栄 養 大	4	武 蔵 大	6	森ノ宮医療大	1
尚 美 学 園 大	1	成 蹊 大	11	東 京 都 市 大	2	岡 山 理 科 大	1
共 栄 大	2	成 城 大	13	武蔵野音楽大	1		

地図

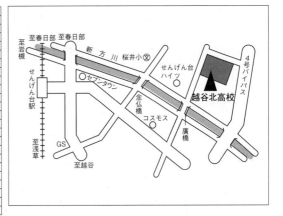

埼玉県立 越谷西高等学校（全日制）

所在地 〒343-0801 越谷市野島460-1 ☎ 048-977-4155
最寄り駅からの順路 東武スカイツリーライン越谷駅から岩槻駅行バス20分
東武アーバンパークライン岩槻駅から越谷駅行バス20分

授業の一コマ

校　　長	橋本　淳
創　　立	昭和54年4月1日
教職員数	68人

生徒数

学科＼学年	1年 (男)(女)	2年 (男)(女)	3年 (男)(女)	計 (男)(女)
普通科	318 (173)(145)	313 (160)(153)	307 (181)(126)	938 (514)(424)

本校は「すべての授業、部活動、行事等をとおしてやり抜く力と協働する力を伸ばす学校」を目標に、日々の学習や行事、部活動などに真剣に取り組んでいます。静かな環境に囲まれて、落ち着いた生活が送れる学校です。クラスや部活動の友人や先輩後輩との関係も良好で、互いに切磋琢磨し、人としての成長も目指しています。その成果は全国・関東・県上位で活躍する部活動の実績とともに、4年制大学を始めとする90％を超える進路決定率に表れています。

教育課程

1　様々な進路に応じた類型制
生徒一人一人が将来の進路に応じた学習ができるように、2年次以降は類型制を設けています。
2　興味・関心に応じた科目の選択
本校の類型制の特徴は、類型の他に自分に必要な興味、関心のある科目を選べる点にあります。もちろん、大学入学共通テストにも対応できる学習も可能です。

データ　令和7年度入学生教育課程一覧表（1単位50分授業）

1年

単位数	1	2	3	4	5	6	7	8	9	10	11	12	13	14	15	16	17	18	19	20	21	22	23	24	25	26	27	28	29	30
全	現代の国語		言語文化		公共			数学Ⅰ				数学A		化学基礎		生物基礎		情報Ⅰ		体育		保健	音楽Ⅰ 美術Ⅰ 書道Ⅰ（2時間続き）		英語コミュニケーションⅠ			論理・表現Ⅰ		探究の時間 総合的な	LHR

2年

単位数	1	2	3	4	5	6	7	8	9	10	11	12	13	14	15	16	17	18	19	20	21	22	23	24	25	26	27	28	29	30
								【選択】				【選択】				【選択】														
全	論理国語		文学国語	歴史総合		地理総合		古典探究				音楽Ⅱ	数学Ⅱ			地学基礎 物理基礎		体育			保健	英語コミュニケーションⅡ			論理・表現Ⅱ		家庭基礎		探究の時間 総合的な	LHR
								化学				数学Ⅱ																		

3年

単位数	1	2	3	4	5	6	7	8	9	10	11	12	13	14	15	16	17	18	19	20	21	22	23	24	25	26	27	28	29	30
				【選択】												【選択】		【選択】		【選択A】		【選択B】		【選択C】						
文系	論理国語		文学国語	日本史探究 世界史探究				英語コミュニケーションⅢ				論理・表現Ⅲ		体育		政治・経済		総合古典		数学B 伝統的な言語文化 英語理解 情報Ⅱ		【文系B選択】		【文系C選択】			探究の時間 総合的な	LHR
Ⅰ理				数学理解																										
Ⅱ理				数学Ⅲ												数学C		数学B		化学				物理 生物					

【文系B選択】実用時事国語・倫理・スポーツⅡ・保育基礎・フードデザイン・音楽Ⅲ・美術Ⅲ・書道Ⅲ・英語理解・数学C
【文系C選択】世界文化史・日本文化史・国際関係・物理基礎・化学・生物・応用の書・ファッション造形基礎・ソルフェージュ・ビジュアルデザイン・異文化理解

<越谷西>

教 育 活 動

1 少人数の授業
進路希望や興味・関心に応じて選択した科目は10名～20名程度の人数で授業が展開されています。また、補習等も組織的・計画的に行っています。

2 一時間、一時間の授業を大切に
全教室にプロジェクターが配備。また、「授業で勝負」を合い言葉に、英語科の ALT を交えた授業、実物教材を用いた社会科の授業、実験を重視した理科の授業等、生徒一人一人の身に付く学習を展開しています。

3 進路指導の充実
進学補習、校外模擬試験、個人面談、小論文指導等、進路指導の充実に努めています。英語の外部検定試験対策も進め、毎年 GTEC を全員が受験しています。

特 別 活 動

1 学校行事
生徒会や各委員会を中心に、体育祭や文化祭、球技大会、予餞会など、さまざまな行事が生徒主体で行われています。

2 生き生きとした活発な部活動
本校の部活動の特色は、運動部だけでなく文化部も強いというところです。近年では陸上競技部・応援部・囲碁将棋部・新聞放送部が関東大会・全国大会に出場しています。また、サッカー部をはじめ、野球部・バスケットボール部・バレーボール部・バドミントン部・ソフトボール部・テニス部・卓球部・ハンドボール部・吹奏楽部などが県大会で活躍しています。

在 校 生 の 声

落ち着いた環境の中で授業や部活動に取り組むことができます。親身になって接してくださる先生方のおかげで、安心して学習に取り組むことができ、1年生の時から進路相談も受けてくれます。運動部、文化部ともに、それぞれの目標に向かって日々活動し、数多くの実績を残しています。また、本校の生徒は明るく努力家な人が多く、お互いに励まし、笑い合いながら毎日を楽しく過ごしています。

皆さんも越谷西高校に入学し、一緒に文武両道を目指して自分を成長させてみませんか？

(生徒会)

そ の 他
※日程は必ず学校HP等でご確認ください。

学校説明会
①8／20(火) 越谷コミュニティセンター(午後)
②9／28(土) 本校(授業公開あり)
③11／9(土) 本校　④12／14(土) 本校
⑤1／25(土) 本校

部活動見学交流会
7月29日(月)～8月2日(金)
説明会、交流会の詳細については本校HPをご覧ください。

卒業後の進路状況

進　　路		3年度	4年度	5年度
進学	大学・短大	203	212	199
	専修・各種	87	65	82
就　　　　職		12(公4)	5(公2)	6(公3)
そ　の　他		15	22	18
卒 業 者 総 数		317	304	305

令和5年度主な合格先
(国公立大学)静岡
(私立4年制大学)亜細亜・国士舘・駒澤・芝浦工業・大東文化・拓殖・千葉工業・帝京・東京家政・東京経済・東京電機・東京農業・東洋・獨協・日本・文教・法政・武蔵野・目白・立正・麗澤など
(短期大学)大妻女子・共立女子・聖徳など
(専門学校)獨協医科大学附属看護専門学校三郷校・春日部市立看護専門学校・駿台トラベル＆ホテル専門学校など
(就職・公務員)陸上自衛隊・さいたま市消防・警視庁など

地図
東武スカイツリーライン越谷駅下車、岩槻駅行バス20分
東武アーバンパークライン岩槻駅下車、越谷駅行バス20分

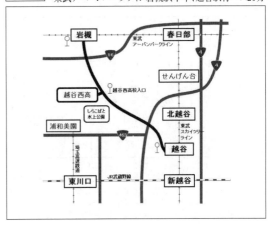

埼玉県立　越谷東高等学校（全日制）

所在地　〒343-0011　越谷市増林5670-1　☎ 048-966-8566　FAX 048-960-1186
ホームページ　https://koshigayahigashi-h.spec.ed.jp
最寄り駅からの順路　越谷駅・吉川車庫・駅行バス10分、東中学校前下車3分
南越谷駅・花田行バス15分、東中学校前下車3分、越谷レイクタウン駅・タローズ本社行バス、越谷東高校入口下車3分

校　長	須田　俊弥
創　立	昭和57年4月1日
教職員数	60人

生徒数

学年 / 学科	1年 (男)(女)	2年 (男)(女)	3年 (男)(女)	計 (男)(女)
普通科	318 (143)(175)	274 (146)(128)	266 (135)(131)	858 (424)(434)

学校スローガン

東校は、学ぶところ
東校は、美しいところ
東校は、夢や希望を共に実現するところ

教 育 目 標

　本校は地域に根ざした高校として創立43年目を迎えました。今後も学習面はもとより、生徒の人間的な成長をはぐくむ教育に力をいれていきます。
(1)　心身ともに健康で、強い意志と体力を持った生徒を育てる。
(2)　学習意欲が旺盛で、目標に向かって努力する知性豊かな生徒を育てる。
(3)　規律と責任を重んじ、協調と奉仕の精神を持った心優しい生徒を育てる。

教 育 課 程

　1年生では全員共通して高校での基礎・基本を学習します。2年生ではA（文系）、B（理系）の2つの類型に分かれます。3年生では個々の生徒の多様な進路希望に対応できるように文系、理系分けの他に選択科目を多く設け、個々の生徒に対応したきめ細かい授業を展開しています。

データ　令和6年度入学生教育課程

単位	1	2	3	4	5	6	7	8	9	10	11	12	13	14	15	16	17	18	19	20	21	22	23	24	25	26	27	28	29	30
1年共通	現代の国語		言語文化		地理総合		公共		数学Ⅰ			数学A		科学と人間生活		体育			保健		芸術選択	英語コミュニケーションⅠ			論理・表現Ⅰ		家庭総合		総探	LHR
2年A類	論理国語		文学国語		古典探究		歴史総合		数学Ⅱ			A類選択		生物基礎		体育			保健			英語コミュニケーションⅡ			論理・表現Ⅱ		家庭総合		総探	LHR
2年B類	論理国語		文学国語		化学基礎		歴史総合		数学Ⅱ			数学B		物理基礎 生物基礎		体育			保健			英語コミュニケーションⅡ			論理・表現Ⅱ		家庭総合		総探	LHR
3年文系	論理国語		文学国語		古典探究		政治・経済		日本史探究			選択A			体育			英語コミュニケーションⅢ			論理・表現Ⅱ		情報Ⅰ		選択B			総探	LHR
3年理系	論理国語		文学国語		化学			物理 生物		数学Ⅲ 数学理解					体育			英語コミュニケーションⅢ			論理・表現Ⅱ		情報Ⅰ		選択C			総探	LHR

1年　芸術選択：音楽Ⅰ・美術Ⅰ・書道Ⅰ
2年　A類選択：化学基礎・音楽Ⅱ・美術Ⅱ・書道Ⅱ・服飾手芸
3年　選択A：世界史探究・化学基礎・器楽・クラフトデザイン・応用の書
　　　選択B：古典探究・数学理解・音楽Ⅲ・美術Ⅲ・書道Ⅲ・スポーツⅡ・フードデザイン・エッセイライティング
　　　選択C：数学C・古典探究・世界史探究・政治経済・エッセイライティング

教 育 活 動

1 特色ある学習活動

⑴ 予習・復習を徹底し、授業の質を高め、学力の向上を図ります。

⑵ 定期考査前に勉強会をひらき、生徒が理解するまで丁寧に指導します。

⑶ 豊富な選択科目と質・量ともに充実した授業により多様な興味関心に応えます。

⑷ 未来を拓く「学び」推進事業の研究協力校として、協調学習に基づいた授業の実践をします。

2 学校生活

充実した施設・設備と恵まれた学習環境の中で生徒たちは、学習活動・部活動・学校行事等に積極的に参加し、充実した日々を送っています。

3 進路指導

全学年で約90％の生徒が大学・短大・専門学校への進学を希望しています。各生徒の進路目標に合わせ、早朝、放課後、休業中の補習、個別指導を積極的に実施しています。また、進路適性検査、進路講演会、企業・大学・専門学校の見学会等を実施して、適切な進路情報を提供し、堅実な職業観をもたせ、正確な判断ができるように指導しています。

特 別 活 動

1 学校行事

文化祭、体育祭、マラソン大会、芸術鑑賞会、修学旅行等の行事を通して、集団の一員としての自覚を高め、自主的・実践的な態度を育てています。

2 生徒会活動

生徒総会、文化祭、球技大会、三年生を送る会等を中心にさまざまな活動をしています。こうした行事は、生徒が協力して自主的に企画され、運営も円滑に行われています。

3 部活動

部活動は、運動部が18、文化部が13あり、学業との両立をめざしながら、各部とも熱心に活動しています。

運動部では、カヌー部が国体、インターハイ、弓道部・陸上競技部・男女バドミントン部が関東大会、また、硬式テニス・卓球・ソフトテニス・男子バレーボール・男女バスケットボール・剣道・野球部が県大会に出場しています。

文化部も、校内において文化祭での展示・発表を活発に行い、書道部は全国レベルのコンクールで入賞しています。吹奏楽部・軽音楽部も活発に活動しています。

そ の 他

※日程は必ず学校ＨＰ等でご確認ください。

学校説明会 7月29日(月)午前
9月14日(土)午前
11月16日(土)午後(午後授業見学)
1月11日(土)午前

部活動体験 7月29日(月)～31日(水)

詳細については本校ホームページでご確認下さい。
※学校見学は、個別に随時受け付けています。電話で問い合わせ下さい。

卒業後の進路状況

進　　　路		令和2年度	3年度	4年度	5年度
進学	大　　学	82	105	123	116
	短　　大	19	21	7	10
	専門学校	135	114	111	120
就職	民間企業	27	12	15	10
	公 務 員	4	4	1	3
そ の 他		10	9	9	11
卒 業 生 総 数		277	265	266	270

〈主な進学先〉埼玉県立大、法政大、獨協大、文教大、大東文化大、東京電機大、聖心女子大、実践女子大、跡見学園女子大、埼玉医科大、日本医科大、東京女子体育大、東京経済大、拓殖大、大正大、立正大、戸田中央看護専門学校、獨協医科大附属看護専門学校三郷校、上尾中央医療専門学校、埼玉県理容美容専門学校、東京電子専門学校、青山製図専門学校、中央工学校、香川調理製菓専門学校、道灌山学園保育福祉専門学校

〈主な就職先〉越谷市役所、松伏町役場、吉川松伏消防組合、㈱梅林堂、㈱ニュー・オータニ、㈱拓洋、㈱ビックカメラ、タワーベーカリー㈱

地図

越谷駅・吉川駅行バス10分、東中学校前下車　3分
南越谷駅・花田行バス15分、東中学校前下車　3分

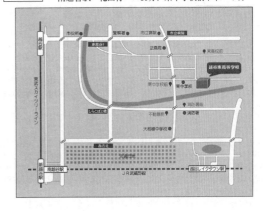

埼玉県立 越谷南高等学校（全日制）

所在地 〒343-0828　越谷市レイクタウン7-9　☎ 048-988-5161

ホームページ https://koshigayaminami-h.spec.ed.jp

最寄り駅からの順路 JR武蔵野線　越谷レイクタウン駅下車徒歩5分

授業風景

校　　長	相原　博和
創　　立	昭和49年4月1日
教職員数	90人

生徒数

学科＼学年	1年 (男)(女)	2年 (男)(女)	3年 (男)(女)	計 (男)(女)
普通科	319 (156)(163)	312 (146)(166)	309 (159)(150)	940 (461)(479)
外国語科	40 (17)(23)	40 (11)(29)	37 (13)(24)	117 (41)(76)
計	359 (173)(186)	352 (157)(195)	346 (172)(174)	1,057 (502)(555)

君たちの明日　南の風、ハレ。

教 育 目 標

『知・徳・体 －文武両道－』

1　PISAタイムやICT活用による授業改善・教材開発を推進し、生徒が実感できる確かな学力の向上を確立する。

2　自主性を育むメリハリのある生徒指導やきめ細かな進路指導を充実させ、学校行事や部活動など「文武両道」に基づく豊かな人間性を育成する。

3　外国語科の特性を生かし、異文化理解を深め、語学力を向上させ、主体的にコミュニケーションを図ることができる生徒を育成する。

4　人材派遣等を含め地域活動における連携・協力を深め、本校の魅力を積極的に発信するなど開かれた学校づくりを推進し、公共心や社会性が豊かな生徒を育成する。

教 育 課 程

新学習指導要領に基づく新たな学びがスタートしました。本校は、既にBYODの学習環境を整えており、全校生徒がタブレット端末を所有して授業や探究学習に取り組んでいます。また、家庭

卒業生の声

立教大学・コミュニティ福祉学部・福祉学科
細川奈那（八潮市立八潮中学校・女子バレーボール部）

　私が思う越谷南高校の魅力はICT教育が充実しているところです。Chromebookを活用することによって、教師と生徒間の双方向型の授業がスムーズに行われています。自分の意見を瞬時にクラス全体に共有したり、数人での共同編集でプレゼンのスライドを作成したりと、効率がよく、わかりやすい授業が展開されていました。また、家庭学習でもChromebookを用いて勉強ができるので、いつでも課題や自主学習に取り組むことができました。

　また、毎朝行っているPISAタイムという授業では、新聞記事やグラフの読み取りを行った上で、自分の意見を書いたり人の意見を聞いたりする活動を行います。毎週毎週さまざまな話題の課題について考えることによって、入学時よりも読解力や文章の構成力が身につきました。

　ぜひ越谷南高校に入学して、自分自身を大きく成長させる最高の3年間を送ってください。

部活動の主な実績

陸上競技部
　関東大会出場　男子三段跳　男子棒高跳　男子走高跳

男子ハンドボール部
　関東大会県予選会　第2位　関東大会出場

女子ハンドボール部
　国体候補選手1名
　関東大会県予選会　第3位　関東大会出場

男子バレーボール部
　関東大会県予選　第5位　関東大会出場

吹奏楽部
　西関東アンサンブルコンテスト　Aの部　打楽器八重奏　金賞
　全日本高校吹奏楽部in横浜　実行委員賞

写真部
　令和6年度全国高等学校総合文化祭岐阜大会　出場決定

書道部
　令和6年度全国高等学校総合文化祭岐阜大会　出場決定

放送部
　NHK杯全国高校放送コンテスト　全国大会出場

チアダンス部
　全国高等学校ダンスドリル選手権大会　関東大会出場

学習においてもタブレット端末を活用して学びを継続し、自学力を向上させます。

　特に全学年で、学校設定科目の「PISAタイム」を含む31単位の授業を展開し、PISA型読解力を育成します。

　2学年からは、文系・理系を選択します。それぞれ上位の私立大学の入試に対応できるカリキュラムを用意しています。

　外国語科は、複数のALTを配置し、英語の授業を充実させるとともに、4つの第二外国語から1つを履修することができます。また、本校は、外国語科を設置する強みを生かして国際理解教育を推進しています。

律"した行動が取れるよう指導しています。

教 育 活 動

1　学習活動　―《授業勝負》が合い言葉―

　本校の授業の雰囲気は真剣そのものです。授業も、3年後の進路実現を目指した内容ですので予習・復習を怠ることはできません。

2　進路指導　―全員《現役合格》を目指します―

　進路指導は1年次より計画的に進められます。1・2年生では、進路講演やガイダンスも多く内容も豊富で進路実現の意識が養われます。

　3年生では、早朝・放課後に補習の体制が組まれています。夏休みには、弱点強化型の補習を行い、生徒全員が進路実現出来るよう取り組んでいます。

3　生徒指導　―《自主自立》が目標―

　本校では、規律正しい学校生活が送れるように校則に基づいて生徒と教員間の信頼関係を重視して取り組んでいます。学習と課外活動を両立させている生徒達が多く、活気あふれた校風のもと"自

特 別 活 動

　運動系・文化系ともに多くの部が積極的に活動し、県大会・関東大会・全国大会で活躍しています。加入率も90％を超え、グラウンド・体育館・特別教室は生徒の熱気に溢れています。

国際理解教育の推進

　外国語科では、1年次に英語宿泊研修を行います。2年次の夏には、外国語科・普通科の希望者がオーストラリア海外研修を行い、国際理解を深めます。また、留学生の受け入れも行っています。

そ の 他　　※日程は必ず学校HP等でご確認ください。

学校説明会等の開催予定(詳細は学校HPをご覧ください)

○学校説明会　令和6年7月26日(金)以降8日間14回(午前午後2部制含む。事前予約制)

○授業公開　令和6年9月28日(土)

卒業後の進路状況

進　　　　路		R2年度	R3年度	R4年度	R5年度
進学	大学・短大	331	311	298	306
	専修・各種	42	30	33	30
就　　　職		3	4	6	1
そ　の　他		19	12	10	14
卒 業 者 総 数		395	357	347	351

〈主な進学先〉
東京学芸大、東京医歯大、名古屋大、千葉大、東京海洋大、埼玉大、埼玉県立大、東北大、茨城大、信州大、早稲田大、慶應大、上智大、明治大、立教大、中央大、法政大、青山学院大、学習院大、津田塾大、東京理科大、東京農業大、北里大、成蹊大、成城大、明治学院大、武蔵大、國學院大、二松學舎大、獨協大、芝浦工大、順天堂大、日本大、東洋大、駒澤大、専修大、東京電機大、文教大、明治薬科大、東京薬科大、東京家政大、女子栄養大、学習院女子大、日本女子大、昭和女子　ほか

地図

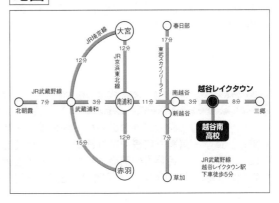

埼玉県立 幸手桜高等学校（全日制）

所在地 〒340-0111 幸手市北1-17-59 ☎ 0480-42-1303 FAX 0480-40-1024

ホームページ https://sattesakura-h.spec.ed.jp/

最寄り駅からの順路 東武日光線幸手駅から徒歩17分
JR宇都宮線東鷲宮駅から自転車25分
JR宇都宮線・東武伊勢崎線 久喜駅から自転車30分

校　長	矢島　誠
創　立	平成25年4月1日
教職員数	65名

生徒数

学科＼学年	1年 (男)(女)	2年 (男)(女)	3年 (男)(女)	計 (男)(女)
総合学科	194 (72)(122)	185 (70)(115)	125 (44)(81)	504 (186)(318)

目指す学校像

夢を語る学校
卒業後の進路を明確にし、学ぶ意義を理解させる学校

感謝を学ぶ学校
地域との連携による体験学習を通じ、人の役に立つ尊さを学ぶ学校

使命感をもって巣立つ学校
社会に貢献できる人材を育てる学校

教育活動の特色

全日制・総合学科の本校では、1年次は全員共通履修で高校卒業に必要な科目を学びます。2年次からは、卒業後の進路を見定め、「総合進学」「教養基礎」「情報マネジメント」「総合ビジネス」の4つの系列から選択し、より専門的で特色ある授業に取り組み、進路実現を目指します。

＜総合進学系列＞

国語や数学、英語など普通教科を中心に学習し、四年制大学や短期大学、高等看護学校等への進学を目指します。専門学校への進学も可能です。4つの系統【人文、理数、看護系、保育系】を設けており、多様な進路選択に対応した科目が用意されています。

＜教養基礎系列＞

社会人として必要な基礎基本の教養を身につけ、普通教科だけでなく、商業の専門教科も学習し、資格取得と幅広く進路に応じた学習を通して、就職や上級学校への進学を目指します。

＜情報マネジメント系列＞

コンピュータの仕組みやソフトウェアについて理解し、実務で必要とされるソフトウェア活用方法について学習し、就職や商学部、経営学部等の大学進学を目指します。

情報処理検定、ビジネス文書実務検定、ITパスポート、簿記検定、ビジネス計算実務検定等を取得できます。2つの学習プランを設けており、進路の希望に合わせた学習ができます。

幸手桜高校のワンポイントアピール（受験生へのメッセージ）

総合学科の本校は、4つの系列【総合進学・教養基礎・情報マネジメント・総合ビジネス】を設置し、進学・就職共に様々な進路選択に対応できる多様なプランを用意しています。それぞれの系統・プランで、資格取得を奨励したり、地域と連携して様々な活動を行ったり、総合学科の魅力・特色が詰まっています。3年間の高校生活で学ぶ方向を見定めて進学や就職という夢を実現しましょう。

＜総合ビジネス系列＞

　企業で発生する取引を記録・計算・整理して経営成績や財政状態を明らかにする簿記や会計について学び、金融事務などの就職や商学部、経営学部等への大学進学を目指します。

　簿記検定、ビジネス計算実務検定、ビジネス文書実務検定、情報処理検定等を取得できます。2つの学習プランを設けており、進路の希望に合わせた学習ができます。

生徒指導

○「ならぬものはならぬ」の精神で、学校と家庭の連携を密にして、あいさつ、身だしなみ、時間の厳守等の指導を徹底します。
○生徒一人一人の状況を把握し、安全な学校生活を送るため、きめ細かい指導を行います。

進路指導

○「産業社会と人間」「総合的な探究の時間」やLHRを活用して、3年間を見据えたキャリア教育を実施します。
○地元企業や関係機関との密接な連携のもとに、インターンシップ、進路講演会、高大連携事業を実施します。

部　活　動

○運動部：硬式野球、陸上、ソフトテニス、硬式テニス、女子バレーボール、男子バスケットボール、女子バスケットボール、卓球、柔道、サッカー、剣道、バドミントン、ソフトボール
○文化部：珠算、文芸、華道、茶道、英語、写真、新聞、簿記、CAV、書道、吹奏楽、PMC、演劇、ワープロ、JRC、美術部

＜参考＞

〈大学・短大(過去3年)〉
跡見学園女子大、浦和大、江戸川大、国士舘大、聖学院大、高千穂大、中央学院大、共栄大、千葉商科大、日本工業大、東洋大、獨協大、流通経済大、目白大、城西大、大東文化大、川口短大、埼玉純真短大、埼玉女子短大　ほか

〈就職先(過去3年)〉
武蔵野銀行、栃木銀行、川口信金、足立成和信金、朝日信金、前澤工業㈱、トラスコ中山㈱、三共スポーツ㈱、凸版印刷㈱、㈱ベルク、㈱セキ薬品、山崎製パン㈱、㈱なとり、日本郵便㈱、フジッコ㈱、日本マタイ㈱、SMC㈱、東邦薬品㈱、山九㈱、埼玉キッコーマン㈱、㈱東光高岳、東洋製罐㈱、ニプロファーマ㈱、㈱チノー、ネッツトヨタ埼玉㈱、㈱ワールドストアパートナーズ、ヤマザキビスケット㈱、オルガノフードテック㈱、積水武蔵化工㈱、全農キューピーエッグステーション、光製薬㈱、㈱ベルーナ、㈱東武ストア、㈱飛鳥薬局、㈱桃屋、F-LINE㈱、㈱ベルーナ、三桜工業㈱、東武バス㈱、細井自動車㈱、㈱パレスホテルほか

学校説明会等　※日程は必ず学校HP等でご確認ください。

7月26日(金)　オープンキャンパス
9月7日(土)　オープンキャンパス
10月19日(土)　学校説明会
11月16日(土)　学校説明会
※「商業科目 or 普通科目」を体験できます。
12月14日(土)　入試説明会
1月11日(土)　入試説明会
1月25日(土)　入試説明会
※「受検直前対策」を受講できます。

地図　東武日光線幸手駅下車　北へ徒歩約17分

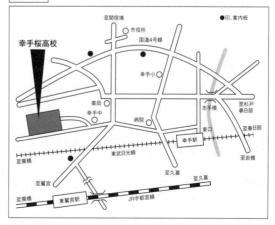

埼玉県立 庄和高等学校 （全日制）

所在地 〒344-0117 春日部市金崎583 ☎ 048-746-7111
ホームページ https://showa-h.spec.ed.jp/
最寄り駅からの順路 東武野田線南桜井駅下車 徒歩20分
春日部駅東口発朝日バス「庄和総合支所」バス停下車 徒歩1分

校　　長	水石　明彦
創　　立	昭和55年4月1日
教職員数	47人

生徒数

学科＼学年	1年(男)(女)	2年(男)(女)	3年(男)(女)	計(男)(女)
普通科	158 (68)(90)	155 (73)(82)	172 (81)(91)	485 (222)(263)

庄和高校からあなたへ

校訓は「夢　飛揚」
　庄和高校は頑張ろうとするあなたの味方です。夢に向かって大きく羽ばたこうとするあなたを応援し、強力にサポートしていきます。

教育課程

　本校は、将来においても必要な基礎学力をしっかり身につけることが最も大切だと考えています。そのため、1年生の英語・数学、2年生の数学では少人数・習熟度別授業を実施しており、生徒一人一人の理解の状況に合った授業がおこなわれます。また、3年生では文系と理系に分かれ、生徒一人ひとりが自分に必要な学びを深めるための授業を受けることができます。生徒一人一人の多様な進路希望に対応できるよう、多くの選択科目が用意されています。

教育活動

1.学習活動

　本校は「学校生活の基本は授業」と考え、世の中で生きていくために必要な基礎学力を身につけることに重点を置いています。
　例を挙げれば、多くの先生がICTを活用した授業や主体的、対話的で深い学びが起きる授業への研鑽を深め、その成果を積極的に授業に還元しています。また、朝学習で学力だけでなく社会人として必要な資質の向上を図ります。また、本校は国際交流にも力を置いているため、ALTと日本人教員でのティームティーチングによる英語の授業では英語力の向上を目指しています。さらに生徒一人ひとりの興味関心に応じた種目を選択できる体育の授業を実施し、体力の向上を目指します。
　これらの学習活動を通して、一人ひとりが世の中で生きていくために必要な力を身につけることができるよう、学校生活を設計しています。

2.少人数クラス

　本年度も1・2年生は少人数クラス編成です。少人数クラス編成とすることで、1クラスあたり33名前後の在籍になるため、教員からは生徒一人ひとりにこれまで以上に目が届くメリットが、また、生徒からも教員との距離が近くなり気軽に相談ができるメリットがそれぞれにあり、好評です。

データ

令和7年度入学生　教育課程

		1	2	3	4	5	6	7	8	9	10	11	12	13	14	15	16	17	18	19	20	21	22	23	24	25	26	27	28	29	30
1学年		現代の国語		言語文化		公共		数学Ⅰ			数学A		化学基礎		体育			保健	芸術Ⅰ			英語CⅠ			論理・表現Ⅰ		家庭総合		情報Ⅰ		L	総
2学年		論理国語		文学国語		歴史総合		地理総合		数学Ⅱ			物理基礎	生物基礎		体育			保健	芸術Ⅱ			英語CⅡ			家庭総合			L	総
3学年	理	論理国語		文学国語		政治・経済		英語CⅢ			論理・表現Ⅱ		体育		数学Ⅲ		数学C		物理・化学・生物			化学・生物			リスニングコミュニケーション	フードデザイン		L	総
															数学理解										日本史探究	数学B				
																									保育基礎					
	文														総合古典		日本史探究		芸術			生物			数学理解	課題研究				
																スポーツⅡ			化学						情報表管	世界史探究				

<庄和>

3. 進路指導

　本校は生徒一人ひとりが希望する進路実現ができることを高校生活のゴールと考えています。そのため、学年ごとに生徒・保護者を対象とした進路講演会・進路見学会・進路模擬授業などを実施しています。卒業生にも進路活動の体験を話してもらうなど、最新の情報が提供できるようにしています。

　また、早い時期から面接練習・模擬試験・進学補習なども実施し、生徒一人ひとりが適切な志望校や就職先を選択できるようにしています。特に、学校紹介による就職内定率はここ数年、100％を達成しています。

4. その他

　1・2年生では年度に1回の英語検定・漢字検定の全員受検、年度に2回の外部模試を通して一人ひとりの学力の伸長を確認しています。これ以外にも、情報処理系の検定なども積極的に受検し、各種資格の取得に努めています。

　また、本校は国際理解教育にも積極的に取り組んでおり、その一環として、台湾の高校と姉妹校の提携を結び、交流活動を実施しています。

体育祭

○女子ソフトテニス部　R4県大会ベスト32
○バドミントン部　R4県大会出場
○卓球部　R4県大会出場
○女子バレーボール部　R4県大会出場
この他、女子バスケットボール部が県大会出場まであとわずかの所まで力を付けてきています。
○家庭福祉部　R4クッキー甲子園優秀作品賞受賞
この他、吹奏楽部、合唱部、美術部、日本文化部、コミックアート部がそれぞれの大会での上位入賞を目指し、日々活動しています。

特 別 活 動

　「生きる力の育成」や「情操教育」を重視しています。本校では、学校行事を大切にしている点も特色の1つです。本校の三大行事として、「文化祭」「体育祭」「修学旅行」があります。その1つ、修学旅行では台湾に行き、現地の高校生と交流しています。

　また部活動も大変盛んで、多くの部活動が県大会に出場しています。以下は、ここ数年の部活動の実績の一部を紹介します。
○陸上部　R5関東大会出場
○男子バスケットボール部　R1関東大会出場
○野球部　R4県大会出場
○男子サッカー部　R5県大会出場
○女子サッカー部　R4県大会ベスト16
○ソフトボール部　R4県大会ベスト32

学校説明会の案内

令和6（2024）年度　生徒募集関連イベント
【学校説明会】
第1回　　7月27日(土)
第2回　　9月28日(土)
第3回　11月16日(土)
【個別相談会】
第1回　12月14日(土)
第2回　　1月11日(土)
【部活動体験】
7月30日(火)～8月1日(木)
●上記イベントの詳細は、随時本校HPにリリースします。
◆学校見学は随時受け付けています。ご希望の際は、事前に本校教頭までご連絡ください。
▲上記の計画は変更になることもありますので、事前に本校HPを必ずご確認ください。

卒業後の進路状況

主な進路先・合格校

★大学　跡見学園女子大、江戸川大、開智国際大、川村学園女子大、共栄大、駒澤大、埼玉学園大、淑徳大、尚美学園大、上武大、拓殖大、中央学院大、帝京平成大、東海大、東京国際大、東京電機大、東京未来大、東洋大、東洋学園大、獨協大、名古屋経済大、二松學舎大、日本工業大、白鷗大、文化学園大、平成国際大、北京外国語大、流通経済大、立正大、麗澤大

★短大　大妻女子大短大部、川口短大、埼玉純真短大、埼玉東萌短大、戸板女子短大

★専門学校　上野法律専門学校、大原医療秘書福祉専門学校、大原簿記情報ビジネス専門学校、大原法律専門学校、大宮医療専門学校、大宮医療秘書専門学校、大宮理容美容専門学校、大宮ビューティー＆ブライダル専門学校、大宮スイーツ＆カフェ専門学校、香川調理製菓専門学校、春日部高等技術専門校、神田外語学院、窪田理容美容専門学校、さいたまIT・WEB専門学校、埼玉福祉保育医療製菓調理専門学校、埼玉動物海洋専門学校、専門学校日本動物21、中央工学校、中央高等技術専門校、中央動物専門学校、東京医薬看護専門学校、東京リゾート＆スポーツ専門学校、東京YMCA国際ホテル専門学校、東京スポーツ・レクリエーション専門学校、東京デザイン専門学校、東京教育専門学校、東洋美術学校、日本外国語専門学校、日本総合医療専門学校、日本電子専門学校、ヒューマンアカデミー大宮駅前校、文化服装学院、ミス・パリ・ビューティー専門学校　大宮校、山野美容専門学校、吉川福祉専門学校

★看護・医療系大学・専門学校　日本医療科学大、人間総合科学大、文京学院大、目白大、上尾中央医療専門学校、戸田中央看護専門学校

★民間就職　足立成和信用金庫、SMC㈱草加工場、名鉄運輸㈱、㈱ヤクルト本社茨城工場、エスビースパイス工業㈱埼玉工場、銀座アスター食品㈱、生活協同組合コープみらい、㈱セキ薬品、(医)みさわ歯科、(医)あべひろ総合歯科、東和産業㈱、姫路イーグレッターズ

★公務員　春日部市(消防士)、自衛隊(一般曹候補生)

地図

東武野田線／南桜井駅から徒歩20分
春日部駅前発東武バス「庄和総合支所」から徒歩1分

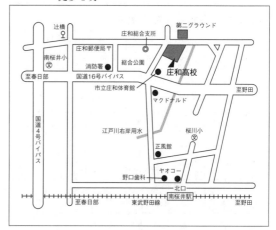

埼玉県立 白岡高等学校 (全日制)

所在地 〒349-0213 白岡市高岩275-1 ☎ 0480-92-1505

ホームページ https://shiraoka-h.spec.ed.jp/

最寄り駅からの順路 JR宇都宮線新白岡駅徒歩約15分又は東武伊勢崎線和戸駅自転車約10分

白岡高校校舎写真

校　　長	須賀　孝慶
創　　立	昭和52年4月1日
教職員数	49人

生徒数

学科＼学年	1年 (男)(女)	2年 (男)(女)	3年 (男)(女)	計 (男)(女)
普通科	158 (86)(72)	129 (79)(50)	114 (83)(31)	401 (248)(153)

きめ細かな指導と充実の進路実績

　きめ細かな指導で、生徒一人一人を鍛え伸ばしていることが、本校の誇りです。

　静かな環境と落ち着いた雰囲気の中で、生徒は明るくのびのびと勉学と部活動などに励んでいます。

　卒業後には、大学等への進学準備の若干名を除き、全員が進路先を決定しています。特に、学校斡旋の就職希望者においては、就職試験1社目での内定率は94％を得ていて、最終的には全員の就職先が決定しています。

教 育 目 標

1　学力の向上

　生徒一人一人に応じたきめ細かな指導を推進し、基礎学力の充実を図る。

2　健全な心身の育成

　豊かな情操と幅広い教養を培い、自他の生命を尊重する精神、自律の精神、社会連帯の精神及び人権を尊重する態度の育成を図る。

3　体力の錬成

　体育の授業、部活動、体育的行事等を通して、基礎体力の増進を図る。

教 育 課 程

　各教科を幅広く学び、2年次から文系・理系に分かれて学習します。

　また、3年次には、多くの選択科目があり、個々の興味・関心、進路希望等に応じた学習が可能です。

教育課程　令和6年度入学生

		1	2	3	4	5	6	7	8	9	10	11	12	13	14	15	16	17	18	19	20	21	22	23	24	25	26	27	28	29	30
1年		現代の国語		言語文化		地理総合		歴史総合		数学I			生物基礎		体育			保健		芸術I		英語コミュニケーションI			論理・表現I		家庭総合		情報I		総探	LHR
2年	理系	論理国語			公共		数学II			数学A		物理基礎		化学基礎		体育			保健	英語コミュニケーションII		論理・表現II		家庭総合				総探		LHR
	文系	論理国語		古典探究		世界史探究		公共		数学A		化学基礎		体育			保健	芸術II		英語コミュニケーションII		論理・表現II		家庭総合				総探		LHR
3年	理系	文学国語		数学III		数学B	数学C	化学					物理			体育		英語コミュニケーションIII			論理・表現III		総探		LHR
				数学理解		選択①							生物												
	文系	文学国語		古典探究		日本史探究		政治・経済		地学基礎		体育		英語コミュニケーションIII		論理・表現III		選択①		選択②		選択③		総探		LHR

選択①　国語表現・数学理解・生物・情報処理・スポーツII・総合英語II
選択②　化学・芸術III・総合古典・簿記・服飾手芸・フードデザイン・総合英語II
選択③　物理基礎・ビジネス基礎・保育基礎・スポーツII・ソルフェージュ・構成・実用の書

＜白岡＞

教 育 活 動

1 学習活動

(1) 1年次 国語・英語・数学、2年次 英語・数学で少人数展開授業を実施しています。

(2) 1・2年の英語・数学は習熟度別学習です。

(3) 情報処理室とCAI室が設置され、情報化に対応した授業やコンピュータを利用した個別学習ができます。

(4) すべての普通教室には、エアコンが設置され快適な環境で学習することができます。

(5) 学習サポーターが授業中や放課後の補習等を学習支援します。

2 進路指導

(1) 入学当初から、様々な進路説明会や上級学校見学会、進路相談を計画的に実施し、生徒の進路意識を高めています。

(2) 早朝、放課後、長期休業中に補習を実施し、進学希望者の実力アップを図っています。

(3) 3年次には希望進路実現のために、一人の生徒に対して複数の教員が模擬面接の練習を何度も行うなど、一人一人を大切にし、最後まで面倒を見ます。

特 別 活 動

部活動が大変盛んです。全校生徒の95.5％が部活動に加入しています。

●令和5年度の主な実績です。

男子バスケットボール部 埼玉県高等学校バスケットボール競技大会新人大会 第5位、埼玉県選抜選手 2名出場（2年）

陸上競技部 関東高等学校選抜新人陸上選手権大会 女子棒高跳 2名出場

野球部 東部地区中央ブロック研修大会 第5位

男子ソフトテニス部 関東高等学校選抜大会埼玉県予選会 団体ベスト8、関東高等学校選抜新人選手権大会 出場（1ペア）、新人戦選抜大会県予選会 団体ベスト8

女子バレーボール部 選手権大会埼玉県大会 ベスト32、新人戦地区大会東部地区予選会 第5位（県大会出場）

男子バスケットボール部 関東大会出場（R4）

書道部 大東文化大学主催 第64回全国書道展 銀賞（2名）

●令和4年度の主な実績です。

男子バスケットボール部 関東高等学校バスケットボール大会埼玉県予選会 第4位、関東高等学校男子バスケットボール選手権 出場、全国高等学校バスケットボール選手権大会埼玉県予選会 ベスト8、東部地区選手権大会 第4位、全国高等学校バスケットボール選手権大会埼玉県予選会 ベスト16

陸上競技部 棒高跳 国体東部地区予選 優勝・インターハイ出場、やり投 国体東部地区予選 4位

野球部 春季埼玉県高校野球大会 ベスト32

男子ソフトテニス部 新人戦東部地区予選 団体第3位

吹奏学部 第63回埼玉県吹奏楽コンクール 県大会高等学校 Bの部 銅賞、第二回冬季演奏会 銀賞

書道部 第60回埼玉県硬筆中央展覧会 特選賞、埼玉県書きぞめ中央展覧会 優良賞（3名）

美術部 第65回 埼玉県高校美術展 優秀賞

そ の 他 ※日程は必ず学校HP等でご確認ください。

学校説明会（予定）

・体験部活動、概要説明、個別質問
　8月3日(土)・4日(日)（時程は各部活別）

・ありの実祭（文化祭）、個別質問
　9月7日(土)（時間　9：30～15：00）

・概要説明、個別質問、部活動見学
　10月5日(土)・12月14日(土)
　1月18日(土)・2月1日(土)
　（時間　9：30～11：00）

・公開授業、概要説明、部活動見学、個別質問
　11月9日(土)（時間　12：30～15：30）

卒業後の進路状況

進　　　　　路		令和3年度	令和4年度	令和5年度
進学	大　　　　学	68	54	48
	短　　　　大	11	3	8
	専修・各種	85	67	54
就　　　　職		20	20	13
そ　の　他		1	4	5
卒 業 者 総 数		185	148	128

〈主な合格校〉過去3年間
埼玉県立大、埼玉工業大、国士舘大、大東文化大、女子栄養大、拓殖大、玉川大、東京電機大、東京科学大、東京女子体育大、東京工芸大、日本大、日本工業大、日本保健医療大、文教大、立正大、共栄大、東京成徳大、淑徳大、城西大、聖学院大、平成国際大、流通経済大、跡見学園女子大、埼玉女子短大、埼玉純真短大、国際学院埼玉短大 他

〈主な就職先〉過去3年間
㈱PALTAC、関東運輸㈱、大成ラミック㈱、㈱カインズ、㈱ヒューテックノオリン、㈱ベルク、シモハナ物流㈱、井和工業㈱、日本通運㈱ 他

地図 JR宇都宮線新白岡駅下車 徒歩15分

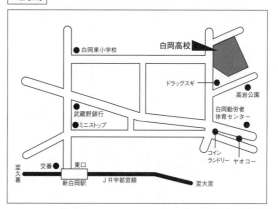

埼玉県立 杉戸高等学校 （全日制）

所在地　〒345-0025　北葛飾郡杉戸町清地1丁目1番36号
☎ 0480-34-6074　FAX 0480-36-1013
最寄り駅からの順路　東武線東武動物公園駅東口下車　徒歩8分
ホームページ　https://sugito-h.spec.ed.jp

X

Instagram

新制服モデル

校　長	松本　剛明
創　立	昭和52年4月1日
教職員数	65人
学級数	1年2年3年7クラス、計21学級

生徒数

学科＼学年	1年（男）（女）	2年（男）（女）	3年（男）（女）	計（男）（女）
普通科	279 (167)(112)	275 (167)(108)	265 (161)(104)	819 (495)(324)

教育目標

「一人ひとりの能力を確実に伸ばし、夢の実現を支援する学校」を目指し5つの力を持った生徒を育てます。

【主体性】自分が何をするべきか、自ら考え行動できる人間

【協調性】周りの仲間と協力して高めあうことができる人間

【発信力】自分の意見を周りに伝えることができる人間

【共感力】相手の意見や想いを受け止め共感できる人間

【継続力】最後まで粘り強く努力し続けることができる人間

教育課程

未来の夢と希望の実現を目指して特色ある教育課程を編成しています。第2学年から進路希望に応じて「文系」と「理系」に分かれて学習します。

平成29年度から導入した55分授業は、1日6時間、週5日で33単位分の授業が可能となり、空いた土曜日は自学自習や部活動にあてています。

教育活動

1・学習活動

令和4年度から入学直後に2日間実施されているスタートアッププログラムは、中学校の学びから「高校の深い学びへ」の変革を促す、埼玉県初の取り組みである。1日目の「リーダーシップ育

日課表

生徒登校朝自習小テスト	8：30
SHR	8：35～8：45
1限	8：50～9：45
2限	9：55～10：50
3限	11：00～11：55
昼休み	11：55～12：40
4限	12：40～13：35
5限	13：45～14：40
6限	14：50～15：45
SHR	15：45～15：50
清掃	15：50～16：05

令和7年度入学生用　教育課程表（予定）

		1	2	3	4	5	6	7	8	9	10	11	12	13	14	15	16	17	18	19	20	21	22	23	24	25	26	27	28	29	30	31	32	33
1年	共通	現代の国語		言語文化		歴史総合		公共		数学I			数学A		生物基礎		化学基礎		芸術I		英語コミュニケーションI			論理・表現I		家庭基礎			体育			保健	総探	HR
2年	文	論理国語	文学国語	古典探究		地理総合	世界史探究		日本史探究		数学II		芸術II		物理基礎		英語コミュニケーションII			論理・表現II		情報I			体育			保健	総探	HR				
	理	論理国語	文学国語	地理総合		数学II		数B	数C	物理基礎		発展基礎発展物基		化学			英語コミュニケーションII			論理・表現II		情報I			体育			保健	総探	HR				
3年	文I	論理国語	文学国語	古典探究			世界史研究日本史研究地理探究			政治・経済倫理			総合古典評論読解		保育基礎世日文情報II	フード芸術III音/美/書スポ・レク	応用英語		英語コミュニケーションIII				論理・表現III		体育		総探	HR						
	文II	論理国語	文学国語	古典探究			世界史研究日本史研究地理探究			政治・経済倫理			数学理解		数学研究	生物理解	化学理解		英語コミュニケーションIII				論理・表現III		体育		総探	HR						
	理I	論理国語	文学国語	政治・経済倫理地理探究			数学III			数学理解		発展化学			物理/生物				英語コミュニケーションIII				論理・表現III		体育		総探	HR						
	理II	論理国語	文学国語	政治・経済倫理地理探究			数学理解		数学研究古典探究	総合古典応用英語情報II美術総合研究		発展化学			物理/生物				英語コミュニケーションIII				論理・表現III		体育		総探	HR						
		1	2	3	4	5	6	7	8	9	10	11	12	13	14	15	16	17	18	19	20	21	22	23	24	25	26	27	28	29	30	31	32	33

成講座」は世界的大企業から講師が来校。2日目の「All English Program」では、世界各国より40名以上の外国人講師が来校し英語コミュニケーション力を養う。

また、高等学校DX加速化推進事業(DXハイスクール)認定校、ICTを活用した遠隔教育導入・展開実証モデル校となっており、ICT教育にも力を入れている。

2・学校生活

文化祭、体育祭等は、生徒会を中心に生徒達が主体的に運営している。落ち着いた雰囲気の図書館は、生徒達の憩いの場である。お昼休みにはパン販売もある。

3・進路活動

一人一人の進路選択を手厚く支援。基礎学力定着から大学入試に向けたものまで、課外補習が多数。外部有識者を招いての生徒向け進路ガイダンス、卒業生による合格体験談発表会、個人面談、小論文指導、面接指導などを実施している。

R6スタートアッププログラムより

は優しく、明るい校風です。芸術鑑賞会は劇団四季のミュージカル鑑賞、東武動物公園に生物多様性を探究しに出向くなど、楽しい行事も目白押し。令和7年度から変わる制服は、生徒会役員が何代にもわたりデザインした自信作。私立高校にも負けない素敵な制服です！ホームページだけでなく、InstagramやXでも毎日情報発信を頑張っている高校です。

特別活動

本校の特別活動は、大変活発です。体育祭や文化祭および1学期と3学期末に行われる球技大会など、生徒会役員を中心に各HR選出の専門員が主体的に運営しています。

部活動は体育系が17部活、文化系が13部活あります。ダンス部は全国大会の常連校、空手道部や陸上部、吹奏楽部も素晴らしい実績を残しています。理科部は各機関と連携しながら川の採水等の深い研究を行っています。軽音楽部も勢いがあり、今後の活躍が期待されます。美術部や書道部も、地域と連携しながらの活動を続けています。

在校生からのメッセージ

学校生活は充実しています。「やりたい」という生徒の要望に応えてくれる熱心な先生が多く、充実した3年間を過ごすことができます。生徒達

学校説明会 ※日程は必ず学校HP等でご確認ください。

第1回学校説明会 2024年8月2日(金)AM予定
【部活動見学・体験】
※一部部活動は、7月31日(水)、8月1日(木)、8月26日(月)、8月27日(火)にも部活動見学・体験を実施します。
第2回学校説明会 2024年10月5日(土)AM予定
【授業公開】
第3回学校説明会 2024年11月16日(土)PM予定
【募集要項配布予定】
第4回学校説明会 2025年1月11日(土)AM予定
【個別相談ラストチャンス】
★申し込み方法
本校ホームページよりお申し込みください。各回の1か月前までには申し込み方法を掲載します。

卒業後の進路状況

進路		令和3年度	令和4年度	令和5年度
進学	大学	219	215	203
	短大	10	6	7
	専門学校等	57	36	36
就職	民間	6	1	0
	公務員	3	4	2
その他		19	12	14
卒業者総数		314	274	262

主な合格実績

お茶の水女子大、埼玉大、宇都宮大、埼玉県立大、慶應義塾大、上智大、明治大、立教大、中央大、法政大、青山学院大、東京理科大、成蹊大、國學院大、武蔵大、成城大、芝浦工業大、東京女子大、津田塾大、日本大、東洋大、駒澤大、専修大、獨協大、文教大、東京家政大、東京電機大、東京経済大、大東文化大

地図 急行がとまる東武動物公園駅から徒歩8分

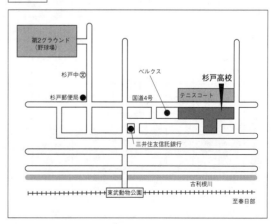

埼玉県立　草加高等学校（全日制）

所在地　〒340-0002　草加市青柳5丁目3番1号　☎ 048-935-4521
ホームページ　https://soka-h.spec.ed.jp/
最寄り駅からの順路　東武スカイツリーライン新田駅下車　バス7分、又は徒歩20分

校　　長	田邉　広昭
創　　立	昭和37年4月1日
教職員数	75人

生徒数

学科＼学年	1年 (男)(女)	2年 (男)(女)	3年 (男)(女)	計 (男)(女)
普通科	357 (197)(160)	357 (192)(165)	351 (183)(168)	1,065 (572)(493)

【目指す学校像】

知・徳・体の調和のとれた人間の育成を図り、地域の進学校として信頼される学校

【重点目標】

(1) 全ての教育活動において「主体的・対話的で深い学び」を実践し、多様な社会変化に対応できる生徒を育成する。
(2) 生徒の豊かな人間性と向上心を育み、自主自律の精神を伸長させる。
(3) 高い進路目標の実現を目指す地域のリーディングスクールとして、地域に信頼され愛される学校づくりを推進する。

きめ細かな進路指導

草加高校では、3年間を通じて計画的にきめ細かな進路指導を行っています。

1年生より、LHR等の時間内に大学生や外部講師を招いてのガイダンス等を、各学年とも12回程度行い、先を見据えて丁寧に指導しています。特に大学生による講演会は、多岐にわたる興味深いテーマの中から生徒自身が選んで聞くもので、学問や大学の様子を身近に感じることができ、生徒からは好評を得ています。また、担任との面談を年3回実施することで、進路への質問や悩みにも早くそして丁寧に対応しています。

模試受験は、1・2年生においては客観的な学力把握のため全員必須で受けています。3年生では希望により最大14回の受験が可能となっています。

受験指導においては、一般受験に向けた指導はもとより、推薦受験等における面接や小論文の指導も手厚く行っています。教員一人一人が1～3

教育課程　令和7年度入学生用予定

1年（1〜32時間）
現代の国語②　言語文化②　地理総合②　数学I③　数学A②　物理基礎②　化学基礎②　体育③　保健①　芸術I②　英語コミュニケーションI④　論理・表現I②　家庭基礎②　情報I②　LHR①　総探①
教科科目履修単位数計30／総合探究1、LHR1／総単位数　計32
芸術I選択（音楽I　美術I　書道I）

2年文系
論理国語②　文学国語②　古典探究③　歴史総合②　公共②　数学II④　生物基礎②　☆選択②　体育③　保健①　英語コミュニケーションII④　論理・表現II②　LHR①　総探①
教科科目履修単位数計30／総合探究1、LHR1／総単位数　計32
☆文系選択（音楽II　美術II　書道II　ファッション造形基礎　数学B）

2年理系
論理国語②　文学国語②　歴史総合②　公共②　数学II④　数学B②　物理④／化学④　生物基礎②　体育③　保健①　英語コミュニケーションII④　論理・表現II②　LHR①　総探①
教科科目履修単位数計30／総合探究1、LHR1／総単位数　計32

3年文系
論理国語②　文学国語②　古典探究③　世界史探究④／日本史探究④／地理探究④　世界文化史③／日本文化史③／地学基礎②／生物②　政治経済②　数学理解③／英語理解③　★選択②　体育②　英語コミュニケーションIII③　論理・表現III②　LHR①　総探①
教科科目履修単位数計29／総合探究1、LHR1／総単位数　計31
★文系選択②（総合古典　数学C　スポーツII　器楽　絵画　応用の書　国際コミュニケーション　保育基礎　フードデザイン）

3年理系
論理国語②　文学国語②　地理探究②／政治経済②／英語理解②　数学III⑤／数学理解⑤　数学C②　物理理論③／化学理論③　物理④／化学④／生物④　▲選択②　体育②　英語コミュニケーションIII③　論理・表現III②　LHR①　総探①
教科科目履修単位数計29／総合探究1、LHR1／総単位数　計31
▲理系選択②（理科課題研究　総合古典　美術概論　実用の書　国際コミュニケーション　情報II　数学理解②〔数III選択者のみ選択可〕）

名の生徒を担当し、基礎的な内容から繰り返し指導を行うなど、学校全体で取り組んでいます。

自律精神を育てる教育活動

【新しい時代に対応した教育】
文部科学省指定の高等学校DX加速化推進事業（DXハイスクール）に認定され、これまで以上にデジタル機器の充実が図られることになりました。ICTを活用した主体的・協働的・探究的な授業を積極的に展開し、生徒の理解度向上に努めます。また個別最適な学びが行えるようロイロノート・スクールやスタディサプリなどの教育アプリケーションも導入しています。

【学校行事】
行事に熱心なのも草加高校の特徴です。

6月の体育祭では平日にも関わらず、毎年600名近くの保護者が来校します。各クラス3学年縦割り9団で様々な競技で競い合います。

一番の見どころは体育祭名物「パフォーマンス合戦」です。3年生の団長・チア長を中心に、振り付けや隊形移動を生徒たち自身で一から考えます。体育祭当日は3学年息のあった圧巻のパフォーマンスを見ることができます。

9月の文化祭は各クラス趣向を凝らした企画が並び、毎年多くの来校者が訪れます。体育館では有志のダンスや吹奏楽部の演奏で盛り上がります。また卓球場をライブハウスとして使用し、本場のライブさながらの熱狂ぶりです。

【部活動】
授業と並んで高校生活に欠かせず、幅広い人材育成に重要なのが部活動です。草加高校の部活動は、内容・実績ともにレベルが高く、全国大会、関東大会でも活躍しています。広いグラウンド、8面のテニスコート、体育館設備も充実しており、充実した活動を行うことができます。放課後や休日のグラウンド、体育館、校舎内は、部活動を熱心に行う生徒たちの熱気でどこもあふれています。

【部活動一覧】運動部18　文化部13
陸上競技部　野球部　サッカー部　ラグビー部　男子バスケットボール部　女子バスケットボール部　男子ソフトテニス部　女子ソフトテニス部　卓球部　男子バドミントン部　女子バドミントン部　剣道部　男子バレー部　女子バレー部　男子テニス部　女子テニス部　パワーリフティング部　水泳部　吹奏楽部　書道部　演劇部　英語部　茶道部　写真部　手芸調理部　漫画研究部　美術部　科学部　文芸部　囲碁・将棋部　JRC部

【施設環境】
ホームルーム全ての教室にプロジェクター・スクリーン、無線LANを完備しており、ICTを活用した授業が多く展開されています。

生徒に人気がある場所といえば図書館です。毎月100冊以上新しい本が入ります。話題のベストセラー・旬な小説・中高生に人気のコミック・日々の学習や大学受験に役立つ参考書類など、様々なジャンルの本が毎日のように入ってきます。本のリクエストもできるので、草高生の趣味の充実にも一役買っています。貸出カウンターには時に行列ができるほどにぎわっています。

各校舎をつなぐ広い渡り廊下を利用した自習ブースを使用する生徒も多いです。職員室に近いこともあり、昼休みや放課後には、生徒同士で勉強を教え合う姿や、わからないところを先生に質問する姿が見られます。

卒業後の進路状況

進　　　路		R3年度	R4年度	R5年度
進学	大学・短大	265	269	276
	専修・各種	61	52	45
就　　職		2	5	4

<主な進学先>
千葉大　山梨大　秋田公立美術大
埼玉県立大　明治大　学習院大　法政大
成蹊大　成城大　明治学院大　國學院大
東京理科大　芝浦工業大　日本大　東洋大
駒澤大　専修大　文教大　獨協大
学習院女子大　日本女子大　工学院大
昭和女子大　東京電機大　東京農業大
東京家政大　千葉工業大　神田外語大
亜細亜大　武蔵野大　など

進学先内訳

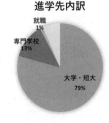

就職 1%
専門学校 13%
大学・短大 79%

地図

東武線新田駅下車徒歩20分
バス：草加高校入口下車、徒歩4分

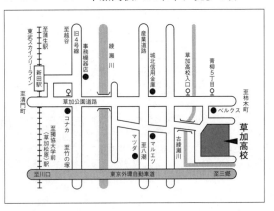

埼玉県立 草加西高等学校（全日制）

所在地 〒340-8524 草加市原町2-7-1 ☎ 048-942-6141 FAX 048-946-1281
ホームページ https://sokanishi-h.spec.ed.jp
最寄り駅からの順路 東武スカイツリーライン新田駅下車徒歩25分、または、新田駅東口より獨協大学前駅西口行朝日バス「草加西高校入口」下車　徒歩4分

正門から見た校舎

校　　長	沖田　潤子
創　　立	昭和58年4月1日
教職員数	57人

生徒数

学科＼学年	1年(男)(女)	2年(男)(女)	3年(男)(女)	計(男)(女)
普通科	238 (116)(122)	229 (92)(137)	218 (93)(125)	685 (301)(384)

校訓「正々堂々」

教育目標

1　探求心を持った知性豊かな創造性のある人を育てる
2　困難を克服する体力と精神力のある人を育てる
3　何事にも責任を持って行動し社会規範を重んじる人を育てる
4　情操豊かな素直で思いやりのある人を育てる

教育課程

　草加西高校の教育課程（カリキュラム）は個々の生徒の進路希望を実現するために組まれています。特色として2年生から進路希望別の類型制、またその類型によってはさらにいくつかの選択科目を学習できます。令和4年度から新教育課程となりました。

データ　42期生（令和6年度入学生）　教育課程表

1年次（共通）
現代の国語 ／ 言語文化 ／ 地理総合 ／ 数学I ／ 数学A ／ 科学と人間生活 ／ 英コミュI ／ 芸術I ／ 保健 ／ 体育 ／ 家庭総合 ／ 情報I ／ 総探 ／ LHR

2年次

文系	論理国語／文学国語／歴史総合／公共／数学II／選択I／選択II／化学基礎／芸術II／英コミュII／保健／体育／家庭総合／総探／LHR
教育系	論理国語／文学国語／歴史総合／公共／数学II／選択I／選択II／化学基礎／芸術II／英コミュII／保健／体育／家庭総合／総探／LHR
福祉系	論理国語／文学国語／歴史総合／公共／数学II／社会福祉基礎／選択II／化学基礎／芸術II／英コミュII／保健／体育／家庭総合／総探／LHR
医療系	論理国語／文学国語／歴史総合／公共／数学II／選択I・社会福祉基礎／選択II・数学理解／化学基礎／生物基礎／英コミュII／保健／体育／家庭総合／総探／LHR
理系	論理国語／文学国語／歴史総合／公共／数学II／数学B／化学基礎／物理基礎・生物基礎／英コミュII／保健／体育／家庭総合／総探／LHR

3年次

文系	論理国語／文学国語／政治経済／日本史探究／生物基礎・地学基礎／数学II／選択III／選択IV／英コミュIII／体育／選択V／総探／LHR
教育系	論理国語／文学国語／政治経済／日本史探究／生物基礎・地学基礎／数学II／保育基礎／英コミュIII／体育／選択V／総探／LHR
福祉系	論理国語／文学国語／政治経済／日本史探究／生物基礎・地学基礎／数学II／選択III／介護福祉基礎／英コミュIII／体育／選択V／総探／LHR
医療系	論理国語／文学国語／政治経済／化学（医）／数学II／生物／選択IV／英コミュIII／体育／選択V／総探／LHR
理系	論理国語／文学国語／政治経済／数学III／化学（理）／生物・物理／数学C／英コミュIII／体育／選択V／総探／LHR

選択科目

選択I	論理表現I	スポーツII	情報の表現と管理	芸術I（音楽I・美術I・書道I）	ファッション造形基礎	簿記
選択II	論理表現I	スポーツII	情報の表現と管理	総合古典	数学B	簿記
選択III	論理表現II	世界史探究	スポーツII	情報課題研究	クラフトデザイン	実用の書	介護福祉基礎
選択IV	論理表現I	総合古典	世界史探究	情報の表現と管理	実用の書	芸術I（音楽III・美術III・書道III）	介護福祉基礎
選択V	論理表現I	論理表現II	総合古典	スポーツII	情報の表現と管理	クラフトデザイン	実用の書	ソルフェージュ	フードデザイン	理数探究基礎

教 育 活 動

1　学習活動

　熱心な教師陣、常にきれいに保たれた教室棟、充実した設備等恵まれた教育条件の下で、多種多様な学習活動が展開され、個別指導、補講も日常的に実施されています。

　視聴覚機器、1人1台のパソコンを活用した授業やALTによる生きた英語教育も本校の特色です。

2　学校生活

　緑に囲まれた校舎(全棟にクーラー設置)、第2グラウンド、そしてプール。静かな環境の中で教師と生徒が信頼し合い、併設する草加かがやき特別支援学校草加分校生と互いに思いやり、温かく充実した学校生活を過ごしています。

　遠足(全学年)、全クラス参加の文化祭、1年から3年まで縦割りで競い合う体育祭、一生の思い出となる修学旅行(2年)、みんな生き生きと高校生活を送っています。

　ボランティア活動にも力を入れています。生徒、教員、保護者と地域の人々が一緒に行う地域清掃等の活動が積極的に行われています。ボランティア部も設置され活動も盛んです。

3　学校説明会等

　本年の見学会や学校説明会は夏休み以降実施する予定です。詳しくはHPをご覧下さい。

4　進路指導

1　進学関係では、放課後等の補講、長期休業中の進学補講、大学模試、実力テスト、進学説明会(大学、短大、予備校等から講師を依頼)等を実施します。

2　就職関係では、各種適性検査、就職・公務員模試、卒業生や企業担当者による説明会、模擬面接、論文指導などを行います。

交流授業

3　1年次から一般常識の学習を定期的に行い、また漢検全員受検など、資格取得に向けて、学校全体で取り組み、進学や就職に活かしています。

特 別 活 動

　現在15の運動部と10の文化部がありますが、1年生は全員加入制を取っています。

　運動部では令和5年度　弓道部インターハイ女子団体ベスト16、陸上部学校総合体育大会県大会出場、女子バスケットボール部関東大会埼玉県予選ベスト32、男子バドミントン部埼玉県新人大会ベスト32と、輝かしい成績を収めています。また、野球部やバスケットボール部、ソフトテニス部、剣道部、バドミントン部、水泳部なども活躍をしています。

　文化部も、放送部が第70回NHK杯全国高校放送コンテスト準々決勝に進出しています。ほかにも、書道部や演劇部をはじめ、どの部活も盛んです。

飛躍を続ける草加西高校

　多方面で躍進の著しい本校は、類型制及びその中での豊富な科目選択による教育課程の充実、重層プールやテニスコート、弓道場等様々な条件整備のもとに、大きな飛躍を続けています。

　進路に応じた多様な選択、意欲にあふれた教師陣による充実した授業、行き届いた進路指導、活発な部活動等、草加西高校は教職員が一丸となって、生徒一人一人の未来をサポートしています。

卒業後の進路状況

進路		元年度	R2年度	R3年度	R4年度	R5年度
進学	大学・短大	65	74	82	72	71
	専修・各種	109	107	111	98	101
就職		60	49	36	47	32
その他		5	4	5	12	19
卒業者総数		239	234	234	229	223

〈主な進路先〉
文教大・獨協大・亜細亜大・二松學舍大・国士舘大・千葉商科大・城西大・成蹊大・東京家政大・日本大・大東文化大・東京農業大・帝京大・淑徳大短大・聖徳大短大・東京家政大短大・上尾中央看護専門・川口市立看護専門・戸田中央看護専門・上尾中央医療専門・東京保育専門・呉竹医療専門・竹早教員保育士養成所　他

〈主な就職先〉
㈱ヤマダデンキ・イオンリテール㈱・日経印刷㈱・㈱ベルーナ・ポラスハウジング協同組合・堀江産業㈱・足立成和信用金庫・独立行政法人国立印刷局・㈱サンベルクスホールディングス・㈱なだ万・㈱マルエツ　他

地図　東武スカイツリーライン新田駅下車徒歩25分、または、新田駅東口朝日バス「草加西高校入口」下車徒歩4分

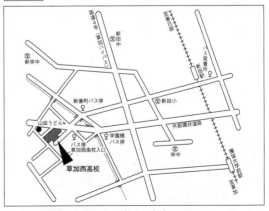

※「学校説明会」の日程や申込み方法については、ホームページでご案内しておりますので、ご覧ください。

埼玉県立 草加東高等学校（全日制）

所在地 〒340-0001 草加市柿木町1110-1 ☎ 048-936-3570
ホームページ https://sokahigashi-h.spec.ed.jp
最寄り駅からの順路 JR武蔵野線越谷レイクタウン駅下車徒歩20分

校　長	佐藤　智明
創　立	昭和55年4月1日
教職員数	80人

生徒数

学年 学科	1年 (男)(女)	2年 (男)(女)	3年 (男)(女)	計 (男)(女)
普通科	320 (148)(172)	311 (137)(174)	307 (126)(181)	938 (411)(527)

概　　　要

　本校の一日は、15分間の朝学習から始まります。校訓「望みを抱いて喜び艱難に耐える」を胸に、小さな積み重ねが大きな成果をもたらすことを信じて、様々な夢や希望を実現するため、生徒は、勉学に、部活動に、ひたむきに取り組んでいます。

教　育　課　程

類型制と多彩な選択科目
　1年生では、全員が共通科目を学習し、基礎学力を身に付けます。2年生から、進路や適性に応じて文系・理系の2コースに分かれます。文系は、英語・国語・社会に、理系は、数学・理科・英語に重点を置きます。3年生では更に、生徒一人一

人の進路希望の実現を目指して、多様な科目を展開しています。文系では社会・人文・教育系の4年制大学や専門学校、理系では看護・医療・工学・理学・家政系などの大学や専門学校進学に対応できる教育課程となっています。進学や就職試験に対応できる科目はもちろん、情報・体育・家庭・芸術などの科目が幅広く用意されています。選択科目の授業は少人数で行われることが多いので、大きな学習効果を得ることができます。（教育課程表参照）

教　育　活　動

⑴　学力向上への取組
　朝学習を毎日15分間取り組んでいます。希望者には朝・放課後・長期休業中に補習を行い、基礎

データ	教育課程（令和7年度入学生）

	1	2	3	4	5	6	7	8	9	10	11	12	13	14	15	16	17	18	19	20	21	22	23	24	25	26	27	28	29	30
1学年	現代の国語		言語文化		地理総合		数学Ⅰ			数学A		化学基礎		生物基礎		体育				保健	音楽Ⅰ 美術Ⅰ 書道Ⅰ		英語コミュニケーションⅠ			論理・表現Ⅰ		情報Ⅰ		総探	LHR
2学年 文系	論理国語		文学国語		古典探究			歴史総合		公共		数学Ⅱ		地学基礎		体育				保健	英語コミュニケーションⅡ				論理・表現Ⅱ		家庭基礎		総探	LHR
2学年 理系	論理国語		歴史総合		公共		数学Ⅱ				数学B		物理基礎		化学		体育			保健	英語コミュニケーションⅡ				論理・表現Ⅱ		家庭基礎		総探	LHR
3学年 文系	論理国語		文学国語		古典探究		日本史探究 世界史探究				政治・経済		数学理解		体育				英語コミュニケーションⅢ			論理・表現Ⅱ		□選択		▲選択		総探	LHR
3学年 理系	論理国語		政治・経済		数Ⅲ＋数C			数学理解		数学C 数学探究		化学		物理 生物				体育		英語コミュニケーションⅢ			論理・表現Ⅱ		選択		総探	LHR

3年選択科目・選択群
文系・□選択：生物基礎探究　音楽Ⅱ　書道Ⅱ　美術Ⅱ　フードデザイン　情報の表現と管理　スポーツⅡ　世界文化史　日本文化史
文系・▲選択：倫理　化学基礎探究　英語探究　情報Ⅱ　保育基礎　ソルフェージュ　素描　実用の書　総合古典　地理探究
理系・選択　：地理探究　倫理　地学基礎　音楽Ⅱ　美術Ⅱ　英語探究　情報Ⅱ　保育基礎　実用の書

基本の習得から大学受験までの幅広い内容に対応できる体制を整えています。

　通常の授業でも、ＴＴ授業や少人数授業を数学の一部で行うなど、きめ細かな指導をしています。また、少人数での選択科目授業も数多くあります。

(2)　一人ひとりを大切にする生徒指導

　規律ある学校生活を送るために、基本的生活習慣の確立に力を入れています。生徒会活動も活発で生徒は明るくのびのびと生活しています。また、生徒の悩みを解決するための手助けとして教育相談の充実にも力を入れています。

(3)　きめ細やかな進路指導

　生徒一人ひとりが希望する進路を実現できるよう指導しています。なかでも看護医療系、大学進学希望者や就職希望者の実力養成補習は１年生から始まり、小論文添削指導も個別に実施しています。また、適切な進路選択ができるよう進路説明会や大学・専門学校体験授業などを実施し、多くの情報を提供しています。

　さらに希望者は、漢字検定、英語検定、ニュース検定、日本語ワープロ検定試験、文書デザイン検定、情報処理技能検定の受検ができ、会場校となっています。

(4)　開かれた学校づくり

　近隣の福祉施設と交流し、１学年での体験学習や家庭科部・ＪＲＣ部のボランティア活動を実施しています。また、地元の公民館祭りにも部活動(吹奏楽・書道・軽音楽・ダンス・フラワーデザイン・美術等)で参加しています。

　学年保護者会を開催し、保護者への情報提供に努めています。また、生徒指導や進路指導の講演会には、保護者が一緒に参加できるものもあります。さらに、学校連絡協議会を開催し、生徒・保護者・教員・地域の方が一緒に学校改善について話し合うなど、開かれた学校づくりを行っています。

特 別 活 動

(1)　多彩な行事

　遠足、修学旅行(沖縄)、マラソン大会、スポーツ大会等の学校行事や新入生歓迎会、体育祭、文化祭、予餞会等の生徒会行事があり、生徒は自主的に、明るく伸び伸びと活動しています。

(2)　活発な部活動

　運動部・文化部あわせて28あり、原則として１年次は全員加入制となっています。各部とも自主的に、しかも活発に活動し着実に成果を上げています。弓道部、陸上競技部、漫画研究部、軽音楽部が全国大会、空手道部、水泳部、ラグビー部が関東大会への実績があります。

そ の 他

※日程は必ず学校ＨＰ等でご確認ください。

学校説明会
7/22(月)、8/3(土)、10/5(土)、12/14(土)、1/18(土)

卒業後の進路状況

進　　　路		R3年度	R4年度	R5年度
進学	大学・短大	151	175	162
	専修・各種	123	110	119
就　　　　職		23	18	16
そ　の　他		13	5	8
卒 業 者 総 数		310	308	305

(主な進学先)
〈四年制大学、短期大学〉亜細亜大、跡見学園女子大、大妻女子大、共栄大、共立女子大、國學院大、国士舘大、駒大、実践女子大、淑徳大、上智大、専修大、大正大、大東文化大、拓殖大、千葉工業大、千葉商科大、中央大、帝京大、帝京科学大、東海大、東京電機大学、東京政大、東京経済大、東京工科大、東京農業大、東洋大、獨協大、二松学舎大、日本女子体育大、日本大、日本体育大学、文教大、法政大、武庫川女子大、武蔵野大、明治学院大、明星大学、目白大、立正大、麗澤大、大妻女子大短大部、実践女子大短大部、女子栄養大短大部、聖徳大短大部、戸板女子短大、東京交通短大、目白大短大部、他
〈専門学校〉県立川口高等技術、川口市立看護、春日部市立看護、獨協医科大学附属看護三郷校、戸田中央看護、勤医会東葛看護、慈恵柏看護、呉竹医療、香川調理師製菓、国際文化理容美容、日本美容、彰栄保育福祉、道灌山保育福祉、竹早教員保育養成所、神田外語学院、太陽歯科衛生士、東洋美術、駿台トラベル＆ホテル、東京ＹＭＣＡ社会体育・保育、早稲田速記医療福祉、青山製図、日本電子、他
〈就職〉警視庁、埼玉県警、千葉県警、埼玉県小中学校事務、自衛隊、足立成和信用金庫、㈱セキ薬品、石福ジュエリーパーツ㈱、ＳＭＣ㈱、フジパン㈱、㈱原田、日本製紙物流㈱、東京地下鉄㈱、野口倉庫㈱、ぺんてる㈱、㈱ベルーナ、㈱ジーユー他

地図

東武スカイツリーライン新越谷駅・JR武蔵野線南越谷駅発草加東高校行き終点バス停下車徒歩１分
JR武蔵野線越谷レイクタウン駅より徒歩20分

埼玉県立 草加南高等学校 （全日制）

所在地 〒340-0033　草加市柳島町66　☎ 048-927-7671　FAX 048-920-1262
ホームページ https://sonanko-h.spec.ed.jp
最寄り駅からの順路 東武スカイツリーライン（東京メトロ日比谷線）谷塚駅下車　徒歩17分

校　　　長	谷ケ﨑　覚
創　　　立	昭和51年4月1日
教職員数	74人

生徒数

学科＼学年	1年 (男)(女)	2年 (男)(女)	3年 (男)(女)	計 (男)(女)
普 通 科	239 (117)(122)	235 (112)(123)	270 (118)(152)	744 (347)(397)
外国語科	41 (12)(29)	40 (11)(29)	36 (13)(23)	117 (36)(81)
計	280 (129)(151)	275 (123)(152)	306 (131)(175)	861 (383)(478)

学 校 の 特 色

　地域の強い要望によって昭和51年に開校して以来、部活動のさかんな学校、進路指導に熱心な学校、そして国際理解教育に積極的な学校として高い評価を得ています。令和5年度は宇都宮大学、埼玉県立大学、法政大学、武蔵大学、東京理科大学、獨協大学、日本大学などに合格しました。

　「寛容・忍耐・高翔」の校訓、Aim High & Go for Your Goals のスクールモットーのもとに21世紀の国際社会で活躍する人材を育てています。

＜普通科の特色＞

　普通科では、1年次には幅広い教養を身につけ、2年次からは文系・理系に分かれ自身の進路に合わせた科目選択をします。3年次では選択科目の幅が増え、自身の進路実現に向け、医療栄養系の

ための理系Ⅰ型、理学工学系のための理系Ⅱ型、そして文系の3類型に分かれ、生徒の希望進路の実現をサポートします。

＜外国語科の特色＞

　外国語科では、英語の授業時間を普通科の約2倍設定しています。また、少人数制授業を取り入れて英語力を高められるカリキュラムとなっています。1年次には理系科目も含め幅広い教養を身につけます。2年次より第二外国語として、中国語、ドイツ語、フランス語を選択し、多言語を学ぶことで、自分の視野を広げ、国際人としての基盤を築きます。私立大学文系（主に語学系、国際系）や海外の大学への進学、留学を目指します。

1　学習活動

　①新教育課程・学び合いの実践

　　英語の4技能5領域の育成に対応した授業や

データ

普通科　時間割例

	月	火	水	木	金
1	英コミュⅠ	言語文化	現代の国語	化学基礎	体　育
2	体　育	化学基礎	情報Ⅰ	英コミュⅠ	地理総合
3	数学Ⅰ	英コミュⅠ	論理・表現Ⅰ	数学Ⅰ	数学A
4	歴史総合	数学A	体　育	地理総合	保　健
5	現代の国語	現代の国語	音楽Ⅰ	言語文化	情報Ⅰ
6	論理・表現Ⅰ	歴史総合	音楽Ⅰ	LHR	数学Ⅰ
7	総　探				

外国語科　時間割例

	月	火	水	木	金
1	情報Ⅰ	音/美/書	数学Ⅰ	化学基礎	体　育
2	体　育	音/美/書	総英Ⅰ	総英Ⅰ	数学Ⅰ
3	化学基礎	エッセイ・ライティングⅠ	現代の国語	現代の国語	ディベート・ディスカッションⅠ
4	総英Ⅰ	現代の国語	体　育	情報Ⅰ	言語文化
5	エッセイ・ライティングⅠ	総英Ⅰ	歴史総合	ディベート・ディスカッションⅠ	歴史総合
6	数学Ⅰ	保　健	言語文化	LHR	総英Ⅰ
7	総　探				

協調学習も数多く実施しています。

②進学補習の充実

　大学・短大等への進学のため、１年次より進学補習を行っています。早朝、放課後、長期休業など生徒のニーズに合わせています。

2　特色ある教育

①グローバル教育の充実

　世界で活躍できる人材の育成

②１人１人の生徒に寄り添うきめ細かな進路指導

③SDGs学習

　本校では、学校行事や「総合的な探究の時間」を活用しSDGsについて学習しています。ワークショップ、プレゼンテーション、ディスカッション等の主体的かつ実践的な学びにより、知識だけでなく問題解決能力や表現力も身に付きます

④近隣大学等との交流

　文教大学との高大連携授業の実施、ゼミへの参加

⑤豊かな学校生活のためのその他の取組

・高等学校DX加速化事業（DXハイスクール）文部科学省指定校

・多言語コミュニケーション能力強化事業　埼玉県教育委員会指定校

・多文化共生推進事業　埼玉県教育委員会指定校

・埼玉と世界をつなぐハイブリッド型国際交流事業　埼玉県教育委員会指定校

3　進路指導

〈進学指導〉生徒の９割以上が進学を希望します。組織的・継続的な進路指導（小論文指導・面接指導・進路ガイダンス等）により希望者全員の進路実現を目指しています。

〈就職指導〉きめ細かな指導により、本人の適性に合った職業選択ができます。

4　国際理解

　留学生（長期・短期）や海外訪問団を受け入れており、国際交流がさかんです。オーストラリアへの海外研修や国内での語学研修を実施し、異文化理解を深めると共に、語学力の向上を図っています。

特　別　活　動

　ホームルーム、生徒会活動では先生と生徒が密に接し、好ましい人間関係を保っています。文化祭や体育祭は生徒が主体的、積極的に取り組み、自主、自発・自治の精神が育っています。

部　活　動

　体育系（14部）・文化部（11部）とも関東大会・県大会等に数多く出場しています。昨年度は陸上部がU-18全国選抜大会へ出場しました。どの部活動も活発に活動しています。

令和６年度学校説明会の予定

８月１日(木)～８月５日(月)　草南ライフ体験会
（学校概要説明や部活動体験）

10月５日(土)　第１回学校説明会(授業見学、学校概要説明)

11月16日(土)　第２回学校説明会(外国語科生徒による発表、外国語科体験授業、学校概要・選抜基準等説明)

12月21日(土)　第３回学校説明会(部活動による発表、学校概要・選抜基準等説明)

１月11日(土)　第４回学校説明会(個別進路相談会、学校概要・選抜基準等説明)

※日程は必ず学校ＨＰ等でご確認ください。

卒業生進路状況

進	路		令和３年度	令和４年度	令和５年度
進学	大学・短大		175	177	178
	専修・各種		78	78	61
就	職		2	2	3
そ	の	他	18	8	13
卒 業 生 総 数			273	265	255

過去３年の主な進路先

(大学) 宇都宮大　横浜国立大　東京藝術大　埼玉県立大　東京理科大　明治大　法政大　学習院大　中央大　津田塾大　日本女子大　國學院大　芝浦工業大　成蹊大　武蔵大　明治学院大　獨協大　日本大　ビクトリア大学(カナダ)　ブリュッセル自由大学(ベルギー)　テンプル大学ジャパンキャンパス　レイクランド大学

(短大) 大妻女子大短大部　東京家政大短大部　日本大短大部

地図

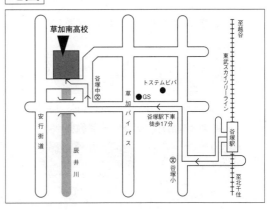

マツぼくん　マツミちゃん
〈松韻キャラクター〉

埼玉県立 蓮田松韻高等学校（全日制）

所在地　〒349-0101　蓮田市黒浜4088　☎ 048-768-7820
ホームページ　https://hasudashouin-h.spec.ed.jp/
最寄り駅からの順路　JR宇都宮線蓮田駅下車東口よりバス江ヶ崎馬場行き東埼玉病院バス停下車徒歩7分、白岡駅から自転車で10分または徒歩25分

活気あふれる松韻高校で、本気で学ぼう

校　長	早川　光男
創　立	平成22年4月1日
教職員数	59人

生徒数

学科＼学年	1年(男)(女)	2年(男)(女)	3年(男)(女)	計(男)(女)
普通科	165 (102)(63)	107 (63)(44)	96 (46)(50)	368 (211)(157)

学 校 の 概 要

　本校は、今年で創立15年目を迎え、学習活動から放課後の部活動に至るまで、さまざまなシーンで充実感を得られるよう、授業では単位制を活かした多彩な講座が展開され、学校行事は生徒が主体となって取り組み、活気にあふれています。また、部活動では、近年めざましい活躍を遂げる選手が複数出ています。進路面においても堅実な取組が、実績に表れて結実してきています。

教育課程・教育活動

1.「学びたい」を実現できる単位制

　1年次は基礎固めの共通科目を学び、2・3年次は「4つのプラン」（下図）を参考に、自分の希望の進路に合わせて学びたい科目を選びます。

2.「しっかりと基礎固め」ができる授業

　全ての年次で少人数学級編成（通常より1クラス増やして人数を分割）を、数学と英語は習熟度別授業（2クラスを3教室で展開）を行います。また、つまずきがちな箇所や最重要事項は授業を通して学び直し、苦手意識を克服します。

3. 進路指導

　「HYBRID進路指導」を掲げ、進路実現率100％を目標に指導を行っています。生徒の進路希望は、進学が7割、就職が3割ほどです。多様な希望を実現するため、1年次は「体験の年」、2年次は「調査の年」、3年次は「実現の年」と位置づけ、校内学校説明会や専門学校の体験授業、企業経営者を招いた講演会等を毎年企画しています。医療や公務員等、特に高度な対応が必要な分野は、校内セミナーを毎月実施し、合格を支援しています。

　進路決定率は3年連続95％以上です。進学先としては首都圏の私立中堅大学・短大、専門学校、就職先は地元の企業を中心に内定をいただき、公務員は蓮田市役所や自衛隊に合格者が出ています。詳しい進路先は本校公式HPに掲載していますので、ぜひご覧ください。

4つのプラン

進学（文系）
人文科学
社会科学等の
進学を目指す人

進学（理系）
理学・工学部等の
進学を目指す人

進学（文理系）
医療・看護系
保健衛生系
生活科学系等の
進学を目指す人

一般教養
高校新卒で
就職を目指す人

希望の進路に合わせて学ぶ科目が選べる

文系の大学へ進学を希望する
生徒の選択科目（教科）の一例

2年次	古典探究（国語）
	論理・表現II（外国語）
	総合英語I（外国語）
3年次	現代文研究（国語）※
	古典探究（国語）
	論理・表現III（外国語）
	総合英語II（外国語）
	政治・経済（地歴公民）
	日本史探究（地歴公民）

※本校独自設定の科目

企業等への就職を希望する
生徒の選択科目（教科）の一例

2年次	情報処理（商業）
	情報の表現と管理（情報）
	ビジネス基礎（商業）
3年次	情報デザイン（情報）
	ソフトウェア活用（商業）
	ビジネス・コミュニケーション（商業）
	ディベート・ディスカッションI（英語）
	言語表現文化研究（国語）※
	生活と福祉（家庭）

※本校独自設定の科目

特　別　活　動

1. 学校行事

　体育祭・文化祭は、生徒が主体となって行っています。さらに、遠足、修学旅行（2年次）、マラソン大会、球技大会、芸術鑑賞会などもあり、生徒会や委員会を中心に積極的に取り組んでいます。

活気あふれる体育祭（3年女子ダンス）

2. 部活動

　運動系11、文化系12の部活動があり、1年次生は全員加入です。どの部活動もとても活発です。陸上競技部は近年関東大会出場の常連となりつつあり、令和元年度にはインターハイに出場し、入賞を果たしました。

充実の学習環境

1. 全HR教室、ホワイトボード・プロジェクター完備

　全てのHR教室にホワイトボード・プロジェクターが完備されています。

2. メディア館

　1階は蔵書約3万冊の図書館、2階は大型スクリーンが設置された大講義室と40台のパソコンが設置されたコンピュータ室があります。

3. グラウンド

　平成23年度に大改修されたメイングラウンド、テニスコート（5面）、ハンドボールコート（2面）のほかに、野球専用グラウンドがあります。メイングラウンドには夜間照明も設置されています。

その他

・より良い学校生活が送れるよう、教育支援体制が充実しています。
・ホームページや公式X(旧Twitter)、Instagramで学校生活の様子を情報発信しています。

卒業生の声

・さまざまな授業を選択できるので、自分の得意分野を伸ばすことができます。
・とにかく先生方の生徒一人一人に対してのサポートがとても手厚いです。私が進路を決めることができたのは蓮田松韻にいる先生方のおかげです。
・個性豊かな生徒が多く、互いに刺激を与えあえる環境で、明るい学校生活を送ることができます。

学校説明会

○学校説明会
　第1回　7月27日（土）
　第2回　10月5日（土）
　第3回　12月14日（土）
　第4回　1月11日（土）
○イブニング説明会　いずれも17：00〜
　7月12日（金）　9月20日（金）　10月25日（金）
　11月15日（金）
○文化祭(松韻祭)
　9月7日（土）　9：30〜13：30
　※詳細は本校ホームページでご確認ください。

卒業後の進路状況（3年間）

<主な進学先>
【4年制大学】亜細亜大学、跡見学園女子大学、大妻女子大学、共栄大学、国士舘大学、十文字学園女子大学、城西大学、女子栄養大学、大東文化大学、千葉商科大学、東京家政大学、東洋学園大学、日本女子体育大学、文教大学、平成国際大学、目白大学、立正大学、流通経済大学、麗澤大学　他
【短期大学】國學院大學栃木短期大学、埼玉純真短期大学、佐野日本大学短期大学、淑徳大学短期大学、貞静学園短期大学、戸板女子短期大学、東京家政大短期大学部、東京交通短期大学、東京立正短期大学　他
【専門学校】香川調理製菓専門学校、埼玉自動車大学校、さいたま市立高等看護学院、埼玉県調理師専門学校、埼玉県理容美容専門学校、幸手看護専門学校、東京愛犬専門学校、東洋美術学校、武蔵野調理師専門学校、県立高等技術専門校　他
<主な就職先>
自衛隊、蓮田市役所、蓮田市消防本部、大成ラミック㈱、トヨタカローラ埼玉㈱、東光器材㈱、東武ステーションサービス㈱、㈱なとり、南彩農業協同組合（JA）　他

地図　JR 蓮田駅からバス10分、徒歩7分
　　　JR 白岡駅から自転車10分または徒歩25分

江ヶ崎馬場行き　東埼玉病院バス停下車

埼玉県立 羽生第一高等学校（全日制）

所在地 　〒348-0045　羽生市下岩瀬153番地　☎ 048-561-6511
ホームページ　https://hanyu1-h.spec.ed.jp/　メールアドレス　info@hanyu1-h.spec.ed.jp
最寄り駅からの順路　東武線、秩父線 羽生駅下車 徒歩15分又は自転車7分又はイオン行きバス5分「羽生第一高校」下車徒歩1分

校　　長	相模　幸之
創　　立	昭和51年 4 月 1 日
教職員数	42人

生徒数

学年＼学科	1 年 (男)(女)	2 年 (男)(女)	3 年 (男)(女)	計 (男)(女)
普 通 科	158 (62)(96)	144 (66)(78)	149 (71)(78)	451 (199)(252)

目 指 す 学 校

～地域の期待に応える一高。挑戦する生徒を育成します。～

　「自主・自律　求めて強き風に立つ」の精神のもと、「勉強」・「部活動」・「進路」において、高いレベルの自己実現ができる学校づくりを推進しています。

　また、豊かな緑と充実した施設・設備の中で、「地域の模範」「地域に密着」した教育活動を展開しています。

　これまでの良き伝統を継承しつつ、アクティブラーニングを取り入れたり一人一台端末を活用したりして、時代の変化に対応した授業を展開しています。進路指導では、生徒の夢の実現に向けてさらに高い目標を設定させるとともに、一人一人に寄り添うきめ細かなサポートに当たっています。

教 育 課 程

　1 年生は全員共通、基礎固めと学習習慣の確立を目指します。国社数理英の 5 教科に保健体育、芸術、家庭を加えた 8 教科を学習し、受験に必要な基礎学力とともに、幅広い教養を身につけます。そして、興味関心や適性などと照らし合わせながら 2 年次の類型選択を行います。

　2 年生は進路希望に応じて、文系・理系の類型を選択します。文系は、国語の授業時間が多く、世界史探究または日本史探究が必修になります。理系は、理数系の科目の授業時間が多く、物理基礎、化学、数学Bが必修となります。そして、進路に応じて 3 年次の科目選択を行います。

　3 年生は選択科目を増やし、大学進学を目指した多様なカリキュラムを設けています。文系は、国語、地歴、英語を集中的に学習します。理系は、理数系の科目の授業時間数が週に15時間あります。

データ

日 課 表

朝の読書	8：35～ 8：45
S H R	8：45～ 8：55
第 1 時限	9：00～ 9：50
第 2 時限	10：00～10：50
第 3 時限	11：00～11：50
第 4 時限	12：00～12：50
昼　　食	12：50～13：35
第 5 時限	13：35～14：25
第 6 時限	14：35～15：25
S H R	15：25～15：30
清　　掃	15：30～15：45

※火・水曜日は 7 時間授業になります。

時間割例　1 年 2 組

	月	火	水	木	金
1	E C I	生物基礎	保 健	体 育	現代の国語
2	生物基礎	芸 術	論理表現 I	言語文化	数 学 A
3	化学基礎	芸 術	体 育	化学基礎	数 学 I
4	体 育	地理総合	現代の国語	歴史総合	地理総合
5	数 学 I	家庭基礎	数 学 I	E C I	歴史総合
6	言語文化	家庭基礎	数 学 A	論理表現 I	E C I
7		総合的な探究の時間	L H R		

＊令和 6 年度 1 年生の例です。
＊芸術は、音楽・美術・書道より 1 つ選択です。
＊ECIは、英語コミュニケーション I です。

学校説明会等

1　学校説明会
1 回： 7 月27日（土）9：30～10：30
2 回： 8 月24日（土）9：30～10：30
3 回：11月 9 日（土）9：30～11：00
4 回：12月14日（土）9：30～11：00
　＊各回受付は 8 ：45～です。
　＊ 1 回と 2 回は同じ内容です。
　＊説明会終了後、部活動見学・個別相談ができます。

2　入試直前相談会
1 月18日（土）9 ：00～11：00
1 月25日（土）9 ：00～11：00
※学校説明会等の詳細は実施日 1 か月前に HP に掲載します。
※開催日 3 日前までに HP の申込フォーム、電話、FAX で申し込んでください。
※駐車場には限りがありますので、車での来校は、ご遠慮ください。また、本校周辺の商業施設・医療施設等への駐車は、固くお断りいたします。

どちらの類型も基礎学力の定着を図るとともに発展的な学力を育成します。

教 育 活 動

1 学習活動

（1）よくわかる授業

　教育課程の特色を生かし、生徒一人ひとりを大切にして、よくわかる授業、力のつく授業を展開しています。自学自習の習慣の確立を目指し、生徒の能力や適性に合わせた授業づくりをしています。

（2）充実した課外授業

　早朝と放課後に補習を実施しています。大学受験対策、各種検定試験対策など、生徒のニーズに応じた講座を開講しています。長期休業中についても、進学補習を組織的に実施しています。

　英語検定の受験希望者を募り、合格に向けて計画的に指導しています。

2 学校生活

～自分が主役。自分で律する一高生。～

（1）勉強と部活動に集中できる環境の確保

　校訓である、「自主・自律　求めて強き風に立つ」のもと、大学進学に通用する基礎学力を身につけ、意欲的に部活動に励んでいます。朝読書、ＮＩＥ（新聞を教材として活用する教育）の実施など、生徒が勉強と部活動に集中できる環境を整えています。また、教室は冷暖房を完備しており、施設も充実しています。羽生駅から徒歩15分という利便性と校舎内外がきれいなことが魅力です。

（2）進路指導

　生徒の自己実現のため、面倒見よく指導を行っています。朝・放課後・長期休業の進学補習があります。手帳を活用し、スケジュール管理を生徒自身でできるように指導をしています。冷暖房完備の自習室であるキャリアセンターでは、入試の過去問、問題集やパソコンがあり、勉強に集中できる施設、進路について調べられる環境が整っています。

特 別 活 動

1 学校行事

　入学直後に行われる「新入生歓迎会」、秋の「一高祭（文化祭）」、「体育祭」、冬に「スポーツ大会」など盛りだくさんです。それぞれの学校行事では、生徒が大きく成長する機会となっています。2年生の秋に「修学旅行」が実施されます。今年度の2年生は、沖縄に行く予定です。

2 部活動

　生徒会が中心となって、様々な行事を活発に行っています。

　部活動は11の運動部と8の文化部があり、意欲的に活動をしています。1年生は全員加入制となっています。運動部では陸上競技部が全国大会に出場しています。

　運動部は、硬式野球部、サッカー部、陸上競技部、弓道部、ハンドボール部、バスケットボール部、バレーボール部、バドミントン部、卓球部、硬式テニス部、剣道部があります。

　文化部は、吹奏楽部、家庭部、書道部、美術・漫画研究部、日本文化部、写真部、英語部、科学部があります。

　羽生第一高校で、部活動に熱中しましょう。

本校でお待ちしております

卒業後の進路状況

		令和3年度	令和4年度	令和5年度
進学	大学・短大	96	89	82
	専修・各種	76	72	43
就 職		9	8	8
そ の 他		7	6	10
卒 業 者 総 数		188	175	143

令和5年度　主な進学先

群馬大学、共栄大学、城西大学、
大正大学、大東文化大学、帝京平成大学、
東京電機大学、東都大学、東洋大学、
獨協大学、日本大学、日本工業大学、
日本女子体育大学、白鷗大学、文教大学、
明星大学、目白大学、立正大学、麗澤大学

地図 東武線、秩父線　羽生駅下車　①徒歩15分②自転車7分
③イオン行きバス5分　羽生第一高校下車徒歩1分

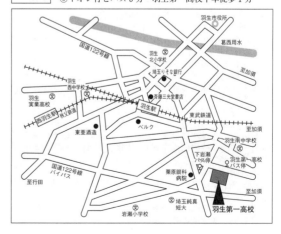

羽生第一高校

埼玉県立 不動岡高等学校（全日制）

所在地　〒347-8513　加須市不動岡1-7-45　☎ 0480-61-0140　FAX 0480-63-1013
ホームページ　https://fudooka-h.spec.ed.jp　メールアドレス　letter@fudooka-h.spec.ed.jp
最寄り駅からの順路　東武伊勢崎線加須駅下車　徒歩20分
　　　　　　　　　　朝日バス「不動岡高校前」下車　徒歩1分

校　　長	関根　憲夫
創　　立	明治19年11月11日
教職員数	常勤81人　非常勤14人　ALT3人

生徒数

学年 学科	1年 (男)(女)	2年 (男)(女)	3年 (男)(女)	計 (男)(女)
普通科	359 (182)(177)	357 (156)(201)	353 (162)(191)	1,069 (500)(569)

本校の教育

　令和4年度から、学科再編に伴い普通科と外国語科が統合し、「特色ある普通科」として本校の教育課程が大きく変わりました。大きな変更点としては、これまで外国語科でしかできなかった授業を、普通科の生徒も履修可能になった点が挙げられます。一例を挙げると、従来の教育課程では「第2外国語」の授業を履修できるのは外国語科の生徒だけでしたが、学科再編後は誰でも「第2外国語」を選択・履修可能になりました。これは、普通科・外国語科の垣根をなくしたことにより実現できたことであり、従来の普通科の良さ、外国語科の良さの両方をそのまま残した本校ならではの教育活動の拡充です。

　また、文理分けを行わない、というのも新教育課程の大きな特徴です。予測不能な社会を生きていくためには、諸課題の解決に向けて知識を偏重させないことが重要です。時を越えて過去の出来事から学ぶ対話力や、思考を深化させるための言語能力をはじめ、客観的・論理的に物事をとらえる数学的思考力は、全ての生徒に備えてほしい能力です。さらに、文理を分けないことにより、自分の適性を見つめるための猶予期間ができ、自分の理想とする進路選択を、時間をかけて考えることができます。その結果、知識を偏重させず、高校3年間の中で幅広い知識・教養を兼ね備える事が可能になります。人生100年時代を生きていく生徒たちには、高校生活の中で自分自身の可能性を狭めず、どんな道にも進んでいけるように可能性を無限大にしてもらうためにも、文理の枠を越えた横断的な知識を身につけさせたいと考えています。

　本校では各教科の学びだけでなく、3年間を通して学びを生かした探究活動にも取り組んでいま

《グローバル・サイエンス教育の取り組み》

　本校は、SGH（H27～R1年度）、SSH（第1期H23～H27年度、第2期H29～R3年度）で行ってきた様々な事業を継承し、国際的視野・科学的素養を培い、将来を担う人材を育成します。2023年度三菱みらい育成財団に本校の「未来探究プログラム」が採択されました。このプログラムは生徒が興味ある課題を自ら見つけ、仮説を立てて調査し発表するというものです。生徒は地域課題研究、異文化理解、理数探究の3つの分野の中からテーマを見つけて1年次には研究の仕方、プレゼンの基礎を学び2年次には研究発表を、3年次には論文にします。さらに以下のような国外・国内・校内研修を通じて国際的視野と科学的素養が養われます。
①国外研修
・オーストラリア研修　毎年7・8月に実施、姉妹校協定校との交流
・コリブリ（フランス）研修　第2外国語（フランス語）選択者対象、3週間の相互交流

・ドイツ研修　第2外国語（ドイツ語）選択者対象、文化や慣習、環境問題を学ぶ
・マレーシア研修　多民族、多宗教の国から「共生」を学ぶ
②国内研修
・ふくしま学宿　「エネルギー」「医療・介護・福祉」等をテーマにフィールドワークを行う
・野外実習　主に地質や化石について、実際に現場に赴き、実習を行う
・サイエンスツアー　大学や研究所で最先端技術に関する講義を受け、研究者と意見交換を行う
③校内研修
・グローバルスタディーズプログラム
　海外の有名大学に通う学生を本校に招き、社会問題の解決策を話し合う
・サイエンス教室　本校の生徒が教師となり、近隣の小中学生を対象に理数教育の楽しさを伝える
・実験実習講座　本校に講師を招致（もしくはこちらが出向き）、大学レベルの実験・実習を体験する

す。「正解のない問い」に立ち向かって行く力を養成する、質の高い学びを実現できる教育課程です。

教 育 活 動
1 学習活動
本校生は大学進学という目的意識を持って学校生活を送っています。そのため、「授業を大切にする」という方針で、教員も生徒も、毎日の学習活動に真剣に取り組んでいます。
2 学校生活
豊かな人間性を養うために、教科の学習以外にも様々な学校行事が行われます。多くの生徒が意欲的に活動し、充実した学校生活を送っています。
3 進路指導
複雑化する大学入試に向けて、情報収集に努めるとともに、豊富な過去のデータを活用して生徒の進路希望を実現できるようにしています。進路資料室も充実していて、希望すればいつでも教員との進路相談ができます。

特 別 活 動
生徒の自主的・自発的な活動を尊重しています。学校祭などの行事は生徒たちが団結して作り上げています。部活動は運動部文化部ともに盛んで、多くの生徒が加入しています。県大会・関東大会に出場する部活動も多く素晴らしい実績を残しています。また応援部や校内の天文台で天体観測会ができる天文部など個性的な部もあります。不動岡高校では自分に合った部活動がきっと見つかるはずです。
卒業生の声
「在学中は、部活動を一生懸命がんばっていたので、勉強は授業中心に行いました。集中して授業に取り組んだので、現役で進学できました。」
そ の 他
1 学校の環境・設備
平成19年度から新校舎となり、400人収容の多目的ホール、グラウンドも3面、体育館も2つ、50メートルプールもあります。また、天文台もあり、天文部の活動や、校内での天体観測会も実施されます。説明会等で是非ご覧ください。また全教室に wi-fi 環境があり、ICT を活用した授業も行われています。
2 学校説明会等
7月27日（土）、8月24日（土）、9月21日（土）、11月9日（土）に学校説明会を実施します（※7・8月は午前中、9月以降は午後の実施）。8月には部活動体験を実施する予定です。日程が定まり次第、HP でお知らせします。8月3日（土）にさいたま市、8月10日（土）に熊谷市での校外説明会を実施いたします。これらの説明会、体験には全て HP からの申込が必要です。
今年度の土曜公開授業は申込不要になりましたので、実施日を HP で確認の上、普段の本校の授業・雰囲気等をぜひご見学ください。
※今後の状況によっては日程や実施方法の変更等も考えられますので、HP から最新情報をご確認ください。
3 海外研修
海外に姉妹校があり、例年はオーストラリア、マレーシア、アメリカ、ドイツ、フランスなどで海外研修を実施しています。

オーストラリア海外研修

【令和6年3月卒業生の大学合格状況】

北 海 道	4(4)	早 稲 田	21(19)
東 北	4(4)	慶 應 義 塾	8(6)
筑 波	8(8)	上 智	9(8)
埼 玉	28(28)	東 京 理 科	19(13)
千 葉	8(5)	明 治	51(47)
お茶の水女子	1(1)	立 教	79(67)
電 機 通 信	2(1)	青 山 学 院	28(26)
東 京 外 国 語	2(2)	中 央	40(35)
東 京 医 科 歯 科	1(1)	法 政	63(57)
東 京 学 芸	6(6)	学 習 院	44(42)
東 京 工 業	1(1)		
一 橋	1(1)	芝 浦 工 業	30(27)
富 山（薬）	1(1)	津 田 塾	19(18)
金 沢	1(1)	成 蹊	28(27)
広 島	1(1)	東 京 女 子	19(19)
九 州	1(1)	日 本	45(39)
東 京 都 立	2(1)	東 洋	209(194)
横 浜 市 立	3(3)		
その他国公立	45(41)	その他私立	676(628)
国 公 立 計	120(111)	私 立 計	1388(1272)

※（　）内は現役数　　※留学4

地図　(1)東武伊勢崎線加須駅下車徒歩20分または朝日バス「加須駅北口」より5分、「不動岡高校前」下車徒歩1分
(2)JR 高崎線鴻巣駅（東口）朝日バス「鴻巣駅東口」より45分、「不動岡高校前」下車徒歩1分

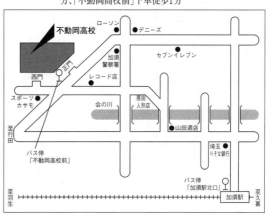

埼玉県立 松伏高等学校 （全日制）

所在地 〒343-0114 北葛飾郡松伏町ゆめみ野東2-7-1 ☎ 048-992-0121
ホームページ https://matsubushi-h.spec.ed.jp/ FAX 048-993-1180
最寄り駅からの順路 東武線北越谷駅から茨急バス エローラ行 「松伏高校前」下車0分

校　長	鈴木　将道
創　立	昭和56年4月1日
教職員数	90人

生徒数

学科＼学年	1年 (男)(女)	2年 (男)(女)	3年 (男)(女)	計 (男)(女)
普通科	118 (55)(63)	108 (42)(66)	105 (37)(68)	331 (134)(197)
情報ビジネスコース	40 (22)(18)	40 (14)(26)	23 (8)(15)	103 (44)(59)
音楽科	33 (4)(29)	14 (4)(10)	20 (4)(16)	67 (12)(55)
計	191 (81)(110)	162 (60)(102)	148 (49)(99)	501 (190)(311)

教育の特色

　学習面では、普通科、普通科情報ビジネスコース、音楽科の3つを設置し、それぞれ特色ある教育を行っています。基礎基本の徹底を図り、生徒一人一人の進路実現を目指しきめ細かい学習指導をしています。また、Matsubushi Eight Policy（将来を豊かにするために身につけたい力）のもと、教育活動に取り組んでいます。

目指す学校像

　学力の定着及び向上と、専門的な技術・能力の伸長を図るとともに、幅広い社会性を身につけさせ、地域に信頼され貢献できる人材を育成する。

重点目標

1　教育課程や学習指導計画及び授業の工夫・改善を進め、学ぶ意欲と学力を向上させる。

2　キャリア教育を進め、高い進路意識を育み、進路希望を実現できた生徒の割合を高める。

3　生徒会活動や学校行事の質を高め、部活動を活発化する。

4　規律を重んじ、地域に信頼され貢献する教育活動を推進する。

学習内容

　2学科1コースを生かした科目選択が可能です。

普通科

　進学希望者の学力向上に取り組むため、進学補習を行っています。

①進路に合わせ、2年生から類型に分かれて学習

②習熟度別指導で「伸ばす授業」

③少人数学級編制によりきめ細やかな指導

データ 令和6年度実施例

1学年 情報ビジネスコース 時間割

	月	火	水	木	金
1	数学Ⅰ	体育	情報Ⅰ	簿記	数学Ⅰ
2	言語文化	歴史総合	簿記	歴史総合	簿記
3	体育	情報処理	言語文化	英語コミュⅠ	情報処理
4	英語コミュⅠ	数学Ⅰ	保健	体育	情報Ⅰ
5	情報処理	現代の国語	ビジネス基礎	総探	現代の国語
6	簿記	ビジネス基礎	科学と人間	LHR	英語コミュⅠ
7					科学と人間

2学年 普通科 時間割

	月	火	水	木	金
1	古典探究/簿記	英語コミュⅡ	保健	公共	文学国語
2	体育	論理・表現Ⅱ	化学基礎	化学基礎	芸術(音美書)
3	文学国語	数学Ⅱ	古典探究/簿記	数学Ⅱ	芸術(音美書)
4	歴史総合	体育	数学Ⅱ	論理・表現Ⅱ	英語コミュⅡ
5	公共	古典探究/簿記	英語コミュⅡ	総探	古典探究/簿記
6	英語コミュⅡ	論理国語	体育	LHR	論理国語
7					歴史総合

3学年 音楽科 時間割

	月	火	水	木	金
1	英語コミュⅢ	理科選択	音楽選択	選楽 聴選楽視	地理総合
2	理科選択	英語コミュⅢ	選択Ⅰ	選楽 聴選楽視	副科
3	ソル聴	ソル聴	専攻	演奏研究	選択Ⅰ
4	音楽史	ソル視	専攻	国語表現	国語表現
5	地理総合	選択Ⅰ	英語コミュⅢ	総探	体育
6	体育	国語表現	国語表現	LHR	英語コミュⅢ
7					音楽選択

＊理科選択：化学基礎、生物基礎、地学基礎
＊選択Ⅰ：文学国語、世界史探究、数学Ⅱ、英語総合
＊音楽選択：音楽理論、実用の書

普通科情報ビジネスコース

　最新のコンピュータで充実したビジネス教育
①進路実現を支援する、多様な商業科目を開講
②商業高校に負けない検定試験の合格率
③最新のコンピュータルームを２室完備

音楽科

　個人レッスンで生徒の可能性を伸ばす
①器楽専攻（ピアノ・管弦打楽器）、声楽専攻（声楽・ミュージカル）の２つの専攻
②県内随一の施設・設備、音楽の専門棟「シンフォニア」（グランドピアノ30台設置）
③音大進学から就職まで、将来の希望に対応した柔軟な進路選択
④技術向上を図る多数の演奏会の設定

教　育　活　動

■学習活動

　大学進学に向けた授業をはじめ、情報処理・簿記等の資格取得を目指す授業等、個人の選択にあわせた生徒一人一人の要望に応えられるようなカリキュラムを用意しています。また、それぞれの進路希望に応じた補習授業も行っています。

■進路学習

　本校の生徒は進学・就職とさまざまな進路希望を持っています。生徒が「希望を胸に自立の気概を持つ」「調和の取れた人材として、社会に貢献できる」ように進路学習の中で学習していきます。どんな時でもふさわしい服装、言葉遣い等から社会人として身につけるべき規範や倫理・道徳観を学んでいます。

特　別　活　動

1　生徒会・専門委員会・有志が主に企画する行事
　新入生歓迎会・体育祭・球技大会・松華祭（文化祭）・予餞会
　ＭＳＰ（松伏スーパープレゼンテーション）

2　運動部で県大会以上に出場している部活
　女子バレーボール部・テニス部・陸上部・バドミントン部・剣道部

3　文化部の活動実績
　吹奏楽部（第27回西関東吹奏楽コンクールAの部　銀賞）・写真部（第42回埼玉県高等学校写真連盟写真展優良賞、奨励賞）・書道部（第31回国際高校生選抜書展（書の甲子園）入選他、受賞多数）・合唱部（第65回埼玉県合唱コンクール高等学校の部　銀賞　Aの部２位）

4　学校説明会
　①普通科：８月22日（木）
　②音楽科：８月23日（金）
　②普通科・音楽科：10月26日（土）、12月14日（土）、１月18日（土）
　詳細は本校HPに掲載します。

松華祭（文化祭）　令和６年９月28日（土）（予定）
　詳細が決まり次第、本校HPに掲載します。

部活動体験
　実施予定。詳細が決まり次第、本校HPに掲載します。

卒業後の進路状況

進　　　　路		R３年度	R４年度	R５年度
進学	大学・短大	50	41	41
	専　門	59	59	67
就　　　　職		75	68	43
そ　の　他		8	9	9
卒　業　生　総　数		192	177	160

【大学・短大】跡見学園女子大学　共栄大学　国士舘大学　淑徳大学　十文字学園女子大学　駿河台大学　聖徳大学　聖学院大学　千葉商科大学　東洋大学　獨協大学　日本大学　文教大学　明星大学　流通経済大学　洗足学園音楽大学　武蔵野音楽大学　戸板女子短期大学　東京成徳短期大学
【専門】青山製図専門学校　香川調理製菓専門学校　川口市立看護専門学校　川口高等技術専門学校　北原学院歯科衛生専門学校　呉竹医療専門学校　国際文化理容美容専門学校　国際理容美容専門学校　国際動物専門学校　埼玉県理容美容専門学校　太陽歯科衛生士専門学校　中央動物専門学校　戸田中央看護専門学校　道灌山学園保育福祉専門学校　日本工学院専門学校　専門学校日本ホテルスクール　日本電子専門学校　専門学校武蔵野ファッションカレッジ
【就職】㈱アイディ　SMC㈱　㈱エス・ワイ・エス　㈱クラフトワーク　楠本化成㈱　純正化学㈱　大日本パッケージ㈱　㈱トッパンフォトマスク　㈱トッパンコミュニケーションプロダクツ　ニプロファーマ㈱　ぺんてる㈱　㈱明治　㈱ヨネックス

地図

　東武線北越谷駅から茨急バス「エローラ行」松伏高校前下車

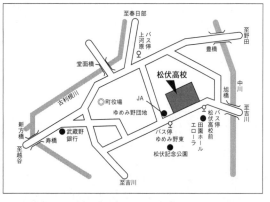

大日本印刷㈱　中ノ郷信用組合　ネッツトヨタ埼玉㈱　アルフレッサメディカルサービス㈱　エスビースパイス工業㈱　アークランズ㈱　銀座アスター食品㈱　㈱コモディイイダ　㈱ファイブフォックス　㈱ベルク　㈱ヤオコー　ロピア　埼玉トヨタ自動車㈱　㈱筑紫樓　日本瓦斯運輸整備㈱

埼玉県立 三郷高等学校 （全日制）

所在地　〒341-0041　三郷市花和田620-1　☎ 048-953-0021　FAX 048-949-1028
ホームページ　https：//misato-h.spec.ed.jp/
最寄り駅からの順路・JR武蔵野線三郷駅下車　徒歩25分　自転車12分　バス10分（市役所前下車）
　　　　　　　　・つくばエクスプレス三郷中央駅下車　徒歩15分

三郷高校校舎

校　長	上田　誠治
創　立	昭和50年4月1日
教職員数	52人

生徒数

学年＼学科	1年 (男)(女)	2年 (男)(女)	3年 (男)(女)	計 (男)(女)
普通科	202 (117)(85)	159 (85)(74)	99 (49)(50)	460 (251)(209)

教 育 方 針

校訓　「自立・共生・貢献」
目指す学校像
　自立心と思いやりの心を育み、地域や社会に貢献する生徒を育成する学校
重点目標
1　集団の一員としての自覚と規範意識の向上
2　基礎学力の定着と主体的に学ぶ欲の育成
3　キャリア教育の充実と志の育成
4　地域連携の強化と積極的な情報発信

教 育 課 程

　三郷高校では、生徒一人一人に対し、きめ細やかな指導・支援を行えるよう1年生では「少人数学級」を展開しています。また、2・3年生では生徒の興味・関心や将来の進路希望をもとに「進学」、「情報」、「総合」の3つの選択を基にクラス編成します。
　習熟度別や少人数制、教師の複数配置による授業と学習支援ツールを活用した個別学習によって、生徒一人ひとりに「学び直し」の機会を提供し、学習に対する苦手意識の克服と個別最適化した教育を通じて生徒の主体性を育みます。さらに、パソコンに関する資格取得や活用能力を高めることを目的とした教科「商業」「情報」の授業を展開するなど、社会に出てから求められるICTスキルの育成にも力を入れています。

教 育 活 動

1　学習活動
　三郷高校では、「わかる授業」をモットーに、生徒理解と授業規律を大切にした授業を実践しています。また、基礎学力の向上にも力を入れており、なかでも国語・数学・英語の3教科では「学

日課表

SHR	8：50 〜 9：00
1限	9：00 〜 9：50
2限	10：00 〜 10：50
3限	11：00 〜 11：50
4限	12：00 〜 12：50
昼休み	12：50 〜 13：35
5限	13：35 〜 14：25
6限	14：25 〜 15：25
清掃	15：25 〜 15：40 (SHR含む)
下校	17：00

時間割例　2学年（令和5年度入学生）

	月	火	水	木	金
1	英コミュ	英コミュ	選択科目	数学Ⅱ	芸術
2	家庭総合	論理国語	古典探究	文学国語	芸術
3	家庭総合	生物基礎	歴史総合	体育	体育
4	体育	数学Ⅱ	保健	選択科目	論理国語
5	生物基礎	歴史総合	生物基礎	総探	英コミュ
6	数学Ⅱ	文学国語	数学Ⅱ	LHR	英コミュ

び直しプログラム」を実施しています。中学校時代のつまずきや苦手意識の克服に向けた丁寧で分かりやすい授業を行うとともに、家庭学習や個別学習などを支援する学習支援ツールを活用した学習環境を提供しています。また、令和4年度入学生よりタブレット端末(個人購入)を導入し、ICTを活用した授業実践にも取り組んでいます。「知る・わかる・できる」楽しさと「粘り強く学ぶことの大切さ」を気付かせる学習活動を実践しています。

2 進路活動

生徒の希望進路実現のために、3年間を通して体系的にきめ細かい指導をしています。オリジナルの「進路ノート」を用い、1学年は自己理解、2学年は自己啓発、3学年は自己実現を目標に、将来を見通す力を身につけています。

1学年は、人生設計や分野別学習を行い、職業に就くために必要な資格や進学先を学びます。2学年では、求人票の見方や履歴書の書き方を学び、面接練習や小論文指導で自らの将来を見つめます。3学年では、就職・進学ガイダンスや面接練習など、進路希望の実現に向けた具体的な活動を行います。

3年間で外部講師による面接練習を1人4回実施します。また、様々な講演会を行うことで、ルール・マナーの大切さや社会に出るために必要なことを学ぶことができます。

3 コミュニケーション能力育成

新入生は新しい環境となり、2・3年生はクラス替えを行ったことで、人間関係の構築に不安を抱えることがあります。こうした不安を解消すべく、本校独自の「コミュニケーション育成プログラム」を実施しています。

クラスメイトとの関係は、学校生活の中で重要な位置を占めるので、まずはクラスメイトとのコミュニケーションの仕方を学びます。

特 別 活 動
※学校説明会の日程は必ず学校HP等でご確認ください。

三郷高校では、学校行事を特に大切にしていま

秋風祭(文化祭)風景

す。1学期の遠足や体育祭、2学期の秋風祭(文化祭)、修学旅行(2年生)、3学期の3年生を送る会など、どの行事でも生徒が主体となって取り組んでいます。また、三郷市や三郷市教育委員会など地域と連携した事業への参加・交流を通して多くの成果を上げています。地域警察と連携し、通学運動(挨拶運動)を実施したり、本校は自転車マナーアップ推進校に指定されていることから、ヘルメットの着用を呼びかけたりしています。

部活動は運動部・文化部ともに、盛んに行われています。運動部では、県大会に出場した陸上競技部の他にも、サッカー部、野球部、バスケットボール部、バレー部、ハンドボール部、卓球部、バドミントン部、剣道部、テニス部が日々熱心に活動をしています。文化部では新人大会で準グランプリを受賞した軽音楽部をはじめ、ボランティア部やアート部、家庭科部、吹奏楽部、茶道部、書道部、コンピュータ部、放送部が活躍しています。また、生徒会執行部が地域警察の1日署長を務めるなど、地域と協働した取り組みを行っています。

学校説明会

第1回　令和6年8月24日(土)
第2回　令和6年11月16日(土)
第3回　令和6年12月14日(土)
第4回　令和7年1月11日(土)
※申し込みはホームページ、電話、FAXからできます。
時刻：10時より12時までの予定
場所：本校体育館　上履きをご用意ください。

卒業後の進路状況

進	路	令和3年度	令和4年度	令和5年度
進学	大学・短大	27	37	33
	専修・各種	82	65	59
就	職	28	31	28
そ	の 他	20	27	24
卒 業 者 総 数		157	160	144

〈主な進学先〉
東洋大(1)、拓殖大(1)、大東文化大(1)、国士舘大(1)、文教大(1)、江戸川大(2)、東洋学園大(1)、日本保健医療大(1)、帝京科学大(1)、千葉商科大(1)、流通経済大(3)、和洋女子大(2)、聖徳大(1)、東京電機大(2)、麗澤大(1)

地図

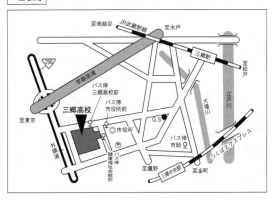

埼玉県立 三郷北高等学校（全日制）

所在地 〒341-0022 三郷市大広戸808番地 ☎ 048-952-0151 FAX 048-949-1026
ホームページ https://misatokita-h.spec.ed.jp
メールアドレス misatokita-h@misatokita-h.spec.ed.jp
最寄り駅からの順路 JR武蔵野線三郷駅下車 徒歩13分(1.1km)

体育祭閉会式の校歌斉唱

校　長	橋　功
創　立	昭和55年4月1日
創立記念日	6月28日
教職員数	61人

生徒数

学科＼学年	1年 (男)(女)	2年 (男)(女)	3年 (男)(女)	計 (男)(女)
普通科	239 (132)(107)	227 (114)(113)	227 (126)(101)	693 (372)(321)

青春の夢を実現しよう

　これが、三郷北高校のスローガンです。校舎の壁に大きく掲げられたこのスローガンは毎日「三北生」を見守り、励ましています。生徒一人一人の夢の実現を精一杯応援する学校です。

　創立45年を迎え、今までに1万人を超える卒業生が巣立っていきました。落ち着いた学校生活と、部活動・行事が盛んなことが特徴で「サンキタ」として地域に親しまれる学校です。

教　育　目　標

　知育・徳育・体育の調和の取れた高度な普通教育を施し、豊かな人間性と創造性を備えた人間を育成するとともに、伝統を継承し、新しい文化の創造を目指す教育を推進する。

目指す学校像

　確かな学力のもと、進路指導・生徒指導・部活動指導を3本の柱に、地域に根ざした、生徒の青春の夢実現を目指す学校。

重　点　目　標

1　学習習慣の確立と授業改善による学力向上を図り、進路希望を実現させる。
2　集団活動をとおして共生社会の実現を目指し、規範意識を持った社会に信頼される人材を育成する。
3　インクルーシブ教育を充実させ、分校とともに地域に開かれた学校づくりをさらに推進する。

データ　令和7年度入学生教育課程表

	1	2	3	4	5	6	7	8	9	10	11	12	13	14	15	16	17	18	19	20	21	22	23	24	25	26	27	28	29	30
1年共通	現代の国語		言語文化		地理総合		数学Ⅰ			数学A		生物基礎		体育			保健	選択①		英語コミュニケーションⅠ			論理・表現Ⅰ		家庭総合		情報Ⅰ		LHR	総合探究

選択①：音楽Ⅰ、美術Ⅰ、書道Ⅰから1科目選択

	1	2	3	4	5	6	7	8	9	10	11	12	13	14	15	16	17	18	19	20	21	22	23	24	25	26	27	28	29	30
2年文系	論理国語		文学国語		歴史総合		公共		数学Ⅱ			化学基礎		体育			保健	選択①		英語コミュニケーションⅡ			論理・表現Ⅱ		家庭総合		選択②		LHR	総合探究

選択①：音楽Ⅱ、美術Ⅱ、書道Ⅱから1科目選択　　選択②：古典探究またはビジネス基礎どちらかを選択

	1	2	3	4	5	6	7	8	9	10	11	12	13	14	15	16	17	18	19	20	21	22	23	24	25	26	27	28	29	30
2年理系	論理国語		歴史総合		公共		数学Ⅱ			数学B		物理基礎		化学基礎		体育			保健	英語コミュニケーションⅡ			論理・表現Ⅱ		家庭総合				LHR	総合探究

	1	2	3	4	5	6	7	8	9	10	11	12	13	14	15	16	17	18	19	20	21	22	23	24	25	26	27	28	29	30
3年文系	論理国語		文学国語		選択①		政治・経済		科学と人間生活		体育			英語コミュニケーションⅢ		選択②			選択③(4単位)・④(2単位)もしくは簿記と情報処理(どちらも3単位)を選択							選択⑤		LHR	総合探究

選択①：古典探究（2年次古典探究を選択した生徒）または文学国語（それ以外の生徒）　選択②：論理・表現Ⅲまたはソフトウェア活用どちらかを選択　選択③：日本史探究、世界史探究、生物から1科目選択
選択④：実用国語、数学基礎探究、英語と文化、ビジネス・コミュニケーション、情報Ⅱから1科目選択　選択⑤：表現国語、保育基礎、フードデザイン、スポーツⅡ、器楽一般A、美術総合研究、漢字の書から1科目選択

	1	2	3	4	5	6	7	8	9	10	11	12	13	14	15	16	17	18	19	20	21	22	23	24	25	26	27	28	29	30
3年理系	論理国語		政治・経済		選択①			化学			選択②			体育			英語コミュニケーションⅢ			論理・表現Ⅲ			選択③						LHR	総合探究

選択①：「数学Ⅲ（3単位）と数学C（2単位）」または数学応用探究（5単位）のどちらかを選択　選択②：物理または生物どちらかを選択　選択③：表現国語、数学理解、情報Ⅱから1科目選択

教育課程

①１年次と２年次での全員共通の科目では、基礎的な学習からスタートし、より高度な学習内容に対する理解を深めていきます。
②２年次では、類系（文系・理系）を選択し、進路決定に必要な教科の基礎となる内容を学習します。
③３年次は選択科目が増え、より進路を意識した深い学習をします。

教育活動

1　学校生活

「文武不岐」の精神のもと、設備の整った環境で生徒たちはお互いに切磋琢磨しながら青春の日々を送っています。

朝補習や朝練習からスタートした一日は、生徒の熱気が感じられる授業、友人との楽しい昼食、放課後の部活動や補習につながります。

また、高校内分校との共同行事が行われ、お互いを尊重しあうインクルーシブ教育を実践しています。

2　学習指導

基礎基本の定着から始まり学力向上を重視した「わかる授業」を展開しています。定期考査前の補習や進学補習、個別指導が毎日のように行われています。

また、国際理解教育に力を入れており、夏季休業中に短期海外派遣（令和５年度はニュージーランド）を実施し、グローバルな視点を身につけます。

3　進路指導

「第一志望をゆずらない」指導をしています。自己管理能力の育成を目指し、１年次から系統的にキャリア教育を進めています。

また、探究活動にも取り組んでいて、生徒の課題発見力を刺激し、自らの力で課題解決できるように支援しています。

ニュージーランド高校生との交歓

4　生徒指導

全職員一丸となって、根気強く生徒指導を実践しています。学校評議員の方からも「地元小学生の見本となっている」との評価も得ています。素直で明るい生徒が多いことが本校の特徴です。

5　生徒会活動

「体育祭」、「しひの実祭（文化祭）」や「感恩祭（３年生を送る会）」など、たくさんの楽しい行事が開催され、青春の良き思い出となっています。

6　部活動

運動部では、男子バレーボール部がＲ５春高バレー予選県ベスト16、男子バスケットボール部がＲ５新人戦県大会ベスト32、男女ソフトテニス部がＲ５関東大会県予選出場、男子ハンドボール部がＲ５新人戦県大会県４位、女子ハンドボール部がＲ５インターハイ県予選県ベスト８。その他、サッカー部、野球部、バドミントン部、陸上競技部が県大会出場を果たしています。

文化部では、吹奏楽部が全国ポピュラーステージ吹奏楽コンクール東日本大会銀賞、また、書道部がＲ５大東文化大学主催全国書道展全国書美術振興会賞及び推薦賞受賞、の実績を残しています。

その他多くの部が熱心な顧問の指導のもと、活気ある活動を展開しています。

その他
※日程は必ず学校ＨＰ等でご確認ください。

学校説明会

８月23日（金）（本校）	９月28日（土）（本校）
11月９日（土）（本校）	12月14日（土）（本校）
１月25日（土）（本校）	

学校見学は随時受け付けています。

卒業後の進路状況

進　　　　路		令和３年度	令和４年度	令和５年度
進学	大学・短大	121	112	112
	専修・各種	106	89	72
就　　　　職		29	36	38
そ　の　他		10	19	5
卒　業　者　総　数		266	256	227

【大学】北見工業大、琉球大、日本大、東洋大、東京理科大、文教大、東京電機大、女子栄養大、二松學舍大、東京農業大、大東文化大、亜細亜大、帝京大、国士舘大、神田外語大、日本女子大、日本女子体育大、千葉商科大、千葉工業大、十文字学園女子大、共栄大、他
【短期大学】日本大短大部、共立女子、大妻女子大短大部、東京家政大短大部、東京成徳、聖徳大短大部、十文字学園女子大学短大部、浦和大短大部、国際学院埼玉、淑徳、星美学園、川口、貞静学園、昭和学院、武蔵丘、帝京、埼玉東萌、青山学院女子　他
【専門学校】春日部市立看護、勤医会東葛看護、日本大学松戸歯学部附属歯科衛生、東京女子医科大学看護専門学校、日本医科学大学校、帝京高等看護学院、太陽歯科衛生士、中央工学校、トヨタ自動車大学校、武蔵野調理師、国際理容美容、埼玉県理容美容、道灌山学園保育福祉、獨協医科大学附属看護専門学校三郷校／栃木校　他
【就職】足立成和信用金庫、瀧野川信用金庫、さいかつ農業協同組合、プリンセストラヤ、SMC草加工場、千代田インテグレ、ビックカメラ、警視庁、常盤電業おこし本舗、鶴屋吉信、拓洋、ナカ工業、井筒まい泉、ジーユー、セキ薬品、ポラスハウジング協同組合、堀川産業、ヤオコー、ライフコーポレーション、ダイアナ、三郷消防署、三郷市役所、吉川市役所、埼玉県警、日本郵便、エスフーズ　他

地図　JR武蔵野線三郷駅下車　徒歩13分またはマイスカイ交通バス（三郷北高前下車１分）

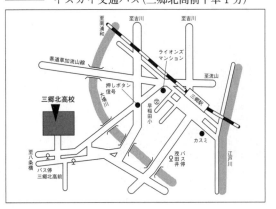

埼玉県立 宮代高等学校（全日制）

所在地 〒345-0814 南埼玉郡宮代町字東611番地 ☎ 0480-32-4388（代）
ホームページ https://miyashiro-h.spec.ed.jp
メールアドレス miyashiro-trc@miyashiro-h.spec.ed.jp
最寄り駅からの順路 東武スカイツリーライン 姫宮駅西口下車徒歩8分

「土曜勉強マラソン」（土曜日の希望者による勉強会）の風景

校　　　長	小池　真也
創　　　立	昭和57年4月1日
教職員数	46人

生徒数

学年／学科	1年 (男)(女)	2年 (男)(女)	3年 (男)(女)	計 (男)(女)
普通科	196 (90)(106)	176 (65)(111)	144 (40)(104)	516 (195)(321)

生徒一人ひとりの「よさ」を伸ばす

　「とことん生徒の面倒を見る宮高」「本気の自分に出会える場所」をキャッチフレーズに、「部活動」と「進路活動」において、主体的に行動できる生徒を育成する学校づくりを推進しています。また、豊かな緑と、学年集会もできる同窓会館「しいの木会館」をはじめ、充実した施設・設備の中で「生徒一人ひとりのよさを伸ばす」教育活動を展開しています。

教育目標（校訓）

（1）さとく
　文化や自然に接し自らの感受性をみがきながら、身に付けた知識や技能をこれからの人生や社会に生かそうとする広い視野をもつ若人を育てる。

（2）たゆまず
　目標に向かって精いっぱい取り組むことにより、達成の喜びを味わいながら、更に向上しようとする進取の気概に満ちた若人を育てる。

（3）たくましく
　あらゆる機会をとらえて自らを鍛えることにより、強い意志とたくましい身体をもつ若人を育てる。

教育課程

　基礎基本を大事にし、大学進学まで視野に入れた学習を行います。わかる授業や、朝学習、土曜勉強マラソン、部活動勉強会、実力増進講習等を行い、皆さんの夢を実現させます。
　1・2年次は基礎科目を共通して学び、生徒一

データ

日　課　表	
朝学習	8：40～8：50
ＳＨＲ	8：50～8：55
第1時限	9：00～9：50
第2時限	10：00～10：50
第3時限	11：00～11：50
第4時限	12：00～12：50
昼休み	12：50～13：35
第5時限	13：35～14：25
第6時限	14：35～15：25
清掃	15：25～15：40
ＳＨＲ	15：40～15：45

3年2組（文系クラス）時間割

	月	火	水	木	金
1	地学基礎	体育	英語表現Ⅱ	古典探究	論理国語
2	論理国語	英語コミュニケーションⅢ	芸術	体育	英語コミュニケーションⅢ
3	日本史探究	地学基礎	芸術	日本史探究	日本史探究
4	体育	数学B	数学B	論理国語	古典探究
5	英語コミュニケーションⅢ	家庭総合	日本史探究	論理・表現Ⅱ	総合選択
6	総合的な探究の時間	家庭総合	古典探究	LHR	総合選択

※芸術は、入学時に音楽、美術、書道から1科目選択
※文系選択者は、日本史探究と世界史探究から1科目選択
※総合選択は、政治・経済、理数探究基礎、スポーツⅡ、ソルフェージュ、美術概論、実用の書、保育基礎、実践国語、国際コミュニケーションから1科目選択

人ひとりの能力に合わせて、数学と英語は２年次まで習熟度別少人数授業を実施しています。

３年次から自分の進路希望に合わせて、文系と理系の２つの類型から１つの類型を選択します。また、専門選択科目も設定しています。

【文系】文系大学、短大進学希望者を対象にした文系教科科目を重点的に学びます。専門学校志望者や就職希望者にも対応しています。

【理系】理系大学、理系短大や理系専門学校進学者を対象にした理系教科科目を重点的に学びます。

教　育　活　動

1　学習活動

（1）わかる授業

１・２年生では、数学と英語において、習熟度別少人数授業（２クラスを３講座に分割）を実施しています。

（2）充実した課外授業

早朝と放課後に「実力増進講習」を開講しています。大学受験対策講座、各種検定試験対策講座など、生徒のニーズに応じた講座を開講しています。

2　学校生活

規律ある、そして楽しい学校生活

（1）勉強と部活動に集中できる環境の確保

生活指導と進路指導は両輪と考えています。「ルール」「礼儀」「挨拶」をスローガンに、チャイム着席の徹底、定期的に実施する整容検査、遅刻指導、スケジュール管理のための「宮高手帳」の活用など、生徒が勉強と部活動に集中できる環境を整えています。また、教室は冷暖房を完備しており、生徒ホール、しいの木会館など施設も充実しています。姫宮駅から徒歩８分という利便性と校舎内がきれいなことも魅力です。

（2）魅力ある学校行事

入学直後に行われる「新入生歓迎会」、春の「遠足」、「体育祭」、秋の「光輝祭」（文化祭）、冬の「持久走大会」、「芸術鑑賞会」、「百人一首大会」など

部活動としては少数のアーチェリー部

盛りだくさんです。２年生の秋に「修学旅行」が実施されます。

特　別　活　動

生徒会が中心となって、様々な行事を活発に行っています。学校周辺の通学路の清掃ボランティアには部活動単位や有志で生徒が参加し、地域の方から感謝されています。

部活動は12の運動部と11の文化部があり、意欲的に活動をしています。県大会に出場する部活動も増えてきています。

そ　の　他　　※日程は必ず学校HP等でご確認ください。

8／3（土）	9：30〜12：00	第1回学校説明会
9／28（土）	9：30〜12：00	第2回学校説明会
10／26（土）	9：30〜12：00	第3回学校説明会
11／16（土）	9：30〜12：00	第4回学校説明会
12／14（土）	9：30〜10：30	第5回学校説明会
1／11（土）	9：30〜10：30	入試直前相談会①
1／25（土）	9：30〜10：30	入試直前相談会②

※詳細は開催日の約１カ月前にHPに掲載します。
※申し込み方法は、HP・電話です。

卒業後の進路状況

進　　路		3年度	4年度	5年度
進学	大学・短大	73	48	34
	専修・各種	75	73	83
就　　　　職		32	50	37
そ　の　他		11	9	11
卒　業　者　総　数		191	180	165

1　大学【主な合格校】東洋大・武蔵野大・千葉商科大・立正大・日本赤十字看護大・文教大・玉川大・東京電機大・実践女子大・国士舘大・大東文化大・十文字学園女子大・帝京大・埼玉医科大・東京家政大・順天堂大・大正大・駿河台大・城西大・聖徳大・跡見学園女子大・日本工業大・共栄大
2　短期大学【主な合格校】大妻女子大学短大部・国際学院埼玉短大・埼玉純真短大・佐野日本大学短大部・戸板女子短大・女子栄養大学短大部　※指定校80校（大学56校、短期大学24校）
3　専門学校【主な合格校】上尾中央看護専門学校・戸田中央看護専門学校・上野法律専門学校・早稲田速記医療福祉専門学校・埼玉県理容美容専門学校・資生堂美容技術専門学校・道灌山学園保育福祉専門学校・青山製図専門学校・太陽歯科衛生士専門学校・大宮国際動物専門学校・東京愛犬専門学校・武蔵野調理師専門学校・埼玉自動車大学校・日本工学院専門学校・埼玉県立川口高等技術専門校
4　就職・公務員【主な採用先】日本郵便㈱関東支社・南彩農業協同組合・㈱ベルク・㈱でんきち・生活協同組合コープみらい・伊藤製パン㈱・西濃運輸㈱・セキスイハウス工業㈱・日産プリンス埼玉販売㈱・東洋不動産㈱・アイケア㈱・米久かがやき㈱工場・ワタキューセイモア㈱関東支社・埼玉県警察・東京消防庁・さいたま市職員（消防）・陸上自衛隊（一般曹候補生）・警視庁・久喜市役所

地図

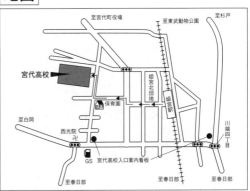

埼玉県立 八潮南高等学校（全日制）

所在地 〒340-0814 八潮市南川崎根通519-1 ☎ 048-995-5700 FAX 048-998-1293
ホームページ https://yashiominami-h.spec.ed.jp/
メールアドレス info@yashiominami-h.spec.ed.jp
最寄り駅からの順路・東武スカイツリーライン草加駅下車、東武バス「草加105」緑町三
丁目経由八潮駅南口行き「木曽根」下車　徒歩8分
・つくばエクスプレス「八潮」駅より徒歩20分

正門より校舎(特別教室棟)を望む

校　　長	福島　　聡
創　　立	昭和59年4月1日
教職員数	61人

生徒数

学科＼学年	1年(男)(女)	2年(男)(女)	3年(男)(女)
普通科	78 (32)(46)	70 (47)(23)	68 (29)(39)
商業科	78 (32)(46)	56 (31)(25)	73 (36)(37)
情報処理科	80 (54)(26)	79 (46)(33)	74 (44)(30)

学校の概要

目指す学校像
　人間力・学力・社会人基礎力を身に付け、専門的な学びなどを活かして仲間や地域と協働しながら地域社会に貢献できる人材を育成する学校
学校の概要
◇就職にも進学にも強い八潮南高校
　本校は、「勉学」「誠実」「実行」を校訓にかかげ、心の通う毅然とした生徒指導をもとに、学ぶ意欲を引き出し、基礎学力を着実に定着させる学校です。また、社会に貢献できる生徒を育てることに力を注ぎ、高い就職内定率を維持しています。進学希望者に対してもきめ細かい進学指導を行い、進学・就職双方に対応できる柔軟性のある学校です。

◇YMP（八潮南プライド）プロジェクト
　本校独自の取組である、YMPプロジェクトを通して人間力・学力・社会人基礎力の育成を目指しています。一例として手帳導入による自己管理、計画力の育成や部活動全員加入による人間関係形成力・主体的行動力の育成等を行っています。
◇Sing together?
　本校校歌はNHK連続テレビ小説『エール』の主人公モデルとなった古関裕而氏が作曲したものです。生徒たちは本校に誇りを持ち、大きな声で歌っています。

教育課程

1　普通科
◇幅広い知識を習得できる人材の育成
　多様な進路希望に対応できる教育課程を編成し、将来の夢の実現に必要な学力を着実に身に付けさせます。

データ

○商業情報処理設備
クライアント・サーバシステムによるコンピュータルーム6室(電子計算機室・OA実習室・総合実践室・パソコン実習室・ネットワーク室)R1、R2、R3年に最新の機器に更新されました。
○図書館 蔵書2万冊
(冷房完備で、勉強環境は抜群です)
○プール 25m 8コース
○生徒ホール
(1階生徒ホール：2階合宿所)
○エアコン
○グラウンド照明

1年生(情報処理科)時間割の例

	月	火	水	木	金
1	英語コミュニケーションI	簿　記	科学と人間生活	芸術I	体育
2	地理総合	簿　記	情報処理	芸術I	数学I
3	情報処理	英語コミュニケーションI	数学I	保健	情報処理
4	数学I	体育	簿　記	現代の国語	言語文化
5	ビジネス基礎	言語文化	ビジネス基礎	英語コミュニケーションI	科学と人間生活
6	現代の国語	地理総合	体育	LHR	簿　記

また、少人数制授業（１クラスを２展開）、専門学科併設による商業系の資格取得を目指せる等、他校の普通科にはない魅力があります。

２ 商業科
◇ビジネス社会に精通する人材の育成

ビジネスに関する知識・技能・態度を幅広く学びます。また、簿記や情報処理など、興味を持った分野の科目を選択して深く学ぶことにより、高度な資格の取得を目指すことのできる教育課程です。

３ 情報処理科
◇情報化社会に適応できる人材の育成

情報処理に関する知識・技能とともに、ビジネスの基礎・基本を学び、企業の情報化を推進する人材を目指します。コンピュータを使ったゆとりある実習により、情報活用の実践力を身に付けることのできる教育課程です。

教 育 活 動

１ 学習活動
◇各自の学習ニーズに応じた学習活動を行います。

多くの科目で少人数や習熟度別授業を実施しています。また、多様な選択科目を設定するなど、生徒一人ひとりが自分に合った学び方ができる指導を実施しています。

◇意欲を育て、身に付く学習活動を行います。

座学に実習や演習をバランス良く取り入れて興味・関心を高める授業を実施しています。

また、各種資格の検定試験などを積極的に実施し、一人ひとりが目標を持って学べるよう支援します。

◇新しい時代の人材を育成します。

全国商業高等学校協会の三種１級合格者を着実に育成する一方、埼玉県教育委員会の「未来を拓く『学び』推進事業」の協力校として研究を推進するなど、新しい時代の人材育成に積極的に取り組んでいます。

２ 進路指導
◇夢や希望が実現できる進路学習を行います。

３年間を見通した計画的な進路学習を実施し、一人ひとりが将来の目標を見つけ、それを実現するために活動することを支援します。

また、進路相談や面接指導、外部講師による進路説明会などのきめの細かい指導により、大学進学の実績を伸ばすとともに、高い就職内定率を維持しています。

３ 部活動・学校行事
１年生全員が部活動へ加入し、運動部、文化部ともに活動が盛んです。ほとんどの運動部が県大会以上に出場しています。本校卒業生の宇田川優希選手は、WBC の日本代表選手に選出され大活躍しました。文化部においても、各部活で活動の幅を広げ、様々な部門で優秀な成績を収めています。本校では、有志活動で「ポジティ部」を立ち上げ、部活動の活性化に取り組んでいます。是非ともホームページにて生徒の活躍をご覧下さい。

新入生歓迎会、生徒総会、遠足、体育祭、文化祭(翔鴎祭)、修学旅行、ロードレース大会、芸術鑑賞会などの学校行事は、クラス・学年・学校全体の生徒同士の交流を深め、高校生活に潤いと活気を与えます。

卒業生の声

私は八潮南高校で素敵な仲間と充実した３年間を送ることができました。私が入学した情報処理科では、たくさんの資格を取得するすることができます。資格は進路活動で武器になり、取得した資格は一生無くなることはありません。そのために私は、一つでも多くの資格を取得することを目標にしてきました。検定上位級に合格した時は、とても大きな達成感を味わうことができました。

そ の 他
※日程は必ず学校ＨＰ等でご確認ください。

◇学校説明会 　９月14日（土） 　　11月16日（土）
　　　　　　　12月14日（土）

卒業後の進路状況（過去３年間）

		令和３年度			令和４年度			令和５年度		
		男	女	計	男	女	計	男	女	計
卒 業 生 数		103	117	220	95	121	216	99	109	208
進学	大　　学	23	6	29	19	12	31	25	12	37
	短　　大	0	4	4	2	9	11	1	5	6
	専門学校	29	60	89	28	46	74	27	38	65
就職	民間企業	39	40	79	39	41	80	34	51	85
	公　務　員	3	1	4	2	3	5	3	1	4
	自営縁故	3	2	5	2	3	5	3	0	3
浪人・その他		6	4	10	3	7	10	6	2	8

【就職】武蔵野銀行、川口信用金庫、足立成和信用金庫、ALSOK 常駐警備、大日本印刷、日本製紙クレシア、フジパン、SMC、関東化学、新宿高野、千成屋総本店、鶴屋吉信、マルエツ、資生堂パーラー、ヤマト運輸、さいかつ農業協同組合、筑紫楼、みはし、イトーヨーカ堂、文明堂東京、原田、宗家 源吉兆庵
（公務員）総務省、八潮市役所、陸上自衛隊、千葉県警察官、草加八潮消防
【進学】（４年制大学）獨協大、文教大、日本体育大、国士舘大、拓殖大、流通経済大、聖徳大、東洋大 　など
（短期大学）川口短大、東京成徳短大、東萌短大、新渡戸文化短大 　など
（専門学校）華調理師専門学校、日本電子専門学校、日本工学院 専門学校、川口市立看護専門学校、上尾中央看護専門学校、道灌山学園保育福祉専門学校 　など

地図

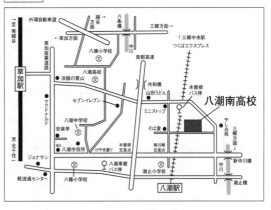

埼玉県立　鷲宮高等学校（全日制）

所在地　〒340-0213　久喜市中妻1020番地　☎ 0480-58-1200
ホームページ　https : //washinomiya-h.spec.ed.jp
最寄り駅からの順路　東武伊勢崎線鷲宮駅下車　徒歩15分

ALTによる授業風景（英語科）

校　　長	山田　直子
創　　立	昭和53年4月1日
教職員数	63人

生 徒 数

学年＼学科	1年(男)(女)	2年(男)(女)	3年(男)(女)	計(男)(女)
普通科	283 (145)(138)	280 (138)(142)	257 (121)(136)	820 (404)(416)

（令和6年4月1日現在）

・鷲宮高校野球部専用球場・室内練習場があります。

教 育 課 程

　本校の生徒の進路希望は、大学・短大進学、専門学校、就職とさまざまです。そこで、生徒一人一人の進路希望がかなえられるような教育課程を用意しています。

＜一年生＞　英語・国語・数学を中心に、基礎学力の定着を目指すと共に、将来の受験にも対応できるよう指導しています。また、英語ではクラスを習熟度別に2つに分けた少人数授業もあります。漢字検定が全員受検となっています。

＜二・三年生＞　二年生から進路希望によって、文系・理系の2コースに分かれます。「文系」は文系四大・短大進学希望者から専門学校、就職まで幅広く対応できるコースです。「理系」は理系四大や理系専門学校希望者対象のコースです。二年生理系の数Ⅱ・Bは習熟度別少人数授業です。

【文系】…科目選択が多様で、様々な進路希望に対応しています。三年生では、選択授業で保育士・幼稚園教諭を目指す生徒向けに保育実習を行う授業や、栄養士・調理師を目指す生徒向けの座学と調理実習がある授業もあります。

　また、専門学校・就職希望者は、幅広い知識と技術を習得できるよう、簿記や情報処理などの授業を選択することができ、各種技能検定も実施しています。

【理系】…理系大学進学対策として、数学・理科・英語を中心に学べます。三年生では、選択授業

1年1組時間割

	月	火	水	木	金
1	体　　　育	数 学 Ⅰ	情 報 Ⅰ	数 学 A	数 学 A
2	論理表現Ⅰ	英語コミⅠ	保　　　健	地理総合	生物基礎
3	数 学 Ⅰ	体　　　育	言語文化	英語コミⅠ	論理表現Ⅰ
4	言語文化	情 報 Ⅰ	生物基礎	現代の国語	化学基礎
5	芸　　　術	現代の国語	数 学 Ⅰ	L H R	英語コミⅠ
6	芸　　　術	地理総合	化学基礎	総合的探究	体　　　育

※論理表現Ⅰは、習熟度別の少人数授業です。

学校説明会・部活動体験などの開催

学校説明会　日程

6月8日（土）9：00～	部活動体験会①
6月15日（土）9：00～	部活動体験会②
8月3日（土）9：00～	部活動体験会③
8月24日（土）9：00～	部活動体験会④
9月28日（土）9：30～	第1回学校説明会・部活動見学会
11月9日（土）9：30～	第2回学校説明会・部活動見学会
12月14日（土）10：00～	第3回学校説明会・部活動見学会
1月10日（金）17：00～	第4回学校説明会
1月17日（金）17：00～	第1回入試個別相談会
1月24日（金）17：00～	第2回入試個別相談会

※申し込み方法：鷲高ホームページ
【https://washinomiya-h.spec.ed.jp/】
※持ち物：筆記用具・上履き
※その他：お車でのご来校はご遠慮ください。日程は変更される場合があります。HPをご確認ください。

で理学・工学系の大学進学希望者向けに数Ⅲ・C
の授業が、理系の専門学校・就職希望者向けに
数学理解や国語一般などの授業が選択できます。

一年生スキー集団宿泊研修（福島県猪苗代）

教 育 活 動

1 学習活動 自然に囲まれた静かな環境の中で
落ち着いて授業に取り組めます。授業では、基礎
から受験対応の応用力までを磨くことができます。
　進学希望者に対しては、一年生から放課後や長
期休業中に補習が行われ、また二年生全員が小論
文講座を受講します。テスト一週間前からは部活
動ごとの「部活動勉強会」を放課後に行っています。
2 学校生活 生徒は全般的に礼儀正しく何事に
も真剣に取り組むことができます。
　行事面では、「鷲高祭」という体育祭（5月）・
文化祭（9月）を一体としての行事があり、縦割り
で点数を競い合うので学年の枠を超えてとても盛
り上がります。また一年生は2月に行う二泊三日
の「スキー集団宿泊研修」、二年生は「修学旅行」
が中心行事です。

特 別 活 動

　本校の部活動はとても活発です。甲子園出場経
験のある野球部は、H22・25年度にも関東大会に
出場しており、R2年度夏の埼玉県独自大会では
第5位（ベスト8）の成績を収めました。女子ソフ
トテニス部がR3年度インターハイ出場・R3・
6年度関東大会出場、男子ソフトテニス部がR5
年度関東大会出場、男子剣道部がH22・25・26年度
に関東大会出場、ソフトボール部がH24・27・28年
度に東日本大会出場、男女卓球部がH27・28・R1

・2・3・4・5年度に、柔道部はH28年度に、陸上
部がH29・30・R1・4・5年度に関東大会に出場
しています。その他ほとんどの部活が毎年県大会以
上の成績を残しています。文化部では、吹奏楽部
がH24・25年度に西関東大会に出場し、書道部は
書の甲子園にH25年以降毎年入選、埼玉県高校書
道展ではR2・3年度にそれぞれ15・14位の成績を
収めています。また近年は文化部の成長も著しい
です。

在 校 生 の 声

　鷲宮高校は、学校行事や部活動に力を入れなが
ら、勉強とも両立できる学校です。運動部はもち
ろんのこと、文化部も仲間と高め合いながら多く
の賞を獲得し、良い成績を残しています。本校の
二大行事である文化祭と体育祭は、先輩後輩関係
なく大きく盛り上がり絆を深めることができる行
事です。また、定期考査や資格取得へのサポート
も充実しており、安心して試験に臨むことができ
ます。私自身、鷲宮高校に通っていて成長を感じ、
とても楽しい高校生活を送っています。

（生徒会長　三宅　佑真）

卒業後の進路状況

	男　　子	女　　子	合　　計
大　　　　学	60	34	94
短　　　大	4	25	29
専 門 学 校	30	70	100
民 間 就 職	11	16	27
公 務 員	5	2	7
進学準備等	1	1	2
合　　　計	111	148	259

令和5年度　主な進路先
獨協大、文教大、東洋大、立正大、大東文化大、東京家政大、国士舘大、
大正大、東京電機大、亜細亜大、二松學舍大、大妻女子短大、共立女子短
大、東京家政短大、戸板女子短大、春日部市立看護専門、川口市立看護専
門、戸田中央看護専門、上尾中央医療専門、埼玉県理容美容専門
埼玉トヨペット、南彩農業協同組合、日本郵便、トクホン、埼玉県警、久
喜市役所、埼玉東部消防組合　など

地図　東武伊勢崎線鷲宮駅下車　徒歩15分

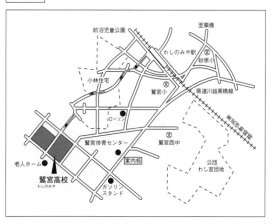

埼玉県立 杉戸農業高等学校 （全日制）

所在地　〒345-0024　北葛飾郡杉戸町大字堤根1684-1　☎ 0480-32-0029
ホームページ　https://sugito-ah.spec.ed.jp/
最寄り駅からの順路　東武線東武動物公園駅東口下車　徒歩30分
　　　　　　　　　　バス：関宿中央ターミナルゆき―豊後下車　徒歩10分

校　　　長	田口　剛
創　　　立	大正10年4月11日
教職員数	76人

生 徒 数

	3年			2年			1年			学科別		
	男	女	計	男	女	計	男	女	計	男	女	計
1組(生物生産技術科)	19	20	39	14	24	38	16	24	40	49	68	117
2組(園芸科)	20	17	37	24	14	38	26	15	41	70	46	116
3組(造園科)	30	5	35	22	4	26	30	8	38	82	17	99
4組(食品流通科)	17	18	35	16	21	37	15	25	40	48	64	112
5組(生物生産工学科)	22	12	34	15	7	22	26	14	40	63	33	96
6組(生活技術科)	3	32	35	3	33	36	7	33	40	13	98	111
学年男女計	111	104	215	94	103	197	120	119	239	325	326	651
学年合計	215			197			239					
総合計	651											

実習風景

教 育 目 標

　―理想・誠実・勤労―農業学校の伝統を受け継ぎ、今年度創立103周年を迎えました。卒業生は、2万人を超え、各界で活躍しています。

　「**人間性豊かな、心身ともにたくましい産業人を育てる**」を教育目標に、時代の要望に応えられる実践的な教育に取り組んでいます。

1　習熟度別授業・課外授業を展開し、「**基礎・基本の定着、個性の伸長**」を図ります。
2　実験実習を重視し、課題解決力を身につけ、「専門性の深化」を図ります。
3　資格取得を充実させ、「**職業意識の高揚**」を図ります。

　その他、社会人講師の導入、企業見学会の実施など、積極的な教育活動を行い、地域から「いのちとみどりを育む学校」として親しまれています。

教 育 課 程

　6つの専門学科(生物生産技術・園芸・造園・食品流通・生物生産工学・生活技術)があります。
　SDGsの理念に基づき1・2年生では農業の基

教育課程　（生物生産技術科）

令和6年度入学生の普通教科・科目の教育課程

教科等		科目等	1年	2年	3年	合計
各学科に共通する各教科・科目	国　語	現代の国語	2			7
		言語文化		2		
		論理国語			3	
	地理歴史	地理総合	2			5
		歴史総合			3	
	公　民	公共		2		2
	数　学	数学I		2		6
		数学B		2		
	理　科	化学基礎		2		7
		生物基礎	2			
		地学基礎			3	
	保健体育	体育	3	2	2	9
		保健	1	1		
	芸　術	音楽I	2			2
	外国語	英語コミュニケーションI	2	2		6
		論理・表現I	2			
	家　庭	家庭総合	2	2		4
共通教科・科目の単位数の計			18	15	15	48

専門教科・科目の教育課程

教科等	科目等	1年	2年	3年	合計
農業	農業と環境	5			
	課題研究			4	
	総合実習	2		4	
	農業と情報	2	2		
	植物バイオテクノロジー		3		31(3)
	農業経営			2	
	農業機械	2			
	畜産		3		
	管理実習	(1)	(1)	(1)	
	現場実習	(1〜3)	(1〜3)		
専門教科・科目の単位数の計		11(1)	10(1)	10(1)	31(3)

☆第2学年は、選択A・選択Bの中から1科目ずつ選択する。

教科・学科	国語	社会	数学	理科	保体	芸術		英語	生産技術	園芸	造園	食品流通	生産工学	生活技術
選択A			数学A		スポーツ・レクリエーション	音楽II	美術I	エッセイライティングI	作物	野菜	造園施工管理	食品製造	植物バイオ	保育造形
選択B		地理探究		生物基礎探究	スポーツII	書道I		ディベート・ディスカッションI	畜産	果樹	造園計画	食品流通	食品微生物	服飾手芸

☆第3学年は、選択A・選択Bの中から1科目ずつ選択する。

教科・学科	国語	社会	数学	理科	保体	芸術		英語	生産技術	園芸	造園	食品流通	生産工学	生活技術
選択A	言語表現	地理探究	数学理解	生物基礎探究	スポーツ・レクリエーション	実用の書	器楽一般A		畜産	草花	造園施工管理	食品製造	植物バイオ	生活と福祉
選択B	言語表現	倫理	数学C	化学基礎探究	スポーツII	絵画		ディベート・ディスカッション	作物	果樹	造園計画	食品流通	食品微生物	栄養

礎・基本を実験や実習をとおして学び、3年生では発展的な学習を行います。

また、2年生に2科目(4単位)、3年生に2科目(4単位)の全学科共通の選択科目を設定し、多様な進路に対応できるようにしています。

教 育 活 動

1 学習活動

○生物生産技術科　農作物の栽培、家畜やその他の動物の飼育と農業機械の操作、点検・整備等を学習し、生物生産に携わる技術者を養成します。

○園芸科　野菜・草花・果樹の栽培を中心に情報処理や農業機械又は園芸デザインについても学習します。園芸関係の職場等での実習も行います。

○造園科　庭園、公園等のデザイン及び施工・管理についての基礎的な学習をし、造園に関する技術者を養成します。

○食品流通科　食品の流通とパン・菓子・ジャムなどの食品の製造、情報処理、農業簿記の学習をします。学校内外での販売実習も行います。

○生物生産工学科　植物や微生物のバイオテクノロジーを基礎から学びます。また、草花の栽培やキノコ類の栽培技術を学習し、管理・実習を行います。

○生活技術科　フードデザイン、保育基礎・ファッション造形基礎などの家庭科目、農業と環境・生物活用などの農業科目を学習し、地域社会に貢献できる産業人を育てます。

2 進路指導

本校では1年次から、計画的に進路指導を行っています。主な行事として、ガイダンス(大学・短大・専門学校)、県立農業大学校体験研修会など、体験を通じて学ぶ進路指導をしています。3年次には、進学ガイダンス・就職ガイダンスを定期的に実施し、目的が達成できるようきめ細かく丁寧に指導しています。昨年度の大学進学者は34名であり、主な進学先は東京農業大学(5名)、東洋大学(1名)、日本大学(4名)、城西大学(3名)、日本獣医生命科学大学(4名)、酪農学園大学(4名)等でした。就職では求人件数は2000件を超え、製造、販売、事務など様々な分野へ就職しています。

特 別 活 動

茎頂摘出実験

部活動は、体育系・文化系合わせて30の部活動が設けられています。弓道、陸上、自転車、野球、テニスの活躍が目立ち、山岳、バレーボール、バスケットボール、卓球や吹奏楽、茶道、フラワーアートも積極的に活動しています。

また、文化祭、体育祭、球技大会、遠足、予餞会、各種講演会・発表会など学校行事もたくさんあり、充実した高校生活が実現できます。特に杉農祭(文化祭)では、農産物の販売も行われ、地域の人たちにも好評を得ています。

体験入学を8月24日(土)、10月12日(土)に実施します。その他に、学校説明会を6月22日(土)、8月3日(土)、9月7日(土)、11月9日(土)に実施します。また、進路相談会を1月18日(土)に実施します。
※日程は必ず学校HP等でご確認ください。

卒業後の進路状況

	学科名	就職	進学	その他	学科計
令和5年度	生物生産技術科	11	26	1	38
	園芸科	16	23	1	40
	造園科	20	12		32
	食品流通科	11	23		34
	生物生産工学科	9	11		20
	生活技術科	10	24	1	35

<主な進学先(過去3年間)>
茨城大、淑徳大、女子栄養大、東京農業大、東洋大、日本大、日本工業大、帝京大、帝京科学大、城西大、酪農学園大、日本獣医生命科学大、聖学院大、十文字学園女子大、高崎健康福祉大、文教大、和洋女子大、東京国際大、新潟食料農業大、川口短大、国際学院埼玉短大、埼玉純真短大、埼玉朝日短大、埼玉県農業大学校、栃木県農業大学校、北海道立農業大学校、テクノホルティ園芸専門学校、中央工学校、華調理製菓専門学校、武蔵野調理師専門学校、道灌山学園保育福祉専門学校、香川調理製菓専門学校、文化服装学院、大宮国際動物専門学校、中央動物専門学校、東京バイオテクノロジー専門学校、埼玉コンピュータ＆医療事務専門学校、幸手看護専門学校、東京動物専門学校、春日部高等技術専門校
<主な就職先(過去3年間)>
さいたま春日部市場、内野農場、大越青果、いちごみらい舎、畜産経営研究所、日本植物園、埼玉測量設計、クラフトワーク、ヤンマーアグリジャパン、日立建機日本、明治埼玉工場、中村屋、東京ひよこ、フジッコ、米久かがやき、桃屋、ヤクルト、東ハト、伊藤製パン、VDFサンロイヤル、タワーベーカリー、リョーパン建装プロダクツ、ヤオコー、カスミ、カインズ、生活協同組合コープみらい、イオンリテール、なとり、アイリスオーヤマ、SMC草加工場、マルゼン工業、舟和、鹿島道路、トラスコ中山、国立印刷局、ヤマト運輸、ワタキューセイモア、東京地下鉄、南彩農業協同組合、茨城むつみ農業協同組合、埼玉みずほ農業協同組合、陸上自衛隊、海上自衛隊、警視庁、さいたま市職員　等

地図

東武線東武動物公園駅東口下車　徒歩30分
バス：関宿中央ターミナルゆき
　　　豊後(ぶんご)下車　徒歩10分

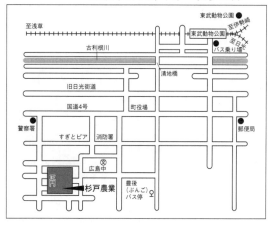

埼玉県立 春日部工業高等学校 （全日制）

所在地　〒344-0053　春日部市梅田本町１−１−１　☎ 048-761-5235
ホームページ　https://kasukabe-th.spec.ed.jp/
最寄り駅からの順路　東武スカイツリーライン北春日部駅東口下車　徒歩３分

〈新実習棟〉

校　長	齋藤　潤
創　立	昭和39年４月１日
教職員数	61人

生 徒 数

学科＼学年	1年 (男)(女)	2年 (男)(女)	3年 (男)(女)	計 (男)(女)
機械科	71 (68)(3)	67 (66)(1)	78 (71)(7)	216 (205)(11)
建築科	80 (68)(12)	66 (53)(13)	79 (57)(22)	225 (178)(47)
電気科	63 (61)(2)	54 (53)(1)	60 (59)(1)	177 (173)(4)
計	214 (197)(17)	187 (172)(15)	217 (187)(30)	618 (556)(62)

技を磨き心を育む　春日部工業高校

教 育 課 程

①産業界で通用する基礎学力を徹底的に

　卒業生の多くが産業界で活躍している現状から、工業に関する基礎学力を着実に身につけさせるため、専門教科の単位数を多くし、実習と理論との関連を密にし、教育内容の充実のため、シラバスを作成しています。また、学力向上の補習を１学年を対象に１学期・２学期に行っています。

②生徒の進路希望に応じた選択科目を

　大学進学者の進路希望に対応した選択科目が用意されています。また、将来役立つ資格の取得を推し進めるために、教育課程を工夫しています。

教 育 活 動

1　学習活動

　生徒は真剣に学習に取り組んでいます。特に専

教育課程

		1	～	10	11	12	13	14	15	16	17	18	19	20	21	22	23	24	25	26	27	28	29	30
機械科	1年	普通科目														工業技術基礎		機械製図		工業情報数理		工業材料技術		L H R
	2年	普通科目								機械実習		機械製図		機械設計		工業情報数理		電気回路		L H R
	3年	普通科目		選択A		選択B		選択C		課題研究		機械実習		機械製図		自動車工学		機械設計		L H R

建築科	1年	普通科目														工業技術基礎		建築製図	建築構造	建築計画	L H R
	2年	普通科目								建築実習		建築製図	工業情報数理	建築構造	建築計画	建築構造設計	L H R
	3年	普通科目		選択A		選択B		選択C		課題研究		建築実習	建築製図	建築構造設計	建築施工	建築法規	L H R

電気科	1年	普通科目														工業技術基礎		工業情報数理	電気回路			L H R
	2年	普通科目								電気実習		工業情報数理	電気回路	電気機器	電子回路	L H R
	3年	普通科目		選択A		選択B		選択C		課題研究		電気実習	電気製図	電力技術			L H R

資格取得状況

　3年間の努力の結果です。資格取得者数は全国でもトップクラスです。

令和５年度資格取得状況	合格者数
第１種電気工事士	7
第２種電気工事士	52
危険物取扱責任者乙種１類	1
危険物取扱責任者乙種４類	11
危険物取扱者乙種全類合格	1
技能検定３級(建築大工)	4
ガス溶接技能講習	61
アーク溶接技能講習	37
ジュニアマイスター顕彰　ブロンズ	2
ジュニアマイスター顕彰　シルバー	2
埼玉県専門資格等取得表彰	7
建築CAD検定３級	12

門科目では、自分の興味や関心に応じた勉強もでき、各種ロボットコンテストやものづくりコンテストあるいは、建築の設計競技などに参加して全国大会出場の成果をあげています。

2 学校生活

　男女共学で生徒は部活動に勉強にと頑張っています。特に運動部への加入率が高く、放課後の校庭や体育館は熱気がみなぎっています。文化部も各種コンテストへ参加するなど活躍しています。

3 進路指導

　工業高校なので卒業後就職する生徒が主ですが、毎年多くの生徒が大学・専門学校へ進学しています。また、就職では、多くの企業より求人をもらい、昨年度も就職率は100％でした。自分に適した進路選択ができるように進路指導の専門家、企業の方々など外部講師を招き、社会の状況、進路に対する心構え、職業選択の心得などについて講話を行っています。

特 別 活 動

　文化祭・体育祭・球技大会などの行事が、生徒会を中心に行われています。文化祭では工業高校という特色をいかしたすばらしい作品も発表されます。部活動も野球部をはじめハンド・バスケ・バレーボール、サッカー、ワンダーフォーゲル、柔道・空手道・剣道部などが盛んです。

卒 業 生 の 声

　専門科目の学習を通して、自分の進みたい道を決めることができました。進学に備えて英検の対策講習、機械科でも電気工事士など先生方が資格取得のためのサポートをしてくださり、ものづくりの技術や知識と共に目標に向かって努力するやりがいと楽しさも学びました。恵まれた環境の中で、自身の将来に向けた3年間を過ごすことができよかったです。
（令和5年度　機械科卒　流山市立おおたかの森中学校出身）

　春日部工業高校は、専門的な設備や資格取得のサポートが充実しています。朝講習などの指導の場があるため多数の人が合格することができました。また、進路活動においても、多くの求人があり、進路活動の時間も多くあるので自分に合った就職先を選ぶことができました。とても充実した高校生活だったと感じています。
（令和5年度　電気科卒　白岡市立菁莪中学校出身）

その他

学校見学は電話予約で随時受け付けています。
学校説明会・体験入学等の日程（HPよりお申し込み下さい。）
＊文化祭　　　…11月16日(土)午後、11月17日(日)
＊体育祭　　　…5月30日(木)
＊体験入学　　…8月19日(月)
＊春工見学会　…7月26日(金)、9月7日(土)、
（申し込み不要）　1月18日(土)

卒業後の進路状況

		R 4	R 5	R 6
進学	大学・短大	50	46	37
	専修・各種	57	57	33
就　　　　職		124	123	99
そ　の　他		1	1	5
卒 業 者 総 数		232	227	174

〈近年の就職先〉
大正製薬・東武鉄道グループ・本田技研工業・島津アクセス・JR東日本テクノロジー・LIXIL・YKK AP・清水建設・ポラスグループ・一条工務店・住友林業ホームエンジニアリング・セキスイハイム工業・関電工・関東電気保安協会・東京地下鉄・三井金属鉱業・NTT東日本・日本信号

〈近年の進学先〉
国士舘大・日本大・東洋大・千葉工業大・東京電機大・流通経済大・文教大・山梨学院大・共栄大・淑徳大・東京工科大・東北工業大・聖学院大・日本工業大・ものつくり大・東洋学園大・平成国際大・東京未来大・帝京平成大

地図　東武線北春日部駅下車　東口徒歩3分

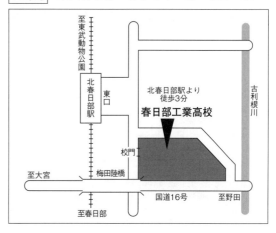

埼玉県立 久喜工業高等学校（全日制）

所在地　〒346-0002　久喜市野久喜474番地　☎ 0480-21-0761（代表）　FAX 0480-29-1023
ホームページ　https : //kuki-th.spec.ed.jp　メールアドレス　info@kuki-th.spec.ed.jp
最寄り駅からの順路　久喜駅（JR宇都宮線・東武伊勢崎線）東口から徒歩14分

（校舎　正面）

校　長	大澤　　清
創　立	昭和38年4月1日
教職員数	76人

生徒数　562人

学科＼学年	1年(男)(女)	2年(男)(女)	3年(男)(女)	計(男)(女)
工業化学科	25 (21)(4)	25 (19)(6)	30 (23)(7)	80 (63)(17)
環境科学科	17 (12)(5)	24 (20)(4)	32 (22)(10)	73 (54)(19)
情報技術科	38 (35)(3)	38 (35)(3)	38 (34)(4)	114 (104)(10)
電 気 科	30 (29)(1)	26 (26)(0)	25 (25)(0)	81 (80)(1)
機 械 科	73 (69)(4)	66 (62)(4)	75 (72)(3)	214 (203)(11)

ものづくりから地球環境まで

久喜工業高校には、工業化学科、環境科学科、情報技術科、電気科、機械科の5つの学科があります。ものづくりの技術から地球環境問題まで幅広く学べる、最新の設備を持つ工業高校です。最新の学習環境の中で、「ものづくりの"心"と"技"」を君のものにしてみませんか。

教　育　活　動

1　教育課程と学習活動

自己の能力を伸ばすために基礎・基本を重視した学習を徹底して行います。3年次に、多様な科目も選択できるようなカリキュラムを編成し、個性を伸ばすとともに、生徒一人一人の興味・関心、進路に応じた学習指導を行っています。

また、本校はSDGsの時代にふさわしい工業技術者を育成します。学ぶ心を大切に、さまざまな進路希望にも応じられる選択制を導入し、希望就職先はもちろん、進学にも十分対応できるようになっています。実習による基礎技術の習得はもとより、先端技術の導入にも力を入れ、さらに、様々な資格の取得も奨励しています。

2　進路指導

本校では、生徒自らの人生設計に応じた進路選択の実現を目指し、一人ひとりにきめ細かな指導を行っています。就職・進学を問わず、過去60年

データ　時間割（例）工業化学科3年生

	月	火	水	木	金
1	LHR	工業化学実習	C英語I	数学II	工業化学
2			化学工学	工業化学	現代社会
3	課題研究		体　育	現代文B	物理基礎
4		体　育	現代社会	化学工学	数学II
5	（*）選択B	（*）選択A	（*）選択B	現代社会	C英語I
6	（*）選択A			物理基礎	現代文B

（*）3年次では3単位の科目を2科目、進路や興味関心に応じて選択します。
選択A群：英語表現、栄養、美術II、各工業科目
選択B群：国語表現、日本史B、数学B、各工業科目

**2023年度
就職希望者に対する
就職率　100%**

昨年度卒業した生徒の就職希望者に対する就職率は100%でした。ここ数年、感染症の拡大が企業の採用や生徒の就職活動にも大きな影響を及ぼしましたが、きめ細かな指導により進路選択を実現することができました。

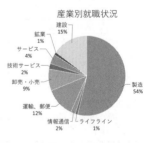

産業別就職状況
建設 15%
鉱業 1%
サービス 4%
技術サービス 2%
卸売・小売 9%
運輸・郵便 12%
情報通信 2%
ライフライン 1%
製造 54%

就職：大正製薬、三井金属鉱業、コスモ石油、グリコマニュファクチャリングジャパン、高田製薬、コメリ、キッコーマンソイフーズ、石福金属興業、エスビースパイス工業、中村屋、ヤクルト、日本製紙、関電工、ニプロファーマ、関東化学、日本貨物鉄道、日本精工、フジパン、丸善、コスモ石油、湖池屋、サン精密化工研究所、SUBARU、埼玉トヨペット、不二家、三菱ふそうトラック・バス、ヤマザキビスケット、東京電力パワーグリッド、三菱マテリアル、東京地下鉄、YKK など

<久喜工業>

以上の実績と豊富な情報をもとに、各自の個性や適性および、学習した知識・技術が十分に発揮できる進路選択をすることができます。

3　特別活動

運動部では、世界大会出場のダンス同好会をはじめ、全国高校クライミング大会優勝の登山部や、県大会に出場している卓球部や剣道部、柔道部などが活躍しています。

文化部では、全国高等学校鉄道模型コンテスト2023奨励賞受賞の模型部や、彩の国さいたまICTコンテスト2023ホームページ作品最優秀賞受賞の情報電子部、埼玉県理科教育研究発表会優秀賞受賞の科学部など、多彩な部活動がたくさんあります。また高校生ものづくりコンテストにおいても各部門で優秀な成績をおさめています。

久喜工業の5つの学科

工業化学科

「水素＋酸素→水」このような化学反応を利用して私達の生活に役立つ製品をつくるのが化学です。その製品は医薬品、プラスチック、化粧品、紙、バイオ製品等数多くあります。工業化学科では、実験・実習を通して研究・製造など化学技術者に必要な技量を養い、創造力豊かな人間を育てています。

環境科学科

今、地球上ではオゾン層の破壊・地球温暖化・酸性雨などの深刻な環境問題が発生しています。私達の生活を持続するためには、環境分析を基にした新技術の開発や、材料のリサイクルなしには考えられません。環境科学科では、人類が自然と調和し、共に生きていくための科学技術を身につけます。

情報技術科

コンピュータを利用するためのソフトウェア技術(プログラミング)、ハードウェア技術(論理回路・マイコン制御)を理論と実習を通して学習します。さらに、ネットワークやマルチメディア等の最新技術も実習に取り入れています。また、ビデオ制作やシステム構築も学習し、創造力・応用力の豊かな生徒を育成しています。

電気科

「電気はわかりにくい」と思っている人がいますが、これは現象と理論とのかかわりあいがよく理解できていないためです。実習・実験を通して電気・電子・情報の基礎理論を学び、さらに各種の電気機器・電子機器の仕組みの学習を通して、技術者としての創造力、応用力を育成しています。

機械科

機械の構造や原理、金属の性質、機械加工法、製図、設計、CAD製図、自動車工学、NC機械加工、コンピュータなどの知識を身につけ、実習を重視して、知識や技術・技能を確実なものとします。基礎基本を重視し、最新の技術にも対応できる学習をします。また、国家技能士など各種の資格取得にも力を入れています。

たくさんの資格取得やコンテスト入賞などを点数化し、その努力を表彰する制度－全国工業高等学校長協会「ジュニアマイスター顕彰」制度による認定者数が令和5年度全国上位31校入り、学校表彰を受けました。久喜工業の113名の認定者数は埼玉県でも圧倒的1位、そして関東甲信越地区1位となる数字です。

過去3年間の進路状況

	令和3年度	令和4年度	令和5年度
就職	136	124	127
大学・短大	35	38	48
専門学校	52	54	36
その他	2	5	6
卒業者総数	225	221	217

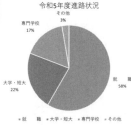

令和5年度進路状況
その他 3%
専門学校 17%
大学・短大 22%
就職 58%
■就職　■大学・短大　■専門学校　■その他

大学：東京理科大学、日本工業大学、日本大学、東京電機大学、東京農業大学、国士舘大学、埼玉学園大学、城西大学、ものつくり大学、大東文化大学、千葉工業大学、東京国際大学、東洋大学、東京工芸大学、共栄大学　など

学校説明会	体験入学
①7月26日(金)	①8月22日(木)
②12月26日(木)	②10月26日(土)

※この他、平日の夕方や休日などにミニ説明会も実施しております。各日HPにて詳細をご確認の上、ご参加ください。

[久喜工業HP]

地図　久喜駅下車　東口より徒歩14分

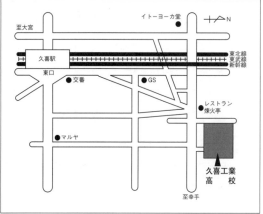

埼玉県立 三郷工業技術高等学校（全日制）

所在地　　　〒341-0003　三郷市彦成3丁目325番地　☎ 048-958-2331
ホームページ　https://misato-th.spec.ed.jp　　FAX 048-949-1024
最寄り駅からの順路　JR武蔵野線新三郷駅下車　徒歩15分
　　　　　　　　　　新三郷駅より金町行きバス「工業技術高校」または「四街区」下車
　　　　　　　　　　徒歩1分

〈校舎風景〉

校　　長	髙橋　正行
創　　立	昭和60年4月1日
教職員数	76人

生徒数

学科＼学年	1年 (男)(女)	2年 (男)(女)	3年 (男)(女)	計 (男)(女)
機　械	29 (29)(0)	31 (29)(2)	30 (29)(1)	90 (87)(3)
電子機械	31 (29)(2)	27 (27)(0)	21 (19)(2)	79 (75)(4)
電　気	35 (33)(2)	30 (28)(2)	30 (29)(1)	95 (90)(5)
情報電子	40 (25)(15)	37 (25)(12)	37 (17)(20)	114 (67)(47)
情報技術	33 (30)(3)	39 (35)(4)	35 (32)(3)	107 (97)(10)
計	168 (146)(22)	164 (144)(20)	153 (126)(27)	485 (416)(69)

教 育 課 程

　専門科目の充実や社会教養を身につけるための幅広い選択制（3年生で4単位）を取り入れています。また、大学進学希望者向の大学コースを2年時から設置しています。

　専門科目は、実験実習、製図などの他、各学科の基礎・基本を学び、理論や応用の勉強をします。

教 育 活 動

1. 学習活動

　明るく広々とした校舎、ロボット、コンピュータ、CAD（コンピュータ製図）などの最新設備の整った実習棟で時代の先端技術の基礎を学びます。実験実習では、グループ分けにより先生が少人数を担当し、行き届いた指導で安全かつ学びやすい環境の中、学習しています。また、様々な資格を取得できるよう、授業や補習を行っています。

2. 学校生活

　入学後、楽しく充実した学校生活が送れるよう、校外学習、体育祭、現場・工場見学、芸術鑑賞教室、たくみ祭（文化祭）、強歩大会、修学旅行、予

教育課程 （参考：令和7年度入学生）［予定］

	1	2	3	4	5	6	7	8	9	10	11	12	13	14	15	16	17	18	19	20	21	22	23	24	25	26	27	28	29	30
1年	現代の国語		言語文化		公共		数学I			科学と人間生活		保健		体育		英語コミュニケーションI			音楽I		専門科目									特別活動
2年	国語表現		歴史総合		数学II			物理基礎		保健		体育		英語コミュニケーションII		家庭基礎		専門科目												特別活動
3年 専門コース	国語表現		地理総合		数学探究		体育		英語コミュニケーションII		実系専門科目（課題研究・実習）				専門科目				選択科目A		選択科目B		特別活動							
3年 大学コース					数学A						進路別普通教科科目																			

※2学年までは所属する各専門学科の専門科目を履修。
※2学年から、大学進学希望者向けの大学コースか、就職・専門学校希望者向けの専門コースに分かれる。
※大学コースの進路別普通教科科目は、希望する進路先（文系・理系等）に適した教科・科目を履修する。
※選択科目A、Bは専門科目と普通教科科目が開講される。

資格取得に力を入れています。
機械科
　計算技術検定3級、トレース技能検定4級、パソコン利用技術検定3級、
　基礎製図検定、製図検定、初級CAD検定
　3級（検査・保全・加工）技能士…国家検定
電子機械科
　計算技術検定3級、情報技術検定3級、トレース技能検定4級、
　日本語ワープロ検定、3級電子機器組み立て技能士…国家検定
　第二種電気工事士…国家資格
電気科
　計算技術検定3級、情報技術検定3級、パソコン利用技術検定3級、
　第二種電気工事士…国家資格、第一種電気工事士…国家資格、
　第三種電気主任技術者…国家資格、工事担任者…国家資格
情報電子科
　計算技術検定3級、情報技術検定3級、文書デザイン検定各級、
　CGクリエイター検定ベーシック・エキスパート、ホームページ検定各級、秘書検定3級、ビジネス事務マナー検定3級
情報技術科
　計算技術検定3級、情報技術検定2級、パソコン利用技術検定3級、
　パソコン利用技術検定2級、工事担任者…国家資格

<三郷工業技術>

餞会など、行事が盛りだくさんです。

　自分の得意な分野を生かし、行事でも力を発揮できます。また、球技大会なども行われています。

3. 進路指導

　入学したときから、各自の将来の進路を見つめ、三年間を有意義に過ごせるように進路相談や適性検査などを行い、自分を正しく理解できるように指導しています。卒業後の進路は、就職：進学の比率が8：2程となっています。就職については、学校からの就職率は100％で、各学科の専門分野を中心に就職し、活躍しています。求人の会社数も多く、希望する職種の会社に就職できるような指導をしています。また、本校で学んだ知識・技術をさらに伸ばすため大学進学などを希望する生徒には、入試に必要な教科の授業以外に、補習などの適切な進学指導をしています。

特 別 活 動

　体育祭はクラス対抗で行われ、短距離、中距離、綱引き、大縄跳びやリレー種目などがあり、大変な盛り上がりを見せます。

　たくみ祭（文化祭）では、工業高校ならではの展示物や装飾などを行い、来場者にも大変好評を頂いています。また、特別支援学校の生徒作品の展示を行うなど、他校との交流の場にもなっています。

　部活動では、サッカー、バスケットボール、ハンドボール、ラグビー、バレー、ワンダーフォーゲルなど運動系が13部活、写真部、放送部、無線部、合唱部など文化系の部活や、学科の特色を生かした機械研究部、電子技術部、映像技術部、電子計算機部など15部活があります。どの部活も熱心に活動し、各種大会やコンテストなどに参加し、関東大会や

県知事表彰、ジュニアマイスター表彰（3年生）

全国大会に出場するなど、実績を上げています。

資 格 取 得

　資格取得への取り組みが優秀な学生の実績に対し、県知事や全国工業高等学校長協会から表彰される、「埼玉県高校生専門資格等取得表彰制度（県知事表彰）」、「ジュニアマイスター顕彰制度（全国工業高等学校長協会）」という制度があります。

　本校では、令和4年度卒業生で県知事表彰を70名、ジュニアマイスター顕彰制度を32名受賞し、受賞者数首都圏トップクラスの工業高校となっています。

そ の 他

●学校説明会
　第1回：10月12日（土）
　学科説明会　7月27日（土）、12月15日（日）
●部活動体験・見学会　8月6日（火）、7日（水）
●体験入学　9月21日（土）

　全ての日程におきまして、学校ホームページによる事前の参加申込みをお願いしています。

　本校のホームページ（https://misato-th.spec.ed.jp）の「受験生・中学生の方」より応募フォームからお申し込み下さい。

卒業後の進路状況　昨年度実績

〈主な就職先〉
㈱関電工、㈱きんでん、ぺんてる㈱、㈱はとバス、ポラスハウジング千葉㈱、首都圏新都市鉄道㈱、富士ソフト㈱、サクシード㈱、東京地下鉄㈱（東京メトロ）、東芝インフラシステムズ㈱小向事業所、㈱日立ビルシステム、㈱ミライト・ワン、埼玉トヨペット㈱、ＵＤトラックス㈱、ヨネックス㈱東京工場、陸上自衛隊　ほか

〈主な進学先〉
〈大学〉日本大、千葉工業大、東京電機大、日本工業大、国士舘大、共栄大、城西国際大、拓殖大、東京工科大、ものつくり大、東洋大　ほか
〈専門学校〉埼玉自動車大学校、東京電子、ホンダ テクニカルカレッジ関東、埼玉コンピュータ＆医療事務、日本工学院、青山製図、新東京歯科技工士、デジタルアーツ東京、東京自動車大学校、上尾中央医療、上尾中央看護、華調理製菓

地図

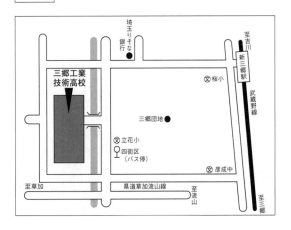

埼玉県立 越谷総合技術高等学校 (全日制)

所在地 〒343-0856 越谷市谷中町3-100-1 ☎ 048-966-4155
ホームページ https://ksg-h.spec.ed.jp/ **メールアドレス** info.ksg-h@spec.ed.jp
最寄り駅からの順路 東武スカイツリーライン越谷駅西口下車 バス10分または徒歩約25分 JR武蔵野線南越谷駅下車 徒歩約35分

電子機械科

校 長	野口 剛志
創 立	昭和61年4月1日
教職員数	76人

生 徒 数

学科＼学年	1年(男)(女)	2年(男)(女)	3年(男)(女)	計(男)(女)
電 子 機 械 科	35 (34)(1)	36 (34)(2)	34 (34)(0)	105 (102)(3)
情 報 技 術 科	40 (36)(4)	40 (35)(5)	39 (34)(5)	119 (105)(14)
流 通 経 済 科	40 (15)(25)	34 (19)(15)	34 (13)(21)	108 (47)(61)
情 報 処 理 科	39 (27)(12)	38 (22)(16)	36 (18)(18)	113 (67)(46)
服飾デザイン科	37 (0)(37)	25 (1)(24)	26 (0)(26)	88 (1)(87)
食 物 調 理 科	40 (14)(26)	34 (14)(20)	28 (16)(12)	102 (44)(58)
計	231 (126)(105)	207 (125)(82)	197 (115)(82)	635 (366)(269)

教 育 目 標

社会において立派に役立つ人となるために、人格の完成を目指します。同時に、産業経済の変化に対応できる力を持ち、健康で明るくたくましい、創造性豊かで柔軟性に富み、優れた人間性を有する、社会に貢献できる産業人材の育成を目標としています。

教 育 課 程

本校の教育課程は、全学科に共通する「普通教科」と、学科ごとに異なる「専門教科」とで構成されています。その比率はおよそ3：2です

(データ参照)。また、各学科内での選択科目や他学科の科目を学習できる総合選択制（3年次）も設けています。

教 育 活 動

1 学習活動

電子機械科…ハイテク時代の産業を支えている各種ロボットやコンピュータ制御の工作機械などの基礎から応用までを幅広く学習し、インテリジェント化(コンピュータを使用した高度な情報通信と自動化)とグローバル化(国際化)に対応する資質と教養を備えた技術者を育成します。また、それに必要な資格の取得

データ

流通経済科 1年 時間割

	月	火	水	木	金
1	音楽Ⅰ	数学Ⅰ	体 育	英語CⅠ	言語文化
2	科学と人間生活	ビジネス基礎	公 共	現代の国 語	公 共
3	英語CⅠ	情報処理	音楽Ⅰ	保 健	数学Ⅰ
4	簿 記		ビジネス基 礎	体 育	マーケティング
5	体 育	英語CⅠ	マーケティング	言語文化	簿 記
6	現代の国 語	LHR	数学Ⅰ	科学と人間生活	

卒業後の進路状況

進 路	令和3年度	令和4年度	令和5年度
進学 大学・短大	62	49	66
専修・各種	71	71	47
就 職	76	70	75
そ の 他	3	4	4
卒 業 者 総 数	212	194	192

〈主な進学先〉国立豊橋技術科学大、駒澤大、東洋大、日本大、拓殖大、芝浦工業大、東京電機大、日本工業大、千葉工業大、ものつくり大、東京経済大、流通経済大、千葉商科大、跡見学園女子大、十文字学園女子大、杉野服飾大、東京家政学院大、獨協大、文教大、城西大、専修大学、淑徳大学、武蔵野大学、目白大学
〈主な就職先〉㈱関工ファシリティーズ、㈱きんでん、㈱日立システムズフィールドサービス、㈱ミライト・ワン、東海旅客鉄道㈱新幹線鉄道事業本部、SMC㈱草加工場、全薬工業㈱、造幣局さいたま支局、東芝エレベータ㈱北関東支社、日本エレベーター製造㈱、ぺんてる㈱草加工場、山元㈱、理想科学工業㈱、富士ソフト㈱、㈱上野鳳月堂、㈱虎屋、㈱両口屋是清㈱武蔵野銀行、青木信用金庫、川口信用金庫、埼玉縣信用金庫、日産サティオ埼玉、埼玉トヨペット㈱、ネッツトヨタ埼玉㈱、ミドリ安全㈱、㈱つばめ(つばめグリル)、人形町今半、TOPPANエッジ㈱、㈱八芳園、日本ホテル㈱、ヨコハマグランドインターコンチネンタルホテル、関東運輸局、関東整備局、自衛隊、埼玉県警察、さいたま市消防局

も目指します。

情報技術科…コンピュータに関する幅広い知識・技術を学びます。プログラミングではC言語を基礎から学び2年次にC#でゲームを制作します。またネットワークやデータベース、画像処理などの技術も学びます。ハードウェアでは電子回路や電子工作、マイクロコンピュータに関する知識・制御プログラミング技術を学びます。

流通経済科…ビジネスマナーを意識する学習環境の中で販売とオフィスワークのスペシャリストを目指します。簿記や販売技術、ワープロや表計算の技能など、ビジネスに関する幅広い知識を身につけることができます。数多くの検定試験にもチャレンジし、自分の可能性を広げられる魅力的な学科です。

情報処理科…最新のコンピュータを活用し、情報化がすすんでいる今日の社会で活躍できるビジネスパーソンを育成しています。また、高度な知識・技術を身につけるため、IT系国家資格や日本商工会議所の簿記検定取得も目指します。

服飾デザイン科…社会人講師によるデザイン画及び基礎デザイン（平面構成）、整った施設・設備での被服製作、手芸等服飾に関して幅広く学習します。また学習成果の発表としてファッションショーを行っています。

食物調理科…厚生労働大臣指定の調理師養成施設であり、必要科目の履修・修得により調理師免許が取得できます。食や調理に関する科目を基礎から応用まで幅広く学習し、食のスペシャリストとしての人材育成を目指します。社会人講師による調理実習では、プロの技を直接見て学ぶことができます。

2　進路指導

別掲の進路実績に示された通り、就職・進学等、生徒個々の目標達成に向けて1年次から、各分野の講師による講演、1週間の企業実習、企業人による面接指導等、様々な行事を実施しています。

特 別 活 動

部活動は開校以来盛んで、現在体育系16部、文化系11部が活動しています。

IT部が全国高校生プログラミングコンテストで優勝した他、メカトロニクス部が全国大会、陸上部が関東大会に出場しました。

学校行事では、新入生歓迎祭、体育祭、球技会、文化祭、予餞会など活発に行われています。特に、専門学科の特色豊かな文化祭は本校の伝統となっています。

そ の 他　　※日程は必ず学校HP等でご確認ください。

① ミックスホームルーム

1年次は、各クラスに学科の生徒が男女均等に所属し、専門の違う生徒間の幅広い交流が行えるように配慮しています。

② 企業実習

2年次で実施します。全生徒が約1週間にわたって関連企業に出向いて実習を行い、専門的知識・正しい職業観・勤労観等を身につけます。

③ 学校説明会・体験入学

（お申し込みは、ホームページにて）

【学校説明会・個別相談会】

第1回学校説明会　10／19(土)　9：30〜11：30
第2回学校説明会　11／16(土)　9：30〜11：30
第3回学校説明会　12／14(土)　9：30〜11：30
個別相談会　　　　1／11(土)　9：30〜11：00

【体験入学】

体験入学　9／21(土)　9：30〜11：00

★体験入学その他、機材等の関係で定員があります。

④「基本情報技術者試験」(国家試験)科目A試験免除認定校

食物調理科

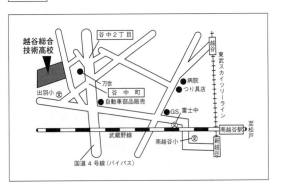

地図

埼玉県立 羽生実業高等学校（全日制）

所在地　〒348-8502　羽生市大字羽生323　☎ 048-561-0341
ホームページ　https://hajitsu-h.spec.ed.jp/
最寄り駅からの順路　秩父鉄道西羽生駅から徒歩5分　東武伊勢崎線羽生駅から徒歩17分

校　　　長	韮塚　光信
創　　　立	大正8年8月25日
教職員数	63人

生徒数（2024年4月）

学科＼学年	1年（男）（女）	2年（男）（女）	3年（男）（女）	合計（男）（女）
商業科	13 (3)(10)	8 (3)(5)	7 (4)(3)	28 (10)(18)
情報処理科	30 (15)(15)	21 (5)(16)	19 (12)(7)	70 (32)(38)
園芸科	24 (10)(14)	14 (11)(3)	16 (10)(6)	54 (31)(23)
農業経済科	33 (18)(15)	33 (14)(19)	22 (15)(7)	88 (47)(41)
合計	100 (46)(54)	76 (33)(43)	64 (41)(23)	240 (120)(120)

教 育 目 標

　「確かな専門性と高い人間性を育む学校」を教育目標とし、職業的専門知識・技術の習得を図るとともに、校訓の誠実・創造・協調の心を備えたスペシャリストの育成を目指しています。

教 育 課 程

　商業科・情報処理科・園芸科・農業経済科の4学科があり、農業経済科には2つのコースが設けられています。普通科目においては少人数学習(英語・数学)を取り入れ基礎学力の充実を図っています。専門科目においても大幅な選択科目や実験実習を導入し、専門知識を深めるとともに社会へ出て即戦力となるよう配慮しています。また、各学年で進路学習(専門家を招いた進路ガイダンスや面接練習など)を実施し、生徒の進路に関する興味関心を引き出すような体制を整えています。

データ

羽生実業高校の誇る最新の情報教育環境
　コンピュータ所有台数………300台
　インターネット接続台数……300台
　2009年度より普通教室にエアコンが設置されました。

インターネットを活用する授業例
　情報処理……インターネットを利用した情報活用の仕方や情報に関わるモラル等を楽しく学びます。
　課題研究……ホームページを作成し世界に向けて情報を発信し、インターネットに関する知識とコミュニケーション能力の向上を目指します。

羽生実業高校で取得できる資格
・商業関係
　簿記実務検定／簿記検定／情報処理検定／商業経済検定／電卓実務検定／ビジネス文書実務検定／秘書技能検定　等
・農業関係
　農業技術検定／フラワー装飾技能検定／園芸装飾技能検定／危険物取扱乙4類・丙種／大型特殊自動車免許／フォークリフト技能講習(1t以上)／車両系建設機械技能講習(3t以上)／アーク溶接　等
・その他
　実用英語技能検定／毛筆硬筆書写技能検定／家庭科食物調理技術検定　等

教　育　活　動

①**商業科**　商業関係の科目を幅広く学習します。パソコン・電卓・簿記等の基礎的内容の学習をとおして、実務能力をつけることができ、商業に関する多くの資格が取れます。

②**情報処理科**　最新の設備を使って、情報化社会をリードする専門的な知識と技術が身につきます。パソコン等を使用した授業が多く、パソコンに興味を持っている生徒に向いています。

③**園芸科**　野菜・草花・果樹・造園など、園芸作物の栽培と利用方法を学びます。また、フラワーデザインや植物バイオテクノロジーについても勉強します。農業機械・フォークリフトの運転資格も取得することができます。

④**農業経済科**　食品の製造・加工等に関する学習をとおして農産物の利用について学ぶ「食品コース」と、水生生物の飼育・繁殖をとおして住み良い環境づくりを考える「環境資源コース」に、2年生から分かれて学習します。

特　別　活　動

インターハイ優勝

部活動は、運動部の10部と文化部の12部があります。特にウエイトリフティング部は、2016年度に高校総体と国体の両方で優勝し、2017・18年度は高校総体、全国選抜大会で準優勝するなど、大活躍しました。また、陸上競技部は2019年度国体出場（砲丸投少年B2位）、2016・19年度関東大会出場、2020年度埼玉県新人大会優勝（男子砲丸投とハンマー投）、2021年度北関東高校総体優勝（男子砲丸投とハンマー投）、インターハイ出場、弓道部は2016年度関東大会出場、卓球部も2018年度に県大会出場を果たしています。少人数ですが、野球・バドミントン・ソフトテニス・ソフトボール等も活発に活動しています。

文化部では、コンピュータ部が資格取得に積極的に励んでおり、ITパスポートなどの国家資格を取得しています。また、書道部やブラスバンド部も盛んに活動しています。

農業クラブでは、2021年度まで埼玉県フラワーアレンジメントコンテストで14年連続1位、2021年度全国大会では最優秀賞に輝くなど、各種競技会で活躍しています。

そ　の　他　　※日程は必ず学校HP等でご確認ください。

〔一日体験入学・学校説明会の開催〕※学校見学は随時受け付けます。

一日体験入学　　11月16日（土）
学校説明会　　　1回目　8月24日（土）
　　　　　　　　2回目　1月24日（金）

　例年中学生や保護者の皆さんが多く参加しています。皆さんの参加をお待ちしています。
中学生向け体験コーナー（文化祭）
　　　　　　　　　　　　　　　　10月26日（土）

卒業後の進路状況

進　　　　路		2020年度	2021年度	2022年度	2023年度
進学	大学・短大	7	13	8	3
	専修・各種	31	33	17	26
就　　　　職		69	68	71	57
そ　の　他		14	14	14	8
卒 業 者 総 数		121	128	110	94

（主な進学先）　浦和大、江戸川大、関東学園大、共栄大、埼玉工業大、埼玉学園大、作新学院大、十文字学園女子大、順天堂大、城西大、尚美学園大、駿河台大、聖学院大、西武文理大、高崎商科大、帝京大、東海大、東京国際大、東京電機大、東京農業大、日本工業大、人間総合科学大、文京学院大、平成国際大、ものつくり大、埼玉純真短大、国際学院埼玉短大

（主な就職先）　ケンゾー、SUBARU、ベルク、ほくさい農協、日本精工、東武証券、武蔵野銀行、本田技研工業、湖池屋、デンソーワイパシステムズ、邑楽館林農協、南彩農協、日本郵便、JR東日本ステーションサービス、秩父鉄道、東京地下鉄、足利銀行、ブリヂストンフローテック、くじらい乳業、東ハト、東邦薬品、十万石ふくさや、梅林堂本店、加須市役所、陸上自衛隊

地図

秩父鉄道西羽生駅から徒歩5分
東武伊勢崎線羽生駅から徒歩17分

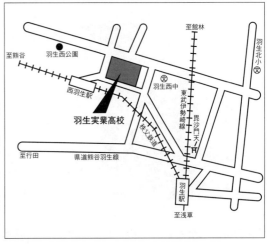

埼玉県立 誠和福祉高等学校（全日制）

所在地　〒348-0024　羽生市大字神戸706
　　　　☎ 048-561-6651　FAX 048-560-1051
ホームページ　https://fukushi-h.spec.ed.jp（携帯電話からもアクセスできます）
最寄り駅からの順路　東武伊勢崎線南羽生駅徒歩20分（自転車10分）

学 校 の 概 要

　平成20年４月に開校した県内唯一の福祉専門高校です。豊かな自然と充実した施設設備の中で、福祉の心を養い、知識や技術を身に付けます。普通教科の他、福祉の科目を中心に保育や看護など特色のある科目を学ぶことができます。

学科等
福祉科（単位制）
　専門教科「福祉」の全科目を履修することができます。２年次からは、医療・看護・保育・教養系の進学や就職を目指す「福祉総合コース」と介護福祉士国家資格取得を目指す「介護福祉士コース」に分かれます。
総合学科（単位制）
　自分の興味・関心や進路に合わせた教科・科目を履修することができます。保育、看護、福祉などの基礎学習や進学に対応した、特色ある選択科目を数多く学ぶことができます。

募集人員
福祉科　　80名　　　総合学科　　80名

目指す学校像

　福祉やボランティア等の人との関わりを大切にする教育活動を通して、人間性を磨き、地域や社会を支える力と心をもった生徒を育成する。

育てたい生徒像

○健康で明るく、思いやりと福祉の心を持つ生徒
○礼儀正しく自律心を持った教養ある生徒
○福祉社会の創造に寄与する人材となる生徒

教育活動の特色

教科指導
福祉科
　校内での授業や実習だけでなく、地域の高齢者施設や障害者施設での現場実習も行います。
　「福祉総合コース」では、福祉の専門的な勉強と同時に、自分の興味や将来に向けて様々な授業を選択することができます。
　「介護福祉士コース」では、資格取得を目指し、高度な専門科目を学習します。通常、上級学校へ進まないと取得できない「介護福祉士」ですが、

ワンポイントアピール

実習等の設備が充実しています！

多様な選択科目の授業に対応できる設備が整っています。
第一実習棟
　介護実習室、看護実習室、リハビリテーション実習室、入浴実習室
第二実習棟
　福祉情報処理室、器楽実習室（ピアノ練習室）、フードデザイン室（IH調理室）、保育実習室、介護予防レクリエーション実習室、地域福祉交流実習室（ミニデイサービスに対応）

地域での交流を大事にしています！

　介護施設・保育園での実習や、地域での活動にも積極的に取り組んでいます。

本校福祉科（介護福祉士コース）では、国家試験が受験でき、合格すれば卒業と同時に最年少で資格を取得できます。

総合学科

生徒一人一人の興味・関心や進路希望に合わせた4つの系列を用意しています。

```
─総合学科の系列─
  福祉系列    看護系列
  保育系列    教養系列
```

1年次には、全員が同じ科目を学習し、基礎的な学力を身に付けます。また、「社会福祉基礎」や「総合的な探究の時間」における本校独自の取組を通して、福祉の心を身に付けボランティア活動への取組も推進します。

2年次より、各系列に合わせた専門的な科目を学習しながら、進学に必要な学力も身に付けます。

生徒指導

将来、様々な福祉分野で活躍する本校の生徒には、それにふさわしい振る舞いが求められます。そこで、本校は「愛情は深く、しつけは厳しく」を合い言葉に、挨拶や言葉づかい、身だしなみなどを重視しています。

小さな子供からお年寄りまで、全ての人に親しまれるワンランク上の高校生を育てます。

進路指導

福祉科

介護職員初任者研修修了証取得や介護福祉士国家試験合格を土台として、進学指導・就職指導を行っています。

総合学科

総合科目「産業社会と人間」等を活用して、キャリアプランづくりを支援します。

また、被服製作技術検定、保育技術検定、生活援助従事者資格等に取り組んだり、スペシャリストの授業（折り紙、野菜の切り方等）を受けたりと専門的な内容を学びます。

両学科とも、福祉施設、特別支援学校、保育園等との交流や社会福祉協議会等との連携によるボランティア活動など、実践的な教育活動によって職業意識を育てます。

両学科とも就職内定率100％達成。

過去5年間の主な進路先

立教大、立正大、東京福祉大、東都大、文教大、目白大、文京学院大、人間総合科学大、高崎健康福祉大、日本保健医療大、浦和大、埼玉学園大、十文字学園女子大、淑徳大、聖学院大、東京国際大、聖徳大、大東文化大、浦和大学短大、川口短大、埼玉純真短大、淑徳短大、国際学院埼玉短大、埼玉東萌短大、春日部市立看護専門学校、戸田中央看護専門学校、埼玉県立高等看護学院、上尾看護専門学校、獨協医科大学附属看護専門学校三郷校、上尾中央看護専門学校、晃陽看護栄養専門学校、専門学校日本医科学大学校、道灌山学園保育福祉専門学校、大泉保育福祉専門学校、マロニエ医療福祉専門学校、久喜看護専門学校、幸手看護専門学校、本庄児玉看護専門学校、上尾中央医療専門学校、埼玉県理容美容専門学校、武蔵野調理師専門学校など

学校説明会・体験入学
※日程は必ず学校HP等でご確認ください。

第1回学校説明会・体験入学
7月29日（月）　9：30～12：30
第2回学校説明会・体験入学
10月12日（土）　9：30～12：30
第3回学校説明会・個別相談会
11月16日（土）　9：30～12：30
※4月現在の予定です。日程が変更する場合もございます。
※学校での説明会の後、部活動体験・見学を行います。可能な部活動を随時HPでお知らせします。
※上記以外にも学校見学を随時受け付けています。事前に電話でお申し込みください。

地図
東武伊勢崎線南羽生駅から徒歩20分
自転車10分

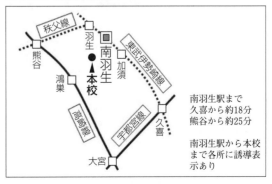

南羽生駅まで久喜から約18分熊谷から約25分

南羽生駅から本校まで各所に誘導表示あり

西部

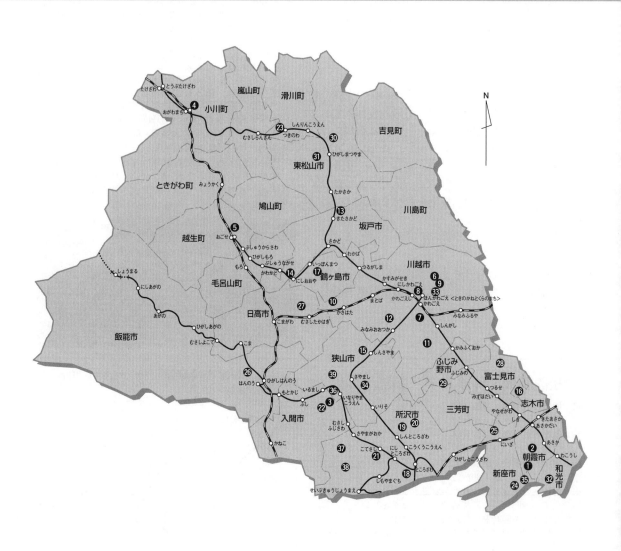

W est

嵐山町　滑川町　吉見町

たけざわ　とうぶたけざわ

おがわまち　④　小川町

むさしらんざん　つきのわ　㉓　しんりんこうえん　㉚

ときがわ町　みょうかく　㉛　ひがしまつやま

東松山市

鳩山町　たかさか

越生町　おごせ　⑤　きたさかど　⑬

坂戸市

さかど

ぶしゅうからさわ　ひがしもろ　わかば　つるがしま

しょうまる　ひがしもろ　もろ　ぶしゅうながせ　いっぽんまつ

にしあがの　かわかど　⑭　にしおおや　⑰　鶴ヶ島市　川越市　⑥⑨

毛呂山町　⑲　にしおおや　鶴ヶ島市　かすみがせき　⑧⑳　<ときのかわとくらのまち>

あがの　こまがわ　⑩　かさはた　まとば　かわごえ　⑦

ひがしあがの　こまがわ　むさしたかはぎ　かわごえし　しんがし

むさしよこて　こま　㉗　みなみおおつか　⑫　みなみふるや

飯能市　日高市　⑮　しんさやま　⑪　かみふくおか　㉘

はんのう　ひがしはんのう　㉖　さやまし　⑪　ふじみ　㉘

もとかじ　いるまし　㊴　さやまし　㉞　野市　ふじみの　富士見市

ぶし　㊱　いなりやまこうえん　みずほだい　㉙　⑯

㉒　狭山市　いりそ　所沢市　やなぜがわ　志木市

かねこ　③　むさしふじさわ　さやまがおか　しんところざわ　こうくうこうえん　しも　きたあきあ　②

入間市　こてさし　㉑　ところざわ　⑲　こうくうこうえん　三芳町　にいざ　あさかだい　朝霞市　①

㊲　にし　⑳　ひがしところざわ　かこうし

㊳　㉑　⑱　しもやまぐち　新座市　㉛　②　和光市

せいぶきゅうじょうまえ　㉔　㉕

N

※次の高校は2024年度から生徒募集を
　停止しています。
・鳩山高等学校（全日制）
・和光高等学校（全日制）

埼玉県立 朝霞高等学校（全日制）

所在地 〒351-0015 朝霞市幸町3-13-65 ☎ 048-465-1010 FAX 048-460-1013
ホームページ https://asaka-h.spec.ed.jp
最寄り駅からの順路 東武東上線朝霞駅から 徒歩20分。又は「大泉学園」行きバス、「幸町三丁目交差点」下車徒歩3分。西武池袋線大泉学園駅からは「朝霞」行きバス、「南大通り」下車徒歩3分。

校　　　長	久住　　毅
創　　　立	昭和38年4月1日
教職員数	80人

生徒数

学科＼学年	1年 (男)(女)	2年 (男)(女)	3年 (男)(女)	計 (男)(女)
普通科	319 (197)(122)	316 (196)(120)	351 (216)(135)	986 (609)(377)

本 校 の 概 要

　本校は、昭和38年に創設され、今年で62年目を迎えた男女共学の普通科高校です。本校のシンボルツリーである「欅」は深く根を下ろし枝葉を大きく広げます。この様子は「朝高生」が「志」を高く揚げ、学習活動・部活動・学校行事に熱心に取り組む姿を象徴しています。教育目標としては「学力と人間力の向上」を掲げ、教育課程に単位制を取り入れ、全教室において冷房完備させ学習環境を整えています。また、部活動への参加も奨励しており、加入率は約85％です。

学 力 の 向 上

1　単位制教育課程
　進学重視型の単位制をしいています。選択の部分は、自分に合った教育課程を組むことになります。
1) 1週間32時間の授業時間を確保しています。
　週に2日は7時間授業になります。
2) 多様な選択科目が設置されています。
　1年次は理科と芸術の4単位分を選択します。
　2年次は13単位分が4つの選択群に分かれています。3年次は19単位分が5つの選択群に分かれています。進路や興味・関心に応じた科目を選択できます。

単位制教育課程

1年(32単位)

1	2	3	4	5	6	7	8	9	10	11	12	13	14	15	16	17	18	19	20	21	22	23	24	25	26	27	28	29	30	31	32
総	HR	現代の国語		言語文化		歴史総合		数学Ⅰ				数A			体育			保健	英語CⅠ			論理・表現Ⅰ		情報Ⅰ		化学基礎		選択履修			

2年(32単位)

1	2	3	4	5	6	7	8	9	10	11	12	13	14	15	16	17	18	19	20	21	22	23	24	25	26	27	28	29	30	31	32
総	HR	論理国語			体育			保健	英語CⅡ			論理・表現Ⅱ			家庭基礎		公共			選択履修											

3年(30単位)

1	2	3	4	5	6	7	8	9	10	11	12	13	14	15	16	17	18	19	20	21	22	23	24	25	26	27	28	29	30
総	HR	体育			英語CⅢ			論理・表現Ⅲ		選択履修																			

3）少人数授業や習熟度別授業があります。

選択群の少人数展開授業および数学の一部科目は、習熟度別授業になり、きめ細かい指導が受けられます。

2　進路指導（今後の生き方を考えた進路の実現）

99％以上の生徒が進学を目指し、卒業生の多くが大学・短大等へと進学しますので、授業以外にも進学補習・小論文指導・面接指導・自習室活用の奨励をしています。

「総合的な探究の時間」を、自己の生き方・在り方や進路目標について主体的に考える活用をして各種のガイダンスを行っています。また、進路に関する行事として、学年全体で生徒が大学に出かけて行く見学会・20校におよぶ大学を本校に招いての進学相談会を実施しており、大学・短大の進学だけでなく、医療系専門学校・公務員試験も実績が伸びています。

人間力の向上

人間力とは、よりよく生きるための力のことです。規律ある生活の下で、目標に向かって仲間と共に競い合い・励まし合い・努力する過程で豊かな人間性が形成されます。豊かな人間性は、今後の人生で生きる力となります。朝霞高校には、授業や部活・学校行事にまじめに取り組み、知性を磨き、豊かな心を育む「学びの場」があります。

学校行事としては、文化祭（10月12日・13日一般公開事前予約制）・体育祭（非公開）・強歩大会（非公開）・修学旅行（11月）などがあります。

特　別　活　動

令和5年度　部活動の主な活動結果
全国大会出場　陸上部男子三段跳
関東大会出場　陸上部男女三段跳、水球部
県大会出場　剣道部（県大会ベスト8）、バレー、

陸上部の躍進（写真は北海道総体）

バスケット、バドミントン、卓球、ハンドボール、サッカー等（各部とも男女共に県大会常連）。他に吹奏楽部　県大会コンクール銀賞

そ　の　他
※日程は必ず学校ＨＰ等でご確認ください。

1　学校説明会
8月17日（土）AM11：00〜　朝霞市民会館

2　学校公開日（授業公開・部活見学）
11月2日（土）

3　学校見学会（概要説明・学校案内）
10月5日（土）AM10：00〜（受付9：15〜）
12月14日（土）AM10：00〜（受付9：15〜）
1月11日（土）AM10：00〜（受付9：15〜）
※いずれも詳細についてはホームページで確認の上、申し込みください。

4　部活動体験（※ホームページで確認の上、個人で申し込みください。）
8月2日（金）AM9：00〜（受付8：30〜）
8月22日（木）AM9：00〜（受付8：30〜）

5　個別相談会（※ホームページで確認の上、個人で申し込みください。）
1月25日（土）AM10：00〜

6　授業見学
開校日でしたらいつでも出来ます。前日までに電話で予約してください。

卒業後の進路状況

	大学	短大	専門	就職	他
令和5年度	248	3	30	0	32
令和4年度	261	3	24	3	25
令和3年度	244	2	30	8	23

卒業生の進路先
一橋大　埼玉大　青山大　北海道教育大　亜細亜大
学習院大　関西学院大　慶應義塾大　早稲田大
工学院大　國學院大　国士舘大　駒澤大　芝浦工大
城西大　成蹊大　成城大　専修大　大東文化大
拓殖大　玉川大　中央大　帝京大　東海大　東京電機大
東京農大　東京理科大　東洋大　獨協大　日本大
法政大　文教大　武蔵大　明治大　立教大

地図　東武東上線朝霞駅下車徒歩20分

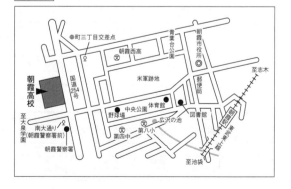

埼玉県立　朝霞西高等学校（全日制）

所在地　〒351-0013　朝霞市膝折 2-17　☎ 048-466-4311　FAX 048-460-1014
ホームページ　https://asakanishi-h.spec.ed.jp/
メールアドレス　j664311@pref.saitama.lg.jp
最寄り駅からの順路　東武東上線朝霞駅南口下車　徒歩15分
　　　　　　　　　　又は、西武バス「大泉学園」行き「緑ヶ丘」下車徒歩 0 分

校　長	原　　浩明
創　立	昭和54年 4 月 1 日
教職員数	75人

生徒数

学科＼学年	1 年（男）（女）	2 年（男）（女）	3 年（男）（女）	計（男）（女）
普通科	322 (157)(165)	351 (179)(172)	355 (194)(161)	1,028 (530)(498)

　伸びる朝西　伸ばす朝西　～確かな学力と豊かな心を育み、君の夢を応援します～　地域に広く開かれ、信頼される学校づくりに努めています。その明るくのびやかな校風は、生徒たちの学ぶ意欲と豊かな個性を育み、友情の輪を広げ、確かな将来を実現してきました。朝霞西高は開かれた青春のステージです。

教　育　目　標

　日本国憲法及び教育基本法の精神に基づき、国際的な視野に立ち、平和で民主的な社会を形成する自主的精神に満ちた人間を育成する。

教　育　課　程

　1 学年では、基礎学力の充実に重点を置き、全員が国数英を 5 単位履修します。選択科目は芸術のみです。2 学年から、文系・理系の 2 コースに分かれ、コースに応じた科目をより多く学習することになります。3 学年では各コースの中で選択科目を設け、個々の適性に合った編成になっています。生徒の多様な進路希望に配慮しています。（教育課程表略図参照）

　授業は、50分授業で 7 時間の日が 1 日あり（毎週月曜日）、1 週間 31 時間になります。

データ　令和 7 年度入学生教育課程表略図（週31時間授業）

学年	コース															
1年		現代の国語 3	言語文化 3	地理総合 2	歴史総合 2	数学I 3	数学A 2	化学基礎 2	体育 3	保健 1	芸術I 2	英語コミュニケーションI 5	情報I 2	総探 1	LHR 1	
2年	文系	論理国語 2	古典探究 3	公共 2	歴史探究選択 3	数学II 4	生物基礎 2	体育 3	保健 1	芸術II 2	英語コミュニケーションII 5	家庭総合 2	総探 1	LHR 1		
2年	理系	論理国語 2	公共 2	数学II 4	数学B 2	物理基礎 2	化学 2	生物基礎 2	体育 3	保健 1	芸術II 2	英語コミュニケーションII 5	家庭総合 2	総探 1	LHR 1	
3年	文系	論理国語 2	文学国語 3	発展国語 2	地歴選択 3	政治経済 3	理科基礎 2	体育 2	英語コミュニケーションIII 4	論理表現I 2	家庭総合 2	選択I／選択II 生物または化学 2	総探 1	LHR 1		
3年	理系	論理国語 2	数学III／総合数学 4	数学C／選択I 2	理科選択 5	化学 4	体育 2	英語コミュニケーションIII 4	論理表現I 2	家庭総合 2	選択III 2	総探 1	LHR 1			

数字は単位数（1 週間の授業時間数）

教育活動

[学習活動]　授業では、わかりやすく、また、生徒の興味・関心を引き出すために様々な工夫がなされています。自ら学ぶ姿勢と意欲を育てるために少人数の講座も取り入れています。ALTとのティーム・ティーチングで英語教育に力を入れています。国際理解教育を更に進めるため、オーストラリアにある姉妹校（プロサパイン高校）への短期留学（2週間）も実施しています。また、アジア各国からの留学生を招き交流する異文化交流体験や青年海外協力隊員として海外派遣された方の体験談を聞く行事も実施しています。

[進路指導]　一人ひとりの生徒の能力を生かす進路指導を行うために、進路指導部を中心に学年と一体になって、卒業までを見通した進路指導計画を立て、LHRや総合的な探究の時間を活用しながら実践しています。コース選択、進路相談、学習指導、進学補習、模擬テスト等きめ細かな指導を行っています。また、スタディサプリを利用し、進学希望者をサポート。一般受験による大学合格者が大幅に増加しています。

特別活動

　生徒の自主的活動の尊重、自学自習の態度の涵養を柱にして、生徒会活動、LHR活動、部活動が活発に行われています。9月に実施する「しいのき祭」（文化祭）はこれらの活動の中心をなすものであり、年々盛り上がっています。体育祭は5月（6月）に大々的に行われています。ロードレー

しいのき祭（中庭での発表）

ス大会は11月に彩湖の周回コースで実施されます。部活動も活発で学習との両立を図りながら、多くの部が県大会に出場を果たしています。中でも、サッカー、バスケットを始め、野球、テニス、バドミントン、女子バレーなど県大会常連となりつつあります。文化部も盛んに活動しており、音楽部、美術部、写真部、漫画研究部、物理部は地域行事にも参加しています。

その他　　※日程は必ず学校HP等でご確認ください。

【家庭・地域社会との連携等】
　本校のホームページで、学校行事、学校生活や部活動の様子などを随時、掲載しています。保護者のみが閲覧できるページも設定して、PTA関係の連絡や校内情報を発信しています。

【学校見学会等】
　朝西見学会は、9月28日（土）、11月16日（土）を、部活動体験会は8月27日（火）を予定していますが、今後予定が変わる事が考えられますので、必ずHPで確認して下さい。

卒業後の進路状況

	元年度	2年度	3年度	4年度	5年度
進　　学	289	280	285	275	277
就　　職	19	7	4	10	9
浪　人　等	38	22	20	26	24
計	346	309	309	311	310

近年の進学先　4年制大学進学者が増加しています。
（過去3年の進学先）
・筑波大、東京外国語大、埼玉大、青山学院大、学習院大、国士舘大、上智大、大東文化大、中央大、帝京大、東京国際大、東洋大、法政大、明治大、立教大、早稲田大　他

地図　東武東上線朝霞駅下車徒歩15分またはバス5分「緑ヶ丘」バス停下車0分

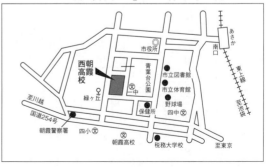

埼玉県立 入間向陽高等学校（全日制）

所在地　〒358-0001　入間市向陽台１−１−１　☎ 04-2964-3805　FAX 04-2960-1057
ホームページ　https : // irumakoyo-h.spec.ed.jp/　メールアドレス　f643805@pref.saitama.lg.jp
最寄り駅からの順路　西武池袋線入間市駅徒歩13分または稲荷山公園駅下車　徒歩15分

校　　　長	田部井　洋
創　　　立	昭和58年４月１日
教職員数	67人

生徒数

学科＼学年	1年(男)(女)	2年(男)(女)	3年(男)(女)	計(男)(女)
普通科	319 (114)(205)	305 (113)(192)	309 (94)(215)	933 (321)(612)

教 育 目 標

　「ひたむきに、おおらかに、たくましく」という校訓のもと、「魅力ある学校」、「生徒の満足度の高い学校」、「生徒に生き生き指導できるよう教職員の働きやすい学校」づくりを目指している。そして、生徒一人一人に活躍の場が設定され、一歩上のなりたい自分になれるようにしている。学校全体に活気があり、生徒が学習・部活動・学校行事にバランスよく取り組めるように努めている。

教 育 課 程

　１年次は、芸術選択(音楽・美術・工芸・書道)以外は共通履修とし、基礎学力の充実を図っている。２年次は、週７時間を文系・理系の選択履修の時間にあて、文系では総合古典、理系では数学Bを必修選択としている。３年次は、文系・理系・文理系の３コースに分かれ、週15時間の選択科目を設置している。多様な進路希望に応え、古典探究・数学理解・日本史探究・物理・英文読解・保育基礎・メディアとサービスなどから選択し学ぶことが出来る。

教 育 活 動

1 「一歩上のなりたい自分になる」ための学習指導・心の成長フォロー・進路実現

　基礎・基本を重視しつつ、ICT活用や体験活動、図書館との連携等、多様な学びを通して「深い学び・学力の充実」に取り組む。到達度テスト・スタディサプリの活用、向陽ゼミ（進学補講）、面接・小論文指導、夏季講座等を通して、個別最適な学習を目指す。近年、上級学校は総合型選抜や学校推薦型選抜を利用する生徒が多くなっているが、そこを特に照準にした対策を取ってきている。

データ

日課表

	月	火〜金
予　鈴	8：30	8：30
ＳＨＲ	8：40〜8：55	8：40〜8：55
１校時	8：55〜9：45	8：55〜9：45
２校時	9：55〜10：45	9：55〜10：45
３校時	10：55〜11：45	10：55〜11：45
４校時	11：55〜12：45	11：55〜12：45
昼休み	12：45〜13：25	12：45〜13：25
予　鈴	13：25	13：25
５校時	13：30〜14：20	13：30〜14：20
６校時	14：30〜15：20	14：30〜15：20
７校時	15：30〜16：20	
清　掃	16：20〜16：40	15：20〜15：40
下　校	17：00	17：00

１年生のあるクラスの時間割

	月	火	水	木	金
1	体　　育	保　　健	数学Ⅰ	情報Ⅰ	化学基礎
2	芸術Ⅰ	公　共	英語コミュニケーションⅠ	情報Ⅰ	体　　育
3	芸術Ⅰ	英語コミュニケーションⅠ	数学A	数学Ⅰ	公　共
4	言語文化	体　　育	化学基礎	家庭総合	英語コミュニケーションⅠ
5	地理総合	数学Ⅰ	言語文化	英語コミュニケーションⅠ	現代の国語
6	数学A	家庭総合	現代の国語	LHR	地理総合
7	総合的な探究の時間				

具体的には、「初期学習指導」、「各種進路ガイダンス」、「職業人講話」、「上級学校による模擬授業」、「進路先見学会」、「卒業生による講演会」等の機会を設けて、各人の進路意識を高めている。

高校生時代は青年期特有の悩み多い時期。スクールカウンセラー、スクールソーシャルワーカー、地域の福祉とも連携させる等、生徒のメンタルヘルスケアや、健やかな成長をフォローするための教育相談体制の充実を図っている。

令和5年度末卒業生は、進学者90％。看護・医療・保育・栄養系の上級学校に進む傾向が高い。就職者は7％程だが、市役所、消防組合等の公務員のほか、高卒生には難関な民間企業にも合格している。

2　その他(施設設備、制服、ICT環境)

全館冷暖房完備(特別教室も)、セミナーハウス(食堂・合宿所)、トレーニングルーム、部室棟、学食(食堂)とパン販売、自販機、自習室、自習スペース(廊下)、多目的室(視聴覚室とは別に2つ。ライブ配信等で活用)、図書館(蔵書約4万5000点(県平均3万7000点))、快適化トイレ工事済(令和4年度)。

制服(セーラー服は人気。女子型スラックスあり)、BYOD環境(教室棟のほか体育館でも使用可)、Google Classroomやオンライン授業も適宜活用。

携帯電話(スマホ)の持ち込み可。埼玉県の方針により、令和5年度1年生から「1人1台タブレット」導入(機種等は個人裁量扱い)。

特 別 活 動

1　充実した学校行事と部活動

生徒会本部役員が全校生徒が楽しいと思える行事の企画運営を目指して話し合いを重ね、主体的に取り組んでいます。体育祭では団旗やクラスTシャツを作り絆を深めています。文化祭(向陽祭)

ソングリーダー部

には例年4000人が来校するほど人気があります。校舎の壁に掲げられる巨大タペストリー、3年生を送る会での体育館内の壁面を覆う巨大イルミネーション(電飾)等も映えます。球技大会では部活動の生徒たちの活躍にも支えられています。

運動系16部、文化系11部が活動しています。「県大会を目指す」、「県大会のその先を目指す」、「自分のライフスタイルに合わせて活動する」、「地域との連携活動にも参加」等、多様な目標を持って活動しています。部活動を通じて挨拶、コミュニケーション能力、自己有用感が育成されていることも大きいです。

学 校 説 明 会

※いずれもHPからの予約制。
第1回　7／25(木)産業文化センター(入間市向陽台1-1-7。学校のすぐ近く)
第2回　11／16(土)本校体育館　※学校公開予定日。
第3回　12／14(土)本校　※個別相談も実施。
第4回　1／18(土)本校　※個別相談も実施。
部活動体験
※いずれもHPからの予約制。
第1回　7／30(火)　本校
第2回　8／21(水)　本校

本校ホームページで、会場・受付時間等を確認してください。

過去3年間の卒業生の進路

分野		39期生	38期生	37期生
進学	4年制大学	124	152	133
	短期大学	30	43	44
	専門・各種学校等	120	93	105
	看護学校	38	25	31
	浪人	4	5	9
就職	民間事業所	14	6	11
	公務員	8	4	10
	自営・その他	0	3	3
未定・その他		9	2	0
卒業生人数		309	308	318

39期生のデータは、2024年3月末日のもの。
＊看護学校進学者数は各分野の進学者数と重複しています。

＜主な進学・就職先＞
日本大、東洋大、武蔵大、亜細亜大、駿河台大、大東文化大、帝京大、城西大、拓殖大、東京電機大、東京経済大、東京家政大、国士舘大、共立女子大、実践女子大、昭和女子大、埼玉医大、文教学院大、埼玉医大短大、埼玉女子短大、東京警察病院看護、埼玉医大総合医療センター看護、埼玉県警察、入間市役所、埼玉西消防組合、自衛隊

地図　西武池袋線入間市駅下車徒歩13分または稲荷山公園駅下車　徒歩15分

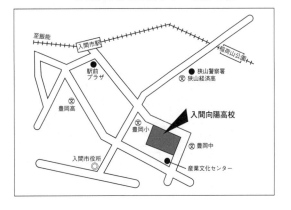

埼玉県立 小川高等学校 （全日制）

所在地 〒355-0328　比企郡小川町大塚1105　☎ 0493-72-1158　FAX 0493-71-1045
ホームページ https://ogawa-h.spec.ed.jp/
最寄り駅からの順路 東武東上線・JR八高線、小川町駅下車　徒歩3分

正門より庭園・校舎を望む

校　長	黒澤　拓也
創　立	大正14年4月10日
教職員数	60人

生徒数

学科＼学年	1年 (男)(女)	2年 (男)(女)	3年 (男)(女)	計 (男)(女)
普通科	199 (118)(81)	183 (96)(87)	161 (89)(72)	543 (303)(240)

教 育 活 動

　創立90年を超える伝統校です。落ち着いた校風のもと、「学習・部活動・学校行事」の三本柱のバランスを大切にした教育活動をおこなっています。

① **日常の学習指導を重視**
　―少人数制授業、クラッシー等を活用した補習体制―

② **進学率・進路決定率の高い学校**
　―大学・短大ほか約80％、きめ細かな進路指導―

③ **進学選抜クラスを設置**
　―有名私立大を中心とした大学への合格をサポート―

④ **部活・生徒会など課外活動が活発**
　―複数の部が全国大会出場、盛り上がる各行事―

⑤ **恵まれた環境**
　―緑豊かな四季の風景、駅前徒歩3分の立地―

⑥ **充実したICT環境**
　―1人1台端末を前提としたICTを活用した教育活動―

本 校 の 特 色

　小川町には、美しい里山や清流などの豊かな自然、歴史と伝統に育まれた文化、細川紙と小川和紙等の産業や技術などの地域の教育資源が豊富にあります。本校では、「おがわ学」として、こうした地域の教育資源を活用した探究的な学びを実践し、生徒の未来を切り拓く力を育みます。また、令和2年度のコロナ禍による臨時休校を経て、オンラインによる生徒支援や学習支援が可能になりました。令和3年度入学生から1人1台クロームブックを購入し、オンライン学習と対面型授業を効果的に組み合わせた学びに取り組んでいます。

教 育 課 程

　生徒一人ひとりの学力向上と進路実現を目指し、3年間を見通したカリキュラムを編成しています。
（下記表を参照）

令和7年度入学生　教育課程

学年	学科		1	2	3	4	5	6	7	8	9	10	11	12	13	14	15	16	17	18	19	20	21	22	23	24	25	26	27	28	29	30	31
1年	普通		現代の国語			言語文化		歴史総合			公共	数学I		数学A		化学基礎		生物基礎		体育			保健	芸術I		英語コミュニケーションI			論理・表現I		情報I		LHR
1年	進学選抜		現代の国語			言語文化		歴史総合			公共	数学I		数学A		化学基礎		生物基礎		体育			保健	芸術I		英語コミュニケーションI			論理・表現I		情報I		LHR
2年	普通	文系	論理国語		文学国語		古典探究			地理総合		日本史探究／世界史探究				数学II		地学基礎		体育			保健	芸術II		英語コミュニケーションII			家庭基礎		総探		LHR
2年	普通	理系	論理国語		地理総合		数学II					数学B		物理基礎		化学				体育			保健	芸術II		英語コミュニケーションII			家庭基礎		総探		LHR
2年	進学選抜	文系	論理国語		文学国語		古典探究			地理総合		日本史探究				世界史探究		地学基礎		体育			保健	英語コミュニケーションII			論理・表現II		家庭基礎		総探		LHR
2年	進学選抜	理系	論理国語		地理総合		数学II					数学B		物理基礎		化学				体育			保健	英語コミュニケーションII			論理・表現II		家庭基礎		総探		LHR
3年	普通	文系	論理国語			文学国語		古典探究			発展日本史／発展世界史			政治経済		体育			英語コミュニケーションIII				時事英語			選択I群			選択II群		総探		LHR
3年	普通	理系	論理国語			政治経済		数学III／応用数学			物理／生物			化学		体育			英語コミュニケーションIII				時事英語			選択I群			選択II群		総探		LHR
3年	進学選抜	文系	論理国語			文学国語		古典探究			発展日本史／発展世界史			政治経済		体育			英語コミュニケーションIII				時事英語			選択I群			選択II群		総探		LHR
3年	進学選抜	理系	論理国語			数学III					数学C			物理／生物		化学			体育			英語コミュニケーションIII			時事英語			選択I群			選択II群		総探		LHR

※総探は「総合的な探究の時間」です。

<small>＜小川＞</small>

教　育　活　動

1. 学習指導
1 年次：基礎学力の定着、少人数授業
　　各教科バランス良く基礎学力を養成。
　　さらに英語は少人数授業（19〜28名）を実
　　施。

2 年次：文系・理系クラス、得意分野の伸長
　　進路や興味にあわせて文系・理系に分か
　　れ、主要科目の実力を伸長。

3 年次：進路希望に対応した多彩な選択科目
　　選択科目・総合的な探究の時間では、少
　　人数による授業展開で、進路目標に向け
　　た実戦力を養成。

2. 進路指導
　進路統一LHRや学年別の進路説明会、進路体
験発表会など、3年間を見通した系統的できめ細
かな進路指導を行っています。実力テストや各種
模試を校内実施し、その結果をもとに効果的な学
習方法をアドバイスします。その他、長期休業中
の進学補講、クラッシーを活用した補習、小論文
対策など、進学指導の充実をはかっています。

特　別　活　動

1. 学校行事
　葦火祭（文化祭）や球技大会、予餞会などの行事
は、生徒会が中心となって企画・運営し、全校で
盛り上がります。特に葦火祭は、各種発表・催し
物や巨大デコレーションなど活気にあふれ、多く
の来場者が訪れます。球技大会や体育祭では、ク
ラス対抗で団結力を競い合います。多くの生徒が
これらの行事に積極的に取り組んでいます。その
他、2年次の修学旅行や3年に1度の全学年芸術
鑑賞会（校外の文化会館や劇場へ参集）なども、楽
しく学びの多い行事です。

〈修学旅行　沖縄美ら海水族館〉

2. 部活動
　運動部・文化部ともに充実した内容で活動し、
多くの部が県大会等上位の大会に出場しています。
◎少林寺拳法部、放送部が全国大会出場経験あり。
　［運動部］女子バレー、男女バスケ、サッカー、
　　　　　野球、男女ソフトテニス、陸上競技、
　　　　　少林寺拳法、剣道、ソフトボール、男
　　　　　女卓球
　［文化部］放送、書道、演劇、音楽、文芸、JRC、
　　　　　美術、物理化学、生活美学、華道、コ
　　　　　ンピュータ、写真、社会研究、ESS、
　　　　　漫画研究、軽音楽、将棋

学校説明会等

1. 学校説明会
第1回　7月27日（土）　第2回　8月24日（土）
第3回　9月7日（土）　第4回　10月12日（土）
第5回　11月16日（土）　第6回　12月7日（土）
第7回　1月11日（土）　第8回　2月1日（土）
2. おがわ学フォーラム
　11月16日（土）を予定
3. 部活動体験
　7月下旬〜8月上旬、8月中〜下旬を予定
＊内容や詳細、事前予約等については、本校ホーム
ページをご覧ください。

卒業後の進路状況

進　　路		令和3年度	令和4年度	令和5年度
進学	大学・短大	95	91	86
	専修・各種	49	68	43
就　　職		41	26	28
そ　の　他		5	6	8
卒業者総数		190	191	165

〈主な進学先〉
立教大、亜細亜大、神田外語大、埼玉工業大、産業能率大、淑徳
大、城西大、女子栄養大、駿河台大、大正大、大東文化大、拓殖
大、帝京大、東海大、東京家政大、東京国際大、東京電機大、東
洋大、獨協大、二松學舎大、日本大、日本医療科学大、日本工業
大、文教大、文京学院大、武蔵野大、名桜大、明治学院大、立正
大　ほか
〈主な就職先〉
警視庁、埼玉県警、自衛隊、日本郵便㈱、比企消防本部、西入間
広域消防本部、エスビー食品㈱、敷島製パン、㈱ベルク、ボッシュ
㈱、本田技研工業㈱、津田工業㈱、㈱ジャパンカーゴ、㈱ヤオコー、
㈱エクセル、㈱コスモビューティー、㈱テクノコシダ、太陽ホー
ルディングス㈱、アイリスオーヤマ㈱　ほか

地図　小川町駅下車徒歩3分（東上線・八高線）

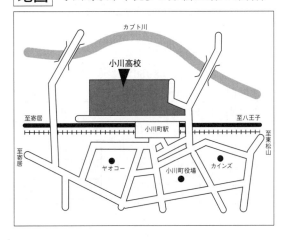

埼玉県立 越生高等学校 （全日制）

所在地 〒350-0412　入間郡越生町西和田600番地　☎ 049-292-3651
最寄りの駅からの順路　東武越生線・JR 八高線　越生駅から徒歩20分

豊かな緑に囲まれた学び舎

校　　長	中山　厚志
創　　立	昭和47年4月1日
教職員数	45人（非常勤講師含まず）

生徒数

学科＼学年	1年(男)(女)	2年(男)(女)	3年(男)(女)	計(男)(女)
普 通 科	62 (33)(29)	44 (25)(19)	39 (23)(16)	145 (81)(64)
美 術 科	41 (9)(32)	28 (7)(21)	34 (3)(31)	103 (19)(84)
計	103 (42)(61)	72 (32)(40)	73 (26)(47)	248 (100)(148)

生きる力を育み 夢を実現する学校

小高い丘の上に立つ白い学舎、周囲を緑に囲まれた眺望の素晴らしさ、恵まれた施設・設備、このような環境の中で日々充実した高校生活を送っています。普通科と美術科を併設しており、全体でも12クラスという、アットホームな学校です。

教 育 課 程

普通科

第1学年では、確実に基礎学力を身につけられるよう、徹底した少人数授業を行っています。第2学年では、就職に有利な資格取得を目指した商業科目が加わります。第3学年では、多様な進路希望に効果的に対応できるよう、3つの選択群・18の選択科目が用意されており、進路に合わせた選択ができます。

美術科

素描、構成などの基礎科目をはじめとして、絵画、彫刻、ＣＧ（コンピュータグラフィックス）などの専門科目をより深く学習します。また、普通科目も第3学年まで用意されており、美術系大学などへの合格を目指します。進学を希望する生徒には、放課後、個別指導もしています。

データ

日課表

SHR	8：40〜8：50
1時限	8：50〜9：40
2時限	9：50〜10：40
3時限	10：50〜11：40
4時限	11：50〜12：40
昼休み	12：40〜13：25
5時限	13：25〜14：15
6時限	14：25〜15：15
SHR・清掃	15：15〜15：30

1年（普通科）

	月	火	水	木	金
1	家庭総合	言語文化	地理総合	数 学 I	言語文化
2	保　健	数学A	英語コミュニケーションI	現代の国語	情報 I
3	公　共	公　共	体　育	体　育	科学と人間生活
4	数 学 I	家庭総合	情報 I	地理総合	体　育
5	現代の国語	芸術・音・美・書	科学と人間生活	総合的な探究の時間	英語コミュニケーションI
6	英語コミュニケーションI	芸術・音・美・書	数 学 I	LHR	数 学 A

全ての科目が30人以下の少人数学級です。
☐の科目は10〜15人のクラスで授業を行います。

3年（美術科）

	月	火	水	木	金
1	素描・絵画	映像表現・絵画	国語表現	コミュニケーション英語I	国語総合（言 葉）
2	素描・絵画	映像表現・絵画	家庭総合	英語会話	日本史A
3	現代文B	体　育	コミュニケーション英語I	クラフト/ビジュアル/彫刻	絵画・素描
4	家庭総合	日本史A	英語会話	クラフト/ビジュアル/彫刻	絵画・素描
5	絵画・映像表現	素描・映像表現	クラフト/ビジュアル/彫刻	総合的な探究の時間	現代文B
6	絵画・映像表現	素描・映像表現	クラフト/ビジュアル/彫刻	LHR	体　育

▨の科目は美術科専門科目です。
☐の科目は少人数授業を行います。

修学旅行（広島・江田島）

教 育 活 動

1 学習活動

　1時間ごとの授業を大切にし、基礎学力の向上を図ります。平素の取組を重視し、授業態度、小テスト、提出物など、きめ細かく指導します。

　普通科第1学年と第2学年では、全教科目において、1クラス30人以下の少人数での授業による丁寧な指導を行います。

　美術科では、CG室、デザイン室、工芸室などを完備し、専門教育の充実を図っています。

2 学校生活

　白梅館（講義棟）、格技場、食堂などの施設が充実し、学習や運動など、明るく楽しい、有意義な高校生活が送れます。

　また、教員の他に、スクールカウンセラーなど外部の専門家が配置されており、どんな悩みにも親身になって相談に応じ、適切なアドバイスを行える体制を備えています。

3 進路指導

　生徒一人ひとり面談を行い、能力・適性、興味・関心に対応したきめ細かい進路指導を行っています。

　各学年の進路ガイダンスも充実しており、近隣企業の人事担当者や上級学校の募集担当者から直接説明を聞く行事も行っています。

　進路指導室・資料室を常時開放し、いつでも進路相談や資料の閲覧ができます。インターネット専用パソコンも設置され自由に使用でき、進路情報の収集ができます。

特 別 活 動

1 楽しい学校行事

　遠足、球技大会、文化祭（白梅祭）、体育祭、芸術鑑賞会など楽しい行事がたくさんあります。

　特に、生徒会を中心に行われる白梅祭は、毎年新しい企画に取り組んでいます。

2 熱気あふれる部活動

　運動部がサッカー、バスケットボール、野球、陸上、卓球の5部、美術、書道、音楽、検定など文化部が10部、同好会が3部あり、どの部も活発に活動しています。

体 験 入 学 等

学校説明会

第1回	8月3日（土）	①10：00〜10：30
		②11：00〜11：30
第2回	11月9日（土）	14：00〜16：00
第3回	12月14日（土）	9：20〜12：00
第4回	1月10日（金）	16：00〜18：00
第5回	1月18日（土）	9：20〜12：00

＊学校見学は随時受け付けています。

※新型コロナウイルス対応のため変更する可能性があります。

卒業後の進路状況

		令和3年度	令和4年度	令和5年度
進学	大学・短大	15	16	19
	専修・各種	47	39	29
就 職		54	41	41
そ の 他		7	11	3
卒 業 者 総 数		123	107	92

≪主な進学先≫　過去3年
　城西大、駿河台大、東京工芸大、東京造形大、文京学院大、埼玉学園大、埼玉県立大、実践女子大、東北芸術工科大、ものつくり大、横浜美術大、武蔵野美術大、京都美術工芸大、大東文化大、日本医療科学大、尚美学園大、女子美術大、川口短大、埼玉女子短大、城西短大、山村学園短大、秋草学園短大、阿佐ヶ谷美術専門学校、桑沢デザイン研究所、東洋美術学校、埼玉医療福祉会看護専門学校、埼玉県立高等看護学院　等

≪主な就職先≫　過去3年
　森林公園ゴルフ倶楽部、㈱ヤオコー、ウエルシア薬局㈱、㈲くらづくり本舗、㈱ベルク、光村印刷㈱、埼玉医科大学、㈱ポテトフーズ、山崎製パン㈱、㈱カインズ、ASKUL LOGIST㈱、エスビー食品㈱、㈱グレープストーン、㈱そごう・西武、豊仁会　三井病院　等

地図

東武越生線・JR八高線越生駅から徒歩20分、またはバスで4分

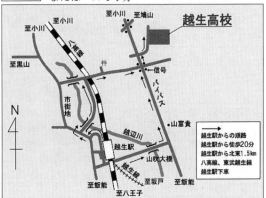

埼玉県立 川越高等学校（全日制）

所在地 〒350-0053　川越市郭町 2 - 6　☎ 049-222-0224　FAX 049-229-1051
ホームページ https://kawagoe-h.spec.ed.jp
最寄り駅からの順路 西武新宿線本川越駅　徒歩15分　東武東上線川越市駅　徒歩20分
東武東上線・JR 川越線川越駅　徒歩25分

（正門と本校のシンボルのくすのき）

校　　　長	小出　和重
創　　　立	明治32年 4 月 1 日
教職員数	91人

生徒数

学科＼学年	1 年 (男)	2 年 (男)	3 年 (男)	計 (男)
普通科	364	351	353	1,068

　創立125年目となる本校では、生徒全員が「志」を高く持ち、自己実現に向けて第一志望の大学に進学すべく勉強に励んでいます。また、「Go Global 高い志、世界へ向けて」をテーマに、グローバル人材育成の一環として、高校生のうちから世界へ目を向けられるようなプログラムも用意しています。

教　育　課　程

　生徒全員が高い志を抱き、自己実現を果たすために 4 年制の難関国公立や有名私立大学を志望し、平素から積極的に授業に臨んでいます。
　始業前朝自習の実施や具体的な目標を見据えた多様な進学補講を開講しており、川高生一人一人を主体的で自立した学習者に育てることをとおし、高い次元での進路実現を目指します。また、令和元年度から導入された「進学型単位制」では、従来の学年制の良さを残しつつ、学年制と単位制を組み合わせた新しいシステムで学習をサポートします。さらに、本校独自の「川高サイエンス探究」では、大学や研究施設の見学、フィールドワーク、第一線の研究者を招いての特別講座などを通して深く主体的な学びを実践します。

教　育　活　動

1　学習活動
　授業の内容は高度で進度も速く、自主学習が必要ですが、生徒の学習意欲は高く、各科目ともに活気ある充実した授業が展開されています。

データ

今年度の日課表

内容	時間
ＳＨＲ	8 ：30～ 8 ：40
1	8 ：40～ 9 ：30
2	9 ：40～10：30
3	10：40～11：30
4	11：40～12：30
昼休み	12：30～13：15
5	13：15～14：05
6	14：15～15：05
7	15：15～16：05

7 限は月曜日・水曜日

《令和7年度入学生 教育課程》

		1	2	3	4	5	6	7	8	9	10	11	12	13	14	15	16	17	18	19	20	21	22	23	24	25	26	27	28	29	30	31	32	33	34
1年		現代の国語		言語文化		数学Ⅰ			数学A			英語コミュニケーションⅠ			論理・表現Ⅰ		化学基礎		生物基礎		歴史総合		公共		芸術Ⅰ			体育			保健	情報Ⅰ		総合的な探究の時間	LHR
2年	文系	論理国語		古典探究		数学Ⅱ		数学B	数学C	英語コミュニケーションⅡ			論理・表現Ⅱ		物理基礎/地学基礎			世界史探究/日本史探究			地理総合		芸術Ⅱ		体育		保健	家庭基礎						総合的な探究の時間	LHR
	理系	論理国語		古典探究		数学Ⅱ		数学B	数学C	英語コミュニケーションⅡ			論理・表現Ⅱ		物理基礎			化学/地学基礎			地理総合		体育			保健	家庭基礎							総合的な探究の時間	LHR
3年	文系	論理国語		古典探究			英語コミュニケーションⅢ		論理・表現Ⅲ			3年文系 総合選択															体育							総合的な探究の時間	LHR
	理系	論理国語	古典探究		数学Ⅲ			数学C		英語コミュニケーションⅢ		論理・表現Ⅲ		化学/地学			物理/生物				3年理系 総合選択			体育								総合的な探究の時間	LHR

※複数記載の枠は1科目を選択

総合選択科目の例

【文系】
世界史探究、世界文化史、日本史探究、日本文化史、地理探究、古典探究、アカデミック・イングリッシュ、コンプリヘンシブ・イングリッシュ、倫理、政治・経済、論理国語、総合地科、数学A、数学B、数学C、現代の音楽、美術総合研究、実用の書
【理系】
倫理、政治・経済、地理探究、数学B、総合理科、アカデミック・イングリッシュ

授業以外でも、教員主導による問題演習、論述対策などのゼミが多数実施されている他、長年続けられてきた、生徒と教員が相談して内容・レベル・開講日時などを設定する「自主ゼミ」も早朝、放課後、休業日、長期休業中などに盛んに開講されています。昨年は夏季休業中に95講座が開講されました。

また、図書館は冷暖房完備で午後8時まで開館しており、多数の生徒が利用しています。

2　学校生活

本校の教育方針の柱の一つは生徒の自主性を育成することであり、学校生活や服装等を規制するいわゆる「校則」がなく、その多くの部分が生徒が自ら責任を持っての自主的判断に委ねられています。生徒はこの自由な雰囲気の中で、のびのびと学習や特別活動などに励んでいます。

3　進路指導

本校の進路指導は、生徒の自主的精神を尊重しながら、生徒の能力を育成し、進路実現を目指します。大学進学は当然のこととして、社会において有益な人材となるために、通常の学習活動プラスαの指導を行っています。

進路指導のキーワードは、「高い志を抱かせる指導」「情報の提供」「学習の支援」です。具体的には、生徒の進路意識を高めるための「個人面談」「進路オリエンテーション」を行い、「進路通信」で現在の情報を、「進路資料」で卒業生の実際の学習活動方法を伝え、進学へ向けての取り組みの指標としています。また、校内実力テストや模擬試験も実施しています。

特 別 活 動

本校では、生徒の自主的活動を大切にした指導を行っており、生徒会を中心とした活動が活発に行われています。「くすのき祭(文化祭)」(今年は9月7日(土)～8日(日)に実施)をはじめ、多様な

川高くすのき祭

行事を生徒自身の手で企画し、運営しています。

体育委員会の生徒を中心に開催される陸上競技大会は、真剣勝負の競走が繰り広げられます。以前は、全校を二軍に分けての騎馬戦も行っていました(於:川越運動公園陸上競技場　10月3日(木))。

また、本校は心身の育成を目指していますので、部活動の全員加入制をとり、すべての生徒がいずれかの部活動に参加しています。文化部21、運動部16の各部(巻末資料参照)は、それぞれに長い歴史と伝統を持ち、関東大会・全国大会に出場する等、大きな成果をあげています。

その他

学校説明会　8月2日(金)〔於:ウェスタ川越・川越駅西口徒歩5分〕
　　10月5日(土)〔於:やまぶき会館・川越駅西口徒歩25分〕
　　※HP申込フォームより申込みを行ってください。

授業公開　6月29日(土)、9月21日(土)
　　9月28日(土)、10月12日(土)
　　11月2日(土)、11月16日(土)
　　11月30日(土)
　　※HP申込フォームより申込みを行ってください。

学校見学　直接電話にてご相談ください。

卒業後の進路状況　(令和6年3月)

国公立大学	2024春 合計(現役)	2023春 合計(現役)	2022春 合計(現役)
北海道大	7 (4)	12 (10)	10 (9)
東北大	19 (15)	16 (11)	13 (10)
筑波大	7 (6)	13 (12)	11 (7)
埼玉大	13 (10)	22 (18)	29 (23)
千葉大	5 (3)	7 (5)	12 (10)
東京大	7 (3)	5 (4)	1 (1)
東京工業大	10 (7)	7 (2)	7 (6)
一橋大	7 (7)	6 (5)	9 (6)
東京農工大	12 (6)	12 (10)	13 (11)
東京学芸大	3 (2)	3 (3)	11 (10)
東京藝術大	2 (1)		1 (1)
東京外国語大	2 (2)		4 (2)
東京海洋大	1	2 (2)	3 (3)
電気通信大	9 (7)	5 (5)	6 (4)
横浜国立大	6 (5)	12 (9)	11 (6)
名古屋大	2 (2)		1 (1)
京都大	2	6	4 (1)
大阪大	1	2 (2)	4 (3)
神戸大	1		1 (1)
九州大		5 (3)	2 (2)
東京都立大	1 (1)	3 (3)	7 (5)
その他の大学	20 (13)	23 (15)	25 (18)
合　計	138 (95)	161 (119)	185 (140)

私立大学	2024春 合計(現役)	2023春 合計(現役)	2022春 合計(現役)
早稲田大	88 (60)	90 (64)	72 (46)
慶應義塾大	28 (18)	41 (18)	39 (20)
上智大	23 (13)	13 (8)	11 (3)
東京理科大	91 (39)	93 (61)	108 (78)
明治大	115 (85)	142 (111)	126 (90)
青山学院大	28 (17)	14 (13)	12 (7)
立教大	35 (24)	53 (42)	47 (38)
中央大	70 (46)	63 (50)	87 (53)
法政大	62 (41)	93 (72)	66 (44)
学習院大	14 (8)	18 (17)	23 (16)
芝浦工業大	34 (18)	52 (39)	86 (61)
私立医学部(医学科)	5	8 (1)	7 (1)
その他の大学	271 (148)	259 (167)	291 (151)
合　計	859 (517)	931 (662)	964 (596)

	2024春 合計(現役)	2023春 合計(現役)	2022春 合計(現役)
国公立難関大※	60 (40)	63 (39)	61 (43)
国公立医学部(医学科)	5 (2)	4 (2)	11 (4)

※旧帝大＋東工大・一橋大・国公立医学部

地図

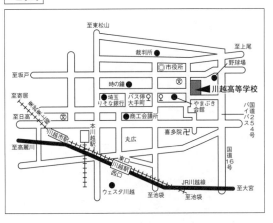

本川越駅下車徒歩15分　　川越市駅下車徒歩20分
川越駅下車徒歩25分

川越市立川越高等学校（全日制）

所在地 〒350-1126　川越市旭町 2 - 3 - 7　☎ 049-243-0800
最寄り駅からの順路 東上線・JR・川越駅西口より　徒歩15分
　　　　　　　　　　　西武線本川越駅より西武バス今福中台行 7 分（市立川越高校前）

校　　長	飯田　敦
創　　立	大正15年 3 月20日
教職員数	87人

生徒数

	普通科			情報処理科			国際経済科			合計		
	男	女	計	男	女	計	男	女	計	男	女	計
第 1 学年	29	111	140	32	38	70	24	46	70	85	195	280
第 2 学年	28	111	139	32	38	70	26	43	69	86	192	278
第 3 学年	24	113	137	23	47	70	17	49	66	64	209	273
合計	81	335	416	87	123	210	67	138	205	235	596	831

教 育 目 標

1　心身ともに健全で、進取の気性に富む人物を養成する。
2　個性を伸ばすとともに協調的精神を養成する。
3　職業を通じて社会に貢献しようとする人物を養成する。

教 育 課 程

平成14年 4 月から、普通科・国際経済科・情報処理科の 3 学科の編成になりました。
　ア　普通科
　　　基礎学力の充実と進学への応用力育成を図ります。
　イ　情報処理科
　　　商業科目(情報処理・プログラミング・簿記など)の学習を深め、情報活用能力の育成を図ります。
　ウ　国際経済科
　　　商業科目（ビジネス基礎・簿記など)の学習を深めるほか、ビジネス実務等の科目により、国際的なビジネスに関する能力を育成します。

教 育 活 動

1　学習活動
　毎時の授業を通じて学力の伸長を図っています。将来の進路実現に向け学習指導を行っています。
　特に、専門学科では学習活動の成果としての資格取得を行っています。全学科で35人学級による、きめ細かな授業により学力向上に努めています。

普通科

	1	2	3	4	5	6	7	8	9	10	11	12	13	14	15	16	17	18	19	20	21	22	23	24	25	26	27	28	29	30	31
1年	現代の国語		言語文化		地理総合		公共		数学Ⅰ			数学A		化学基礎		生物基礎		体育		保健	美術Ⅰ		英語コミュニケーションⅠ			論理・表現Ⅰ		情報Ⅰ		総探	LHR
2年	文学国語			古典探求		歴史総合			数学Ⅱ			数学B		物理基礎		体育		保健		英語コミュニケーションⅡ			論理・表現Ⅱ		家庭基礎			総探			LHR
3年	論理国語		体育		英語コミュニケーションⅢ			論理・表現Ⅲ		A選択		B1選択		B2選択		C1選択		C2選択		D選択								総探			LHR

情報処理科

	1	2	3	4	5	6	7	8	9	10	11	12	13	14	15	16	17	18	19	20	21	22	23	24	25	26	27	28	29	30	31
1年	言語文化		公共		数学Ⅰ			化学基礎		生物基礎		体育		保健		美術Ⅰ		英語コミュニケーションⅠ		ビジネス基礎			簿記		情報処理				総探		LHR
2年	現代の国語		歴史総合		数学A		物理基礎		体育		保健		英語コミュニケーションⅡ			家庭総合		財務会計Ⅰ		原価計算		情報処理		プログラミング			総探		LHR
3年	文学国語		地理総合		数学Ⅱ		体育			英語コミュニケーションⅢ		家庭総合		課題研究		総合実践		ビジネス法規		E選択		専門選択			総探		LHR

国際経済科

	1	2	3	4	5	6	7	8	9	10	11	12	13	14	15	16	17	18	19	20	21	22	23	24	25	26	27	28	29	30	31
1年	言語文化		公共		数学Ⅰ			化学基礎		生物基礎		体育		保健	美術Ⅰ		英語コミュニケーションⅠ		ビジネス基礎			簿記		情報処理				総探		LHR
2年	現代の国語		歴史総合		数学A		物理基礎		体育		保健		英語コミュニケーションⅡ			家庭総合		グローバル経済		財務会計Ⅰ		原価計算		ソフトウェア活用			総探		LHR
3年	文学国語		地理総合		数学Ⅱ		体育			英語コミュニケーションⅢ		家庭総合		課題研究		総合実践		ビジネス法規		E選択		専門選択			総探		LHR

検定試験には、簿記・情報処理・ビジネス文書・英語・秘書・漢字・電卓などがあり、全商検定３種目以上１級に合格した生徒の数は50名です。

また、ネットワークを組み込んだ200台を超える最新のパソコンが整備されており、情報処理に関する技術を学んでいます。昨年度もITパスポートには３名が合格しました。

２　学校生活

学校は川越駅から近く、交通の便に恵まれ、生徒は明るく生き生きとした学校生活を送っています。

３　進路指導

さまざまな選択が可能な進路多様校として、きめの細かい進路指導を行っています。普通科は大学を中心とした進学指導に重点を置き、大きな成果を上げています。就職希望者は情報処理科・国際経済科に多く、高校で学んだパソコンやビジネススキルを活かし、毎年100％の内定率を誇ります。また、情報処理科・国際経済科でも大学進学者が増えています。さらに学科を問わず、看護などの医療系や公務員合格者が増加しています。

本校では３年間で８回の進路オリエンテーションを行い、さまざまなガイダンスや面接指導を行うなど、生徒一人ひとりの進路実現を図るようにしています。

［主な指導内容］

進路オリエンテーション、進路講演会、模擬試験(進学・就職)、面接指導(進学・就職)、職業適性検査、クレペリン検査、企業説明会、民間企業ガイダンス、進路体験発表会、保護者面談など

特 別 活 動

主な学校行事は、１学期に新入生歓迎会、遠足、２学期には文化祭、体育祭、修学旅行、ロードレース大会、芸術鑑賞会、３学期には予餞会などがあります。

修学旅行は、２年次に沖縄へ３泊４日で実施しています。文化祭は「蒼穹祭」として川商時代からの内容を充実させたいへん好評です。

本校では部活動を通して、強く豊かな心身を養い、調和のとれた円満で幅広い人格の形成をめざしています。それぞれの部活動はとても活発です。

【令和５年度　主な部活動等の実績】
○野球部
・春季高校野球埼玉県大会　第３位
○ソフトボール部
・学校総合体育大会兼全国高等学校総合体育大会県予選　第３位
○柔道部
・関東高等学校柔道大会埼玉県予選　女子個人戦　第３位
・関東高等学校柔道大会出場　女子個人
○女子バレーボール部
・関東高等学校男女バレーボール大会県予選会　ベスト８
・学校総合体育大会兼全国高等学校総合体育大会県予選会　ベスト８
○女子バスケットボール部

・全国高等学校総合体育大会県予選　第７位
・県民総合大会バスケットボール新人大会　第５位
○チアダンス部
・全国高等学校ダンスドリル選手権大会2023全国大会　第４位
・全日本チアダンス選手権全国大会　第６位
・Performance Cheer Grand Final　第６位
○OA部
・埼玉県高等学校ワープロ競技大会　個人の部　第２位
・全国高等学校ワープロ競技大会出場
・埼玉県高等学校プログラミング競技大会　団体第３位

＜特色ある学校作り＞

アメリカの高校と姉妹校提携

経済社会の国際化に対応し、また将来国際人として広く世界に貢献できる資質を養うこと。また、国際理解を図り国際的な感覚を身に付けるため、アメリカのオレゴン州セーレムにあるノース・セーレム高等学校と姉妹校提携を結びました。

昭和63年度から、相互交流を行っています。

令和６年３月卒業生の主な合格先

【大学】法政大学、明治学院大学、武蔵大学、駒澤大学、専修大学、日本大学、東洋大学、大東文化大学、亜細亜大学、国士舘大学、帝京大学、東京電機大学、獨協大学、東京経済大学、東京国際大学、順天堂大学など

【短期大学】埼玉医科短期大学、埼玉女子短期大学など

【専門学校】埼玉医療福祉会看護専門学校、埼玉医科大学附属総合医療センター看護専門学校、戸田中央看護専門学校、日本電子専門学校、日本工学院八王子専門学校、道灌山学園保育福祉専門学校、大原法律公務員専門学校など

【就職】国土交通省、防衛省、国税庁、公正取引委員会、警視庁、埼玉県警察、東和銀行、武蔵野銀行、西武鉄道、東洋水産、大日本印刷など

学校説明会

第１回　令和６年７月26日(金)
第２回　令和６年９月28日(土)
第３回　令和６年11月９日(土)
※詳細は学校ＨＰ等でご確認ください。

地図　徒歩15分　東上線・ＪＲ川越駅西口より

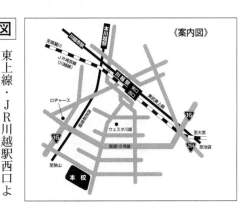

《案内図》

埼玉県立 川越女子高等学校（全日制）

所在地 〒350-0041　川越市六軒町 1-23　☎ 049-222-3511　FAX 049-229-1038
ホームページ https://kawagoejoshi-h.spec.ed.jp/
最寄り駅からの順路 東武東上線　川越市駅下車　徒歩 5 分
　　　　　　　　　　又は西武新宿線　本川越駅下車　徒歩 8 分

平成26年 3 月
川越市有形文化財指定
「明治記念館」

校　　長	西野　博
創　　立	明治39年 4 月
教職員数	94人

生 徒 数

学科＼学年	1 年(女)	2 年(女)	3 年(女)	計(女)
普通科	359	358	350	1,067

伝統と革新

　明治39年（1906年）に町立川越高等女学校として設立された本校は、「自主・自律の精神」のもと、社会に貢献できる人材の育成をめざし絶えず進化を遂げてきました。先輩から受け継いだ伝統をふまえつつ、それを一層発展させるべく日々新しい状況にチャレンジする、そんな気風が川女生の本領といえるでしょう。本校の活気ある校風はそこから生まれ、生徒一人ひとりの高い意欲と人間的成長をはぐくんでいます。

教 育 課 程

　本校は社会の第一線で活躍するためには、何よりも確かな基礎学力が必要だと考えています。そのしっかりとした土台を構築していく中で、幅広い興味・関心が芽生え、そこから一人ひとりの高い進路目標が生まれるからです。本校の教育課程は、この目標を実現するための十分な学力が身に付くように組み立てられています。 1 ・ 2 年では国語や英語の単位を増加し、数学では少人数授業が展開されます。また 3 年では多くの選択科目が開講され、一人ひとりの進路実現をサポートする体制をとっています。大学入学共通テスト、難関私大や国公立大の二次試験突破にむけての実力を養うと同時に、大学入学後や社会に出た後もなお伸び続ける意欲と力を育てます。

教 育 活 動

1　 2 学期制65分授業と隔週土曜日公開授業

　本校はあらゆる教育活動の中心は授業にあると考えます。充実した授業こそが学校生活にもっとも多くの実りをもたらします。

　本校では平成15年度から 2 学期制・65分授業、さ

データ　令和 6 年度入学者の教育課程（教科・科目の単位数の一覧）

		1	2	3	4	5	6	7	8	9	10	11	12	13	14	15	16	17	18	19	20	21	22	23	24	25	26	27	28	29	30	31	32	33	34	35	36
1 年	共通	現代の国語		言語文化				歴史総合		公共		数学 I			数学 A			SS生命科学 I		英語コミュニケーション I			論理・表現 I		体育		SS保健	家庭基礎		芸術 I (音・美・書)		情報 I		L H R		総探
2 年	共通	論理国語		古典探究		世界史探究 / 日本史探究		地理総合		数学 II			数学 B / 数学 C	SS 化学 I		地学基礎 / 物理基礎			英語コミュニケーション II		論理・表現 II		体育		SS保健 / 科学研究		芸術 II		L H R		総探
3 年	A類型(文系)	論理国語		文学国語		世界史特論		地理探究 / 日本史特論 II / 国語特論 / 倫理		日本史特論 I			政治経済	英語コミュニケーション III		論理・表現 III		体育		数学特論 I / 情報特論	数学特論 II / 芸術 III		理科特論 I / 英語特論 II / フードデザイン		L H R		総探
																					英語特論 I	スポーツ / 情報の表現と管理					
	B類型(理系)	論理国語		地理探究 / 数学特論 γ / 倫理 / 理科特論 II		数学 III		政治経済		数学特論 α		数学 C	数学特論 β	SS 化学 II		SS 生命科学 II / 物理 / 地学			英語コミュニケーション III		論理・表現 III		体育		情報特論 / 芸術特論		L H R		総探

注記　この教育課程は、大学入試における受験科目設定の今後の動向に応じて、在学中に変更となる場合があります。

<川越女子>

らに隔週土曜日の公開授業を実施し、十分な授業時間数を確保すると同時に生徒が主体的・対話的で深く学ぶ質の高い授業を展開しています。真剣で緊張感に満ちた授業。そして同時に新しい知的世界が広がり、それに触れることの喜びに満ちあふれた授業。そんな授業が日々実践されています。

2　SSH(スーパーサイエンスハイスクール)指定校

本校は平成18年度より文部科学省からSSH研究開発校として指定を受け、18年間にわたり理数系教育に関する様々な研究開発を行ってきました。その間、生徒による国内外での研究発表等の成果を得るだけではなく、従来の教科の枠にとらわれない教科間連携の取組を進めるなど、理数系以外にも多くの生徒の科学的・合理的思考力の育成に努めてきました。令和4年度より、新たに第IV期SSH校の指定を受け、引き続きSSH事業を展開していきます。

3　学校生活

本校は自主・自律の精神が大切にされ、自由で明るい校風です。休み時間には生徒達の笑い声が校内に響きます。自由な雰囲気でありながら、生徒は川女生であることを誇りに感じ、よく自分の立場を自覚し、規律あるけじめのある生活を営んでいます。

進 路 指 導

本校では、将来様々な分野で活躍できる優れた人材の育成を目標に、「全員が主役」を合い言葉に、3年間を通した計画的・組織的な進路指導が行われています。進路オリエンテーションに加えて、1年生での学問の研究、2年生での卒業生を囲んでの進学懇談会は本校ならではの行事です。また、各学期の実力テスト、校内外の模擬試験のほか、長期休業をはじめとして、土曜日、放課後にいたるまで、補習授業が熱心に行われています。自学自習のための学習室も整備され、生徒の高い学習意欲に応えています。さらに頻繁に行われる担任との個人面談、小論文や記述・論述問題の添削指導など、難関大学合格に向け、一人一人に向き合ったきめ細かい指導を行っています。

大学等、研究機関の研究者・技術者による出張講義も年10回程度実施し、学問への興味・関心を育てるとともに、最先端の学問研究の一端に触れることもできます。

特 別 活 動

***　より豊かな自己に向けて　***

本校では、HR活動や生徒会活動、部活動等の特別活動も活発です。毎週のロングホームルームでは、生徒の企画・運営で、討論が活発に行われたり、レクリエーションで全体が盛り上がったりして、クラスのまとまりがより強くなります。そして、紫苑祭(文化祭)・体育祭は、実行委員を中心に川女生が一体となって作り上げ、大きな感動を生みます。部活動も、別表の通り、運動部13、文化部25を設け、9割以上の生徒が加入し、勉学との両立を図りつつ熱心に活動しています。関東大会や全国大会で活躍している部ばかりでなく、それぞれの部では自主的に運営し、充実した満足度の高い部活動を展開しています。

これらの特別活動を通して、川女生は仲間との友情を育み、お互いに励まし高め合い、各人が自己の役割をしっかりと果たし、より豊かな人間へと成長していきます。

そ の 他

***　明日の川女生へ　***

学校説明会　　　　　　　・第1回　8月7日㈬
・第2回　10月26日㈯　・第3回　11月9日㈯
・第4回　令和7年3月27日㈭
※第4回は中学1・2年生対象
詳しくは本校ホームページをご覧ください。

卒業後の進路状況　令和5年度　主な合格校と合格者数

主な国公立大学		富山	1	武蔵	44(2)	東京医科	3(2)
		福島	1(1)	大東文化	35(2)	酪農学園	3(2)
東京	2	東京都立	6	文教	29	日本獣医生命科学	2(1)
一橋	3	埼玉県立	3	東京農業	26(1)	星薬科	2
東北	4(4)	高崎経済	2	芝浦工業	18(6)	国際医療福祉	2
大阪	1(1)	埼玉県立医科	1	武蔵野	17(1)	聖路加国際	2
神戸	1(1)	群馬県立女子	1	成蹊	17(1)	立命館	2
九州	1(1)	静岡県立	1	東京電機	17(2)	立命館アジア	2
東京学芸	16	国公立大学合格者数	112(16)	順天堂	14	京都産業	1(1)
埼玉	14(1)	主な私立大学		明治薬科	13	産業能率	1
東京外国語	8			東京薬科	12	自治医科	1
お茶の水女子	7(1)	早稲田	40(7)	成城	12(1)	昭和薬科	1
宇都宮	6	慶應義塾	5(2)	東京家政	12(1)	東京医療保健	1
筑波	6	上智	49(5)	獨協	10	東京慈恵会医科	1
千葉	5	東京理科	15(8)	北里	10	日本保健医療	1
群馬	3(1)	学習院	39(2)	國學院	9		
三重	2	明治	61(6)	女子栄養	9		
信州	3(1)	青山学院	24	杏林	9		
茨城	1	立教	80(6)	明治学院	9		
横浜国立	1	中央	38(4)	日本赤十字看護	8		
弘前	1	法政	64(7)	共立女子	8		
山梨	1	国際基督教	2	実践女子	7(2)		
滋賀	1	日本	31(2)	文京学院	6	その他	79(6)
鳥取	1	東洋	94(5)	東京工科	6	私立大学合格者数	1257(94)
電気通信	1	駒澤	17	城西	5	大学校・その他	
東京医科歯科	1	専修	19	武蔵野美術	4		
東京海洋	1(1)	東京女子	80(3)	学習院女子	4(1)	国立看護大学校	2
東京藝術	1	日本女子	54(1)	多摩美術	4	防衛医科大学校	1
東京農工	2(1)	津田塾	42(3)	東京国際	3	その他	6
奈良女子	1	昭和女子	20	日本医療科学	3	大学校等合格者数	9

(　)内は過年度卒業生を表す(内数)

地図

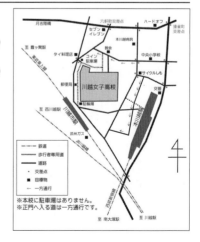

・川越市駅より
　徒歩5分
・本川越駅より
　徒歩8分

鉄道
歩行者専用道
道路
交差点
目標物
一方通行

※本校に駐車場はありません。
※正門へ入る道は一方通行です。

埼玉県立 川越総合高等学校 （全日制）

所在地　〒350-0036　川越市小仙波町 5-14　☎ 049-222-4148
最寄り駅からの順路　JR 及び東武東上線川越駅下車　徒歩20分　川越市駅下車徒歩20分
　　　　　　　　　　西武新宿線本川越駅下車　徒歩15分

中院の緑のアーチを抜けるとそこは・・・川越総合

校　長	仲山　嘉彦
創　立	大正 9 年 4 月15日
教職員数	66人

生徒数

学科 ＼ 学年	1 年 (男)(女)	2 年 (男)(女)	3 年 (男)(女)	計 (男)(女)
総合学科	239 (49)(190)	231 (54)(177)	240 (58)(182)	710 (161)(549)

教 育 目 標

『個性を伸ばす』
・生徒一人ひとりが自ら学ぶ意欲と主体的に考え
　判断し行動できる力をつけます。
・個性を最大限に伸長させ、心身共に健全で社会
　に貢献できる人間を育てます。

教 育 課 程

　生徒が自分の進路や適性、興味・関心に合わせ
て普通教科と専門教科の科目を総合的に選択履修
し、3 年間で必要な単位、81単位以上を修得すれ
ば卒業ができます。

教 育 活 動

1.＜学習活動＞
1　自分は何に向いているか。自分の得意なもの
　は何か。自分に何ができるか。自分を発見し、
　個性を伸ばし、進路を確かなものにします。

・本校の総合学科では、普通教科と多様な専門
　教科を総合的に学習します。
・1 年次では、普通科目を中心に学習し、**基礎
　学力の定着、学力の向上**を図ります。
・2 年次では、共通履修科目が15単位（週15時
　間）、その他選択科目が14単位（週14時間）です。
・3 年次では、さらに選択科目が増えて、22単
　位（週22時間）となります。
2　選択科目は、約100講座（種類）あり、自分の
　将来の進路や適性・興味・関心に合わせ選択し
　て、一人ひとり自分の時間割をつくります。

2.＜学習内容＞
　農業・家庭分野の 4 つの系列があり、複数の系
列から自分で科目選択が可能です。
・農業科学系列：作物や野菜を栽培し、農業の基
　　　　　　　　本と「生き物を育む心」を学ぶ。
・食品科学系列：パンやみそなどの食品の製造、
　　　　　　　　食品の成分、微生物の働きを学
　　　　　　　　び、流通について考える。

教育課程表（令和 6 年度入学生）

	1	2	3	4	5	6	7	8	9	10	11	12	13	14	15	16	17	18	19	20	21	22	23	24	25	26	27	28	29	30
1年次	現代の国語		言語文化		地理総合		数学I			化学基礎			体育			保健		芸術		英語コミュニケーションI			家庭基礎		情報I		産業社会と人間		総合実習	
2年次	文学国語		歴史総合		公共		生物基礎	地学基礎	また物理基礎は		体育		保健	総合的な探究の時間		選択履修科目（14単位）													L H R	
3年次	文学国語		体育		総合的な探究の時間			選択履修科目（22単位）																						

　1 年次では総合学科とし
ての原則履修科目である
「産業社会と人間」を 2 単
位学習します。
　「産業社会と人間」は、
さまざまな体験学習や討論
などをとおして自己の在り
方生き方について認識を深
め、将来の職業選択、職業
生活に必要な能力、態度を
育成する科目です。

・生物活用系列：草花の栽培、フラワーアレンジ、動物の飼育、ガーデンデザイン、バイオテクノロジー、環境、土木について学ぶ。

・生活デザイン系列：調理・被服・保育など生活の中で活きる技術・知識を身に付ける。

※大学進学希望者は、普通科目のみを重点的に選択することも可能です。

3.＜学校生活＞

　学年が進むにつれ、選択科目が多くなり、友達の幅が広がります。農業・家庭科の科目の他、中国語、合唱、デザインなどの授業も人気です。

　自分たちで育てた野菜や草花などは各種イベントで一般の方々への販売もします。

あんパンの製造

特 別 活 動

部活動実績　R5年度

・バレーボール部：関東高校バレー県予選　ベスト16、学総兼全国高校総体県予選　ベスト16、全日本高校選手権県予選　ベスト16、埼玉県新人大会　ベスト16　他

・弓道部：インターハイ県予選女子個人優勝　インターハイ出場

・陸上競技部：埼玉県学校総合体育大会　女子やり投　6位　関東大会出場、女子ハンマー投・400MH　県大会出場、西部地区新人陸上競技選手権　女子やり投・女子ハンマー投2名・男子ハンマー投　県大会出場

・バドミントン部：学総体バドミントン西部支部予選会　女子団体　第5位　県大会出場、個人戦女子ダブルス　優勝、女子シングルス　県大会出場、新人大会西部支部予選会　女子団体　準優勝　県

大会出場　他

・女子バスケットボール部：新人大会(県大会)県ベスト32

・農業クラブ(FFJ)：意見発表会　優秀賞、農業鑑定競技会　分野「園芸」優秀賞、家畜審査競技会　乳牛の部　優秀賞　他

・書道部：硬筆中央展　特選賞、埼玉県高等学校書道展覧会　出展

そ　の　他

※日程は必ず学校HP等でご確認ください。

1　学校説明会

第1回　6月8日(土)　全体説明会

第2回　7月26日(金)・7月27日(土)
　全体説明会・体験授業または部活動体験

第3回　8月17日(土)　全体説明会

第4回　11月2日(土)
　全体説明会または個別質問

第5回　12月21日(土)
　全体説明会または個別質問

2　文化祭

10月4日(金)　校内公開

10月5日(土)　一般公開

3　体育祭(非公開)　10月11日(金)

卒業後の進路状況

卒業後の進路状況(令和5年度)

【大学合格実績】2023(R5)年度
共立女子大・国士舘大・埼玉学園大・十文字学園女子大・淑徳大・城西大・駿河台大・聖学院大・大正大・大東文化大・東京家政大・東京農業大・文京学院大・目白大など

【短期大学合格実績】2023(R5)年度
川口短大・国際学院埼玉短大・埼玉女子短大・貞静学園短大・帝京短大・戸板女子短大・武蔵丘短大・山村学園短大など

【看護学校】
板橋中央看護専門学校・上福岡高等看護学院・古賀国際看護学院・戸田中央看護専門学校など

【専門学校等】
大原公務員専門学校・大宮国際動物専門学校・香川調理製菓専門学校・神田外語学院・国際文化理容美容専門学校・埼玉県農業大学校・埼玉動物海洋専門学校・尚美ミュージックカレッジ専門学校・太陽歯科衛生士専門学校・専門学校東洋美術学院・日本電子専門学校・服部栄養専門学校・早稲田速記医療福祉専門学校など

【就職・公務員】
三慶会・指扇病院・いるま野農業協同組合・エースコック東京工場・丸広百貨店・ヤオコー・ネッツトヨタ埼玉・警視庁など

地図　JR及び東武東上線川越駅下車　徒歩20分
東武東上線川越市駅下車　徒歩20分
西武新宿線本川越駅下車　徒歩15分

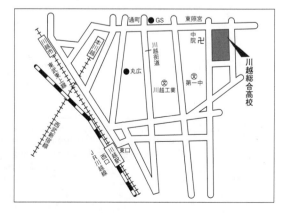

埼玉県立 川越西高等学校（全日制）

所在地 〒350-1175 川越市笠幡2488-1 ☎ 049-231-2424 FAX 049-239-1016

ホームページ https://kawagoenishi-h.spec.ed.jp

最寄り駅からの順路 JR川越線笠幡駅より 徒歩15分

自然に囲まれた学習環境

校　長	金井　信也
創　立	昭和54年4月1日
教職員数	70人

生徒数

	1　年	2　年	3　年	合　計
男　子	143	138	164	445
女　子	176	174	177	527
合　計	319	312	341	972

学 校 の 歴 史

　昭和54年の開校以来、「敬愛・正義・努力」を校訓に、地域社会と密着した学校づくりを進めています。
　規律と品位のある学校生活を送り、勉強と部活動等の両方を3年間頑張り続けることのできる生徒を全力でバックアップしています。

教 育 方 針

1　「地域に信頼される学校」を目指し、規律と品位のある高校生活を送れるよう、生徒指導の充実を推進します。
2　進路についての目的意識を確立させるため、計画的な進路指導を行うとともに、授業・課外学習等の指導を通じて学習意欲の向上を図ります。
3　心身共に健康な人間の育成を目指し、充実した高校生活を送らせるため、部活動への積極的な参加を奨励します。

行 事

　行事は部活動紹介などを行う新入生歓迎会に始まり、9月の西高祭は、特色豊かなクラスの出し物や文化部の発表などで大いに盛り上がります。10月にはクラスの団結を深める体育祭が行われます。2年生の修学旅行は、生徒の希望を参考に沖縄や北海道、関西などへ行きます。他にも3年生を送る会や様々な進路行事が行われ、充実した高校生活を送ることができます。

データ

日	課　表
SHR	8：40〜8：50
1限	8：50〜9：40
2限	9：50〜10：40
3限	10：50〜11：40
4限	11：50〜12：40
昼休み	12：40〜13：25
5限	13：25〜14：15
6限	14：25〜15：15
SHR・掃除	15：15〜

3年(文系クラス)時間割

	月	火	水	木	金
①	論理国語	英コⅢ	選択1	選択2	文学国語
②	体　育	選択1	文学国語	数学B	選択3
③	選択3	政治経済	英コⅢ	選択1	体　育
④	文学国語	選択2	論理国語	政治経済	英コⅢ
⑤	数学B	選択4	選択2	総　探	論理国語
⑥	英コⅢ	選択4	体　育	LHR	選択1

※英コⅢの正式科目名は「英語コミュニケーションⅢ」、総探は「総合的な探究の時間」
選択1…日本史探究、世界史探究
選択2…地理探究、化学、生物、総合英語Ⅰ
選択3…総合古典、倫理、数学理解、エッセイライティングⅠ、生活と福祉、保育基礎
選択4…スポーツⅡ、音楽Ⅲ、美術Ⅲ、書道Ⅲ、ファッション造形基礎、住生活デザイン、栄養、課題研究、情報デザイン

部　活　動

　約30の部活動があり、１年生は全員加入制で活発です。運動系では埼玉国体で優勝した空手道部、インターハイ出場経験のあるソフトテニス部、陸上競技部をはじめ、野球部、バスケットボール部、バレーボール部、バドミントン部、卓球部、ソフトボール部などが活躍中です。文化系では吹奏楽部や演劇部が県大会に出場した経験があり、合唱部、書道部、手作り部も盛んです。

沖縄への修学旅行

授　　　業

　基礎学力の充実を図り、生徒一人ひとりの希望や個性にあった学習ができるようにカリキュラムを編成しています。１年次は芸術科目が選択のほかは、全員が共通科目を履修します。２年次には芸術科目以外に１科目の選択が設けられ、進路を視野に入れた選択をします。３年次は文系・理系に分かれます。文系は国語・地歴公民・英語に重点が置かれ、選択により地歴公民は最大週７時間、英語は９時間学べます。そのほかは、保育基礎、ファッション造形基礎など多彩な選択科目が用意され、幅広い進路希望に対応しています。理系は数学・理科に計16時間をあて、演習をたっぷり行っています。

そ　の　他

1　恵まれた施設
・全館冷暖房完備です。真夏の授業も快適です。保護者の費用負担はありません。トイレは全館ウォシュレットです。
・グラウンドには夜間照明が設置され、暗くなるのが早い冬でも部活動の練習時間を確保できます。
・校地面積も広く、野球とサッカーのグラウンドが別々にとれ、テニスコートも８面あります。

2　丁寧で、きめ細かな学習指導
・定期考査前には学力向上のために「補習強化期間」を設定し、全校をあげて補習を実施しています。
・進路実現に向けて、早朝・放課後の「受験対策課外講座」及び「添削指導」を開講しています。
・無料で公務員模擬試験・公務員試験対策講座の受験・受講が可能です。（１〜３年）
・長期休暇中にも進学補習を実施します。

3　学校説明会日程（予定）
　７／30（火）、10／27（日）、12／14（土）、１／18（土）に学校説明会を、７／26（金）、８／20（火）、８／23（金）に部活動体験を実施します。共に申込み制です。詳細はHPで確認を。

卒業後の進路状況

進　路		31年度	2年度	3年度	4年度	5年度
進学	大学・短大	150	140	145	145	156
	専修・各種	158	135	129	124	120
就　　職		36	21	18	14	14
そ　の　他		10	11	21	22	13
卒業者総数		354	307	313	305	303

〈過去３年間の主な進学先（現役のみ）〉
大学：跡見学園女子大、亜細亜大、工学院大、国士舘大、駒澤大、埼玉医科大、女子栄養大、創価大、大東文化大、玉川大、東京家政大、東京経済大、東京電機大、東京理科大、東洋大、日本大、文教大、法政大、武蔵大、武蔵野大、立正大、岩手大、早稲田大
短大：埼玉医科大短大、実践女子大短大部、女子栄養大短大部、帝京短大、戸板女子短大、東京家政大短大部

地図　JR川越線笠幡駅より徒歩15分

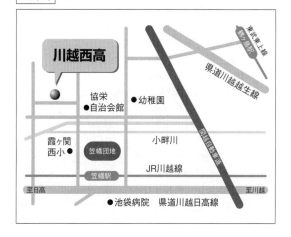

埼玉県立 川越初雁高等学校（全日制）

所在地 〒350-1137 川越市大字砂新田2564 ☎ 049-244-2171 FAX 049-240-1052
ホームページ https://kawagoehatsukari-h.spec.ed.jp/
最寄り駅からの順路 東武東上線 新河岸駅下車1.9km 徒歩約20分

校　　　長	長谷川　靖
創　　　立	昭和58年4月1日
教職員数	56人

生徒数

学年\学科	1年(男)(女)	2年(男)(女)	3年(男)(女)	計(男)(女)
普通科	197 (116)(81)	183 (94)(89)	158 (92)(66)	538 (302)(236)

総進クラスの設置

　総進クラスでは、生徒一人ひとりの能力、個性を最大限に伸ばすため、基礎基本の徹底、そして進学にも目を向けた発展的な学習を行います。

　具体的には、数学・英語での少人数授業、一歩進んだ内容の濃い授業により検定試験合格や進学に向けて学力の向上を図ります。また、夏季・冬季休業中の補習で発展的な問題を取り扱い、より実践的な力を養います。

　3学年時には進路に合わせて幅広い選択科目を選べます。

1学年では少人数学級

　本校は「一人一人の生徒を、教職員総がかりで、社会に貢献し活躍できる人材に育て上げる学校」です。

　平成28年度から、第1学年で少人数学級を編制しています。1クラスを約32人とし、一人一人に目の行き届いた指導を展開しています。

　苦手な生徒の多い数学と英語では、1学年時においてさらに少人数の授業を行っています。また、数学では習熟度別少人数授業を行い、個々の生徒に対応した授業展開をしています。

各学年の特色
～総進クラスと一般クラスがあります～

●≪1学年≫基礎学力の充実・向上

　数学は習熟度別授業、英語は少人数授業を行い、基礎学力の充実に努めています。

●≪2学年≫多様な進路に向けた選択科目

　引き続き基礎学力の徹底に努めています。一般クラスでは、国語、数学、英語、情報の選択科目があり、進路の幅を広げます。総進クラスでは、少人数授業に加え、英検、漢検等の資格取得を目指す科目があります。

●≪3学年≫進路に合わせた幅広い選択科目

　幅広い進路に合わせて選択科目を選び、学習します。

＜3学年（一般クラス）　時間割＞

	月	火	水	木	金
1限	論理・表現Ⅱ	英語コミュニケーションⅡ	数学Ⅱ	論理国語	選択③
2限	選択③	選択①	選択③	選択②	体育
3限	政治・経済	選択①	体育	英語コミュニケーションⅡ	選択②
4限	論理国語	選択④	選択④	数学Ⅱ	政経
5限	選択②	数学Ⅱ	英語コミュニケーションⅡ	総合的探究	論理国語
6限	体育	論理国語	論理・表現Ⅱ	LHR	選択④

選択① 芸術Ⅲ・保育基礎・フードデザイン・服飾手芸・課題研究のいずれか
選択② 古典探究・数学B・化学・生物・スポーツⅡ・英語研究のいずれか
選択③ 日本史探究・世界史探究のいずれか
選択④ 物理基礎・地学基礎のいずれか

魅力ある教育活動

　初雁生には、一人一人の生徒を、教職員総がかりで、社会に貢献し活躍できる人材になれるよう指導を行っています。

　例年、6月に行われる体育祭、9月に開催される文化祭「初雁祭」は学校全体をあげて取り組み、盛り上がります。また、12月には芸術鑑賞会(古典芸能・演劇・音楽)などの文化的な催しで幅広い視野と教養を、「初雁トライアル」などの体育行事で体力と団結心を養成しています。

　学習面では「未来を拓く『学び』推進事業」推進校として、最先端の教育活動を取り入れています。総進クラスでは、基礎基本だけではなく発展的な学習も行います。また、数学・英語の授業は少人数で行い、生徒一人一人のニーズに合わせた授業を行います。

　校内に併設された川越特別支援学校川越たかしな分校と、文化祭や体育祭などの様々な行事を合同で行っており、例年、笑顔あふれる交流が進んでいます。

　進路指導も充実しています。生徒一人一人の進路希望が実現するように、学年別・進路希望別のガイダンスや相談会・見学会を数多く実施しています。大学進学や就職対策の説明会も幅広く展開されており、英検、漢検、数検、P検などの検定試験も校内で受検できます。

　生徒会や部活動も盛んに行われています。生徒会本部を中心に、直属機関の放送局・出版局を含め、文化部11、運動部12の部が活動しています。東日本大会ベスト8のソフトボール部、全国大会出場実績のある陸上部、弓道部をはじめ、県大会、関東大会、全国大会で実績を残すべく日々邁進し、文化部もより良い作品を完成すべく日々腕を磨く多くの部活動が熱心に活動しています。

（部活動も盛んです）

卒業生の声

　勉強が全てではありません。高校・大学に行けばいい未来が待っているわけでもありません。どんな結果であっても他にも道はたくさんあります。だから受験を重く考えず、心を穏やかに、そして自分を全力で信じてあげてください。自分がどう行動するかで道は決まっていきます。周りに何を言われても自分のやりたい事を忘れないで貫いてください。そうすれば自然に道は見えてくると思います。受験は誰もが大変緊張するものですがそれを乗り越えた先に必ず得るものがありますし、自信がつきます！　　　　（令和5年度卒　A.A）

　他のクラスの人や学年に関係なく交流することができる場があり、挨拶に力を入れていて社会に出ても恥ずかしくないところがPRポイントです。いい所も悪い所もしっかり見てアドバイスや注意をしてくださる先生方と仲良くしてくれる友達に出会えて楽しかったし、良かったなと思いました。自信を持って最後まで諦めないで頑張ってください！　　　　（令和5年度卒　N.T）

その他

体験入学・学校説明会
今後の開催日時についてはHPでお知らせします。

卒業後の進路状況

（昨年度の進路状況）

	大学	短大	専門学校	就職	その他
男	11	5	10	41	6
女	10	3	19	24	7
計	21	8	29	65	13

〈昨年度の主な進学大学〉
国際武道大、城西大、尚美学園大、駿河台大、聖学院大、大東文化大、帝京科学大、デジタルハリウッド大、天理大、東京工芸大、東京富士大、東洋大、日本医療科学大、文京学院大

地図　東武東上線新河岸駅下車1.9km徒歩約20分

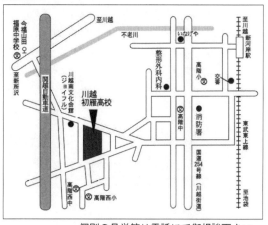

個別の見学等は電話にて御相談下さい。

埼玉県立 川越南高等学校 （全日制）

所在地 〒350-1162　川越市南大塚1-21-1　☎ 049-244-5223
ホームページ https://kawagoeminami-h.spec.ed.jp/
最寄り駅からの順路 西武新宿線南大塚駅下車　徒歩13分
　　　　　　　　　　JR・東武東上線川越駅下車自転車15分

校　長	石川　良夫
創　立	昭和50年4月1日
教職員数	74人

生徒数

学科＼学年	1年 (男)(女)	2年 (男)(女)	3年 (男)(女)	計 (男)(女)
普通科	358 (139)(219)	352 (133)(219)	348 (138)(210)	1,058 (410)(648)

　文化祭、体育祭等の大きな学校行事が、生徒会を中心とした生徒の力で企画・運営されています。
　グラウンド（2面）、弓道場、三養館（武道場）、黎明館（生徒会館）、パソコン室等の充実した施設設備を持つ緑豊かな学校です。

文武両道を目指す活気のある学校

　川越南高校は、明るく伸び伸びと活気に充ちた学校です。生徒は「文武両道」を目指して勉学、部活動、学校行事に全力で取り組み、とても充実した高校生活を送っています。
　国公立大学・難関私立大学等、4年制大学への進学希望者が多く、質の高い毎日の授業や、希望者向けの進学補講等によって学力の伸長を図っています。また、多様化した進路に対応するため、一人一人の希望に添ったきめの細かい進路指導を行っています。
　部活動では36の部・同好会が熱心に活動しています。仲間と切磋琢磨しながら力を伸ばし、全国大会や関東大会への出場も果たしています。
　素晴らしい仲間と絆を深め、様々なことにチャレンジして自分を成長させていくことが本校の良き伝統になっています。

教 育 目 標

　教育基本法、学校教育法の精神に則り、知性と教養を高め、勤労と責任を重んじ、心身とも健康で自主的精神に充ちた人間性豊かな若者の育成に努める。

データ　令和6年度入学生　教育課程

		1 2	3	4 5	6 7	8 9 10 11	12 13	14 15	16 17 18 19	20	21	22 23 24	25 26	27 28	29 30	31	32
1年	共通	現代の国語	言語文化	地理総合	歴史総合	数学Ⅰ	数学A	化学基礎	体育	保健	〔A〕音楽Ⅰ 美術Ⅰ 書道Ⅰ	英語コミュニケーションⅠ	論理・表現Ⅰ	家庭基礎	情報Ⅰ	総探	LHR

		1 2	3 4 5 6	7	8 9	10 11	12 13	14 15	16 17	18 19	20	21	22 23	24	25 26 27	28	29 30	31	32
2年	共通	論理国語	古典探究	〔B〕世界史探究 日本史探究	公共	数学Ⅱ	数学B	数学C	化学基礎	生物基礎	〔C〕物理基礎 音楽Ⅱ 美術Ⅱ 書道Ⅱ	体育	保健	英語コミュニケーションⅡ	論理・表現Ⅱ	総探	LHR

		1 2 3 4	5 6 7 8	9 10 11 12	13 14 15	16 17	18 19	20 21	22 23 24	25 26 27 28	29 30	31	32
3年	文系	論理国語	文学国語	〔D〕世界史発展 日本史発展	〔E〕倫理 政治・経済	〔F〕総合古典 理科総合 情報の表現と管理 世界文化史 日本文化史	〔G〕数学理解 音楽総合研究 美術総合研究 実用の書 保育基礎 フードデザイン	地学基礎	体育	英語コミュニケーションⅢ	論理・表現Ⅲ	総合英語Ⅱ	総探	LHR
	理系	論理国語	〔H〕数学Ⅲ 数学理解	数学C	〔I〕物理基礎 地学基礎 化学探究	〔J〕物理 生物	化学		〔K〕政治・経済 情報の表現と管理 総合古典 総合英語Ⅱ	体育	英語コミュニケーションⅢ	論理・表現Ⅲ	総探	LHR

教 育 課 程

1　基礎学力を充実させる教育課程

　１・２年次では、基礎学力の充実を目指し、特に１年次の教科「情報」では、情報活用能力を身に付け、２・３年次の学習につなげます。

2　多様な進路実現を可能にする教育課程

　３年次では、２つの類型に分かれ、国公立、私立等多様な進路希望に対応出来るようにカリキュラムを組んでおります。

教 育 活 動

1　学習指導

　生徒たちは、規律ある学校生活の中で真剣に学習に取り組んでいます。日々の授業のレベルは高く、充実した時間の中で仲間と励まし合い、磨き合いながら、それぞれの力を高めています。本校で力を入れている国際理解教育の一環として、オーストラリアの姉妹校キャブラ・ドミニカン・カレッジとの連携で交換ホームステイを実施しています。また、全てのホームルーム教室に設置されたプロジェクターと校内全域を網羅したWi-Fi環境下で、様々なICT機器やアプリケーションを活用しつつ、「主体的・対話的で深い学び」の視点に立った授業改善を推進しています。

2　進路指導

　３年間を見通した進路計画のもと、生徒の個性と適性を十分考慮し、将来の進路実現に向け、入学当初から充実した指導を行っています。

① 進路に対する意識を高めるための、系統的なLHR、学年別ガイダンス、分野別ガイダンス、進路見学会、適性検査等を実施しています。

② 学力向上のため進学補講(約25講座)、基礎学力確認テスト、模擬試験を実施しています。

③ インターネットを活用した、より詳しい情報の提供、個別の進路相談・面接指導を実施して

います。

特 別 活 動 等

1　活気あふれる部活動

　部活動は、運動部、文化部ともに活気にあふれています。陸上競技部、サッカー部、吹奏楽部、バスケット部、ソフトテニス部、弓道部、放送部など県下有数、あるいは全国レベルの部もあり、実績も豊富です。運動部等にありがちな厳しい上下関係もなく意欲的に取り組んでいます。また地味でも熱心に活動している部、ボランティア活動を地道に行っている部もあります。

2　生徒主体の活発な学校行事

　文化祭、体育祭、球技大会等の学校行事は、生徒会を中心とした生徒の企画・運営で行われています。委員会活動等の忙しさの中にも自分たちの主体的な活動に喜びと誇りを持ち、充実感を持って活動しています。

そ の 他

学校説明会・学校見学会について

○学校見学会

10月26日(土)午前・午後〈2回〉

11月９日(土)午前〈1回〉

※詳細についてはホームページをご覧ください。

卒業後の進路状況

進　路		令和2年度	3 年度	4 年度	5 年度
進学	大学・短大	289	311	313	314
	専修・各種	41	24	19	17
就　　職		7	3	6	5
そ の 他		21	20	15	12
卒 業 者 総 数		358	358	353	348

〈主な進学先〉東京工業大、北海道大、東北大、京都大、埼玉大、茨城大、筑波大、東京外国語大、東京学芸大、東京藝術大、東京農工大、大阪大、千葉大、埼玉県立大、東京都立大、慶應大、早稲田大、立教大、法政大、明治大、上智大、青山学院大、学習院大、中央大、東京女子大、日本大、明治学院大、専修大、國學院大、駒澤大、成城大、成蹊大、武蔵大、東京家政大、共立女子大、東京理科大、東京電機大、芝浦工業大、東京薬科大、明治薬科大、東洋大、日本体育大、武蔵野美術大　など

地図　西武新宿線南大塚駅より徒歩13分
　　　　JR・東武東上線川越駅下車自転車15分

埼玉県立 坂戸高等学校（全日制）

所在地　〒350-0271　坂戸市上吉田586　☎ 049-281-3535　FAX 049-288-1107
ホームページ　https://sakado-h.spec.ed.jp/
最寄り駅からの順路　東武東上線北坂戸駅下車　徒歩13分

校　　長	秋谷　美保
創　　立	昭和46年4月1日
教職員数	100人

生徒数

学科＼学年	1年 (男)(女)	2年 (男)(女)	3年 (男)(女)	計 (男)(女)
普通科	318 (181)(137)	315 (183)(132)	311 (159)(152)	944 (523)(421)
外国語科	41 (17)(24)	40 (16)(24)	41 (14)(27)	122 (47)(75)
計	359 (198)(161)	355 (199)(156)	352 (173)(179)	1,066 (570)(496)

　本校は、全日制の共学校で、普通科（各学年8クラス）と外国語科（各学年1クラス）があります。自主自立の精神に富み、心身共に健全で、社会に有為な人間の育成を目指しています。

学校の目指す学校像

　文武に秀で、地域に愛され、国際感覚を持つ社会のリーダーを育てる学校

重点目標

1　確かな学力の向上と高い志を育む教科指導とキャリア教育の充実
2　コミュニケーション能力の育成を図る特別活動と部活動の充実
3　開かれた魅力ある学校づくりの推進・発信の充実

＜実現を目指す主な取組＞

1　⇨　「総合進学拠点校」「地域との協働による探究活動推進事業」県教委指定
2　⇨　進路指導の充実、土曜・早朝・放課後・長期休業中の補習等
3　⇨　部活動の全員加入（1年）、学校行事の充実
4　⇨　国際交流、外国語教育の充実、留学生の派遣・受入、校内スピーチコンテスト

教 育 課 程

　普通科では、1年生で共通の教科・科目を学び、充分な基礎学力を身につけます。2年生になると文系・理系に分かれ、その中で科目を選び、進路希望に応じた学習計画が立てられるようになっています。

データ

日　課　表

SHR	8：30～8：40
1時限	8：45～9：30
2時限	9：40～10：25
3時限	10：35～11：20
4時限	11：30～12：15
昼休み	12：15～13：00
5時限	13：00～13：45
6時限	13：55～14：40
7時限	14：50～15：35
SHR	15：35～15：40
清掃	15：40～15：55

（平成20年度から、週34単位45分7時限の授業）
火と木は　7時限　14：50～15：40
　　　　　SHR　15：40～15：45
　　　　　清　掃　15：45～16：00

時間割例　（令和6年度入学生）

令和6年度（週34単位、45分×7時限）
普通科1年1組　時間割の例

時　間　割

	月	火	水	木	金
1	体育	数 I	音 I・美 I・書 I	化基	言語
2	数 I	歴総	音 I・美 I・書 I	ECI	数A
3	歴総	論表I	ECI	言語	ECI
4	化基	数A	体育	生基	地理総
5	家基	ECI	数 I	地理総	数 I
6	家基	現国	現国	論表I	体育
7	生基	総探	補充	LHR	保健

令和6年度（週34単位、45分×7時限）
外国語科1年4組　時間割の例

時　間　割

	月	火	水	木	金
1	DDI	総英R	体育	現国	地理総
2	体育	数 I	化基	数 I	化基
3	総英R	音 I・美 I・書 I	地理総	数A	総英G
4	数A	音 I・美 I・書 I	総英R	歴総	言語
5	保健	家基	現国	DDI	体育
6	数 I	家基	数 I	総英G	総英R
7	言語	総探	補充	LHR	歴総

外国語科では、語学を中心に国際理解に関する専門的な学習を行います。ディベート・ディスカッションⅠ、アカデミックイングリッシュⅠ・Ⅱ、異文化コミュニケーション、グローバルスタディーズ、第2外国語(独、仏、中国、スペイン)などの専門科目を3年間の授業時間の1/3を使って学びます。幅広い進路希望に対応しています。

教 育 活 動

1 学習活動

生徒の学力の向上を第一に考え、一人一人の進路希望が達成できるように真剣に取り組んでいます。毎日の授業は生徒が内容を十分に理解し自ら進んで意欲的に学習に取り組めるように、常に授業の工夫・改善が図られています。また、必要に応じて補講も行われていますが、生徒の自学自習力の向上に対する指導も行っています。

2 学校生活

生徒と先生が太い絆で結ばれた信頼関係の中で、生徒一人一人が個性を生かし伸び伸びと生活できる環境が伝統的にできあがっています。

国際交流事業は盛んで、毎年オーストラリアの高校へ訪問し、ホームステイをしたり、一緒に授業を受けたりしています。(前年度は実施せず)

EU 講演会

3 進路指導

生徒のほぼ全員が上級学校への進学を希望している中で、生徒ひとり一人の進路実現に向け、計画的・継続的な指導を行っています。

「総合進学拠点校」として、四年制大学等への進学実現のための教育課程の編成や組織的な進学指導の在り方について研究します。(県教委指定)

新入生オリエンテーション、1年生全員対象の大学見学会、大学出張講義、各種説明会・講演会、1・2年生で学期1回の模試、3年生年6回の模試を校内で実施、その他、平常補講、夏期補講など第一志望への進路実現を支援しています。

特 別 活 動

1 部活動

運動系18、文化系14の部活動があり、活動はたいへん盛んで、90%以上の生徒が参加しています。西部地区の大会では常に上位に入り、県大会や全国大会へ出場する部も少なくありません。また、部活動で頑張った生徒の上級学校への合格率は高くなっています。

2 生徒会

文化祭や体育祭などでは、希望者による実行委員会を組織し、行事を大いに盛り上げています。

そ の 他 ※日程は必ず学校ＨＰ等でご確認ください。

1 学校説明会

7月27日(土)・9月14日(土)・11月9日(土)・12月14日(土)
部活動体験・外国語科授業体験
本校
※予約が必要なため、必ず学校HP等でご確認ください。

2 文化祭(やなぎ祭)

8月31日(土)・9月1日(日)　※予定

卒業生の進路状況

進　　　路		R3(2021)	R4(2022)	R5(2023)
進学	大 学・短 大	313	299	301
	専 門・各 種	20	30	26
就 職		3	3	1
そ の 他		22	25	12
卒 業 者 総 数		358	357	340

卒業生の主な進学先(過去3年間)
〈国公立〉東北大、群馬大、茨城大、埼玉大、埼玉県立大、東京都立大、千葉大、東京外国語大、東京農工大、新潟大、琉球大、会津大、群馬県立女子大、高崎経済大、都留文科大　など
〈私立〉早稲田大、慶應義塾大、上智大、明治大、青山学院大、立教大、中央大、法政大、学習院大、津田塾大、学習院女子大、東京家政大、東京理科大、日本女子大、獨協大、日本大、東洋大、駒澤大、専修大、芝浦工業大、東京電機大、工学院大、東京農業大、成蹊大、東京経済大、明治学院大、女子栄養大、東京女子大、東京医療保健大、東京都市大　など

地図 東武東上線北坂戸駅下車徒歩13分

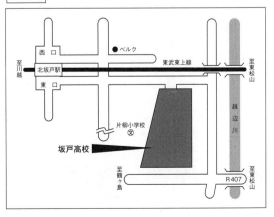

埼玉県立 坂戸西高等学校（全日制）

所在地　〒350-0245　坂戸市四日市場101　☎ 049-286-9473　FAX 049-279-1009
ホームページ　https://sw-h.spec.ed.jp/
最寄り駅からの順路　東武越生線　西大家駅下車　徒歩6分

校　長	横瀬　元応
創　立	昭和54年4月1日
教職員数	84人

生徒数

学科＼学年	1年 (男)(女)	2年 (男)(女)	3年 (男)(女)	計 (男)(女)
普通科	320 (190)(130)	313 (200)(113)	300 (159)(141)	933 (549)(384)

教 育 課 程

　本校は、生徒一人ひとりの個性、能力、適性を伸ばす単位制高校です。単位制の制度を活かし、各教科で実技を重視した科目や上級科目、探究科目など、さまざまな特色ある科目が設定されています。また、数学や英語で、少人数授業が実施されています。

　入学後、生徒たちには、「履修の手引き（シラバス）」が配布され、講座選択オリエンテーションや担任との面談、履修相談等を重ね、自分の進路や興味・関心にあった科目を選択することができます。その成果として、高校在学3年間で、自分に必要な資質、能力を確実に身につけることが可能です。自然に進路意識が高まり、目標に向けて計画的に学習に取り組める環境が整っているため、夢を叶えること（進路実現）ができる学校です。

教 育 活 動

[進路指導]

　生徒一人ひとりの進路希望を達成するために、1年次から進路オリエンテーション等が計画的に実施されています。一般入試に対応するため、各教科で1年次には夏季学習会、2年次以降も進学補講が開講され、近年、一般入試での四年制大学進学者も増加しています。また、推薦入試向けの面接指導や小論文指導も充実しています。さらに、医療看護系、一般就職、公務員就職などについても、それぞれオリエンテーションや勉強会、模試等が適切に実施され、安心して目標に向かって取

データ　3年間の講座展開図（令和6年度入学生の例）

	1	2	3	4	5	6	7	8	9	10	11	12	13	14	15	16	17	18	19	20	21	22	23	24	25	26	27	28	29	30
1年次	現代の国語		言語文化		歴史総合		公共		数学I			数学A		化学基礎		体育			保健	英語コミュI			論理・表現I		情報I		音楽I／美術I／書道I 2●		総探	LHR
2年次	論理国語		地理総合		体育		保健	家庭総合	物理基礎／生物基礎／地学基礎 2			英語コミュII／英語コミュII上 3		論理・表現II／論理・表現II上 3		3単位群 3				数学B／世界史探究／日本史探究 3			理系数学II／芸術II／2単位群 2				2●		総探	LHR
3年次	文学国語		体育		家庭総合			物理基礎／生物基礎／地学基礎 2	英語コミュIII／英語コミュIII上 3			3単位群 3				3単位群 3				3単位群 3			数学III／3単位群 3		2単位群 2		2単位群 2●		総探	LHR

●：2時間連続授業

※単位群の選択講座について、詳しくは学校案内をご覧ください。

り組むことができます。

［学校行事］

坂西生は学校行事が大好きです。中でも、本校が誇る二大行事が9月の文化祭と10月の体育祭です。

文化祭は、「さつき祭」と呼ばれ、親しまれています。生徒会が企画や運営を行い、各クラスや文化部が趣向を凝らした展示や発表を行います。毎年、多くの来場者を迎え、高い評価を得ています。

体育祭は、県下のみならず日本全国に誇れる坂戸西高校の名物になっています。坂西生が「最も熱くなる日」でもあります。一糸乱れぬ入場行進、体育委員による選手宣誓、聖火への点火で幕を開けます。日頃から鍛えた身体能力が存分に活かされる競技種目やクラスの仲間と協力するレクリエーション種目、女子の棒引き、男子の騎馬戦と見所が満載です。また、各クラスで練習を重ねた応援合戦は、圧巻の一言です。どれも坂西生にとってかけがえのない青春の1ページになっています。

特別活動

本校は、部活動が大変盛んであり、特色の一つになっています。

運動部では、陸上競技部と弓道部が令和5年度にそれぞれ全国大会に出場しました。その他の多くの運動部も地区予選を勝ち抜き、県大会に多数出場しています。グラウンドや体育館では常に生徒の声が響き、活気に満ちた雰囲気に包まれています。

文化部では、吹奏楽部や音楽部が毎年定期演奏会を開催しています。過去には音楽部が全国総合文化祭に出場、書道部・美術部が県展覧会に出品、生物部が日本生態学会高校生ポスター発表をするなど、どの文化部も精力的に活動しています。

文化祭　体育祭　修学旅行　部活動

その他

【学校説明会】

□夏季学校説明会(本校HPによる申込み)
　7月28日(日)10：00～
　8月24日(土)9：30～(Ⅰ部)、11：00～(Ⅱ部)

□さつき祭内学校説明会(申込み不要)
　9月7日(土)12：30～
　9月8日(日)10：30～

□秋季学校説明会(本校HPによる申込み)
　11月17日(日)10：00～

□冬季学校説明会(本校HPによる申込み)
　12月15日(日)10：00～

□イブニング学校説明会(電話による申込み)
　1月24日(金)17：30～

【部活動体験会】いずれの日も9：30～
　①7月29日(月)　②7月30日(火)
　③8月22日(木)　④8月23日(金)

※駐車場がございませんので、学校説明会等へのお車での来校はご遠慮ください。

※予定が変更になる場合には、本校HPでお知らせします。ご確認の上ご参加ください。

卒業後の進路状況

		令和元年度	令和2年度	令和3年度	令和4年度	令和5年度
進学	大学	141	132	143	145	155
	短大	32	26	32	32	25
	専修・各種	129	123	108	108	88
就職		38	19	33	24	29
その他		12	9	7	4	6

四年制大学の主な合格先　　　　(令和5年度)

跡見学園女子大学	淑徳大学	大東文化大学	東京国際大学	日本社会事業大学	目白大学
駒澤大学	城西大学	拓殖大学	東京女子体育大学	文化学園大学	立正大学
埼玉医科大学	尚美学園大学	津田塾大学	東京電機大学	文京学院大学	了徳寺大学
埼玉学園大学	駿河台大学	帝京大学	東洋大学	平成国際大学	
埼玉工業大学	聖学院大学	帝京平成大学	新潟医療福祉大学	法政大学	
実践女子大学	西武文理大学	東海大学	日本大学	武蔵大学	
芝浦工業大学	専修大学	東京家政大学	日本医療科学大学	武蔵野大学	
十文字学園女子大学	大正大学	東京経済大学	日本工業大学	明治大学	

地図　東武越生線　西大家駅下車　徒歩6分

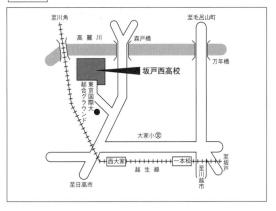

至川角　至毛呂山町　高麗川　森戸橋　万年橋　坂戸西高校　東京国際大　総合グラウンド　大家小　西大家　一本松　越生線　至坂戸　至日高市　至川越市

埼玉県立 狭山清陵高等学校（全日制）

所在地 〒350-1333 狭山市上奥富34の3 ☎ 04-2953-7161
ホームページ https://sayamaseiryo-h.spec.ed.jp
最寄り駅からの順路 西武新宿線 新狭山駅北口下車 徒歩10分

体育祭

校 長	青木　香
創 立	昭和57年4月1日
教職員数	48人

生徒数

学科＼学年	1年(男)(女)	2年(男)(女)	3年(男)(女)	計(男)(女)
普通科	198 (64)(134)	187 (84)(103)	172 (78)(94)	557 (226)(331)

学校の歴史・概要

　地域に根ざした高校として、昭和57年4月に開校し、創立43年目を迎えました。施設面では冷暖房設備も整い、落ち着いた学習環境をもち「たかく、ゆたかに、たくましく」の校訓のもとに活動を続けている名実ともに充実した学校です。

教 育 課 程

　国際化、情報化が進む社会に対応しつつ、進路希望を実現できる教育課程を設定しています。基礎から応用へと段階的に発展するカリキュラムで、生徒の理解を大切にした授業を実践しています。
　1・2年次では共通科目を中心に、バランスのとれた学力を身につけます。3年次では必修科目の選択及び3つの選択群から選んで履修できるようになっており、個人の適性と多様化する進路に応じた教育課程となっています。

教 育 活 動

⑴　学習活動
　武蔵野の緑の中、清掃の行き届いた落ち着いた学習環境で、毎日の授業を大切にしています。
　ALTを交えたチーム・ティーチングの授業や発表学習、図書館での学習など、興味をもって主体的に学ぶことができます。

⑵　学校生活
　清陵の自慢は明るく素直な生徒です。早朝か

データ

時間割の例　1年生

	月	火	水	木	金
1	生物基礎	情報Ⅰ	数学Ⅰ	数学A	英コミュⅠ
2	英コミュⅠ	地理総合	芸　術	家庭総合	数学Ⅰ
3	現代の国語	言語文化	芸　術	生物基礎	情報Ⅰ
4	体　育	保　健	論理表現Ⅰ	体　育	論理表現Ⅰ
5	数学Ⅰ	数学A	現代の国語	総合的な探究の時間	地理総合
6	家庭総合	英コミュⅠ	体　育	LHR	言語文化

日 課 表

SHR	8：40〜8：50
1 時 限	8：50〜9：40
2 時 限	9：50〜10：40
3 時 限	10：50〜11：40
4 時 限	11：50〜12：40
昼 休 み	12：40〜13：25
5 時 限	13：25〜14：15
6 時 限	14：25〜15：15
清 掃	15：15〜15：30
下 校	17：00

ら放課後まで、生徒は伸び伸びと自主的に活動しています。

(3) 進路指導

〈計画的な指導〉

一人ひとりの個性を生かす進路実現のため、1年次より、各学期、進路に関するHRの時間を設定し、自分を見つめ、目標を具体化する機会を計画的に設けています。

〈進路実現のために〉

・進路指導…毎日の授業を基本としながら、実力養成講座や小論文の添削を通じて、大学・短大への進路希望の実現を図っています。

・就職指導…面接指導や職業適性検査を通じ、個性に合った職業を選択できるよう、個別指導を行っています。本校卒業生は各企業で高い評価を得ています。

(4) 盛んな国際理解教育

海外からの留学生や青年海外協力隊員等を学校に招いての講演会を毎年実施し、外国の文化に関する理解を深め、国際感覚を養っています。

〈生物基礎の実験〉

特 別 活 動

各学期に文化的行事、体育的行事、生徒会行事をバランスよく配し、自ら考え、広い視野で判断し行動できる機会を多く設けています。各学年で遠足や球技大会を実施しています。2年次では修学旅行があり、様々な体験を通じて生徒の自主性を育みます。

部活動では、春の大会で県ベスト8に進出した野球部、関東大会・全国大会に出場経験のある少林寺拳法部、インターハイ全国大会出場経験のある弓道部などがあります。また、バレーボール部、陸上部、ソフトテニス部、卓球部など様々な運動部が県大会に出場しています。さらに、文化部では埼玉県吹奏楽コンクールCの部で金賞を受賞した音楽部、関東地区写真展に出品経験のある写真部など、数多くの部活動が熱心に活動しています。

在校生・卒業生の声

校訓の「たかく・ゆたかに・たくましく」をモットーに一人一人がとても充実した生活を送っています。　　　　　　　　　　　　　　（在校生）

部活や行事にとても活気があるので、本気になればなるほど充実した高校生活が送れます。

（卒業生）

卒業後の進路状況

進学		R3年度	R4年度	R5年度
進学	大学・短大	64	65	65
進学	専修・各種	73	67	58
就　　　　職		33	28	30
そ　の　他		18	14	13
卒　業　者　総　数		188	174	166

その他 ※日程は必ず学校HP等でご確認ください。

学校説明会
　7/13(土)、10/5(土)、11/17(日)、12/21(土)、
　1/11(土)
体験入学
　7/26(金)、8/6(火)、8/21(水)

地図　西武新宿線新狭山駅北口下車徒歩10分

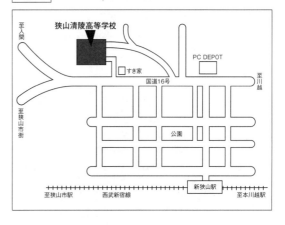

埼玉県立 志木高等学校（全日制）

所在地 〒353-0001　志木市上宗岡１−１−１　☎ 048-473-8111
ホームページ https://shiki-h.spec.ed.jp
最寄り駅からの順路 東武東上線志木駅下車　国際興業バス　宗岡循環宿先回り　志木高校入口下車
徒歩２分、又は浦和駅行きバス　いろは橋下車　徒歩５分

校　長	梅澤　秀幸
創　立	昭和49年４月１日
教職員数	常勤・非常勤含む66人

生徒数

学科＼学年	1年(男)(女)	2年(男)(女)	3年(男)(女)	計(男)(女)
普通科	238 (100)(138)	238 (113)(125)	267 (135)(132)	743 (348)(395)

校舎風景

学校の歴史・概要

　創立50年目を迎えた県西部の中堅校です。１万５千人を超える卒業生は各界で活躍しています。緑豊かな環境の中、「立志・言志・続志」を校訓として、自主的精神に満ちた心身共に健康な生徒の育成を目指した教育を行っています。

教育課程

　本校の教育課程は、１年次に共通科目で基礎的な内容を扱い、２年次に文系・文理系・理系の３つの類型に分かれ、得意分野をとことん伸ばしていきます。３年次では、文系の大学進学を目指す「進学文系」、理系の大学進学を目指す「進学理系」、その他の大学や専門学校、就職・公務員を目指す「文理系」の３類型に進み、より専門的な科目を学んでいきます。３年間を通じて希望する進路を計画的に見通し、実現できるようなカリキュラムとなりました。７パターンの類型選択と９種類の科目選択群で「得意」を伸ばし、自分に合ったカリキュラムを組むことができます。

教育活動

1　学習活動
　確かな学力の定着と向上を目指し、生徒自らが自己の進路希望を実現する力を身につけさせることを狙いとして、１・２年次の数学と全学年の英語で習熟度別少人数授業を行っています。また、ICTを活用した学習を充実させています。

データ　分野別モデルプラン（予定）

【種別】私立理系　【分野】機械工学　【主な関連科目】数学ⅠAⅡBⅢC、物理、化学、情報　【受験科目の想定】英語、数学、物理 or 化学
【類似する分野】情報、数学、物理学、化学、電気電子工学、工業化学、建築工学、土木工学、材料工学、経営工学

2年次（選択コース：理系）　必修科目／選択必修・選択科目（網掛け）

1	2	3	4	5	6	7	8	9	10	11	12	13	14	15	16	17	18	19	20	21	22	23	24	25	26	27	28	29	30	31
LHR	総探	論理国語		地理総合		歴史総合		数学Ⅱ			数学B			物理基礎		化学				体育		保健		英語コミュニケーションⅡ			論理・表現Ⅱ		家庭基礎	

3年次（選択コース：進学理系）　必修科目／選択必修・選択科目（網掛け）

1	2	3	4	5	6	7	8	9	10	11	12	13	14	15	16	17	18	19	20	21	22	23	24	25	26	27	28	29	30	31
LHR	総探	文学国語		化学探究		体育			英語コミュニケーションⅢ			論理・表現Ⅲ			■		数学Ⅲ				数学C			□		物理			▲	情報Ⅱ	

【種別】私立文系　【分野】国際　【主な関連科目】英語、日本史、世界史　【受験科目の想定】英語、国語、地歴公民 or 数学ⅠA
【類似する分野】国際関係学、社会福祉学

2年次（選択コース：文系）　必修科目／選択必修・選択科目（網掛け）

1	2	3	4	5	6	7	8	9	10	11	12	13	14	15	16	17	18	19	20	21	22	23	24	25	26	27	28	29	30	31
LHR	総探	論理国語		地理総合		歴史総合		数学理解		物理基礎		体育		保健		英語コミュニケーションⅡ			論理・表現Ⅱ		家庭基礎		総合古典		英語総合Ⅰ		芸術Ⅱ		◇	

3年次（選択コース：進学文系）　必修科目／選択必修・選択科目（網掛け）

1	2	3	4	5	6	7	8	9	10	11	12	13	14	15	16	17	18	19	20	21	22	23	24	25	26	27	28	29	30	31
LHR	総探	文学国語			古典探究			論理国語探究		数学理解		体育				英語コミュニケーションⅢ			論理・表現Ⅲ		英語総合Ⅱ				●		日本史探究		◇	芸Ⅲ体家

2　学校生活

部活動、学校行事、生徒会活動等の自主活動に積極的に参加することをすすめ、それらの活動の中で、先生と生徒または生徒相互の心の触れあいを図っています。

3　進路指導

大学等の体験授業や分野別のガイダンスを通じて、自分のやりたいことを見つけ、大学・専門・就職など自らの希望を叶える進路に進めるよう指導しています。進学者が多いので補講を充実させ、第一志望に合格できるようサポートしています。

4　生徒支援

交通安全・自転車マナーアップに力を入れるとともに、基本的生活習慣をつける指導の一環として、遅刻指導、身だしなみ指導に日常的に取り組んでいます。

5　〈志〉を育む取組

学習習慣の確立及びセルフマネジメント力の育成のため、全学年で本校オリジナルの生徒用手帳を活用しています。手帳には、年間・月間・週間スケジュール・定期考査・集会講演会メモ・資格・ボランティア活動を記録することができます。

特　別　活　動

1　学校行事

体育祭(10月)は団対抗戦方式で実施され、各団ごとに色鮮やかなTシャツを作成し華やかな雰囲気で行われます。体育祭とならんで最大の行事である河骨祭(文化祭9月)は生徒自身の力で作り上げ、大変盛り上がります。また遠足(5月)や球技大会、2年生の修学旅行(今年度は関西方面)、全学年の進路分野別説明会など各季節に応じた行事を行っています。

体育祭

2　部活動

運動部は15、文化部は10あります。運動部では陸上競技部、サッカー部、野球部、ソフトテニス部、硬式テニス部、剣道部、バドミントン部、卓球部、女子バレーボール部、バスケットボール部など多くの部が熱心に活動しています。

文化部では、吹奏楽部による地域のイベントへの参加や、美術部による近隣の神社への絵馬の奉納など、地元から好評を得ています。

学校見学・説明会等の予定

(部活動キャンペーン)
　8月20日(火)～8月24日(土)
(WEB学校説明会)　8月1日～11月30日
(学校説明会)　＊第4回は個別相談できます。
　第1回7月20日(土)　　第2回10月26日(土)
　第3回11月16日(土)　　第4回1月18日(土)

＊日程等詳細について、また変更・中止については本校ホームページよりご確認ください。

卒業後の進路状況

進路		令和3年度	令和4年度	令和5年度
進学	大学・短大	113	139	110
	専修・各種	93	98	75
就　　職		48	24	25
そ　の　他		15	17	9
卒業者総数		269	278	219

〈主な進学先〉青山学院、跡見学園女子、國學院、国士舘、駒澤、埼玉学園、埼玉工業、十文字学園女子、淑徳、順天堂、城西、尚美学園、駿河台、聖学院、専修、大正、大東文化、拓殖、帝京平成、東京工科、東京国際、東京電機、東洋、東洋学園、日本医療科学、日本女子体育、文教、文京学院、法政、目白、ものつくり、立正、早稲田、板橋中央看護、国際医療、川口看護、埼玉県立高等看護学院、戸田中央看護、西埼玉中央病院附属看護

〈主な就職先〉ASKUL LOGIST、大宮アルディージャ、カーグラスjp、ぎょうざの満洲、クラウン精密工業、埼玉トヨペット、サンドラッグ、十万石ふくさや、十勝大福本舗、トッパンコミュニケーションプロダクツ、日本金属、日本通運、ビックカメラ、ベルク、ヤオコー、朝霞市職員、埼玉県警、自衛隊

地図

志木駅からバス10分
「志木高入口」下車徒歩2分

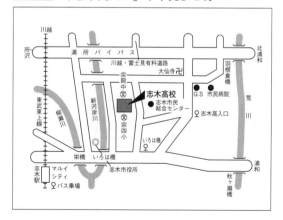

埼玉県立 鶴ヶ島清風高等学校（全日制）

所在地 〒350-2223 鶴ヶ島市高倉946-1
☎ 049-286-7501 FAX 049-279-1010
ホームページ https://tseifu-h.spec.ed.jp **メールアドレス** r867501@pref.saitama.lg.jp
最寄り駅からの順路 東武越生線一本松駅より徒歩約15分

◇豊かな自然に囲まれた校舎◇

校　　長	井上　正明
創　　立	平成20年 4 月 1 日
教職員数	72人

生徒数

学科＼学年	1 年(男)(女)	2 年(男)(女)	3 年(男)(女)	計(男)(女)
普通科	212 (121)(91)	186 (96)(90)	173 (89)(84)	571 (306)(265)

新しくスタート

平成20年 4 月に新しい学校としてスタートしました。
基礎基本の徹底、単位制、丁寧な進路指導、を柱として、一人ひとりの個性や能力、適性を生かす高校として、生徒が自分の夢をかなえる力をつける学校を目指します。

教 育 課 程

1. 多様な選択科目

2 年次・3 年次には選択科目が多く設置されます。2 年次には週 6 時間、3 年次には週13時間の選択科目があります。一人ひとりの進路希望に応じて最適な科目、上級学校への進学に備えた科目、資格取得や就職に備えた実践的な科目、教養を深められる体験型の科目を選んでください。

従来の文系、理系に加え、保育、生活、情報ビジネスなどの選択科目を想定しています。

2. 徹底した国数英

3 年間を通して国数英で習熟度別授業を行っています。

基礎基本を徹底し、持っている力を伸ばし、一人ひとりに応じて最適な授業を編成しています。

データ　＜令和 6 年度入学生の教育課程表＞（参考）

	1	2	3	4	5	6	7	8	9	10	11	12	13	14	15	16	17	18	19	20	21	22	23	24	25	26	27	28	29	30
1年次	現代の国語		言語文化		数学 I			数学 A		英語コミュニケーション I			論理・表現 I		必修												芸術選択		総探	LHR
2年次	論理国語			数学 II		英語コミュニケーション II		必修													選択1群		選択2群		選択3群					
3年次	文学国語			数学選択		英語コミュニケーション III		必修				選択4群			選択5群			選択6群			選択7群		選択8群							

【選択1群】	日本文化史　数学理解　スポーツ I 　器楽　論理・表現 II 　総合英語 I 　保育基礎　情報デザイン　ビジネス基礎
【選択2群】	古典探究　日本文化史　数学 II 　スポーツ VI 　美術 II 　器楽　エッセイライティング I 　保育基礎　情報処理
【選択3群】	数学 B 　数学理解　理科探究　音楽 II 　陶芸　総合英語 II 　生活と福祉　情報処理
【選択4群】	国語表現　数学 III 　器楽　ビジュアルデザイン　総合英語 I 　総合英語 III 　フードデザイン　課題研究
【選択5群】	国語表現　化学　生物　物理　器楽　ビジュアルデザイン　総合英語 II 　フードデザイン　ソフトウェア活用
【選択6群】	数学理解　スポーツ II 　器楽　論理・表現 II 　論理・表現 III 　保育実践　簿記
【選択7群】	古典探究　政治・経済　数学 A 　数学 B 　スポーツ・レクリエーション　美術 III (II) 　エッセイライティング II 　コンテンツの制作と発信　ビジネス・コミュニケーション
【選択8群】	現代文研究　政治・経済　化学　生物　物理　理科探究　スポーツ概論　音楽 III (II) 　陶芸　服飾手芸

教 育 活 動

単位制

鶴ヶ島清風高校の最大の特徴は単位制です。卒業に必要な単位を修得すれば卒業できるシステムですが、落としていい科目はありません。生徒全員が全部の科目を修得して3年間で本校から羽ばたいていくことを望んでいます。

単位制…その最大の特徴が多様な選択科目の設置です。文系、理系、保育、生活、情報ビジネスのいずれが一人ひとりに一番良いのか、1年の4月から時間をかけて指導していきます。

本校は普通科ですから、入学後の進路希望変更があった場合にも、選択パターンを一人ひとりにあったものに修正することも可能です。

生徒指導

1. 「身だしなみを整え、時間を守り、挨拶のできる生徒」を育てます。
2. 集団活動を通して、他者を思いやる心や豊かな人間性を育て、好ましい人間関係を築くことができるようにします。
3. 教育相談体制を充実させ、様々な悩みについて気軽に相談できるようにします。

進路指導

1. 社会人として必要な勤労観や職業観を育てる教育(キャリア教育)を充実させます。
   1年次に事業所でのインターンシップ(就業体験)を実施します。
2. 進学希望者の進路実現に向けて必要な学力を育成します。
   (1)授業内では習熟度別学習を通して、基礎の定着や応用力の養成を図ります。
   (2)放課後や長期休業中に進学補習を実施して実践力の養成を図ります。
3. 情報処理、商業、教養などに関する多様な科目を設置することで社会で役立つ資格の取得を目指します。

ワープロ検定、情報処理技術検定、簿記検定、家庭科技術検定、英語検定、漢字検定など
4. 大学等の上級学校と連携します。

令和2年8月に城西大学と、令和4年4月に武蔵野学院大学・武蔵野短期大学と、令和4年に武蔵丘短期大学と、令和6年4月に淑徳大学と協定を結び、連携ができました。

令和6年春卒業生

男	女	計
89	74	163

進路先	男	女	計
四大	19	11	30
短大	1	10	11
専門	32	33	65
就職	23	16	39
就職公務員	3	0	3
その他	11	4	15
計	89	74	163

主な進路実績

駒澤大、拓殖大、帝京大、大東文化大、城西大、駿河台大、東京国際大、淑徳大ほか
埼玉女子短大、武蔵丘短大、武蔵野短大ほか

特 別 活 動

部活動

野球、サッカー、バドミントン、卓球、バレーボール、バスケットボール、ソフトテニス、剣道、陸上、和太鼓、合唱、パソコン、科学、華道・家庭、アート・コミック、文芸・かるた、吹奏楽

◇インターンシップ(就業体験)◇

学校説明会

※日程は必ず学校HP等でご確認ください。

	日 時	内 容
第1回	7月21日(日)10:00〜	部活動見学など
第2回	11月10日(日)10:00〜	部活動見学など
第3回	12月15日(日)10:00〜	部活動見学など
第4回	1月19日(日)10:00〜	部活動見学など

※会場はいずれも本校です
※平日の見学可　要予約

地図

東武越生線一本松駅より徒歩15分

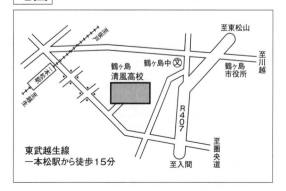

埼玉県立 所沢高等学校（全日制）

所在地　〒359-1131　所沢市久米1234　☎ 04-2922-2185　FAX 04-2925-4448
ホームページ　https://tokorozawa-h.spec.ed.jp/
最寄り駅からの順路　西武池袋線西所沢駅より徒歩８分
　　　　　　　　　　西武新宿線・池袋線所沢駅より徒歩15分

校　　長	内田　正俊
創　　立	明治31年７月１日
教職員数	88人

生徒数　１学年９クラス

学科＼学年	1 年(男)(女)	2 年(男)(女)	3 年(男)(女)	計(男)(女)
普 通 科	358 (173)(185)	354 (156)(198)	345 (145)(200)	1,057 (474)(583)

学び続ける力と逞しい心

　本校は、今年度、創立126周年を迎えた、埼玉県で４番目に古い伝統校であり、２万人を超える卒業生のネットワークが大きな財産です。

　「社会のルールとマナー」こそ所高の校則であり、「自主自立」の校風のなか、自分で考え、自ら行動し、自分を律することを学び、世界で通用する人間として成長していきます。

　高いレベルの授業で自主的に学ぶ姿勢を、豊かな行事でコミュニケーション力やマネジメント力を、多彩な部活動で仲間と努力することの素晴らしさを身につけ、生涯にわたって自らを高め続け
る力を手にします。

教 育 課 程

　１年生では、基礎基本を確立し、大学入学共通テスト（新テスト）に対応できるように、文理のバランスがとれた共通科目を学びます。

　２年生からは文系・理系に分かれ、３年生では、進路や興味等に応じて履修する選択科目（３〜４科目、８〜13単位）により、更に学習を深めます。

教 育 活 動

　高い志を抱き自ら考え行動するとともに、多様性を尊重し他者と積極的に協働して、自分と社会

データ

日課表

	月〜水・金曜日	木曜日	土曜日
ＳＨＲ	8:40〜8:50	8:40〜8:50	8:45〜8:50
第１限	8:50〜9:40	8:50〜9:40	8:50〜9:40
第２限	9:50〜10:40	9:50〜10:40	9:50〜10:40
第３限	10:50〜11:40	10:50〜11:40	10:50〜11:40
第４限	11:50〜12:40	11:50〜12:40	11:50〜12:40
昼休み	12:40〜13:25	12:40〜13:25	※隔週、年15回
第５限	13:25〜14:15	13:25〜14:15	
第６限	14:25〜15:15	14:25〜15:15	
総合的な探究の時間		15:15〜16:05	
ＳＨＲ・清掃	15:15〜15:35	16:05〜16:25	

時間割の例　１年生（新教育課程）

	月	火	水	木	金	土
1	現代の国語	(土)の1・2と3・4を隔週で交互に実施	英コミ I	生物基礎	論理・表現 I	英コミ I
2	歴史総合		数学 I	英コミ I	数学 I	地理総合
3	保 健	体 育	地理総合	言語文化	化学基礎	芸術(選択)
4	数学 I	生物基礎	歴史総合	数学A	言語文化	芸術(選択)
5	体 育	言語文化	数学A	化学基礎	情報 I	
6	体 育	論理・表現 I	現代の国語	LHR	情報 I	
7			総 探			

の未来を切り拓くことのできる生徒を育てます。

1　学習活動

　学力向上を重視し、大学進学を目指して、1週間に33時間の授業です。

　放課後の活動時間を確保するため、7時間授業は週1日とし、ほぼ隔週で土曜日に4時間授業を行い、公開もしています。（時間割の例を参照）

　また、本校の高度な授業に対応できるように、入学直後に学習オリエンテーションを行います。

2　国際理解

　オンブローザ高校（フランス）と相互に留学生を受け入れています。また、隔年で実施している2週間のニュージーランド語学研修は、令和5年度は夏季休業中に実施し、実りある研修となりました。オンラインによる交流も継続して実施しています。

3　学力向上プロジェクト

　所高では、学習活動においても、生徒の代表と担当の教員が学力向上について相互に話し合い、学力向上に向けて活動しています。

進　路　実　現

　キャリア・ガイダンスに基づいて、興味・関心・適性などの自己理解を深め、幅広い視野から将来を見据えて、自らの進路を考えていきます。

　9割以上の生徒が大学進学を希望しているので、適切な学部・学科の選択に向けたきめ細かいガイダンス、学力向上のための実力テスト・進学補習・自習室の整備など、夢の実現を全力で応援しています。

特　別　活　動

1　豊かな学校行事

　入学を祝う会では、新入生が一人ひとり体育館のステージで抱負を述べ、先輩の温かい声援を受けます。

　体育祭は、全学年を縦割りにしたチームで競い合うことで、上級生はリーダーシップを学び、下級生は先輩の姿から自主自立の精神などを学びます。

　文化祭では、全体の運営を生徒の実行委員会が行うことでマネジメント能力が育まれます。

　卒業を祝う会では、卒業生が後輩にメッセージを送り、伝統のバトンを渡します。

2　多彩な部活動

　運動部18、文化部17と、多くの部活動があります。自主自立の所高では、部活への参加は強制ではありませんが、加入率は90％以上、残りの生徒のほとんどは生徒会本部や学校行事の実行委員などの活動をしています。

学校説明会など

　中学生向けに学校説明会や土曜授業の公開を行う予定です。詳しくは本校Webページをご確認ください。

所沢高校には、制服はありません。学校生活にふさわしい服装を自分で考えます。

卒業後の進路状況

	令和5年度	令和4年度	令和3年度
四 年 制 大 学	272	284	282
短 期 大 学	2	2	5
専 門 ・ 各 種	21	21	27
就 　 　 職	1	5	2
そ の 他	0	31（留学等1）	35
合 　 　 計	339	343	351

【令和5年度卒業生の主な進学先】
(国公立)前橋工科大、埼玉県立大、防衛大、防衛医科大、埼玉大、東京外国語大、東京農工大、岩手大、山形大、信州大、高崎経済大、国立看護大学校
(私立)慶應大、早稲田大、東京理科大、上智大、明治大、青山学院大、立教大、学習院大、中央大、法政大、津田塾大、東京女子大、日本女子大、女子栄養大、明治薬科大、芝浦工大、東京電機大、東京農大、成蹊大、成城大、明治学院大、國學院大、武蔵大、日本大、東洋大、駒澤大、専修大、など

地図　西所沢駅より徒歩8分、所沢駅より徒歩15分

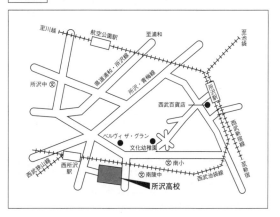

埼玉県立 所沢北高等学校（全日制）

所在地 〒359-0042 所沢市並木5-4 ☎ 04-2995-5115 FAX 04-2991-1007

ホームページ https://tokokita-h.spec.ed.jp/
最寄り駅からの順路 西武新宿線新所沢駅東口から 徒歩10分

校　　長	木村　郁文
創　　立	昭和49年4月1日
教職員数	86人

生徒数

学年 学科	1年 (男)(女)	2年 (男)(女)	3年 (男)(女)	計 (男)(女)
普通科	318 (179)(139)	316 (190)(126)	313 (157)(156)	947 (526)(421)
理数科	40 (30)(10)	38 (22)(16)	40 (27)(13)	118 (79)(39)

学 校 概 要

　本校は、昭和49年に開校し、今年で51年目を迎えました。「文武両道」を目指し、学習活動とともに部活動・学校行事にも熱心に取り組んでいます。

　授業は65分授業です。月曜から金曜まで毎日65分の授業を5時間、週当たり34時間に相当する授業(50分授業に換算)を行い授業時間を確保しています。国際交流事業としてニュージーランド研修を実施しています。令和6年度からスーパーサイエンスハイスクール指定校となりました。文系理系の選択に関わらず、科学的な見方や考え方を働かせる力、探究的に学ぶ力を高める教育活動を行っています。

教 育 課 程

　普通科では、生徒一人一人の進路希望を実現するために、2年で文理分けし、3年では、国公立・難関私立大学を含めた進路希望の実現に合わせて、より専門的な科目が設定されています。理数

データ

□普通科

		1	2	3	4	5	6	7	8	9	10	11	12	13	14	15	16	17	18	19	20	21	22	23	24	25	26	27	28	29	30	31	32	33	34	35
1年		現代の国語		言語文化		歴史総合		数学I			数学A		化学基礎		生物基礎			体育			保健	芸術I		英語コミュニケーションI				論理・表現I		家庭基礎		SS情報		SS探究I	L H R	
2年	文系	論理国語		古典探究		地理総合		日本史探究 世界史探究		公共			数学II			数学B		物理基礎			体育		保健	芸術II		英語コミュニケーションII			論理・表現II		SS探究II		★SS課題研究			L H R	
	理系	論理国語		古典探究		地理総合		公共		数学II			数学B		物理基礎		化学探究I		生物探究		体育		保健	英語コミュニケーションII			論理・表現II		SS探究II		★SS課題研究				L H R	
3年	文系	論理国語		古典探究		日本史探究＋日本文化史 世界史探究＋世界文化史			政治・経済		数学C		地学基礎		体育		英語コミュニケーションIII			論理・表現III		選択①			選択②			SS探究III			L H R				
	理系	論理国語		古典探究		地理探究		数学III			数学C		物理／生物			化学			体育		英語コミュニケーションIII			論理・表現III		選択①			SS探究III			L H R				

文系は倫理・数学理解・化学活用・生物活用・地学活用・芸術III・英語理解・異文化理解・情報II・スポーツII・音楽理論・絵画・実用の書・フードデザインの中から2科目を選択
理系は数学理解・物理探究・化学探究II・英語理解・異文化理解・情報II・スポーツII・音楽理論・絵画・実用の書・フードデザインの中から1科目を選択
★普通科の希望者はSS課題研究を選択

□理数科

		1	2	3	4	5	6	7	8	9	10	11	12	13	14	15	16	17	18	19	20	21	22	23	24	25	26	27	28	29	30	31	32	33	34	35
1年		現代の国語		言語文化		歴史総合		理数数学I				SS物理I		SS生物I			SS化学			体育		保健		英語コミュニケーションI			論理・表現I		家庭基礎		SS情報		探究探究基礎	SSコラボ	L H R	
2年		論理国語		古典探究		地理総合		公共		理数数学II				SS数学		SS物理I		SS生物I		SS化学		体育		保健	芸術I		英語コミュニケーションII			論理・表現II		理数探究			L H R	
3年		論理国語		古典探究		地理探究		理数数学II				SS数学			SS物理II SS生物II				SS化学			体育		英語コミュニケーションIII			論理・表現III		探究探究					L H R	

3年次にSS物理IIとSS生物IIの2科目からいずれかを選択

科では、科学的に探究する力を伸ばし、医・歯・薬・理工系の難関国公立大学への進学を目指します。1・2年では、普通科理系に比べて理数系分野を先行して学習します。3年では、国公立受験に向けて、学校での授業を中心に受験に備えることができます。

教 育 活 動

叡知育成、自主自律の理念の下、北高生としての自覚とプライドを持って高校生活を送っています。

1 学習活動

本校生のほとんどが、大学進学を希望し入学しています。自らの進路目標を実現させるには、「授業を充実させること」が第一です。65分の授業の中で、主体的で意欲的な学習態度、集中力の持続、自学自習の学習習慣を養います。現在、生徒の学習意欲は高く、充実した活気ある授業が展開されています。また、国際交流の一環として、ニュージーランド研修が行われており、グローバルな視野を養うことができます。

2 学校行事

生徒は、各行事に自主的に取り組んでいます。体育祭や文化祭では、自らのイベントとして積極的に企画・運営参画するなど、全校生徒の和の中で明るくのびのびとした有意義な学校生活をつくりだしています。その他、修学旅行、芸術鑑賞会、スポーツ大会、英語スピーチコンテスト、ロードレース大会などがあります。

3 進路指導

生徒一人一人の進路希望の実現に向けて、進路に対する意識を高め、主体的に進路を選択できるように各学年ごとに次のように進路指導の目標を定めています。

第1学年：自己を知り、進路についての意識を高める中で、学習習慣を確立させ、進路学習を通して目標を持たせる。

第2学年：進路研究を深め、進路の方向性を決定し、進路実現に向け計画を立てる。

第3学年：具体的な進路希望を決定し、その希望を実現する。

生徒の実力把握のために行われる実力テストをはじめ、面談、進路体験発表会、生徒・保護者対象の進路説明会、小論文指導、面接指導、推薦型選抜・大学入学共通テスト等の各種説明会、教員系・医療系志望者対象のゼミなど、きめ細かい指導が特色です。また、朝や放課後・長期休業中などには進学のための進路補講が盛んに行われ、多数の生徒が積極的に参加しています。

部 活 動

（運動部14、文化部17、同好会1）

部活動は大変盛んで、加入率は9割を超えています。そのため、放課後はグラウンド、体育館、剣道場や弓道場のほか、文化部の部室なども生徒達の活気にあふれています。

令和5年度は陸上競技部、弓道部、チアダンス部、美術部、ギター部が全国大会出場を決めました。また、文芸部が関東大会へ、吹奏楽部が東日本大会へ出場しました。

運動部だけでなく、自然科学系の部活動も充実しており、勉強、学校行事、部活動をとおして豊かな人間性を育んでいます。

卒業後の進路状況

	R3年度	R4年度	R5年度
国 公 立 大	78	56	81
私 立 大	257	250	246
短 大	0	2	0
専 門 学 校	0	2	1
就 職	0	0	0
そ の 他	18	37	21
卒 業 者 総 数	353	347	349

〈主な進学先〉
【国公立】北海道大、東北大、筑波大、埼玉大、千葉大、電気通信大、東京外国語大、東京学芸大、東京工業大、東京農工大、一橋大、横浜国立大、新潟大、信州大、京都大、奈良女子大、岡山大、徳島大、埼玉県立大、東京都立大、横浜市立大 など
【私 立】早稲田大、慶應義塾大、上智大、立教大、青山学院大、中央大、法政大、東京理科大、学習院大、成蹊大、武蔵大、芝浦工業大、国際基督教大 など
【指定校】早稲田大、明治大、立教大、青山学院大、中央大、法政大、学習院大、成蹊大、武蔵大、東京理科大、芝浦工業大、明治薬科大 など

地図 西武新宿線新所沢駅東口下車　徒歩10分

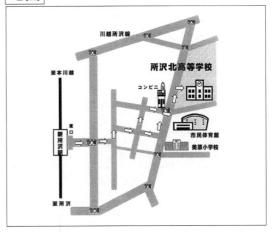

埼玉県立 所沢中央高等学校（全日制）

所在地　〒359-0042　所沢市並木8丁目2番　☎ 04-2995-6088　FAX 04-2991-1006
ホームページ　https://tokorozawachuo-h.spec.ed.jp/
最寄り駅からの順路　西武バス航空公園駅〜並木通り団地(10分)下車徒歩5分

緑豊かな校舎（中庭）

校　　長	大竹　　実
創　　立	昭和55年4月1日
教職員数	73人

生徒数

学年 学科	1年(男)(女)	2年(男)(女)	3年(男)(女)	計(男)(女)
普通科	319 (168)(151)	316 (137)(179)	310 (146)(164)	945 (451)(494)

教 育 目 標

　本校は、昭和55年の開校以来、地域の方々に愛される学校を目指し、全日制・普通科・男女共学の高校として成長して来ました。卒業生も1万人を越え、各方面で活躍し、地域からも大きな評価をいただいています。「生徒一人ひとりを尊重する精神を基とし心身ともに健康な人間を育成する」ことを目標として、教職員・保護者が協力し、教育活動に取り組んでいます。とりわけ、「挨拶と規律が徹底し、遅刻者がほとんどいないこと」「部活動・生徒会活動が大変盛んであること」は本校の大きな特長であり、この2つを土台として学習指導・進路指導に力を入れ、学力・進学実績を漸進的に向上させつつあります。生徒本人は言うまでもなく、保護者の方々が「この学校でよかった」と言っていただける学校作りを進めています。

体験入部・説明会日程

体験入部・説明会日程

行　事	日　程
部活動体験	2024年8月5日(月)
学校説明会	2024年8月19日(月)
オープンスクール 学校説明会	2024年11月9日(土)
学校説明会	2025年1月18日(土)

教 育 活 動

1. 意欲的な学習の推進

　毎日の授業を大切にして、生徒が自ら学び、調

データ

日 課 表

S H R	8：40〜8：50
1時限目	8：50〜9：40
2時限目	9：50〜10：40
3時限目	10：50〜11：40
4時限目	11：50〜12：40
昼休	12：40〜13：25
5時限目	13：25〜14：15
6時限目	14：25〜15：15
SHR	15：15〜15：20
清掃	15：20〜15：35
下校時刻	16：55

1年クラス時間割例

	月	火	水	木	金
1	情報 I	現代の国語	数学 I	地理総合	現代の国語
2	言語文化	数学A	地理総合	体育	数学A
3	保健	数学 I	芸術 I	言語文化	体育
4	論理・表現 I	化学基礎	芸術 I	英語コミ I	歴史総合
5	英語コミ I	歴史総合	英語コミ I	総合的な探究の時間	情報 I
6	体育	論理・表現 I	化学基礎	H R	数学 I

べ、考える学習習慣を身に付け、基礎学力の充実を図っています。また、1年次に数学・英語、2年次に数学、3年次に数学・英語・国語の授業で少人数制又は習熟度別の学習を行い、一層の学力の向上を図っています。

3年次では文系、理系、看護・医療系(選択により数学・理科を週10時間学べる)に分かれ、各人の個性・進路にあった選択を行います。

また、英語検定・漢字検定に取り組み、受検者には補習を行い、年々成果を上げています。

2. 活発な特別活動

部活動は、1年生は全員いずれかの部に所属します。運動部は、ほとんどの部が県大会に出場しており、特にアーチェリー部とダンス部は度々全国大会に出場しています。また、過去にはサッカー部が関東大会に出場(大会ベスト8)していたり、卓球部が関東大会出場、バドミントン部が県大会でベスト16に入ったりするなど、数多くの実績があります。文化部では、吹奏楽部が定期演奏会を開催するなど精力的に活動しています。また書道部も展覧会で多数の賞を受賞しています。

生徒会活動では、体育祭・文化祭等の生徒の自主的な企画や立案、運営を重視し、毎年盛大な行事を成功させています。

3. 卒業生から

所沢中央高校の魅力は、行事が盛り上がるところです。本校の行事は生徒が主体となって行われるので、とても活気があります。体育祭では、各団の団長を中心に1・2・3学年がまとまって一からダンスをつくりあげていきます。文化祭では、各クラスによるオリジナルの企画や、文化部の発表、ステージパフォーマンス、高校ならではの後夜祭などで、盛り上がります。

高校生の特権は、失敗が許されることだと思います。中央高校では、色々な行事のなかで多くの

体育祭の様子

ことに挑戦することができます。その先には、熱い友情や感動が待ち受けています。そして、一生懸命頑張っている生徒を最後まで見捨てずに支えてくれる先生がいらっしゃいます。勉強、部活、進路、人間関係で悩んでいる私たちに適切なアドバイスをしてくださいます。そんな魅力あふれる所沢中央高校で、私たちといっしょに青春しませんか。

4. 目標高く、進路実現へむけて

本校の生徒は、進学(大学・短大・専門学校・看護学校)、公務員、就職と多様な進路志望をもっています。そのため1年次から系統的な進路学習が必要です。様々なガイダンスを通して、より高い目標を設定させ、生徒一人ひとりに対してきめ細かな個別指導を行っていきます。

「自主勉強のススメ」をテーマに、学期中(朝・夕)や長期休業中(9：00〜16：00)も含めて自習室を開放しています。また、1〜3年まで行われる基礎学力サポートや実力テスト、夏期補講、3年次の小論文・面接・各種試験対策などの指導を実施しています。その結果、生徒の進路意識や意欲が年々高まり、希望進路の実現につながっています。

過去3年間の卒業生の進路決定状況

	令和3年度 8クラス	令和4年度 8クラス	令和5年度 8クラス
4年制大学	132	138	135
短 期 大 学	21	24	21
専 門 学 校	130	122	117
就職・公務員	24	15	19
未定・浪人	14	14	8
合　　　計	321	313	300

※主な合格大学(現役)
亜細亜大、杏林大、駒澤大、城西大、専修大、大東文化大、拓殖大、帝京大、帝京平成大、東京家政大、東京経済大、東京国際大、東京農業大、東洋大、法政大、武蔵大、武蔵野大、明星大、立正大、他
※専門学校
東京電子専門学校、戸田中央看護専門学校、西埼玉中央病院附属看護学校、武蔵野調理師専門学校、他
※公務員・企業
自衛隊、警視庁、埼玉西部消防組合、狭山市役所、いるま野農業協同組合、日本郵便関東支社、プリンスホテル、他

地図　航空公園駅〜並木通り団地バス停下車徒歩5分
航空公園駅から徒歩25分

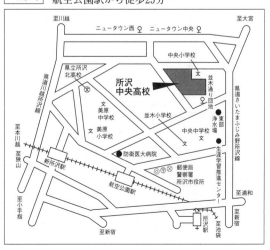

埼玉県立 所沢西高等学校（全日制）

所在地 〒359-1155 所沢市北野新町 2 - 5 - 11 ☎ 04-2949-2411 FAX 04-2938-1001
ホームページ https://tokonishi-h.spec.ed.jp/
最寄り駅からの順路 西武池袋線 小手指駅南口下車 徒歩13分

校舎全景

校 長	我妻 英
創 立	昭和54年 4 月 1 日
教職員数	75人

生徒数

学年＼学科	1 年(男)(女)	2 年(男)(女)	3 年(男)(女)	計(男)(女)
普通科	318 (155)(163)	353 (199)(154)	348 (179)(169)	1,019 (533)(486)

所西はこんな学校です

　所沢西高校は、今年で創立46年目を迎えます。「様々な生き方や考え方を認め合い、安心して学べる環境の中で、社会で主体的に生き挑戦する気持ちを育む場とする」ことを、目指す学校像としています。理想の普通科高校として生徒と保護者の期待に応えられるような様々な取り組みを行っています。

1. 学習・部活動等との両立を目指して生徒をサポートします

　部活動だけでなく、体育祭や文化祭などの学校行事もとてもさかんな学校です。こうした活動と学習との両立を実現するため、19：30を最終下校時刻と定めています。また、冷暖房完備の自習室を設置し良好な学習環境の確保を行っています。

2. 上級生と下級生の交流活動が充実しています

　総合的な探究の時間の取り組みとして、1 年生と 3 年生による合同授業を実施しています。3 年生による模擬授業を通して、高校での過ごし方や勉強方法などを学びます。

3. 地域との交流が盛んです

　所沢市立清進小学校との交流会には、毎年多くの生徒が参加し、授業のお手伝いや児童との触れ合いなど、小高交流を行っています。またボランティア有志メンバーで、通学路清掃などを行っています。

教 育 課 程

　1 年生で基本的な教科を中心に共通科目を学び、2 年生で古典、数学、理科において文系、文理系の 2 つのコースに分かれます。また 3 年生では文系、文理系、理系と 3 つのコースに分かれ、特に文系、文理系には 2 単位のリベラルアーツ選択群があり、思考を豊かにするための様々な分野の中で、学問を楽しみながら探求していくことを目的とした多様な科目の中から授業を選択することができます。

　また総合的な探究の時間(各学年 1 単位)では、多様な活動を通し、生徒が自分自身の課題を探求

データ

日 課 表

S H R	8 ：40～ 8 ：50
1 限目	8 ：50～ 9 ：40
2 限目	9 ：50～10：40
3 限目	10：50～11：40
4 限目	11：50～12：40
昼休み	12：40～13：25
5 限目	13：25～14：15
6 限目	14：25～15：15
清 掃	15：15～15：35

7 限目のある場合

7 限目	15：25～16：15
清 掃	16：15～16：35

1 年 6 組 時間割

	月曜	火曜	水曜	木曜	金曜
1	数学A	現国	情報I	数学I	英コミI
2	英コミI	論表I	体育	言語文化	地理総合
3	数学I	言語文化	地理総合	論表I	情報I
4	体育	公共	英コミI	保健	生物基礎
5	家庭基礎	芸術	生物基礎	総探	公共
6	家庭基礎	芸術	現国	LHR	数学I
7		数学A			

※火曜日のみ 7 時間目があります

進学補講一覧（令和 5 年度）

教科	科目	講座名
国語	現代文	受験対策現代文
	古典	受験対策古文
地歴	世界史	受験対策世界史
	日本史	受験対策日本史
	地理	受験対策地理
公民	政治・経済	政治経済補講
数学	数学(理系)	理系数学補講
	数学	受験対策数学補講
	数学	看護補講
理科	物理	物理補講
	化学	化学補講
	生物	生物補講
英語	英語	英文法講座
	英語	英語総合問題演習
	英語	英単語と長文読解

していく力がつくことを目指しています。

教 育 活 動

1. 学習活動

　本校は、週31時間、50分授業、3学期制の学校です。生徒一人一人の進路希望に対応できるよう、授業の充実につとめ、学力の伸長を図っています。1年入学時には勉強方法についてのガイダンスを行います。3年生では夏季休業中を含め、4月から数多くの進学課外補講を行い、実力養成に努めています。

2. 学校生活

　学校周辺は緑に囲まれ、大変落ち着きのある雰囲気です。また、校舎内は保護者負担のない冷暖房を完備しています。こうした恵まれた学習環境のなか、遠足、体育祭、文化祭、スポーツ大会、マラソン大会、修学旅行（2年次）等にも積極的に取り組み、メリハリのあるバランスのとれた学校生活を送っています。

3. 進路指導

　本校では、約95％以上が進学希望を持って学習に励んでいます。一人ひとりの適性にあった進路選択ができるように、一貫した進路指導を行っています。特に3年1学期の進路ガイダンスは、約80校の大学などを招いて実施しており好評です。

特 別 活 動

　多くの生徒が部活動に加入し、放課後のグラウンドや体育館、特別活動などいたるところで活動しています。陸上競技部は10年以上連続でインターハイ（全国大会）に出場しています。またほとん

どの運動部が、県大会に出場しています。文化部の活動も活発で、吹奏楽部は毎年県大会に出場しています。また美術部が平成29年度と令和元年度に

体育祭

埼玉県高等学校美術展で優秀賞、写真部が令和5年度に埼玉県高等学校総合文化祭写真展で優秀賞を受賞し、全国総合文化祭に出品しました。

在 校 生 の 声

　所沢西高校には、文化祭や体育祭をはじめとして、スポーツ大会や遠足、文化祭などの行事があり、とても充実した3年間を過ごすことができます。また、クリスマス時期のバルーンツリーも毎年の風物詩となっています。皆で声を掛け合い協力しながら作り上げた行事は最高の思い出になるでしょう。このような機会を通して人として成長し、多くのことを学び得た高校生活では、かけがえのない時を過ごせます。生徒会では、このような行事をより楽しめるよう企画・運営を実施しています。また、部活動も盛んであり、運動部と文化部を掛け持ちしている生徒も多数在籍し、充実した日々を送っています。所沢西高校には、親身に相談に乗ってくださる先生方や先輩が沢山いるので安心して学校生活を送れます。所沢西高校で、私達と共に楽しく充実した日々を送りませんか。

　（生徒会長　嘉川　寛大　入間市立東町中学校）

学校説明会などにおいで下さい

学校説明会

1. 第1回学校説明会
　8月20日(火)午後
　所沢市民文化センターミューズ大ホール
2. 第2回学校説明会
　11月9日(土)本校
3. 文化祭(西華祭)
　9月28日(土)・9月29日(日)
　一般公開等未定です
4. 第3回学校説明会
　1月11日(土)本校

　学校説明会や行事等については、日程変更や中止等の可能性があります。申し込み方法や実施の有無など、詳細は学校ホームページにてお知らせします。

卒業後の進路状況

		3年度	4年度	5年度
進学	大　　　学	218	222	223
	短　　　大	11	9	14
	専 門 学 校	68	58	38
就職（公務員）		8	6	9(6)
そ の 他		16	18	22
卒 業 生 徒 数		321	313	306

最近3年間のおもな大学進学先は以下の通りです。
国公立大学：埼玉大、群馬大、岩手大、鹿児島大、埼玉県立大
私立大学：亜細亜大、青山学院大、跡見学園女子大、桜美林大、大妻女子大、杏林大、慶應義塾大、工学院大、國學院大、国士舘大、駒澤大、埼玉医科大、実践女子大、芝浦工業大、淑徳大、城西大、昭和女子大、駿河台大、成蹊大、成城大、専修大、創価大、大正大、大東文化大、拓植大、玉川大、中央大、帝京大、東海大、東京家政大、東京経済大、東京工科大、東京国際大、東京女子体育大、東京電機大、東京農業大、東京薬科大、東京理科大、東洋大、獨協大、二松学舎大、日本大、文教大、法政大、武蔵大、武蔵野大、武蔵野美術大、明治大、明星大、目白大、立正大　など

地図　西武池袋線　小手指駅南口下車徒歩13分

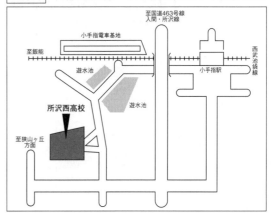

埼玉県立 豊岡高等学校 (全日制)

所在地　〒358-0003　入間市豊岡 1-15-1　☎ 04-2962-5216　FAX 04-2960-1053
ホームページ　https://toyooka-h.spec.ed.jp/
最寄り駅からの順路　西武池袋線入間市駅下車　徒歩 5 分

校　　長	安藤　龍嗣
創　　立	大正 9 年 7 月 5 日
教職員数	87人

生徒数

学科＼学年	1 年 (男)(女)	2 年 (男)(女)	3 年 (男)(女)	計 (男)(女)
普通科	318 (184)(134)	313 (207)(106)	306 (187)(119)	937 (578)(359)

学 校 の 歴 史

　大正 9 年開校。創立104年を迎えた伝統校。昭和 2 年、豊岡実業学校。昭和12年、埼玉県豊岡実業学校。昭和23年、埼玉県立豊岡実業高等学校。昭和39年、埼玉県立豊岡高等学校。平成25年から大学進学重視型単位制を導入。

目 指 す 学 校 像

　地域に根ざし豊かな人間性を培う進学校

教 育 目 標

（1）自ら学び主体的に考え判断し、行動できる生徒の育成
（2）心身を鍛え、未来をたくましく生き抜く生徒の育成
（3）社会性・協調性を備え、地域のリーダーとなる生徒の育成

大学進学重視型単位制

1　単位制では、授業について多くの科目の中から生徒各々が選択できるようになり、特に大学進学重視型では、自分の受験科目について、基礎から応用まで深く学ぶことができます。
2　本校では、国公立大学文系・理系進学、私立大学文系・理系進学、医療看護系進学などに適したカリキュラムを配置しており、志望大学、学部を目指すのに適した授業展開が行われます。
3　教員数が学年制の学校よりも多いため、少人数授業の講座が多く展開されます。
4　将来について考え、適切な科目選択ができるように、ガイダンス機能が充実しています。
5　学校生活の基礎単位としてのクラスは学年制を取っている学校と同じです。

データ　3 年次生の時間割（例）

《理系　理工学部志望の予想例》

	月	火	水	木	金
1	英語コミュニケーションⅢ	英文法総合演習	地学基礎	英語コミュニケーションⅢ	体育
2	数学Ⅲ	数学Ⅲ	地学基礎	論理国語	論理国語
3	英文法総合演習	理系物理演習	体育	物理	共通テスト数学ⅠA
4	論理表現	理系物理演習	英語コミュニケーションⅢ	物理	共通テスト数学ⅠA
5	物理	物理	数学Ⅲ	理系物理演習	英語コミュニケーションⅢ
6	物理	論理表現	数学C	数学Ⅲ	数学C
7	総学				LHR

《文系　経済学部志望の予想例》

	月	火	水	木	金
1	古典探究	古典探究	英語コミュニケーションⅢ	英文法総合演習	文学国語
2	日本史演習	日本史演習	文学国語	英語コミュニケーションⅢ	体育
3	論理表現	英語長文総合演習	論理表現	政治経済Ⅰ	倫理
4	文学国語	英語長文総合演習	論理国語	政治経済Ⅰ	倫理
5	共通テスト英語演習	政治経済Ⅰ	英語コミュニケーションⅢ	英語長文総合演習	英語コミュニケーションⅢ
6	共通テスト英語演習	体育	日本史演習	論理国語	英文法総合演習
7	総学				LHR

教育活動

学習指導・進学への取り組み

1 進路指導部による進路指導部主催の進路ガイダンスや進路講演会開催
2 悩みを解決し、やる気を引き出す面談の実施
3 学習習慣を身につけるための朝テストの実施
4 学校独自の「学習ガイドブック」を用いたきめ細かな指導
5 単位制のシステムに加えて、国公立、難関私立大学を目指す生徒のために「豊高ゼミ」や「進学講習」の実施。「豊高ゼミ」は原則委員会、部活動などに優先して出席できる環境。希望者の中から選抜して、対象者を決定。国語、数学、英語を中心に、学期中の放課後及び長期休業中に実施。「豊高ゼミ」以外の進学講習も長期休業期間や放課後を中心に開講
6 模擬試験を定期的に全生徒に実施
7 進学専門業者と連携した進路指導システムを導入

部活動

文化部

書道 吹奏楽 科学 演劇 写真 美術 音楽
華道 茶道 家庭 箏曲 放送 軽音楽 漫画・
イラスト ダンス 国際交流

運動部

陸上競技 男女ソフトテニス アーチェリー
男女バスケットボール サッカー 野球
男女バレーボール 水泳 男女バドミントン
柔道 剣道 卓球 バトン 登山

学校行事

4月 新入生歓迎会・遠足
9月 豊高祭（文化祭）
10月 体育祭
11月 修学旅行（2年次）九州方面
　　　大学見学会（1年次）
12月 球技大会
2月 駅伝大会
3月 三送会

学校説明会等

7月28日（日） 夏の学校説明会
　　　　　　　（学校説明 授業体験 部活動体験）
10月12日（土） 秋の学校説明会・公開授業
12月14日（土） 冬の学校説明会
＊会場・時間などの詳細は本校HPをご覧下さい。

卒業後の進路状況

		R3年度	R4年度	R5年度
進学	大学	213	216	219
	短大	10	11	10
	専門学校	58	61	52
就職（公務員）		4	8	3
その他		32	15	25
卒業生徒数		317	311	309

主な進学先
国公立大学
鳥取大
私立大学
亜細亜大 跡見学園女子大 杏林大 工学院大 国士舘大
駒澤大 埼玉医科大 城西大 駿河台大 成蹊大 専修大
大東文化大 帝京大 拓殖大 東京家政大 東京経済大 東京電機大 獨協大 東洋大 日本大 法政大 東京農業大
中央大 武蔵大 日本体育大

地図 西武池袋線入間市駅下車 徒歩5分

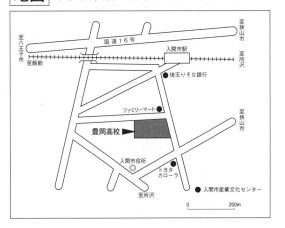

埼玉県立 滑川総合高等学校 (全日制)

所在地 〒355-0815 比企郡滑川町月の輪4丁目18番地26 ☎ 0493-62-7000
ホームページ https://nameso-h.spec.ed.jp/
メールアドレス info@nameso-h.spec.ed.jp
最寄り駅からの順路 東武東上線「つきのわ」駅下車 徒歩6分

総合学科棟

募集定員 総合学科280名(予定)

校 長	野本 志江
創 立	昭和51年4月1日
教職員数	85人

生徒数

学科＼学年	1年(男)(女)	2年(男)(女)	3年(男)(女)	計(男)(女)
総合学科	279 (142)(137)	275 (121)(154)	257 (111)(146)	811 (374)(437)

自然と調和したニュータウンの学校

本校は、平成17年4月に総合学科高校に転換し、今年で20年目を迎えました。17年以上に及んだ区画整理事業が終了し、かつて「森の園 開けし台地」と歌われた学校周辺も「自然と調和した美しいニュータウン」に生まれ変わりました。

本校は、東武東上線「つきのわ駅」から徒歩6分に位置し、県下県立高校最大の総合学科棟を備えた進学型総合学科の高校です。体系的・組織的な進路指導で皆さんの「夢」や「希望」を実現します。ホームページでもその躍動感に溢れた様子を紹介しています。学校説明会でも詳しく説明しますので、ふるって参加してください。

教 育 課 程

普通科をベースにした「進学型の総合学科高校」です。充実した必修科目に加え、大学・短大への進学対策が万全となる選択科目、資格取得や夢をはぐくむ多彩な学校設定科目など、140講座をこえる授業を展開しています。時代の最先端を行く「人文社会」「自然科学」「国際文化」「ビジネス・メディア」「健康・スポーツ」「ヒューマンデザイン」の6系列があり、自分の進路希望や受験科目、興味・関心にあわせて、豊富なメニューから必要な科目が選択できます。この教科・科目の選択については、1年次の授業「産業社会と人間」(週2時間)の中で、一人一人の生徒に対して十分指導していきます。

滑川総合高校がめざすもの

1 万全の体制であなたの進路希望を実現します。

自己探求やキャリアガイダンスを中心とした「産業社会と人間」を学んだ上で、体験型進路説明会、会場式進学相談会、大学短大等見学会、組織的な進学補習「なめこ塾」、スタディサプリ、サマーセミナー(夏季進学補習)実施、各分野に応じた模擬試験の実施など、充実した指導であなたの進路希望を実現します。

2 ハイクオリティな「学び」を提供します。

本校には、最新設備を備えたコンピュータ室、CALL教室、介護実習室、フードデザイン実習室、各種運動マシーンが並ぶスポーツ科学実習室と共に多彩な講義室など大学のような設備があります。

これらの施設を活用して、各系列の授業において最先端の選択授業を展開します。

3 充実した部活、豊富な資格取得を実現します。

運動部では、インターハイ出場の陸上競技部や甲子園出場経験のある野球部、関東大会出場の弓道部、県大会上位を目指すバスケットボール部、バドミントン部、ソフトテニス部等。文化部では、全国大会出場の書道部、東日本大会出場経験のある吹奏楽部等、多くの生徒がそれぞれの部活で頑張っています。

また、情報処理、簿記、秘書、ビジネス文書検定等のビジネス系の資格取得や食物調理技術検定、被服製作技術検定、保育技術検定、介護職員初任

者研修修了等のヒューマン系の資格取得等を支援しています。

多彩な科目選択

一人一人の進路に応じた科目選択により、興味ある授業を受けることができます。

下表のように2年次「A群〜E群」10単位、3年次「あ群〜く群」17単位分が選択科目を学習する時間になります。各群に9〜13の選択科目が用意され、各自の進路・興味・関心に合わせ選択できるようになっています。

	1	2	3	4	5	6	7	8	9	10	11	12	13	14	15	16	17	18	19	20	21	22	23	24	25	26	27	28	29	30
1年次	現代の国語		言語文化		地理総合		数学Ⅰ			数学A		科学と人間生活		体育			保健	音楽Ⅰ・美術Ⅰ・書道Ⅰ		英語コミュニケーションⅠ				家庭総合		情報Ⅰ		産業社会と人間		LHR
2年次	論理国語		歴史総合		公共		物理基礎/化学基礎 生物基礎/地学基礎		体育			保健		英語コミュニケーションⅡ			家庭総合			A		B		C		D		E	総探	LHR
3年次	論理国語		日本史探究		体育		英語コミュニケーションⅢ			あ		い			う		え		お		か			き			く		総探	LHR

3年次選択科目(例)

スポーツ概論　スポーツ総合演習　社会福祉基礎　介護福祉基礎　生活支援技術　ファッション造形基礎 フードデザイン　財務会計　ソフトウェア活用　ビジネス基礎　ビジュアルデザイン　実用の書　工芸 英会話基礎　中・独・仏語　など

進路状況(令和5年度)

大学	短大	専門	就職
68	28	100	59

(令和5年度主な進学・合格先)

私立大学　東京経済大、東洋大、東京電機大、文教大、大東文化大、淑徳大、日本体育大、東京女子体育大、十文字学園女子大、城西大、立正大、東京国際大、杏林大、東京薬科大、日本薬科大、大阪芸術大

学校説明会・体験入学
※日程は必ず学校HP等でご確認ください。

1 体験入学

　7月30日(火)　本校
　9:00〜12:00、13:30〜16:00

2 学校説明会

　8月27日(火)　女子栄養大学　10:00
　10月19日(土)　本校　　　　　9:00
　11月16日(土)　本校　　　　　9:00
　12月14日(土)　本校　　　　　9:00
　1月18日(土)　本校　　　　　10:00

3 学校見学

　電話申込みで随時受け付けています。

地図
東武東上線「つきのわ」駅下車　徒歩6分

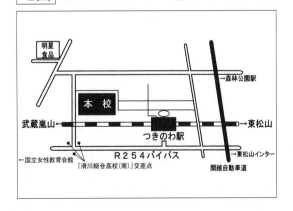

埼玉県立 新座高等学校（全日制）

所在地　〒352-0015　新座市池田 1-1-2　☎ 048-479-5110
ホームページ　https://niiza-h.spec.ed.jp
最寄り駅からの順路〈　武蔵野線　北朝霞駅下車┐西武バス20分
　　　　　　　　　　　東上線　　朝霞台駅下車┘新座高校下車　徒歩5分　〉
　　　　　　　　西武池袋線ひばりヶ丘駅下車＜西武バス15分池田二丁目下車　徒歩5分＞

武蔵野の緑に囲まれた校舎〈豊かな自然があります〉

校　　　長	松島　雄哉
創　　　立	昭和48年4月1日
教職員数	63人

生徒数

学年 学科	1年(男)(女)	2年(男)(女)	3年(男)(女)	計(男)(女)
普通科	199 (97)(102)	174 (74)(100)	150 (53)(97)	523 (224)(299)

目指す学校像
一人一人の自立を重んじ、主体的に社会に貢献できる人材を育む学校

教　育　目　標

変化が激しい社会を生き抜くために、社会人として自立し、主体的に社会に貢献できる生徒を育成する。

教　育　課　程

1・2年次は普通科目を共通に履修・修得します。3年次は、様々な分野への進路を実現するため、3つの選択群より1科目ずつ計8単位分の科目を選択します。

そ　の　他
※日程は必ず学校HP等でご確認ください。

部活動体験　　7月26日（金）
学校説明会　　9月21日（土）、10月26日（土）、
　　　　　　　11月30日（土）、1月18日（土）

資格を取ろう!!

先生方が合格に向けて、放課後補習で熱心に面倒をみています。
〈本校で取得できる検定資格一覧〉
※傍線の検定は、生徒全員に受検させている。それ以外は希望者受検。

国語科	○日本漢字能力検定	芸術科	○硬筆書写技能検定　○毛筆書写技能検定
英語科	○実用英語技能検定	情報科	○日本語ワープロ検定　○情報処理技能検定
			○文書デザイン検定　○プレゼンテーション作成検定

○令和6年度入学生の教育課程

	単位数	1	2	3	4	5	6	7	8	9	10	11	12	13	14	15	16	17	18	19	20	21	22	23	24	25	26	27	28	29	30
第1学年	科目	現代の国語		言語文化		公共		数学I			数学A		化学基礎		体育			保健	音楽I 美術I 書道I		英語コミュニケーションI			論理・表現I		家庭総合		情報I		総探	LHR
第2学年	科目	論理国語		文学国語		地理総合		歴史総合		数学II				物理基礎		生物基礎		体育			保健	音楽II 美術II 書道II		英語コミュニケーションII			家庭総合			総探	LHR
第3学年	科目	論理国語			文学国語			日本史探究 世界史探究			政治・経済		数学B		地学基礎		体育		英語コミュニケーションIII			選択A			選択B			選択C		総探	LHR

選択A：古典探究、日本史探究、世界史探究、数学III、化学、論理・表現II
選択B：国語表現、物理、生物、情報II、保育基礎、総合英語I
選択C：数学C、数学理解、音楽III、美術III、書道III、ファッション造形基礎、フードデザイン、スポーツ・レクリエーションI、エッセイライティングI

教 育 活 動

1　学習活動
県教育委員会指定「学習サポーター配置校」
「埼玉県スクールカウンセラー・スクールソーシャルワーカー」配置校

1・2学年
　1年次は生徒一人一人にきめ細かく指導が行き渡るよう1クラス34人前後の少人数学級編制を導入しています。さらに1・2年次で国語・数学で少人数授業、英語で習熟度授業を展開しています。また、芸術は音楽・美術・書道の中から選択します。1・2年次を通じて基礎基本の定着と幅広い知識の習得を図ります。

3学年
　3年次では、3つの選択群より1科目ずつ8単位分の科目が選択でき、様々な分野への進路実現を目指します。選択科目には国語・数学・英語・理科・地歴公民の科目の他、次の専門科目が選択できます。
　○芸術(音楽Ⅲ、美術Ⅲ、書道Ⅲ)
　○体育(スポーツ・レクリエーション)
　○家庭(保育基礎、フードデザイン、ファッション造形基礎)
　○情報(情報Ⅱ)
面接指導や進学・検定向けの補習も活発に行われています。

2　進路指導
　「コツコツは、勝つコツ」をコンセプトとして、1年生からの進路活動を大切にしています。また、生徒の多様な進路希望に対応したきめ細かな指導にも取り組んでいます。

3　特別活動
　学校行事では、2年次の修学旅行、そして各学年の遠足などがあります。生徒会活動も盛んで、文化祭、体育祭など多彩な行事が実施されています。
　部活動では、11の運動部があり、毎日楽しく活動しています。野球部、バドミントン部、バスケット部、バレーボール部、テニス部、陸上部、卓球部、剣道部などが大会に向けて頑張っています。文化部は9あり、吹奏楽部、美術部や書道部など、意欲をもって地道に活動しています。

体育祭の様子

卒業後の進路状況
(1)進路状況一覧(各年度3月末現在)

分野別		令和3年度	令和4年度	令和5年度
進学	4年制大学	42	33	35
	短期大学	14	16	11
	専門学校	53	51	46
	看護・医療	6	3	6
就職	一般企業	42	45	39
	公 務 員	2	2	1
	そ の 他	12	11	16
卒 業 生 総 数		171	161	154

(2)主な進学先　※五十音順
4年制大学　跡見学園女子大　浦和大　国士舘大　埼玉学園大　十文字学園女子大　淑徳大　城西大　城西国際大　湘南工科大　尚美学園大　杉野服飾大　駿河台大　聖学院大　大正大　大東文化大　拓殖大　帝京科学大　帝京平成大　東京家政学院大　東京女子体育大　東京都市大　東洋学園大　日本経済大　日本薬科大　文教大　明海大　明星大　目白大

短　　大　秋草学園短大　川口短大　女子栄養大短大部　拓殖大北海道短大　帝京短大　貞静学園短大　戸板女子短大　東京交通短大　日本歯科大東京短大　武蔵野短大

看護専門学校　板橋中央看護専門学校　川口市立看護専門学校　川越看護専門学校　済生会川口看護専門学校　埼玉医療福祉会看護専門学校　戸田中央看護専門学校　日本大医学部附属看護専門学校

専門学校　秋草学園福祉教育専門学校　大原情報ビジネス専門学校　大宮理容美容専門学校　香川調理製菓専門学校　窪田理容美容専門学校　国際文化理容美容専門学校　コーセー美容専門学校　埼玉県立川口高等技術専門校　中央動物専門学校　東京電子専門学校　日本工学院専門学校　日本電子専門学校

地図　西武バス「新座高校」バス停下車徒歩5分

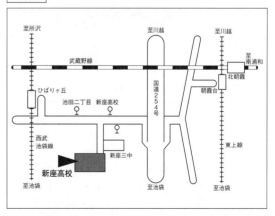

日本美容専門学校　ホンダテクニカルカレッジ関東　武蔵野栄養専門学校　早稲田美容専門学校

(3)主な就職先　※五十音順
アイオプト　曙　アドバンス　エースコック　オーケー　角上魚類　グレープストーン　西武・プリンスホテルズワールドワイド　瀧野川信用金庫　TBCグループ　東ハト　日本ホテル　日本郵便　はとバス　原田　不二家　文明堂東京　ホンダレインボーモータースクール　マルエツ　丸広百貨店　三越伊勢丹　ヤオコー　山崎製パン　ヨネックス　航空自衛隊

埼玉県立 新座柳瀬高等学校（全日制）

所在地 〒352-0004　埼玉県新座市大和田4丁目12番1号
　　　　☎ 048-478-5151　FAX 048-489-1030
ホームページ https://niizayanase-h.spec.ed.jp
最寄り駅からの順路 ① JR 武蔵野線《新座駅》下車、徒歩20分　自転車で7分
　　　　②東武東上線《志木駅》下車、東武又は西武バスで『団地南』下車　徒歩5分
　　　　③東武東上線《柳瀬川駅》下車、徒歩22分　自転車で7分

校　長	伊藤　孝人
創　立	平成20年4月
教職員数	61人

生徒数

学年　　学科	1年(男)(女)	2年(男)(女)	3年(男)(女)	計(男)(女)
普通科	198 (100)(98)	193 (84)(109)	182 (80)(102)	573 (264)(309)

本校の概要

設置
　平成20年4月、新座北高校と所沢東高校が再編整備され、新座柳瀬高校が開設され17年目を迎えました。
　10周年を機に、制服を一新しました。

学科等
　全日制　普通科　単位制　男女共学

募集人員
　普通科　200名（男女共学）

教育活動の特色

　「最後までとことん面倒をみる」ことを基本姿勢とし、生徒には満足感を、保護者には安心感を与える学校を目指します。
　そのために生徒が目標を見つけ、実現していくのに必要な力を養うため、少人数指導、単位制を生かした多様な選択科目の設定により、基礎学力の定着、進学・就職に向けた学力向上、各種の資格取得などに力を入れています。
　また、社会でも通用する学力、規律ある態度を身につけた生徒の育成を目指し、地域から信頼され、地域の発展に貢献できることを目指します。

教科指導
◎　きめ細やかなサポートと特色ある単位制
　1年次で数学Ⅰと英語CⅠで少人数の授業を実施しています。単位制普通科の特色を生かし、生徒の興味関心に応じた選択科目を展開しているので、大学、短大、専門学校、就職と多様な進路希

夏服

望に応じた科目を選ぶことができます。授業の中で資格取得、受験対策演習、実技演習ができる数少ない高校です。得意分野を伸ばすのも苦手不得意分野を克服するのも、あなた次第です。教員はいつでも質問や補習に応じます。

生徒指導
◎　明るく規律ある高校生活
　楽しい中にも礼儀を忘れず、生徒と先生が力を合わせて明るく爽やかな校風を作っています。
　3つの生活訓をさだめ、生徒にわかりやすい指導を継続します。
Ⅰ　はじまりは「おはよう」、あいさつをしよう。
Ⅱ　「だめなもの」は「だめ」、きまりを守ろう。
Ⅲ　「なるほど、そうなんだ」、発見しよう。
　年間を通して登校時の正門指導、交通安全指導、整容・遅刻指導などにより、基本的な生活習慣の確立や規律ある態度の育成を目指します。

体育祭

進路指導
◎　充実の進路指導
段階を踏んで
　「３年間を見通した進路計画」に基づき、１年次から段階を踏んで進路の実現を目指します。社会人講演会、職業理解ガイダンス、分野別説明会、進路研究週間、卒業生との懇談会、適性検査、模擬テストなどを重ねて進路設計を固めます。
きめ細やかに
　個々の進路希望に対応して、個別面談も含め一人一人にきめ細やかな指導を行います。
体験型行事も充実
　２年次には、大学や専門学校の模擬授業を受けたり、希望者がインターンシップに参加し、体験を通して進路実現への意欲と理解を深めます。

部活動
◎　部活は年々さかんで、実績をあげています。
　11の運動部、11の文化部が顧問の先生の熱心な指導のもと、活発に活動しています。
　運動部では、バレーボール部、バドミントン部を始め、ソフトテニス部、テニス部、野球部、サッカー部、男女バスケットボール部、剣道部などが、普段の練習や練習試合に熱心に取り組んでいます。
　文化部では、演劇部は全国大会や関東大会に出場しました。その他、内容の充実した美術部、茶道部や、書道部などが熱心に活動しています。また、チアリーディングに取り組むチアダンス部は特色ある部といえます。

資格取得
　ICTプロフィシエンシー試験、簿記検定、秘書検定、食物調理検定、保育検定、被服検定といった実技資格に合格。漢検、英検、数検のサポートも充実しています。

学校説明会・体験入学等

※日程は必ず学校ＨＰ等でご確認ください。
◎　学校を見に来て、確かめてください。
＊学校説明会
　７月31日(水)10：00〜11：30
　　　　　　　朝霞市民会館ゆめぱれす
10月５日(土)13：00〜15：00　本校
11月９日(土)13：00〜15：00　本校
１月18日(土) ９：30〜11：30　本校
◎　詳細は本校ＨＰをご覧ください。

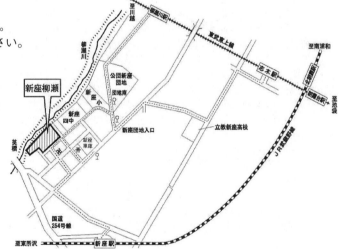

令和７年度　入学者新教育課程

		1	2	3	4	5	6	7	8	9	10	11	12	13	14	15	16	17	18	19	20	21	22	23	24	25	26	27	28	29	30
新教育課程案	1年次	現代の国語		言語文化		歴史総合			数学Ⅰ（少人数）			数学A		化学基礎			英語CⅠ（少人数）			体育			保健	芸術Ⅰ		家庭総合		情報Ⅰ		LHR	総探
	2年次	論理国語		公共		数学Ⅱ／実用数学基本			体育				保健	芸術Ⅱ		家庭総合		英語CⅡ			生物基礎		選択①			選択②		選択③		LHR	総探
	3年次	文学国語		地理総合		英語CⅢ			体育			地学基礎		選択A			選択B			選択Cα			選択Cβ		選択D			選択E		LHR	総探

埼玉県立 飯能高等学校（全日制）

所在地 〒357-0032 飯能市本町17-13 ☎ 042-973-4191

最寄り駅からの順路 西武池袋線飯能駅から 徒歩12分、
JR八高線・西武池袋線東飯能駅から 徒歩15分

校　　長	矢島　得充
創　　立	大正11年5月1日
教職員数	58人

生徒数

学科＼学年	1年(男)(女)	2年(男)(女)	3年(男)(女)	計(男)(女)
普通科	278 (137)(141)	262 (132)(130)	219 (88)(131)	759 (357)(402)

※令和5年度から、飯能高校と飯能南高校が統合し、進学を重視した地域と協働する単位制の高校としてスタートしました。クラス数は7クラス（1クラス増）となります。

目指す学校像

・地域と協働した探究的な学びを通して、社会に貢献できる人材を育成し、生徒・保護者・地域から信頼される進学を重視した学校

求める生徒像

・単位制による教育内容を理解し、将来の進路希望の実現へ向け、高い目標を持ち、学業に真摯に取り組む意欲のある生徒
・地域と協働した探究的な学びについて興味・関心を持ち、積極的に取り組む意欲のある生徒
・学校行事や部活動、地域との交流などに仲間とともに積極的に取り組む意欲のある生徒

教育課程

　単位制を導入し、生徒の興味・関心、能力・適性、進路希望に応じた多様な選択科目を設置しています。また、新しい時代に求められる資質・能力を育むために教科横断的な科目を設置するとともに、タブレット端末を1人1台導入しICTを活用した探究的な学びを推進しています。

　全学年通じて、週31単位授業(月曜日7時間授業)を実施し、進学を目指す上で必要な授業時間数を確保しています。また、「総合的な探究の時間」では、地域や企業と協働し、「課題設定→情報収集→整理分析→まとめ・発表」の探究サイクルをまわすことで、主体的・対話的で深い学びを実践します。

　1年次では、今後の進路に対応できるよう幅広くバランスを図った教科・科目を設置し、応用力を見据えた基礎学力を定着させます。

　2年次では、14の選択科目から6単位を選択し履修します。選択科目に、「古典探究」、「日本史探究」、及び「世界史探究」を設置し、探究的な学びを通じて、理解を深め発展させていきます。また、学校設定科目「実用英語」を用意し、英語検定試験等の指導も行っています。

　3年次では、進路に応じて18単位を選択し履修します。選択科目には、進学に必要な科目はもち

データ

＜部活動名＞

・運動部（13）
　野球、陸上競技、男子バスケットボール、女子バスケットボール、女子バレーボール、卓球、剣道、弓道、サッカー、男子ホッケー、女子ホッケー、バドミントン、ソフトテニス

・文化部（8）
　家庭科、吹奏楽、環境科学、チアダンス、芸術、伝統文化、マルチメディア、探究部

＜進路状況＞

大学：青山学院大、明治大、中央大、亜細亜大、学習院大、杏林大、埼玉医科大、創価大、大東文化大、拓殖大、帝京大、東京経済大、東洋大　など

短大：秋草学園短大、埼玉医科大短大、埼玉女子短大、女子栄養大短大部、白梅短大、武蔵丘短大、武蔵野短大

就職：東和銀行、飯能信用金庫、ASKUL LOGIST、新電元スリーイー、椿本チエイン、ヤオコー、東洋水産、鷺宮製作所、刑務官、埼玉県警、自衛隊　など

ろん、「スポーツ総合演習」、「保育基礎」、「フードデザイン」、「服飾手芸」、「簿記」などの専門科目もあります。また、地域の課題を探究する「地域創造学」や人文・社会科学の広範な分野を学ぶ「リベラルアーツ」を設置し、新しい時代に求められる力を育てます。

教育活動

・学校生活
　本校は、奥武蔵野の自然を背に、落ち着いた佇まいを見せる町、いわば自然と文化が融合した飯能市に位置しています。
　この恵まれた環境の中で、学習活動や部活動など、明るくのびのびとした高校生活がくりひろげられています。
　本校の大きな特徴は、「探究的な学び」に力を入れているところです。飯能市役所、地元企業、商工会議所及び青年会議所と協働し、地域の課題等に自分事として取り組み、解決力、情報収集力、論理的思考力、コミュニケーション力、表現力などの力を高めることを目的としています。また、「異校種間交流」を積極的に行い、保育所・幼稚園・小学校・中学校・大学などとの交流を通して、生きる力を育て、志を高く持つことを目指しています。

・学習活動
　日々の学習指導は、新しい時代に求められる資質・能力の育成を目指し、主体的・対話的で深い学びの視点から、学習内容及び教育環境の充実を図り、地域との協働による探究的な学びを推進し実践しています。
　グローバル社会に対応できる国際感覚や語学力を育成することを目的とし、特に英語検定試験を奨励しています。準1級の合格者も出ています。
　また、駿河台大学、武蔵野学院大学・武蔵野短期大学と連携し、学校外における学修として特別講座を受講し、大学の評価を基に本校の単位を認定しています。

・進路指導
　『将来の目標を持ち、自ら進路を切り拓く力を育むきめ細かな進路指導』により、中堅私大の合格者増を目指しています。進学補習・模擬試験の利活用により、一般入試に対応できる学力を育てます。また、総合型選抜入試等に対応するため、大学・短大等の教職員による模擬面接指導も行っています。

特別活動

・主な学校行事
　新入生歓迎会（4月）、遠足（4月）、体育祭（6月）、球技大会（学期末）、文化祭（9月）、修学旅行（2年）、ウォーク21（秋の奥武蔵を約20km歩きます）

・部活動
　運動部では、ホッケー部は全国大会常連。弓道部は関東大会に出場。他にも、陸上競技部・卓球部等が県大会に出場し、上位を目指しています。また、ソフトテニス部を新設し、県大会入賞を目指しています。
　文化部では、芸術部・伝統文化部・マルチメディア部を新設。各部では、芸術…(書道／美術／写真)、伝統文化…(華道／茶道／筝曲)、マルチメディア…(パソコン／放送)の班に分かれて、班ごとに活動を行っています。

その他 ※日程は必ず学校HP等でご確認ください。

・制服
　新校に相応しいフロンティアブルーを基調とした制服に一新します。一人一人が自分らしくいられることを大切にした「ジェンダーレス・デザイン」を採用しています。

・施設
　ICTをフルに活用できるICT室やアクティブラーニングを可能とする教室を新設します。

・学校説明会
　7月13日（土）、8月24日（土）飯能高校にて実施します。詳細や以降の学校説明会等の予定につきましては、飯能高校HP等で随時公表していきます。

ホッケー部（関東大会）

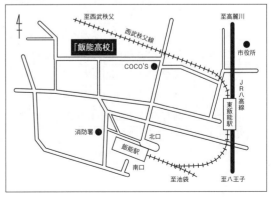
地図　西武池袋線飯能駅から　徒歩12分、JR八高線・西武池袋線東飯能駅から　徒歩15分

埼玉県立 日高高等学校 （全日制）

所在地 〒350-1203　日高市旭ヶ丘806　☎ 042-989-7920　FAX 042-985-4412
ホームページ https://hidaka-h.spec.ed.jp/
最寄り駅からの順路　JR川越線武蔵高萩駅から徒歩9分

正門から見た校舎

校　　長	吉澤　　修
創　　立	昭和49年4月1日
教職員数	46人

生徒数

学科＼学年	1年 (男)(女)	2年 (男)(女)	3年 (男)(女)	計 (男)(女)
普 通 科	112 (50)(62)	116 (37)(79)	100 (50)(50)	328 (137)(191)
情報コース	23 (11)(12)	36 (18)(18)	30 (16)(14)	89 (45)(44)
計	135 (61)(74)	152 (55)(97)	130 (66)(64)	417 (182)(235)

学校の歴史・概要

　日高市は、奈良時代の始め高麗郡が置かれたと「続日本紀」に記されているように古い歴史と豊かな文化を誇っています。学校の北西には秩父連山を望み、東には日光街道の杉並木が残る広々とした緑豊かな平地にあります。
　開校以来、地域に根ざした学校づくりに努めています。西部地区唯一の情報コースを有する普通高校として、個に応じた指導を徹底し、9,000名を超える有為な人材を輩出して参りました。
　本校は、県内でも希な全館冷暖房設備を備え、年間を通して快適な学習環境が確保されています。

教 育 課 程

　朝のSHRを利用して、各学年で「朝学習」「朝読書」に取り組んでいます。
普通科
　1クラス30名程度の少人数学級を第1学年で編制し、生徒一人一人に目が行き届くよう、きめ細やかな指導を行っています。1・2年生では、基礎的な科目をしっかりと学習します。3年生では、8単位分(17講座より選択)の科目選択を設置し、興味・関心・進路に応じて学習します。
情報コース
　普通科目に加えて、情報や商業に関する科目を学びます。西部地区普通科高校で唯一のコースで、

データ　(時間割例)

2年(普通科)

	月	火	水	木	金
1	英CⅡ	物理基礎	化学基礎	数学Ⅱ	数学Ⅱ
2	数学Ⅱ	英CⅡ	数学Ⅱ	家庭総合	体育
3	化学基礎	芸術Ⅱ	論理国語	体育	文学国語
4	歴史総合	歴史総合	物理基礎	歴史総合	化学基礎
5	保健	論理国語	芸術Ⅱ	論理国語	家庭総合
6	総合探究	体育	文学国語	LHR	英CⅡ

注：総合探究は「総合的な探究の時間」

1年(情報コース)

	月	火	水	木	金
1	言語文化	英CⅠ	英CⅠ	体育	情報処理
2	情報処理	生物基礎	数学Ⅰ	現代の国語	公共
3	数学Ⅰ	情報Ⅰ	簿記	公共	情報Ⅰ
4	英CⅠ	簿記	言語文化	簿記	簿記
5	生物基礎	現代の国語	体育	保健	生物基礎
6	総合探究	体育	情報処理	LHR	数学Ⅰ

注：総合探究は「総合的な探究の時間」
　　英CⅠは「英語コミュニケーションⅠ」

資格取得を目標に3年間を通して情報・商業の専門科目を学習します。情報処理・電卓・ワープロ・簿記などの検定にチャレンジし、上位級に合格する生徒も多数います。令和3年度は国家試験ITパスポートに2名合格しました。3年生では4単位分(15講座より選択)の科目選択を設置しています。

教 育 活 動

1 学習活動

すべての教科において、基礎・基本の確認を大切にしたわかりやすい授業を展開しています。また、1年生普通科では少人数学級編制、1年生の英語と2年生の数学では少人数指導、情報・商業の授業ではTTによるきめ細やかな授業を行っています。また、令和3年度から、全学年での朝学習実施の他、タブレットや学習サポーターの導入など、授業以外の時間においても学び直しから応用力養成に向けた取組を行っています。

2 学校生活

生徒会役員生徒による「朝のあいさつ運動」で1日がスタートします。自然豊かな恵まれた環境と充実した施設設備の中で、生徒は先生との強い信頼関係と絆のもと、勉強・部活動・学校行事に、充実した学校生活を送っています。

また、全人教育の観点から、学校行事にも力を入れ、校外学習(遠足)、修学旅行、体育祭、強歩大会、文化祭、三送会等の学校行事、その他社会貢献活動にチャレンジしています。

3 進路指導

生徒一人一人の適性・能力や希望に合った適切な進路選択と希望進路実現を目指し、1年生から計画的に進路ガイダンスとキャリア教育を行っています。適性・性格検査等をとおして、生徒各自の「自分探し」、仕事調べや外部講師による説明会、上級学校の模擬授業体験、卒業生との進路交流会などの実施により一人一人の将来の夢が実現でき

るよう支援しています。

特 別 活 動

1 部活動

運動部8、文化部は9あり、熱心に活動しています。運動部、文化部とも、先生と生徒が一体となって活動し、放課後や休日はグラウンド・体育館・教室に活気があふれています。特に、かるた部は全国大会に、軽音楽部は関東大会に出場を果たしています。吹奏楽部や軽音楽部は、地域の行事に積極的に参加し、練習の成果を発表しています。

2 生徒会

本校では、生徒会活動が活発で、生徒会本部役員が中心となって、「あいさつ運動」「交通安全運動」を行い、よりよい学校作りを目指して自主的に活動しています。新入生歓迎会や文化祭、三送会等を主催しています。特に、文化祭は、各クラスが特色ある企画を競い合って発表しています。

そ の 他　　※日程は必ず学校HP等でご確認ください。

学校説明会　9：30〜12：00
10／12（土）、11／9（土）、12／14（土）、1／25（土）
○令和2年度から女子生徒がスカート以外にスラックスも選べるようになりました。

卒業後の進路状況

進　路		令和3年度	令和4年度	令和5年度
進学	大学・短大	21	38	38
	専修・各種	64	44	42
就　　職		52	37	36
そ　の　他		8	12	15

＜主な進学先＞
法政大、駿河台大、城西大、東京国際大、東洋大、尚美学園大、聖学院大、十文字学園女子大、武蔵野学院大、西武文理大、浦和大、秋草学園短大、埼玉女子短大、埼玉医科大学短大、武蔵丘短大、日本工学院八王子専門、文化服装学院、新宿医療専門

＜主な就職先＞
三輪精機、シグマ光機、ぎょうざの満洲、インフェック、ヤオコー、ベルク、エービーシー・マート、日本郵便、五十嵐冷蔵、ロジスネクスト東京、ニフス、太平洋ゴルフサービス

地図　JR川越線武蔵高萩駅から徒歩9分

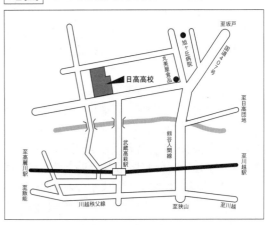

埼玉県立 富士見高等学校 （全日制）

所在地 〒354-0002　富士見市上南畑950　☎ 049-253-1551
ホームページ https://fujimi-h.spec.ed.jp
最寄り駅からの順路 東武東上線志木駅東口発　東武バス25分　下車徒歩5分
　　　　　　　　　　　　東武東上線鶴瀬駅東口発　富士見市巡回バス15分　下車徒歩2分

校　長	池田　　泰
創　　立	昭和51年4月1日
教職員数	61人

生徒数

学年＼学科	1年(男)(女)	2年(男)(女)	3年(男)(女)	計(男)(女)
普通科	199 (131)(68)	176 (92)(84)	204 (122)(82)	579 (345)(234)

シン　Fujimi

　昭和51年に開校した富士見高校は令和7年に50周年を迎えます。この50周年を機に、良いものは継続し、時代に合わせて変化し、生徒の成長を促していきます。

　充実した高校生活が送れるように、学習、行事、部活動を3つの柱として、教育活動を行います。そして、きめ細かい進路指導を行い、生徒一人一人の高い志にあった進路実現をしていきます。

学習活動

　令和5年度より開設している「大学クラス」と以前からある「一般クラス」の習熟度別授業が大きな魅力です。

　また、全生徒がスタディサプリを利用して、計画的な学習を行い、学力向上の効果が出ています。
「大学クラス」

　大学進学を希望する生徒で編制をしています。大学進学実現に向けて「授業」を補完する「朝学習」、学力把握のための「外部模試」、進路実現に有効な「資格取得」を柱とした学習活動を行います。オープンカレッジは、文京学院大学、武蔵野学院大学と連携協定を結び、大学での学問に高校1年生から触れます。また、総合型選抜に向けて「総合的な探究活動」を行います。

「一般クラス」

　1クラス33名の少人数クラス編制を行い、さらに国語、数学、英語について習熟度別の授業を行っています。1講座22名で行っています。

	月	火	水	木	金
1限	数A	家庭	現国	体育	数A
2限	化学	英語	化学	数Ⅰ	家庭
3限	英語	保健	地理	現国	情報
4限	言語	情報	言語	化学	地理
5限	数Ⅰ	数Ⅰ	芸術	総探	体育
6限	体育	地理	芸術	LHR	英語

一般クラス時間割例（網掛けは習熟度別授業）

行　　事

　勉強だけでは、楽しい高校生活は送れません。令和5年度より、生徒会本部が中心となり、今まで以上に生徒主体の行事を実施しています。9月に行う「楓樹祭」(文化祭)は、コロナ前よりも大きくバージョンアップしたものとなっています。10月に行う「体育祭」はクラスが一丸となって優勝を目指します。7月と12月には「球技大会」を実施します。11月には「マラソン大会」を実施し、大きな達成感を味わいます。また、2年生で「修学旅行」を実施しており、令和6年度は広島・神戸に行きます。1、3年生は「遠足」を実施します。

部 活 動

運動部11部、文化部14部がそれぞれの目標に向けて、放課後活動をしています。令和5年度より、バドミントン、ジャグリング、チアリーディングが新たに活動を開始し、今まで以上に活気ある放課後となっています。

書道部は、埼玉県代表として昨年の8月に鹿児島で行われた「全国高等学校総合文化祭」に作品を出品し、特別賞を受賞しました。ジャグリング部は経験者がいない中、日頃の練習によって技術の向上が目に見えてわかります。また、野球部、空手道部など新しい雰囲気となった部活動もたくさんあります。

進路指導

きめ細かい進路指導が、富士見高校の魅力の一つでもあります。1年生から外部講師を招いた進路研修会を複数回行い、進路意識を高めていきます。また、分野別ガイダンスでは、大学、短大、専門学校等から担当者をお招きし、生の情報を直接生徒へ伝えていただいています。2年生から、大学入試対策を本格的に始め、小論文やプレゼンなどの指導に力を入れています。

施 設

念願であったトイレ改修を行い、令和6年度には、きれいで温水便座つきの新しいトイレになりました。また、学食があり温かい昼食を毎日食べることが出来ます。

地域連携

富士見市内で唯一の高校として、富士見市主催の行事(子どもフェスティバル、ふるさと祭り等)には積極的に参加し、地域との連携を深めています。また、東中学校、南畑小学校、富士見特別支援学校とも連携したイベントを実施しています。さらに、富士見市議会とコラボし、出前講義をしていただいたり、市政について議場で意見を答弁する機会もあります。

主な進路状況

早稲田大学、日本大学、東洋大学、駒澤大学、産業能率大学、大東文化大学、国士舘大学、亜細亜大学、帝京大学、文京学院大学、武蔵野大学、東京家政学院大学、城西大学

主な就職

㈱ハイデイ日高、㈱共立リゾート、㈱アサヒセキュリティ、㈱東武ストア、アート引越センター㈱、㈱ヤオコー、㈲恵雄会富士見の里、㈱不二家、㈱ベルク、㈱ニフス、㈱東ハト、協栄設備㈱、㈱イハシエネルギー、三井住友金属鉱山伸銅㈱、埼玉県警察、大宮アルディージャ、陸上自衛隊

説明会・体験入学

第1回学校説明会	6月1日(土)本校
第2回学校説明会	7月27日(土)ウェスタ川越
第3回学校説明会	10月12日(土)本校
第4回学校説明会	12月14日(土)本校
第5回学校説明会	1月25日(土)本校

※学校HP参照

※参加申込は、学校HPの申込フォームから入力してください。

地図 東武東上線志木駅東口発東武バス
・富士見高校行き25分(富士見高校バス停下車 徒歩2分)
・ららぽーと富士見行き25分(JA南畑支店前バス停下車 徒歩5分)
東武東上線鶴瀬駅東口発富士見市巡回バス
・「富士見ふれあい号」15分(富士見高校バス停下車 徒歩2分)

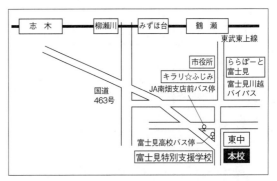

埼玉県立 ふじみ野高等学校（全日制）

所在地 〒356-0053　ふじみ野市大井1158-1
☎ 049-264-7801　FAX 049-278-1175
ホームページ https://fujimino-h.spec.ed.jp/
最寄り駅からの順路 東武東上線ふじみ野駅下車　徒歩1.9km
または東武バス「大井循環」または「上福岡」行き「ふじみ野高校前」下車

修学旅行

教 育 目 標

自ら学び、仲間と協働して、未来を切り拓くための知・徳・体をより磨き、心身ともに健康で社会で活躍できる人間性豊かな人材を育成する。

目指す学校像

これからの時代をたくましく生きる知・徳・体を育むとともに、仲間とともに学習にスポーツ・文化活動に全力でチャレンジし、地域に元気・感動・夢を発信する学校

重 点 目 標

1. ICT の効果的な活用による授業改善を通して主体的に学習に取り組む態度や探究心を育成し、進路実現に繋げる。
2. 自律的規範意識と他者を尊重する精神の涵養を通して豊かな心と健やかな体の育成を図る。
3. 家庭、地域及び大学等の連携を充実させ、社会に開かれた教育課程の実現を図る。

教育活動の特色

教職員が一丸となった面倒見のよい組織と指導体制で、「生徒一人一人の長所を伸長させる教育」と「スポーツに関する専門性豊かな教育」をもとに、地域の発展に貢献できる生徒を育てます。

(1) 教科指導

・基礎学力を定着させ、学力向上を目指すとともに、特色ある教育課程を展開します。
・生徒の能力・適性に応じた学習や教科の特性を生かした授業を展開し、自ら学ぶ意欲を引き出し、より高いレベルの目標を持たせます。
・スポーツの技術・体力、健康・福祉に関する知識と技術を身に付けさせます。

(2) 生徒指導

・規律を守り、互いに協力して責任を果たすなど、社会生活を営む上で必要な態度を育てます。

令和6年度入学生教育課程

教育課程（普通科）

	1	2	3	4	5	6	7	8	9	10	11	12	13	14	15	16	17	18	19	20	21	22	23	24	25	26	27	28	29	30
1年	LHR	数学Ⅰ		歴史総合	生物基礎	家庭総合		音楽Ⅰ/美術Ⅰ/書道Ⅰ（選択）		情報Ⅰ		現代の国語		言語文化		英語コミュニケーションⅠ			公共		体育		保健
2年	LHR	【A選択（▼）】	化学基礎	地理総合	家庭総合	論理国語	文学国語	古典を味わう	数学A		英語コミュニケーションⅡ		音楽Ⅱ/美術Ⅱ/書道Ⅱ（選択）		世界史探究		体育		保健
3年	LHR	地学基礎物理基礎（選択）	日本史探究	【B選択（★）】	【C選択（☆）】	【D選択（●）】	【4単位選択（▽）】		論理国語	文学国語	政治・経済	英語コミュニケーションⅢ		体育

【A選択（▼）】国語表現法／数学B／実践英語／スポーツA／ICT探究　【B選択（★）】演奏研究／実用の書／絵画／服飾手芸／スポーツB　【C選択（☆）】スポーツ概論／地理探究／数学C／論理・表現Ⅰ
【D選択（●）】SS講座／芸術Ⅲ／保育基礎／数学Ⅱ　【4単位選択（▽）】古典探究／数学Ⅱ／化学／生物／文化国学

教育課程（スポーツサイエンス科）

	1	2	3	4	5	6	7	8	9	10	11	12	13	14	15	16	17	18	19	20	21	22	23	24	25	26	27	28	29	30	31
1年	LHR	数学Ⅰ		公共	生物基礎	家庭総合		音楽Ⅰ/美術Ⅰ/書道Ⅰ（選択）		情報Ⅰ		現代の国語		言語文化	英語コミュニケーションⅠ		スポ概	保健理論		スポⅠ		スポⅢ・Ⅳ		スポⅥ		スポⅤ総		スポⅤ
2年	LHR	【SA選択（▼）】	化学基礎	歴史総合	スポーツと栄養	論理国語	文学国語		数学A		英語コミュニケーションⅡ		SS実習	スポ概	保健理論		スポⅡ		スポⅢ・Ⅳ	スポⅥ	スポⅤ総	スポⅤ
3年	LHR	地学基礎物理基礎	地理総合	論理国語	文学国語	英語コミュニケーションⅢ		政治・経済			【4単位選択（▽）】			スポ概	スポⅠ		スポⅢ・Ⅳ	スポⅥ	スポⅤ総	スポⅤ

【SA選択（▼）】数学B／実践英語／スポーツA／ICT探究　【SS選択（△）】音楽Ⅱ／美術Ⅱ／書道Ⅱ／スポーツコーチング　【SB選択（★）】演奏研究／絵画／実用の書／スポーツB
【SD選択（●）】国語表現法／SS講座／数学B　【4単位選択（▽）】化学／生物／数学Ⅱ

・意欲的に学校生活に取り組み、自らの可能性の限界に挑戦していく気概ある生徒を育てます。
・生徒相互が望ましい人間関係を築けるよう、思いやりや協調の精神を持った生徒を育てます。

(3) 進路指導

・ガイダンス機能を充実し、組織的・計画的な進路学習を行い、生徒の進路意識を向上させます。
・キャリア教育を推進し、「人間関係形成・社会形成能力」「自己理解・自己管理能力」「課題対応能力」「キャリアプランニング能力」を育成します。
・高い志を持って、大学進学や資格取得などに挑戦する生徒を育成します。

部 活 動

○運動部：バレーボール、バスケットボール、ハンドボール、サッカー、硬式テニス、バドミントン、硬式野球、剣道、柔道、卓球、陸上競技、ラグビー、体操競技、水泳
○文化部：吹奏楽、書道、茶道、写真、美術、軽音楽、生徒会執行部

そ の 他

○充実した体育施設
陸上競技（250mトラック）、野球場、サッカー・ラグビーコート、ハンドボールコート、テニスコートが独立、二つの体育館、重層の武道場（柔道・剣道）、50mプール、トレーニング機器やモバイル端末を備えたスポーツサイエンス棟
○令和5年度顕著な部活動実績
・体操競技部【関東大会女子団体5位　インターハイ女子平均台3位　全日本ジュニア女子団体優勝　国民体育大会女子団体2位　全国高校選抜大会女子個人優勝・女子ゆか2位】
・陸上競技部【インターハイ予選関東大会出場（5種目）　インターハイ出場（1種目）　埼玉県新人大会入賞（5種目）】

体育大会

・柔道部【関東大会県予選男子団体3位（関東大会出場）　関東選抜大会県予選男子個人戦3位（関東大会出場）　全国高校選手権県予選男子個人戦3位・男子団体戦3位】
○令和5年度卒業生の進路先
〈四年制大学〉
亜細亜大学、浦和大学、共立女子大学、国士舘大学、駒澤大学、淑徳大学、城西大学、尚美学園大学、上武大学、女子栄養大学、駿河台大学、西武文理大学、大東文化大学、帝京大学、帝京平成大学、東京国際大学、東京農業大学、東洋大学、獨協大学、日本医療科学大学、文京学院大学、平成国際大学、明治大学、流通経済大学
◆他の分野の進路先一覧は、QRコードから「ふじみ野高校HP」でご確認ください。

学校説明会等

＊日程・詳細は必ず学校HP等でご確認ください。

○学校説明会　会場：本校
・令和6年7月26日（金）　9：30～
・令和6年9月21日（土）　13：30～
・令和6年10月26日（土）　13：00～
・令和6年12月14日（土）　13：00～
・令和7年1月25日（土）　9：30～
○部活動体験（見学会）　会場：本校・各部活動場所
・令和6年7月26日（金）　10：30～
・令和6年9月21日（土）　14：30～
・令和6年10月26日（土）　14：00～
・令和6年12月14日（土）　14：00～
○文化祭
　9月7日（土）　10：00～15：00
○学校公開期間
　11月5日（火）～7日（木）
※学校説明会と部活動体験（見学会）は申し込みが必要です。
※日程・詳細は必ず本校HPでご確認ください。

地図　ふじみ野駅下車徒歩20分　バス7分

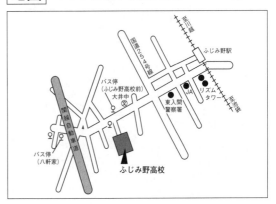

埼玉県立 松山高等学校（全日制）

所在地 〒355-0018 東松山市松山町1-6-10 ☎ 0493-22-0075
ホームページ https://matsuyama-h.spec.ed.jp/
最寄り駅からの順路 東武東上線東松山駅東口下車 徒歩15分

松高記念館（旧校舎の一部）

校　　長	小久保　守
創　　立	大正12年4月1日
教職員数	80人

生徒数

学科＼学年	1年(男)	2年(男)	3年(男)	計(男)
普通科	281	273	272	826
理数科	39	40	39	118
計	320	313	311	944

文 武 不 岐

　大正12年創立以来の「文武不岐（ぶんぶふき）」の建学の精神に基づき、幅広い教養と礼節を備え、社会に貢献できる品格あるリーダーの育成に力を入れています。昨年で創立100周年を迎えました。

教 育 課 程

　ほぼ全員が大学進学希望ですので、この希望に十分対応できる教育課程を実施しています。
　理数科は、県内で最初に設置されました。いくつかの科目が選択になっていますが、ほぼ全員が共通の科目を履修します。数学と理科の時間数が特に多くなっており、国公立の理工系、医・薬学系等の大学への進学を十分考慮した編成となっています。

　普通科は、1年次に基礎的・基本的な科目を全員が共通に履修します。2年次には科目選択制を設け、3年次で適性、進路に応じて文系・理系の類型に分かれ、さらに類型内でいくつかの科目の選択ができるようになっています。なお、平成21年度から、特進クラスを設置し、難関大学を目指す生徒を強力にバックアップしています。
※その年の希望人数等に応じて編成されないこともあります。

教 育 活 動

1　学習活動

　平成24年度からの第Ⅰ期、第Ⅱ期に引き続き令和5年度からさらに5年間のスーパーサイエンスハイスクール指定を受けました。先進的な理数教育を実施するとともに、大学や研究機関との連携や、地域の特色を生かした課題研究を行うなど、

日　課　表

月曜～金曜	時鈴	土曜日	時鈴
S H R	8：40～8：50	S H R	8：45～8：50
1	8：50～9：40	1	8：50～9：40
2	9：50～10：40	2	9：50～10：40
3	10：50～11：40	3	10：50～11：40
4	11：50～12：40	4	11：50～12：40
昼食	12：40～13：25		
予鈴	(13：20)		
5	13：25～14：15		
6	14：25～15：15		
7	(15：25～16：15)		
清掃	15：15～15：35 (16：15～16：35)		

理数科3年生　時間割(例)

	月	火	水	木A	木B	金	土
1	古典探究	理数化学	論理・表現Ⅲ	英語コミュⅢ	理数化学	古典探究	英語コミュⅢ
2	理数化学	理数生物	理数化学	理数数学	理数物・生	体　育	理数数学
3	理数数学	理数数学	理数数学	歴　史　総　合		選　択	理数化学
4	理数数学	論理・表現Ⅲ	理数物・生	体　　　　　育		英語コミュⅢ	理数物・生
5	歴史総合	選　択	体　育	論　理　国　語		理数物・生	
6	論理国語	科学英語	英語コミュⅢ	L H R		理数数学	
7	英語コミュⅢ	理数探究Ⅲ					

隔週で土曜授業を実施しています(年18回程度)

科学技術系人材の育成のため、様々な取り組みを積極的に行います。

　また、普通科特進クラスを設置し、ハイレベルな学習指導を展開。国公立大学に多数合格するなど実績を残しています。全生徒に「シラバス」と「松高手帳」を配布し、計画的に学習活動に取り組み、学習時間を記録することで、学習活動と部活動の両立を図っています。

　平成28年度からは隔週で土曜授業を実施しています。

2　学校生活　〜思いやりと礼節〜

　創立以来、100年以上にわたって醸成された文武不岐、質実剛健の校風で、思いやりと礼節を重んじ、伸び伸びと充実した学校生活を送っています。行事も盛んで、随所に松高生パワーを発揮しています。特に比企一周駅伝は、特筆すべき行事で、比企地区の15の区間を駆け抜けます。

3　進路指導　〜夢の実現を目指して〜

　的確な大学・学科選択とそれに見合う学力の錬成に向け、年間計画に基づいて進学指導を進めています。本校独自の「進路資料」を活用した定期的な進路学習や学年別の進路講演会、担任との個別面談や三者面談等、きめの細かい進路指導を行っています。

　学習面では早朝・放課後の補習や夏休みの課外補習等を、「松高塾」として整備し、また勉強合宿、実力テストや模擬試験を計画的に実施しています。

　毎日7：00から20：00まで利用できる自習室も完備しています。昨年度は現浪合わせて35人が国公立大学に合格しました。

4　特別活動　〜活発な部活動〜

　本校は部活動が極めて盛んです。「文武不岐」の伝統のもと、練習に工夫をこらし、学習との両立を図っています。県立高校で、進学実績を出しながら運動部、文化部共に全国レベルの高い成果を挙げている点に大きな特徴があります。

　運動部は16の部があります。いずれの部も高いレベルで活動し、「松高」の名を全国に轟かせてい

比企一周駅伝

ます。昨年度は陸上競技部、ソフトテニス部、スキー部が全国大会に出場しました。また、空手部、柔道部、卓球部、ラグビー部（合同関東選抜）が関東大会に出場しました。

　文化部は13の部があり、熱心な研究活動を展開しています。昨年度は新聞部が全国高校総合文化祭で最優秀賞・県内大会で埼玉県県知事賞を受賞、生物部が高校生バイオサミットで審査員特別賞、物理部がロボカップジュニアジャパンオープンで第2位、さらに映像制作部がNHK杯全国高校放送コンテスト出展、書道部、美術部が全国展出展・入賞などの成果を挙げました。

その他

※日程は必ず学校HP等でご確認ください。

1　学校説明会

7月28日（日）　　8月24日（土）
10月5日（土）　　11月16日（土）

2　土曜オープンスクール

授業見学　個別相談　部活動体験ができます。
9月7日（土）　　9月14日（土）
12月7日（土）　　1月25日（土）

3　理数科体験授業

10月5日（土）

※要事前申込（松高HPから。詳しくはHP参照）
※学校説明会、オープンスクールで個別相談も行っています。詳細はHPをご覧ください。

卒業後の進路状況

進路		普通科	理数科	国公立
進学	大　　　学	209	34	北海道大、金沢大、信州大、高崎経済大、埼玉大　ほか
	短 期 大 学	0	0	
	専修・各種	5	0	私立
就　　　職		1	0	東京理科大、学習院大、明治大、青山学院大、立教大、中央大、法政大　ほか
そ　の　他		56	4	
卒 業 者 総 数		271	38	

　北海道大、金沢大、信州大、高崎経済大、埼玉大など国公立大学に計23名が現役合格しました。

　また、東京理科大をはじめGMARCHなど私大にも多数合格しました。

地図　東武東上線東松山駅東口下車徒歩15分

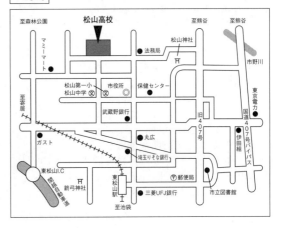

埼玉県立 松山女子高等学校（全日制）

所在地 〒355-0026 東松山市和泉町 2-22 ☎ 0493-22-0251 FAX 0493-21-1247
ホームページ https://matsujo-h.spec.ed.jp/
最寄り駅からの順路 東武東上線東松山駅西口より徒歩 8 分

校　　　長	黒田　勇輝
創　　　立	大正15年 4 月12日
教職員数	70人 （含む非常勤講師 5 名）

生徒数

学科＼学年	1年（女）	2年（女）	3年（女）	計（女）
普通科	319	320	308	947

継往開来 ～伝統と着実な変革～

　大正15年に創立した松山女子高校は今年度創立99年目を迎えます。制服の美しい着こなしは訪れる人をホッとさせてくれます。「勤勉・自治・礼儀」を校訓とし、伝統を継承しつつ、更なる発展へと一歩一歩進んでおります。何事にも全力で取り組み、切磋琢磨しながら互いを高め合う生徒の姿は素晴らしいものです。学業や部活動の両立に最適な環境を整えています。
　「社会で活躍する『凛として輝く』女性を育て、地域の期待に応える進学校」これが本校のミッションです。

教　育　課　程

　ほぼ全ての生徒が大学等への進学を希望する進学校ですので、本校の教育課程は第一志望を実現するための学力伸長を目指しています。 2 年生までは、幅広い分野の学習を行い進路希望実現のために基礎・基本をしっかり固める授業を展開しています。
　 3 年生では、文系理系選択を行います。進路別に対応した科目を揃え、標準単位より多くの時間を使って学べるように対応しています。

松山女子高校の教育

1. 学習支援体制

　学校の一番重要なものは授業。 1 時間 1 時間の授業を真剣に取り組むことを生徒に求めています。そのためにも生徒の学力向上に向けて教職員の授業力向上に取り組んでいます。
　また、入学当初のオリエンテーションによって高校での予習・復習の方法を学び、「自学」できる習慣を身につけるよう取り組んでいます。さらに放課後等の自習を支援するために自習室を設置し、早朝や放課後多くの生徒が利用しています。
　また土曜授業を実施し、授業時間の確保により一歩進んだ進路実現を目指します。

データ　令和 6 年度入学生の教育課程

2. クラス構成

　特進クラスと総合クラスを設置。夏季休業中の補講(特進全員)・自主学習会の実施(特進希望・総合希望)

〈特進クラス〉

・国公立・難関私立大学を目指すコース
・週34時間授業(1・2年次)
・3年間クラス替えはなく、切磋琢磨しあう仲間とともに高い志を支援していきます。

〈総合クラス〉

・学習と部活動の両立を目指すコース
・週32時間授業
・有意義な高校生活の中で、進路実現を目指し効果的な学習スタイルを構築しています。

3. 学習指導と進路指導

　本校は「社会で活躍する『凛として輝く』女性」の育成を目指し、様々な教育活動を展開しています。

・伝達力を高めるビブリオバトル
・社会における自己や他者理解を深め、主体的に行動できる力を育成する、学際的な学びによる探究活動
・異文化理解を深め、多様な価値観に触れることができる英語スキルアップ研修会
・質の高い学習、主体的な学びを推進するオンライン学習(Google Classroom やロイロノート、Zoom、スタディサプリなど多様な ICT を活用)

また、全教職員での小論文指導など、きめ細かい進路指導を丁寧に行っています。社会で活躍する多くの卒業生をはじめ、保護者・地域の方々などから力強いサポートをいただいており、伝統校ならではのたくさんのネットワークも活用しながら一人一人の進路実現をサポートしていきます。

特別活動～女子高生の底力～

　学校行事は生徒のエネルギーが爆発する感動の瞬間です。自主的な運営で文化祭、体育祭、球技大会等、何事にも全力で取り組む女子高のパワーは素晴らしいものがあります。また、部活動は全

員加入制で運動部11、文化部21を数え、熱心に活動しています。全国大会や関東大会に出場する部活動も多々あり、その成果を競い合っています。

令和5年度(2023年度)実績【関東大会以上】

陸上競技部：
　令和5年度　ジュニアオリンピックカップ　U16陸上競技大会　三段跳　出場
　関東選抜新人陸上競技大会　100mH　三段跳　出場
　関東高等学校陸上競技大会　砲丸投　出場
水泳部：
　令和5年度全国高等学校総合体育大会　水泳競技大会　200m平泳ぎ　出場
　令和5年度関東高等学校水泳競技大会　100m平泳ぎ・200m平泳ぎ・100mバタフライ　出場
　令和5年度全国JOCジュニアオリンピックカップ夏季大会　100m平泳ぎ・200m平泳ぎ　出場
空手道部：
　令和5年度　関東高等学校空手道大会　団体形競技　出場
ソフトボール部：
　令和5年度　関東公立高校ソフトボール大会　出場
音楽部：
　第76回全日本合唱コンクール全国大会高等学校部門Bグループ　金賞および文部科学大臣賞
　第78回関東合唱コンクール高等学校Bグループ　1位金賞および文部長賞
　第13回関東ヴォーカルアンサンブルコンテスト高等学校部門　金賞
書道部：
　第47回全国高等学校総合文化祭(2023かごしま総文)出場
　第48回全国高等学校総合文化祭(清流の国ぎふ総文2024)出場決定
　第39回高円宮杯日本武道館書写書道大展覧会　毛筆の部　テレビ東京賞/日本武道館賞
　第32回国際高校生選抜書展　団体賞「北関東地区優秀賞」　個人の部　秀作賞(3)/入選(6)
　第24回高校生国際美術展　書の部　奨励賞/佳作
地学部：
　第67回日本学生科学賞　入選1等
文芸部：
　第24回関東地区高校生文芸大会　俳句部門出場

その他

学校説明会(詳細はHPでご確認ください。)
第1回　7月27日(土)　第2回　9月28日(土)
第3回　10月26日(土)　第4回　11月16日(土)
部活動体験・見学会　8月3日(土)
個別相談会　1月11日(土)
※その他、学校見学は随時受け付けていますのでご連絡ください。

卒業後の進路状況

1　進路状況(現役のみ)

	大　学	短　大	専門学校	その他
令和5年度	249	11	33	17
令和4年度	215	16	62	20
令和3年度	208	27	52	15
令和2年度	232	23	49	15

※その他には就職(公務員)を含む

2　大学合格状況

【国公立大】埼玉大、埼玉県立大、群馬県立女子大
【私立大】亜細亜大、跡見学園女子大、桜美林大、大妻女子大、学習院女子大、学習院大、北里大、京都女子大、京都美術工芸大、共立女子大、神戸女子大、國學院大、国士舘大、駒沢女子大、駒澤大、埼玉医科大、埼玉学園大、産業能率大、実践女子大、芝浦工業大、十文字学園女子大、淑徳大、城西大、尚美学園大、昭和大、昭和女子大、女子栄養大、白百合女子大、駿河台大、聖学院大、成蹊大、成城大、聖心女子大、清泉女子大、西武文理大、専修大、創価大、大正大、大東文化大、高崎健康福祉大、拓殖大、中央学院大、帝京大、帝京科学大、帝京平成大、東京家政大、東京工科大、東京工芸大、東京国際大、東京情報大、東京女子大、東京成徳大、東京電機大、東京農業大、東都大、東洋大、獨協大、二松學舎大、日本大、日本医療科学大、日本工業大、日本獣医生命科学大、日本女子体育大、日本体育大、日本薬科大、フェリス女学院大、文教大、文京学院大、法政大、武蔵大、武蔵野大、明海大、明星大、目白大、ヤマザキ動物看護大、立教大、立正大

地図　東武東上線東松山駅西口より600メートル

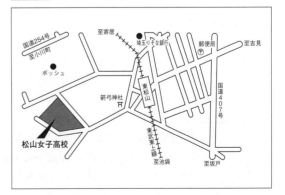

埼玉県立 和光国際高等学校（全日制）

所在地 〒351-0106　和光市広沢4番1号　☎ 048-467-1311
Web Site https://wakoku-h.spec.ed.jp　**メールアドレス**　wakoku-h.info@spec.ed.jp
最寄り駅からの順路　東武東上線・地下鉄有楽町線　和光市駅南口下車　徒歩17分

校　　長	堀　　尚人
創　　立	昭和62年4月1日
教職員数	92人

生徒数

学科＼学年	1年（男）（女）	2年（男）（女）	3年（男）（女）	計（男）（女）
普通科	238 (109)(129)	235 (87)(148)	230 (87)(143)	703 (283)(420)
外国語科	79 (23)(56)	81 (22)(59)	76 (14)(62)	236 (59)(177)
計	317 (132)(185)	316 (109)(207)	306 (101)(205)	939 (342)(597)

夢を世界に広げてみませんか　和光国際高校はお手伝いします

MOTTO : **Read,See & Think**
本校の教育モットー。
Read（読んで）、**See**（見て）、**& Think**（考えよ）
　本校生の行動の基本で、通称「RST」と呼ばれ親しまれています。

教　育　課　程

　普通科・外国語科の2学科を設置しています。外国語科を各学年2学級設置しており、外国語教育と国際理解教育に特色を持っています。また、進学校としての地域の期待に応えるよう進路指導の充実に取り組んでいます。平成30年度から33単位、55分授業を導入しています。

1　普通科（6クラス）

　1・2年次は共通履修で、大学入試に対応したきめ細かい指導を行っています。3年次より「人文コース」「理数コース」に分かれ、希望進路をさらに踏まえた科目選択を行います。

2　外国語科（2クラス）

　英語に関する専門科目や英語以外の外国語（フランス語、ドイツ語、スペイン語、中国語から1科目選択）を学習します。大学入試のその先を見つめ、国際社会で通用する語学の習得をめざしています。

● **日課表**

8：35～ 8：40	SHR
8：45～ 9：40	第1時限
9：50～10：45	第2時限
10：55～11：50	第3時限
12：00～12：55	第4時限
12：55～13：40	休憩時間（昼食）
13：40～14：35	第5時限
14：45～15：40	第6時限
15：40～	SHR・清掃

国際理解教育

1　派遣プログラム

　夏休みにオーストラリア、イギリスへ50～70名が参加します。春休みにはフランス語圏や、アメリカ・ロングビューの高校へ生徒が行き生活を体験します。他にもベトナム、フィリピンなどたくさんのプログラムが用意されています。

2　留学生などの受け入れ・ALTの活用

　国際交流を一層推進するために、世界各国から短期・長期の留学生を受け入れています。昨年は、アメリカ、フランス、ニュージーランド、ギリシャ、インドネシアなどから受け入れました。生徒の家庭がホストファミリーとなることで貴重な経験を積みます。さらに英語4人、フランス語、ドイツ語、スペイン語、中国語各1人のALTがいて、

授業で指導します。その他、帰国生徒、外国人生徒を受け入れています。

3　国際理解委員会

3年間の授業・国際理解委員会活動等において積極的に交流を積み重ねています。

特 別 活 動

1　部活動

1年生は全員加入、全体の加入率も毎年85％以上で日々活動に励んでいます。

運動部では少林寺拳法部やワンダーフォーゲル部が関東大会、全国大会に毎年出場しています。昨年度、少林寺拳法部は関東新人大会で女子総合優勝を達成、インターハイや全国選抜大会でも上位の成績でした。その他多くの部活動が県大会に出場しています。文化部では吹奏楽部が西関東吹奏楽コンクールで2年連続銀賞を受賞しました。またESS部が埼玉県高等学校英語劇発表大会で会長賞を受賞、競技かるた部員が埼玉選抜として今年の全国総合文化祭に出場します。

2　学校行事

遠足、交換ホームステイ、文化祭・体育祭、海外修学旅行、ダンス発表会、百人一首大会、球技大会、英語キャンプ等があります。また、特別支援学校との交流、地元小中学校との交流、ボランティア活動等も行い、生徒会・委員会は学校生活の充実を目指して活動しています。

進 路 指 導

入学後の4月の早い時期に進路オリエンテーション・生徒面談を実施します。このほか進路補習・小論文指導・学年別ガイダンス・模擬試験・卒業生との懇談会など、充実した内容で生徒全員の進路実現を図ります。

夏季休業中に3年生希望者を対象に4日間の「夏の集中勉強会」を実施し、団結して希望進路の実現に臨む意欲を高めます。

卒業生の主な合格先・進路先

○令和6年3月　主な大学への合格状況（抜粋）

国公立大学等			私立大学		
大学名	現役	浪人	大学名	現役	浪人
弘前大	1		早稲田大	4	3
新潟大	1		慶應大	1	1
岩手大	1		上智大	4	1
茨城大	1		東京理大	13	
東京農工大	1		学習院大	13	
埼玉大	11	1	明治大	30	7
横浜国立大	1		青山学院大	11	1
お茶の水女子大		1	立教大	46	2
電気通信大	1		中央大	17	
東京外大	8		法政大	52	2
東京学藝大	3		成蹊大	18	
京都大		1	成城大	7	
信州大	1		明治学院大	20	
埼玉県立大	2		獨協大	71	2
東京都立大	2		國學院大	18	
都留文科大	1		武蔵大	23	
長野大	1		東京電大	26	
計	36	3	東京農大	14	
			津田塾大	10	
			東京女子大	8	
			日本女子大	4	

※上表の浪人の数字は報告のあったもののみ掲載しています。
※他の進路結果詳細は本校のホームページに掲載予定です。

本校をめざす皆さんへ

学校説明会を行っています。是非、参加され本校の様子を自分の目で確かめてください。

＜今年度の予定＞

	日程	会場	時間
第1回	6月8日（土）	本校	10：00～
第2回	8月23日（金）	サンアゼリア	13：50～
第3回	10月5日（土）	本校	9：30～
第4回	11月16日（土）	本校	10：00～
個別相談会	2月1日（土）	本校	10：00～

申込：本校ホームページをご利用ください。

※日程は必ず学校HP等でご確認ください。

＊令和8年4月に、和光国際高等学校と和光高等学校を統合し、現在の和光国際高等学校の場所に和光新校(仮称)が設置されます。募集人員は、普通科240人と国際科80人です。詳しくは今後発表されます。

地図　東武東上線・地下鉄有楽町線　和光市駅下車　徒歩17分
和光市駅南口からバス（司法研究所行・「西大和団地」で下車）もあります。

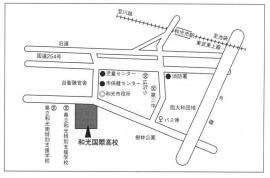

埼玉県立 川越工業高等学校 （全日制）

所在地　〒350-0035　川越市西小仙波町 2-28-1　☎ 049-222-0206　FAX 049-229-1039
ホームページ　https://kawagoe-th.spec.ed.jp
最寄り駅からの順路　JR・東武東上線　川越駅下車　徒歩10分
　　　　　　　　　　西武新宿線　本川越駅下車　徒歩 7 分

埼玉県マスコット
「コバトン」

校　　　長	染谷　明生
創　　　立	1908年(明治41年)
教職員数	95人

生徒数

学科 ＼ 学年	1 年 (男)(女)	2 年 (男)(女)	3 年 (男)(女)	計 (男)(女)
デザイン科	41 (6)(35)	40 (5)(35)	37 (3)(34)	118 (14)(104)
化学科	80 (59)(21)	69 (53)(16)	70 (61)(9)	219 (173)(46)
建築科	38 (28)(10)	39 (33)(6)	39 (29)(10)	116 (90)(26)
機械科	68 (66)(2)	73 (68)(5)	68 (66)(2)	209 (200)(9)
電気科	40 (39)(1)	34 (32)(2)	38 (37)(1)	112 (108)(4)
計	267 (198)(69)	255 (191)(64)	252 (196)(56)	774 (585)(189)

Ｎｏ.１テクニカルハイスクール

　Walkman（ウォークマン）や Suica（スイカ）の開発者、埼玉県のマスコット「コバトン」の原画制作者をはじめ、社会のあらゆる分野で活躍する技術者を育成する伝統・実績とも埼玉県 "No.1" の工業高校です。

目指す学校像

　モノづくりをとおして新たな価値を見出し　新たな時代を創る技術者を育成する

重　点　目　標

(1)　高い志を持って自らの針路を定め、希望の進路を実現する力を育む

(2)　基本的生活習慣の確立並びに、果敢に高い目標にチャレンジする強い精神を育む

(3)　「社会に開かれた教育課程の実践」をとおして、キャリア教育を推進する

教　育　課　程

　3 年間で普通科目49単位、専門科目35単位、選択科目 3 単位を学びます。1 年生では数学と英語で、2 年生では国語、3 年生では国語と英語で、少人数制の授業を行っています。

デザイン科
　ビジュアルとアパレルを中心に実践的な教育を実施しています。デバイスを活用して思考力と表現力を伸ばし、地域と連携した事業にも積極的に参加しています。

化学科
　化学の基礎から応用まで学び、化学製品の製造や機器を使用した微量成分分析等の実習をとおして、化学技術者としての知識や技術を学びます。

建築科
　生活の基本となる「住」について、座学の学習と共に、実習や製図など実際に身体で体験しながら学び、総合的に理解を深めることができます。

機械科
　機械の操作や加工法を学ぶことをとおして、ものづくりの楽しさや大切さを知る実践的技術者を育てます。

電気科
　電気の基礎を重点的に学び、先端技術に対応できる適応力と電気技術者としての実践力を育てます。

教 育 活 動

①学習指導

工業高校ならではの技術・技能と学力の向上に努めています。各学科とも、実習では10人前後の少人数による授業を行い、きめ細かな指導を行っています。またロボット・CAD・CG・DTP・マシニングセンタ・バイオ関連装置・人工宝石製造装置・万能試験機・高圧実習装置などの充実した最新設備を用いて先端の科学技術を学んでいます。

②学校生活

豊かな心を育て、思い出に残る学校生活が過ごせるように様々な学校行事が行われています。基本的生活習慣の育成を行い、校内ではお互いにあいさつをかわすことを心がけています。落ち着いた教育環境の中で生活が送れるように努めています。

③進路指導

本校では、進学・就職ともに、まずは、「職種について学び、自分に合った職種を選ぶこと」に重点をおいた進路指導を行っています。1年生から組織的・系統的に職種について考えさせ、様々な検査や説明会、補習、職場見学をとおして生徒個々の能力や適性について考えさせる機会を設けています。就職だけでなく、進学にも力を入れており、毎年約5割の生徒が上級学校に進んでいます。

デザイン科2年
デザイン実習
イラストレーションⅡ

建築科3年
課題研究
工業祭アーチ

特 別 活 動

甲子園に2度出場の野球部を始め、自転車競技部は全国大会連続出場、ラグビー部、陸上部は関東大会出場など、多くの部が盛んに活動し好成績をあげています。文化部、運動部、同好会合わせて31の部活動があります。生徒会は行事(文化祭、体育祭、強歩大会等)や委員会活動を自主的に運営し活気ある学校を目指しています。

そ の 他

①資格取得について

資格取得を奨励し、そのための講習会を実施しています。在学中に受検し資格を取得できるものには危険物取扱者(甲種・乙種)、第1種・第2種電気工事士、第3種電気主任技術者、1級・2級ボイラー技士、技能検定とび3級、建築大工3級、ファッション色彩能力検定など多数あります。

②学校説明会・体験入学について

詳細が決定いたしましたら、ホームページ等でお知らせします。

卒業後の進路状況

進　路		令和3年度	令和4年度	令和5年度
進学	大学・短大	54	53	47
	専修・各種	74	72	87
就　　職		132	124	106
そ の 他		9	15	9
卒 業 生 総 数		269	264	249

○**主な進学先**:(国)信州大、(私)工学院大、城西大、女子美術大、拓殖大、帝京大、東海大、東京工芸大、東京電機大、東洋大、日本工業大、日本大、ものつくり大、武蔵野美術大 など(主に学校推薦型選抜・総合型選抜を活用)
○**主な就職先**:いるま野農業協同組合、関東電気保安協会、鷺宮製作所、西武鉄道グループ、造幣局さいたま支局、大和ハウス工業、椿本チエイン、東武鉄道グループ、トヨタ自動車、日本郵便関東支社、武州製薬、丸広百貨店 など(求人票受付件数約1,500社)

地図 JR・東武東上線　川越駅下車　徒歩10分
西武新宿線　本川越駅下車　徒歩7分

埼玉県立 狭山工業高等学校（全日制）

所在地 〒350-1306 狭山市富士見2-5-1 ☎ 04-2957-3141
ホームページ https://sayama-th.spec.ed.jp
最寄り駅からの順路 西武新宿線狭山市駅下車（東口より）徒歩12分

校　　　長	小玉　佳也
創　　　立	昭和37年4月1日
教職員数	56人

生徒数

学科 ＼ 学年	1年 (男)(女)	2年 (男)(女)	3年 (男)(女)	計 (男)(女)
機 械 科	60 (60)(0)	66 (63)(3)	46 (46)(0)	172 (169)(3)
電 気 科	30 (29)(1)	17 (17)(0)	26 (26)(0)	73 (72)(1)
電子機械科	51 (51)(0)	55 (52)(3)	51 (48)(3)	157 (151)(6)
計	141 (140)(1)	138 (132)(6)	123 (120)(3)	402 (392)(10)

教 育 目 標

目指す学校像
　誠実で創造性に富み、ものづくりをとおしてよりよい未来を実現する技術者を育成する工業高校
校訓　誠実・創造・不屈・和楽
重点目標
1　学習習慣の確立や学習指導と評価の改善を通じて、確かな学力を育成する。
2　保護者と連携して、規律ある高校生活を実現するとともに、生徒一人一人を大切にした生徒指導を推進する。
3　地域への情報発信や連携を通じて、地域に根ざした学校づくりを推進する。
4　キャリア教育の充実やものづくりの技術・技能の向上、資格取得を推進し、生徒の進路希望を実現させる。

教 育 課 程

1　国語、数学、英語などの普通教科は、週当たり約20時間の授業があります。
2　専門教科　各科とも工業技術基礎、実習、課題研究、工業情報数理、製図等の実験・実習の科目が多く、少人数で学習を行います。
　機　械　科：機械設計、機械工作、原動機、自動車工学、生産技術があり機械工学のあらゆる分野について幅広く学習します。

データ

日　課　表

S H R	8：40〜8：50
1時限	8：50〜9：40
2時限	9：50〜10：40
3時限	10：50〜11：40
4時限	11：50〜12：40
昼休み	12：40〜13：25
5時限	13：25〜14：15
6時限	14：25〜15：15
清　掃	15：15〜15：35

THE LEAFIES 2023 特別賞
令和5年度 埼玉グローバル賞
狭紅茶イベント班

電　気　科：電気回路、電気機器、電力技術、電子技術があり電気工学のあらゆる分野について幅広く学習します。

電子機械科：電気回路、機械工作、機械設計、電子機械、電子回路、ハードウェア技術、生産技術があり機械と電子の融合した制御工学のあらゆる分野について幅広く学習します。

（課題研究）工業の総合的な学習の時間です。資格取得やコンテスト参加へのものづくりなど少人数で学習を行います。

教　育　活　動

1　学習活動

何をどのように作るかを考え、それを図面に表す。その図面を基に作製し、失敗しても完成するまで努力する。このように、完成した時に喜びと感動を感じられるような学習を目指し、指導をしています。

2　学校生活

社会人として活躍するための基本的生活習慣の確立と高い技術力の習得を目指し、授業だけでなく、部活動や資格取得、生徒会活動に取り組んでいます。

3　進路指導

1年次から進路希望調査を行い、進路ガイダンスで進路選択の方向性の確立や意識付けを行います。

2年次は、クレペリン検査などの各適性検査で適性を発見し、より具体的な進路指導を個別に行います。

3年次になると、就職試験に向けて学科試験や面接などの指導を行います。一人一人が納得する進路を実現するため、進路指導部を中心に指導しています。

特　別　活　動

1　部活動

部活動は高校生活を充実させるうえで欠かせないものです。文化部は工業的色彩の強い部が多く、機械研究部・電気研究部・メカトロ研究部・模型部等があり、運動部を含めて22の部が活発に活動しています。

2　学校行事

遠足、球技大会、水泳大会、体育祭、芸術鑑賞教室、文化祭、修学旅行などがあります。

3　各種資格取得

技能検定（機械加工等）や電気工事士等の国家資格を中心に多くの資格に合格しています。

そ　の　他

部活動体験　7月26日（金）

1日体験入学　9月28日（土）

学校説明会　第1回　6月22日（土）
　　　　　　第2回　11月10日（日）

狭工祭（個別相談）　10月26日（土）、10月27日（日）

個別相談会　第1回　12月21日（土）
　　　　　　第2回　1月10日（金）

＊詳細はHPにてお知らせします。

卒業後の進路状況

進　路		R3年度	R4年度	R5年度
進学	大学・短大	20	17	12
	専修・各種	50	49	34
就　　　職		114	99	106
そ　の　他		5	1	0
卒業者総数		189	166	152

主な進学先　埼玉工業大学、城西大学、尚美学園大学、駿河台大学、西武文理大学、拓殖大学、千葉工業大学、東京電機大学、東洋大学、東京情報大学、日本工業大学、ものつくり大学　など

主な就職先　IHI、大崎電気工業、大林組、関電工、GSユアサ、SUBARU群馬製作所、西武鉄道、椿本チエイン、東海旅客鉄道、東京電力パワーグリッド、東芝エレベータ、東ハト、日野自動車、ブリヂストン、本田技研工業、丸美屋食品工業、ロッテ、安川電機、八千代工業、自衛隊（一般曹候補生）

地図　西武新宿線狭山市駅下車　徒歩12分

埼玉県立 新座総合技術高等学校（全日制）

所在地　〒352-0013　新座市新塚1丁目3-1　☎ 048-478-2111　FAX 048-481-8970
ホームページ　https://nsg-h.spec.ed.jp
最寄り駅からの順路　東武東上線　朝霞駅下車　大泉学園行（西武バス）15分
　　　　　　　　　　　　　新座総合技術高校下車　徒歩1分
　　　　　　　　　　西武池袋線　大泉学園駅下車、朝霞駅行（西武バス）15分
　　　　　　　　　　　　　都民農園セコニック下車　徒歩1分

校　　　長	佐久間博正
創　　　立	昭和58年4月1日
教職員数	72人（研修・育休等除く）

生徒数

学年／学科	1年(男/女)	2年(男/女)	3年(男/女)	計(男/女)
電子機械科	39 (38/1)	37 (37/0)	28 (26/2)	104 (101/3)
情報技術科	40 (34/6)	41 (37/4)	38 (34/4)	119 (105/14)
デザイン科	40 (6/34)	40 (5/35)	37 (5/32)	117 (16/101)
総合ビジネス科	39 (14/25)	38 (14/24)	37 (14/23)	114 (42/72)
服飾デザイン科	40 (0/40)	39 (2/37)	36 (0/36)	115 (2/113)
食物調理科	40 (16/24)	40 (12/28)	40 (17/23)	120 (45/75)
合計	238 (108/130)	235 (107/128)	216 (96/120)	689 (311/378)

複合型専門高校

　工業系の3つの学科、「電子機械科」「情報技術科」「デザイン科」と商業系の「総合ビジネス科」そして、家庭系の「服飾デザイン科」と「食物調理科」から成る複合型の専門高校です。

　一人一人の個性を生かし、広い視野を持った、よりよい社会の創り手となるスペシャリストを育成します。

教　育　課　程

　1年次は全員共通した普通科目（20単位）と、それぞれの専門科目（9単位）を学びます。2年次、3年次には、普通科目（14〜23単位）と、専門科目（19〜31単位）、選択科目（13〜16単位）を学びます。進学を希望する生徒は、選択科目の中で普通科目を多く選び、専門性を高めたい生徒は専門科目を選ぶことができます。また、学科の枠を越えた選択科目を学ぶことができることも特徴のひとつです。このように専門的な勉強をしつつ、幅広い教養を身につけることができます。

データ

電子機械科　　情報技術科　　デザイン科

服飾デザイン科　　食物調理科　　総合ビジネス科

主な特色

1. **ミックスホームルーム**
　1年は専門学科の枠を外した混成学級です。
2. **総合選択制**
　3年で学科の枠を越えて選択が可能です。
3. **専門を生かした進路選択**
　進学・就職どちらも対応。夢が叶えられます。
4. **社会人講師**
　社会の第一線で活躍しているスペシャリストから学びます。
5. **現場実習（インターンシップ）**
　2年で6日間、企業等で実習を行います。
6. **ノーチャイム制**
　生徒の自主性を尊重し、創設時から始業時以外のチャイムは鳴りません。

教 育 活 動

1 学習活動

実習、実験を通して、技術を高めるとともに、作品を作ったり、学んだことをまとめたりすることで知識を確実なものにします。新座総合技術高校で学んだ3年間が一人一人の自信となるよう、各学科は次の目標の達成に向けて指導しています。

〔電子機械科〕
〇メカトロニクスの知識技術を身につける。
〇ロボットの仕組みを学び、自分で作り、動かせる。

〔情報技術科〕
〇ソフトウェア開発の技術を身につける。
〇パソコンの仕組みや構造がわかる。

〔デザイン科〕
〇芸大・美大進学に有利な位のデッサン力・構成力を身につける。
〇Adobe のイラストレーター、フォトショップを使用してデザインができる。

〔総合ビジネス科〕
〇簿記や情報処理などの資格を取得できる。
〇ビジネスに活かせる情報収集力が身につく。
〇マネジメント力を高め企画を立案する。

〔服飾デザイン科〕
〇デザイン・縫製・専門知識を3本柱に基礎をしっかり固める。
〇自分でデザインした服を形にする力がつく。
〇スペシャリストとしての技術力・創造力・人間力を身に付ける。

〔食物調理科〕
〇たくさんの料理にふれ、調理技術が向上し、ホテルやレストランに就職できるまでの力を身につける。
〇国家資格である調理師免許が取得できる。

2 学校生活

豊かな緑に囲まれ、生徒は明るい雰囲気の中で充実した学校生活を送っています。

多くの教室には冷房設備が設置され快適に学習することができます。

3 進路指導

進学にも就職にも強い学校です。生徒の多様な

進路希望や発達段階に応じて計画的に進路指導を行っています。特に基礎学力テスト、クレペリン検査や小論文模試などに積極的に取り組ませています。さらに、進路意識を高めるために、2年生が全員参加する現場実習、進路業者によるガイダンスや本校独自のきめ細かい説明会などを行っています。

特 別 活 動

1 **主な学校行事**としては、1年生の遠足、2年生の現場実習、修学旅行、3年生の卒業作品展・卒業研究発表会等があります。またその他に、こぶし祭（文化祭）、体育祭、芸術鑑賞会、ファッションショー、ロードレース大会等もあります。

2 **部活動**は、1年生は全員入部としており、運動部・文化部ともに活発に活動しています。

そ の 他

一日体験入学、学校説明会を予定しています。また、休日や昼間来られない人のために、平日の夕方、イブニングインフォメーション（ミニ学校説明会）も実施予定です。詳細は今後決定いたします。HPにて、情報を発信しますので是非ご覧ください。尚、学校見学については直接お問い合わせください。

進路状況

卒業生は、専門性を深めるため、8割が大学・短大・専門学校へ進学、2割が専門に係る仕事に就職して社会に貢献しています。

〈主な進学先〉（過去3年間）
埼玉大、文教大、法政大、日本大、東京工科大、東京工芸大、日本工業大、ものつくり大、東京国際工科専門職大、東京造形大、東京通信大、東京電機大、東京農業大、東洋大、女子栄養大、女子美術大、杉野服飾大、國學院大、国士舘大、駒澤大、拓殖大、多摩大、東京家政大、東京経済大、人間総合科学大、東京医療保健大、立正大、文京学院大、文京学院大、神田外語大、武蔵野美術大、目白大、跡見学園女子大、杏林大、実践女子大、十文字学園女子大、淑徳大、秋草学園短大、女子美術大短大部、専門学校桑沢デザイン研究所、専門学校東洋美術学校、東京デザイン専門学校、辻調理師専門学校東京、織田製菓専門学校、香川調理製菓専門学校、武蔵野栄養専門学校、服部栄養専門学校、ドレスメーカー学院、東京服飾専門学校、山野美容専門学校、華服飾専門学校、文化服装学院、国際文化理容美容専門学校、資生堂美容技術専門学校、大原簿記学校、中央工学校、日本電子専門学校、日本工学院専門学校、埼玉県立春日部高等技術専門校、埼玉自動車大学校、専門学校東京テクニカルカレッジ、東京電子専門学校、東京日建工科専門学校、ホンダテクニカルカレッジ関東、代々木アニメーション学院

〈主な就職先〉（過去3年間）
IHI、大崎電気工業、西武電設工業、第一ビルメンテナンス、通信興業、凸版物流、ポラスハウジング協同組合、ヤマト運輸、大木伸銅工業、日本伸管、武蔵野銀行、あさか野農業協同組合、朝日信用金庫、飯能信用金庫、トヨタカローラ新埼玉、レインボーモータースクール、ヤオコー、ビックカメラ、ワールドストアパートナーズ、ヒロタ、エイワサービス、国際サービスシステム、シェラトン都ホテル四川、資生堂パーラー、築地すし好、つばめグリル、なだ万、ホテルニューオータニ、明治記念館、リゾートトラスト、三菱地所ホテルズ＆リゾーツ、国家公務員（一般職）、自衛隊（一般曹候補生）

地図

〔最寄り駅〕 東武東上線朝霞駅（西武バス）15分
西武池袋線大泉学園駅（西武バス）15分

埼玉県立 狭山経済高等学校（全日制）

所在地 〒350-1324 狭山市稲荷山 2 - 6 - 1 ☎ 04-2952-6510（代） FAX 04-2969-1030
ホームページ https://sayamakeizai-ch.spec.ed.jp
最寄り駅からの順路 西武池袋線稲荷山公園駅下車 徒歩 5 分

〈校内に 6 部屋のパソコン室があります。〉

校 長	川窪 慶彦
創 立	昭和60年 4 月 1 日
教職員数	65人

生徒数

	1 年		2 年		3 年		計	
	男	女	男	女	男	女	男	女
流通経済科	45	35	34	22	30	45	109	102
会 計 科	23	17	14	17	35	27	72	61
情報処理科	57	24	54	25	58	22	169	71
小 計	125	76	102	64	123	94	350	234
合 計	201		166		217		584	

教 育 課 程

新しいタイプの商業高校として誕生した本校は、次の 4 つの基本理念のもと、進学にも就職にも強い学校と言われています。

1. 高度な専門資格取得の推進
各学科とも、専門分野については、専門学校と同等またはそれ以上の内容まで深く学習します。

2. 情報処理教育の徹底
校内に約250台のパソコンが整備されており、表計算などのソフトウェアについて全学科の生徒が学習します。

3. 英語教育の充実
本校では、 3 年間で普通高校と同等以上の13〜19単位を修得します。高度な ICT 教育の実践が可能な CALL 教室など、充実した学習環境が整っています。特に 1 年生の授業はすべて少人数制で行っており、生徒一人一人が、「基礎力」の定着から「四技能の応用」までそれぞれの目標を持って学ぶことができます。

4. 大学進学の推進
指定校推薦や総合型（AO）選抜で中央大・帝京大・大東文化大・亜細亜大・拓殖大・獨協大・東京経済大・専修大・日本大・東洋大・武蔵大などへ毎年多くの卒業生が進学しています。また、 3

流通経済科

商品の流通（物の流れ）に関する科目や経済に関する科目を中心に学び、流通部門で働く人材を育成する学科です。会計の知識や情報処理の知識など、就職をした時に役立つ知識も幅広く身に付けます。全商商業経済検定、簿記検定、ビジネス文書検定などの合格を目指します。

会 計 科

お金の流れを記録・計算・整理する会計の知識を中心に学び、経理部門で働く人材を育成する学科です。会社の働きをお金の流れから理解する知識を得るだけではなく、情報処理の知識なども身に付けます。会計科ではこのような内容を学習し、日商簿記検定（ 2 級）の合格を目指します。

情報処理科

コンピュータの利用知識だけではなく、プログラミングなどのソフトウェア開発についても学び、高度な情報処理技術を持って情報処理部門で働く人材を育成する学科です。情報処理検定 1 級、情報処理技術者試験（IT パスポート・情報セキュリティマネジメント）の合格を目指します。

年生では選択科目を設け、自分の進路に合わせて普通科目を多く選択できます。

教　育　活　動

1　学習活動

　流通経済科で学ぶマーケティングや流通、会計科で取得を目指している日商簿記検定、情報処理科で合格を目指す情報処理技術者試験（ITパスポート、情報セキュリティマネジメント）等、大学生・専門学校生や社会人が学ぶような知識を身に付けます。専門知識の豊富な先生方の指導と、より理解を深めるための少人数授業展開などにより、今までに多くの生徒が本校で学んだ知識を生かして卒業しています。

2　進路指導

　全員の夢の実現に向けて、生徒一人一人に対し、きめ細かな指導を行います。就職については、卒業生の活躍が高く評価されており、社会に貢献で

（陸上競技部）第62回全日本競歩輪島大会
高校男子1・2年3km競歩第2位

きる人材の育成を目標に効果的な面接指導を実施し、ほぼ100％の実績を上げています。

　進学についても、進学補講や小論文講座、面接指導により、指定校推薦や総合型（AO）選抜等で7割の生徒が進学しています。

特　別　活　動

　修学旅行をはじめ、文化祭、体育祭、芸術鑑賞会等の各種学校行事を、全員参加で盛り上げて実施しています。

　部活動は運動部が12部、文化部が13部あり、それぞれの部活動が積極的に活動しています。

そ　の　他

今年度の学校説明会等の予定

7月26日（金）　体験入学・学校説明会
8月23日（金）　体験入部
9月28日（土）　個別相談会（経高祭）
10月5日（土）　体験入学・学校説明会
11月16日（土）　中学生対象授業公開・個別相談会
1月11日（土）　学校説明会

　変更の可能性があります。申込み前に必ずホームページで確認をしてください。

　申込みは本校ホームページから直接お願いします。

令和5年度卒業生進路状況（全体）

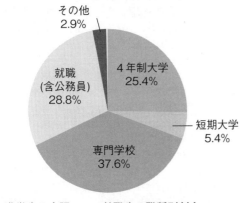

その他　2.9%
4年制大学　25.4%
短期大学　5.4%
専門学校　37.6%
就職（含公務員）　28.8%

進学先の内訳
専門学校　55.0%
4年制大学　37.1%
短期大学　7.9%

就職先の職種別割合
公務員　8.5%
営業・販売系　13.6%
サービス系　18.6%
事務系　10.2%
製造・技術系　49.2%

※詳しい進路状況は「狭山経済高等学校公式ホームページ」をご覧ください。
アドレス：https://sayamakeizai-ch.spec.ed.jp

QRコード　

地図

■西武池袋線
「稲荷山公園駅」下車　徒歩約5分　狭山警察署となり
■西武新宿線
「狭山市駅」→バス「稲荷山公園駅」（約7分）

埼玉県立 所沢商業高等学校（全日制）

所在地　〒359-1167　所沢市林2-88　☎ 04-2948-0888　FAX 04-2938-1000
ホームページ　https://tokorozawa-ch.spec.ed.jp/
最寄り駅からの順路　西武池袋線狭山ヶ丘駅下車　徒歩20分

校　　長	菱沼　貴宏
創　　立	昭和44年4月1日
教職員数	53人

生徒数

学科＼学年	1年 (男)(女)	2年 (男)(女)	3年 (男)(女)	計 (男)(女)
国際流通科	79 (37)(42)	61 (30)(31)	42 (17)(25)	182 (84)(98)
ビジネス会計科	37 (15)(22)	31 (13)(18)	30 (10)(20)	98 (38)(60)
情報処理科	79 (40)(39)	76 (43)(33)	75 (45)(30)	230 (128)(102)
計	195 (92)(103)	168 (86)(82)	147 (72)(75)	510 (250)(260)

教 育 目 標

1. ビジネスに関する知識・技術を習得し、教養を高め創造性の醸成につとめる。
2. 勤労を重んじ、誠実にして勤勉な精神を育成する。
3. 基本的人権を尊重し、互いに信頼し、助け合う精神を育成する。
4. 心身ともに健全な職業人を育成する。

各学科の特色

①情報処理科　『ICT 化の進む情報化社会に対応できる IT のエキスパートを育成』

内容：・コンピュータの役割・機能やその利用に関する知識・技術を学び、情報化社会に対応できる人材を育成します。
・最新の情報機器を活用し、地域との連携・交流を通じた学習を取り入れ、地域産業の発展に貢献できる人材を育成します。
・プログラミングに関する学習を通して、論理的思考力を伸ばします。

②ビジネス会計科　『社会で広く活躍できる会計スペシャリストを育成』

内容：・取引を帳簿に記入する力や財務諸表を作成する力を養います。
・財務諸表の数値から会社の状況を分析する力を養います。
・経営者の意思決定に必要な会計情報を作成し、活用する力を養います。
・表計算ソフトやワープロソフトを利用する力を養います。

③国際流通科　『グローバルな視野を培いコミュニケーション能力を有する職業人を育成』

内容：・ビジネスの基礎知識に加え、「グローバル経済」で国際感覚を磨くことができます。
・「簿記」や「マーケティング」を学ぶことで、経済活動の幅広い分野の知識を身に付けられます。
・「情報処理」や「ソフトウェア活用」を学ぶことで、実務的な情報活用能力を育成します。
・「ビジネス・コミュニケーション」では、ビジネスや実際の生活の中で通用するコミュニケーション能力を養います。

教 育 活 動

1 学習活動
(1) 各種検定資格の取得に力を入れています。簿記・ビジネス計算・ビジネス文書・英語・情報処理等について、上級の資格をより多く取得するよう指導しており、年々その実績もあがっています。
(2) 近年は、地域連携や他校とのコラボレーションによる商品開発などの取り組みも実践しており、生徒たちの学びの機会は校外にも広がっています。
(3) 開校以来外国人講師（ALT）が英会話を教えています。また LL 教室を利用した授業(話す・聞く)は、全学科で行われています。

パソコンが40台揃った教室が校内に6教室あります

2　学校生活

　広々とした緑豊かな環境に囲まれ、生徒はのびのびとした学校生活を送っています。授業に熱心に取り組むとともに、自主的な生徒会活動・活発な部活動を展開しています。

　施設・設備は、最新の情報機器を備えた商業科の特別教室をはじめとして、HR教室には、短焦点のプロジェクタが設置され、校内には、Wi-Fi環境が整備されています。生徒は、各自が持参したタブレットをWi-Fiに接続して学習のために活用することができます。また、防災拠点校として3階建ての食堂兼合宿所「マーキュリーホール」があります。

3　進路指導

（1）就職指導

　就職は、50年余におよぶ本校卒業生の活躍により、優良企業から多くの求人をいただいており、信頼関係の深さを実証しています。

　1年生の時から、正しい職業観を育成するために、各種進路ガイダンスや卒業生を招いた懇談会などの行事を実施しています。特に3年生では、正しい職業選択をするために個別指導が充実しています。

（2）進学

　大学・短大・専門学校への進学率は、年々向上しています。学校選びの指導から受験指導まで計画的な進路指導をしています。

4　部活動

〔文化部〕　ESS　美術　簿記・情報処理　書道　ハンドメイド　茶道　演劇　吹奏楽　写真
〔運動部〕　サッカー　ソフトボール　ダンス　卓球　硬式テニス(男)　硬式テニス(女)　バスケットボール(男)　バスケットボール(女)　バレーボール(男)　バレーボール(女)　チアリーダー　野球　陸上競技　弓道　バドミントン(男)　バドミントン(女)

　特に野球部は昭和51年、昭和53年、昭和58年と過去3回甲子園に出場しています。近年では平成14年春季埼玉県大会で優勝(関東大会出場)、平成16年夏季埼玉県大会で準優勝、平成20年度・平成30年度夏季西部地区新人大会で優勝、令和5年度所沢市高校野球大会にて優勝しています。

　近年では、男子バレーボール部や男子硬式テニス部が県大会に出場、男子バドミントン部や弓道部が地区大会で入賞しています。文化部ではハンドメイド部や美術部が他校と連携した狭紅茶プロジェクトに取り組んでいます。

令和5年度（第53回）卒業生の進路

令和6年3月31日現在

	性別	進学			就職	その他 未定	人数
		大学	短大	専門			
国際流通科	男	3	0	4	12	0	19
	女	3	0	17	22	0	42
	小計	6	0	21	34	0	61
ビジネス会計科	男	4	0	6	7	1	18
	女	1	2	6	14	1	24
	小計	5	2	12	21	2	42
情報処理科	男	11	0	17	13	2	43
	女	2	3	13	10	0	28
	小計	13	3	30	23	2	71
全体	男	18	0	27	32	3	80
	女	6	5	36	46	4	94
	合計	24	5	63	78	4	174

　就職状況は、事務職への就職に安定した実績を残しています。商業高校で学んだ知識・技術、取得した資格を活かしている結果です。進学では、経済・経営・商業系への進学が多く、本校卒業生は商業高校で学んだことをより専門的に学習しようとしています。

令和6年度学校説明会日程

※日程は必ず学校HP等でご確認ください。

〇体験入学
　令和6年8月9日㈮
　　9:00〜　模擬授業・入試概要説明・個別相談等
　　13:30〜　模擬授業・施設見学・入試概要説明等

〇学校説明会
　令和6年7月27日㈯ 9:00〜、28日㈰ 9:00〜
　　※部活動体験
　令和6年12月14日㈯ 9:00〜
　　模擬授業・施設見学・入試概要説明・個別相談等
　令和7年1月11日㈯ 9:00〜
　　施設見学・入試概要説明・個別相談等

〇学校公開
　令和6年11月9日㈯ 9:50〜
　　授業見学・施設見学

地図　西武池袋線狭山ヶ丘駅下車　徒歩20分

埼玉県立 芸術総合高等学校 （全日制）

所在地 〒359-1164 所沢市三ヶ島2-695-1 ☎ 04-2949-4052 FAX 04-2938-1002
ホームページ https://geiso-h.spec.ed.jp/
最寄り駅からの順路 西武池袋線小手指駅南口から「早稲田大学」行きまたは「宮寺西」行きバス（10分）「芸術総合高校」下車5分、または狭山ヶ丘駅からタクシー、自転車利用

校　　　長	水野　浩樹
創　　　立	平成12年4月1日
教職員数	126人

生徒数／392名

学年／学科	1年 (男)(女)	2年 (男)(女)	3年 (男)(女)	計 (男)(女)
美術科	40 (10)(30)	40 (8)(32)	40 (7)(33)	120 (25)(95)
音楽科	22 (8)(14)	14 (4)(10)	13 (2)(11)	49 (14)(35)
映像芸術科	41 (10)(31)	39 (6)(33)	38 (8)(30)	118 (24)(94)
舞台芸術科	32 (1)(31)	37 (3)(34)	36 (5)(31)	105 (9)(96)
合　　　計	135 (29)(106)	130 (21)(109)	127 (22)(105)	392 (72)(320)

教 育 目 標

　日本国憲法、教育基本法の理念に基づき、一般教養を高めるとともに芸術に関する専門の学習を通して豊かな感性を磨き、心身ともに調和のとれた健全な人格を育成する。
〈校訓〉誠実・創造・協調
〈目指す学校像〉
　学芸を共に高め合い、芸術文化を担う人材を育成する高校

教 育 課 程

　専門学科を中心に生徒一人一人の興味・関心・適性・進路などに応じた学習が可能です。専門科目と自由選択科目との組み合わせで自分の時間割をつくることができます。
　また、学習内容は普通科目のほかに、自由選択科目を数多く用意しており、各自の将来の進路に対応しています。自由選択では希望により他学科の専門科目を一部学習することができます。
　4つの芸術学科の専門科目は、各界からの著名な指導者を招き、専門性の高い授業を展開します。

令和5年度　主な進路先一覧

筑波大学芸術専門学群	武蔵野音楽大	成城大	阿佐ヶ谷美術専門学校
東京学芸大	国立音楽大	跡見学園女子大	埼玉県立新座総合技術専門学校
武蔵野美術大	東京音楽大	十文字学園女子大	尚美ミュージックカレッジ専門学校
多摩美術大	昭和音楽大	駿河台大	日本工学院八王子専門学校
東京造形大	尚美学園大	女子美術大学短期大	日本工学院専門学校
女子美術大	立教大	昭和音楽大学短期大	音響芸術専門学校
日本大学藝術学部	大阪芸術大	桐朋学園大学短期大	東放学園映画専門学校
東京家政大	日本女子体育大	東京家政大学短期大	東放学園専門学校
東京工芸大	洗足学園音楽大	桑沢デザイン研究所	東京アナウンス学院
東北芸術工科大	二松學舍大	東洋美術学校	埼玉医科大学附属総合医療センター看護専門学校

指定校推薦枠

立教大学、成城大学、文教大学、二松學舍大學、武蔵野美術大学、女子美術大学、東京造形大学、国立音楽大学、東京音楽大学、武蔵野音楽大学、玉川大学、日本女子体育大学、東京家政大学、桐朋学園芸術短期大学　など170校

教　育　活　動

　芸術系4専門学科の専門科目は、次の科目を予定しております。

【美術科】　構成、素描、素描実習、日本画、油絵、彫刻、版画、陶芸、ビジュアルデザイン、クラフトデザイン、美術史、現代美術研究、美術総合研究、木工、鑑賞研究、美術概論

【音楽科】　声楽、器楽（ピアノ、弦楽器、管楽器、打楽器）、声楽一般A、器楽一般A、声楽アンサンブル、器楽アンサンブル、演奏研究、ソルフェージュ、音楽理論、音楽史、ピアノ演奏研究、音楽理論基礎研究、音楽史研究、音楽理論研究、ソルフェージュ研究、鑑賞研究、邦楽研究

【映像芸術科】　映像鑑賞、映像技術、映像概論、映像処理、CG、メディア表現、素材研究、シナリオ創作、アートアニメーション、鑑賞研究、イメージ表現研究、映像媒体論

【舞台芸術科】　演劇入門、劇表現、舞台技術入門、クラシックバレエ・モダンダンス、日本舞踊、総合実習、狂言、民族舞踊、音声表現、身体表現、戯曲研究、舞台技術研究B、コミュニケーション研究、ジャズダンス、古典芸能、ムーヴメント、ミュージカル実習、舞台美術デザイン

そ　の　他

授業全体の3分の2に当たる一般教科にも力を入れており、しっかり学習できます。

芸術総合高校の特色

⑴　2学期制の単位制で興味・進路に基づいた科目の選択ができます。

⑵　ノーチャイム制で時間を自分で管理します。

⑶　本校教諭以外に、専門的な知識・技能を持った多くの著名な外部講師が指導にあたります。

⑷　大学進学に向けた取り組み
　・外部模試と学習状況データ管理システムを導入
　・BYODの活用や、スマホアプリの学習動画受講や進学に向けた共通教科の補習授業も充実
　・教育系や体育系など一般大学にも進学
　・1人1台端末ではiPadを導入（各ご家庭で購入）
　・今年度1年次生より学習支援ツール「ロイロノート・スクール」を導入し、ICTを活用した学びを推進
　・芸術系大学の実技試験対策

⑸　ハイクオリティな学校行事を予定しています。
　・芸総ならではの「新入生歓迎会」「体育祭」「三送会」
　・様々なジャンルの芸術文化の混合体「四つ葉祭（文化祭）」

⑹　高価な図版など芸術分野の蔵書が充実した図書館

［学校説明会・体験入学等］

ものつくりフェア	6月15日(土)9：00～12：30
音：学科説明会	6月15日(土)13：30～16：00
校外学校説明会（大宮ソニック）	7月6日(土)10：00～11：30
校外学校説明会（ウェスタ川越）	7月27日(土)10：00～11：30
校外学校説明会（入間市産業文化センター）	7月30日(火)10：00～11：30
映：体験入学①	8月18日(日)9：30～12：30
音：学科説明会	8月21日(水)13：30～16：00
美：体験入学①（午前の部）	8月24日(土)9：00～12：30
美：体験入学①（午後の部）	8月24日(土)14：00～16：30
舞：体験入学①（午前の部）	8月24日(土)9：30～12：30
舞：体験入学①（午後の部）	8月24日(土)13：30～16：00
音：体験入学①	9月7日(土)13：30～16：00
入試インフォメーション	9月14日(土)11：00～15：00
入試インフォメーション	9月15日(日)11：00～14：00
第1回学校説明会	10月5日(土)9：30～11：30
美：体験入学②	10月20日(日)9：00～12：30
舞：体験入学②	11月2日(土)9：15～12：30
授業参観ツアー	11月6日(水)10：30～12：00
映：体験入学②	11月10日(日)9：30～12：30
音：体験入学②	11月16日(土)13：30～16：00
美：体験入学③	12月7日(土)9：00～12：30
舞：体験入学③	12月7日(土)9：15～12：30
映：体験入学③	11月30日(土)9：30～12：30
音：体験入学③	12月15日(日)9：30～12：00
第2回学校説明会（午前の部）	1月18日(土)9：30～11：30
第2回学校説明会（午後の部）	1月18日(土)13：30～16：00

※日程・内容・開催場所など変更になる場合があります。最新情報は、本校ホームページに掲載しますので、内容をご確認の上、事前申し込みをお願いします。

※名称欄に記載した「美」は美術科、「音」は音楽科、「映」は映像芸術科、「舞」は舞台芸術科を表します。

※7月6日(土)・7月27日(土)・7月30日(火)の校外学校説明会以外は、全て学校会場です。

※8月24日(土)の舞台芸術科体験入学①は、午前・午後同一内容です。

※1月18日(土)学校説明会は、午前の部が中学校3年生対象、午後の部が中学校1～2年生対象です。

※学校見学は、随時受け付けています。事前に電話連絡をしてください。充実した施設・設備をぜひご覧ください。また、ホームページ上のWeb学校説明会もご覧ください。

地図　西武池袋線小手指駅下車バス10分

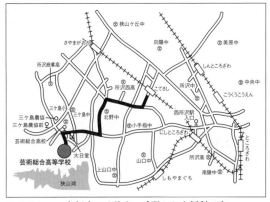

※タクシー、自転車では狭山ヶ丘駅からも便利です。

南部

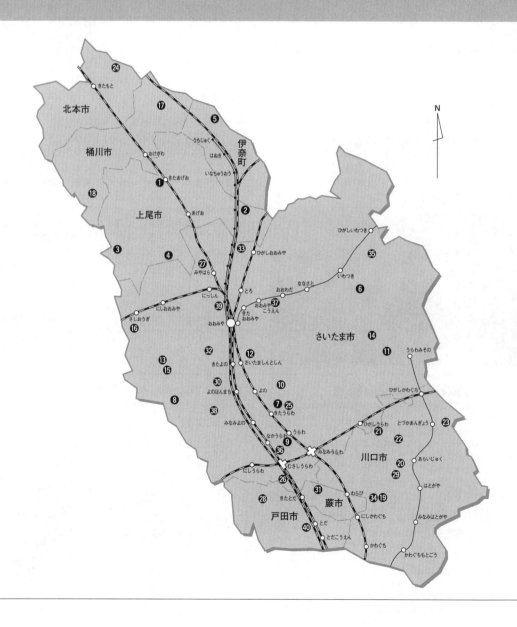

普通科・総合学科のある学校

専門科のみの学校

定時制・通信制のある学校

※次の高校は2024年度から生徒募集を
　停止しています。
・岩槻北陵高等学校（全日制）
・浦和工業高等学校（全日制）

埼玉県立 上尾高等学校（全日制）

所在地　〒362-0073　上尾市浅間台 1 - 6 - 1　☎ 048-772-3322　FAX 048-770-1051
ホームページ　https://ageo-h.spec.ed.jp
最寄り駅からの順路　JR 高崎線北上尾駅西口下車　徒歩 1 分

校　　長	惠賀　正治
創　　立	昭和33年 4 月 1 日
教職員数	91人

学校紹介動画

生徒数

学科＼学年	1年 (男)(女)	2年 (男)(女)	3年 (男)(女)	計 (男)(女)
普通科	239 (138)(101)	243 (125)(118)	235 (122)(113)	717 (385)(332)
商業科	125 (55)(70)	122 (54)(68)	118 (57)(61)	365 (166)(199)
計	364 (193)(171)	365 (179)(186)	353 (179)(174)	1,082 (551)(531)

上尾高校は校訓の「文武不岐（ぶんぶわかたず）」「自主自律」の精神に則り、学習活動はもとより、部活動や学校行事にも全力を注ぎ、豊かな人間性を兼ね備えた社会に貢献できる人材を育成しています。明るく伸びやかな校風のもと、確かな学力を身につけ、楽しく充実した高校生活を送ることができます。

科では専門教科が加わり、高度な資格取得と共に、社会経済の変化に柔軟に対応できる力を養います。資格を利用した推薦入試を活用するなど近年進学者も大幅に増加し、より高度な専門知識を大学の商学部や経営学部などでさらに学ぶ生徒も多くいます。また公務員試験にも多数合格しています。

教 育 課 程

月曜日と金曜日は 7 時間授業、週32時間の授業を実施しています。普通科では大学進学を念頭に 1 年次から基礎基本の習得に努め、2 年次からは進路希望に応じて理系・文系に分かれます。商業

教 育 活 動

1　学習指導
　(1)　普通科－ほぼ全員が大学進学希望のため、第一志望に合格できる実力養成を目指した学習指導を行っています。
　(2)　商業科－大学・短大などの進学者も多いた

部活動の主な実績 （令和 5 年度）

○野球部
　令和 5 年度秋季埼玉県大会ベスト 8
○バドミントン部
　令和 5 年度埼玉県南部支部大会　男子第 5 位　女子第 2 位
○硬式テニス部
　令和 5 年度コバトンカップ関東大会ベスト 4
○陸上競技部
　関東高等学校陸上競技大会出場
○男子バレーボール部
　令和 5 年度埼玉県高等学校バレーボール新人県大会　第 3 位
○剣道部
　令和 5 年度埼玉県新人大会出場(男子団体、女子団体)

○ソフトボール部
　令和 5 年度埼玉県新人大会ベスト32
○卓球部
　令和 5 年度関東選抜卓球大会埼玉県予選女子団体 8 位
○柔道部
　令和 5 年度秋季南部地区高等学校柔道大会(女子団体第 3 位　男子団体ベスト 8)
○ワンダーフォーゲル部
　令和 5 年度埼玉県学校総合体育大会　第 3 位　関東大会出場
○吹奏楽部
　令和 5 年度埼玉県吹奏楽コンクール(Bの部)　地区大会　金賞
○写真部
　第47回全国高等学校総合文化祭岐阜大会出展

め、各自の進路実現のための指導をしています。また、資格取得にも力を入れ、資格を用いた大学進学者も多数います。

2　学校生活

「文武不岐」「自主自律」の精神を体現できる生徒を育成するため、勉強・部活動・学校行事に力を注ぎ充実した学校生活を送っています。

3　進路指導

進路に対する意識意欲の向上を図るため、1年次から計画的に進路指導を進めていきます。ガイダンス、模擬試験、面談、講演などを年次ごとに組み込み、学習効果が上がるよう工夫をしています。3年次からは全職員による、面接・小論文指導が始まり支援体制は万全です。また、長期休業中や、早朝・放課後の講習も充実しています。

又、学習室を用意し、受験勉強に対応しています。

に全力を注げることです。私もテニス部で頑張りながら学業に精一杯励んできました。勉強と部活動の目標を達成し、体育祭や文化祭などの行事でも積極的に参加して楽しむことができました。このような充実した高校生活を過ごすことができたのは、先生方や仲間の支えがあったからこそです。

共に頑張ることのできる仲間との出会いこそ上尾高校の魅力だと思います。

特 別 活 動

「文武不岐」「自主自律」の校訓の根幹をなすのが生徒会活動と学校行事です。文化祭・体育祭・競技会などの生徒会行事は、企画から運営までほとんどを生徒達の手で作り上げていきます。修学旅行や遠足なども旅行委員やHR委員が積極的に関わり、思い出に残る素晴らしい行事となっています。

卒 業 生 の 声

上尾高校の魅力は、誰もが勉強・部活動・行事

そ の 他

令和6年度　中学生向け行事一覧

日付	イベント	開催場所
5月11日(土)	中学生向け授業公開	上尾高等学校
8月3日(土)・4日(日) 10日(土)・19日(月) 20日(火)	上高オープンスクール (部活動体験・校舎見学等)	上尾高等学校
6月19日(水) 9月17日(火)・25日(水)	学校見学ツアー	上尾高等学校
9月7日(土)	文化祭(一般公開)	上尾高等学校
10月12日(土)	第1回学校説明会 商業科体験入学	上尾高等学校
11月9日(土)	第2回学校説明会 授業公開	上尾高等学校
1月11日(土)	第3回学校説明会	上尾高等学校

詳しい日程は学校HPで更新してまいります。

詳細はこちら！➡

卒業後の進路状況　（令和5年度・現役）

信州大、埼玉大、埼玉県立大、群馬大、愛媛大、高崎経済大、東京理科大、明治大、青山学院大、中央大、立教大、法政大、学習院大、津田塾大、武蔵大、成蹊大、成城大、芝浦工業大、東洋大、日本大、駒澤大、専修大、日本赤十字看護大、亜細亜大、国士舘大、國學院大、東京経済大、文教大、日本体育大、女子栄養大、昭和薬科大、昭和女子大、獨協大、二松學舎大、神奈川大、東海大、東京家政大、国家一般職、国家税務職、皇宮警察本部、埼玉県職員、埼玉県警、警視庁、東京消防庁　など

地図　JR高崎線北上尾駅西口より徒歩1分

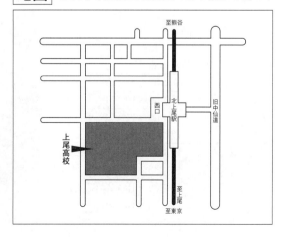

埼玉県立 上尾鷹の台高等学校（全日制）

所在地 〒362-0021 上尾市原市2800番地 ☎ 048-722-1246　FAX 048-720-1013
ホームページ https://takanodai-h.spec.ed.jp/
最寄り駅からの順路 ニューシャトル沼南駅下車　徒歩10分

マスコットの「ようよう」です

校　　長	青木　俊憲
創　　立	平成20年4月1日
教職員数	51人

生徒数

学年\学科	1年 (男)(女)	2年 (男)(女)	3年 (男)(女)	計 (男)(女)
普通科	197 (77)(120)	187 (75)(112)	218 (101)(117)	602 (253)(349)

教わりながら自ら学ぶ意欲に満ちた18期生を募集しています！

本 校 の 概 要

校訓　　鷹揚（「詩経」より）

　校名の由来であるオオタカが悠然と大空を舞うように生徒たちが高校生活を通じて自ら学び鍛えた力を内に秘め力強く社会に飛躍していって欲しいという願いを込めました。

＜目指す学校像＞

「志、高く。　思い、深く。　夢、羽ばたく」学校

＜重点目標＞

1　進学・就職ともに質の高い進路を実現できる生徒を育む。
2　高い「志」を持ち、多くのことに積極的に挑戦するたくましい生徒を育む。
3　安心安全、清潔な学習環境の中で、温かく規律ある学校文化を醸成する。
4　地域との絆を深化させ、さらに信頼され愛される学校づくりに努める。

教育活動の特色

1　教育課程
〜単位制を生かした数多くの魅力ある講座〜
・2年次及び3年次では、進学（文・理）モデルや資格技能取得モデルを参考に、個人の進路に合わせて選択科目を選びます。（2年次に週4時間分、3年次に週16時間分を選択）
・主要5教科はもちろん、情報処理、簿記、スポーツⅡ、器楽、陶芸などの選択科目があります。
・漢字検定、英語検定、簿記検定、情報処理検定、ビジネス文書実務検定などの資格取得を目指します。

2　学習活動
〜「わかる授業」をモットーに学習指導〜
①1、2年次では、**少人数学級編制**で展開します。
②国語、数学、英語の主要科目で**習熟度別授業**を実施し、ていねいに指導します。
③1人1台端末、学習アプリで生徒の能力を確実

データ

日　課　表		
SHR	朝読書	8：40〜8：50
	連　絡	8：50〜8：55
第 1 時 限		9：00〜9：50
第 2 時 限		10：00〜10：50
第 3 時 限		11：00〜11：50
第 4 時 限		12：00〜12：50
（昼休み）		12：50〜13：35
第 5 時 限		13：35〜14：25
第 6 時 限		14：35〜15：25
清　　掃		15：25〜15：40
S　H　R		15：40

に伸ばします。

3 学校生活
① 「温かくかつ厳しい」生徒指導による落ち着いた学習環境
・時間を守ること、身だしなみを整えること、しっかりあいさつすることなどを粘り強くていねいに指導して豊かな人間性・社会性を育みます。
② 「朝読書」の実施
・毎日10分間の朝読書で落ち着いて静かな一日が始まります。
③ 2つのカウンセリング室を備え生徒・保護者からの相談に十分対応できる教育相談体制
④ 文化祭、体育祭、修学旅行など様々な行事を実施
⑤ 部活動の活躍
　13の運動部、13の文化部が活動しています。文化部では、書道部が全国総文祭出展を果たしました。運動部では柔道部が関東大会、女子バスケットボール部が県大会ベスト8に入賞しました。卓球部や男子バスケットボール部、ハンドボール部、剣道部も県大会に出場するなど、各部が活躍しています。

4 進路指導
～ていねいな指導で一人ひとりの進路希望を実現～
・3年間を見通した体系的なキャリア教育を実施します。
・長期休業中には、進路実現に向けた補習を行います。進学実績も年々上がってきています。

5 学習環境
～木の香りただよう落ち着いた学習環境～
① 教室や廊下の壁面には埼玉県産の木材を使用
② 充実した施設設備による教育活動
・全教室に冷房完備。夏でも快適な学習環境
・少人数指導や習熟度別授業に適した多くの小教室
・充実した2つのコンピュータ室
・2教室分の広さがある心ゆったりと落ち着ける多目的ルーム（ラウンジ）
・全HR教室と学習室にプロジェクタ設置
・山小屋風木造建築の陶芸室

「器楽」の演習

<上尾鷹の台>

その他
※日程は必ず学校HP等でご確認ください。

令和6年度　学校説明会のご案内
本校HPよりお申し込みください。
■説明会は中止・延期されることもあります。詳細は本校HPでご覧ください。
○部活動体験会
　7月29日(月)～8月2日(金)　部活動体験ウィーク
　(学校概要説明・校内見学もあります)
○学校説明会
　第1回9月14日(土)　学校概要説明・部活動紹介
　　・校内見学・個別相談
　第2回10月5日(土)　学校概要説明・部活動紹介
　　・校内見学・個別相談
　第3回11月9日(土)　学校概要説明・部活動紹介
　　・校内見学・個別相談
　第4回12月14日(土)　学校概要説明・部活動紹介
　　・校内見学・個別相談
　第5回1月11日(土)　学校概要説明・部活動紹介
　　・校内見学・個別相談
令和6年度文化祭のご案内
　9月7日(土)　一般公開
　　9：00～13：30(最終入場13：00)
＊説明会の詳細は、本校ホームページをご覧ください。
＊学校見学は随時受け付けています。事前にご連絡ください。

令和5年度（令和6年3月）卒業生　進路状況

大学	短大	専門学校等	就職	進学準備	その他
70	9	93	7	5	0
38%	5%	51%	4%	3%	0%

主な進路先
大学　跡見学園女子大、十文字学園女子大、帝京大、日本保健医療大、浦和大、淑徳大、東京家政大、人間総合科学大、江戸川大、城西大、東京経済大、文教大、開智国際大、尚美学園大、東京国際大、文京学院大、共栄大、聖学院大、東京女子体育大、目白大、国際武道大、清和大、東京成徳大、明星大、国士舘大、専修大、東京電機大、ものつくり大、駒澤大、大東文化大、東洋大、埼玉学園大、宝塚大、東洋学園大、埼玉工業大、中央大、日本工業大
短期大学　川口短大、埼玉女子短大、東京交通短大、国際学院埼玉短大、戸板女子短大
専門学校　上尾市医師会上尾看護専門学校、埼玉医療福祉専門学校、東京総合美容専門学校、上尾中央医療専門学校、埼玉県理容美容専門学校、東京調理製菓専門学校、上尾中央看護専門学校、埼玉コンピュータ＆医療事務専門学校、板橋中央看護専門学校、埼玉福祉保育医療製菓調理専門学校、東京服飾専門学校、北里大学看護専門学校、尚美ミュージックカレッジ専門学校、東京モード学園、済生会川口看護専門学校、スポーツ健康医療専門学校、東京YMCA社会体育・保育専門学校、さいたま市立高等看護学院、専門学校デジタルアーツ東京、東放学園音響専門学校、専門学校日本科学大学校、専門学校東京クールジャパン・アカデミー、日本外国語専門学校、葵メディカルアカデミー、専門学校東京ビジュアルアーツ、日本工学院専門学校蒲田校、専門学校青山ファッションカレッジ、専門学校東洋美術学校、日本美容専門学校、大原こども専門学校、草苑保育専門学校、日本リハビリテーション専門学校、大原簿記情報ビジネス専門学校大宮校、総合学園ヒューマンアカデミー、華学園栄養専門学校、大宮医療専門学校、テクノ・ホルティ園芸専門学校、華調理製菓専門学校、大宮医療美容専門学校、東京IT会計公務員専門学校大宮校、HAL東京、大宮国際動物専門学校、東京ITプログラミング＆会計専門学校杉並校、文化服装学院、大宮こども専門学校、東京ウェディング＆ブライダル専門学校、ベルエポック美容専門学校、大宮スイーツ＆カフェ専門学校、東京歯科衛生専門学校、エアライン・鉄道・ホテル・テーマパーク専門学校東京、大宮ビューティ＆ブライダル専門学校、東京スクールオブミュージック＆ダンス専門学校、武蔵野調理師専門学校、国際文化理容美容専門学校、東京スポーツ・レクリエーション専門学校、山野美容専門学校、さいたまIT・WEB専門学校、専門学校東京製菓学校、早稲田美容専門学校、中央高等技術専門校、春日部高等技術専門校、川口高等技術専門校
就職　警視庁、自衛官候補生、㈱ヤオコー、西濃運輸㈱

地図　ニューシャトル沼南駅下車　徒歩10分

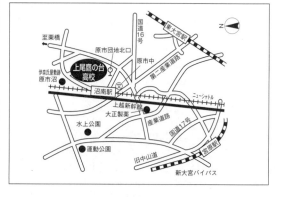

埼玉県立 上尾橘高等学校（全日制）

所在地　〒362-0059　上尾市大字平方2187-1　☎ 048-725-3725　FAX 048-780-1010
ホームページ　https://ageotachibana-h.spec.ed.jp/
メールアドレス　info@ageotachibana-h.spec.ed.jp
最寄り駅からの順路　高崎線上尾駅西口から「リハビリセンター」行きバス(18分)上尾橘高校前下車

校舎全景　正門付近から

校　長	大村　勝幸
創　立	昭和58年4月1日
教職員数	58人

生徒数

学年＼学科	1年(男)(女)	2年(男)(女)	3年(男)(女)	計(男)(女)
普通科	114 (57)(57)	99 (39)(60)	83 (44)(39)	296 (140)(156)

教 育 活 動

1　進路に合わせて選べる類型制

　上尾橘高校は普通科の高校です。来年度より2年生からの選択科目を充実させます。進学に対応したものから基礎を固めるものまで一人ひとりのニーズに合った学習ができます。

2　「わかる」「できる」「自信をつける」授業

　1クラス30人前後の少人数学級編制に加え、習熟度別・少人数・TT等により一人ひとりに目が行き届くきめ細かい指導を展開しています。わからない時に「わからない」と言える人数、わから

ないことを気づいてもらえる人数の授業が自慢です。「わかる・できる授業」を提供しています。

　生徒の授業アンケートでは、9割近い生徒が「説明がわかりやすい」「授業に満足」と橘高校の授業を高く評価しています。

3　豊かな人格を育てる多様な教育活動

　インターンシップ、校外美化活動など、積極的に社会との接点を持つことにより、本物の社会性を身につけます。

4　一人ひとりの進路希望の実現

　本校の学校を通しての就職率は100％を達成しています。大学・短大の指定校推薦枠も100名以

データ　令和7年度教育課程について

	1	2	3	4	5	6	7	8	9	10	11	12	13	14	15	16	17	18	19	20	21	22	23	24	25	26	27	28	29	30
1年	現国		言文		地理総合		公共		数学Ⅰ			生物基礎			体育			保健	芸術Ⅰ		英語CⅠ			家庭総合		情報Ⅰ		CUT		
2年	論理国語		歴史総合		数学Ⅰ			化学基礎			体育			保健	芸術Ⅱ			英語CⅡ			家庭総合	情報処理		国語表現 数学Ⅱ ビジネス基礎		PUT	総探	LHR
3年	文学国語		世界史探究		数学A			物理基礎			体育		芸術Ⅲ			英語CⅡ			選択△			選択□			選択◆			PUT		

選択△：数学Ⅱ、古典探究、論理・表現Ⅰから1つ選択
選択□：数学B、科学と人間生活、日本史探究、課題研究から1つ選択
選択◆：鑑賞研究　素描　応用の書　保育基礎　スポーツⅡ　情報Ⅱから1つ選択

第2学年　修学旅行（沖縄・マリン体験）

上確保しています。1学年からの進路ガイダンスや面談など継続的なきめ細かいキャリア教育を実施しています。

5　「キャッチアップタイム」（CUT）の実施

1学年で実施する本校独自の授業で、3つから選択します。①「アクティブコミュニケーション」、②「ベーシック」、③「チャレンジ」。一人ひとりのニーズに合った学びの時間になることを目指し、週1時間実施しています。詳細は学校説明会等にてご説明いたします。

6　「パワーアップタイム」（PUT）の実施（新設）

来年度より、2・3学年で実施する独自の授業で、無学年式AIアクティブラーニング「すらら」（タブレット端末）を活用して、基礎学習スキルの確立と自学自習の習慣の形成を目的に週1時間実施します。詳細は学校説明会等にて説明します。

◎交通ガイド
・上尾駅西口⑥番乗り場より、東武バス「平方」「川越駅」「リハビリセンター」「指扇駅」「丸山公園」行き乗車（20分）「平方」下車、徒歩3分。
・上尾駅西口③番乗り場より、東武バス「リハビリセンター」行き乗車（18分）、「上尾橘高校前」下車、すぐ。
・大宮駅西口⑧番乗り場より東武バス「平方」「丸山公園」行き乗車（40分）「平方」下車徒歩3分。
・指扇駅北口より、東武バス「上尾駅」「平方」「フェニックスゴルフ場」行き乗車（15分）、「平方」下車、徒歩3分。
・上尾駅西口より、自転車で20分（5km）。

卒業後の進路状況　過去3年間の実績

＜大学＞跡見学園女子大、浦和大、埼玉学園大、埼玉工業大、淑徳大、十文字学園女子大、城西大、尚美学園大、駿河台大、聖学院大、創価大、大東文化大、高千穂大、東京国際大、東京福祉大、東京富士大、東洋大、日本経済大、ものつくり大
＜短大＞川口短大、国際学院埼玉短大、埼玉女子短大、埼玉東萌短大、武蔵丘短大
＜専門学校＞埼玉県立川越高等技術専門校、埼玉県立中央高等技術専門校、埼玉県立熊谷高等技術専門校、埼玉県立川口高等技術専門校、さいたま市立高等看護学院、朝霞准看護学院、川越看護専門学校、日本医科大学校、大宮国際動物専門学校、埼玉動物海洋専門学校、窪田理容美容専門学校、大宮理容美容専門学校、ミス・パリ・ビューティ専門学校、道灌山学園保育福祉専門学校、彰栄保育福祉専門学校、日本児童教育専門学校、埼玉自動車大学校、関東工業自動車大学校、中央工学校、日本電子専門学校、華学園栄養専門学校、埼玉県調理師専門学校、武蔵野栄養専門学校、新宿調理師専門学校、日本工学院専門学校、日本デザイナー学院、東放学園専門学校、尚美ミュージックカレッジ専門学校、専門学校デジタルアーツ東京、他
＜就職＞㈱ヴィ・ディー・エフ・サンロイヤル、SBS即配サポート㈱、ENEOSジェネレーションズ、オーケー㈱、㈱カナオカグラビア、㈱グレープストーン、国際チャート㈱、㈱サンフレッセ、三和倉庫㈱、㈱シーエックスカーゴ、住友理工㈱、㈱大創産業、㈲手島運送、東邦ビルディング㈱、トーエイ物流㈱、トーテックス㈱、新村印刷㈱、日本空港サービス㈱、野口倉庫㈱、野妻建設㈱、㈱ハイデイ日高、鳩山カントリークラブ、㈱パレスエンタープライズ、藤田金属㈱、㈱富士特殊電気産業、富士パン粉工業㈱、㈱ベルク、㈱丸新水産、㈲丸武商会、ミキフーズ㈱、㈱ミニカラー、山崎製パン㈱、UDトラックス㈱、上尾中央総合病院、指扇病院、戸田中央総合病院、ウエルガーデン、共生の家、小江戸の郷、白樺ホーム、他

特別活動

1　生徒が中心となって取り組む学校行事

生徒会を中心に作り上げる橘祭（文化祭）、体育祭をはじめ、ロードレース・球技大会（各学期）などがあります。他にも、特別支援学校との連携事業などの特別活動を積極的に行っています。

2　活躍する部活動

サッカー部、バドミントン部、野球部、卓球部、バレー部、バスケ部、ダンス部など多くの運動部が日々の練習に励んでいます。

文化部では、吹奏楽部、華道部、写真部、科学部などが特色ある活動をしています。

学校説明会

1.学校説明会　第1回　7月27日㈯、
　　　　　　　　第2回　11月9日㈯
2.個別相談会　1月中実施

詳細は後日決定しますので、電話かFAX、ホームページにて事前の問い合わせや申し込みをお願いします。ご来校を心よりお待ちしております。
※日程は必ず学校HP等でご確認ください。

地図　上尾駅西口から「リハビリセンター」行きバス（18分）　上尾橘高校前下車

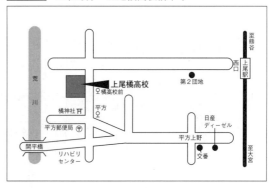

埼玉県立 上尾南高等学校（全日制）

所在地 〒362-0052 上尾市中新井585 ☎ 048-781-3355
ホームページ https://ageominami-h.spec.ed.jp/
最寄り駅からの順路 上尾駅西口上尾市内循環バス 上尾南高校前下車 徒歩3分
上尾駅西口または宮原駅西口、日進駅、西大宮駅より自転車で15分

校　長	秋元　俊一
創　立	昭和52年4月1日
教職員数	69人

生徒数

学科＼学年	1年(男)(女)	2年(男)(女)	3年(男)(女)	計(男)(女)
普通科	241 (139)(102)	231 (124)(107)	226 (131)(95)	698 (394)(304)

学校目標、教育の特徴

校訓「誠実」の下、「自分らしく未来に生きる力を育てる　一人一人が輝く学校」を目指す学校像とし、個々の生徒を大切に生徒の能力を引き出す教育を行っております。
(1)授業や探究的な学びを通じて、生徒一人一人に確かな学力を身につけさせる
(2)キャリア探究活動を通して、生徒の個性や可能性を伸ばし、主体的な進路実現を支援する
(3)生徒一人一人が役割や居場所を実感できる機会を提供し、達成感や充実感を自信と誇りにつなげる
(4)教職員が責任と誇りを持ち、保護者、地域と共に学校の魅力化を進める

きめ細かく、実社会とのつながりも大事にしながら、豊かな人間性を育む学校です。

教 育 活 動

1. 学習活動

全学年少人数学級編制、数学・英語の一部の科目にて習熟度別少人数授業、「朝活」の実施、一人一台端末、充実した探究学習＝「社会問題解決プログラム」「Destination Ambassador Project」「上南クエスト」など。

1年次は必修科目を中心に基礎的な学習を、2年次ではさまざまな進路に対応するため、文系理系科目ともにバランスよく学習を、3年次には豊富な選択科目から自らの進路実現に合わせた学習を行っています。

データ

主な学校行事（令和6年度）予定

1学期　入学式・対面式
　　　　二者面談
　　　　遠足、体育祭
　　　　三者面談＋進路相談会
　　　　インターンシップ
2学期　文化祭（9／7一般公開）
　　　　特別支援学校との交流会
　　　　芸術鑑賞会
　　　　長距離走大会
　　　　修学旅行（2年生）
3学期　受験インフォメーション（2年生）
　　　　受験報告会（3年→1、2年）
　　　　予餞会
　　　　卒業式
　　　　球技大会

教育課程 (令和7年度入学生) 予定

	1	2	3	4	5	6	7	8	9	10	11	12	13	14	15	16	17	18	19	20	21	22	23	24	25	26	27	28	29	30
1年	現代の国語		言語文化		地理総合		公共		数学Ⅰ			数学A		生物基礎		情報Ⅰ		英語コミュニケーションⅠ			論理表現Ⅰ		芸術Ⅰ 音楽・美術・書道			保健		体育		総探	LHR
2年	論理国語		古典探究		歴史総合		数学Ⅱ				化学基礎		物理基礎／地学基礎			英語コミュニケーションⅡ			論理表現Ⅱ		芸術Ⅱ 音楽・美術・書道／情報処理			家庭総合		保健		体育		総探	LHR
3年	論理国語		古典探究		英語コミュニケーションⅢ			家庭総合		選択1		選択2／生物／化学				選択3				選択4			選択5			体育				総探	LHR

選択1：文学国語、地理探究、数学Ⅲ、数学理解
選択2：化学・生物
選択3：日本史探究、世界史探究、物理、化学
選択4：政治・経済、数学B、情報処理、スポーツⅠ、器楽、絵画、実用の書、英語総合
選択5：数学C、音楽Ⅲ、美術Ⅲ、書道Ⅲ、課題研究、保育基礎、スポーツⅡ、グローバルコミュニケーション

2. 学校生活

約5割が上尾市内在住の生徒であり、9割以上が自転車通学という、地元に根ざした学校です。令和4年度、敷地内に上尾特別支援学校分校が開校し、日本一、世界一のインクルーシブ教育を推進しています。部活動も活発で、ボランティア活動や自治会との連携などにも力を注いでいます。

体育祭・文化祭、修学旅行（2年次）の他、球技大会、芸術鑑賞会など特色ある学校行事を実施しています。

3. 進路指導

主体的に進路を切り開く活動＝「キャリア探究活動」を通して、実社会と自分の在り方・生き方を関連付けた指導を行っています。進路講演会（生徒対象、保護者対象）、分野別模擬授業の実施、インターンシップの積極的参加、学力向上講座の開講、外部模試の校内実施、各種検定取得の推進、学習室、学習スペースの整備等、より良い進路実現に向けて支援しています。

特 別 活 動

9月上旬に行われる文化祭は、生徒会・実行委員が中心となって企画・立案し、クラス・部活動・有志等が活躍する行事として、大きく盛り上がります。6月上旬の体育祭は全学年がそれぞれ7つのブロックに分かれて行い、ブロック別の応援合戦は体育祭の名物です。

部活動は、16の運動部、9つの文化部、4つの同好会があり、多くの生徒は、継続して活動しています。バスケ部、陸上部、サッカー部、バドミントン部、ソフトテニス部は、県大会出場を果たしており、書道部、美術部、演劇部、音楽部、吹奏楽部、箏曲部など、文化部の他校にはない充実ぶりも魅力の一つです。

2年生　修学旅行

そ の 他

※日程は必ず学校HP等でご確認ください。

学校説明会・個別相談会・部活動体験等予定

	日程	内容	時間
彩の国進学フェア	7月20日（土）21日（日）	場所：さいたまスーパーアリーナ個別相談	9：30〜17：00
オープンスクール	7月26日（金）27日（土）	部活動体験個別相談	9：30〜14：15
部活動体験・見学を中心とした学校見学会を行います。個別相談も実施予定です。			
第1回学校説明会	9月28日（土）	説明会（体育館）個別相談部活動見学	9：30〜12：30
第2回学校説明会	11月9日（土）	公開授業説明会（視聴覚）個別相談部活動見学	課業日（公開時間は未定）
第3回学校説明会	12月14日（土）	説明会（体育館）個別相談部活動見学	9：30〜12：30
第4回学校説明会	1月11日（土）	公開授業説明会（視聴覚）個別相談部活動見学	課業日（公開時間は未定）

※学校説明会については、個別相談及び部活動や施設の見学も実施予定です。

卒業後の進路状況

年　　　度	R2	R3	R4	R5
大 学 ・ 短 大	107	70	99	84
専修・各種学校	105	110	89	87
就　　　職	34	32	36	26
そ　の　他	7	16	4	15
卒 業 者 数	253	228	228	212

〈令和5年度進路実績（現役）〉
●4年制大学　跡見学園女子大、共栄大、国際武道大、国士舘大、埼玉学園大、埼玉工業大、十文字学園女子大、淑徳大、城西大、城西国際大、尚美学園大、駿河台大、聖学院大、大東文化大、拓殖大、帝京平成大、東京国際大、東京女子体育大、東京電機大、東洋大、二松學舎大、日本工業大、人間総合科学大、文化学園大、平成国際大、白百大、立正大
●短期大学　秋草学園短大、大妻女子大短大部、川口短大、国際学院埼玉短大、埼玉純真短大、埼玉東萌短大、聖徳大短大、東京家政大短大部、武蔵丘短大、山野美容芸術短大、大月短大
●専門学校　埼玉県立中央高等技術専門校、埼玉県立熊谷高等技術専門校、名古屋高等技術専門校、埼玉自動車大学校、関東工業自動車大学校、東京電子専門学校、日本電子専門学校、東京日建工科専門学校、中央工学校、日本工学院専門学校、上尾市医師会看護専門学校、上尾中央看護専門学校、埼玉医科大学総合医療センター、さいたま市立高等看護学院、上尾中央医療専門学校、呉竹医療専門学校、さいたま柔整専門学校、埼玉歯科衛生専門学校、東京柔道整復専門学校、東洋公衆衛生学院、日本リハビリテーション専門学校、大宮ビューティー＆ブライダル専門学校、大宮理容美容専門学校、国際文化理容美容専門学校、埼玉県理容美容専門学校、東京ウエディング＆ブライダル専門学校、国際文化理容美容専門学校、早稲田美容専門学校、VENUS ACADEMY、埼玉調理師専門学校、武蔵野調理師専門学校、武蔵野栄養専門学校、東京スイーツ＆カフェ専門学校、文化服装学院、大原こども専門学校、大原簿記情報ビジネス専門学校、大宮医療秘書専門学校、埼玉コンピュータ＆医療事務専門学校、東京IT会計公務員専門学校、専門学校日本ホテルスクール、東京ウエディングホテル専門学校、神田外語学院、日本外国語専門学校、尚美ミュージックカレッジ、専門学校デジタルアーツ東京、大宮国際動物専門学校、東京スクールオ

地図

上尾駅西口上尾市内循環バス　上尾南高校前下車徒歩3分
上尾駅西口または宮原駅西口より自転車で15分

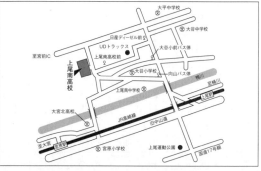

ブミュージック専門学校渋谷、東京リゾート＆スポーツ専門学校、東洋美術専門学校、総合学園ヒューマンアカデミー
●就職　㈲高野造園、ゆうき総業㈱、㈲新生食品、三菱原子燃料㈱、田中産業㈱、㈱トランスシティサービス、コカ・コーラボトラーズジャパンベンディング㈱、埼玉トヨタ自動車㈱、マルエツ㈱サカイ引越センター、㈱トーハンロジテックス、ヤマト運輸㈱埼玉主管支店、大島工業、タカダ・トランスポートサービス㈱、㈱イタリアンイノベーションクッチーナ、㈱ココロオドル、㈱オリエンタルランド、㈱東日本宇佐美、㈱太平洋クラブ、イリオスネット㈱、特定非営利活動法人あげお学童クラブの会、ALSOK東京㈱、上尾中央総合病院、戸田消防署、上尾消防署

埼玉県立 伊奈学園総合高等学校 （全日制）

所在地　〒362-0813　北足立郡伊奈町学園4丁目1番地1　☎ 048-728-2510
ホームページ　https : //inagakuen.spec.ed.jp/　メールアドレス　info-h@inagakuen.spec.ed.jp
最寄り駅からの順路　ニューシャトル「羽貫駅」下車　徒歩約10分

校　　　長	樫浦　岳人
創　　　立	昭和59年4月1日
教職員数	239人

生徒数

	1年		2年		3年		計	
	男	女	男	女	男	女	男	女
普通科	382	414	330	448	363	405	1,075	1,267
	796		778		768		2,342	

校長からのメッセージ

　本校は、全国初の総合選択制普通科の高等学校として、1984（昭和59）年に開校し、創立41年目を迎えました。生徒一人一人の個性と資質・能力を伸長し、切磋琢磨する中で高い志を持って希望をかなえる生徒を育成する学校です。

　みなさんが持っているエネルギーを発揮し、目標に向かって頑張るステージ、そして活躍するステージを一緒に創生していきましょう。

　勉学を重ね様々な体験・経験をとおして「自分の考え・意見」をしっかりと持ちそれを発信し、これからの日本の将来の担い手として地域、日本、世界、宇宙を舞台に活躍していくための基礎を築き上げることのできる学校です。ぜひ、見学に来てください。

在校生からのメッセージ

　伊奈学園は約2,300人の生徒が自分らしく過ごせる場所です。約180の選択科目は皆さん自身の可能性を大きく広げ、他にひけをとらない学園祭と体育祭は皆さんの力を最大限に発揮できるでしょう。また、全国や国外でも活躍をしている部活動は必ず皆さんの高校生活を豊かにしてくれます。10代のうちから多くの人と関わり合う機会は滅多にないと思います。伊奈学園に入学したら、夢や志を持った仲間に出逢うことができ、かけがえのない日々を過ごすことができます。ぜひ、伊奈学園で夢への一歩を踏み出しませんか。生徒一同心よりお待ちしています。　　　（学園生徒会長より）

令和5年度 主な大学等合格状況

宇都宮大	1	上　智　大	8	國學院大學	18	明治薬科大	2		
信　州　大	1	東京理科大	6	武　蔵　大	12	日本女子大	7		
山　梨　大	1	国際基督教大	1	東　洋　大	124	東京家政大	26		
東　京　大	1	新　潟　大	2	明　治　大	38	日　本　大	100	日本体育大	9
一　橋　大	1	静　岡　大	1	立　教　大	31	駒　澤　大	24	国 士 舘 大	20
北 海 道 大	4	富　山　大	3	青山学院大	17	専　修　大	17	順 天 堂 大	8
お茶の水女子大	1	鹿 児 島 大	1	法　政　大	44	獨　協　大	49	東京音楽大	3
筑　波　大	3	北海道教育大函館校	1	中　央　大	23	文　教　大	54	国立音楽大	2
東京外国語大	1	埼玉県立大	5	学　習　院　大	21	芝浦工業大	13	武蔵野音楽大	6
東京藝術大	3	高崎経済大	3	立　命　館　大	3	東京電機大	15	多摩美術大	11
東京農工大	1	横浜市立大	1	成　蹊　大	22	東京農業大	20	武蔵野美術大	13
東京学芸大	1	早 稲 田 大	16	成　城　大	13	自治医科大	1	国 公 立 大	46
埼　玉　大	8	慶　應　大	1	明治学院大	7	北　里　大	5	私　立　大	1,351

伊奈学園とはどんな学校

1 一人一人のさまざまな能力を伸ばします

(1) 本校の最大の魅力は、進路希望に合わせて、各学系や各教科の特色を生かした科目選択ができることです。

学びたい学問・就きたい職業につながる科目選択を実現するため、人文・理数・語学(英・独・仏・中)・スポーツ科学・芸術(音・美・工・書)・生活科学・情報経営の7つの「学系」を用意して系統的に取り組めるしくみになっています。

(2) 1年次では必修科目を中心に、2・3年次では自分の学系を踏まえた各自の時間割で学びます。多様な選択科目を用意していますので、自分の目指す方向へ踏み出した充実した時間割を作ることができます。

2 5つの小さな学校「ハウス」

併設中学校を含めた、生徒数約2,600人の大規模校です。生徒は「ハウス」と呼ばれる5つの小さな学校に属し、人間関係を築きます。

各ハウスは一人一人の生徒にとって楽しい「生活のよりどころ」であり、学園祭や体育祭は「ハウス」対抗で競いあい、修学旅行や生徒会活動はハウス単位で実施します。

3 目指す進路に道を開きます

(1) 早朝・放課後・土曜日を活用した進学講習を行っています。土曜日の進学講習は生徒が効率よく受講できるよう時間割を組み、充実させています。さらに長期休業中の進学講習も充実しています。

(2) 豊富な進路資料と定期的なガイダンスの実施で、進路実現をサポートします。

(3) 部活動と両立させて、自己と社会のつながりを見据えた生徒育成をしています。

(4) 毎年約90％が大学等へ現役で合格しています。

4 本校独自の取組

(1) 最先端の科学に触れ、テーマを設定して大学や研究機関と連携している「IINA サイエンスプロジェクト」など、魅力的な講座を用意しています。

(2) 総合的な探究の時間では、自己の在り方生き方を科目選択とつなげ、社会の中のさまざまな課題を見つけて、自ら解決する一連の探究活動を行っています。

5 部活動で学園生活の充実が図れます

(1) 23の運動部と25の文化部、8つの同好会があり、大部分の生徒が部活動に所属し日々の活動に励んでいます。ホームルームや学系の枠を越えた友人との深いつながりができ、人生の貴重な財産となります。

(2) 指導力に優れた顧問が指導に当たり、多くの部・同好会が県大会・関東大会で入賞し全国大会で活躍しています。

いなほ祭(学園祭)もハイクオリティー

令和6年度学校説明会・体験入学等の日程

全体説明会(入試説明会含む)後に学系説明会、個別相談会を実施します。当日は、部活動や施設を見学していただくことも可能です。
受付時間、内容等詳細については、本校ホームページを御確認ください。

開催日	全体説明会	○学系説明会 ◎体験入学								備考
		普通(5学系)	普通学系		情報経営	スポーツ科学系	芸術系			
			人文	理数	語学	生活科学			音楽	美術工芸	書道	
第1回	7月27日(土)	○										全体説明会のみ
第2回	9月21日(土)	○	○			◎		◎		◎	◎	◎	説明会終了後、語学系等は体験入学を実施。
第3回	10月5日(土)			◎	◎	◎	◎	◎	◎	○	◎	◎	体験入学等を実施。
第4回	10月26日(土)	○								◎	◎		授業公開後、全体説明会を実施。説明会終了後、音楽・美術工芸は体験入学を実施。
第5回	11月16日(土)									◎	◎	◎	芸術系音楽、美術工芸、書道は体験入学を実施。

※◎は説明会とは別の申し込みが必要です。

部活動体験会　8月19日(月)〜8月23日(金)
授業公開　10月26日(土)

地図

・ニューシャトル「羽貫駅」下車徒歩10分
・JR 高崎線上尾駅より朝日バス30分
・JR 宇都宮線蓮田駅より朝日バスまたはけんちゃんバスで20分
・JR 高崎線桶川駅よりけんちゃんバスで25分

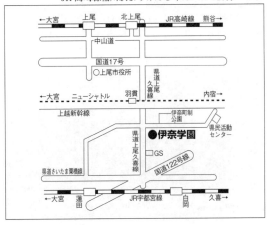

埼玉県立 岩槻高等学校 （全日制）

所在地　〒339-0043　さいたま市岩槻区城南1-3-38　☎ 048-798-7171
ホームページ https://iwatsuki-h.spec.ed.jp/　メールアドレス info@iwatsuki-h.spec.ed.jp
公式Instagram https://www.instagram.com/iwatsuki_hs/
最寄り駅からの順路　東武アーバンパークライン岩槻駅下車　徒歩20分

HP　Instagram

校　　長	深井　秀仁
創　　立	昭和23年9月28日
教職員数	81人

生徒数

学科＼学年	1年 (男)(女)	2年 (男)(女)	3年 (男)(女)	計 (男)(女)
普通科	280 (109)(171)	275 (144)(131)	263 (113)(150)	818 (366)(452)
国際文化科	40 (6)(34)	40 (10)(30)	31 (4)(27)	111 (20)(91)

夢の数だけ扉は開く。

岩槻高校概要

　岩槻高校は歴史ある「人形のまち岩槻」で、70年以上にわたって世界に貢献できる人材を輩出してきた伝統校です。普通科と県内唯一の国際文化科を設置し、全校で国際理解教育、国際交流を推進しています。「尊重(respect)・協働(teamwork)・創造(creation)」の校訓のもと、グローバル社会で自己実現できる人材の育成をスクールミッションとし、生徒一人ひとりの個性を伸ばし、進路実現をサポートします。

教育課程

1. 普通科（7クラス）

　基礎基本に重点を置き、バランスの取れた人間形成を図ると共に、応用力を育成し、進路実現を図ります。3年時には文系・理系にわかれます。
①文系：国語・社会・英語等に重点を置き、芸術や家庭科、伝統文化等実技科目も選択できます。
②理系：数学・理科・英語等に重点を置き、理学・工学・医療系などへの進学に対応します。

2. 国際文化科（1クラス）

　将来グローバル社会で活躍できるような、国際感覚を身につけることを目的とした学科です。英語・社会・国語に力を入れて学習します。ALTを活用した少人数制授業の他、Debate Discussionといった専門科目等、高度な語学力(読む・書く・聞く・話す、4領域)の習得を目標とした授業を展開しています。また異文化理解を深める行事も多くあります。そうした授業・行事等を通し「自己発信能力」と「他者受容能力」を身につけ、国際社会に貢献できる人材を育成します。

岩槻高校の制服

国際文化科3年生時間割(例)

	月	火	水	木	金
8:30～	英単語	時事問題	自己自習及び読書	英語共テ	一般常識
8:40～			SHR		
1限 8:55	総合英語Ⅲ	人と文学	世界史探究	世界史探究	政治経済
2限 9:55	政治経済	地学基礎	総合古典	総合英語Ⅲ	人と文学
3限 10:55	人と文学	体育	総合英語Ⅲ	総合古典	Essay Writing Ⅱ
4限 11:55	世界史探究	総合古典	政治経済	Debate Discussion Ⅱ	地学基礎
12:55			昼休み		
5限 13:30	Debate Discussion Ⅱ	総合英語Ⅲ	韓国語	総合探究	世界史探究
6限 14:30	Essay Writing Ⅱ	世界史探究	韓国語	LHR	体育
7限 15:30	総合古典				

岩槻高校は、埼玉県内唯一の国際文化科が設置された学校です！
オーストラリアでの海外授業体験学習の実施や獨協大との「高大連携協定」を締結しています。

　岩槻高校の国際文化科では、語学系、国際系、社会科学系、人文科学系など「文系科目」を充実させた学習を行っています。英数国での少人数制授業、ALTとのティームティーチング、ほぼAll Englishで行われるDebate Discussion・国際関係・第2外国語（韓国語・中国語・スペイン語）等特徴ある専門科目、異文化セミナー、オーストラリアへの海外授業体験学習、歌舞伎鑑賞教室の実施等、生徒一人ひとりが国際感覚を身につけ、グローバルな視点で諸課題を考え、解決に向けて行動できる力を育んでいます。

これまで実施されてきた国際交流事業
オーストラリア海外授業体験学習、イングリッシュサマーキャンプ、異文化セミナー、歌舞伎鑑賞教室、岩槻イングリッシュキャンプ、埼玉県主催「県立高校グローバルリーダー育成プロジェクト」選抜合格によるアメリカ合衆国派遣、「日本赤十字社青少年交流事業」選抜合格によるバヌアツ派遣、「第33回、34回インターアクト韓国派遣研修」、「アジア高校生架け橋プロジェクト／WYS」による留学生複数受け入れ、「埼玉県英作文コンテスト（高英研主催）」奨励賞受賞、「英語スピーチコンテスト（高英研主催）」ブロンズ賞・シルバー賞受賞等

教育活動

　生徒の学力に応じた、わかりやすく魅力ある授業を目指しています。一人1台端末（iPad）を導入し、ICTを活用した授業を展開する他、国際文化科では留学生との交流、海外授業体験学習（普通科生徒も参加可）等を実施しています。英検の2次対策では面接練習を行い、3年連続準1級取得者がでています。3年時には全教員で小論文指導を実施する等きめ細かな指導を行っています。

キャリア教育

　本校は90％以上が進学志望で、その他が就職志望となっています。1年時から大学や専門学校の分野別説明会等、計画的な進路活動を実践しています。また朝や放課後、長期休業中の講習等、生徒の満足度の高い進路実現のために学習の機会を設けています。

卒業後の進路状況

	進学			就職	
	大学	短大	専門	公務員	民間
令和6年3月卒	188	25	74	4	11
令和5年3月卒	179	24	75	3	9
令和4年3月卒	161	36	92	2	12

令和6年3月卒業生の主な進路先
【4年制大学】50音順
埼玉大（国立）、亜細亜大、大妻女子大、共立女子大、駒澤大、國學院大、国士舘大、実践女子大、順天堂大、女子栄養大、昭和女子大、千葉工業大、専修大、創価大、大正大、大東文化大、拓殖大、中央大、帝京大、獨協大、東京医療保健大、東京家政大、東京経済大、東京女子大、東京電機大、東洋大、二松學舍大、日本社会事業大、日本大、文教大、明治大、立正大、麗澤大
【短期大学】50音順
川口短大、共立女短大、女子栄養大短大部、女子美大短大部、戸板女短大、東京家政大短大部　ほか

特別活動

　学校行事では、体育祭・文化祭・修学旅行・球技大会・遠足等が実施されています。国際文化科ではイングリッシュサマーキャンプや歌舞伎鑑賞教室、異文化セミナーが実施されます。

　部活動では、運動部14部、文化部15部、同好会2部が活動しています。運動部では女子テニス部が埼玉県国公立高校テニス大会第5位、個人戦・団体戦県大会出場、男子テニス部が団体戦で県大会出場、陸上競技部が個人7種目以上で県大会出場、卓球部が団体戦で県大会出場、文化部では、吹奏楽部が吹奏楽コンクールとマーチング両方で西関東大会出場、音楽部が埼玉県合唱コンクール銅賞などの実績を残しています。

学校説明会等

1. 学校説明会（会場：岩槻高校）
　6月22日㈯　9：30〜　8月2日㈮　9：00〜
　10月5日㈯　14：15〜　11月24日㈰　9：30〜
2. 入試個別相談会（会場：岩槻高校）
　1月25日㈯　9：30〜12：00
3. 部活動体験（会場：岩槻高校）
　6月22日㈯　※時間は各部による
　7月22日〜26日　※時間は各部による
4. 岩高祭（文化祭）（会場：岩槻高校）
　9月7日㈯　※ミニ説明会実施予定

※HPにて御確認の上、御来場ください。

R8年度開校 岩槻新校（仮称）
Saitama Prefectural Iwatsuki New School (tentative name) High School

岩槻高校と岩槻北陵高校が統合する新校は「国際に関する学科及び普通科の併置校」として現在の岩槻高校の敷地に開校します。生徒募集は令和8年度から行います。令和7年度の入学生は2年生からは新校生徒になります。

- ■国際感覚や語学力を身につけ、国内外で活躍できるグローバル人材の育成を目指す。
- ■自国の伝統や文化を理解し、異なる文化や価値観を尊重する態度を育成するとともに、SDGs等の地球規模の課題の探究活動に取り組む。
- ■地域の伝統産業を海外に発信することで、地域社会に貢献しつつ、豊かな表現力を身につける教育を行う。

埼玉県立 浦和高等学校（全日制）

所在地 〒330-9330　さいたま市浦和区領家 5 - 3 - 3　☎ 048-886-3000
ホームページ　https : //urawa-h.spec.ed.jp/
最寄り駅からの順路　JR 北浦和駅東口下車　徒歩10分

理科の実験を行う浦高生

校　　長	臼倉　克典
創　　立	明治28年 6 月18日
教職員数	98人

生徒数

学科＼学年	1 年(男)	2 年(男)	3 年(男)	計 (男)
普通科	357	366	357	1,080

浦高の歴史・概要

　明治28年、埼玉県第一尋常中学校として現在の
さいたま市に誕生し、明治34年、埼玉県立浦和中
学校と改称。昭和23年、新学制により埼玉県立浦
和高等学校となりました。平成 7 年に創立百周年、
令和 6 年に129年目を迎えた伝統校です。「尚文
昌武」(＝文武両道)の精神で心身を鍛え、タフで
優しい、グローバル社会における真のリーダーを
育成する姿勢は、時代を超えて受け継がれていま
す。

教 育 課 程

　平成12年度生より、全国に先駆けて大学進学対
応型の単位制を導入しました。進路希望を最大限
かなえ、しかも教育の本質を見極めた全人教育の
実現を目指しています。 1 年次では、全員が共通
科目を履修して幅広い教養と基礎学力の充実・徹
底を図り、 2 、 3 年次では、大学受験への対応だ
けに偏らない、将来を見据えた多彩な科目選択を
行います。
　授業は、少人数展開を多く取り入れ、きめ細か
い指導で、生徒の可能性を広げます。

高校の枠を超えた学習機会の提供

①埼玉大学との提携

　埼玉大学で、大学生と一緒に、講義を受けるこ
とができます。希望する生徒が週 1 回埼玉大学
に出向き、高校より先の学びを経験します。高
校の卒業単位としても大学の単位としても認め
られます。

②英国の名門パブリックスクールとの姉妹校提携

　400年以上の伝統を誇る「ウィットギフトスク
ール」と、短期派遣や長期留学の協定を結んで
います。留学の後、ケンブリッジ大学、オック

スフォード大学等、英国の名門大学に進学して
います。
　海外に留学する場合は、同窓会奨学財団により
留学費用の一部を給付する等の奨学金事業が備
わっています。

③各界の著名人による講演会

　「麗和セミナー」は、各界で活躍する本校の卒
業生による講演会で、年間 5 回ほど開催します。
　「進路講演会」は、ノーベル賞受賞の小柴昌俊
氏、白川英樹氏、江崎玲於奈氏、梶田隆章氏等
の超一流の著名人に講演をしていただいていま
す。

教 育 活 動

「授業で勝負」の方針のもと、日々の授業は教師と浦高生の真剣勝負の場となっています。教師が様々に工夫を凝らし、生徒は予習・復習を前提に主体的に取り組みます。

また、生徒一人一人の進路希望の実現のために、「第一志望はゆずらない」を合言葉に、教師は厳しく温かく指導し、生徒は朝から夜まで、学習に部活動に学校行事にと全力で取り組んでいます。

補習、実力テスト、模試等も計画的に行われており、さらに、前ページ下段に記すような多様な学習機会も提供しています。

特 別 活 動

①充実した部活動

運動部・文化部とも多くの部活動が全国・関東レベルの活躍をしています。これまでに水泳・カヌー・囲碁将棋・ラグビー・弓道・陸上・グリー・英語・地学・科学の甲子園など多くの部活動が全国大会に出場し、好成績を修めています。放課後はグラウンドも体育館も、また校舎内の特別教室も、各種部活動の生徒でいっぱいです。

②生徒の自主活動によって盛り上がる各種行事

毎年1万人を超える入場客が集まる文化祭「浦高祭」や男子校の熱気あふれる「体育祭」、茨城県古河市まで50キロを走る「古河強歩大会」、そして毎月のように行われる各種スポーツ大会等々、数多くの行事が浦高生活を充実したものにしています。これらは皆、浦高生自身の自主的な運営によって行われているのが最大の特徴です。

生徒自身の運営によって盛り上がる「浦高祭」

在 校 生 の 声

「二兎を追うものは一兎も得ず」あれもこれもと手を伸ばしていたら、一つも成し遂げることはできない。しかし、浦高には「少なくとも三兎を追え」という言葉があります。三兎とは、主に学業、部活、行事のことであると言われています。浦高生はそれら全てに力を尽くせ、ということです。わかりやすい例を挙げると、難関国公立大を目指し、部活で全国大会を目指し、学校の強歩大会で50キロを踏破すること。これは過酷で特殊に見えるかもしれません。確かに厳しい。しかし不可能でもなければ、特殊でもないのです。なぜなら、社会人になれば仕事、家庭、社会参画の三兎を追うことを求められるからです。我々は「世界のどこかを支える人間」を目指しています。そして浦高には、その挑戦を支え、共に乗り越えていく仲間がいます。

その他(学校説明会)

令和6年8月23日(金)、10月26日(土)に、中学生・保護者対象の説明会を開催します。詳細は本校Webサイトをご覧ください。

令和5年度末の進路状況(大学合格者数)

東 京 大 学	44名	早 稲 田 大 学	138名
東京工業大学	7名	慶 應 義 塾 大 学	74名
一 橋 大 学	11名	上 智 大 学	23名
京 都 大 学	19名	東 京 理 科 大 学	110名
東 北 大 学	30名	明 治 大 学	110名
国公立大医学部	21名	私立大医学部	23名
(上記の京都・東北の医学部4名含む)		(上記の慶應義塾の医学部1名を含む)	
他 の 国 公 立	75名	他 の 私 立	210名
国公立大学計	203名	私立大学計	687名
(大学校含む)			

地図 JR北浦和駅東口下車　徒歩10分

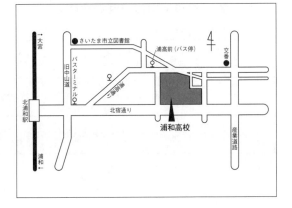

埼玉県立 浦和北高等学校（全日制）

所在地 〒338-0815 さいたま市桜区五関595 ☎ 048-855-1000
ホームページ https://urawakita-h.spec.ed.jp
最寄り駅からの順路 北浦和駅よりバス20分 浦和駅よりバス30分
志木駅よりバス20分 南与野駅より自転車15分

（満開の桜 単位制で君の夢を実現しよう！）

校 長	加藤 友作
創 立	昭和53年4月1日
教職員数	106人

生徒数

学科＼学年	1年(男)(女)	2年(男)(女)	3年(男)(女)	計(男)(女)
普通科	319 (135)(184)	312 (142)(170)	344 (147)(197)	975 (424)(551)

単位制…少人数制と多様な科目選択

浦和北高校は平成8年度より、県下で初の「全日制普通科の単位制高校」としてスタートしました。単位制は、一人一人の個性を伸ばすことや進路希望を実現するのに適したシステムです。将来を決定するのに大切な3年間を、本校で学んでみてください。

教 育 課 程

1 能力・適性、進路等に応じた科目選択

単位制の教育課程では、基礎・基本から発展した学習まで、生徒の能力・適性、進路等に応じて、多様な科目を選択できます。科目の選択については、方法を解説した「履修の手引き」を使って丁寧に指導します。

2 進路希望を実現するために

生徒一人一人の進路希望を実現するために、最適な科目を選択することができます。また「異文化理解」「リスニング演習」「実用の書」「日本文化史」「実用基礎プログラミング」など、他の普通科高校で選択できないような科目も設定しています。

教 育 活 動

1 学習指導

①少人数の授業を展開しています

入学したばかりの1年次生から少人数（1講座23人程度）で授業を展開し、きめ細かな学習指導を行っています。

②自己学習力を育てます

単位制では生徒自身が目標を定め、一人一人が自分だけのオリジナルの時間割を作成します。早

データ 令和6年度入学生の教育課程

	1	2	3	4	5	6	7	8	9	10	11	12	13	14	15	16	17	18	19	20	21	22	23	24	25	26	27	28	29	30	31
1年次	体育			保健I	芸術I		言語文化＋現代の国語A・B					数学I＋A ST・AD					化学基礎		物理基礎・生物基礎		地理総合		歴史総合		英語コミュニケーションI ST・AD			論理・表現I ST・AD		LHR	総探
2年次	体育			保健II	家庭総合I	2単位①	3単位①			3単位②			3単位③			3単位④			公共		情報I		英語コミュニケーションII ST・AD			論理・表現II ST・AD			LHR	総探
3年次	体育		家庭総合II		2単位①	2単位②	2単位③	2単位④	2単位⑤	3単位①			3単位②			3単位③			英語コミュニケーションIII ST・AD			論理・表現III ST・AD			LHR	総探

注 1年次の芸術は、音楽・美術・書道 のいずれかを選択します。
1年次の、物理基礎・生物基礎 はいずれかを選択します。
2年次では、2単位科目①で11講座から1講座、3単位科目①～④で18講座から4講座を選択します。
3年次では、2単位科目①～⑤で40講座から5講座、3単位科目①～③で18講座から3講座を選択します。

朝や放課後、長期休業中の補習などの学習の場も用意され、競い励まし合いながら、自己学習を進めていきます。

2　学校生活
①　おだやかな校風と、伸びやかな生徒が自慢です。
②　「チャイムが鳴ったら始まる」充実した授業と、優れた学習環境が特徴の学校です。

3　進路指導
①　進路資料室には、長年の進路実績を踏まえた豊富な資料が用意され、進路指導担当の先生の丁寧な指導を受けることができます。
②　放課後や夏休み等には、学力増進の講習が実施され、実力の向上を図っています。

体育祭

特 別 活 動

1　生徒会行事
年2回の球技大会、体育祭・文化祭・予餞会（卒業生を送る会）は、生徒会が中心となって運営します。特に体育祭は全生徒が参加する応援合戦を中心に大きく盛り上がります。

2　校外行事
2年次で実施される修学旅行は、民泊と呼ばれる沖縄の家庭に宿泊するという形で実施することが多く、在校生にも好評です。

3　部活動
運動部17、文化部14、同好会1が活動しています。多くの部が県大会に出場し、輝かしい成績を残しています。特に自転車競技部やバドミントン部、弓道部、演劇部、写真部、書道部は近年、全国大会や関東大会に出場しています。

卒 業 生 の 声

浦和北高校では部活動と勉強に頑張った3年間でした。私は陸上競技部に所属し、最後の大会まで出場しました。やりきることで大学受験も第一志望に合格できたのだと思います。浦和北高校には部活動でも勉強でも一生懸命に取り組める環境があります。一般受験で苦しい時もありましたが、信念を貫いて目標に向かって努力する貴重な経験を積むことができました。みなさんも目標をもって、高校生活を楽しんでください。
学習院大学　T.R（さいたま市立春野中学校卒）

そ の 他
※日程は必ず学校HP等でご確認ください。

充実した学習環境
令和元年6月から、全教室に新しいエアコンが設置されました。夏の暑さも緩和されて授業を受けることができます。また、単位制用に少人数授業向けのセミナーハウスや演習室と呼ばれる教室が設けられています。
学校がさいたま市の西、荒川近くの閑静な地域に位置しているため、静かな環境で学習活動を行うことができます。

学校説明会および学校見学
学校説明会は9月28日（土）、11月16日（土）、12月14日（土）の計3回本校で実施いたします。ぜひご参加ください。
学校説明会に参加できなかった方などを対象に、個別にご案内いたします。ご相談ください。

令和5年度卒業生（令和6年3月卒業）の進路状況

大学		短大	専門学校	就職		その他
国公立	私立			公務員	民間	
3	251	7	32	0	1	12
83%		2.3%	10.5%	0.3%		3.9%

過去3年間の主な進学先
国公立大学　筑波、埼玉、東京学芸、宇都宮、信州、鹿児島、埼玉県立
私立大学　青山学院、学習院、慶應義塾、國學院、駒澤、芝浦工業、昭和女子、女子栄養、白百合女子、成蹊、成城、専修、創価、大東文化、拓殖、中央、東海、東京電機、東京農業、東京薬科、東京理科、東洋、獨協、二松學舍、日本、文教、法政、武蔵、武蔵野、明治、明治学院、立教、早稲田
短期大学　大妻女子、戸板女子、東京家政、東京成徳
専門学校　さいたま市立高等看護、上尾中央看護、山野美容

地図
北浦和駅よりバス20分　浦和駅よりバス30分　志木駅よりバス20分

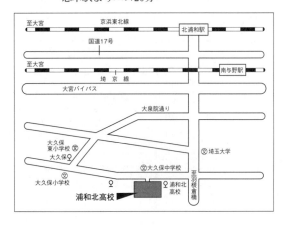

埼玉県立 浦和第一女子高等学校（全日制）

所在地 〒330-0064　さいたま市浦和区岸町 3-8-45　☎ 048-829-2031　FAX 048-830-1116
ホームページ https://urawaichijo-h.spec.ed.jp/
メールアドレス info@urawaichijo-h.spec.ed.jp
最寄り駅からの順路 JR浦和駅下車　徒歩 8 分、JR南浦和駅下車　徒歩12分

校　　長	佐藤　成美
創　　立	明治33年 3 月16日
教職員数	89人

生徒数

学年／学科	1 年(女)	2 年(女)	3 年(女)	計(女)
普通科	365	355	354	1,074

授業公開・学校説明会：6 月15日(土)、8 月23日（金）、9 月21日(土)、10月 5 日(土)、11月16日(土)
※本校HPより申し込んでください。

一女の歴史・概要

　明治33年埼玉県高等女学校として誕生し、県下初の女学校として女子教育の中核を担ってきました。
　昭和23年新制高等学校として、埼玉県立浦和第一女子高等学校となり、「一女」と称され、地域からも親しまれています。令和 2 年には創立百二十周年を迎え、目指す学校像（ミッション）を「世界で活躍できる知性と教養、逞しさを備え、社会に貢献する高い志を持った魅力あるリーダーを育成する女子高校」と定め、各界で活躍する女性の育成を目指しています。

教　育　課　程
～豊かな人間形成を目指して～

　どの分野でも世界に羽ばたくには、高校時代に幅広い「教養」を身につけることが必要です。本校の教育課程は、受験だけに偏らない、豊かな人間性の形成を目指すものになっています。
　また、一女ではすべての教科において、単なる知識の吸収にとどまらず、「思考力・判断力・表現力」を磨くことのできる深い学びの場を提供しています。生徒がさまざまな形で刺激を受け、学習意欲を高める機会として、大学の研究室訪問や大学の研究者等を招いての出張講義を行う大学との連携もあります。
　さらに「総合的な探究の時間」では、科学的な視野を広げ、考え方を深めていく「SS探究」と、国際的な視野の拡大と課題発見・解決能力を育成する「SG探究」の両方の取り組みを行っており、これからの時代に必要な思考力や表現力を伸ばしていきます。
　隔週土曜授業、7 時間目(火・木曜)の設定、二期制、長期休業の短縮などによって授業時間を確保し、学校の授業で 5 教科 7 科目の大学入学共通テストや、国公立大学二次試験に十分対応できます。

データ
1 年生クラスの時間割の一例

A 週		月	火	水	木	金	土
	8：35～8：45	S　H　R					
1	8：50～9：40	英コミュⅠ	数学ⅠA	化学基礎	数学ⅠA	体育	英コミュⅠ
2	9：50～10：40	言語文化	歴史総合	公共	現代の国語	家庭基礎	数学ⅠA
3	10：50～11：40	数学ⅠA	体育	数学ⅠA	論理・表現Ⅰ	情報Ⅰ	言語文化
4	11：50～12：40	生物基礎	現代の国語	英コミュⅠ	保健	数学ⅠA	歴史総合
	12：40～13：25	昼休み					
5	13：25～14：15	家庭基礎	情報Ⅰ	生物基礎	芸術Ⅰ	公共	
6	14：25～15：15	化学基礎	論理・表現Ⅰ	言語文化	芸術Ⅰ	英コミュⅠ	
7	15：25～16：15		総合探究		LHR		

＊LHRは15：20～16：10です。

＜浦和第一女子＞

教 育 活 動

1. 学習活動 ―授業が基本―
授業はどの教科も内容が濃く、教師と一女生との真剣勝負の場です。また自発的・主体的に学習に取り組む姿勢が伝統としてあり、休み時間も質問が多く、放課後は小論文指導等のために各教科の準備室に生徒が多く来ています。

2. 学校生活 ―自ら考え、行動する―
一女は生徒会活動が活発で、毎年約1万人が来校する**一女祭**、「3年生を送る会」などを工夫をこらして生徒が自主的に運営しています。また秋・春のスポーツ大会、体育祭などの**スポーツ行事**は、クラスごとに練習をして臨み、とても盛り上がります。その他修学旅行などの内容も充実していて、人間的にも大きく成長します。**校歌**も一女の魅力です。美しい二部合唱で、とても感動的です。

3. 進路指導 ―1000色のエッセンス―
「世界の平和と繁栄に貢献する高い志の育成」と「その志の実現に必要な学力と人間力の育成」が柱です。コンセプトは「1000色のエッセンス」。一女で過ごす3年間は約1000日。そのすべての日々が、自分の夢を見つけたり、実現したりするうえで、大切なかけがえのない"要素＝エッセンス"となっているという意味が込められています。「日々の授業と励まし」を土台に、探究活動を通じて「思考力・判断力・表現力」「教科横断型の学力」を磨く取組、進路通信の発行、OG懇談会、実力養成講座、個別添削指導、自校作成の実力テスト等々、多彩な進学支援も行っています。

特 別 活 動

～様々な場面で輝く一女生～
一女は部活動・同好会が多彩です。運動部は17、文化部は26で、長唄・能楽など一女ならではの部もあります。例年、音楽・アナウンス・文芸・競技かるた・書道・ボートが全国大会に出場しています。

一女生からのメッセージ

希望を持って入学した高校で、皆さんは沢山の

＜全日本合唱コンクール大会全国大会（音楽部）＞

ことを経験するでしょう。そして、高校生活を通して大きく成長するのだろうと思います。一女に入って、その経験の幅を広げてみませんか？
一女では、勉強・部活動は勿論のことですが、SSHや探究活動、イギリス海外研修などの自分一人では出来ない経験が、一女の仲間や先生方のバックアップのお蔭で体験できます。そんな沢山の選択肢の中から自分のやりたいことを選び、一女で出会った仲間達と共に楽しみ、認め合い、高め合いながらの学校生活は、とても充実しています。
何かに挑戦したいと思っている人は全力で挑めますし、まだやりたいことに出会っていない人も、一女生活の中できっと出会えるでしょう。私たちと一緒に浦和一女で楽しく生活し、切磋琢磨してみませんか？(生徒会長)

さらなる取り組み

○スーパー・サイエンス・ハイスクール
　文部科学省から、平成16年に埼玉県内の高校で最初に指定を受け、現在もその取組みを続けています。
○台北市立第一女子高級中学と姉妹校提携しています。例年12月に2年生が修学旅行で訪問し、交流しています。
○ロンドンのJames Allen's Girls' Schoolとも姉妹校です。例年3月には生徒30名が10日間のイギリス研修を行っています。
○ベトナムフィールドワークとして夏休みに生徒20名が現地での調査や探究活動を行っています。

卒業後の進路状況

令和5年度末大学合格者数、（ ）は現役数

国公立大学

大学名	合格数
東　　京	2(1)
京　　都	3(2)
東京工業	2(2)
一　　橋	6(6)
北 海 道	8(6)
東　　北	8(7)
名 古 屋	1(1)
大　　阪	5(4)
筑　　波	8(8)
お茶の水女子	6(6)
東京外国語	9(9)
東京医科歯科	3(3)
東京学芸	4(4)
東京農工	8(6)
埼　　玉	18(16)
千　　葉	18(13)
東京都立	9(6)
その他国公立大	39(22)
国公立大学計	**157(123)**
うち医学部医学科	8(4)

私立大学

大学名	合格数
早 稲 田	48(37)
慶應義塾	23(16)
上　　智	29(24)
東京理科	56(38)
明　　治	94(74)
青山学院	41(37)
立　　教	125(107)
中　　央	48(37)
法　　政	75(62)
学 習 院	40(33)
津 田 塾	31(27)
東京女子	46(42)
日本女子	67(51)
その他私立大	486(372)
私立大学計	**1209(957)**
うち医学部医学科	7(1)

地図

JR浦和駅より徒歩8分
JR南浦和駅より徒歩12分

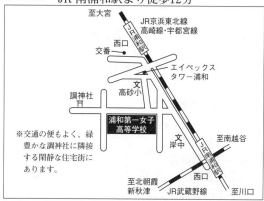

※交通の便もよく、緑豊かな調神社に隣接する閑静な住宅街にあります。

埼玉県立 浦和西高等学校（全日制）

所在地 〒330-0042 さいたま市浦和区木崎3-1-1 ☎ 048-831-4847 FAX 048-830-1117
ホームページ https://urawanishi-h.spec.ed.jp
最寄り駅からの順路 与野駅東口下車 徒歩20分 さいたま新都心駅からバス7分で西高前下車

西高坂を抜けて学び舎へ

校　　長	加藤　元
創　　立	昭和9年4月1日
教職員数	87人

生徒数

学年\学科	1年 (男)(女)	2年 (男)(女)	3年 (男)(女)	計 (男)(女)
普通科	360 (174)(186)	354 (167)(187)	355 (166)(189)	1,069 (507)(562)

浦和西高の取組

　浦和西高校は創立90周年を迎える伝統校です。本校では、「自主自立の精神を生かして、国際社会に貢献できる人材を育成し、地域に信頼される進学校」を目指して、徹底した学習・質の高い授業で第一志望の実現を目指しています。また、授業だけではなく生徒主体の多様な学校行事や、生徒会活動、部活動等を通じて、自ら考え、課題を発見し、その課題を解決する力、いわゆる「西高力」の育成を行っています。

　さらに令和6年度入学生から、一人一台端末として、iPadを採用し、授業支援アプリを導入することで、ICTの効果的・効率的な活用を実現しています。

教育課程

　令和7年度より「55分授業」を実施し、授業時間及び授業内容の充実を図ることで、従前の単位数を維持します（土曜授業は実施しません）。また、ほとんどの生徒が大学進学を希望している浦和西高校では、生徒の様々な志望学部に対応できるよう2年生から文理選択を導入し、3年生では多くの選択科目を用意しています。授業でゆるぎない基礎力を身に付け、生徒一人ひとり自らの進路希望をかなえることのできるカリキュラムを編成しています。

特色ある教育活動

1　学習活動

　浦和西高校では、入学後すぐに『スプリングセ

UN ビジョン・プロジェクト90

　『UNプロジェクト90』を中核に、浦和西高校の未来を創造する総合計画を策定しています。次の3つのCを掲げた取り組みをさらに充実、発展させています。

Challenge（挑戦）
　朝学習・西高Can-Doリスト
　スプリングセミナー・サマーセミナー　など

Creativity（創造力）
　大学出張講座・彩の国アカデミー・オーストラリア研修
　留学生の受入・派遣　など

Communication（コミュニケーション）
　活発な生徒会活動・元気な挨拶・マナー徹底　など

学校見学について

〈学校説明会〉
例年、8月から1月にかけて土曜日を中心に7回実施。
8月20日さいたま市文化センター。

※時間・申し込み方法等、詳しくは西高HPをご覧ください。
※上記の他、土曜公開授業も実施しています。日程等、詳しくは西高HPをご覧ください。

『ミナー』という高校における学習及び指導を主としたオリエンテーションを行なっています。新入生は、高校での授業に不可欠な予習・復習の仕方や、授業の心構えなどの説明を受け、また、実際に『予習・授業・復習』の学習サイクルを体験することを通じて、西高での3年間の学習をスムーズにスタートさせます。

西高は国際理解教育にも力を入れています。毎年夏に実施している約10日間のオーストラリア研修においては、現地の高校の英語による授業に参加するほか、ホームステイ先の家族をはじめ、現地の多くの人々との交流を行ないます。西高生は、日本とは異なる文化や習慣に触れる中で英語力のみならず、多様な価値観に触れ、グローバル社会で生きる力を養います。また、西高は留学生が来校して本校生と交流しているほか、毎年数名の留学生が来て学んでいます。
（令和2年度〜4年度は代替え事業を含む）

2　進路指導

将来やりたいことは何なのか。どのような形で社会に貢献していきたいのか。生徒一人ひとりが高い志を持ち、将来を見据え、受験という試練を通して自分のことを自分で考え、自分でできる人間に成長していくことができるような進路指導を目指しています。

3年間を見据えた進路指導計画に基づき、複数回の個人面談、各種説明会、大学出張講座、長期休業中における進学補講、学校全体で支援する面接指導と小論文指導など、生徒一人ひとりの進路希望に応じたきめ細かい指導を行なっています。

これらの取り組みにより、多くの生徒が第一志望をかなえ、更なる目標に向かっていきます。

3　学校生活

『自主自立』を教育目標の一つとする浦和西高

定期演奏会での管弦楽部演奏

校では、生徒の活動がとても盛んです。文化祭・体育祭・予餞会・球技大会など多くの行事は、計画から実施まで、生徒が主体となって運営しています。

部活動も活発で、兼部を含めて加入率は100%を超えています。近年の顕著な実績として、運動部は、男子サッカー部のインターハイ出場(2017)や、弓道部の東日本大会出場(2017)などがあります。また関東大会へは女子サッカー部(2018)、弓道部(2015/2017)、女子硬式テニス部(2015)、女子バスケットボール部(2016)が出場しています。

文化部は、全国高等学校総合文化祭に美術部と書道部(2021)が参加しています。また、地学部が日本天文学会春季年会(2023)に参加し、ポスター発表ならびに口頭発表を行なっています。その他、空手道部や男子バスケットボール部、女子バドミントン部なども県大会上位に進出する実績を持っています。

このように、浦和西高生は、学習はもちろん、行事や部活動などの様々な体験を通じて、状況を的確に判断し行動できる『自主自立』の力を育んでいるのです。

卒業後の進路状況

〈令和6年度入試の主な大学合格延べ数（現役のみ）〉

岩手大（2）、山形大（1）、筑波大（3）、埼玉大（8）、千葉大（5）、東京外国語大（1）、横浜国立大（1）、金沢大（1）、名古屋大（1）、岡山大（1）、埼玉県立大（6）、東京都立大（8）、横浜市立大（2）など国公立大51

早稲田大(11)、慶應義塾大（1）、上智大（8）、東京理科大(19)、国際基督教大（1）、明治大(58)、青山学院大(18)、立教大(53)、中央大(33)、法政大(89)、学習院大(21)

地図　与野駅東口より徒歩20分、さいたま新都心駅からバス（7分）で西高前下車

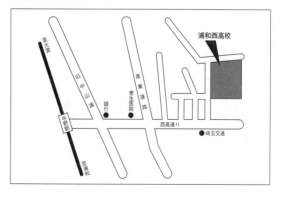

埼玉県立 浦和東高等学校 （全日制）

所在地 〒336-0976 さいたま市緑区寺山365 ☎ 048-878-2113 FAX 048-812-1013
ホームページ https://urawahigashi-h.spec.ed.jp
最寄り駅からの順路 大宮駅東口または東川口駅北口、東浦和駅から 国際興業バス
○「浦和東高校」（正門前）行 終点下車 所要時間 大宮駅から25分 東川口、東浦和駅から20分 浦和美園駅西口から国際興業バス（8分）「浦和東高校入口」下車徒歩8分

豊かな緑に囲まれた校舎

校　長	遠井　　学
創　立	昭和58年4月1日
教職員数	75人

生徒数

学科＼学年	1年(男)(女)	2年(男)(女)	3年(男)(女)	計(男)(女)
普通科	321 (142)(179)	312 (132)(180)	308 (148)(160)	941 (422)(519)

君がつくる君を創る浦和東高

本校は、近くに緑あふれる見沼自然公園や広大な公園施設をもつ埼玉スタジアム2002などを臨み、落ち着いた環境の中で生き生きと学べる学校です。また、「英智・実践・健康」を校訓とし、校内は活気にあふれ、進路実績・部活動ともに輝かしい成果を収めています。

進路希望の実現や興味・関心に応える学習システムと心身を鍛える部活動が、みなさんの夢を叶えます。

教育課程

新学習指導要領への移行に伴い、2022年度新入生より新しい教育課程に変わりました。

1年生では、全員が共通の科目を履修することで基礎力を養成します。数学と英語については、習熟度別授業や少人数制授業が展開されます。

【類型選択の流れ】

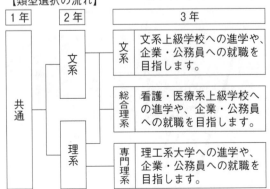

2年生では、文系と理系に分かれ、自身の適性を伸ばします。英語と理系数学で習熟度別授業や少人数制授業が展開されます。

3年生では、文系、総合理系、専門理系の3類型に分かれ、進路実現を図ります。総合理系は生物・化学系や看護・医療系への進学を目指し、専門理系は数学Ⅲ・Cを履修した上で理工系への進学を目指します。また、文系と総合理系には、文系・理系の枠を超えて自由に履修できる「共通選択」が設定されています。

教育活動

―応援します！自己実現！―

1 学習活動

授業は、懇切丁寧な指導が展開され、誰もが真剣かつ積極的に学習に取り組んでいます。1・2年次の英語と数学では習熟度別授業を導入しています。検定試験にも積極的に取り組む生徒が多く、英検や漢検では毎回多数の合格者が出ています。また、朝早く登校して自主的に朝学習を行っている生徒が多数います。

また、「総合的な探究の時間」を本校ではSD学習（Self-Discovery＝自己発見）と称し、生徒一人ひとりが自己を振り返り主体的に自らの将来について考えます。

2 学校生活

本校では、普段の学校生活や各種行事を通して、礼儀正しさや協調性、集中力、団結力を養っています。文化祭、体育祭、修学旅行など数々の行事では、生徒たちの賑やかな歓声や笑顔があふれています。

3 進路指導 ―夢は叶う―

高校はあくまで人生の通過地点。この3年間で自分の夢や適性、方向性をしっかり認識して欲しいと切に願っています。本校の進路指導は、前述のSD学習とタイアップし、1年次から組織的・系統的な進路行事が計画されています。

1年生対象の講演会、キャリアインタビュー、2年生対象のバス見学会、出張講義、分野別説明会、進路交流会、3年次の進路相談会など、行事は目白押しです。その間、進路別の実力テスト、進路レポートなども課されます。さらに、学期中の進路補講や、夏期補講の内容は多岐にわたり、参加者は着実に力をつけています。

特 別 活 動

―ドラマチックな放課後―

自己の成長を担うもう一つの活動に部活動があります。本校では約8割の生徒が部活動に所属し、熱心に活動しています。

これまで、サッカー部が全国サッカー選手権大会に5度、インターハイに8度出場しており、選手権埼玉大会の優秀選手にも多数選出されています。ほかにバトン部、なぎなた部、弓道部、女子テニス部も全国大会出場の実績があり、特にバトン部は全国優勝も果たしています。また、総合科学研究部は、「サイエンスアゴラ」のワークショップに13回出展し、高い評価をいただいています。今年度から女子サッカー部が創設され、熱心に活動しています。

昨年度、運動部では、バトン部が2つの全国大会で上位入賞、男子バレーボール部が関東大会ビーチバレーボール選手権大会で準優勝しました。また、なぎなた部が関東大会出場、男子空手道部が新人大会で県2位、サッカー部が関東大会予選で県3位となったほか、陸上競技部、男女バレーボール部、男子バドミントン部、ソフトボール部が県大会出場を果たしました。

文化部では、書道部が高円宮杯大展覧会、国際高校選抜書展で入選しました。また、毎年12月に開催される「カルチャーフェスティバル」では、本校文化部の活動の成果を、多くの方にご覧いただいています。

ほかにも、小学校や特別支援学校との交流事業や、校外でのボランティアなど、社会の一員として視野を広げるための活動も積極的に行っています。

サッカー部全校応援

浦和東は君を待っている

※日程は必ず学校HP等でご確認ください。

【制服変更のお知らせ】

2022年度、本校は創立40周年を迎え、制服を刷新しました。本校HPや学校説明会等でぜひご覧ください。

【今年度の学校説明会（予定）】

・学校説明会
　8月24日(土)、12月14日(土)、1月25日(土)

・授業公開を兼ねた学校説明会
　11月9日(土)

・部活動体験会
　8月1日(木)・2日(金)

【文化祭(東雲祭)】　9月7日(土)

【カルチャーフェスティバル】　12月22日(日)

卒業後の進路状況

―夢に向かって・夢を叶えて―

進学		令和3年度	令和4年度	令和5年度
進学	大学・短大	207	217	196
	専修・各種	85	68	81
就　　職		10	10	11
そ の 他		16	14	15
合　　計		318	309	303

≪主な進学先≫ （過去3年間）
岩手大　岩手県立大　明治大　青山学院大　学習院大　東洋大　日本大　駒澤大　専修大　獨協大　文教大　武蔵大　立正大　拓殖大　工学院大　千葉工業大　神田外語大　東京家政大　女子栄養大　大東文化大　亜細亜大　東京経済大　東海大　東京電機大　帝京大　国士舘大　淑徳大　城西大　日本体育大　国際武道大　文京学院大　十文字学園女子大　大妻女子短大　城西短大　東京家政短大　日本大学短大　東京成徳短大　さいたま市立高等看護学院　獨協医大附属看護専門学校　帝京高等看護学院　埼玉医療福祉専門学校　東京医療学院　呉竹医療専門学校　駿台トラベル＆ホテル専門学校　神田外語学院　青山製図　中央工学校　日本工学院専門学校　埼玉自動車大学校

≪主な就職先≫
東京消防庁　埼玉県警察　さいたま市消防　自衛隊　東武ステーションサービス　西武・プリンスホテルズワールドワイド　マルエツ　ロピア

地図

大宮駅東口、または東川口駅北口、東浦和駅から　国際興業バス「浦和東高校行」終点下車(大宮駅から25分、東川口駅・東浦和駅から20分)

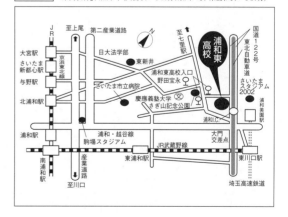

埼玉県立 大宮高等学校（全日制）

所在地　〒330-0834　さいたま市大宮区天沼町2-323　☎ 048-641-0931
ホームページ　https://www.ohmiya-h.spec.ed.jp/
最寄り駅からの順路　さいたま新都心駅東口から北東へ　徒歩約10分
　　　　　　　　　　大宮駅東口から南東へ　徒歩約20分

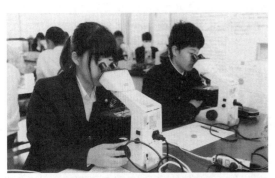

ひとり1台の双眼顕微鏡で高精密な観察実習を行う授業（生物）

校　　長	松中　直司
創　　立	昭和2年3月28日
教職員数	89人

生徒数

学年＼学科	1年 (男)(女)	2年 (男)(女)	3年 (男)(女)	計 (男)(女)
普通科	322 (174)(148)	318 (167)(151)	309 (158)(151)	949 (499)(450)
理数科	42 (27)(15)	40 (21)(19)	38 (29)(9)	120 (77)(43)
計	364 (201)(163)	358 (188)(170)	347 (187)(160)	1,069 (576)(493)

目指す学校像

　勉強と部活動等の両立の実践と自主自律の精神の涵養により、高い志と強い使命感を持った未来を創るトップリーダーを育てます。豊かな人間性を持つ人材を育成し、学力の向上を図り、生徒の第一志望の進路を実現します。

教育課程

　本校では、ほとんどの生徒が国公立私立大学の難関校への現役進学を希望しています。
　本校は、生徒の進路希望の実現をより確実にするために、授業時間を十分に確保し、盤石の進路指導体制を確立しています。
　普通科においては、2年次から文系、理系の2つのコースに分かれて、より専門性の高い知識を学びます。3年次は高度で発展的な学習を通して、難関大学への進学を目指します。
　理数科においては、普通科の科目と理数科の科目のバランスをとり、次世代のサイエンストップリーダー

の育成と難関理数系大学の現役進学という2つの目標を実現します。
1　**普通科**：高い志を育て、一人ひとりが希望する進路の実現を目指すカリキュラムとなっています。
1年次：「芸術」の選択科目以外は、全員が同じ科目を学びます。特に国語・数学・英語を中心に幅広く学び、基礎固めを図ります。
2年次：文系と理系に分かれ、専門性の高い知識と思考力を深めるとともに、トップリーダーにふさわしい教養を身につけられるよう、カリキュラムが工夫されています。
3年次：1・2年次に修得した学習の定着を図りつつ、発展的な課題に取り組み、高度な判断力と表現力を養うカリキュラムとなっています。
2　**理数科**：医歯薬理工系専門職への目標を実現するために、理数系科目を重視した専門性の高い学習に対応するカリキュラムとなっています。数学・理科の単位数を増やし、実験や少人数の数学演習、理数課題研究などを取り入れています。大規模研究施設や先輩大学院生の研

教育課程表（令和6年度入学生）

■普通科教育課程　教科・科目（単位数）

		国語5	歴史3	公民2	数学5	化学/生物	体育2	保健	芸術2	英語5	家庭2	情報2	総探/HR	合計 35
1年		国語5	歴史3	公民2	数学5	生物2	体育2	1	芸術2	英語5	家庭2	情報2	HR1	35
2年	文系	国語5	地理2	歴史3	数学6	物理2 化学2	体育2	保健1	芸術2	英語6			総探 HR1	合計 34
	理系	国語5	地理2		数学6	物理4	化学2	生物2	体育2 保健1	芸術2	英語6		総探 HR1	合計 34
3年	文系	国語7		地歴公民選択4×2	数学2		体育3		英語7	選択Ⅰ2	選択Ⅱ2		総探 HR1	合計 33
	理系	国語4	数学6		化学4	理科選択5	体育3		英語6	選択4			総探 HR1	合計 34

■理数科教育課程　教科・科目（単位数）

	国語4	歴史2	公民2	理数数学7	理数化学2 理数生物2	体育2	保健	芸術2	英語5	家庭2	情報2	総探/HR	合計 35
1年	国語4	歴史2	公民2	理数数学7	理数化学2 理数生物2	体育2	1	芸術2	英語5	家庭2	情報2	HR1	35
2年	国語5	地理2		理数数学7	理数物理4 理数化学2	理数生物2	体育2 保健1		英語6			理数探究 HR1	合計 34
3年	国語3			理数数学6	理数化学5	理科選択5	体育3		選択4	英語6		総探 HR1	合計 34

卒業後の進路状況

●過去3年間の主な国公立大学・準大学合格者数

大学名	令和4年度入試 現役	浪人	合計	令和5年度入試 現役	浪人	合計	令和6年度入試 現役	浪人	合計
東　京　大	7	3	10	13	6	19	15	4	19
京　都　大	3	2	5	1		1	3	2	5
東京工業大	12	3	15	10	1	11	13	2	15
一　橋　大	8	2	10	9		9	8		8
北海道大	4	3	7	7		7	7	2	9
東　北　大	11	1	12	14	3	17	16		16
筑　波　大	11	4	15	16	1	17	13	3	16
東京外国語大	2		2	4	1	5	4		4
東京農工大	10		10	10		10	10	1	11
東京都立大	3	1	4	4		4	2		2
東京学芸大	8	1	9	2		2	5		5
千　葉　大	19	5	24	14		14	18	2	20
埼　玉　大	12		12	13	4	17	18	2	20
横浜国立大	8	2	10	7	2	9	10		10
お茶の水女子大	3	1	4	5		5	2	1	3
そ　の　他	31	13	44	24	16	40	32	6	38
合　　　計	152	43	195	153	34	187	176	25	201

究室を訪問する見学会もあり、東大や東工大でのセミナーに参加する生徒もいます。

教　育　活　動

1　授業を中心とした学習指導
　本校の目標の一つは、生徒の学力の向上を図り、生徒の第一志望を実現することです。その目標実現のために本校は県内でいち早く65分授業、2学期制、土曜授業公開、そして長期休業の短縮・計画的設定に取り組み、授業の量的確保に努めてきました。
　さらに授業の質的向上を図るために、年に2回の生徒による授業評価、教職員相互の授業公開による授業評価と改善を行っています。また生徒の要望に応えるべく難関大学の入試問題の研究、シラバスを活用した授業を日々行っています。

2　理数教育の充実
　平成17年より7年間文部科学省のスーパーサイエンスハイスクールの指定を受け、様々な研究開発・企画に取り組んできました。指定終了後も充実した実験設備等を活用して、変わらぬ取組を続け、世界の科学技術の中核を担う人材の育成を推進しています。

3　豊かな人間性を育む学校行事
　行事には、遠足・芸術鑑賞・大高祭(文化祭)・体育祭・スポーツ大会・修学旅行(2年生)等があり、生徒の自主的な活動をとおして豊かな人間性を育んでいます。

4　難関大現役合格を目指して
　「難関大学に現役合格」を目指し、3年前期まで、授業と部活動等の双方から自らを鍛えることで、受験勉強に耐えうる心身の逞しさを身につけます。
　『チーム大宮』とは、相互に依存し合うのではなく、互いに高い目的を維持し、競い合う仲間としてあるための本校の合い言葉です。

特　別　活　動

【世界大会】
令和4年度
　国際物理オリンピックスイス大会　銀メダル・文部科学大臣表彰
　アジア物理オリンピックインド大会　入賞

【全国大会】
令和5年度
　ボート部　かごしま国体　出場
　棋道部　全国高校総合文化祭将棋部門　出場
　英語部　日本高校生パーラメンタリーディベート連盟杯(全国大会)　第13位

科学の甲子園全国大会　出場
日本地学オリンピック全国大会　出場
科学地理オリンピック全国大会　出場
令和4年度
　科学の甲子園全国大会　出場
　英語部　日本高校生パーラメンタリーディベート連盟杯(全国大会)　第3位
　　　　　全国高校生英語ディベート大会(全国大会)　第3位
　棋道部　文部科学大臣杯全国高校囲碁選手権大会　出場
令和3年度
　英語部　日本高校生パーラメンタリーディベート連盟杯(全国大会)　出場

【関東大会】
令和5年度
　陸上競技部　関東高校陸上競技大会　女子3,000m第8位
　　　　　　　関東高校選抜新人陸上競技選手権大会
　　　　　　　男子100m　出場　男子110mH　出場
　ボート部　関東高校選抜　男子シングルスカル　出場
　　　　　　女子舵手付きクォドルプル　第5位
　弓道部　関東高校弓道選手権大会　出場
　英語部　いなほカップ(県大会)　第2位
　小倉百人一首競技かるた部　関東地区高校かるた大会　出場
　棋道部　関東地区高校文化連盟将棋大会　優勝
令和4年度
　陸上競技部　関東高校選抜新人陸上競技選手権大会　女子1,500m　優勝
　ボート部　関東ボート大会　女子舵手付きクォドルプル　第4位
　音楽部　関東合唱コンクール　銀賞
　　　　　東京春のコーラスコンテスト　高校の部　金賞
　棋道部　関東地区高校囲碁選手権大会　出場
令和3年度
　ボート部　関東ボート大会　女子舵手付きクォドルプル　第5位
　　　　　　男子ダブルスカル　準決勝進出
　　　　　　男子舵手付きクォドルプル　準決勝進出
　　　　　　女子シングルスカル　出場
　　　　　　関東高校選抜　女子舵手付きクォドルプル　第5位
　音楽部　関東合唱コンクール　銀賞
　　　　　関東ヴォーカルアンサンブルコンテスト　金賞
　棋道部　関東地区高校囲碁選手権大会　出場

その他

○ドイツ・ライヒハート校と姉妹校提携を結び、令和6年で28年を迎えました。隔年で本校生のドイツ派遣、ドイツ生の受け入れを行っています。

●過去3年間の主な私立大学合格者数

大学名	令和4年度入試			令和5年度入試			令和6年度入試		
	現役	浪人	合計	現役	浪人	合計	現役	浪人	合計
早稲田大	92	16	108	79	23	102	80	16	96
慶應義塾大	56	9	65	47	12	59	38	12	50
上智大	24	4	28	16	4	20	15	2	17
東京理科大	137	19	156	122	23	145	112	21	133
明治大	129	31	160	110	32	142	161	27	188
青山学院大	22	6	28	28	3	31	27	2	29
立教大	46	11	57	59	11	70	52	11	63
中央大	77	13	90	48	15	63	65	13	78
法政大	73	17	90	63	19	82	67	12	79
その他	426	77	503	364	100	464	368	88	456
合計	1,082	203	1,285	936	242	1,178	985	204	1,189

地図　さいたま新都心駅東口から北東へ　徒歩約10分
　　　大宮駅東口から南東へ　徒歩20分

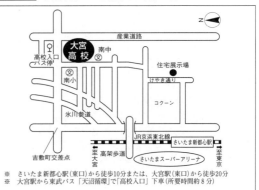

※　さいたま新都心駅(東口)から徒歩10分または、大宮駅(東口)から徒歩20分
※　大宮駅から東武バス「天沼循環」で「高校入口」下車(所要時間約8分)

埼玉県立 大宮光陵高等学校（全日制）

所在地　〒331-0057　さいたま市西区中野林145　☎ 048-622-1277
ホームページ　https://ohmiyakoryo-h.spec.ed.jp
最寄り駅からの順路　大宮駅西口から、西武バス①番のりばから乗車し、足立神社下車
　　　　　　　　　　徒歩５分、または三条町経由二ッ宮行きで、大宮光陵高校前下車
　　　　　　　　　　自転車の場合、大宮駅・指扇駅から約15分

校　舎

校　長	砡　秀年
創　立	昭和61年４月１日
教職員数	150人

生徒数

学科＼学年	1 年 (男)(女)	2 年 (男)(女)	3 年 (男)(女)
普通科	240 (90)(150)	232 (117)(115)	225 (116)(109)
美術科	40 (2)(38)	41 (3)(38)	38 (2)(36)
音楽科	35 (4)(31)	39 (6)(33)	21 (3)(18)
書道科	40 (7)(33)	34 (5)(29)	26 (5)(21)
計	355 (103)(252)	346 (131)(215)	310 (126)(184)

光陵高校で夢をかなえよう‼

　普通科（文系、理系、外国語の各コース）、音楽科、美術科、書道科があり、多様な選択ができます。本校で個性を豊かに伸ばし、創造力と学力を高め、目標を実現しましょう。

本 校 の 特 色

1　文化の時代・心の時代の芸術教育と情操教育
2　国際化の時代・共存の時代の外国語教育と国際理解教育
3　科学の時代・情報化の時代の理数教育と情報教育
4　個性の時代・選択の時代のコース制と専門教育

教 育 課 程

1　学科・コースの構成
※普通科は２年次よりコース別に分かれる。外国語コースは1年次より分かれる。

2　普通科コース制のねらい

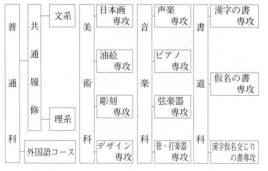

●個性の伸長と進路希望の実現
●目的意識の確立と学習意欲の高揚
●学習内容の専門化と高い学習効果

3　普通科各類系と外国語コースの特色（履修例）
文系
　国公立大学・私立大学文系学部への進学を目指す。コア科目の英語、国語、地歴公民を重点的に学習する。
理系
　国公立大学、私立大学理系学部への進学を目指し、コア科目の数学、理科、英語を重点的に学習する。
外国語コース
　難関大学（文系学部）への進学を考えている人、英語が好きで、活きた英語を身につけたい人、世界の出来事や社会問題に関心があり、国際感覚を身につけたい人に最適のコース。選択科目でフランス語を学習することもできる。外国語による「実践的コミュニケーション能力」の育成、英検等の資格取得にも力を入れている。

文系

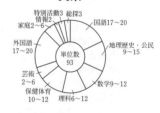

特別活動3　総探3
情報2
家庭2～6
外国語17～20
芸術2～6
保健体育10～12
理科6～12
数学9～12
地理歴史・公民9～15
国語17～20
単位数93

理系

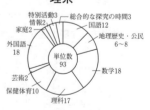

特別活動3　総合的な探究の時間3
情報2
家庭2
外国語18
芸術2
保健体育10
理科17
数学18
地理歴史・公民6～8
国語12
単位数93

外国語コース

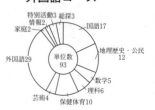

特別活動3　総探3
情報2
家庭2
外国語29
芸術4
保健体育10
理科6
数学5
地理歴史・公民12
国語17
単位数93

＜大宮光陵＞

教 育 活 動

1　学校生活

　本校校歌に「光をにない　光に満ちて」とあるように、学校生活は光と希望にあふれています。

　生徒たちは、余裕を持って朝早く登校し、放課後も部活動や進路講座、演奏やデッサンの練習などにひたむきに取り組んでいます。また、授業・休み時間、様々な行事にキラキラ光る個性と持てる力を十分発揮して意欲的な生活を送っています。一人ひとりが友の大切さを知り、穏やかで和気あいあいとした日々を過ごしています。

2　国際交流事業

　外国語コースを中心とするオーストラリア姉妹校訪問と受入。書道科を中心とする台湾研修旅行。音楽科・美術科を中心としたヨーロッパ研修旅行を実施しています。

3　学習指導

　生徒一人ひとりの個性を伸ばし、それぞれの志望する進路を実現させるため、「分かる授業」「力のつく授業」を合い言葉に、毎日先生方が熱心に学習指導しており、生徒も十分それに応えています。

　また本校では、小テストや課題の提出、進度別の進学講習、補講等を数多く実施するとともに、授業改善アンケート等を行って、生徒の学力向上に努めています。

4　進路指導

　生徒の90％以上が大学・短大等への進学を希望しています。進路実現の基本は日常の学習活動ですので、本校の特色の「コース制」「少人数制」の利点を十分に活かして学習効果を高めるように指導しています。

　本校では次のような進路行事を行っています。
① 進路講演会や進路分野別説明会
② 早朝や放課後、土曜日、長期休業中の進学講習や補講
③ 校外模試、課題テストの実施

　また、美術科・音楽科・書道科ではこれ以外にも、徹底した実技指導を行っています。

オーストラリア姉妹校生徒との交流（本校にて）

特 別 活 動

　遠足、光陵祭、体育祭、修学旅行、校内演奏会、定期演奏会Ａ・Ｂ、卒業演奏会、公開レッスン、美術館見学、美術科校外制作、オーストラリア姉妹校訪問、台湾研修旅行、書道史演習旅行、音楽科・美術科を中心としたヨーロッパ研修旅行など、学校生活を実り豊かにする行事がたくさんあり、生徒も各行事に積極的に参加しています。

　部活動は現在、運動部13部、文化部14部あり、毎日熱心に活動しています。

　[運動部] テニス、バドミントン、男子バスケット、女子バスケット、サッカー、弓道、女子バレー、女子ソフトボール、野球、剣道、卓球、陸上、ダンス

　[文化部] 吹奏楽、管弦楽、合唱、美術、書道、放送、英語、生物、茶道、華道、コンピューター、調理、写真、創作文芸

《学校説明会》
全体説明会　８月９日㈮　＠RaiBoC Hall
普通科　９月21日㈯・11月９日㈯・１月11日㈯
普通科外国語コース　体験入学　８月２日㈮・10月26日㈯
美術科　体験入学　６月22日㈯・９月21日㈯午前・９月21日㈯午後
　　　　説明会　10月26日㈯・11月24日㈰
音楽科　７月６日㈯・９月21日㈯・10月26日㈯・11月30日㈯・１月11日㈯
書道科　７月６日㈯・８月24日㈯・10月５日㈯・11月24日㈰・１月11日㈯
※時間・申し込み方法等は、本校HPを御覧ください。学校見学は随時受け付けています。事前に連絡してください。

卒業後の進路状況

　令和５年度の現役進学率は４年制大学約73.7％、短大3.4％、専門学校14.4％で、計91.5％となりました。大学・短大の合格者数は延べで362名（内短大12名）で、進学準備が27名です。主な合格先は以下の通りです。

令和５年度進路状況　合格者数（現役＋浪人）
【国公立大学】東京藝術大４　茨城大１　埼玉大１　埼玉県立大１　沖縄県立芸術大１
【私立大学】青山学院大１　亜細亜大４　跡見学園女子大５　浦和大２　大妻女子大２　桜美林大２　神田外語大３　京都芸術大１　京都精華大１　京都先端科学大２　共立女子大４　杏林大２　国立音楽大８　工学院大１　神戸女学院大１　國學院大２　駒澤大３　埼玉工業大１　実践女子大２　芝浦工業大１　十文字学園女子大４　淑徳大３　順天堂大１　尚美学園大２　城西大４　昭和音楽大１　昭和女子大５　女子栄養大３　女子美術大６　聖学院大１　成蹊大３　成城大３　清泉女子大２　聖徳大１　西武文理大４　専修大３　洗足学園音楽大５　大正大４　大東文化大41　拓殖大10　多摩美術大３　中央大１　津田塾大１　帝京大５　帝京平成大１　帝京科学大１　東京医療保健大２　東京音楽大９　東京家政大11　東京経済大３　東京工科大２　東京工芸大２　東京国際大６　東京女子医科大１　東京女子体育大１　東京成徳大３　東京造形大７　東京電機大４　東京農業大２　東京富士大１　東都大１　東邦大１　桐朋学園大３　東北芸術工科大３　東洋大９　獨協大１　二松學舎大３　日本大18　日本医療科学大２　日本工業大１　日本女子大１　日本女子体育大１　文化学園大１　文教大20　文京学院大５　法政大６　武蔵大４　武蔵野音楽大４　武蔵野美術大９　明治大２　明治学院大１　目白大11　ものつくり大１　酪農学園大１　立教大１　立正大５　龍谷大１　麗澤大１　海外大学進学予定２
【短期大学】共立女子短大２　自由が丘産能短大１　女子栄養大短大部１　女子美術大短大部２　戸板女子短大３　東京家政大短大部１　東京成徳短大１　目白大短大１　など

地図
大宮駅西口から、西武バス①番のりばから乗車し足立神社下車徒歩５分、または三条町経由二ツ宮行きで大宮光陵高校前下車
自転車の場合、大宮駅・指扇駅から15分

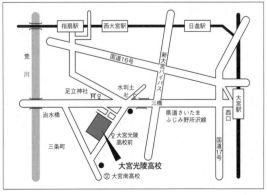

埼玉県立 大宮東高等学校（全日制）

所在地 〒337-0021　さいたま市見沼区膝子567　☎ 048-683-0995　FAX 048-680-1900
ホームページ https://oh-h.spec.ed.jp
最寄り駅からの順路 東武アーバンパークライン（東武野田線）七里駅下車　自転車10分　徒歩30分
　　　　　　　　　　　大宮駅東口または北浦和駅東口より東武バス「宮下」行（25分）終点下車　徒歩10分
　　　　　　　　　　　大宮駅東口より国際興業バス「東部リサイクルセンター」行（25分）「大宮東高校」下車（本校正門前）

体育科２年　スクーバ実習（沖縄）

校　長	齋藤　明博
創　立	昭和55年４月１日
教職員数	86人

生徒数

学科＼学年	1年（男）（女）	2年（男）（女）	3年（男）（女）	計（男）（女）
普通科	238 (157)(81)	228 (135)(93)	230 (155)(75)	696 (447)(249)
体育科	80 (52)(28)	77 (59)(18)	77 (51)(26)	234 (162)(72)
計	318 (209)(109)	305 (194)(111)	307 (206)(101)	930 (609)(321)

歴　史

　昭和55年に県内初の普通科・体育科併設の男女共学校として開校以来、プロ野球選手やＪリーガーなど多数のトップアスリートを輩出してきました。2016年のリオ・オリンピックで銅メダルを獲得した奥原希望選手（平成25年普通科卒）もその一人です。その他にも、進学や民間就職、警察官・消防士といった公務員など、多くの卒業生が様々な進路で活躍しています。

　45年目を迎えた現在も、「文武両道」の校訓のもと、学校全体がエネルギーに満ち溢れています。

充実のアスリート養成施設

　サッカー場、陸上競技場、ソフトボール場、第二運動場（野球場）、重層体育館、第二体育館、50mプール、テニスコート（4面）、弓道場、グラウンド夜間照明があります。さらに２つの体育館には大トレーニング場（冷房完備）、小トレーニング場、剣道場、柔道場、体操設備が入っています。

　また、外部指導者の積極的な導入や女子栄養大学との連携による食事指導など、普通科・体育科問わず様々な種目で高いレベルの運動選手を養成する環境が整っています。

データ

1年普通科時間割（例）

	月	火	水	木	金
1	英語コミュニケーションI	数学I	歴史総合	英語コミュニケーションI	論理・表現I
2	数学I	英語コミュニケーションI	現代の国語	現代の国語	数学I
3	家庭基礎	言語文化	英語コミュニケーションI	保健	体育
4	家庭基礎	体育	言語文化	数学A	言語文化
5	体育	論理・表現I	数学I	生物基礎	芸術I
6	歴史総合	生物基礎	数学A	ＬＨＲ	芸術I
7	総合的な探究の時間				

1年体育科時間割（例）

	月	火	水	木	金
1	現代の国語	生物基礎	数学I	英語コミュニケーションI	英語コミュニケーションI
2	生物基礎	数学I	英語コミュニケーションI	歴史総合	言語文化
3	スポーツ概論	歴史総合	保健理論	現代の国語	家庭基礎
4	数学I	英語コミュニケーションI	論理・表現I	選択実技	家庭基礎
5	論理・表現I	言語文化	スポーツ総合演習	言語文化	スポーツ総合演習
6	選択実技	選択実技	選択実技	ＬＨＲ	スポーツ総合演習
7	総合的な探究の時間				

教育課程

【普通科】多様な進路希望に対応した科目選択

1年生では基礎固めをして、2年生から文系／理系に分かれます。3年生では生徒一人一人の興味・関心、進路希望に応じて細かく科目を選択することができます。

【体育科】充実した専門科目と豊富な授業内容

1年生より主要科目では少人数授業を実施し、細やかな指導をします。2年生から2つのコースに分かれ、進路に応じた選択ができます。体育の専門科目を3年間で29単位履修し、集中講義のスポーツⅤではスクーバ実習とスキー実習でのライセンスや検定取得を目指します。

熱く燃える部活動

特　　色

○「挨拶」「礼儀」などの人間教育に力を入れ社会で活躍できる人材を育成。
○高い就職内定率（昨年度就職希望者100％）。
○わかる授業を目指して、少人数授業を最大限導入。
○四年制大学、短大、専門学校、民間就職、公務員（警察、消防、自衛隊）といった幅広い進路に対応。
○3年生で看護医療、民間就職、公務員、大学一般受験といった進路別講座を開講。
○毎朝10分の朝学習を実施。
○全HR教室に冷房・暖房・プロジェクターが完備。年間通じて勉強に集中できる学習環境。
○専任体育教員は10種目の専門家が14人。

部　活　動

過去の主な実績（一部部活動）

○野球　甲子園大会2回出場（春準優勝）
○サッカー　高校総体準優勝、全国選手権7回出場
○陸上　高校総体準優勝、関東大会優勝
○体操　高校総体入賞、全国種目別優勝
○バドミントン　高校総体優勝（個人）
○バスケット　高校総体出場（男女）
○バレー　関東大会出場（男女）
○剣道　高校総体出場（団体・個人）
○柔道　高校総体出場、国体出場
○ソングリーディング　全国大会出場
○水泳　高校総体優勝
○弓道　高校総体出場（団体・個人）
○放送　NHK杯放送コンテスト全国大会出場
○吹奏楽　吹奏楽コンクールBの部県大会銀賞

説　明　会　等

6/15（土）、7/30（火）～8/1（木）、9/28（土）、11/9（土）、12/14（土）、1/25（土）
※詳細・申し込みについては学校HPをご確認ください。
青龍祭（文化祭）　9月7日（土）9：30～15：30（予定）
体育祭　10月10日（木）9：10～15：00（予定、雨天延期）
※日程は必ず学校HP等でご確認ください。

卒業後の進路状況

進　　　　　路		3年度	4年度	5年度
進学	大学・短大	166	177	170
	専修・各種	84	96	76
就　　　　職		42	25	36
その他（浪人含む）		11	14	8
卒　業　者　総　数		303	312	290

〈主な進学先〉過去3年間
（大学） 三条市立大、都留文科大、青山学院大、亜細亜大、国士舘大、駒澤大、大東文化大、中央大、帝京大、東海大、東京電機大、東京農業大、東洋大、獨協大、日本大、文教大、明治学院大、日本体育大、日本女子体育大など
（看護専門学校） 埼玉県立高等看護学院、さいたま市立高等看護学院、春日部市立看護専門学校、上尾中央看護専門学校、埼玉医科大学附属総合医療センター看護専門学校など
〈主な就職先〉過去3年間
警視庁、埼玉県警、東京消防庁、上尾市消防、川口市消防、埼玉東部消防組合、刑務官、株式会社ヤオコー、高田製薬株式会社、日本郵便株式会社など

地図　七里駅下車徒歩30分

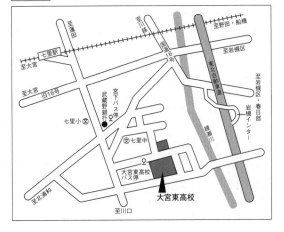

埼玉県立 大宮南高等学校 （全日制）

所在地 〒331-0053　さいたま市西区植田谷本793　☎ 048-623-7329
ホームページ https://ohmiyaminami-h.spec.ed.jp/
最寄り駅からの順路 JR大宮駅西口　西武バス大宮南高校行約20分

校　　長	長島　裕輔
創　　立	昭和57年4月1日
教職員数	78人

生徒数

学年＼学科	1年 (男)(女)	2年 (男)(女)	3年 (男)(女)	計 (男)(女)
普通科	364 (208)(156)	353 (204)(149)	343 (184)(159)	1,060 (596)(464)

学校の歴史・概要

　本校は、昭和57年の開校以来一貫して、きめ細かな進路指導・確実な力を身につけさせる学習指導・盛んな部活動を通して、多方面の方々から信頼されている学校です。清潔で明るい校舎には様々な設備が備えられており、令和4年度には学習室が増設されるなど、勉強や部活動等充実した高校生活を送るための環境が整っています。在校生や中学生からは「明るく」「さわやか」、保護者や地域の皆さんからは「面倒見のいい学校」の評判を得ています。

　「文武両道の精神で、勉強も部活動も学校行事も全力で取り組もう」をモットーにしています。

教育課程

　令和4年度入学生より新しい教育課程となりました。生徒一人一人の進路希望を実現させるとともに、教科横断的な総合力を養うことを目的としています。2年次からの文理類型化により各自の興味・関心を深め、3年次の多様な選択科目により総合的な思考力・判断力・表現力が養われ、将来の進路希望を実現するための学力の向上を図ります。また、入学するとすぐに「進路のしおり」が配布され、日々の学習から受験対策まで3年間を通した進路計画を把握でき、総合的な探究の時間を活用したキャリア教育に大いに役立っています。

データ

日　課　表	
SHR	8：40〜 8：45
第1限	8：50〜 9：40
第2限	9：50〜10：40
第3限	10：50〜11：40
第4限	11：50〜12：40
昼休み	12：40〜13：25
第5限	13：25〜14：15
第6限	14：25〜15：15
第7限	15：25〜16：15
SHR	16：15〜16：20

1年時間割例

	月	火	水	木	金
1	数学Ⅰ	英語コミュニケーションⅠ	化学基礎	歴史総合	倫理・表現Ⅰ
2	生物基礎	言語文化	体育	数学A	現代の国語
3	論理・表現Ⅰ	家庭基礎	芸術Ⅰ	生物基礎	英語コミュニケーションⅠ
4	現代の国語	体育	芸術Ⅰ	保健	数学Ⅰ
5	言語文化	歴史総合	家庭基礎	総合的な探究	体育
6	化学基礎	数学A	数学Ⅰ	LHR	言語文化
7	英語コミュニケーションⅠ				

教 育 活 動

1 学習活動

　一人一人の進路希望実現のために日々の授業を充実させ、学力の向上を目指しています。

　教室は短焦点型プロジェクター、Wi-Fi、ホワイトボード、エアコンを完備しています。パワーポイント等により、大きな画像や動画、図表を用いた授業も多く、クリーンな環境で授業への理解を深めることができます。また、令和5年度入学生より、一人一台タブレット制を導入するなど、ICT教育の推進にも取り組んでいます。

2 進路指導　～高い大学・短大合格率～

　3年間の指導計画を綿密に立案し、1年次から進路指導を徹底させています。

　分野別ガイダンス、大学の先生による特別講義、進学補講、長期休業中集中補講、小論文指導、面接練習、公務員対策講座など、一人一人の希望進路実現に向けて手厚いサポートを行っています。

　部活動加入者が多いため、学習時間をしっかり確保できるよう、特に朝学習を推奨しています。全学年で朝補講を開講し、学業と部活動とを両立できる環境づくりに取り組んでいます。その成果は大学・短大等の高い合格率として実を結んでいます。

3 学校行事

　体育祭、文化祭、修学旅行、遠足、球技大会、予餞会などがあります。勉強に、部活動に、学校行事にと、生徒たちは何に対しても熱心に取り組み、充実した高校生活を送っています。

特 別 活 動

1 部活動

　運動部20、文化部9からなり、熱心な顧問の指導の下で活発に活動しています。近年は弓道部、陸上部、放送部が全国大会に出場しています。特に弓道部は東日本大会の3人制と5人制で優勝し、

体育祭（学年を超えた集合写真）

国体に出場する選手も出ています。その他にも多くの部活動が県大会に何度も出場しています。

2 生徒会

　最大の行事は文化祭（南翔祭）です。文化部の発表の他、全HRが発表や展示、模擬店などで参加し、生徒会役員を中心に主体的な活動を行い、団結や友情を深める場ともなっています。

そ の 他

1 部活動体験（要予約）

　7月25日(木)～31日(水)午前・午後

　8月18日(日)～24日(土)午前・午後

2 学校説明会（要予約）

　9月21日(土)

　11月9日(土)

　12月7日(土)

　1月の実施についても検討中。

※1・2とも申し込みはインターネット受付のみです。

※申込受付開始日時、当日の時程、実施部活動等詳細はホームページでお知らせします

※変更・中止はホームページでお知らせします

令和5年度卒業生の進路状況

大学	短大	専門	看護・医療	就職・公務員	その他	計
246	12	38	19	7	16	338
73%	3%	11%	6%	2%	5%	100%

主な進路先（大学、＊は既卒者）

東京理科大学　青山学院大学　中央大学　法政大学　武蔵大学　獨協大学　順天堂大学　日本大学　東洋大学　駒澤大学　専修大学　文教大学　東京家政大学　昭和女子大学　女子栄養大学　國學院大學　大東文化大学　亜細亜大学　帝京大学　国士舘大学　東京経済大学　立正大学　拓殖大学　杏林大学　東京電機大学　＊東京学芸大学　＊埼玉県立大学　＊立命館大学　＊関西大学　＊明治大学　＊慶應義塾大学

地図　JR大宮駅西口　西武バス大宮南高校行約20分

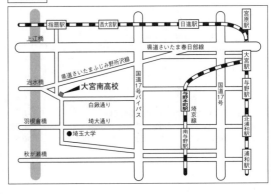

埼玉県立 大宮武蔵野高等学校（全日制）

所在地 〒331-0061 さいたま市西区西遊馬1601 ☎ 048-622-0181
ホームページ https://om-h.spec.ed.jp/ **メールアドレス** oomiyamusashino@spec.ed.jp
最寄り駅からの順路 JR川越線指扇駅から 徒歩15分

校舎風景

校　　長	河森　明子
創　　立	昭和51年4月1日
教職員数	65人（含非常勤10）

生徒数

学年＼学科	1年 (男)(女)	2年 (男)(女)	3年 (男)(女)	計 (男)(女)
普通科	238 (85)(153)	205 (68)(137)	208 (60)(148)	651 (213)(438)

学校の概要

　本校は来年度、創立50周年をむかえる普通科県立高校です。数学と英語で少人数授業を行い、分かりやすい授業を展開しています。また、放課後の基礎補習、進学補習などにより学力伸長を図り、教育内容が充実しています。H18年度から制服が一新され、学校の雰囲気も変わりました。

　部活動は全国大会に出場する部もあり、現在Jリーグで活躍している選手もいます。特別活動では、「西区ふれあいまつり」「馬宮ふれあいコンサート」など地域との交流を通し、真の社会性を身につけます。

　H20年度より大宮北特別支援学校さいたま西分校が併置され、ノーマライゼーション（共生共育）の理念に基づく教育を推進しています。

　是非、大宮武蔵野高校を見に来てください。

教育課程

　卒業後の進路先が多岐にわたるため、一人ひとりの生徒の進路希望に応じた多様な選択科目を用意しています。

　一年生では書道・音楽・美術の芸術科目の選択以外は共通した科目を学習します。二年生に進級後は、文理にとらわれず、一人ひとりの興味・関心、進路希望に応じた多様な選択科目を履修し、よりきめ細やかな進路指導、進路実現を目指しています。

カリキュラム（※今後変更される可能性もあります。）

単位数	1	2	3	4	5	6	7	8	9	10	11	12	13	14	15	16	17	18	19	20	21	22	23	24	25	26	27	28	29	30
1学年	現代の国語		言語文化		地理総合		公共		数学Ⅰ			数学A		化学基礎		生物基礎		体育			保健	芸術Ⅰ		英語CⅠ			論理・表現Ⅰ		LHR	総探
2学年	論理国語		文学国語		歴史総合		数学Ⅱ				体育			保健	情報Ⅰ		英語CⅡ		家庭総合		選択A		選択B		選択C				LHR	総探
3学年	論理国語		文学国語		体育		英語CⅢ			論理・表現Ⅱ		家庭総合		政治・経済		選択①			選択②			選択③		選択④					LHR	総探

　　2年選択科目
　　選択A（2）… 芸術Ⅱ、数学B
　　選択B（2）… 物理基礎、地学基礎
　　選択C（3）… 古典探究、化学、総合英語Ⅰ

　　3年選択科目
　　選択①（4）… 世界史探究、日本史探究、物理、生物
　　選択②（3）… 総合古典、数学Ⅲ、数学探究、世界文化史、日本文化史
　　選択③（2）… 芸術Ⅲ、社会福祉基礎、保育基礎、化学特論、スポーツⅡ
　　選択④（2）… 総合英語Ⅱ、数学C、数学理解、情報Ⅱ、倫理、地学基礎

教　育　活　動

1　学習活動

(1)　各教科ともわかりやすく、かつ生徒が能動的に参加できる授業を心がけ、学力の向上を図っています。

(2)　学力に個人差のある英語と数学は、習熟度などに応じて1クラス17〜24人程度の少人数授業を展開し、細かく行き届いた指導を行っています。

(3)　学力向上のための学習会や、補習授業を行っています。

(4)　コンピュータや視聴覚機器を利用して、視覚的に理解できるようにしています。

2　学校生活―規律ある中で、充実した生活を―

豊富な緑の中に、立体造形家・重村三雄氏の作品が並び、「いこいの広場」などゆとりの空間もあって、落ち着いた高校生活が送れます。

3　特別活動

生徒会が中心となり、さいたま西分校との共催として、全校が一体となって文化祭や予餞会などの行事を盛り上げます。

部活動では、運動部、文化部問わず活発に活動しており、チアダンス部は全国大会にも出場しています。また、LHR等を活用し、学校周辺の美化活動にも取り組んでいます。

4　進路指導―生徒一人ひとりの進路希望の実現―

進路説明会、進学学習会、進学面接指導、就職模擬面接、進路講演会等を実施。

そ　の　他

学校説明会を下記のとおり実施する予定です。なお、実施日の変更もあり得ますので、決定次第発信する予定です。随時本校ホームページをご確認ください。

8月1日（木）、10月5日（土）、
11月16日（土）、12月14日（土）、1月25日（土）

過去の主な部活動実績

女子サッカー	令和5年度県民総合スポーツ大会兼埼玉県高等学校女子サッカー新人大会　3回戦進出
ソフトテニス	令和5年度埼玉県高等学校ソフトテニス新人大会南部地区大会女子個人戦ベスト64
男子バスケットボール	令和5年度新人大会南部支部予選会　2回戦進出
陸上競技	令和5年度学校総合体育大会埼玉県大会　女子100m、200m、男子400m用、走高跳出場
	令和5年度国体少年の部南部地区大会　女子100m第7位、男子走高跳第7位
	令和5年度新人戦南部地区大会　女子100m第8位、200m第7位、男子走高跳第4位
	令和5年度新人戦埼玉県大会　女子100m、200m、100mH、男子400m、800m、走高跳出場
野　球	第105回全国高等学校野球選手権埼玉大会　2回戦進出
チアダンス	USA Nationals 2024（全国大会）　14位
	USA Regionals 2024埼玉大会②Song/Pom 部門 Small B 編成　3位（予選通過）
	USA Japan チアリーディング＆ダンス学生選手権大会 EAST　9位　ベストインプレッション賞
	Dance Drill Spring Festival 2021 ソングリーダー部門 Small 編成 5位
	全国高等学校ダンスドリル選手権大会2021　MISS DANCE DRILL TEAM 部門9位
書　道	第61回埼玉県硬筆中央展覧会　特選賞
	第61回埼玉県高等学校書道展覧会　出品
	第76回埼玉県書きぞめ中央展覧会　特選賞
美　術	埼玉県高校美術展　出品

卒業後の進路状況

進　路		R3年度	R4年度	R5年度
進学	大学・短大	71	63	73
	専修・各種	130	106	95
就　職		12	20	18
そ　の　他		11	22	9
卒業者総数		224	211	195

＜主な進学先＞
大学：東洋、駒澤、大東文化、国士舘、亜細亜、文教、立正、日本体育、東京女子体育、東海、清泉女子、駿河台、文京学院、目白、十文字学園女子、東京成徳、城西　他
短期大学：実践女子、大妻女子、国際学院埼玉、山村学園、淑徳、帝京、東京成徳、秋草学園、埼玉女子、川口、城西、武蔵丘　他
専門学校：大原簿記情報ビジネス大宮校、神田外語学院、日本電子、文化服装学院、資生堂美容技術、埼玉県理容美容、国際文化理容美容、日本美容、東京歯科衛生、中央動物、早稲田速記医療福祉、日本外国語、道灌山学園保育福祉
高等技術専門校：県立中央、県立春日部、県立熊谷
看護学校：さいたま市立高等看護学院、上尾中央看護、帝京高等看護学院、戸田中央看護、上尾看護、国際医療看護

＜主な就職先＞
㈱東日本旅客鉄道、㈱JR東日本サービスクリエーション、エースコック㈱東京工場、㈱セキ薬品、㈱シード鴻巣研究所、トヨタカローラ埼玉㈱、トヨタカローラ新埼玉㈱、㈱トヨタレンタリース新埼玉、㈱ベルク、ニプロファーマ㈱埼玉工場、㈱ヤオコー、㈱ヨーク、さいたま市消防、埼玉県警、警視庁、陸上自衛隊　他

地図

JR川越線指扇駅より徒歩15分
大宮駅西口から西武バス西遊馬下車徒歩10分

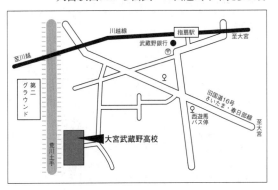

埼玉県立 桶川高等学校 （全日制）

所在地 〒363-0008　桶川市大字坂田945　☎ 048-728-4421
ホームページ https://okegawa-h.spec.ed.jp
最寄り駅からの順路 JR 高崎線桶川駅東口　加納循環線バス
加納公民館下車　徒歩 3 分

応援合戦（体育祭）

校 長	浅見　晃弘
創 立	昭和47年 4 月 1 日
教職員数	64人

生徒数

学科＼学年	1 年 (男)(女)	2 年 (男)(女)	3 年 (男)(女)	計 (男)(女)
普通科	280 (147)(133)	272 (165)(107)	298 (172)(126)	850 (484)(366)

夢を叶える学校

　桶川市を始め、上尾市、北本市、伊奈町等、地元の生徒が 9 割を超える本校は、創立53年目を迎えました。

　木々の緑につつまれ、美しい自然を感じられ、良き友、良き先生方と出会える桶川高校で、夢を叶える 3 年間を過ごしてみませんか。

教 育 課 程

―希望進路を実現させる教育課程―

1 年生　文系・理系科目をバランスよく学習し基礎学力を身につけます。
2 年生　文系・理系に分かれ、進路希望や個々の適性に応じた学習をします。
3 年生　文系・理系に分かれ、より専門的に学習します。希望進路を実現するため選択できる科目の幅が広がります。

文系　進路希望や適性に応じて 9 科目の中から 1 科目を選択します。
理系　①数学Ⅲ 5 単位＋数学 B 1 単位＋数学 C 1 単位、②数学理解 5 単位＋政治経済 2 単位のどちらかを選択します。

教 育 活 動

1　学校生活　―明るく穏やかで規律ある生活―
⑴　生徒は明るく穏やかで、勉学に、生徒会活動や行事、部活動にと積極的に取組んでいます。
⑵　1 学期当初の個人面談、6 月の三者面談、夏休みの三者面談（3 年）を実施し、学校生活、進路等について生徒理解に努めています。
⑶　通学路指導を実施し、生徒と地域の交通安全に努めています。また、朝学習を行うことにより、自主的に学ぶ環境を整えるなど、生徒の健やかな成長を支援しています。

令和 7 年度入学生教育課程（予定）

		1	2	3	4	5	6	7	8	9	10	11	12	13	14	15	16	17	18	19	20	21	22	23	24	25	26	27	28	29	30
1学年		現代の国語		言語文化		地理総合		数学Ⅰ			数学A		化学基礎		生物基礎		体育			保健	※選芸術Ⅰ		英語コミュニケーションⅠ			論理・表現Ⅰ		情報Ⅰ		総合探究	LHR
2学年	A	論理国語			古典探究		歴史総合		公共			数学Ⅱ			※選物理基礎/地学基礎		体育			保健	※選芸術Ⅱ		英語コミュニケーションⅡ			論理・表現Ⅱ		家庭基礎		総合探究	LHR
	B	論理国語		歴史総合		公共		数学Ⅱ			数学B	数学C	※選物理基礎/地学基礎		体育					保健	※選芸術Ⅱ		英語コミュニケーションⅡ			論理・表現Ⅱ		家庭基礎		総合探究	LHR
3学年	A	文学国語			古典探究		※選日本史探究/世界史探究			政治・経済		※選物理/化学/生物/地学		体育		英語コミュニケーションⅢ			論理・表現Ⅲ		※選択		総合探究	LHR
	B1	文学国語		政治・経済		数学理解			化学			※選物理/生物		体育		英語コミュニケーションⅢ			論理・表現Ⅲ		総合探究	LHR
	B2	文学国語		数学Ⅲ			数学B	数学C	化学			※選物理/生物		体育		英語コミュニケーションⅢ			論理・表現Ⅲ		総合探究	LHR

3 学年 A 類型　※選択（2 単位）：次の中から 1 科目選択
国語探究／音楽Ⅲ／美術Ⅲ／書道Ⅲ／保育基礎／フードデザイン／英語理解／スポーツⅡ／情報Ⅱ

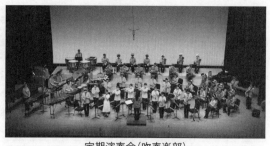
定期演奏会（吹奏楽部）

<桶川>

2　進路指導　―自己を研き、明日を拓く―

(1)　「地域の期待に応える」生徒の育成を目標に、各生徒が将来の自己の目標を明確に掲げ、その実現に向けて努力し続ける力を育成するよう、全力で支援します。

(2)　通年補習と夏休みには学力増進講座を実施し、学力向上に取り組んでいます。

(3)　各種進路ガイダンス、面接指導・小論文指導、公務員対策講座等、個別指導にも力を入れています。

3　総合的な探究の時間
――般社会で生き抜く人材の育成のために―

本校では自ら学び、考え、主体的に判断・行動し、より良く問題を解決する力を育成するために、教科横断的な資質能力の育成の中核として「総合的な探究の時間」に取り組んでいます。生徒たちがグループで課題解決に取り組み、プレゼンテーションを行う活動はその一例です。

特 別 活 動

1　生徒会活動・学校行事

文化祭、体育祭、球技大会等で一人一人が活躍の場を見つけ、素晴らしい行事を作り出しています。他に、1学年では、音・美・書に分かれて芸術鑑賞を行う芸術の日、2学年では修学旅行を実施しています。

2　部活動　―鍛え、励み、輝くために―

運動部20、文化部13の部があり、8割以上の生徒が伸びやかに活動しています。

【部活動 令和5年度実績】

陸上競技 令和5年度関東選抜新人大会 女子やり投 優勝・男子3000mSC 出場／令和5年度学校総合体育大会北関東大会 男子400mH 第8位／令和5年度関東高等学校陸上競技大会 男子400mH 出場 弓道 高校弓道新人大会 団体8位 柔道 全国大会県予選 女子個人3位／学校総合体育大会県大会 個人第3位 女子ソフトテニス 埼玉県選手権大会個人戦の部 県大会出場 男子バドミントン 学校総合体育大会 学校対抗戦・個人戦 県大会出場／新人大会 学校対抗戦・個人戦 県大会出場 女子バドミントン 学校総合体育大会 学校対抗戦・個人戦 県大会出場／新人大会 個人戦 県大会出場 吹奏楽 第64回埼玉県吹奏楽コンクール高等学校Bの部県大会 銅賞 ダンス 第16回日本高校ダンス部選手権新人大会東日本大会 出場 囲碁将棋 第47回全国高等学校囲碁選手権埼玉大会 出場 書道 第61回埼玉県硬筆中央展覧会 特選賞6点・優良賞／第24回高校生国際美術展 書の部 佳作／第57回高野山競書大会 推薦／第66回埼玉書道展高等学校臨書の部 準特選2点・秀作3点／第32回国際高校生選抜書展 入選2点／第76回埼玉県書きぞめ中央展覧会 推薦賞・特選賞5点・優良賞 図書委員 第46回南部N地区図書委員研修交流会図書館＆図書委員会紹介分科会 スライド部門 第1位

その他

1　学校・家庭・地域社会との連携

・加納小学校に出向いての学習ボランティアは小学生から大人気
・陸上競技部・サッカー部・ダンス部・吹奏楽部による地元小中学校との交流
・ダンス部・吹奏楽部・美術部・書道部がまるひろ文化祭、桶川市民まつりで出展・発表

2　説明会の日程

9／28(土)、10／12(土)、11／9(土)、11／29(金)、1／10(金) 於 本校
詳細はホームページをご確認ください。

卒業後の進路状況 （令和6年春入試結果等）

	大　学	短　大	専　門	就・公
男	81	1	34	10
女	41	20	53	5
計	122	21	87	15

【令和6年春の主な大学合格実績】

亜細亜大、大妻女子大、桜美林大、学習院女子大、神田外語大、共立女子大、駒澤大、実践女子大、十文字学園女子大、大正大、大東文化大、拓殖大、玉川大、帝京大、東京家政大、東京電機大、東洋大、獨協大、日本大、日本工業大、日本女子体育大、文教大、法政大、武蔵野大、立正大

地図　JR高崎線桶川駅東口　加納循環線バス　加納公民館下車　徒歩3分

埼玉県立 桶川西高等学校 （全日制）

所在地 〒363-0027 桶川市川田谷1531-2 ☎ 048-787-0081 FAX 048-789-1051
ホームページ https://okenishi-h.spec.ed.jp/
最寄り駅からの順路 JR 高崎線桶川駅西口下車 桶川市内循環バス（西10、西11、西12）
桶川西高校入口下車 徒歩2分

校　　　長	長谷川彰則
創　　　立	昭和55年4月1日
教職員数	49人

生徒数

学科＼学年	1年(男)(女)	2年(男)(女)	3年(男)(女)	計(男)(女)
普通科	66 (32)(34)	111 (57)(54)	113 (68)(45)	290 (157)(133)

目指す学校像

「生徒の成長を全面的に支援し、地域の期待に応え、社会に貢献する人材を育成する学校」

【重点目標】

1 基礎学力の向上を目指す「わかる授業」を実践し、自ら学ぶ姿勢と意欲を育成する。
2 保護者、地域及び地元小中学校等と連携を強化して、教育活動を推進する。
3 生徒個々に応じた細やかな進路指導を充実させ、希望進路の実現を図る。
4 部活動等に主体的に取り組ませることで、規律ある態度と生きる力を育成する。

教 育 課 程

本校では、入学当初の学習や人間関係等に関する不安を払拭し、担任が個々に目を配り、丁寧に対応することを目的に、第1学年では募集定員4学級160名を5学級、つまり、1学級は32人程度の少人数となります。

教育課程は、個々の進路志望を丁寧に確認するため、2年次まで芸術以外を共通履修とし、3年次はそれぞれの進路に応じた類型（文、理、総合）を選択します。

教 育 活 動

1 学習活動

（1）生徒の「わかる」を大切にする授業

授業においては基礎基本の徹底に努めています。定期的に学力の進捗状況を調査し、担任と担当教員で情報を共有します。

（2）授業外でも丁寧なサポート

Google Classroom 等で、着実な学習指示を行います。朝学習は強制せず、スタディサプリを使って自主的な取組を推奨

しています。学年教員が手分けして見守り、質問があれば支援します。

考査前には、部活動生徒を中心に、テスト対策勉強会を開催し、帰宅せず「仲間と一緒」に頑張っています。

データ 1年生クラスの時間割（例）

		月	火	水	木	金
		朝学習（スタディサプリ活用）				
	8:30～	SHR				
1限	8:45	現代の国語	生物基礎	数学A	数学I	ECI
2限	9:45	情報I	LEI	保健	情報I	言語文化
3限	10:45	ECI	数学I	言語文化	生物基礎	数学I
4限	11:45	数学A	体育	ECI	体育	体育
	12:35	昼休み				
5限	13:20	公共	芸術I	現代の国語	LHR	家庭総合
6限	14:20	LEI	芸術I	公共	総合探究	家庭総合
	15:10	SHR・清掃				

※EC…英語コミュニケーション、LE…論理・表現

2 学校生活

生徒にとって学校行事は最大の楽しみです。5月下旬、全学年生徒は「友情」を深めるために遠足

に出掛けます。2学期は、体育祭、文化祭(勾玉祭)、修学旅行(2学年生徒)と続きます。令和6年度勾玉祭は、「我が子の高校生活を盛り上げたい」とPTA理事会を中心に、多くのサプライズが企画されています。その他にも、球技大会(11月)、卒業を祝う会(2月)等が開催されます。

特別活動(部活動)

部活動は充実した高校生活のためには不可欠です。学校規模が小さいため、部活動数が少ないことは残念ですが、所属する生徒は毎日、「青春の汗」を流しています。運動部顧問の多くは自らの専門競技であり、高体連専門部の役員を務めており、「頑張ってくれる生徒さえ来てくれれば…」と悔しがっています。それでも在籍する部員のため、放課後には生徒とともに活動し、連合チームを組んででも、大会に参加する努力をしています。

部活動は、野球、サッカー、陸上、ラグビー、男女バスケットボール、男女ソフトテニス、女子バレーボール、バドミントン、柔道、剣道、卓球、科学、美術、放送、茶道、華道、書道、音楽(合唱・軽音楽)、クッキング部、ダンス同好会の運動部14(内同好会1)、文化部8です。

キャリア教育

	進学			就職	
	大学	短大	専門	公務員	民間
令和5年3月卒業	36	5	61	0	22
令和4年3月卒業	30	7	62	2	21
令和3年3月卒業	32	6	71	2	48

本校生徒の進路希望は、大学・短大30%、専門学校45%、就職20%となっています。就職希望者は全員内定しました。

分野別ガイダンスや説明会等、3年間を系統的に指導します。夏季休業期間中には「桶西サマースクール」等を実施するなど、生徒のやる気をしっかり支える取組を行っています。

その他

本校には全国で2つしかない学校水族館があります。飼育している魚は世界の淡水魚で、約40種類以上、700匹以上を飼育し、本校での繁殖にも成功しています。来館者数は年間約2,000人、マスコミからの取材も受けました。

学校説明会等

本校HPにて随時、情報発信を行っています。是非ご覧ください

1 学校説明会
7月27日(土)本校
8月24日(土)本校
11月16日(土)本校
12月21日(土)本校 個別相談会

2 入試個別相談会
1月20日(月)〜22日(水)

3 勾玉祭(本校文化祭)
9月28日(土)本校 HPを確認願います。

地図 JR高崎線桶川駅西口下車 桶川市内循環バス(西循環)
桶川西高校入り口下車 徒歩2分

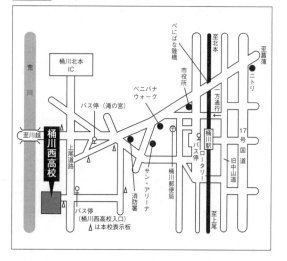

川口市立高等学校（全日制）

所在地　第1校地：〒333-0844　川口市上青木3-1-40（校舎・アリーナ棟ほか体育施設）
　　　　　第2校地：〒332-0001　川口市朝日5-9-18（野球場・グラウンド・テニスコート・体育館）
ホームページ　https://kawaguchicity-hs.ed.jp/
最寄り駅からの順路　JR西川口駅からバス8分、徒歩25分、自転車11分・SR鳩ケ谷駅からバス12分、徒歩20分、自転車8分・JR東川口駅からバス34分

校　　長	吉野　浩一
創　　立	平成30年
教職員数	173人

生徒数

学科 ＼ 年次	1年 (男)(女)	2年 (男)(女)	3年 (男)(女)	計 (男)(女)
理数科	41 (36)(5)	40 (27)(13)	38 (34)(4)	119 (97)(22)
普通科	285 (141)(144)	280 (130)(150)	274 (135)(139)	839 (406)(433)
普通科 スポーツ科学コース	80 (56)(24)	80 (49)(31)	76 (48)(28)	236 (153)(83)
普通科 中高一貫教育クラス	75 (38)(37)			75 (38)(37)
計	481 (271)(210)	400 (206)(194)	388 (217)(171)	1,269 (694)(575)

本校の概要

設置　平成30年4月、川口総合高校・市立川口高校・県陽高校の市立高校3校が再編・統合され、新しく川口市立高校が開校しました。

学科等　全日制　理数科・普通科(特進クラス含む)・普通科(スポーツ科学コース)・普通科(中高一貫教育クラス)

その他　文部科学省「スーパーサイエンスハイスクール（SSH）」事業指定(R4～R8)

基本理念

・文武両道に優れ、徳力を備えた地域社会のリーダーとなる人材を育成する
・科学技術創造立国である我が国をリードする人材を育成する
・多様な生徒の興味・関心や進路希望に対応し、特に進路保障ができる教育を推進する学校

教育課程

＜全日制課程＞単位制・1学年12クラス（令和6年度）

科	理	1	2	3	4	5	6	7	8	9	10	11	12
クラス コース	数 科	特進クラス (選考で編成)			普通科						普通科 スポーツ科学 コース	普通科 中高一貫教育 クラス	

各科、コース共通して、35単位45分授業平日7時限で授業時間を確保し、他に土曜講習(年間12回)を進路実現に活用しています。

・理数科（1クラス40名を予定）

理数科には、「理数数学」や「理数化学」など理数科特有の科目があり、実験や演習を多く取り入れた発展的な学習をします。また、総合的な探究の時間では、2年次に行われる本格的な課題研究に向けて、英語でのプレゼンテーション講座・大学教授による講演会・お茶の水女子大学との連携事業である課題研究基礎講座などを行います。科学技術創造立国である我が国をリードする人材の育成を目標に、将来、難関国公立大学や難関私

令和7年度入学生　教育課程表（予定）

		1	2	3	4	5	6	7	8	9	10	11	12	13	14	15	16	17	18	19	20	21	22	23	24	25	26	27	28	29	30	31	32	33	34	35
1年次	理数科	国語④				地歴④				公民②		理数⑩（数学Ⅰ・化学・生物・探究）										保健体育④				英語⑥						家庭②	情報②			HR①
	普通科	国語④				地歴④				数学⑤					理科⑥						保健体育④				英語⑥						家庭②	情報②		HR①	総探①
	普通科スポーツ 科学コース	国語④				地歴④				公民②		数学⑤					理科②		保健体育④				英語⑥					家庭②	情報②		スポーツ 1②	HR①	総探①
2年次	理数科	国語⑤				地歴❷	保健体育❸			芸術❷		英語⑥						理数⑯（数学Ⅱ・化学・物理・生物・探求）																		HR①
	普通科	国語⑤				地歴❸		公民②		数学⑥					理科❸			理科❷		保健体育③		芸術❷		英語⑥										HR①	総探②
	普通科スポーツ 科学コース	国語⑤				地歴❸		数学③		理科②	理科②		保健体育③		芸術❷		英語⑥					A選択❷		B選択❷		C選択❷			HR①	総探②
3年次	理数科	国語⑤				理数数学⑤				保健体育③			英語⑥					○選択②	□選択②		△選択❺			■選択❺							HR①
	普通科文系	国語⑥					地歴❸		公民②		保健体育③		芸術❷		英語⑥				△選択②		☆選択❸		★選択❸			□選択②		HR①	総探①
	普通科理系	国語⑤			公民②		数学⑦				理科❹			保健体育③			英語⑥				☆選択❸		★選択❸					HR①	総探①
	普通科スポーツ 科学コース	国語⑥			公民②		保健体育③		芸術❷		英語⑥				○選択❸		□選択❹		△選択②		☆1選択❸		☆2選択❸			HR①

※　②は2単位、❷は選択2単位、△など記号は複数教科間での選択。

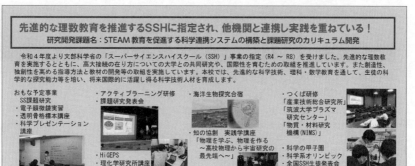

先進的な理数教育を推進するSSHに指定され、他機関と連携し実践を重ねている！
研究開発課題名：STEAM教育を促進する科学連携システムの構築と課題研究のカリキュラム開発

令和4年度より文部科学省の「スーパーサイエンスハイスクール（SSH）」事業の指定（R4〜R8）を受けました。先進的な理数教育を実施するとともに、高大接続の在り方についての大学との共同研究や、国際性を育むための取組を推進しています。また創造性、独創性を高める指導方法と教材の開発等の取組を実施しています。本校では、先進的な科学技術、理科・数学教育を通して、生徒の科学的な探究能力等を培い、将来国際的に活躍し得る科学技術人材を育成します。

おもな予定事業
SS課題研究
・電子顕微鏡実習
・透明骨格標本講座
・科学プレゼンテーション講座

・アクティブラーニング研修
・課題研究発表会

・HiGEPS
・理化学研究所講座
・SSHハワイ海外研修
・Science English講座

海洋生物探究合宿

・知の協同　実践学講座
「物理を学ぶ、物理を作る〜高校物理から宇宙研究の最先端へ〜」

・つくば研修
「産業技術総合研究所」
「筑波大学プラズマ研究センター」
「物質・材料研究機構（NIMS）」
・科学の甲子園
・科学系オリンピック
・全国SSH生徒発表会

他　詳細は学校HPを参照

立大学（医歯薬理工系）に進学し、研究者や専門家、医師などを目指す人に向いた学科です。
・**普通科（7クラス280名を予定）**
国公立大学受験対応のカリキュラムで、3年次に文系・理系選択でクラスを編成します。2年次までは文系・理系選択を行わず、全ての科目を満遍なく学びます。1年次より、普通科7クラスの中に、入学前に希望をとり特進クラスを編成します。特進クラスは、国公立大学・難関私立大学の現役合格を目指す生徒を対象としており、普通科と同じカリキュラムで授業の進度と深度が異なります。
・**普通科　スポーツ科学コース（2クラス80名を予定）**
普通科スポーツ科学コースは、スポーツ立国の実現をリードする人材を育成するコースで、スポーツ選手として全国大会等での活躍を目指す生徒の文武両道を実現します。さらなる高みを実現すべく、運動部活動に全力で取り組みながら大学進学等を目指します。スポーツ系選択科目として、スポーツ概論・スポーツⅠⅡ・スポーツ総合演習などを用意しています。得意分野を生かして専門科目に重点を置いた私立大学等への進学を目指す生徒を対象としています。
・**普通科　中高一貫教育クラス**
川口市立高等学校附属中学校は、埼玉県で4番目の併設型の公立中高一貫教育校として令和3年に開校し、令和6年4月に、高い志を持つその1期生が高校の1年次に進級し2クラスを構成しています。

進 路 指 導

「高い志を持たせ、確実な学力をつける。目指す進路をつかみとる力をつける。」3年間で身に着けた学力をもとに全員が「大学入学共通テスト」を受験し、国公立大学進学や難関私立大学への進学希望にも対応できる進路指導を行います。
≪計画的・系統的な3年間の進路指導≫
⑴基礎学力の徹底的な定着と、知識や情報を統合
　・活用できる応用力の養成
　・朝学習・土曜講習と長期休業中補講・ドリカムテスト・英語4技能の育成強化①CIR（ネイティブ英語教員）チーム10名による週1時間授業（1・2年次全員）　②CIRによる本校独自のEnglish Summer Camp「3日間英語集中研修プログラム」　③フィンドレー高校（米・オハ

イオ）への長期交換留学や、British Hills研修
④TGG英語村（TOKYO GLOBAL GATEWAY）1日英語研修（1年次全員）　⑤英語検定受験（1年次全員）
⑵進路実現に向けた多角的な指導
　・探究活動（1・2年次全員、3年次選択者）・進路説明会（難関大学希望者・推薦入試・一般入試ほか）・進路講演会・模試、GTECを活用した指導・進路カウンセラー（2名）常駐・国公立大学合同説明会（2年次全員）・「ドリカム手帳」によるPDCAサイクルで自己管理

進 学 実 績

【国公立大学】東京工業大・筑波大・金沢大・東京藝術大・東京都立大・東京海洋大・電気通信大・埼玉大・埼玉県立大・千葉大・横浜国立大・茨城大・宇都宮大・信州大・静岡大　他　計54名（含む過年度生）

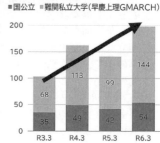

■国公立　■難関私立大学（早慶上理GMARCH）

	R3.3	R4.3	R5.3	R6.3
難関私立	68	113	99	144
国公立	35	49	42	54

【私立大学】慶應義塾大・東京理科大・学習院大・明治大・青山学院大・立教大・中央大・法政大・獨協大・文教大・東京電機大・芝浦工業大・日本大・東洋大・國學院大・津田塾大・日本女子大・立命館大・同志社大・関西学院大　他

学 校 説 明 会

学校説明会（学校概要説明）・理数科説明会・スポーツ科学コース説明会・個別相談会・部活動見学会・校内見学等を予定しています。事前の申し込みが必要です。また、実施日のおよそ1ヶ月前に受付開始日をお知らせします。詳細は学校HPをご覧になり、ご確認ください。
学校説明会　第1回7月31日㈬　第2回8月23日㈮　第3回9月21日㈯※授業公開あり　第4回10月26日㈯
学校見学会　第1回4月27日㈯　第2回11月16日㈯　第3回1月7日㈫
変更の可能性があります。参加には事前申し込みが必要ですので、詳細は学校HPをご確認ください。

埼玉県立 川口高等学校 （全日制）

所在地 〒333-0826　川口市大字新井宿字諏訪山963番地　☎ 048-282-1615（代）
ホームページ https://kawaguchi-h.spec.ed.jp
最寄り駅からの順路 埼玉高速鉄道『新井宿』駅下車　徒歩8分

春…満開の桜の下で

校　長	上原　一孝
創　立	昭和16年4月1日
教職員数	70人

生徒数

学科＼学年	1年(男)(女)	2年(男)(女)	3年(男)(女)	計(男)(女)
普通科	319 (165)(154)	312 (174)(138)	346 (169)(177)	977 (508)(469)

本 校 の 歩 み

昭和16年　埼玉県川口市立川口中学校として開校
昭和23年　埼玉県川口市立川口高等学校設置認可
昭和26年　埼玉県に移管され埼玉県立川口高等学校と改称
平成9年　男女共学化
令和2年　創立80周年

　創立82年の歴史があり、共学校としては27年の歩みの中で、現役進学率も大きく伸ばしています。生徒は「高く正し」の校訓のもと、生き生きと学校生活を送っています。生徒・教職員・PTA・後援会が「チーム川高」として一体となって発展を続けています。

学 力 の 向 上

　卒業生の大学・短大への進学は年々増加しています。本校の教育課程は、大学の新しい学部、学科への進学に対しても柔軟に対応できます。1年次に数学・英語の少人数授業を実施し基礎力の充実を図っています。
　2年次では英語の少人数授業と、国語・社会・数学の選択を設けています。
　3年次で文理クラス分けを行い、多様化する生徒の要望に対応します。

日課表

令和7年度生は週31単位のため
7時限授業の日が週1日あります。

校時	時間
朝自習	8：25～8：35
朝読書	8：35～8：45
ＳＨＲ	8：45～8：55
第1時限	8：55～9：45
第2時限	9：55～10：45
第3時限	10：55～11：45
第4時限	11：55～12：45
〈昼休み〉	12：45～13：30
第5時限	13：30～14：20
第6時限	14：30～15：20
ＳＨＲ	15：20～15：25
清掃	15：25～15：35
7時限授業（月曜日の日課）	
第7時限	15：30～16：20

教育課程（令和7年度入学生用）※教育課程は多少の変更がある場合があります。

（教育課程表：1年、2年（文系・理系）、3年（文系・理系A・理系B）の科目配当表）

1年：現代の国語、言語文化、歴史総合、公共、数学I、数学A、化学基礎、体育、保健、芸術I、英語コミュニケーションI(3)、論理・表現I、情報I、総合探究、LHR

2年　文系：論理国語、古典探究(4)、数学II(4)、歴史選択（日本史探究(3)／世界史探究(3)）、地理総合、地学基礎、生物基礎、体育、保健、芸術II、英語コミュニケーションII(4)、論理・表現II、家庭基礎、総合探究、LHR
2年　理系：数学B、数学II(4)、地理総合、物理基礎(2)

3年　文系：論理国語、総合古典、文学国語(4)、政治・経済(2)、歴史選択①（世界史発展探究／日本史発展探究）、選択②（化学(4)／生物(4)／数学(2)／日本文化史／世界文化史／国語表現(4)）、選択③（数学理解数学／フードデザイン／スポーツII／芸術III／情報II／倫理／英語探究）、体育、論理・表現III、英語コミュニケーションIII、総合探究、LHR
3年　理系A：数学探究、数学C(2)、理科選択①（物理(4)／化学(4)／生物(4)）、選択②（物理(4)／化学(4)／生物(4)／数学理解【3】＋情報II【2】／数学理解【3】＋倫理【2】／数学理解【3】＋国語探究【2】）
3年　理系B：数学II(3)

・理科選択①と選択②では同じ科目を取ることはできない
・文転、理転は可能（必履修科目は履修できる）、ただし進路変更を伴うかよく確認する

特　別　活　動

1　生徒会活動
　新入生歓迎会、体育祭、文化祭、予餞会などの行事を生徒会が中心となって活発に行っています。

2　部活動
　運動系16、文化系14の部・同好会があり、約8割の生徒が部活動に参加しています。毎年、半数以上の部活動が県大会に出場して活躍しています。部活動は生徒の学校生活の大きな励みであり、活力源となっています。
　ウエイトリフティング部は、毎年、全国大会（インターハイ等）で活躍しています。H30年度には野球部が全国高校野球選手権記念南埼玉大会準優勝を果たしました。
　書道部は全国展で文部科学大臣賞受賞をはじめ数々の優れた賞を受賞し、優秀な実績をあげています。書道ガールズの書道パフォーマンスはメディアにも度々紹介されています。書道部の校外書道展、吹奏楽部の演奏会、サイエンス部の校外展も地域で親しまれ、好評を得ています。

生徒会・運動部代表が受検生を応援してエールを送ります（学校説明会）

教　育　活　動

1　学習活動
①数学（1学年）・英語（1・2学年）で20〜27人の少人数授業を行っています。わかりやすく丁寧な指導が生徒たちに好評です。
②放課後や長期休業中に補習を実施しています。また、職員室近辺に設置した質問コーナーは、多くの生徒が活用しています。
③1学年で漢字検定を全員受検します。各種検定・資格の取得を奨励・褒賞しています。
④自己管理力の開発・向上のため、システム手帳（生徒手帳）を活用しています。毎日の学習や行動を計画的に行う力を養います。

2　進路指導
①進路ガイダンス、上級学校体験授業、大学バス見学会、分野別相談会、講演会等の充実した進路行事を実施し、生徒の進路決定を後押ししています。
②進路室では、生徒の進路実現に向けて、昼休みや放課後に個別相談を行っています。
③模擬試験・進学補講、小論文指導などを通して学力向上を図り、目標の実現に向けて継続的に努力するための進路指導を行っています（4年制大学進学率が年々上昇しています）。

学　校　説　明　会　　※日程は必ず学校HP等でご確認ください。

・学校説明会　3回の説明会を、8月22日（木）、11月16日（土）、12月21日（土）に実施の予定。各回web申込み。
・部活動体験　7月30日（火）、31日（水）、8月1日（木）に予定しています。実施する部活動等の詳細は学校HPでお知らせします。

卒業後の進路状況

分野	男	女	合計
4年制大学	124	103	227
短期大学	1	8	9
専門学校等	15	46	61
民間就職	1	1	2
公務員	0	1	1
進学準備他	12	7	19
合計	153	166	319

令和5年度　主な進学実績
埼玉県立大(1)　早稲田大(1)
上智大(1)　明治大(2)
中央大(3)　学習院大(3)
成蹊大(1)　成城大(2)
國學院大(2)　武蔵大(2)
日本大(27)　国士舘大(27)
東洋大(21)　獨協大(20)
目白大(17)　大東文化大(16)
帝京大(13)　東京国際大(12)
文教大(11)　帝京科学大(11)
文京学院大(11)　亜細亜大(10)

地図

交通機関
●埼玉高速鉄道線　新井宿駅下車　1番出口より徒歩8分
●JR京浜東北線　蕨駅東口下車「蕨03［国際興業バス］新井宿駅」行き乗車「川口高校入口」下車徒歩7分
●JR京浜東北線　川口駅東口下車「川18［国際興業バス］鳩ヶ谷公団住宅行き」乗車　「川口高校入口」下車徒歩7分
　※バスの場合　帰りのバス停は「里・屋敷添（さとやしきぞえ）」となります。
　（JR蕨駅・川口駅方面への「川口高校入口」のバス停はありません。）

埼玉県立 川口北高等学校（全日制）

 Web site　 Instagram

所在地　〒333-0831　川口市木曽呂1477　☎ 048-295-1006　FAX 048-290-1013
ホームページ　https://kawaguchikita-h.spec.ed.jp/
最寄り駅からの順路　武蔵野線東浦和駅下車　徒歩16分

学校校舎

校　　長	高松　健雄
創　　立	昭和49年 4 月 1 日
教職員数	89人

生徒数

学科＼学年	1 年(男)(女)	2 年(男)(女)	3 年(男)(女)	計(男)(女)
普通科	361 (158)(203)	356 (196)(160)	357 (219)(138)	1,074 (573)(501)

川口北高のグランドデザイン

目指す学校像として「**文武両道の精神のもと、高い志と品格を備えた未来を拓くグローバルリーダーを育成する学校**」を掲げています。

「今の自分を超えていく」をキャッチコピーに、生徒を主役として、教職員、保護者が一丸となって、教育活動に取り組んでいます。平素の学習活動はもちろん、1 年林間学校、2 年修学旅行などの宿泊行事、北高祭や体育祭、駅伝大会、マラソン大会などの学校行事、生徒会活動や部活動にも「チーム川北」として全力で取り組んでいます。

また、令和 6 年度入学生から制服をリニューアルしました。

川口北高の教育課程

全人教育、教養主義に基づき、1、2 年次までは文系・理系に分かれず幅広く様々な分野を学びます。多様な進路に対応できる教育課程が編成されています。

○ 1 年次は基礎学力の充実に重点を置き、2 年次の数学では習熟度別授業を行うなど、2 年次までは文系・理系のコースを設けず、ゆるやかな科目選択のなかで文理科目を幅広く履修します。

○ 3 年次には具体的な進路希望に向け国公立、私立、看護・医療など、全ての大学に対応できるよう選択科目も充実しています。

データ

◆ 3学年で文理融合系(全国初)を創設

1、2 学年では文系、理系に分かれず、全ての科目に取り組みます。3 学年では文系、理系に加えて、文理融合系を設置することにより、自らの可能性を最大限に引き出すための選択ができます。

令和 6 年度入学生教育課程

第 1 学年
| 現代の国語② | 言語文化② | 地理総合② | 歴史総合② | 数学Ⅰ③ | 数学A② | 化学基礎② | 物理基礎② | 体育② | 保健① | 芸術② | 英語コミュニケーションⅠ③ | 論理表現Ⅰ② | 家庭基礎② | 情報Ⅰ② | 総探① | LHR① |

第 2 学年
| 論理国語② | 古典探究② | 公共② | 地理探究/日本史探究/世界史探究④ | 数学Ⅱ③ | 数学B② | 物化学③ | 生物基礎② | 体育③ | 保健① | 芸術Ⅱ② | 英語コミュニケーションⅡ③ | 論理表現Ⅱ② | LHR① | 総探① |

3 年文系 類型A
| 論理国語② | 古典探究④ | 世界地誌④/世界文化史④/日本文化史④ | 倫理② | 政治経済② | 体育② | 英語コミュニケーションⅢ③ | 論理表現Ⅲ② | ※選択④ 総合英語Ⅱ② | 数学C② | LHR① | 総探① |

※選択＝芸術Ⅲ　理科探究　スポーツⅡ　フード　総合古典

3 年理系 類型B
| 論理国語② | 古典探究② | 数学理解④/数学応用④ | 数学C③ | 物理・物理探究④/化学・化学探究④/生物・生物探究④ | 物理探究③/化学探究③ | 体育② | 英語コミュニケーションⅢ③ | 論理表現Ⅲ② | 政治経済②/世界地誌②/情報Ⅱ② | LHR① | 総探① |

3 年文理融合型 類型C
| 論理国語② | 古典探究② | 数学理解④ | 数学Ⅲ④ | 数学C② | 政治経済② | 生物② | 化学物理② | 世界地誌④/日本文化史④/世界文化史④ | 理科探究③ | 体育② | 英語コミュニケーションⅢ③ | 論理表現Ⅲ② | データサイエンス② | LHR① | 総探① |

過去 3 年の主な大学合格者数　※（ ）内は過年度生

■国公立大学

国立大学	R4年度 46期	R5年度 47期	R6年度 48期	公立大学	R4年度 46期	R5年度 47期	R6年度 48期
一橋大	1	(1)		秋田県立大	1		
北海道大		2		福島県立医科大			(1)
室蘭工業大		1		会津大		1	1
弘前大	1			群馬健康科学大			1
秋田大	(1)			高崎経済大	2	1	1
茨城大	3(1)	3(1)	1	前橋工科大		(1)	
筑波大	1	3		埼玉県立大	5	12	8(1)
宇都宮大	1	3	2	千葉保健医療大		1	
群馬大	2	1		東京都立大	5(1)	4	2
埼玉大	16(1)	14(2)	13(1)	横浜市立大			(1)
千葉大	1(2)	3	1(1)	都留文科大		1	2
東京外国語大				長野大			(1)
東京学芸大	4(1)	5	2	長野県立大		(1)	
東京農工大		3		富山県立大		2	
横浜国立大			(1)	愛知県立大		1	
新潟大	1			大阪公立大		1	
山梨大	1			福山市立大	1		
信州大	(1)	1(1)		高知県立大		1	
金沢大		2		福岡県立大	1		
富山大			1	合　　計	53(8)	68(7)	39(7)
奈良女子大			1				
徳島大			1				
高知大			1				
長崎大		1					
琉球大		1					

ドローンによる空撮

川口北高の学校生活

1）学習活動

　2学期制、55分6時間授業を行っています。

　各教科とも日常の学習を重視し、予習、授業、復習を通じて実力の向上を図っています。3年間で主体的に学習する姿勢、自学自習に取り組める学習者をめざします。また SL-Time (Self-disciplined and Learning Time) と銘打って各クラス朝の10分間を大切にし、静粛に学習活動・読書などに取り組む時間としています。原則隔週で土曜授業を実施しています。

2）進路指導

　進路指導も1年次より3年間を見据え計画的に実施しています。

（3年間を見据えた取り組みの例）

□対話月間（4月、2月）・対話週間（9月）、保護者三者面談（6月、12月）など、担任の先生と対話する機会を設けています。また、年に一度全校生徒が校長と面接を行い、高い志を決意表明する機会としています。

□全国模試全員受験（3年間）

□早朝・放課後平常補講、長期休業期間の補講

□1年：入学者オリエンテーション
　　　　自学自習オリエンテーションＩ（4月）
　2年：自学自習オリエンテーションＩＩ（3月）
　3年：自学自習オリエンテーションＩＩＩ（7月）、
　　　　国公立大セミナー、
　　　　県立大セミナー、難関大セミナー

3）国際理解教育

　昭和63年にオーストラリアのフランクストン高校に本校生徒が親善訪問して以来、今年で36年目を迎えます。一年おきに訪問と受け入れを実施しています（本年度はフランクストン校へ生徒が訪問）。また、3ヶ月交換留学制度を利用して相手校で学ぶ機会もあります。このほか、希望者は夏休みを利用して Tokyo Global Gateway（体験型英語学習施設）で学ぶ機会もあります。

4）特別活動

生徒会活動

　ICT を活用した意見箱のオンライン化、多様性推進課を中心とした生徒会主催研修会、新入生歓迎会、北高祭（文化祭）、部活動の壮行会など生徒主体で様々な学校行事の運営を行っています。新制服の製作過程では有志の生徒が制服仕様検討懇談会に参加し、制服のデザイン案を作成・披露しました。

部活動

　94%超の生徒が部活動に所属し、高いレベルでの「文武両道」を追求、実践しメリハリのある部活動を展開しています。

5）埼玉大学の聴講

　平成13年度より埼玉大学の公開講座を聴講できます。

学校説明会

　第1回「学校説明会」を8月9日㊎本校を会場に開催します。以降、10月26日㈯、11月16日㈯に実施します。2月1日㈯は個別説明を予定しています。詳しくは本校ホームページをご覧ください。

■私立大学

私立大学	R4年度 46期	R5年度 47期	R6年度 48期
早稲田大	9	5	6(2)
慶應義塾大	(1)	7(1)	2
上智大	10	5	
東京理科大	4(1)	24(1)	13(4)
青山学院大	9	13	6
学習院大	14(1)	18	14
中央大	33(7)	43(1)	15(5)
法政大	33(5)	61(13)	46(2)
明治大	24(2)	30	22(3)
立教大	22(1)	35(1)	19(2)
國學院大	18	25(3)	24(1)
成蹊大	24(2)	26	16(1)
成城大	16(1)	22(3)	18
武蔵大	22(1)	16	18
明治学院大	10(2)	22(1)	19
芝浦工業大	5	32(4)	17(7)
北里大	3	3	4
昭和薬科大	1(1)	3	1
星薬科大	1(1)	1	1
明治薬科大	5(1)	6(2)	2
東京農業大	15(6)	19	12
工学院大	6(1)	10(1)	9(3)
東京電機大	17(1)	41(5)	25
東京都市大	3	10(1)	4
駒澤大	27	27	32

私立大学	R4年度 46期	R5年度 47期	R6年度 48期
専修大	34(2)	39(1)	37(5)
東洋大	125(6)	116(14)	134(8)
日本大	96(11)	83(10)	74(7)
獨協大	29(2)	37(4)	43
文教大	27	42(6)	39(1)
津田塾大	2	4	7
東京女子大	7	8	9
日本女子大	8	4	4
合　計	659(56)	837(72)	693(51)

■大学校

大学校	R4年度 46期	R5年度 47期	R6年度 48期
国立看護大学校		1	1
水産大学校			(1)
防衛大学校	1	1	
合　計	1	2	1(1)

令和6年度入試
国公立大学　　39名
早慶上理　　　22件
GMARCH　 122件

地図　武蔵野線　東浦和駅より徒歩16分

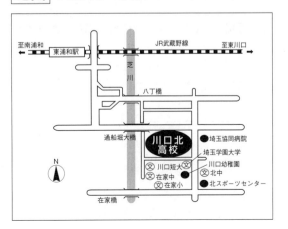

埼玉県立 川口青陵高等学校（全日制）

所在地 〒333-0832 川口市神戸東520-1 ☎ 048-296-1154 FAX 048-290-1015
URL https://kawaguchiseiryo-h.spec.ed.jp/ メールアドレス information@kawaguchiseiryo-h.spec.ed.jp
最寄り駅からの順路 ①川口駅東口より東川口駅行または戸塚安行駅行バスにて神戸下車7分（10〜20分毎）
②東川口駅より川口駅東口行バスにて神戸下車7分（30分〜1時間毎）

校　長	小宮　高弘
創　立	昭和59年4月1日
教職員数	62人

生徒数

学科＼学年	1年(男)(女)	2年(男)(女)	3年(男)(女)	計(男)(女)
普通科	280 (152)(128)	264 (138)(126)	235 (118)(117)	779 (408)(371)

目指す学校像

地域と連携して自立を支援し、「進んで学び、実践できる生徒」を育成する学校

① 授業と学習支援を充実させ、学力の向上を図るとともに、「主体的・対話的で深い学び」を促す
② きめ細かな生徒指導と特別活動・部活動の充実により、生徒の自律心と社会性を身に付けさせる
③ 多様な進路に対応するきめ細かな進路指導により、生徒の進路希望を実現させる
④ 学校の情報発信と、地域・保護者との連携を積極的に推進し、社会に貢献できる生徒を育成する

教育課程

生徒一人一人が充実した学習ができ、多様な進路希望実現に向けた選択科目を用意しています。

＜1年時＞高校での基礎となる全員共通の科目を学習します。
（芸術は音楽・美術・書道から選択し、上級学年でも同じ科目を続けて学習します）
＜2年時＞共通の科目を主とし、さらにそれぞれの興味関心や進路希望に合わせて2つの科目を選択します。
＜3年時＞文系・理系に分かれます。選択科目も増え、より進路実現に向けた学習をします。

教育活動

1 学習活動

毎朝10分間の朝学習と、きめ細かな生活指導による安定した生活を基盤として、チャイムと同時に授業が始まります。

基本重視の身につく授業・個性を活かすカリキュラム　　令和7年度入学生（予定）

学年	類型	1	2	3	4	5	6	7	8	9	10	11	12	13	14	15	16	17	18	19	20	21	22	23	24	25	26	27	28	29	30
1年	共通	現代の国語		言語文化		地理総合		公共		数学I			数学A		化学基礎		体育			保健	芸術I		英語コミュニケーションI			論理・表現I		情報I		総合探究	LHR
2年	共通	論理国語		文学国語		歴史総合			数学II				物理基礎生物基礎		体育				保健		英語コミュニケーションII		論理・表現II		家庭総合			数学B芸術II情報II総合古典		総合探究	LHR
3年	文系	論理国語		政治経済		体育				英語コミュニケーションIII			家庭総合		文学総合		日本史探究			数学総合			地学基礎		古典探究国語一般世界史探究日本史特講生物			国語探究倫理芸術III上級英語保育基礎フードデザイン		総合探究	LHR
	理系																数学III		数学C			化学				物理基礎生物基礎		物理生物			

「主体的・対話的で深い学び」を促し、「学ぶ楽しさ」を体験し、「進んで学び、実践できる生徒」を育成します。

コンピュータ室には一人一台のコンピュータを備え、充実した情報の授業が行われます。

LL 教室では ALT とのティームティーチングや英会話の授業が行われています。

2　進路指導

生徒の希望を実現させるために多様な進路に対応し、昨年度の進学率は81%、就職内定率は100％を達成しました。

主な取り組みとして、進学者向けには各学校から講師を招いて行う進路ガイダンスや長期休暇中に各教科で行う補習「青陵ゼミナール」などがあります。また、公務員志望の生徒向けに月に一度、講師を招いて行う「公務員月イチ講座」を1年時より開講するなど、就職者に向けても手厚い指導をしています。さらに本校独自の「進路のしおり」や「SEIRYO手帳」を活用して早くから進路に向けた意識づけをしています。進路閲覧室には、上級学校や企業の資料や求人票などの情報とパソコンを取り揃え、生徒が必要な時に利用できます。

3　行事

生徒会や部活動の生徒を中心として、各行事が活発に行われます。

【主な学校行事】
4月　新入生ガイダンス
5～6月　体育祭
7月　球技大会
9月　青陵祭(文化祭)
10月　修学旅行(2年)、校外HR(1・3年)
11月　マラソン大会
12月　芸術鑑賞会、球技大会
2月　3年生を送る会
3月　映画会

4　部活動

1年生は全員加入としています。令和3・4年度の2年連続でバレーボール部が関東大会に、令和3年度は軽音楽部が全国大会に出場しました。令和5年度は10の部活動が県大会出場。年々県大会へ出場する部活動が増えています。

運動部13団体、文化部15団体が、それぞれの目標に向かって熱心に活動しています。

施設・設備も充実しており、トレーニングルームや野球専用グラウンドなど部活動に打ち込む環境が整っています。

5　説明会・行事等日程

学校説明会　10／5（土）AM、11／9（土）AM、12／14（土）AM　※上履きと袋を持参していただけると助かります

公開授業　未定。HP で連絡します

体験(部活動体験プロジェクト)
7／26(金)、8／2（金)、8／23(金)。詳細は HP で連絡します

青陵祭(文化祭)
日程：9／6（金)、9／7（土)。詳細は HP で連絡します

体育祭　日程：5／30(木)　公開

文化部展　日程・場所：未定

修学旅行　2学年　10月～11月頃　3泊4日。「平和学習」「民泊と体験学習」を重視

卒業後の進路状況

進	路	R2年度	R3年度	R4年度	R5年度
進　学	大学・短大	86	110	89	83
	専門学校	132	107	123	109
就　　職		62	36	29	27
公　務　員		6	2	0	2
そ　の　他		15	13	17	18
卒 業 生 総 数		301	268	258	239

【主な進学先】
亜細亜大・跡見学園女子大・関東学院大・共栄大・国士舘大・埼玉学園大・埼玉工業大・淑徳大・尚美学園大・城西大・駿河台大・大正大・拓殖大・中央学院大・帝京大・帝京科学大・帝京平成大・東京家政大・東京工科大・東京国際大・東京聖栄大・東京成徳大・獨協大・日本大・文京学院大・文教大・目白大・麗澤大　など

【主な就職先】
医療生協さいたま生活協同組合・スズキアリーナ川口・高橋歯科医院・瀧野川信用金庫・東京風月堂川口工場・トッパンコミュニケーションプロダクツ・独立行政法人国立印刷局王子工場・丸和運輸機関・宗源寺吉庵・ヤマト運輸越谷主管支店・ライフコーポレーション・ワールドストアパートナーズ・埼玉県警察・自衛隊　など

地図　川口駅からバス25分　「神戸（ゴウド)」バス停下車徒歩7分

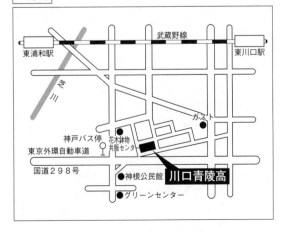

埼玉県立　川口東高等学校（全日制）

所在地　〒333-0807　川口市長蔵3-1-1　☎ 048-296-7022　FAX 048-290-1014
ホームページ　https://kawaguchihigashi-h.spec.ed.jp
メールアドレス　daihyou@kawaguchihigashi-h.spec.ed.jp
最寄り駅からの順路　JR武蔵野線東川口駅から国際興業バス、西川口駅東口行「長蔵二丁目」バス停下車徒歩5分又は、埼玉高速鉄道「戸塚安行駅」から徒歩10分

校　　長	井上　一也
創　　立	昭和53年4月1日
教職員数	68人

生徒数

学科＼学年	1年 (男)(女)	2年 (男)(女)	3年 (男)(女)	計 (男)(女)
普通科	281 (149)(132)	272 (132)(140)	264 (125)(139)	817 (406)(411)

目指す学校像

　生徒一人一人が主体的・対話的で深い学びを実感でき、全教職員が地域と協働し生徒の「より良く生きる力」を育む学校

教　育　課　程

　1、2年生は、基礎・基本をしっかりと習得させるために、ほとんどの教科で共通の科目を学習します。3年生では希望進路に合わせての科目選択が可能となる文系・理系・総合系の3類型の教育課程となっています。

本　校　の　特　色

1．「全校一斉の10分間読書」－アサヨミ－
　　・学校の静寂は一人ひとりの心の静寂
2．英語コミュニケーションⅠで少人数授業の実施
　　・きめ細かな指導の実現
　　・ALTの先生が授業に参加
3．英検・漢検受験（全生徒）
　　・進路に役立つ資格を学校でサポート
4．協調学習の研究開発校
　　・「未来を拓く『学び』プロジェクト」の研究開発校として、主体的・対話的な授業を日々実践
5．公立高校では恵まれた施設・設備
　　・すべての教室にエアコンを完備
　　・学食・トイレ（ウォシュレット完備）など授業以外で使用する施設も充実

卒業後の進路状況

現役の進路状況（人数）

		令和元年度	令和2年度	令和3年度	令和4年度	令和5年度
進学	大　学	125	103	109	119	112
	短　大	18	17	13	10	8
専修学校		121	115	105	90	103
就　　職		28	22	23	17	21
その他		16	4	11	13	12

4年制大学
青山学院大、亜細亜大、跡見学園女子大、江戸川大、関東学院大、神田外語大、杏林大、国士舘大、埼玉学園大、十文字学園女子大、淑徳大、城西大、城西国際大、駿河台大、成蹊大、成城大、西武文理大、創価大、大東文化大、千葉工業大、帝京科学大、帝京平成大、東海大、東京国際大、東京成徳大、東京福祉大、東京理科大、東洋学園大、東洋大、獨協大、二松學舍大、日本工業大、日本大、日本保健医療大、法政大、文京学院大、文教大、武蔵大、目白大、ものつくり大、立正大、流通経済大、和光大
短期大学
川口短大、国際学院埼玉短大、国際短大、埼玉女子短大、埼玉東萌短大、淑徳大学短大、聖徳大学短大、城西短大、戸板女子短大、東京成徳短大、東京立正短大

教 育 活 動

1. 学習指導……一人ひとりの意欲を大切に

(1) わかりやすい授業で基礎力アップ

「授業で勝負」を基本に、将来の進路を考えて、生徒も先生も頑張っています。

(2) ICT を活用した授業を展開

すべての普通教室にプロジェクターが整備されております。タブレットは生徒1人1台配布され、各教科に合った ICT 活用の授業を進めています。

(3) 補習授業の充実で、進学等の実現

朝、放課後、夏休み、冬休み等を利用して、希望者に年間を通して実施しています。

2. 学校生活……一人ひとりが生き生きと

(1) 豊かな緑と四季折々の花に包まれた環境

ぜひ、一度本校を見に来てください。学校緑化コンクールで県の最優秀賞、全国で準特選に入選したこともあります。

(2) 楽しく、思い出に残る学校行事

上級生と下級生が仲良く取り組み、生き生きとした学校生活を送っています。

修学旅行は2学年で行います。沖縄や南九州で平和学習をします。

3. 進路指導……一人ひとりの個性を生かして

(1) 1年生から、進路意識を高める指導

資料室の開放、分野別ガイダンス等、きめ細かな情報提供と進路相談をしています。

(2) 高まる生徒の進路希望達成率

4年制大学(現役)、短期大学、専門学校、就職と希望は様々ですが、現役で進路希望を達成しています。

特 別 活 動

1. 生徒中心の生徒会行事

文化祭、体育祭、球技大会、予餞会(卒業記念祭)等はホームルーム活動と連携し、大変盛

文化祭校門アーチ

2. 活発な部活動(運動部16、文化部11)

運動部では、男子ハンドボール、弓道部が全国大会出場、女子ハンドボール、陸上競技、バドミントン部が関東大会出場の実績があります。また、サッカー、男女バスケットボール、男子テニス、卓球、女子バレー、軟式野球部が県大会で活躍しています。文化部では、新聞部が全国高校新聞年間紙面審査賞での入賞、2年連続全国高等学校総合文化祭への参加の実績があります。また、書道部が埼玉県硬筆中央展覧会で推薦賞、国際高校生選抜書展(書の甲子園)で入選し、写真部が埼玉県高等学校写真連盟写真展で優秀賞という実績を残すなど、たくさんの部活動が活躍しています。

そ の 他

※日程は必ず学校ＨＰ等でご確認ください。

1. 保護者及び中学校との連携

三者面談、保護者会等で要望を把握し、指導方針等に反映しています。また出身中学校を訪問して連携を図っています。

2. 小学校との交流

地元の小学校へ本校の生徒が行き交流を図っています。

3. 学校説明会の開催

○学校説明会

7月27日㈯　9月28日㈯　11月16日㈯

●学校見学は随時受け付けています。

電話でお申し込みください。詳細はＨＰをご覧下さい。

| 地図 | 武蔵野線東川口駅から国際興業バス、西川口駅東口行「長蔵二丁目」バス停下車徒歩5分又は、埼玉高速鉄道「戸塚安行駅」から徒歩10分 |

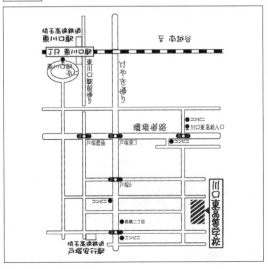

埼玉県立 北本高等学校 （全日制）

所在地 〒364-0003 北本市古市場1丁目152番地 ☎ 048-592-2200 FAX 048-590-1009
ホームページ https://kitamoto-h.spec.ed.jp/
最寄り駅からの順路 JR高崎線北本駅(東口) バス7分(桶川工場団地線の北本高校前下車)

校　　　長	本城　千晶
創　　　立	昭和50年4月1日
教職員数	51人

生徒数

学年＼学科	1年 (男)(女)	2年 (男)(女)	3年 (男)(女)	計 (男)(女)
普通科	134 (76)(58)	131 (79)(52)	127 (89)(38)	392 (244)(148)

【目指す学校像】
生徒一人ひとりの個性を伸ばし、生きる力を地域社会とともに育む学校

教 育 重 点 目 標

1　基礎基本を重視し、確かな学力の育成及び体力の向上を図る。
2　個に応じた進路指導を充実させ、多様な進路希望の実現を図る。
3　自主自律の精神と規律を重んじる態度を育成し、豊かな心を育む教育活動を推進する。
4　地域連携事業を推進し、生徒の社会性及びコミュニケーション能力を育む。

教 育 課 程

　1、2年次は基礎基本の習得を目指し、芸術科目を除き、全ての生徒が同じ科目を学習します。
　3年次は、進路実現のために理系、文系の2つの類型から選択できます。
【理系】理系大学、理系短大、理系専門学校への進学者を対象にした理系教科科目を重点的に学びます。

【文系】文系大学、短大進学志望者を対象にした文系教科科目を重点的に学びます。専門学校志望者や就職希望者にも対応しています。

教 育 活 動

1　学習活動
基礎基本から大学進学の学力の習得
（1）基礎基本を固める授業
　1年生と2年生は、少人数クラスで、全ての生徒が、北本高校の目指す基礎基本を習得します。また、1年生の数学はさらに少人数に分けた授業を行っています。
（2）進路にあわせた類型選択
　3年生では、進路実現を目指し、2つの類型でクラス展開をします。
（3）充実した課外授業
　大学受験対策用の講座、各種検定試験対策の講座などニーズに応じた講座設定を行っています。
（4）ICTを活用した授業を展開しています。

データ

日 課 表	
SHR	8：45〜8：50
1	8：55〜9：45
2	9：55〜10：45
3	10：55〜11：45
4	11：55〜12：45
昼休み	12：45〜13：30
5	13：30〜14：20
6	14：30〜15：20
SHR	15：25〜15：30
清　掃	15：30〜15：45

令和6年度　1年クラス時間割例

	月	火	水	木	金
1	情 報 I	体 育	家庭総合	数 学 A	言語文化
2	地理総合	英語コミュニケーションI	数 学 I	英語コミュニケーションI	化学基礎
3	英語コミュニケーションI	数 学 A	情 報 I	化学基礎	英語コミュニケーションI
4	数 学 I	言語文化	現代の国語	体 育	地理総合
5	現代の国語	芸 術 I	化学基礎	総合的な探究の時間	数 学 I
6	体 育	芸 術 I	保 健	LHR	家庭総合

・「芸術 I」は、音楽 I、美術 I、書道 I より1科目選択する。

（5）資格取得の推進

英語検定、漢字検定などの上位級の資格取得を目指す生徒に対して、学習支援金制度を用意しています。

2 学校生活

魅力ある高校生活を送るためのソフト面、ハード面が充実

（1）魅力ある学校行事

入学してすぐの「新入生歓迎会」、春の「校外体験学習・芸術鑑賞会」、秋の「北高祭（文化祭）」、「体育祭」、また「球技大会」など盛りだくさんです。2年生の冬には3泊4日の「修学旅行」を実施しています。

（2）進化する北本高校

校内のICT環境整備と授業での活用推進、スクールカウンセラーやスクールソーシャルワーカーの定期的な来校、騎西特別支援学校北本分校との行事の合同実施など、時代に合わせて進化を続けています。

3 進路指導

高校生活の総仕上げのための進路実現

①学校独自に作成した「進路の手引き」を活用し、1年次からきめ細かく体系的な指導をしています。

②生徒一人ひとりの進路意識を高め、進路希望を実現できるよう、進路説明会、長期休業中の補習や放課後等の平日補習にも取り組んでいます。

③進路資料室には大学・短大・専門学校・就職と最新の情報が常時公開されており、3年生だけでなく、1・2年生も活用しています。

特 別 活 動

生徒の自主的な活動を尊重しています。生徒会が中心となって、文化祭、体育祭、球技大会等を開催しています。その他の行事も生徒が満足する充実したものとなっています。

部活動は9の運動部と12の文化部があり、意欲的に活動をしています。

野球部、バスケットボール部、男子ソフトテニ

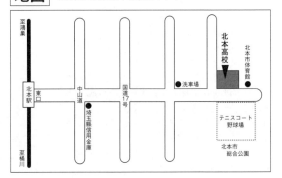
部活動

ス部、女子ソフトテニス部、バドミントン部が県大会で活躍しています。男子サッカー部は北部3部リーグで優勝し、2部リーグに昇格しました。県内では珍しい女子サッカー部もあります。

文化部では、多くの部活動が地域行事等に参加したり、コンテスト等で入賞するなど、意欲的に活動しています。

そ の 他 ※日程は必ず学校HP等でご確認ください。

KISEP（北本市小・中・高相互交流事業）として、小学校との交流活動、あいさつ運動、まなびあい活動や、中学校との部活動交流、出前授業など積極的に取り組んでおり、地域に根ざした学校となっています。

1 学校説明会

8月1日（木）・9月28日（土）
9：00〜9：30受付9：30開始
11月2日（土）13：30〜14：00受付14：00開始

2 ミニ説明会

8月23日（金）9：00〜9：30受付9：30開始
11月25日（月）・12月20日（金）・1月10日（金）
16：30〜17：00受付17：00開始

3日前までに電話、FAX、メール、HPで申し込んでください。

学校選びだけでなく学習相談も可

※学校見学は随時受け付けます。事前にお申し出ください。

※今後の社会状況により、変更の場合もありますのでご了承ください。

卒業後の進路状況

進学		令和3年度	令和4年度	令和5年度
進学	大学・短大	43	37	34
	専修・各種	62	60	56
就 職		45	32	25
そ の 他		18	14	7
卒 業 者 総 数		168	143	122

主な進学先：
拓殖大、東京電機大、浦和大、国際武道大、国士舘大、埼玉学園大、埼玉工業大、城西大、尚美学園大、日本工業大、駿河台大、聖学院大、大東文化大、日本薬科大、東京工芸大、東京成徳大、二松學舎大、人間総合科学大、目白大、立正大、東洋学園大、共栄大、ものつくり大ほか

地図 JR高崎線北本駅東口下車

至鴻巣 / 北本駅 / 東口 / 中山道 / 埼玉縣信用金庫 / 国道17号 / 洗車場 / 北本高校 / 北本市体育館 / テニスコート / 野球場 / 北本市総合公園 / 至桶川

さいたま市立浦和高等学校（全日制）

所在地　〒330-0073　さいたま市浦和区元町1-28-17　☎ 048-886-2151　FAX 048-883-2029
ホームページ　https://www.urawashi-h.city-saitama.ed.jp
最寄り駅からの順路　JR北浦和駅東口下車　徒歩12分
　　　　　　　　　　バス　北浦50　市立高校入口下車2分
　　　　　　　　　　浦51-3　総合グランド前下車3分

校　　　長	神田　剛広
創　　　立	昭和15年4月15日
教職員数	70人

生徒数

学科＼学年	1年(男)(女)	2年(男)(女)	3年(男)(女)	計(男)(女)
普通科	324 (137)(187)	321 (134)(187)	320 (145)(175)	965 (416)(549)

教 育 課 程

　浦和中学からの入学者は、中高一貫教育にもとづく総合系で学びます。高校からの入学者は、一年次は芸術科目を除いて全員同じ科目を学びますが、二年次からは理数系と文系の二つの類型に分かれ、選択科目と合わせて個々の進路希望に応じられる教育課程となっています。
　授業は、3学期制、50分授業ですが、月曜日に総合学習とLHRを合わせて8時間、土曜日（年17回）に4時間の授業を行うことで、週合計34時間実施します。授業時間の増加を生み出しています。

教 育 活 動

　「文武両道」「自由闊達」「自主自立」を教育理念とし、中高一貫教育の充実も目指しています。
　文武両道：「文」を極めるには「武」によって培われた健全な心と体が必要であり、「武」を極めるには「文」によって培われた思考力が大切であるという意味から、物事を極めるためには頭脳だけでなく心や体の成長も重要だと考えています。
　自由闊達：高校の3年間は、知識だけでなく心も体も大きく成長します。学習はもちろんですが、クラスや部活動で共に学び共に活動する仲間との、何事にも束縛されないのびのびとした学校生活も大切な要素です。本校の部活動は、顧問が経験豊富な指導者である部が多く、適切な指導のもと充実した活動が行われています。

データ

主な年間行事（令和6年度）※令和7年度は未定
4月　入学式　校内実力テスト
5月　中間テスト　体育祭　二者面談
6月　類型・進路説明会
7月　期末テスト　球技大会　学習マラソン
9月　校内実力テスト　文化祭
10月　三者面談（1〜3年）　中間テスト
11月　海外修学旅行（2年）　芸術鑑賞教室
12月　期末テスト　予餞会
1月　校内実力テスト　ロードレース大会
2月　OB・OG懇談会
3月　学年末テスト　卒業式　球技大会
適宜、外部模試を受験

令和6年度　教育課程（高校からの入学生）

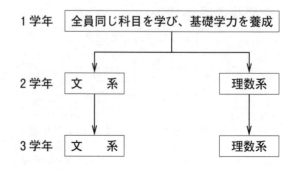

令和7年度入学生についても同じ教育課程になる予定です。

自主自立：学習に部活動に学校行事にと充実した高校3年間を送って、目指しているのは現役で希望の進路を実現することです。令和6年春の卒業生は国公立大学に125名が合格し、90％が現役で4年制大学に進学しました。

中高連携：本校は、さいたま市立浦和中学校を併設しています。同じ校舎で学んでいるというだけでなく、中学と高校の教師がチームで授業を行ったり、高校の教師が中学で高校の学習内容を教えたりと、中高が連携した教育を行っています。高校では、浦和中学からの入学生は総合系で学びますが、総合系での各教科の取り組みは高校から入学してきた生徒の類型でも生かされます。

保護者との連携：生徒の成長と充実した高校生活のために、保護者の方々にも協力をお願いしています。学校行事へのご理解・ご協力のほか、生徒の進路指導では共に悩み・考えそして支えていただく必要があります。各学年毎に、年間3回の学年PTAを行い、毎回たくさんの参加をいただいています。その時々に、生徒へ指導している内容を理解していただき、生徒の成長を家庭と学校の双方から支えていけたらと考えています。また、担任と生徒・保護者の三者面談を毎年行います。この他、三年では最終的な受験計画を立てる三者面談も行います。

特 別 活 動

精選された学校行事：さまざまな行事は豊かな人間性を養います。球技大会、文化祭など生徒自身が計画し、実施している自主的な活動です。修学旅行は昭和61年より海外への旅行を行っており、現地の高校生との交流を大きなテーマにしています。

活発な国際交流：海外への修学旅行のほか、姉妹都市米国リッチモンド市へ毎年短期派遣をしています。また、さいたま市が実施している、スタンフォード大学での講義やシリコンバレーのグーグルやナスダック等の企業訪問、経験ある著名人への訪問などを通して、世界的な視野と豊かな国際感覚を備え、トップリーダーとして活躍できる人材の育成を目指した、イノベーションプログラムにも積極的に参加

しています。交換留学生や短期留学生の受け入れも積極的に行い、国際化時代に対応した、視野の広い生徒の育成に努めています。

校内英語暗唱大会の上位者から選出された代表者が、平成29年埼玉県英語弁論大会で優勝し、関東甲信越大会では第1位に、全国大会（全英連主催）では3位に入賞しました。これまでも県優勝15回、関東大会には8回出場しています。

実績も環境も抜群の部活動：運動部では、全国大会8度優勝経験のあるサッカー部、昭和63年度に甲子園でベスト4まで勝ち進んだ野球部、関東大会やインターハイに出場した実績のある陸上部やハンドボール部など、各部活が高いレベルで切磋琢磨しています。また、令和3年度にはグラウンドが人工芝化され、体育館には冷暖房設備が完備されました。他には、バレーボール部、バスケットボール部、バドミントン部、硬式・軟式テニス部、ソフトボール部、卓球部、空手道部、剣道部、弓道部、バトン部などがあります。文化部ではインターアクト部が6度目の全国優勝を果たし、日本代表として世界大会に出場したほか、吹奏楽部は西関東大会に7年連続で出場し、令和4年度は金賞を受賞しました。文化部には、放送部、美術部、外語部、家庭科部、華道部、茶道部、箏曲部、書道部、写真部、サイエンスクラブ、JRC同好会などがあります。

そ の 他
※日程は必ず学校HP等でご確認ください。

恵まれた学習環境

自習室（2～5月18：30まで、6～1月19：30まで）を設置し、生徒の自学自習の姿勢を大切にしています。平成19年に新設されたB棟には音楽室・美術室・書道室をはじめ、物理実験室・化学実験室・生物実験室・地学実験室、社会科教室といった各種特別教室が充実しています。また、語学ゼミ室にはCALL設備があり、充実した学習環境を整備しています。A棟・B棟全教室に冷暖房を完備しています。

学校説明会・公開授業

詳細は本校ホームページ

進路状況（R5年度卒業生）

進路	4年制大学	短期大学	専門学校	就職	その他	卒業者数
人数	290	0	2	1	27	320

合格者（令和5年度　現役生のみ）
　国公立大学：125　私立大学：1199
　短期大学：0　専門学校：2
主な合格校（令和5年度　現役生のみ）
東北大13、筑波大14、宇都宮大1、群馬大1、埼玉大11、千葉大9、東京海洋大2、お茶の水女子大1、電気通信大1、東京大2、東京医歯大2、東京外大5、東京学芸大7、東京芸大1、東京工業大7、東京農工大3、一橋大6、横浜国立大11、新潟大2、信州大3、三重大1、京都大2、大阪大3、九州大1、国際教養大1、高崎経大1、東京都立大9、横浜市立大3、都留文科大1、名古屋市立大1、奈良県立大1、青山学院大29、学習院大25、北里大3、慶應大29、芝浦工大74、上智大36、中央大46、法政大96、明治大108、立教大106、早稲田大48、立命館大2、水産大学校1、東京理科大85

地図
JR北浦和駅東口下車　徒歩12分

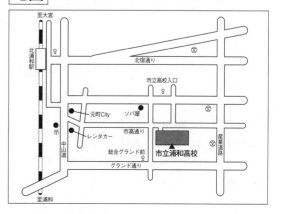

さいたま市立浦和南高等学校（全日制）

所在地　〒336-0026　さいたま市南区辻 6 - 5 - 31　☎ 048-862-2568
ホームページ　https://www.urawaminami-h.city-saitama.ed.jp
最寄り駅からの順路　JR 埼京線北戸田駅下車　徒歩10分

校　長	相坂　賢将
創　立	昭和38年 4 月 1 日
教職員数	91人

生 徒 数

学年 学科	1 年(男)(女)	2 年(男)(女)	3 年(男)(女)	計(男)(女)
普通科	320 (139)(181)	316 (153)(163)	311 (147)(164)	947 (439)(508)

教 育 目 標

　「南高生の誇り10箇条」を座右の銘とし、人格の完成をめざし、豊かな情操を培い、探求心旺盛な自主自立の精神に充ちた心身共に健康な民主的社会人の育成を期する。

「南高生の誇り10箇条」

一　我らは良いことと悪いことが見分けられる
二　我らは勇気がある
三　我らは頑張りがきく
四　我らは体を大切にする
五　我らは時間の利用ができる
六　我らは思いやりの心を持つ
七　我らは礼儀を身につける
八　我らは責任を重んずる
九　我らは他人とのつきあいがなめらかである
十　我らは日本を忘れない

教 育 課 程

　本校は、平成25年度入学生から進学重視型単位制高校に移行し、少人数展開授業や進学重視型のカリキュラム編成を行っています。
　また、授業確保や授業内容の充実を目的として、土曜授業を年 8 回、「55分授業」を行っています。少人数授業は、1 年英語、数学、2 年英語、理系の理科、2・3 年理系の数学、3 年選択科目の多数で実施しており、学力向上に役立てています。

教 育 活 動

1　確かな学力の育成
　日々の授業では、基礎的・基本的な力を養い、応用力も育成します。各教科では分かりやすい授業を目指し、英語・数学では少人数授業を取入れ、教育効果を上げています。

データ

55分授業の日課表

SHR	8：30～ 8：35
1 時限	8：40～ 9：35
2 時限	9：45～10：10
3 時限	10：50～11：45
4 時限	11：55～12：50
昼休み	12：50～13：35
5 時限	13：35～14：30
6 時限	14：40～15：35
SHR・清掃	15：35～

●学習内容　令和 6 年度入学生

2 ICT 教育の推進

ほとんどの教室に電子黒板機能付きプロジェクターを設置。校舎内はどこでも Wi-Fi が利用でき、生徒全員が iPad を常時利用しながら、インタラクティブな新しい形の授業が積極的に展開されています。

3 第一志望を実現する進路指導

生徒の99％が進学を希望しています。希望進路の実現を目指して進路講演会や進路ガイダンスの充実を図り、模試分析会の実施など組織的にサポートしています。

特 別 活 動

1 充実した様々な探究プログラム

① 生徒たちが最先端の現場（本物）を味わう「社会探検工房」を実施

これまで埼玉りそな銀行見学、KDDI 見学等を実施しています。

② R5年度からはオーストラリアへの海外研修旅行が復活し、英語力向上や国際人を目指す第一歩を踏み出します。

③ グローバル人材育成プログラムとして、ニュージーランドのエレスメアカレッジ高校との短期・長期の交換留学、オンライン英会話「QQ イングリッシュ」でネイティブとの英会話レッスンの導入などを行っています。また、ＴＧＧ（東京グローバルゲートウェイ）を利用した英語体験プログラムにも参加します。

2 活発な生徒会行事

R5年度、体育祭・南高祭は入場者に制限を掛け、感染予防を徹底して実施しました。予餞会も実施し、今までの知見を活かし、活動を盛り上げる工夫をしています。

3 盛んな部活動

メイングラウンドには人工芝、第1体育館は冷暖房が完備されており、恵まれた環境の下、運動部が17部、文化部が13部、全校生徒の90％以上が加入しています。全国制覇6回のサッカー部は、

海外研修旅行での学校交流

2018年全国選手権に出場し、古豪復活をアピールしました。陸上競技部は2023年全国大会に、卓球部、男子ソフトテニス部、女子ソフトテニス部も関東大会に出場しています。バトン部は、連続出場していた全国大会において2022年優勝、アメリカで行われた世界大会でも2位の成績を収めました。文化部においても、2022年関東大会に出場した音楽部をはじめ、書道部、写真部、吹奏楽部などが活躍しています。その他、多くの部活動が県大会に出場し、優秀な成果を発揮しています。

そ の 他

●部活動体験会
　8月下旬
●学校説明会
　8／9（金）、10／12（土）、11／9（土）
●学校説明会（授業見学あり）
　9／14（土）、 12／14（土）、1／25（土）
　申込・詳細は HP をご覧ください。

卒業後の進路状況

	令和3年度	令和4年度	令和5年度
大　　学	281国公立(18)	272国公立(12)	297国公立(12)
短　　大	4	5	0
専門学校	11	6	5
就　　職	0	1	0
その他	21	22	12
卒業者数	317	306	314

卒業生の主な合格大学　（　）内は合格人数　令和5年度のみ
埼玉大(7)　電気通信大(1)　東京海洋大(1)　埼玉県立大(5)　早稲田大(4)　上智大(1)　学習大(9)　明治大(10)　青山学院大(3)　立教大(8)　中央大(8)　法政大(18)　成蹊大(13)　成城大(12)　明治学院大(17)　國學院大(13)　武蔵大(10)　獨協大(43)　日本大(66)　東洋大(99)　駒澤大(26)　専修大(28)

地図　JR 埼京線北戸田駅下車　徒歩10分

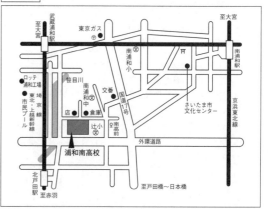

さいたま市立大宮北高等学校（全日制）

所在地　〒331-0822　さいたま市北区奈良町91番地の1　☎ 048-663-2912
ホームページ　https : //www.ohmiyakita-h.ed.jp/
最寄りの駅からの順路　高崎線宮原駅西口下車　徒歩15分

校　長	根岸　君和
創　立	昭和31年3月27日
教職員数	88人

生 徒 数

学年／学科	1年（男）（女）	2年（男）（女）	3年（男）（女）	計（男）（女）
普通科	287 (158)(129)	282 (172)(110)	280 (178)(102)	849 (508)(341)
理数科	42 (34)(8)	41 (32)(9)	41 (32)(9)	124 (98)(26)

学 校 概 要

★普通科　伝統の実力主義
★理数科「科学するこころ」育てます
★「自主　自律　創造」に根差した生徒主体の学校行事
　本校は、平成26年度に理数科を開設して以来、平成28年からは文部科学省指定の「スーパー・サイエンス・ハイスクール」、令和5年度からは「科学技術人材育成重点校」となり、全国の理数教育推進校として研究・開発に着実に取り組み続けています。
　また、「進学指導重点校」として隔週土曜授業、1人1台のタブレット貸与、スタディサプリやClassi等の学習支援アプリの全校導入をはじめ、様々なイノベーションが進んでいる成果が実を結んでいます。卒業生の進路実績も、国公立大学現役合格46名と順調に伸びています。

目指す学校像

　「自主・自律・創造」の校訓のもと、生徒の「生きる力」を育み、自らの「志」に向かって努力し、生涯にわたって社会に貢献できる人材を育成する。

大宮北のSSH教育

　普通科、理数科ともに、探究活動のための時間「STEAMS Time」を設置。生徒全員が課題研究に取り組みます。その一環として、グローバルに活躍する人材を育成するために、ネイティブ教員による英語の授業「BEST CLaSS」(Basic English Skills Training Communicative Learning and Successful Strategies)を実施し、英語でのコミュニケーション力、発信力を学びます。普通科では、2学年の文理選択をせず、文理融合型カリキュラムで学習。理数科では、少人数制で実施される理科、数学の授業が多く、高い専門性も求めてゆきます。PCが3年間貸与され、授業や探究活動等に活用しています。
　GC4S(Global Communication for Science・SDGs・Society 5.0・Skills building)は1・2年生理数全員、普通科希望者が参加できます。総合的な探究の時間には、大学教授による講演、マラソンの科学、テーブルディベートなどを行います。臨海フィールドワークや福島復興

普通科教育課程（予定）

　普通科では、2年生まで文理融合型の共通カリキュラムで、幅広く基礎・基本から応用まで学びます。週2時間必修の「STEAMS Time」がSSH校としての特徴のひとつです。
　3年生では文系理系ともに、大学入試対応の演習科目を多く設置し、自らの進路に応じて選択できます。

第1学年

	1	2	3	4	5	6	7	8	9	10	11	12	13	14	15	16	17	18	19	20	21	22	23	24	25	26	27	28	29	30	31	32	33	34
共通	現代の国語 2		言語文化 2	地理総合 2		公共 2		数学I 3			数学A 2		化学基礎 2	生物基礎 2		体育 3			保健 1	芸術 2		英語コミュニケーションI 3			論理・表現I 2		家庭基礎 2		STEAMS Time I 2		総合探究 1		LHR 1	

第2学年

	1	2	3	4	5	6	7	8	9	10	11	12	13	14	15	16	17	18	19	20	21	22	23	24	25	26	27	28	29	30	31	32	33	34
共通	論理国語 2		古典探究 3			歴史総合 3			数学II 4				数学B 2		物理基礎・化学 2		サイエンスA 地学基礎 / サイエンスB 生物・物理		体育 3			保健 1	英語コミュニケーションII 3			論理・表現II 2		BC 1	STEAMS Time II 2		総合探究 1		LHR 1	

第3学年

	1	2	3	4	5	6	7	8	9	10	11	12	13	14	15	16	17	18	19	20	21	22	23	24	25	26	27	28	29	30	31	32	33	34
A1	論理国語 3			古典探究 3			文学国語 3			日本史探究・世界史探究 4				政治・経済 2		倫理・数学探究 2		体育 2		英語コミュニケーションIII 3			論理・表現III 3		英語特講 3		演奏研究／保育基礎／クラフトデザイン／実用の書／スポーツII 2			STIII 2		総合探究 1	LHR 1	
A2	論理国語 3			古典探究 4				日本史探究・世界史探究 4			地理探究／倫理+政治・経済 4			数学探究 4			地学基礎／化学探究／生物探究 3			体育 2		英語コミュニケーションIII 4			論理・表現III 2			STIII 2		総合探究 1	LHR 1	
B	論理国語 2		古典探究 1	地理探究／歴史探究／公共探究 3			数学III 4			数学C 3			物理 5／生物			化学 5					体育 2		英語コミュニケーションIII 4			論理・表現III 2			STIII 2		総合探究 1	LHR 1	

フィールドワーク、国立天文台、JAXA 見学にも希望参加できます。

施 設 設 備

施設には、重層体育館（空調設備付）、野球専用グラウンド、全天候型テニスコート、360人収容の食堂と合宿所があります。また、コンピュータ室・自習室等・普通教室・特別教室など全てに冷暖房が完備されています。

進 路 指 導

◆きめ細やかな進学指導

年3回の実力テストの結果や Classi の学習記録を利用し、面談で学力や弱点を把握、細かな指導を実現しています。

◆授業アンケートの実施

生徒による授業アンケートを実施し、授業改善と生徒の学習意欲の喚起を行っています。

◆補習体制の強化

進学を目的とした補習を計画的に実施し、生徒の学力向上を目指します。

ICT を活用したアクティブラーニング

全国トップクラスの充実した ICT 環境が整っています。物理・化学・生物の講義室と実験室、数学の講義室と視聴覚室には80インチ電子黒板、すべての HR 教室に電子黒板機能付プロジェクターが配備され、それらの機器を有効に使った授業が行われています。授業支援ソフト Classi Note を導入し、教員と生徒の双方向対話型授業の充実を図っています。

さらに、理数科生は貸与されたタブレット PC を有効活用した先進的な授業が行われています。平成29年度より、普通科の生徒も含めた全員にタブレットが導入され、さらなる創造性・論理的思考能力などの育成を目指しています。現在は全生徒が iPad を活用しています。

自主自律の伝統

「大宮北高の生徒たちは元気で明るい。そしてよく挨拶をする」。皆様から頂いている声です。そうおっしゃっていただけるのは、生徒のみんなが自分を輝かせる場所を見つけ、目標に打ち込んでいるからだと思います。「本気の学習」「本気の部活動」「本気の学校行事」。この3つによって得られる達成感が先輩から後輩へ受け継がれる、大宮北高校の伝統です。

大宮北のグローバル教育

・GC4S（Global Communication for Science・SDGs・Society 5.0・Skills building）（普通科希望者・理数科全員）
・SSH インドネシア海外研修
・SSH インド海外研修
・SSH ハワイサイエンス研修
・SSH 台湾サイエンス研修（理数科）
・シンガポール・マレーシア海外修学旅行（普通科・理数科）（令和3、4、5年度は国内）
・オーストラリア姉妹校交流（希望者選抜）
・さくらサイエンスプラン（JST）
・ピッツバーグ・ニューヨーク交流プログラム（さいたま市）
・イノベーションプログラム・アメリカシリコンバレー（さいたま市）

学校説明会等（会場はいずれも本校）※日程は必ず学校HPでご確認ください。

学校説明会
・7月26日（金）第1回学校説明会（要予約）　9：30〜11：30
・9月21日（土）第2回学校説明会（要予約）　14：30〜16：00
・10月26日（土）第3回学校説明会（要予約）　9：30〜11：30
・11月9日（土）第4回学校説明会（要予約）　9：30〜11：30
・1月25日（土）第5回学校説明会（要予約）　9：30〜11：30

部活動体験会
・8月2日（金）

公開授業（予約不要。授業の様子を自由にご覧ください。）
9月21日（土）、10月5日（土）、11月9日（土）、11月16日（土）、1月25日（土）
いずれも9：00〜12：00

2023年度合格者延べ人数（現役生／既卒生）

※大学名などの詳細につきましては、本校 HP https://www.ohmiyakita-h.ed.jp/ をご参照ください。

学校種	一般入試(含む共通テスト)		推薦入試(含む総合型)		合計		総計
	現役	既卒	現役	既卒	現役	既卒	
国公立大学	36	5	10	0	46	5	51
私立大学	972	16	72	0	1,044	16	1,060
私立短大	2	0	0	0	2	0	2
専門学校	3	0	4	0	7	0	7
合　　計	1,013	21	86	0	1,099	21	1,120

理数科教育課程（予定）

教育課程表の網かけ部分が理数科目です。STEAMS Time を含む理数科目を、1年生で12時間、2年生で17時間、3年生で18時間、学びます。基礎的な内容から発展的な内容まで、深く学ぶことが可能です。実験実習の時間も十分に確保します。

	1学年	2学年	3学年
国語	現代の国語 2(2)、言語文化 2(2)	論理国語 2(4)、古典探究 2(4)	論理国語 2(4)、古典探究 1
地歴公民	地理総合 2(2)、公共 2(2)	歴史総合 2(2)	地理探究 3(3)
保健体育	体育 2(2)、保健 1	体育 3、保健 1	体育 3
芸術	芸術I 2(2)		
英語	英CI 3(3)、論理・表現I 2(2)	英CII 3(4)、論理・表現II 2(2)	英CIII 4(4)、論理・表現II 2(2)
家庭	家庭基礎 2(2)		
SS数学	SS数学I（5〜7）6	SS数学II（7〜9）8	SS数学特論（4〜6）7
SS理科	SS化学（6〜8）2、SS生物（6〜8）2	SS化学（6〜8）、SS物理（6〜8）4、SS生物（6〜8）	SS化学（6〜8）、SS物理（6〜8）、SS生物（6〜8）5
STEAMS Time	STEAMS Time I（情報）	STEAMS Time II（理数探究）2、BC1	STEAMS TimeIII 1
総探・LHR	総探 1、LHR 1	総探 1、LHR 1	総探 1、LHR 1

※網掛け部分…理数科目

埼玉県立 南稜高等学校（全日制）

所在地　〒335-0031　戸田市美女木 4 丁目23番地の 4　☎ 048-421-1211　FAX 048-422-6055
ホームページ　https://nanryo-h.spec.ed.jp
最寄り駅からの順路　JR 埼京線北戸田駅下車　徒歩15分

〈本校ロータリーと生徒の様子〉

校　　　長	掛川　達雄
創　　　立	昭和55年 4 月 1 日
教職員数	91人

生徒数　（　）内は外国語科で内数

学年	男子	女子	計
1 年	130(4)	231(37)	361(41)
2 年	134(5)	214(33)	348(38)
3 年	120(8)	230(33)	350(41)

学校の歴史と指導方針

　南稜高校は、創立45年目を迎え、国際理解教育に力を入れている、魅力あふれる高校です。生徒一人一人の個性を大切にし、進路希望に応じたきめ細かい指導をモットーにしています。

教　育　課　程

1　国際性を磨く外国語科

　令和 6 年度の第 1 学年は 9 クラス、そのうち 8 クラスが普通科、1 クラスが外国語科です。外国語科の特徴は、2 年生から第二外国語として、フランス語、ドイツ語、スペイン語、中国語、韓国・朝鮮語から 1 科目を選択して学べることです。英語の授業が普通科に比べて多く、日常会話を重視した少人数での ALT との授業が充実しています。外国語を大学で学びたい人、語学力と国際感覚を身につけたい人、英語に興味があり真剣に学ぼうという意欲がある人には外国語科をお勧めします。

2　学びに向かう力・人間性を涵養する普通科

　「社会で活きる」知識・技能の習得、どんな状況にも対応できる思考力・判断力・表現力の育成等を目指し、2 年次までバランス良く学びます。3 年次に進路等に応じて理系・文系を選択します。また一般受験への対応力を高めるクラスも編制します。

3　世界の文化の多様性と人間としての共通性を理解する国際理解教育

　ALT（外国語指導助手）との授業、オーストラ

データ　3 年生の時間割の例です。

外国語科					普通科（文系）					普通科（理系）				
月	火	水	木	金	月	火	水	木	金	月	火	水	木	金
総合現代文 総合古典	選択体育	文学国語	政治経済	政治経済	論理国語	総合古典	総合古典	英語コミュニケーションⅢ	文学国語	数Ⅲ 数学ベーシック	選択体育	E 選択	E 選択	英語コミュニケーションⅢ
政治経済	論理国語	総合英語	エッセイライティング	英語探究 ニュース英語	C 選択	選択体育	A 選択	政治経済	日本史 世界史	物理	数Ⅲ 数学ベーシック	文学国語	物理	文学国語
総合英語	第2外国語	エッセイライティング	体育	B 選択	日本史 世界史	日本史 世界史	A 選択	日本史 世界史	B 選択	D 選択	数Ⅲ 数学ベーシック	D 選択	物理探究	物理
論理国語	第2外国語	日本史 世界史	総合現代文 総合古典	B 選択	英語コミュニケーションⅢ	論理国語	論理表現	C 選択	B 選択	E 選択	物理探究	英語コミュニケーションⅢ	体育	物理探究
日本史 世界史	日本史 世界史	総合現代文 総合古典	日本史 世界史	総合英語	総合古典	英語コミュニケーションⅢ	C 選択	文学国語	英語コミュニケーションⅢ	論理国語	論理国語	物理	数Ⅲ 数学ベーシック	D 選択
総探	総合英語	英語探究 ニュース英語	英語探究 ニュース英語	文学国語	総探	政治経済	政治経済	体育	論理表現	総探	英語コミュニケーションⅢ	数Ⅲ 数学ベーシック	英語コミュニケーションⅢ	数Ⅲ 数学ベーシック
L H R					L H R					L H R				

A選択[普通科文系]	B選択[普通科文系・外国語科]		C選択[普通科文系]	D選択[普通科理系]	E選択[普通科理系]	
実践日本史 実践世界史 音楽Ⅲ 美術Ⅲ 書道Ⅲ	美術総合研究　情報Ⅱ 実用の書　　　スポーツⅡ 器楽アンサンブル フードデザイン ファッション造形基礎 数学理解（外国語科）		国語表現 地理探究 数学理解 生物 英語探究	数学理解 政治経済 化学	国語表現 地理探究 化学探究 英語探究	

リアの高校との交流、国際理解講演、文化交流、外国人留学生の受け入れ等さまざまな事業を実施。また、平成24年度から3年間、文科省より「英語教育強化推進事業」の拠点校の指定を受けました。

教 育 活 動

1　進学指導

基礎・基本を定着させるとともに応用力を身につけさせる授業を中心に、進学補習（セミナー）による実力養成、大学・短大・専門学校のガイダンス、推薦入試向けの小論文指導・面接指導などたいへん充実しています。

2　就職指導

模擬面接、個別面接指導、企業の人事担当の方を招いて説明会を行っています。

特 別 活 動

1　活発な部活動

毎年全国大会に出場し、オリンピック選手も輩出しているボート部をはじめ、男子サッカー部、女子サッカー部、バトントワリング部、野球部、ソフトテニス部等数多くの部が活発に活動しています。

2　多彩な学校行事

全学年遠足を行う他、2年生では修学旅行があります。球技大会やオリーブフェスティバル（文化祭・体育祭）は、クラスを中心に盛り上がります。この他、外国語科1年生の English Camp やロードレース大会などがあります。

在 校 生 の 声

南稜高校の一番の魅力は、生徒が主体となった明るい学校生活を送れることです。文化祭や体育祭では、学年の壁を超えて協力し、多様な価値観をもつ仲間と意見を交換しながら行事を創り上げることができます。また、部活動も盛んで、運動

〈オーストラリア　ブレイパークステイトハイスクールにて〉

部と文化部のそれぞれが充実した活動を行い、学校を盛り上げています。進路指導に関しても、先生方が面接練習やセミナーの実施などで手厚くサポートしてくださいます。生徒主体のエネルギー溢れる南稜高校で、充実した3年間を送ってみませんか？　　　　　普通科3年　吉村颯紗

外国語科では、毎日英語の授業があります。英単語や文法だけでなく、スライドを活用したプレゼンテーションなど、より実践的で将来必要となる英語力が身に付く授業ばかりです。第二外国語の授業では、実際にその国を訪れた経験のある先生が担当してくださるので、日常生活でよく使う言葉なども併せて学習できます。また、外国語科にしかない行事も多くあり、主体的に動くことができるようになります。"自分がなりたい大人"に近付くための3年間を、南稜の外国語科で過ごしてみませんか？　　　外国語科3年　落合優妃

そ の 他

1　資格取得

英語検定などの検定試験に取り組んでいます。

2　文化祭…年に1回行っています。

3　学校説明会…開始時間：10：00

HP より申込をお願いします。
詳しくは HP をご覧ください。

2023年度の進路状況・主な進学先

大学進学者	231	埼玉大　早稲田大　慶應義塾大　東京理科大　明治大　青山学院大　立教大　法政大　武蔵大　津田塾大　日本女子大　獨協大　東京農業大　國學院大　東洋大　日本大　専修大　駒澤大　文教大　女子栄養大　昭和女子大　東京家政大　芝浦工業大　東京電機大　国士舘大　神田外語大　武蔵野美術大　目白大　東京経済大　日本体育大　亜細亜大　帝京大　城西大　等
短大	18	埼玉女子短大　東京成徳短大　戸板女子短大　東京家政大短大部　日本大短大部　等
専門学校	79	上尾中央医療専門学校　東洋公衆衛生専門学校　東京美容専門学校　日本電子専門学校　等
就職	1	株式会社ＤＮＰコアライズ

地図　JR 埼京線北戸田駅徒歩15分

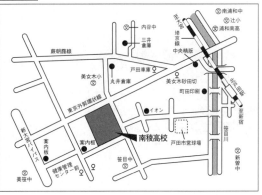

埼玉県立 鳩ヶ谷高等学校（全日制）

所在地 〒334-0005 川口市里225番地1 ☎ 048-286-0565 FAX 048-280-1028
ホームページ https://hatogaya-h.spec.ed.jp
最寄り駅からの順路 JR京浜東北線 蕨駅東口下車 03新井宿駅行きバス 鳩ヶ谷高校下車 徒歩3分

〈花に囲まれている校舎〉

校　長	吉野　安昭
創　立	昭和63年4月1日
教職員数	73人

生徒数

学科＼学年	1年 (男)(女)	2年 (男)(女)	3年 (男)(女)	計 (男)(女)
普通科	160 (72)(88)	148 (70)(78)	153 (63)(90)	461 (205)(256)
園芸デザイン科	40 (8)(32)	39 (2)(37)	38 (4)(34)	117 (14)(103)
情報処理科	83 (45)(38)	78 (37)(41)	75 (43)(32)	236 (125)(111)

　本校は創立37年目を迎える3学科併置の特色ある県立高校です。

　普通科・園芸デザイン科・情報処理科がそれぞれの特色を生かしつつ、相互に連携し、さらに学科の枠を超えて自由に学べる総合選択科目群を設けることにより、生徒が自らの希望に応じた学習系列を組むことができる総合制高校です。

教 育 目 標

1　一人ひとりの個性を尊重し、知性を高め、豊かな情操を培い、たくましい体力・気力を養う。
2　基本的な生活習慣の習得と、将来の職業生活に必要な知識・技術を確実に身につける。
3　自主的精神に充ち、平和的な国家社会の形成者として国際社会で活躍する若人を育成する。

教 育 課 程

　本校は、総合制高校として3学科の特色を生かし、生徒一人ひとりが主体的に学ぶ力を育成するため、令和4年度から、教育課程を改定しました。

＜1学年＞

○少人数学級編制（1クラス35人）を実施します。
○普通科、園芸デザイン科、情報処理科の3つの学科の枠をはずし、各学科の生徒をミックスしたホームルームで、

データ

令和7年度入学生の教育課程

幅広い人間性を育成します。

・普通科目は他学科の生徒と一緒に学びます。

・他学科の生徒との交流を通じて、価値観を認め合い刺激し合うことで、自らの成長と他者の成長を願える心を培います。

＜2学年＞

○普通科(少人数学級編制)は、特進系(大学)・総合系(専門学校・就職)にクラス編成し、進路希望に応じた授業を展開をします。

○園芸デザイン科・情報処理科は、進学にも就職にも対応し、1人ひとりの進路希望に応じた科目選択ができます。

＜3学年＞

○1・2年次での学びの上に、3学科の枠を越えた総合選択科目群を用意し、1人ひとりの進路実現に対応した科目選択により、学習の充実度を高めます。

〈体育祭(6月)準備運動〉

教 育 活 動

1 進路指導

生徒一人ひとりの希望進路を実現するために、3年間を見通し計画的な進路指導を行っています。1・2年対象の基礎力養成講座や学力向上講座、面接・小論文対策講座なども組織的に行っています。

2 朝読書

授業のある日は朝読書を実施しています。読書を通して集中力を高めて自身を見つめなおすとともに、他者の意見を理解する力を身につけることを目指しています。

3 資格取得

英語検定、漢字検定、数学検定、珠算・電卓検定、簿記実務検定、ビジネス文書実務検定、情報処理検定、秘書検定、商業経済検定、園芸装飾検定、フラワー装飾技能検定、造園技能検定、色彩検定、農業技術検定等が取得できます。科目の選

択によっては、他学科の資格取得も可能となります。

特 別 活 動

生徒会・部活動共に活発に活動しています。新入生歓迎会・体育祭・鳩高祭(文化祭)・三送会など生徒が中心となって活動しています。

部活動は、運動部では弓道部、陸上部が関東大会、女子バレーボール部、テニス部、ソフトテニス部、新体操部、剣道部、卓球部が県大会に出場しています。文化部では写真部、吹奏楽部、書道部、演劇部等が活躍しています。

学校行事は、修学旅行をはじめ、体験活動や遠足などを実施しています。

その他 ※日程は必ず学校HP等でご確認ください。

1 体験授業… 8月19日(月)
　3学科の授業を体験していただきます。

2 学校説明会…10／5(土)・11／9(土)・12／14(土)

3 オープンスクール　11月9日(土)

4 部活動体験　7月29日(月)

5 入試個別相談会　1月11日(土)

卒業後の進路状況

		令和3年度	令和4年度	令和5年度
進学	大学・短大	126	134	139
	専 門 学 校	112	101	94
就　　　　職		32	25	26
そ　の　他		5	7	11
卒 業 者 総 数		275	267	270

○大学・短大

＜四年制大学＞宇都宮大・筑波大・東京理科大・青山学院大・法政大・武蔵大・明治学院大・東京薬科大・日本大・東洋大・文教大・獨協大・東京電機大・東京農業大・二松學舎大・武蔵野大・東海大・東京経済大・東京家政大・拓殖大・玉川大・金沢工業大・国士舘大・帝京大など

＜短期大学＞大妻女子大短大・女子栄養大短大・東京家政大短大・淑徳大短大・創価女子短大・東京成徳短大など

○専門学校

川口市立看護・済生会川口看護・国際医療・帝京高等看護・戸田中央看護・草苑保育・道灌山学園保育福祉・大宮こども・県立川口高等技術・大原法律公務員・中央工学校・香川調理製菓・武蔵野調理師・埼玉県理容美容・日本美容など

○就職

川口市役所・瀧野川信用金庫本部・上青木中央医院・済生会川口総合病院・㈱ツツミ・日本ホテル㈱・㈱ドリテック・にしの歯科クリニック・㈱ベルク・セコム㈱など

地図　JR 蕨駅東口から　03新井宿駅行バスで鳩ヶ谷高校下車　徒歩3分
埼玉高速鉄道　鳩ヶ谷駅または新井宿駅下車　徒歩15分

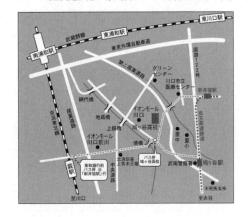

埼玉県立 与野高等学校（全日制）

所在地　〒338-0004　さいたま市中央区本町西 2 - 8 - 1　☎ 048-852-4505
最寄り駅からの順路　JR 埼京線「与野本町」下車　徒歩10分

校　　長	松田　功
創　　立	昭和 3 年 4 月10日
教職員数	79人

生 徒 数

学科 \ 学年	1 年 (男)(女)	2 年 (男)(女)	3 年 (男)(女)	計 (男)(女)
普通科	362 (197)(165)	355 (199)(156)	349 (197)(152)	1,066 (593)(473)

ホームページアドレス
https://yono-h.spec.ed.jp

二兎を追い、獲得する

　勉強だけでなく、部活動も生徒会活動も思い切り頑張る。それが与野高生のスタイルです。
　穏やかで落ち着いた校風のもと、のびのびと高校生活を送りながら、大学進学など、希望の進路の実現を目指します。

教 育 課 程

○　難関大学の入試にも対応
　週32時間授業や少人数授業（1 年英語［論理・表現 I］）で確かな学力を身に付けます。
　また、2 年生で文理、3 年生で 3 類型（文系・理系・看護医療系）に分かれ、難関大学を含め、進路希望に対応したカリキュラムとなっています。

データ

日課表（7 限授業時）	
朝読書	8 : 35〜 8 : 45
Ｓ Ｈ Ｒ	8 : 45〜 8 : 50
1 限	8 : 55〜 9 : 45
2 限	9 : 55〜10 : 45
3 限	10 : 55〜11 : 45
4 限	11 : 55〜12 : 45
昼食休憩	12 : 45〜13 : 30
5 限	13 : 30〜14 : 20
6 限	14 : 30〜15 : 20
7 限	15 : 30〜16 : 20
Ｓ Ｈ Ｒ	16 : 20〜16 : 25

学校行事
1 学期
校外ＨＲ（遠足）、体育祭、芸術鑑賞教室、進路講演会、分野別進路ガイダンス

2 学期
文化祭、修学旅行（2 年）、球技大会、マラソン大会、進路講演会、ＰＴＡ主催講演会

3 学期
三送会、球技大会、進路講演会、合格体験発表会

教　育　活　動

1　学習活動

与野高校の1日は朝読書から始まります。週2日の7時間授業で土曜授業を上回る授業時数を無理なく確保しています。

近年、共通テスト試験受験者が大幅に増加し、難関私立大にも一般入試で合格するなど、学力が向上し、進学実績も上がっています。

2　進路指導

進路ガイダンスや小論文指導など生徒一人一人の進路実現を全力でサポートしています。

校内には自習室や質問・勉強コーナーがあり、生徒は意欲的に学んでいます。放課後や長期休業中に行われる補習や全国規模の各種テストも充実しています。

3　学校行事

校外HR(遠足全学年)、修学旅行(2年)はクラス代表の学年委員が中心となり、計画の骨格を作り上げます。

与野高祭(体育祭・文化祭)は生徒会が中心に運営しています。6月に実施する体育祭では素晴らしいブロック演技が披露されます。

フェンシング部

部　活　動

○近年の主な実績

【全国・関東大会出場・入賞】

科学研究部、フェンシング部、弓道部、軽音楽部、吹奏楽部、バトン部、書道部、美術部

【県大会出場・入賞】

野球部、サッカー部、陸上部、剣道部、男女バスケットボール部、女子バレーボール部、男女ソフトテニス部、男女硬式テニス部、男女バドミントン部、新体操部、卓球部、演劇部など

学校見学会等
　8／20(火)　9／28(土)　11／16(土)
部活動体験会
　7／23(火)　8／2（金）　8／20(火)
文化祭
　9／7（土)、9／8（日)
※本校ホームページで確認をお願いします

卒業後の進路状況

		30年度	31年度	R2年度	R3年度	R4年度	R5年度
進学	大学・短大	267	271	289	303	303	279
	専修・各種	51	57	44	39	33	41
就　　職		4	8	3	2	2	1
そ　の　他		35	28	21	15	16	20
卒業者総数		357	364	357	359	354	341

主な合格大学（令和5年度）
〈国公立大学〉

埼玉大学、埼玉県立大学、宇都宮大学、琉球大学、都留文科大学、群馬県立女子大学

〈私立大学〉

早稲田大学、上智大学、津田塾大学、明治大学、立教大学、東京理科大学、青山学院大学、法政大学、学習院大学、中央大学、成蹊大学、成城大学、國學院大學、武蔵大学、日本大学、東洋大学、駒澤大学、専修大学、芝浦工業大学、東京都市大学、東邦大学、東京電機大学、工学院大学、獨協大学、文教大学、東京農業大学、明治学院大学、大東文化大学、帝京大学、二松學舍大学、日本女子大学、女子栄養大学、昭和女子大学、東京家政大学、大妻女子大学、明治薬科大学、杏林大学

地図　JR埼京線「与野本町」下車徒歩10分

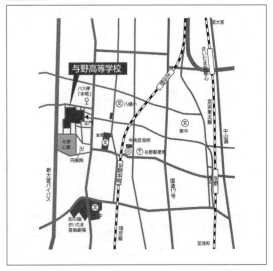

埼玉県立 蕨高等学校 (全日制)

所在地 〒335-0001 蕨市北町5-3-8 ☎ 048-443-2473 FAX 048-430-1371
ホームページ https://warabi-h.spec.ed.jp/
最寄り駅からの順路 JR蕨駅西口下車 徒歩18分／南浦和駅西口下車 徒歩20分(両駅からのバス便有)
北戸田駅東口下車徒歩20分

2名のALTが指導する英語の少人数授業

校　　長	山本　康義
創　　立	昭和32年4月1日
教職員数	99人

生徒数

学科＼学年	1年 (男)(女)	2年 (男)(女)	3年 (男)(女)	計 (男)(女)
普通科	318 (144)(174)	313 (138)(175)	313 (164)(149)	944 (446)(498)
外国語科	41 (11)(30)	40 (13)(27)	40 (6)(34)	121 (30)(91)
計	359 (155)(204)	353 (151)(202)	353 (170)(183)	1,065 (476)(589)

学 校 概 要

　蕨高校の目指す学校像は「生徒の進路希望を実現する文武両道の進学校」です。

　本校の生徒はほぼ100％が4年制大学への進学を希望しています。本校では、その希望に応え行きたい学校、行きたい学部・学科に進学できる学力を身につけさせます。しかし、生徒の人生はそこで終わりではありません。グローバル化、少子高齢化とこれまでの世代が体験したことのない時代を生きていく生徒たちには、困難に直面しても自分の力で道を切り拓くことのできる人間力が求められています。蕨高校では、多彩な学校行事や活発な部活動を通じ、仲間と助け合って困難を克服する喜びや達成感を体験させることで、生きる力を育みます。進路指導は「大学進学の先を見すえて目標は高く」をモットーに、生徒が進路実現を目指して大きく成長する過程を全力で支援します。

　蕨高校で身につけた柔軟な知性と強靭な精神力は、生徒にとって生涯最大の財産となることでしょう。

教 育 課 程

　普通科では1、2年は基礎学力の養成を重視しつつ、各人の適性を見極め、3年は類型制と選択制を通して、国公立・私立、理系・文系の進路希望に合わせた科目の選択ができます。

　外国語科では、学年進行に合わせたガイドラインに基づいて、優れた英語力と国際感覚を身につけ、幅広い分野の大学への進学を実現するとともに、国際社会で貢献できる人材を育成します。

データ

令和6年度入学生　教育課程　普通科カリキュラム ※令和6年度入学生の教育課程は変更になることもあります。

	国語科	地歴・公民科	数学科	理科	保健体育科	芸術科	英語科	情報科		
1年	現代の国語(2) 言語文化(2)	地理総合(2) 公共(2)	数学A(4) 数学A(2)	化学基礎(2) 生物基礎(2)	体育(3) 保健(1)	芸術I(2)	英語コミュニケーションI(4)	論理・表現I(2)	論理・表現I(2) 情報I(2)	総探 LHR
2年	論理国語(1) 文学国語(2)	古典探究(2)	歴史総合(3)	数学II(4) 数学B(2)	物理基礎/地学基礎(2)	体育(2) 保健(1)	芸術II(2)	英語コミュニケーションII(4)	論理・表現II(2) 家庭基礎(2)	古典I/化学研究(2)	総探 LHR
3年文系	論理国語(2) 文学国語(1)	古典探究(4)	日本史探究/世界史探究(5) 倫理(2)	政治・経済(2)	体育(2) 保健(1)		英語コミュニケーションIII(4)	論理・表現III(2)	選択 古典II/理探究(2) 選択科目 数学C/英語探究(2)	総探 LHR
3年理系	論理国語(2) 文学国語(1) 古典探究(1)	地理探究/政治・経済(2)	数学III/数学総合β(4) 数学C(2)	物理・生物(6) 化学(4)	体育(2) 保健(1)		英語コミュニケーションIII(4)	論理・表現III(2)		総探 LHR

古典II／理科探究＝古典II／理科探究A(生物基礎＋地学基礎)／理科探究B(化学基礎＋生物基礎)のうち1つ選択
選択科目＝テーマ別日本史／テーマ別世界史／数学総合α／情報IIのうち1つ選択

令和6年度入学生　教育課程　外国語科カリキュラム ※令和6年度入学生の教育課程は変更になることもあります。

	国語科	地歴・公民科	数学科	理科	保健体育科	家庭科	情報科	外国語科専門科目				
1年	現代の国語(2) 言語文化(2)	地理総合(2) 公共(2)	数学A(4) 数学A(2)	科学と人間生活(2)	体育(2) 保健(1)		芸術I(2) 情報I(2)	総合英語I(4)	ディベートディスカッションI(2)	エッセイライティングI(2)	総探 LHR
2年	論理国語(1) 文学国語(2)	古典探究(2)	歴史総合(3)	数学II(4)	生物基礎(2)	体育(3)	保健(1) 家庭基礎(2)	総合英語II(4)	ディベートディスカッションII(2)	エッセイライティングII(2) 独・仏・中(第2外国語)(2)	数学B/芸術II(2)	総探 LHR
3年	論理国語(2) 文学国語(1) 古典探究(1)	政治・経済(2)	体育(2) 保健(1)					総合英語III(4)	ディベートディスカッションII(2)	エッセイライティングII(2) 独・仏・中(第2外国語)(2)	選択 古典II/地学基礎/情報II(3) 日本史探究/世界史探究/生物(5)	数学C/英語探究(2)	総探 LHR

日課表

SHR	8:40〜8:45
1限	8:50〜9:40
2限	9:50〜10:40
3限	10:50〜11:40
4限	11:50〜12:40
昼休み	12:40〜13:25
5限	13:25〜14:15
6限	14:25〜15:15
7限	15:25〜16:15
SHR・清掃	

月・水曜日は7限授業
火・木・金曜日は6限授業
土曜日は4時間授業でSHRなし(隔週)

教育活動

① 質の高い授業―学力向上に向けて―

　蕨高校では２学期制、土曜授業を採用し、授業時間を確保しながら質の高い授業を追究しています。本校の教員は、定期的に行っている生徒実態調査の分析や授業公開週間、校内研修会などを通じ、授業力を高めあうとともに、外部研修会の成果を共有して、常に指導力向上に努めています。新教育課程や新しい大学入試を研究して生徒に還元する、基礎から応用まで深化した授業が本校の自慢です。

② 進路指導―生徒の希望実現を目指して―

　総合的な探究の時間に Career Plan を組み入れて、生徒一人一人の進路意識を高めさせ、組織的にサポートします。長期休業中の補講・平常補講は各学年で組織的に行っています。また、面接・小論文指導では、計画的に一人の生徒を複数の教師が担当するなどきめ細かな指導を徹底しています。

③ 英語教育―実践力の育成―

　外国語科のある強みを生かし、多読を推奨し、２人の ALT とともにスピーチ、プレゼンテーション、ディスカッション、ディベートなど実践的な英語使用の場を授業でも積極的に取り入れるなど、英語に触れる機会を多く設けています。入試はもちろんのこと、グローバル社会においても活躍できるための力を養います。

特別活動

　５月の運動会、７月の芸術鑑賞会、校外宿泊行事、９月に行われる蕨高祭、11月の強歩大会等が主な行事です。部活動も盛んで、全生徒の９割が３年間部活動をやり抜いています。最近では、バトン部、ダンス部、吹奏楽部、音楽部、柔道部、陸上競技部、男子ソフトテニス部、放送委員会などが関東や全国大会に出場しています。19の運動部、16の文化部と同好会１が活発に活動しています。

卒業生の声

　蕨高校には、勉強ややりたいことを思いっきりできる環境と、みんなが一体になり熱くなる忘れられない体験がありました。

その他

① 国際理解教育の推進

　イングリッシュキャンプ、海外留学生の受け入れ等、様々な文化に触れる機会が豊富です。

② 埼玉と世界をつなぐハイブリッド型国際交流事業（県教委指定）

　毎年20〜30名の生徒が夏季にオンラインやホームステイをしながらオーストラリアの大学・高校の授業を受けることができます。

海外短期派遣集合写真

③ 学校説明会（要事前申込）

　８月22日（木）、10月26日（土）、11月16日（土）、１月25日（土）　土曜日は公開授業

④ 部活動公開・体験

　夏休みに実施予定

※③・④に関する詳細についてはホームページで確認してください。

卒業後の進路状況

令和６年３月卒業生進路状況（進路実数）

国公立大（所管外学校含む）：102（9）

北海道大：4（1）、帯広畜産大：1（1）、東北大：2、山形大：1、茨城大：2、筑波大：4、宇都宮大：3、埼玉大：25、千葉大：4（1）、東京海洋大：1、電気通信大：2、東京外国語大：2、東京学芸大：6、東京工業大：1、東京農工大：3、一橋大：1、横浜国立大：5、新潟大：1、富山大：1（1）、信州大：1（1）、京都大：2（2）、鳥取大：1（1）、秋田県立大：1、会津大：1、福島県立医科大：1（1）、高崎経済大：4、埼玉県立大：6、東京都立大：10、京都市立芸大：1、京都府立大：1、国立看護大：4、水産大学校：1

	進路実績
国 公 立 大 学	84
私 立 大 学	229
所 管 外 学 校	5
大 学 計	318
私 立 短 大	0
専 門 学 校	2
就 職	0
その他（含留学）	26
卒 業 生 数	346

私立大：1446（99）

早稲田大：21（3）、慶應義塾大：12（4）、上智大：16（2）、東京理科大：32（5）、学習院大：35（5）、明治大：81（9）、青山学院大：20、立教大：65（5）、中央大：69（5）、法政大：109（7）、同志社大：6（5）、立命館大：4（1）、獨協大：54、文教大：29、文京学院大：3、亜細亜大：12、大妻女子大：8、北里大：1、共立女子大：11、杏林大：10（1）、工学院大：7（1）、國學院大：20、国士舘大：3、駒澤大：37（3）、実践女子大：7（1）、芝浦工業大：26（1）、順天堂大：6、昭和女子大：25、成蹊大：14、成城大：17（2）、専修大：21（1）、大正大：9、大東文化大：30（1）、津田塾大：14、帝京大：15、東京家政大：10（1）、東京工科大：7（1）、東京女子大：18、東京電機大：27（2）、東京農業大：16（1）、東洋大：169（9）、日本大：82（3）、日本女子大：25、武蔵大：20（5）、東京都市大：7、武蔵野大：26、明治学院大：13（3）、明治薬科大：1、立正大：3、その他：173（12）

地図　JR蕨駅西口より徒歩18分、南浦和駅西口より徒歩20分、北戸田駅東口より徒歩20分

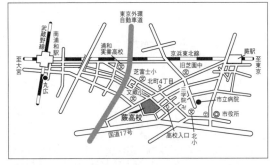

※数字は現役＋浪人の合計数。（　）内は浪人、内数

埼玉県立 いずみ高等学校（全日制）

所在地　〒338-0007　さいたま市中央区円阿弥7-4-1　☎ 048-852-6880
最寄り駅からの順路　JR大宮駅西口下車　バス7分又は徒歩23分
ホームページ　https://izumi-h.spec.ed.jp/

いずみ高校 HR棟（中庭より）

校　　長	小林　幹弥				
創　　立	昭和37年4月1日 平成11年4月1日いずみ高等学校と改称				
教職員数	100人				

生徒数

	生　物　系			環　境　系		
1年 (男)(女)	119 (60)(59)			118 (60)(58)		
2年 (男)(女)	生生科	生サ科	生資科	環デ科	環サ科	環建科
	37 (23)(14)	39 (24)(15)	40 (15)(25)	38 (16)(22)	36 (21)(15)	36 (25)(11)
3年 (男)(女)	40 (23)(17)	31 (23)(8)	34 (10)(24)	32 (22)(10)	37 (24)(13)	31 (20)(11)
計	668 (366)(302)					

目指せ、生物・環境のプロフェッショナルへ

　大気汚染・種の絶滅・食料問題等…地球が今たくさんの問題をかかえていることはみなさんも知っていますね。これらの問題を解決し、かけがえのない地球を未来に引き継ぐため、地球環境のよき理解者としての、グローバルな視点をもった、品格あるスペシャリストを目指そう!!

教 育 課 程

　1年次は、普通科目と生物系・環境系共通の専門科目により、基本的で幅広い学習をします。また、学科選択に向けて将来の進路を見すえたガイダンスも受けます。2年次からは各系とも3学科に分かれ、専門分野の学習や研究を深めます。興味・関心や進路目標に応じて選べる選択科目もたくさんあります。

生物系…生物資源の確保とその活用に関する学科
　　　　生物生産科・生物サイエンス科
　　　　生物資源化学科
環境系…快適な環境の保全と創造に関する学科
　　　　環境デザイン科・環境サイエンス科
　　　　環境建設科

データ

2・3年生で受けられる選択科目
＜2年次10単位　3年次12単位の選択ができます＞
普通教科を深める科目
　論理国語・文学国語・国語表現・日本史探究・世界史探究・政治経済・数学Ⅱ/Ⅲ/B・化学・生物・物理・英語コミュニケーションⅡ/Ⅲ・スポーツⅡ・服飾手芸・フードデザイン・音楽Ⅱetc.
学科の専門性を深める科目
　栽培と環境・草花・生物活用・フラワーデザイン・生態学基礎・応用農業科学・生物科学・埼玉の環境・環境科学・食品微生物・食品製造・生物資源・生物情報技術・造園計画・造園施工管理・グリーンデザイン・造園植栽・庭園文化・工業管理技術・ハードウェア技術・コンピュータシステム技術・セラミック化学・化学工学・測量・土木構造設計・土木基盤力学・建設機械・社会基盤工学etc.

各種資格・検定
初級バイオ技術者・農業技術検定・色彩検定・トレース検定・レタリング検定・園芸装飾技能検定・フラワー装飾技能検定・造園技能検定・小型車両系建設機械特別講習・大型特殊自動車(農耕限定)・日本語ワープロ検定・情報処理技能検定(表計算)・文書デザイン検定・初級CAD検定・危険物取扱者・ボイラー技士・毒物劇物取扱者・とび技能検定・鉄筋施工技能検定・土木施工管理技能士補・測量士補・ガス溶接技能講習・アーク溶接特別教育・建設業経理士・漢字検定・計算技術検定・実用英語技能検定

教育活動

　校内外の自然や施設を活用し、グローバルな視点に立った学習をします。その例として1年次の専門科目「農業と環境」や「工業技術基礎」の主な内容を紹介します。

1　身近な生物の調査(校内ビオトープなど)
2　水質、大気などの化学調査
3　環境問題
　　ごみ、産業廃棄物、資源、エネルギー問題

実習授業風景

特別活動

　生徒会は、学校生活をより充実させるための活動と、生徒の意見を取り入れた行事づくりを目指しています。また、広大な敷地では、いろいろな部がのびやかに活動しています。

　いずみ高校では、自主的に農業学習を進めるための農業クラブも活動しています。研究、発表、交流を深めながら社会貢献し、活躍できる力を育てています。

　チャレンジ精神のある人、新しい自分を発見したい人、一緒に Let's enjoy IZUMI high school life!

修学旅行　H30　北陸　　H31　沖縄
　　　　　R 2　沖縄　　R 3　沖縄
　　　　　R 4　沖縄　　R 5　東北
　　　　　R 6　和歌山　R 7　関西(予定)

　令和5年度には「環境サミット」に参加し、沖縄での研修を行いました。令和6年度は標茶(北海道)での研修に参加します。

その他
※日程は必ず学校HP等でご確認ください。

学校説明会・体験入学の日程
7/27(土)・8/24(土)・9/14(土)・10/12(土)・11/9(土)・1/18(土)。なお、説明会では、体験授業、進学相談会も予定しています。

学校見学
11/29(金)。夕方の見学会(ナイトキャンパス)を予定しています。

こんな人募集
○「生物」「生命」「環境保全」などに興味がある人
○「生物」「環境」について実験・実習を通して体験的に学びたい人
○専門知識を身につけて、資格を取り将来に役立てたい人
○将来、生物・環境系の大学へ進学したい人

卒業後の進路状況

＜主な進学先　大学、短大＞
静岡大、山口大、国士舘大、大東文化大、玉川大、千葉科学大、千葉工業大、帝京科学大、東海大、東京農業大、東洋大、日本大、日本工業大、日本獣医生命科学大、日本薬科大、目白大、立正大、静岡県立農林環境専門職大学短大部

＜主な進学先　専門学校＞
埼玉県農業大学校、栃木県農業大学校、埼玉県川口高等技術専門校、大宮国際動物専門学校、中央工学校、テクノ・ホルティ園芸専門学校、東京環境工科専門学校、山手調理製菓専門学校、上尾中央看護専門学校、戸田中央看護専門学校

＜主な就職先＞
国土交通省関東地方整備局、埼玉県庁、東京都庁、国立印刷局、イオンリテール、伊藤製パン、浦和中央青果市場、奥村組土木興業、鹿島道路、金井牧場、埼玉新都市交通、さいたま造園、埼玉トヨタ自動車、シード、サイデン、住友理工、住友林業、千疋屋総本店、第一測量設計、高田製薬、ちふれホールディングス、東京都道路整備保全公社、日本郵便、日本コンクリート、三井金属、みなみ信州農業協同組合、東日本高速道路(NEXCO東日本)、ヤマシタフラワーズ、YKK AP

地図
JR大宮駅西口よりバス7分又は徒歩23分

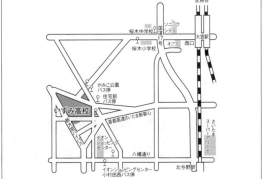

埼玉県立 大宮工業高等学校（全日制）

所在地 〒331-0802 さいたま市北区本郷町1970 ☎ 048-651-0445 FAX 048-660-1904

ホームページ https://omiya-th.spec.ed.jp

最寄り駅からの順路 ニューシャトル今羽駅下車 徒歩10分

建築科による宮工祭アーチ

校　長	山﨑　正義
創　立	大正14年5月1日
教職員数	83人

生徒数

学科＼学年	1年 (男)(女)	2年 (男)(女)	3年 (男)(女)	計 (男)(女)
機械科	70 (69)(1)	68 (67)(1)	55 (53)(2)	193 (189)(4)
電子機械科	72 (71)(1)	68 (65)(3)	71 (65)(6)	211 (201)(10)
電気科	36 (36)(0)	29 (26)(3)	32 (31)(1)	97 (93)(4)
建築科	73 (64)(9)	61 (56)(5)	56 (48)(8)	190 (168)(22)
計	251 (240)(11)	226 (214)(12)	214 (197)(17)	691 (651)(40)

教 育 目 標

憲法・教育基本法にもとづき、以下の項目をかかげる。
1. 心身共に健康で自主的精神に充ちた、積極性のある個性豊かな魅力ある人間を育成する。
2. 感受性が豊かで思いやりのある、視野の広い、社会性を身につけた国際社会に通用する人間を育成する。
3. 現代工業の基礎的知識、技術・技能を身につけ、つねに科学的に考え、行動に当っては骨身を惜しまない実学の徒を育成する。
4. 目指す学校像「日本を支え　世界で活躍する人間性豊かなエンジニアの育成」
〜小中学生に憧れを！在校生に自信を！卒業生に誇りを！〜

教 育 課 程

1 **新たな時代を支える心豊かな技術者の養成**
機械科、電子機械科、電気科、建築科の4つの学科が設置されており、いずれの学科も数々の最先端技術機器が導入され、特色ある授業を展開しています。
2 **多様な進路選択に対応**
コース制（類型）を導入し、3年次には4科とも専門コースとカレッジコースに分かれます。専門コースはより工業の専門性を高めるコース、カレッジコースは理工系大学進学希望者を対象としたコースです。

資料1　R5年度合格者

国家資格	電気工事士	1種　16名、2種　52名
	工事担任者	総合通信　1名 デジタル通信　2級　1名
	技能検定	機械旋盤　2級　2名、3級　4名 建築大工　2級　4名、3級　11名 とび　3級　4名
	施工管理技士補	2級建築　8名
検　定	英語検定	準2級　5名、3級　2名
その他	各種技能講習、計算技術検定、情報技術検定、数学検定　など	

教　育　活　動

1　学習指導　―目標・意欲を育てるために―

①きめの細かい、分かりやすい授業

授業は講義だけではなく、いろいろな実習を取り入れ、興味を持って主体的に学ぶことを大切にしています。

②資格取得に取り組む

授業の他に、様々な資格を取得するチャンスがあります(**資料1**)。資格取得のために朝補習や放課後の補習を行い、また、休業中に補習を行っている資格もあります。

2　学校生活　―高校生活で社会性を身に付ける―

①5S(整理・整頓・清掃・清潔・躾)活動を通して自己の確立を目指します。

②教師・生徒が一体となり、新しい伝統の創造をします。

3　進路指導　―君の輝きに応えます―

①主体的・計画的進路指導を目指す

就職や進学を目指す生徒の意欲を大切にし、きめの細かい指導と的確な情報提供を行っています。4年制大学への進学者が多いのも特色です(**資料2**)。

②輝かしい伝統と実績

およそ20,000名の卒業生は、産業界の様々な分野で活躍し、その実績は高く評価されています。

特　別　活　動

生徒会を中心にして、宮工祭(文化祭)、体育祭等様々な行事が行われています。

部・愛好会活動は、運動部14部、文化部15部を

設け、活発な活動をしています。

在校生・卒業生の声

○インターンシップ(就業体験)では工場に行かせていただいた。生産ラインに立っただけで背筋が伸びる思いがした。終了後は言葉づかいに気をつけるようになった。(在校生)

○知識や技術はもちろん、人間的に大きく成長した気がします。(卒業生)

そ　の　他

※日程は必ず学校HP等でご確認ください。

◎オープンキャンパス　　6月22日(土)
◎体験入学　　　　　　　7月30日(火)
◎トワイライト説明会　　8月23日(金)
◎第一回学校説明会　　　9月28日(土)
◎第二回学校説明会　　　11月30日(土)
◎第一回入試説明会　　　12月14日(土)
◎第二回入試説明会　　　1月18日(土)

※　学校見学は随時受け付けています。事前に連絡をしてください。

資料2

卒業後の進路状況

		R3年度	R4年度	R5年度
就	職	155	145	134
進学	大学・短大	47	45	37
	専修・各種	45	59	56
自営・その他		5	6	9
卒業者総数		252	255	236

主な大学　東京電機大、東洋大、日本大、千葉工業大、日本工業大、埼玉学園大、埼玉工業大、ものつくり大、城西大、聖学院大、淑徳大、清和大、他

主な就職先　トヨタ、日野自動車、いすゞ自動車、UDトラックス、JR東海、JR東日本、東京メトロ、埼玉新都市交通、秩父鉄道、NTT東日本、三井金属鉱業、東芝エレベータ、ニコン、ロッテ、清水建設、住友林業、大和ハウス、ポラスハウジング、関電工、関東電気保安協会、ヨネックス、第一三共バイオテック、富士電機機器制御、リンテック、他

公務員　国家公務員、警視庁、埼玉県警察、自衛官、消防官

地図

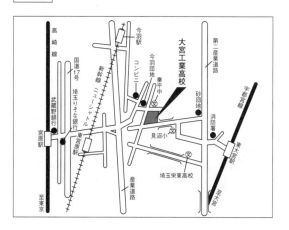

埼玉県立 川口工業高等学校（全日制）

所在地　〒333-0846　川口市南前川1-10-1　☎ 048-251-3081
ホームページ　https://kawaguchi-th.spec.ed.jp
最寄り駅からの順路　JR西川口駅から徒歩17分

校　　　長	甲山　貴之
創　　　立	昭和12年4月10日
教職員数	77人

生徒数

学科＼学年	1年 (男)(女)	2年 (男)(女)	3年 (男)(女)	計 (男)(女)
機械科	80 (75)(5)	66 (63)(3)	57 (54)(3)	203 (192)(11)
電気科	80 (80)(0)	60 (58)(2)	52 (48)(4)	192 (186)(6)
情報通信科	78 (73)(5)	73 (63)(10)	66 (58)(8)	217 (194)(23)
計	238 (228)(10)	199 (184)(15)	175 (160)(15)	612 (572)(40)

教 育 課 程

　生徒一人ひとりを大切にし、「豊かな人間性を身につけ、地域産業を担う技術者を育成する」という教育目標を掲げ、社会に貢献できる人材を育成するために、基礎的な学力と専門的な知識・技術をバランスよく学ぶための教育課程になっています。

　中学校からの基礎を定着させるとともに、高校で必要な学力を身につけるためにきめ細やかな指導を行っています。また、専門学科の授業では、少人数体制の実習など生徒の個性に応じた個別指導が行われています。

　3年後の進路指導に向け、3年での選択科目が設置されています。

教 育 活 動

　昭和12年創立で87年目を迎える本校は、県内でも有数の伝統校です。川口はものづくり企業が集積した地域でもあり、地域と連携した「地域密着型工業高校」を目指します。

　校訓の「誠実・創造・勤労」をもとに「地学地就」という理念をかかげ、地域とともに学び地域のものづくり人材を育成する学校を目指しています。

●地域と連携した事業

　川口市内の企業をはじめとする地域企業と連携して教育を展開しています。企業の技術力を生かし、インターンシップの実施や企業の方の実践的な授業を実施しています。また、大学や専門学校とも連携しています。

データ　教育課程（令和7年度入学生）
（かっこ内は単位数。専門科目は各科ごと。）

1年	普通科目(21)		専門科目(8)		HR(1)
2年	普通科目(18)		専門科目(11)		HR(1)
3年	普通科目(11)	専門科目(16)		選択(2)	HR(1)

取得可能な主な資格

・電気工事士（1・2種）　・電気主任技術者
・通信工事担任者（デジタル3種等）
・情報配線施工技士（3級・2級）
・ITパスポート
・情報技術検定【電気・情報通信科は全員受験】
・計算技術検定【機械・電気・情報通信科は全員受験】
・ワープロ検定【機械科は全員受験】・製図検定
・危険物取扱者　　・アーク、ガス溶接
・ボイラー技士　　・施盤3級技能検定

1　進路指導

　3年間の系統立てたキャリア教育、将来を見据えた総合的な人生教育を実践しています。

　単なる就職指導ではなく自らの将来像を明確化させながら、就職、進学の両面から、一人ひとりの自己実現をサポートします。

　近年本校の評価は社会的にも高く、就職希望者に対する求人倍率は20倍を超えています。また、大学等への進学においても本校への指定校推薦依頼が増えており、年々実績を伸ばしています。

2　主な年間行事

　新入生歓迎会・オリエンテーション（4月）・野外ホームルーム（5月）・体育祭（6月）・文化祭（10月）・マラソン大会（11月）・課題研究発表会（1月）・三年生を送る会（2月）・球技大会（3月）など。進路指導の行事には、進路学習や進路講演会・三者面談・進学就職受験指導などがあり、進路実現を図っています。

3　特別活動

　豊かな人間性と自主性・協調性を育てるために、部活動・生徒会活動に力を入れています。部活動は県大会以上で活躍の伝統あるクラブが、熱心な顧問のもとで活動しています。

○機械研究部：令和元年度　Honda エコ マイレッジ チャレンジ　全国大会3位入賞

○陸上競技部：令和元年度　県大会　円盤投げ・ヤリ投げ等　入賞

　運動部：野球・サッカー・バスケットボール・バレーボール・卓球・陸上競技・柔道・水泳・山岳・硬式テニス・自転車・剣道・バドミントン・女子テニス・ボウリング・空手道

　文化部：機械研究・弱電・コンピュータ・科学・電気研究・漫画創作・ボランティア・掃除・軽音楽・放送

本 校 の 特 色

○進路志望に応じて進学・就職どちらも可能です。就職内定率は毎年ほぼ100％で約20倍の求人があり、大学進学は希望者の約10倍の推薦依頼があります。

○部活動には伝統のある部が多く、特別活動・学校行事に力を入れています。

○多くの資格が取得可能であり、入学後、資格取得指導を全員に対して行っています。

○普通教科の学習についても、誰もが身に付くように少人数授業や補習補講などの学習指導も行っています。

○CAD（コンピュータによる自動製図）など先端技術機器を使用した学習ができます。

○部活動で、宿泊練習のできる校内合宿所や情報コンピュータ室など施設設備に恵まれています。

○卒業時には、基礎学力と専門力の両方を身に付け進路に適応する能力を養うことができます。

そ　の　他

※日程は必ず学校HP等でご確認ください。

●開放講座　　①7月27日（土）
●体験入学　　①11月14日（木）
●学校見学会　①6月1日（土）　②7月29日（月）
●学校説明会　①8月23日（金）　②9月21日（土）
　　　　　　　③10月11日（金）　④11月8日（金）
　　　　　　　⑤11月29日（金）　⑥1月11日（土）

※学校見学は随時受け付けています。事前に電話でご連絡ください。

卒業後の進路状況

　卒業生の数はすでに1万5千余名に達し、社会でも大いに活躍しています。卒業生の進路は、約35％が進学、65％が就職となっています。

　主な就職先としては、NTT-ME、関電工、日野自動車等の企業だけでなく、川口市内の地元製造業を中心に県内各地に多くの生徒が就職しています。

　また、進学先は、日本工業大、東京電機大、ものつくり大や工業系の専門学校を中心に進学しています。指定校推薦の数も豊富でさらに学ぼうとする生徒を支援します。

地図

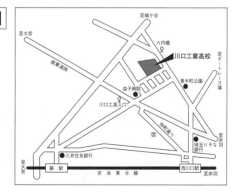

埼玉県立 岩槻商業高等学校（全日制）

所在地 〒339-0052 さいたま市岩槻区太田一丁目4番1号 ☎ 048-756-0100(代)
最寄り駅からの順路 東武アーバンパークライン 岩槻駅より徒歩15分
ホームページ https://iwatsuki-ch.spec.ed.jp

授業風景（コンピュータを活用した情報処理）

校　　長	藤森　雅彦
創　　立	大正7年4月10日
教職員数	47人

生徒数

学科＼学年	1年（男）（女）	2年（男）（女）	3年（男）（女）	計（男）（女）
商業科	67 (13)(54)	37 (12)(25)	58 (11)(47)	162 (36)(126)
情報処理科	75 (53)(22)	65 (45)(20)	65 (51)(14)	205 (159)(56)

岩槻商業高等学校の歴史と伝統

本校は、大正7年4月「組合立中部実業学校」として、地域の農業後継者育成を目的として設立されました。昭和17年商業科が併置され、また、その後、社会の変化に伴い学科再編が行われ、昭和39年に、単独商業高校「埼玉県立岩槻商業高等学校」となりました。地域に根ざし、**107年目**を迎える伝統校として、卒業生も多方面で活躍しています。令和2年度の1年生から、商業科2クラス、情報処理科2クラスの4クラス編成。令和6年度のキャッチフレーズは「チャレンジ精神を育成し、夢の実現へ」。切磋琢磨の気風に満ち落ち着いた雰囲気の学校です。

教 育 活 動

1．学習活動

本校では、多彩な資格が取得でき、高度な資格取得に取り組んでいます。情報処理科では、3年間を通してコンピュータに関する専門的な知識を身につけ、国家資格取得を目指しています。

商業科では、2年生から多様な選択科目の中から自分の能力・興味・関心のある科目を選んで進路決定に役立てています。

令和4年度からの学習指導要領では、「商品開

データ 商業科1年生の時間割（例）

	月	火	水	木	金	
登校						8:35
朝の読書						8:40
朝のSHR						8:50
1	公共	簿記	簿記	数学Ⅰ	家庭総合	9:00/9:50
2	現代の国語	英コⅠ	現代の国語	情報処理	家庭総合	10:00/10:50
3	情報処理	情報処理	英コⅠ	体育	英コⅠ	11:00/11:50
4	数学Ⅰ	体育	公共	簿記	数学Ⅰ	12:00/12:50
5	ビジネス基礎	保健	書道Ⅰ	簿記	言語文化	13:35/14:25
6	簿記	言語文化	書道Ⅰ	LHR	ビジネス基礎	14:35/15:25
帰りのSHR＆清掃						

太字 は商業科目（取得可能な検定）

主な行事予定

4月	入学式、オリエンテーション、避難訓練
5月	遠足、生徒総会、中間テスト
6月	保護者面談、体育祭、学校説明会
7月	期末テスト、体験入学
8月	
9月	学校説明会
10月	中間テスト、文化祭、人権教育、避難訓練
11月	芸術鑑賞会、生徒会選挙、学校説明会、授業公開、修学旅行
12月	期末テスト、球技大会、入試説明会
1月	3年学年末テスト、入試説明会
2月	2年インターンシップ、送別会、学年末テスト
3月	卒業式

発」の流れを受け継ぐ「**商品開発と流通**」や新科目である「**観光ビジネス**」を学ぶことができます。

２．学校生活

毎日の教科学習の他に、学校生活を豊かで充実したものにするため、各種の多様な学校行事を実施しています。

全校生徒が一丸となって取り組み、大きな成果をあげている文化祭・体育祭。卒業後も楽しい思い出となって心に生き続ける修学旅行、全力を尽くして成就感にひたる球技大会、その他芸術鑑賞会など、これらの行事が、楽しく充実したものとなるよう企画から実施まで生徒と教師が協力し合って取り組んでいます。

さらには、継続的な取組として「朝の読書」「朝学習」を実施して、毎朝10分間静寂の中で全校生徒・全職員が読書に親しんでいます。

３．進路指導

107年の歴史において、幅広い分野で２万人以上の卒業生が社会で活躍しています。就職希望者の就職内定率は100％で、通勤可能圏内である東京へも多くの卒業生が就職しています。２年生全員による**インターンシップ**では、多くの協力企業・事業所において、生徒の望ましい勤労観・職業観を育成しています。また近年、**四年制大学**や**短期大学**へ進学する生徒も増加しています。高校で学んだ事柄をさらに探究したいと考える卒業生の努力が高く評価され、多くの大学から指定校推薦をいただいています。

特 別 活 動

部活動は盛んで、生徒の自主性、協調性、精神力を高める上でも、大きな成果をあげています。

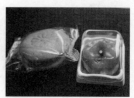

どら DOLL　　やまぶきあんこサンドとりんごまんじゅう
和カロン　　「もうかりやっこ」デザイン菓子
地元企業の協力のもと開発したオリジナル商品

運動部では、**女子ソフトテニス部**と**弓道部**が関東大会の出場校として有名ですが、**陸上競技部**もやり投げ種目で関東大会出場の実績があります。その他にも県大会出場に向けて日々努力を継続している部活動が多くあります。

文化部では、**書道部**などが優秀な成績をおさめており、今後の活躍が期待されています。また、珠算において本校生徒が２年連続で全国大会に出場しています。

そ の 他　※日程は必ず学校ＨＰ等でご確認ください。

令和６年度は年４回、６月22日（土）、９月28日（土）、10月13日（日）、11月17日（日）に模擬授業体験を含む学校説明会を実施します。また、７月31日（水）には模擬授業体験、部活動見学・体験を含む体験入学があります。12月14日（土）、１月12日（日）には入試説明会を実施します。加えて、随時イブニング説明会・相談会を開催する予定です。

卒業後の進路状況

区　　　分	２年度	３年度	４年度	５年度
就　　　職	80	77	68	76
進　　　学	80	79	75	70
卒 業 者 数	160	156	143	146

主な進路先

【進学】（大学）大妻女子大学、共栄大学、埼玉学園大学、城西大学、尚美学園大学、聖学院大学、聖徳大学、中央学院大学、東京家政学院大学、人間総合科学大学、文教大学、平成国際大学など
（短大）川口短期大学、国際学院埼玉短期大学、貞静学園短期大学など
【就職】足立成和信用金庫、エフテック、南彩農業協同組合、明治、イーストボーイ、グレープストーン、資生堂パーラー、千疋屋総本店、トヨタカローラ新埼玉、原田、ヤオコー、アンテンドゥ、伊藤製パン、ユスビースパイス工業、ジアススタイル、ニプロファーマ、ロッテ、金谷ホテル、埼玉新都市交通、精養軒、東京會舘、トヨタレンタリース新埼玉、東日本旅客鉄道など

地図　岩槻駅より徒歩15分

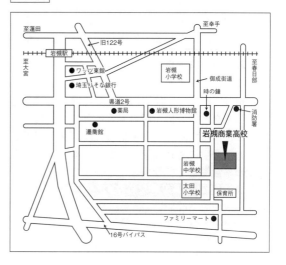

埼玉県立 浦和商業高等学校（全日制）

所在地 〒336-0022　さいたま市南区白幡2-19-39　☎ 048-861-2564
ホームページ https://urawa-ch.spec.ed.jp
メールアドレス info@urawa-ch.spec.ed.jp
最寄り駅からの順路 JR浦和駅から徒歩15分　JR武蔵浦和駅から徒歩13分

校　長	中山　　望
創　立	昭和2年4月4日
教職員数	80人

生 徒 数

	1年 (男)(女)	2年 (男)(女)	3年 (男)(女)	計 (男)(女)
商業科	203 (86)(117)	184 (72)(112)	175 (72)(103)	562 (230)(332)
情報処理科	83 (47)(36)	77 (43)(34)	76 (49)(27)	236 (139)(97)
計	286 (133)(153)	261 (115)(146)	251 (121)(130)	798 (369)(429)

浦和商業がめざすもの

　グローバルに展開する経済社会において、多様な分野で幅広く活躍する商業人材の育成

こんな授業があります

1　商業科　ビジネス社会で即戦力となるよう、経済活動や流通のしくみ、簿記会計などのほか、科目選択の工夫により情報処理科の学習内容に近いICTに関する知識・技能も身に付きます。

　1年次は普通科目と商業の専門分野の基礎教育を徹底して行います。2年次からは多くの選択科目が取り入れられており、自分の興味関心や進路に合わせて選べるカリキュラムとなっています。

2　情報処理科　急速に変化する情報社会に対応できるよう、アプリケーションソフトの高度な利用法を徹底して学びます。さらに、プログラミングやネットワークなど、情報システムの設計や管理に必要な専門知識を育てるカリキュラムになっています。

これが浦和商業の特徴

1　学習環境　県都浦和の中心地から徒歩圏内でありながら、白幡沼に隣接する閑静な住宅地にあり、通学にとても便利です。

　ネットワークで結ばれた、250台以上のパソコンが設置されています。いつでも自由にインターネットにアクセスでき、授業や特別活動、放課後の補習などにも活用されています。

2　学校生活　将来の進路については、はっきりした目的を持った生徒が入学してきます。創立97年を迎える伝統校、「浦商生」であることに誇りをもち、自主的精神に充ちて、いきいきとした学校生活を送っています。

3　進路指導　生徒一人ひとりの個性や希望にあった進路選択が出来るように、1年生からきめ細

資格取得で進路実現

　本校では、仕事や進学に有用な資格の早期取得を目指しています。仕事に活かせる簿記や情報処理、英語などの資格を取得することは、就職に役立つことはもちろん、有資格者推薦制度を利用して、大学進学にも有利です。また、本校はSTEP英検の本会場として受検環境を整えています。

　右は本校で取得可能な資格の一覧表です。

（注）主催団体　日商：日本商工会議所　全商：全国商業高等学校協会　実務技能：実務技能検定協会　STEP：日本英語検定協会

種　　　類	資格の名称（主催団体）
簿記・会計	簿記（日商・全商）
情報処理関係	基本情報技術者（経済産業省）
	ITパスポート（経済産業省）
	情報処理（全商）
	MOS（マイクロソフト）
ビジネス計算	ビジネス計算（全商）
ビジネス文書	ビジネス文書（全商）
商業経済	リテールマーケティング（日商）
	秘書（実務技能）
	商業経済（全商）
ビジネスコミュニケーション	ビジネスコミュニケーション（全商）
英　　　語	英語（STEP）（全商）

かい指導を行っています。

①各学年ごとに進路希望調査・ガイダンスの実施

②各学年ごとに生徒・保護者に対して進学・就職に関する説明会や二者、三者面談の実施

③進路講演会や職場・上級学校見学会、卒業生との進路懇談会の実施など

どの卒業生も笑顔で学校に来て「浦商で学んでよかった」と誇らしげに語っています。

4 大学進学に有利 ここ数年では、明治大、獨協大、日本大、駒澤大、専修大、文教大、東京経済大、武蔵大など多くの大学に現役で合格しています。

簿記や情報処理の資格を活かせば、経済経営系や商業系はもとより、情報系の大学にも普通科の高校より有利に進学出来ます。

多くの大学で、商業高校生のための入試制度が設けられています。このようなことから、たくさんの資格が取得できる浦商に、大学進学を目指して入学してくる生徒もいるのです。

5 伝統の就職 浦和商業の就職は、「高校生の就職といえば製造や販売」といったイメージが当てはまりません。事務職の求人が、事務職希望者の３倍近い企業から来ます。そのため事務職を希望する生徒の事務職就職率は100％です。しかも就職先の半数以上が東証プライム市場上場企業や業界トップの企業です。全体でも、就職希望者の５倍以上の企業が浦和商業から新入社員を採りたいと求人票を送ってくださいます。したがって、就職希望者の就職決定率もずっと100％なのです。

あなたも本校で即戦力としての実力を身につけ、自分にふさわしい仕事と企業を選び、社会に役立つ有能な人として羽ばたきませんか。

6 学校行事・部活動

９月に行われる文化祭(浦商祭)、球技大会や予餞会等の学校行事は、生徒会や実行委員が中心となって企画運営し、全校一丸となって取り組みます。10月の体育祭は学年縦割りの団対抗戦で、一致団結し、優勝目指して盛り上がります。

部活動も盛んで、運動部ではボート部がインターハイで入賞、卓球部・ハンドボール部などが県大会に出場するなど活躍しています。また文化部では、電脳部(コンピュータ)・簿記部・珠算部・OA部といった商業高校ならではの部があり、全国大会の常連となっています。書道部は全国高等学校総合文化祭(2023かごしま総文)に出品、吹奏楽部や太鼓部は、地域のイベントに積極的に参加し、地域と連携しています。

その他 ※日程は必ず学校HP等でご確認ください。

○体験入学　８月１日(木)体験授業(商業)あり
○学校説明会　10月12日(土)、11月２日(土)、12月14日(土)、１月11日(土)
学校HPより事前申し込みが必要です。上履き・筆記用具をお持ちください。
○文化祭・個別相談会　９月７日(土)
　(申し込み不要)

商業科も情報処理科と同様にICT教育を推進

卒業後の進路状況

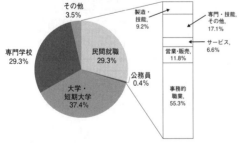

その他 3.5%
専門学校 29.3%
大学・短期大学 37.4%
民間就職 29.3%
公務員 0.4%

製造・技能, 9.2%
専門・技能,その他, 17.1%
営業・販売, 11.8%
サービス, 6.6%
事務的職業, 55.3%

主な進学先
明治大学、法政大学、獨協大学、日本大学、駒澤大学、専修大学、武蔵大学、文教大学、東京経済大学、拓殖大学、国士舘大学、共立女子大学、戸田中央看護専門学校
主な就職先
国家公務員専門職税務職員、埼玉県警、大日本印刷、共同印刷、東日本旅客鉄道、日本郵便、東和銀行、武蔵野銀行、足利銀行、青木信用金庫、川口信用金庫、むさしのカード、さいたま農業協同組合、埼玉トヨペット、ネッツトヨタ埼玉、ポラス、YKK、関電工、成城石井、イオンリテール、ロッテ、舟和本店、日本ホテル、ダイアナ、日本通運、DNPヒューマンサービス、西武鉄道、DNPデータテクノ、TOPPANエッジ

地図　JR浦和駅から徒歩15分　JR武蔵浦和駅から徒歩13分

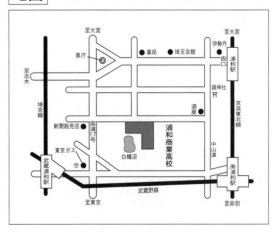

埼玉県立 大宮商業高等学校（全日制）

所在地 〒337-0053 さいたま市見沼区大和田町1-356 ☎ 048-683-0674
ホームページ https://omiyasyogyo-ch.spec.ed.jp
メールアドレス tayori@omiyasyogyo-ch.spec.ed.jp
最寄り駅からの順路 東武野田線（アーバンパークライン）大和田駅から徒歩6分

「総合実践」LANを使用して商取引

校 長	須藤 崇夫
創 立	昭和19年4月1日
教職員数	59人

生徒数

学科 ＼ 学年	1年 (男)(女)	2年 (男)(女)	3年 (男)(女)	計 (男)(女)
商業科	199 (35)(164)	150 (21)(129)	163 (41)(122)	512 (97)(415)

教 育 目 標

1　生涯にわたって、自ら学び自ら考える力を育てる。
2　豊かな知識と専門的な技能を身につけ、自ら進路を切り拓いていく力を育てる。
3　地域社会に貢献し、思いやりのある豊かな心と多様性を育てる。
4　ビジネス教育を通じて、協働して課題解決できる力を育てる。

校 訓　勤勉　礼節　誠実

教 育 課 程

埼玉県で唯一商業科のみの商業高校。1年生では全員が共通した科目を学習し、簿記・ビジネス計算・ビジネス文書・情報処理検定を全員取得。2年生では簿記・ビジネス計算・ビジネス文書・情報処理・商業経済等の検定を受験し、各種資格取得を目指しています。また、それぞれの興味・関心に応じて様々な資格取得にもチャレンジできます。3年生では、進路希望に沿ったカリキュラムを選択し進路実現に向けて取り組んでいます。

データ　令和7年度入学生　教育課程

	1	2	3	4	5	6	7	8	9	10	11	12	13	14	15	16	17	18	19	20	21	22	23	24	25	26	27	28	29	30
1年	現代の国語(2)		言語文化(2)		地理総合(2)		数学Ⅰ(3)			科学と人間生活(2)		体育(2)		保健(1)	芸術Ⅰ(2)		英語コミュニケーションⅠ(3)			ビジネス基礎(2)		ビジネス・コミュニケーション(2)		簿記(4)				情報処理(2)		LHR(1)

2年	論理国語(3)			公共(2)		数学Ⅱ(2)		化学基礎(2)		体育(3)		保健(1)	家庭総合(2)		英語コミュニケーションⅡ(2)		マーケティング(2)	情報処理(3)			財務会計Ⅰ(3)			【商業選択】原価計算ソフトウェア活用(3)			LHR(1)

3年	文学国語(3)			歴史総合(2)		数学Ⅱ(2)		生物基礎(2)		体育(2)		家庭総合(2)		英語コミュニケーションⅡ(3)			A選択(2)		B選択(2)		ビジネス法規(2)		総合実践(3)			課題研究(3)			LHR(1)

【3年　A選択・B選択　開講予定の講座（変更が生じる場合もあります）】

　A選択 ： 総合古典、数学理解、スポーツⅡ、器楽、美術総合研究、実用の書、観光ビジネス、ビジネス・マネジメント、財務会計Ⅱ
　B選択 ： 音楽Ⅱ、美術Ⅱ、書道Ⅱ、フードデザイン、保育基礎、ネットワーク活用、財務会計Ⅱ

【本校で学習することにより取得が可能となる資格】

簿記・会計分野	：	全商簿記実務検定1〜3級、全経簿記能力検定2・3級、日商簿記検定2・3級
情報分野	：	全商情報処理検定2・3級、全商ビジネス文書実務検定1〜3級
ビジネス計算分野	：	全商ビジネス計算実務検定1〜3級
商業経済分野	：	全商商業経済検定1〜3級
その他	：	全商英語検定、秘書検定、MOS（マイクロソフト・オフィス・スペシャリスト）、日本漢字能力検定

教 育 活 動

1　学習活動

　普通科目・商業科目とも基礎的・基本的な学力や技能の習得に努力しています。高校から学ぶ簿記をはじめとする商業科目は、スタートラインが一緒です。自分の得意科目を見つけ、飛躍的に成績がアップすることも夢ではありません。4つのコンピュータ室ではパソコン実習を行い、休み時間や放課後、長期休業中もパソコン室を開放し、資格取得練習や、レポート作成・進路活動等、フルに活用しています。総合実践室ではLANを使用して商取引を行い、3年間のまとめの授業としての役割を果たしています。

　本校の生徒は、進路実現のために積極的に授業に参加し、活気ある学習活動を行っています。

2　進路指導

　多くの卒業生が現在、実業界の第一線で活躍しています。また、卒業生が各就職先で活躍しているので、企業から高い評価を得ています。それに加え、大宮という地の利もあり、多くの企業から求人をいただいています。

　進学希望者も増加しており、生徒の将来設計に合わせて大学・短大・専門学校を選択、受験勉強の方法・内容についても細かに指導しています。

　例年、次の行事を行うことによって、生徒の進路意識を高めています。

① 卒業生による進路体験発表会

　卒業生が来校し、3年生に自分の体験を発表します。就職者は社会人になってからの話が、進学者は進学先決定までと学生生活の話が中心になります。

② 進路説明会

　前年度進路状況を説明、企業や大学から講師を招き、3年生と保護者を対象に話をしていただきます。

　その他にも、各種の適性検査・小論文指導の実施や保護者懇談会を通して、生徒の志望実現のために努力しています。

特 別 活 動

　生徒会を中心に、新入生歓迎会・球技大会・文化祭（宮商祭）・体育祭などの行事を趣向を凝らして盛大に行っています。部活動も盛んで、10の運動部と16の文化部があります。

　珠算・電卓部が令和元年度は団体で、令和6年度は個人で全国大会に出場しました。

　修学旅行は、2年生秋に実施され、訪問先は入学後決定します。沖縄？大阪？…？？　お楽しみに。

（宮商祭）

そ の 他

※日程は必ず学校HP等でご確認ください。

学校説明会等

一日体験入学	……7月30日（火）
第1回…全体説明会	……10月12日（土）
第2回…全体説明会	……11月23日（土）
第3回…全体説明会	……1月11日（土）
第4回…個別相談会（夕方）	……1月23日（木）

◎令和7年度入学者選抜でも、面接を行います。
◎2年生希望者がインターンシップ（就業体験）を実施予定。

卒業後の進路状況 〈過去4年間〉

進　路		令和2年度	令和3年度	令和4年度	令和5年度
進学	大学・短大	25	21	35	24
	専門学校	49	58	64	38
就　職		127	105	107	101
そ の 他		9	13	4	3
卒 業 総 数		210	197	210	166

〈主な就職先〉

武蔵野銀行、東和銀行、南彩農業協同組合、日本ホテル、JR東日本ステーションサービス、大日本印刷、瀧野川信用金庫、三越伊勢丹、ヤオコー、千疋屋総本店、YKK AP、埼玉トヨタ株式会社、共同印刷、プリンセストラヤ、川口総合病院、マルエツ、アライヘルメット、国立印刷局　等

〈主な進学先〉

城西大、駿河台大、聖学院大、大東文化大、高千穂大、拓殖大、専修大、千葉商科大、東京成徳大、東洋大、獨協大、文教大、明治大、目白大学短大部、埼玉県立高等看護学院、さいたま市立高等看護学院　等

※学校HPや学校案内で詳細がご覧いただけます。

地図

東武野田線（アーバンパークライン）
大和田駅から徒歩6分
JR宇都宮線土呂駅から徒歩20分

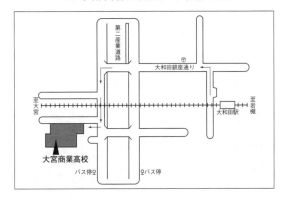

埼玉県立　常盤高等学校（全日制）

所在地　〒338-0824　さいたま市桜区上大久保519-1　☎ 048-852-5711
最寄り駅からの順路　JR 北浦和西口下車　西武バス「大久保」「浦和北高校」行きに乗車約20分「大久保団地東」下車（本校正門より30m）
JR 与野本町下車　徒歩25分

豊かな人間性、確かな知識・技術を兼ね備えた
看護のスペシャリストへ

校　　　長	鴨志田　新一
創　　　立	昭和45年 4 月 1 日
教職員数	63人

生徒数　382名

	看1	看2	看3	専1	専2	計
男子	3	2	2	3	2	12
女子	78	75	77	74	66	370

5 年一貫の看護師養成教育

本校は埼玉県で唯一、看護師を養成する 5 年一貫の全日制高等学校です。5 年間の教育課程を修了すると看護師国家試験の受験資格を得られます。

年数	1	2	3	4	5	6	7
中学校卒業	常盤高校　看護科 3 年・看護専攻科 2 年					看護師国家試験	
	一般の高校			看護学校 3 年			
				看護短大 3 年			
			看護大学 4 年				

教 育 課 程

5 年間のうち、高校にあたる看護科では普通科目と看護科目を同時に学習します。看護科目においては看護の基礎的な内容から始まり、5 年間継続して学びを深めることができます。

教育課程の内訳（単位数）

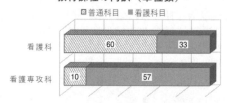

☒普通科目　■看護科目

	普通科目	看護科目
看護科	60	33
看護専攻科	10	57

看護科日課表

日　課	時　間
SHR	8:40〜 8:50
第 1 時限	8:50〜 9:40
第 2 時限	9:50〜10:40
第 3 時限	10:50〜11:40
第 4 時限	11:50〜12:40
昼休み	12:40〜13:25
第 5 時限	13:25〜14:15
第 6 時限	14:25〜15:15
清掃・SHR	15:15〜15:30
第 7 時限※火のみ	15:25〜16:15
下校17：00　生徒完全下校18：00	

専攻科日課表

日　課	時　間
SHR	9:00〜9:05
第 1 時限	9:10〜10:40
第 2 時限	10:50〜12:20
昼休み	12:20〜13:05
第 3 時限	13:05〜14:35
第 4 時限	14:45〜16:15
清掃・SHR	16:15〜

アクセス

JR 北浦和駅から西武バス約20分
JR 南与野駅から徒歩25分
JR 与野本町駅から徒歩25分

看護科 3 年間は50分授業です。専攻科は90分授業となり、講師として医師や看護師をはじめ様々な専門職の方々が来てくださいます。その他、始業前に各クラスで朝学習に取り組んだり、放課後は看護技術を磨いたり、自主練習の時間が設けられています。

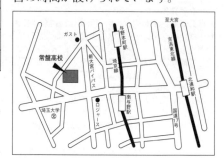

戴帽式

常盤の特色ある教育

1　プロジェクト学習

　未来を生きていくために必要なたくさんの力が身につきます。例えば、１年生で初めて取り組むのは「地域生活プロジェクト」。自分たちが住んでいる地域についてリサーチし、快適に長く暮らすために、自分たちにできることを考え、提案します。このプロジェクト学習を通じて、常盤生は多くの力を身につけていきます。

2　臨地実習

　看護科１年生では病院見学、２年生では高齢者施設や障害者施設での実習、３年生からは病院で実際に患者さんを受け持ち、看護実習を行います。専攻科に上がると、より専門的な小児看護や母性看護等の実習が始まります。

特 別 活 動

　部活動はバレーボール、バスケットボール、バドミントン等の運動部５つ、JRC、吹奏楽、茶道等の文化部が５つあり、楽しく取り組んでいます。

学 校 行 事

　他の高校と同じように文化祭、体育祭、球技大会、修学旅行などの行事も充実しています。そして、常盤ならではの行事としては戴帽式があります。※日程は必ず学校ＨＰ等でご確認ください。

≪行事予定≫
文化祭　　　９月７日（土）
体験入学　10月12日（土）
学校説明会７月30日（火）・31日（水）
　　　　　11月30日（土）

　戴帽式とは、看護の基礎課程を修了した看護科

　３年生が校長よりナースキャップを受け取り、ナイチンゲール像より灯火を受ける、看護の厳粛で伝統的な式典です。戴帽生は皆、凛として美しく、改めて看護の道を誓います。

卒 業 後 の 進 路

　実習させていただいた病院への就職が多く、将来をイメージして進路を決めることができます。

≪主な就職先≫
埼玉県立病院、埼玉メディカルセンター、埼玉医科大学グループ、さいたま市民医療センター、越谷市立病院、春日部市立医療センター、さいたま赤十字病院、さいたま北部医療センター、獨協医科大学越谷病院、川口工業総合病院

≪主な進学先≫
埼玉県立大学保健医療福祉学部看護学科
女子栄養大学栄養学部保健栄養学科
新潟大学医学部保健学科看護学専攻
早稲田医療技術専門学校保健学科
中林病院助産師学院
母子保健研修センター助産師学校

常盤では進学や大学編入も可能です。
希望に合わせて皆さんの力になります！

入学希望者に求めること

　本校は看護師になりたいという強い希望を持っている人、健康で他者に対し思いやりのある人、誠実で責任感の強い人、勉学に熱意のある人を求めます。看護の道は決して簡単なものではありません。その分、頑張る人を全力で応援します。

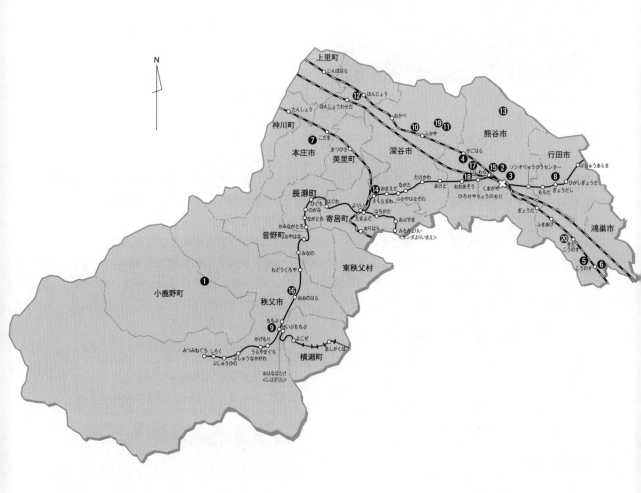

※次の高校は2024年度から生徒募集を
　停止しています。
・皆野高等学校(全日制)

埼玉県立 小鹿野高等学校（全日制）

所在地 〒368-0105 秩父郡小鹿野町小鹿野962-1 ☎ 0494-75-0205 FAX 0494-72-1001
ホームページ https://ogano-h.spec.ed.jp/ **メールアドレス** t750205d@pref.saitama.lg.jp
最寄り駅からの順路 西武鉄道西武秩父駅（又は秩父鉄道秩父駅）より
西武バス『小鹿野車庫』行き、「小鹿野」下車徒歩3分

校　　長	植田　雅浩
創　　立	昭和23年4月1日
教職員数	50人

生徒数

学年＼学科	1年（男）（女）	2年（男）（女）	3年（男）（女）	計（男）（女）
総合学科	43 (28)(15)	40 (25)(15)	29 (20)(9)	112 (73)(39)

特色ある小鹿野高校

山村留学ができる学校－県内唯一の取組（試行）を実施しています－

　本校は、地域密着型の高校であるとともに、県内で「山村留学（試行）」ができる唯一の学校です。小鹿野町の文化やスポーツに興味・関心を持つ県内在住で遠方からの希望者を、小鹿野町にある宿泊施設等が受け入れるものです。親元を離れ、心身を大きく成長させて、卒業していきます。遠方の希望者を受け入れることで、新しい人間関係や刺激・活力、多様な価値観を、学校や小鹿野町にもたらしてくれることも期待しています。

総合学科

(1) 総合学科・単位制

　総合学科は、今までの普通科と専門学科の両方のよいところを合わせ持つ学科です。卒業に必要な単位を修得すれば、卒業することができます。

(2) 特色ある教育課程

　令和4年度入学生から4つの系列に再編しました。進路を見据え、個に応じた科目を取得できます。

ア　福祉生活系列

　介護・福祉に関する知識と技術の習得を目指し、現場での実践力を育みながら、福祉に関する資格の取得を目指します。

データ　令和6年度入学生の教育課程

□○ は2時間連続の科目

単位	1年次	単位	系列	\<2年次\> 福祉生活	地域観光	文理総合	文化教養	単位	系列	\<3年次\> 福祉生活	地域観光	文理総合	文化教養
1〜2	現代の国語	1〜2	共通科目	論理国語				1〜2	共通科目	論理国語			
3〜4	言語文化	3〜4		数学A				3〜4		地理総合			
5〜6	公共	5〜6		地学基礎				5〜6		体育			
7〜8	歴史総合	7〜8		英語コミュニケーションI				7〜8		家庭総合			
9〜10	数学I	9〜10		家庭総合				9〜11		総合的な探究の時間			
11〜12		11〜12		体育									
13	生物基礎	13						12〜13	3A	福祉情報	(学)郷土の文学	論理・表現I	(学)看医数学	原価計算	ビジネスコミュニケーション	器楽B
14	化学基礎	14		保健				14		(学)生活と住環境	政治・経済	総合古典 2001	(学)看護英語		メディアとサービス	器楽A
15〜16		15〜16		総合的な探究の時間				15							
17	体育	17〜18	2A	社会福祉基礎	(学)秩父の歴史	(学)時事英語		(学)国語一般	16〜17	3B	介護福祉基礎 こころとからだの理解	地学	英語コミュニケーションII	文学国語	財務会計I	簿記	(学)教養理科
18				介護総合演習	住生活デザイン	数学II	簿記	倫理	18							
19〜20	保健	19			(学)異文化理解				19〜20	3C	生活支援技術	(学)観光地理	数学III	物理基礎	(学)実用英語中級	実用の書 2608	フードデザイン
21	芸術	20〜21	2B	介護福祉基礎	情報デザイン	国語表現	生物	(学)実用英語初級	硬筆 2610	21			(学)クラフト		情報II	(学)漢字研究	(学)介護技術入門	
22〜23	英語コミュニケーションI	22		生活支援技術		政治・経済		(学)漢字研究	陶芸 2504	22〜23	3D	(学)社会福祉援助技術	コンテンツの制作と発信	世界史探究	(学)看医生物	ソフトウェア活用	陶芸 2504	服飾手芸
24〜25		23〜24	2C	生活支援技術	クラフトデザイン	日本史探究	化学	情報処理	書道I	24〜25		(学)福祉心理				美術III 音楽III	
26〜27	情報I	25〜26			(学)地域統計学				美術II 音楽II	26〜27							
28〜29	産業社会と人間	27〜28	2D	こころとからだの理解	保育基礎	(学)古典基礎	数学理解 1001	ビジネス基礎	取唱	28〜29		保育基礎	(学)観光コミュニケーション英語	国語表現	数学B	課題研究	スポーツレクリエーション	(学)文章表現基礎
30	LHR	30		LHR					30		LHR					
				系列選択科目							系列選択科目				

※系列の選択科目群の中から、2年次生は8単位以上、3年次は10単位以上を選択すること

イ　地域観光系列

　地域の観光資源を生かした自習的な学習活動を通して、地域の活性化に貢献する職業人として必要な資質・能力を育成します。

ウ　文理総合系列

　四年制大学や看護系の学校への進学、公務員等への就職を目指し、将来の専門的な学びに対応できる能力や態度を育成します。

エ　文化教養系列

　実習や実技を中心とした学習活動・表現活動や幅広い学びを通して、職業人として必要な知識・技能や態度を育成します。

教　育　活　動

1　学習活動

　1年次は、全員が共通の科目を学びますが、2年次以降は、共通で学ぶ科目が減り、生徒の興味・関心・進路等に応じて選択科目、自由選択科目から自分にあった科目を選びます（2年次33科目・3年次43科目）。系列を越えての選択もできるため、オリジナルの時間割で学ぶことができます。

⑴　「産業社会と人間」という科目では、将来の進路・職業等について考え、教員・保護者と相談しながら2年次からの科目を選択します。

⑵　定期的な英語課題テスト・漢字テストなど、英語や国語、数学の基礎学力向上のために各学期数回のテストを実施します。

⑶　進学希望者には、放課後の個別指導や長期休業中の補習授業等を行います。

2　「キャリア教育」の視点に立った進路指導

　「産業社会と人間」や「総合的な探究の時間」、LHRにおいて、高校生活の目的や将来の希望がしっかり持てるように、計画的な進路指導を行います。

1　部活動

　陸上、野球、バレーボール、柔道、弓道、剣道、バドミントン、吹奏楽、華道、茶道、書道、科学、美術、ボランティア、竹あかり

2　学校説明会※日程は必ず学校HP等でご確認ください。

　詳細はホームページに記載されています。

第1回　7月28日(日)学校概要説明・進路概要説明・生徒による学校説明・**体験授業**
　　　　受付9：00〜　9：30〜11：40

第2回　8月24日(土)学校概要説明・生徒による学校説明・**体験部活動**
　　　　受付8：45〜　9：00〜11：30

第3回　9月28日(土)学校概要説明・生徒による学校説明・保護者が語る小鹿野高校・授業見学
　　　　受付12：00〜　12：30〜14：30

第4回　11月16日(土)学校概要説明・進路概要説明・生徒による学校説明・**体験授業**
　　　　受付9：00〜　9：30〜11：40

第5回　12月21日(土)学校概要説明・生徒による学校説明・**体験授業**
　　　　受付9：00〜　9：30〜11：40

第6回　2月1日(土)学校概要説明・高校3年生による進路概要説明・在校生による学校生活紹介
　　　　受付9：00〜　9：30〜11：00

　内容については予定ですので変更になる場合もあります。

　なお、学校見学等は随時受け付けております。

福祉・生活系列の実習

卒業後の進路状況

区　　分		総合学科		
		3年度	4年度	5年度
進学	大学・短大	7	6	4
	専修・各種学校	23	10	8
就職		33	33	20
卒業者総数		64	51	33

【大学・短大】関東学園大、城西大、上武大、駿河台大、聖学院大、帝京大、東海大、東京福祉大、尚美学園大、星槎道都大、立正大、埼玉医科大短期大など

【専門学校】アルスコンピュータ専門学校、関東工業自動車大学校、かんな福祉専門学校、グルノーブル美容専門学校、群馬自動車大学校、埼玉県栄養専門学校、埼玉県調理師専門学校、埼玉コンピュータ＆医療事務専門学校、埼玉歯科技工士専門学校、埼玉県製菓専門学校、埼玉福祉保育医療専門学校、秩父看護専門学校、中央スポーツ医療専門学校、専門学校東京クールジャパン、トヨタ東京自動車大学校、日本ウェルネススポーツ専門学校、ミス・パリ・ビューティ専門学校、東京モード学園、大川学園医療福祉専門学校、越生自動車大学校、大宮こども専門学校、大宮スイーツ＆カフェ専門学校、日本工学院専門学校など

【就職】㈱ウッディーコイケ、大曽根商事㈱、シチズンマイクロ㈱、社会福祉法人小鹿野福祉会、秩父市社会福祉事業団、特別養護老人ホーム　白砂恵慈園、社会福祉法人秩父正峰会、キャノン電子㈱、埼玉機器㈱、㈱秩父富士、埼玉富士、㈱グラファイトデザイン、㈱タイセー、ちちぶ農業協同組合、東洋パーツ㈱、㈲美やま温泉、㈱ナチュラルファームシティ、ニッケイインスリルメンツ㈱、有隣興業㈱、㈱ユニオンエースゴルフクラブ、㈱オプナス、診療印刷㈱、三菱マテリアル㈱、松本興産㈱、㈱ベルク、西武レクリエーション㈱、空港協力事業㈱、山崎製パン㈱など

【公務員】小鹿野町役場、自衛隊

地図

西武バス　「小鹿野」下車
徒歩3分

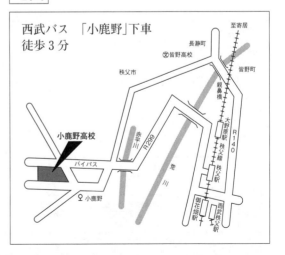

埼玉県立 熊谷高等学校（全日制）

所在地 〒360-0812 熊谷市大原1-9-1 ☎ 048-521-0050（代） FAX 048-520-1057
ホームページ https://kumagaya-h.spec.ed.jp/
最寄り駅からの順路 JR熊谷駅⑤・⑥番から朝日バス太田・妻沼行き円光下車、徒歩4分

伝統の赤いらかの校舎

校　　長	加藤　哲也
創　　立	明治28年6月1日
教職員数	82人

生徒数

学科 ＼ 学年	1年(男)	2年(男)	3年(男)	計(男)
普通科	318	319	317	954

【学校説明会】 ※日程は必ず学校HP等でご確認ください。
第1回　8月1日（木）10:30～、13:30～、2日（金）10:30～　本校
第2回　10月12日（土）11:30～　本校
第3回　1月25日（土）11:20～　本校

熊高の歴史・概要

　明治28年に埼玉県第二尋常中学校として誕生し、明治34年に埼玉県立熊谷中学校と改称されました。さらに、昭和23年に学制改革により埼玉県立熊谷高等学校と改称され、令和7年に創立百三十周年を迎える伝統校です。この間、3万有余名が卒業し各界で活躍しています。

　日本や世界に貢献できる人材育成を使命とし、「質実剛健」「文武両道」「自由と自治」の伝統の下、活力ある進学校として教育活動が展開されています。

教育課程

進学型単位制

　本校では平成28年度入学生より、「進学型単位制」を導入しました。これにより、生徒は将来の進路に向けて選択できる幅が広がり、また少人数での授業を受けることが出来るようになります。

　具体的には1年次では理科と芸術を選択します。2年次以降は文系・理系に分かれ「類型共通科目」、教科を越えた選択科目から科目を選択し、3年次ではさらに選択の幅が広がります。

SBHSとの国際交流

　熊谷高校では、1995年（平成7年）にニュージー

令和6年度入学生教育課程表

( )内の数字は単位数(週当たりの授業数)を示す

		1〜5	6〜7	8〜9	10〜15	16〜17	18〜20	21〜22	23	24〜25	26〜31	32	33
1年次	共通	現代の国語 言語文化 (5)	歴史総合 (2)	公共 (2)	数学Ⅰ 数学A (6)	化学基礎 (2) / 地学基礎(2) 生物基礎(2)	体育 (3)	保健 (1)	芸術 (2)	英語コミュニケーションⅠ 論理・表現Ⅰ (6)	ホームルーム(1)	総合探究(1)

		1〜2	3	4〜5	6〜7	8〜13	14〜17	18〜22	23〜31	32	33
2年次 文系	体育 (2)	保健 (1)	芸術 (2)	家庭基礎 (2)	英語コミュニケーションⅡ 論理・表現Ⅱ (6)	論理国語 古典探究 (5)	数学Ⅱ 数学B (5)	類型選択科目 総合選択科目 (8)	ホームルーム(1)	総合探究(1)
2年次 理系					英語コミュニケーションⅡ 論理・表現Ⅱ (5)	論理国語 古典探究 (4)	数学Ⅱ 数学B (6)	類型選択科目 総合選択科目 (9)		

		体育 (3)	情報Ⅰ (2)	英語コミュニケーションⅢ 論理・表現Ⅱ (5)	論理国語・文学国語 古典探究 (7)	数学C (2)	類型選択科目 総合選択科目 (12)	ホームルーム(1)	総合探究(1)
3年次 文系									
3年次 理系				英語コミュニケーションⅢ 論理・表現Ⅱ (5)	論理国語 古典探究 (4)	数学Ⅲ　数学C	類型選択科目 総合選択科目 (12)		

【類型選択科目・総合選択科目の例】
2年次：地理総合　日本史探究　世界史探究　物理基礎　生物基礎　地学基礎　化学　生物
3年次：国語探究　日本史・近現代研究　世界史総合　地理探究　倫理　政治・経済　公民探究　倫理講読　解析学入門　数学理解　数学探究　物理　化学　生物　地学　物理探究　化学探究　生物探究　地学探究　スポーツ総合　スポーツⅠ〜Ⅲ　ソルフェージュ　美術総合研究　実用の書　英語研究　フードデザイン　栄養　情報探究　情報システムのプログラミング

ランドの SBHS（Southland Boys High School）と
兄弟校の調印を行いました。

　以後、隔年約20名の本校生が夏休み中に2週間
程度ニュージーランドへ短期留学に行っています。
また、隔年で SBHS から10名以上の生徒が来校
します。

　お互いに語学研修に加えて様々な体験プログラ
ムが経験できて非常に好評です。

教 育 活 動

1　学習活動

　1週間に33時間の授業を展開しています。また
ほぼ隔週で土曜日授業を実施しています。進学校
として質の高い授業を展開し、授業は毎時間、生
徒と教師の真剣勝負の場となっています。

2　進路指導

　伝統ある進学校として、生徒全員の第一希望の
実現を目指して進路指導を展開し、「生徒の学力
向上」「生徒の高い志の育成」に取り組んでいます。
実力養成補習（夏季補習、難関国公立向け補習等）、

思い切り校歌を斉唱（文化祭フィナーレで）

データ　令和6年度日課表

	月曜日～金曜日	土曜日授業実施日
Ｓ　Ｈ　Ｒ	8：35～8：45	8：40～8：45
第 1 時限	8：50～9：40	8：45～9：35
第 2 時限	9：50～10：40	9：45～10：35
第 3 時限	10：50～11：40	10：45～11：35
第 4 時限	11：50～12：40	11：45～12：35
昼　休　み	12：40～13：25	
第 5 時限	13：25～14：15	
第 6 時限	14：25～15：15	
第 7 時限	15：25～16：15	

月曜日のみ第7限（15：25～16：15）にＬＨＲがあります。

卒業後の主な進路状況 （令和6年3月）

北　海　道	1	東京農工	3	早　稲　田	18	東　　洋	113
秋　　田	1	東京藝術	1	慶應義塾	5	芝浦工業	28
東　　北	4	電気通信	3	明　　治	42	東京電機	32
岩　　手	2	新　　潟	3	立　　教	27	立命館	7
筑　　波	3	富　　山	1	法　　政	33	同志社	3
宇都宮	1	信　　州	2	上　　智	7	関西学院	3
群　　馬	21	金　　沢	1	中　　央	32	関　　西	2
埼　　玉	9	大　　阪	1	東京理科	28	埼玉医科	1
千　　葉	5	高崎経済	8	学　習　院	16	東京薬科	3
東京学芸	2	東京都立	2	青山学院	1	明治薬科	4
東京海洋	1	国公立計	96	日　　本	52	私立計	769

数値は合格者数

　進路講演会、学習ガイダンス、生き生き仕事人（キ
ャリアガイダンス）、個別面談、実力査査、校内模
試、業者模試、授業研究などを実施しています。

特 別 活 動

1　受け継がれる伝統行事

　特別活動は、基本的に生徒自らの手で企画・運
営し、課題解決を図っていきます。「熊高祭」、「体
育祭」などは実行委員会を組織して運営にあたり
ます。また、「40キロハイク」は市内荒川大橋を
出発点として上長瀞駅まで完歩するもので毎年5
月に行われる生徒会の伝統的行事です。コース沿
線では初夏の風物詩になっています。

　また、1年次全員参加の「臨海学校」は7月に
柏崎市鯨波で実施され、体力的にも人間的にも生
徒が大きく成長する行事となっています。

2　部活動

　「文武両道」の下、部活動も大変盛んです。運
動部19部、文化部11部、愛好会6サークルを数え、
ほぼ100％の生徒が加入し活発に活動しています。

　毎年、複数の部が関東大会、全国大会に出場し
ています。

そ の 他

1　図書館の土曜日開放と平日開館時間延長

　ＰＴＡの協力により図書館はほぼ毎週土曜日に
開館するほか、平日も毎日夜8時30分まで開館時間
を延長し、恵まれた学習環境づくりに努めていま
す。

2　教室冷房完備

　教室は冷房を完備しています。酷暑でも快適な
環境の中で学習できます。

3　熊高ゼミ

　2年次全員で、教科の枠を超えて開講されるゼ
ミに所属し、1年間をかけて研究を行い、論理的
思考力や発信力の養成を目指します。

　令和6年度も多彩な講座を開講しています。

地図　JR熊谷駅⑤・⑥番乗場から朝日バス太田・妻沼行き円光下車、徒歩4分

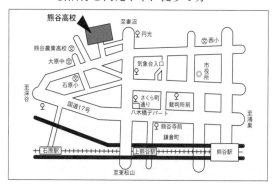

埼玉県立 熊谷女子高等学校 （全日制）

所在地 〒360-0031 熊谷市末広2-131 ☎ 048-521-0015
ホームページ https://kumajo-h.spec.ed.jp/
最寄り駅からの順路 JR高崎線、秩父鉄道「熊谷駅」下車、北口より徒歩7分

正門付近（文化祭アーチ）

校　　長	栗藤　義明
創　　立	明治44年4月25日
教職員数	78人

生徒数

学科＼学年	1年(女)	2年(女)	3年(女)	計(女)
普通科	318	317	311	946

目指す学校像

　自主自律の精神と豊かな人格を育み、新しい時代をリードする心身ともに健康な生徒を育成し、生徒の第一志望の進路実現を果たす進学校。

教育課程

1　基礎・基本を重視した教育課程

　国公立・難関私立大受験はもちろん、大学へ入学してからの研究活動にも基礎教科は大変重要です。本校では、1学年で入試の要である国・数・英の学習時間を確保して、基礎基本の習得に重点をおき、2学年より文型・理型に分け、生徒の進路希望にきめ細かく対応した教育課程を設定しています。

2　確かな学力の定着

　学習の基本は何よりも授業です。平成29年度入学生より月水曜日7時限、火木金曜日6時限、隔週土曜日4時限授業（令和6年度15回予定）を実施しています。また年間行事予定を効率的に計画し、十分な授業時間の確保に努めています。情熱あふれる若手教員から経験豊富なベテラン教員まで全教職員が質の高い授業を実践しており、「授業力の熊女」として定評があります。また全校生徒が1人1台のiPadを所有し、これを使ったICT活用授業にも積極的に取り組んでいます。

教育活動

1　学習活動

　本校では生徒の自主性を尊重し、自ら学ぶ生徒

データ

（主な学校行事）
4月…入学式、新入生歓迎会
6月…バレーボール大会
7月…鈴懸祭（文化の部）、国際交流事業（姉妹校サウスランド・ガールズ・ハイスクールと）
8月…進学補習
9月…鈴懸祭（体育の部）
10月…修学旅行（2年　東北方面）
11月…Kumajoパークマラソン
12月…芸術鑑賞会
3月…予餞会、卒業式、ハンド・バスケ大会

卒業後の進路状況

進　路　先		3年度	4年度	5年度
大学（国公立）		290(48)	282(53)	283(50)
短　期　大　学		0	1	0
専　門　学　校　等		7	8	5
就職	公　務　員	2	1	1
	民　間　企　業	0	0	0
そ　　の　　他		20	15	20
卒　業　者　総　数		319	307	309

の育成を目指しています。入学者のほぼ全員が進学希望であるため、教科書はもちろん副教材等も活用しながら、シラバスに沿った効率的で内容の濃い授業を展開しています。また、早朝や放課後の補習、そして、長期休業中にも数多くの補習が実施されており、昨年度の夏の補習では、1、2年生は24講座、3年生では42講座を開講しました。生徒それぞれが自分の進路希望に応じて学習に取り組んでいます。また、全教室と特別教室に冷房が完備され、学習環境が整っています。令和2年度に110周年記念事業として食堂にも冷房が整備されました。

2　学校生活

本校は明治44年に県立熊谷高等女学校として創立された創立114年目を迎えた伝統校です。生徒の自主性と個性を尊重する明るい校風の下、生徒は和やかで、活気のある学校生活を送っています。

3　進路指導

キャリア教育講演会・大学入試科目研究・進路講演会・卒業生との懇談会・合格体験を聴く会等の開催や、補習や模試の実施、担任による面談など、生徒の進路希望を実現する支援体制が整っています。さらに令和5年度から、駿台サテネット21（駿台予備校）のオンライン講座を全学年で導入しました。自分のiPadや自宅のパソコンなどで、いつでも、どこでも、何度でも学習できる環境、

鈴懸祭（体育の部）応援合戦

自分自身で時間をマネジメントできる環境を準備し、進路実現をサポートします。

4　将来を展望する取り組み

・県立学校オンライン連携講座事業
・データサイエンス・AIリテラシーを活用できる高校生育成研究事業

大学や企業、他校との連携を元に、データサイエンス等の手法を用いた探究活動を通して、ICTを活用した個別最適な学びを実践します。

・国際交流

平成20年にニュージーランド・インバーカーギル市にあるサウスランド・ガールズ・ハイスクールと姉妹校提携し、隔年で派遣と受入を行っています。この交流を通して、生徒の異文化理解と、国際的感覚を育成します。

特　別　活　動

学校行事の中心はやはり『鈴懸祭（文化の部、体育の部）』です。これは校庭の一隅に本校開設当時からあるすずかけの大樹にちなんだ名称です。この鈴懸祭は毎年5千人を超える来校者を迎え盛大に行われています。

また、バレーボール、ハンドボール、バスケットボールなどの球技大会、新入生歓迎会、芸術鑑賞会、修学旅行、パークマラソン等様々な学校行事が活発に行われています。

一方、部活動もたいへん盛んで県大会はもちろん、関東・全国大会へと出場する部もあります。運動部16、文化部17、同好会・愛好会4の中から選択し活動する中で、熊女生は、人間的に大きく成長します。

その他

学校説明会の日程、申し込み等については、学校ホームページをご覧ください。

卒業後の進路状況

令和5年度　主な大学合格者数（現役生のみ）

（国立）北海道大2　帯広畜産大2　群馬大5　東京藝術大1　東京学芸大1　東京農工大1　埼玉大8　横浜国立大1　奈良女子大1

（公立）東京都立大1　埼玉県立大7　高崎経済大4　群馬県立県民健康科学大2

（私立）早稲田大5　上智大3　東京理科大3　明治大10　青山学院大4　立教大21　中央大7　法政大12　学習院大15　関西大1　立命館大2　津田塾大11　東京女子大17　日本女子大28　埼玉医科大（医学部）1　日本赤十字広島看護大1

地図　JR高崎線、秩父鉄道「熊谷駅」より徒歩7分

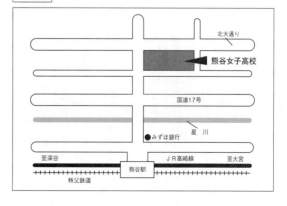

埼玉県立 熊谷西高等学校（全日制）

所在地 〒360-0843　熊谷市三ヶ尻2066　☎ 048-532-8881　FAX 048-530-1081
ホームページ https://kumanishi-h.spec.ed.jp
最寄り駅からの順路 JR高崎線籠原駅南口から南東1.2km　徒歩15分

校　長	金室　紀夫
創　立	昭和50年4月1日
教職員数	90人

生徒数

学科＼学年	1年(男)(女)	2年(男)(女)	3年(男)(女)	計(男)(女)
普通科	282 (132)(150)	276 (135)(141)	276 (121)(155)	834 (388)(446)
理数科	41 (25)(16)	39 (27)(12)	37 (24)(13)	117 (76)(41)
計	323 (157)(166)	315 (162)(153)	313 (145)(168)	951 (464)(487)

理数科クラスの実験風景

生徒の力を最大限に伸ばす県北が誇る進学校

熊西で国公立大を目指そう

　本校は普通科に加え、県北で唯一理数科を有する「男女共学の進学校」として発展してきました。本校は国公立大学への現役合格率が県内の高校の中でトップクラスをキープしています。令和6年度入試では47名の国公立大合格者が出るなどの成果が出ています。また、県北の中心都市熊谷に立地していますが、近年は、入学希望者が県南を中心に全県的に広がっています。「生徒の力を最大限に伸ばす」ことが本校の教職員の共通した目標です。

スーパーサイエンスハイスクール（SSH）

　本校は、文部科学省からスーパーサイエンスハイスクール（第3期）の指定を受けました。期間は令和6年からの5年間です。

　本校のSSHでは、「発信は新たな学びにつながる」として、他者から学び、他者へ発信する「熊西学びの双方向ライン（KN-Line）」構想を広げます。「失敗を恐れるな！」「疑問から始めよう！」「推測してみよう！」の精神で、学び合いを大切にする学習環境を構築します。必修科目の「総合的な探究の時間」や理数科の「課題研究」の代替として、SSHならではの科目を設定し、全校的な取組として、探究的な活動や研究・プレゼンを通じて生徒の思考力や表現力等を伸ばします。

教　育　課　程

　月～金曜日に週34単位時間の授業を確保しつつ、放課後や土日は部活動や家庭学習等、自ら学び自ら鍛える時間を確保しています。

　特に、平成23年度から、55分授業を導入しました。これは、1日30分、1週間で約150分授業時間を増

データ

	日課表（55分授業）	
	火～金曜日	月　曜　日
SHR	8：35～8：45	8：35～8：45
第1時	8：45～9：40	8：45～9：40
第2時	9：50～10：45	9：50～10：45
第3時	10：55～11：50	10：55～11：50
第4時	12：00～12：55	12：00～12：50
昼休み	12：55～13：40	12：50～13：35
第5時	13：40～14：35	13：35～14：25
第6時	14：45～15：40	14：35～15：25
清掃	15：40～15：55	
第7時		15：35～16：25

＊月曜日のみ4～7限は50分授業。

学校行事
[1学期]
スタートアップ講座（1年生全員）、校外学習、進路講演会、体育祭、臨海実習（理数科）、三者面談、球技大会、学校説明会、スピーチコンテスト、大学出張講義、芸術鑑賞会
[2学期]
西高祭（文化祭）、修学旅行、持久走大会、理数科プレゼンテーション研修、学校説明会、海外科学研修
[3学期]
百人一首大会、SSH生徒研究発表会、球技大会、理数科放射線実習セミナー

やすことで34単位の授業を実施し、さらに生徒の力を伸ばすシステムです。

理数科

　本校理数科は、国公立大学を中心とする理系大学への進学を目指す生徒のための学科です。専門教科の理科や数学を深く学習するとともに、最先端の研究や実験を学び、放射線実習セミナー、臨海実習（2泊3日）・プレゼンテーション研修などの体験的な活動を行っています。

普通科

　1年次は芸術以外は共通の科目をバランス良く学習し、2年次から1類・2類の二つの類型に分かれます。国公立大学の5教科7科目（6教科7科目）型の新入試に対応できる力を伸ばします。

進 路 指 導

　「進学の熊西」をモットーに本校の全員が大学等への進学を希望しており、特に現役合格率は90.7％と県下トップクラスの実績をあげています。また、国公立大学への希望も多く、一人一人の生徒が高い志を掲げて日々の学習に取り組んでいます。1年時に全員を対象に4月に3日間のスタートアップ講座を行い、進学校らしさが醸成されます。そして、毎朝30分の朝自習や様々な補習授業などに全校で取り組んでいます。

　また、様々な進路学習の取組、年4回以上の個別面談など、きめ細かな指導で第一志望現役合格を実現します。

特 別 活 動

生徒会

　執行部を中心に様々な組織を編成し、学校行事や部活動などに積極的に取り組んでいます。主な行事としては、西高祭（文化祭）、体育祭、球技大会があります。

部活動

　年間を通して、どの部活動も熱心に活動しています。

　運動部：バスケットボール、陸上競技、野球、サ

進路自習室

ッカー、硬式テニス、ソフトテニス、バレーボール、剣道、バドミントン、卓球、ワンダーフォーゲル、柔道、ダンス

文化部：自然科学、美術、写真、演劇、吹奏楽、合唱、軽音楽、放送、茶道、家庭、書道、英語、将棋、マルチメディア、華道

　近年では、書道部、将棋部、自然科学部が全国大会に出場し、柔道部、陸上競技部、写真部、軽音楽部が関東大会に出場しています。美術部は令和6年3月の「はんが甲子園」本戦に11年連続で出場しました。令和6年度は、陸上競技部が関東大会に出場します。

国際交流

　ニュージーランド南島の最南端インバーカーギル市のジェームズハーゲストカレッジと文化交流を実施しています。生徒の派遣と受け入れを隔年で実施しています。

学校説明会・体験入学

詳細については本校ホームページを御覧ください。

学校説明会

　8月7日(水)13：30〜　8月8日(木)9：45〜
　9月14日(土)、10月5日(土)

※8月7日、8月8日、10月5日の会場は熊谷市文化創造館「さくらめいと」です。

進学相談会

　11月16日(土)、12月14日(土)、1月18日(土)

※文化祭は8月31日(土)、9月1日(日)に開催します。

※予定は変更になる場合があります。

2024年3月大学合格実績

国公立大学	合格数	私立大学	合格数
東　　北　　大	2	早　稲　田　大	5
山　　形　　大	2	慶　　應　　大	1
群　　馬　　大	18	上　　智　　大	4
埼　　玉　　大	6	東 京 理 科 大	4
お茶の水女子大	1	学　習　院　大	15
東 京 海 洋 大	1	明　　治　　大	12
東 京 学 芸 大	1	青 山 学 院 大	4
東 京 農 工 大	2	立　　教　　大	17
金　　沢　　大	1	中　　央　　大	5
信　　州　　大	1	法　　政　　大	13
山　　梨　　大	1	同 志 社 大	1
会　　津　　大	1	立　命　館　大	1
高 崎 経 済 大	3	日 本 女 子 大	3
前 橋 工 科 大	1	東 京 女 子 大	1
群 馬 県 立 大	1	津 田 塾 大	1
埼 玉 県 立 大	1	明 治 薬 科 大	5
東 京 都 立 大	1	芝 浦 工 業 大	13
川崎市立看護大	1	成　　蹊　　大	6
長 岡 造 形 大	1	成　　城　　大	2
長 野 県 立 大	1	明 治 学 院 大	2
長 崎 県 立 大	1	獨　　協　　大	22
		國 學 院 大	13
		武　　蔵　　大	8
		日　　本　　大	43
		東　　洋　　大	63
		駒　　澤　　大	14
		専　　修　　大	10
		そ　の　他	503
国 公 立 合 計	50	私 立 大 合 計	791

地図　JR 高崎線籠原駅南口下車　徒歩15分

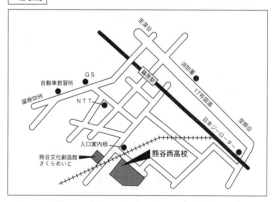

since1918

埼玉県立 鴻巣高等学校 (全日制)

所在地　〒365-0054　鴻巣市大間1020　☎ 048-541-0234　FAX 048-595-1013
ホームページ　https://konosu-h.spec.ed.jp/
最寄り駅からの順路　鴻巣駅西口下車　徒歩10分

校　　長	小川　　隆
創　　立	大正7年11月15日
教職員数	72人

生徒数

学年＼学科	1年 (男)(女)	2年 (男)(女)	3年 (男)(女)	計 (男)(女)
普通科	203 (88)(115)	202 (92)(110)	191 (101)(90)	596 (281)(315)
商業科	80 (36)(44)	78 (36)(42)	71 (31)(40)	229 (103)(126)
計	283 (124)(159)	280 (128)(152)	262 (132)(130)	825 (384)(441)

"100年の想い"を継なぎ未来を拓く

〈伝統〉　創立106年の伝統
　　　　　心清く、気高く、人のために生きられる
　　　　　青年の育成──福沢諭吉の教えを受け
　　　　　継ぐ　鴻巣高校

〈環境〉　**鴻巣駅から徒歩10分**
　　　　　自然に恵まれた静かな高台にある
　　　　　最適な学習環境

〈躍動〉　チャレンジする、楽しむ、
　　　　　達成感を味わうたくさんの場

　本校の卒業生は2万5千人に及び、政治・経済・教育・文化・スポーツなどあらゆる分野で活躍しています。現在、俳優として活躍している照英さん、ジェフユナイテッド市原・千葉レディースで活躍している加藤千佳選手も本校卒業生です。
　毎朝の「朝読書」(10分間)を全学年で取り組んでいます。

〈普通科〉－進路希望にあわせた最適な類型コース－
● 1年次では基礎学力の養成に重点をおき、調和のとれた学力を身につけます。
● 2年次では理系・文系に分かれ、希望進路の実現へ向けた学習が始まります。
● 3年次では文系・理系・文理系に分かれます。多くの選択科目を設け、理工、英文、人文、看護など具体的な希望進路に合わせて学習します。

〈商業科〉－資格を生かした大学進学　増加－
● 1・2年次には基礎となる普通科目や商業の基礎的科目を中心に学習します。2年次から選択科目を設け、進学・就職両方に対応した学習ができます。また、「簿記」や「情報処理」などの専門科目を多く学び、3種目以上の資格取得に力を注いでスペシャリストをめざします。

データ

1年　普通科　時間割(例)

	月	火	水	木	金
1	生物基礎	数ⅠA	家庭基礎	英語CⅠ	数ⅠA
2	現代の国語	化学基礎	体　育	生物基礎	芸術Ⅰ
3	英語CⅠ	言語文化	論理表現Ⅰ	数ⅠA	体　育
4	情報Ⅰ	英語CⅠ	歴史総合	論理表現Ⅰ	歴史総合
5	数ⅠA	芸術Ⅰ	情報Ⅰ	化学基礎	家庭基礎
6	体　育	現代の国語	数ⅠA	保　健	言語文化
7	総合探究	LHR			

※英語CⅠ→英語コミュニケーションⅠ

みなさんの可能性を
福沢諭吉の教えを受け継ぐ鴻巣高校で伸ばしてみませんか！

簿記（1～3級）、ビジネス文書（ワープロ1～3級）、情報処理（1～3級）、電卓（1～2級）、商業経済（3級）などの資格が取得できます。

教 育 活 動

1 学習活動

生徒一人ひとりの着実な学力向上をめざし教師と生徒が毎日の授業に真剣に取り組んでいます。

HR教室にはエアコンが設置され、快適な学習環境が整っています。

⑴ 少人数授業…1年生の数学・英語と、3年生の選択授業で実施しています。

⑵ コンピュータ授業…商業科の専門科目と普通科の情報の授業で実施しており最新のPCを使用して学習します。

⑶ 英語CI…ＡＬＴの先生との楽しい授業もあります。

⑷ 受験指導…長期休業中や放課後を利用して、英語・数学・国語などの受験対策講座が開かれています。

⑸ 大学との連携…大東文化大学等の講座を受講でき、その単位が大学及び本校の単位として認定されます。

2 進路指導

生徒の個々の適性、個性、関心、能力に応じた進路指導を行います。

令和5年度普通科卒業生の約56％が大学・短大に、約36％が専門学校に進み、約2％が就職しました。

また、商業科では、約31％が大学・短大に、約35％が専門学校に進み、約23％が就職しました。

長期休業中や放課後の補習授業、大学・短大・企業見学、小論文指導、模擬面接、資格検定のための指導を通して、学習意欲を高めて希望進路の実現を目指しています。

特 別 活 動

自主自律の伝統的な校風が最もよく発揮されている場面が特別活動です。特に生徒会活動では、新入生へ

体育祭 みんなでジャンプ

のユーモアあふれる部活動紹介や、文化祭の企画審査会の活動などに創意工夫が感じられます。

部活動も活発で、日々鍛練に努めています。野球部・バレー部・バスケット部・サッカー部・ハンドボール部・陸上部・バドミントン部・ソフトテニス部・卓球部・水泳部・吹奏楽部をはじめとする各部活動が頑張っており、好成績を残しています。

特に女子バドミントン部は、関東大会出場、その他にも、硬式テニス部、水泳部、陸上競技部、卓球部等が県大会で活躍しています。また、文化部では、吹奏楽部が吹奏楽コンクールに出場、恒例の「定期演奏会（10月6日（日））」の他、地域のボランティアなどで活躍しています。美術部は、全国高等学校版画選手権大会に出場しました。

学校説明会等

・学校説明会
　8/3（土）、9/21（土）、10/12（土）、11/16（土）、1/18（土）
・部活動体験は8/5（月）～8/9（金）
・授業体験　8/20（火）
　詳細は本校Webサイトで必ず確認してください。

卒業後の進路状況

進　　路		3年度	4年度	5年度
進学	大学・短大	119	137	130
	専修・各種	114	96	94
就　　職		30	30	20

〈おもな進路状況〉過去3年間の実績

〈進学〉信州大・学習院大・津田塾大・埼玉県立大・法政大・成蹊大・獨協大・日本大・東洋大・駒澤大・専修大・二松學舎大・東京都市大・女子栄養大・東京電機大・東京経済大・工学院大・国士舘大・神田外語大・創価大・東京家政大・昭和女子大・産業能率大・帝京大・大東文化大・東京工科大・拓殖大・日本体育大・城西大・十文字学園女子大・高崎商科大・立正大

〈就職〉武蔵野銀行・埼玉縣信用金庫・川口信用金庫・あさか野農業協同組合・さいたま農業協同組合・西武鉄道・秩父鉄道・JR東日本ステーションサービス・上尾中央総合病院・氷川神社・UDトラックス・シード・ベルク・日本フエルト・トーハンロジテックス・ベルーナ・ヤオコー・LIXIL・東京消防庁・埼玉県央広域消防・警視庁・埼玉県警・陸上自衛隊

地図　鴻巣駅西口より徒歩10分

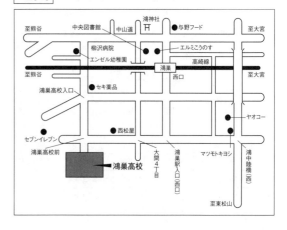

埼玉県立 鴻巣女子高等学校（全日制）

所在地 〒365-0036　鴻巣市天神1-1-72　☎ 048-541-0669　FAX 048-595-1012
ホームページ https://koujo-h.spec.ed.jp/
最寄り駅からの順路 JR高崎線鴻巣駅下車　徒歩13分

保育科「保育実習」

校　　　長	小川　　剛
創　　　立	昭和41年3月22日
教職員数	41人

生徒数

学年／学科	1年（女）	2年（女）	3年（女）	計（女）
保育科	34	30	24	88
家政科学科	36	39	31	106
普通科	76	75	50	201
計	146	144	105	395

目指す学校像

1. 自立した女性の育成
　社会人としての適切なマナーを身に付け、多様な科目を学び、自己実現を図る行動的な女性を育てる。
2. スペシャリストの育成
　専門的な知識・技術を身に付け、高度な資格取得を目指し、家庭に関する専門分野で活躍できるスペシャリストを育てる。

教育課程

1　普通科
　生徒の特性・進路に応じた教育課程を編成している。3年次では、興味・関心・進路希望等を踏まえて選択科目を多く導入し、少人数授業によるきめ細かな学習指導を行っている。専門学科の科目が選択できるのも特色である。

2　保育科
　全国公立高校の中で、唯一の保育に関する専門学科である。
　子どもの心身の発達と保育、児童文化、保育技術等保育に関する専門的な知識と技術を学習する。

3　家政科学科
　服飾と食物を中心に学ぶことができる専門学科である。
　被服製作や調理の科目を実験・実習を通し、科学的な視点から学習する。

教育活動

1　学習活動
(1)　普通科
　基礎学力を定着させるために、各教科きめ細かな指導を展開している。特に1年次の数学・英語、

3年（保育科）

	月	火	水	木	金
1	ピアノ	保育実践	保育実践	論理国語	数　学　A
2	ピアノ	英語コミュニケーションⅡ	保育実践	体　　　育	論理国語
3	絵　　画	理科選択	課題研究	英語コミュニケーションⅡ	G　選　択
4	リトミック	理科選択	課題研究	数　学　A	G　選　択
5	課題研究	歴史総合	保育実践	総合的な探究の時間	歴史総合
6	課題研究	論理国語	保育実践	LHR	体　　　育

＊理科選択：物理基礎・地学基礎から選択
　G選択：数学理解・英語理解・総合古典から選択

3年（家政科学科）

	月	火	水	木	金
1	英語コミュニケーションⅡ	論理国語	F造調理	F造調理	歴史総合
2	体　　　育	E　選　択	F造調理	F造調理	体　　　育
3	歴史総合	理科選択	F造調理	F造調理	数　学　A
4	E　選　択	理科選択	F造調理	F造調理	英語コミュニケーションⅡ
5	F　選　択	課題研究	論理国語	総合的な探究の時間	E　選　択
6	F　選　択	課題研究	数　学　A	LHR	論理国語

＊E選択：古典探究・数学理解・化学から選択
　F選択：政治・経済・英語理解・生活と福祉・食品から選択

2年次の数学では、2クラスをさらに3分割し少人数での授業を行う。

(2) 保育科

ML教室（ピアノ練習室）や保育実習棟を活用し、リトミック・絵画・言語などの保育技術の基礎を学習する。3年次では近隣の幼稚園・保育所での実習を通して心豊かな保育者を養成すると共に、保育技術検定1級合格者を多数出している。

(3) 家政科学科

被服製作・調理等の実習設備が充実しており、実習の授業では1クラスを分割し、少人数できめ細かな指導を行っている。3年次では、家庭科技術検定1級合格者を多数出している。

2 進路指導

各学年に応じた進路計画に基づき、進路ガイダンス・面談・説明会・講演会・卒業生を囲む会等を実施している。特に、3年生には、進路相談を常時開設し、本人の志望を活かしたきめ細かな指導を行っている。

家政科学科「ファッションショー」

の中で自主的に企画運営をしている。主な行事としては、白梅の集い（新入生歓迎会）・球技大会・鴻女祭（文化祭）・体育祭・予餞会などがある。文化祭では毎年テーマを決め、文化部・全クラス・有志による発表を行っている。特に、家政科学科3年生による「ファッションショー」や保育科3年生による「こどものくに」は、専門科目である課題研究の発表の場ともなり、毎年、好評を得ている。

部活動は活発で、高度な技術・技能を磨き、県下でも優秀な成績をあげている。

主な学校行事は、学年毎の春の遠足・芸術鑑賞会（3年に1回）・2年生の修学旅行がある。また、3月21日を「鴻女防災の日」と定め、防災に対する危機管理と生命尊重の意識の高揚を図っている。

特 別 活 動

生徒会活動は、生徒会長を中心に明るい雰囲気

卒業後の進路状況

進学先／年度		31年度	令和2年度	令和3年度	令和4年度	令和5年度
進 学	四年制大学	12	15	39	30	26
	短期大学	50	40	38	29	22
	専門学校等	66	89	75	59	60
就 職	学校斡旋	39	26	22	18	19
	縁故・自営等	2	5	7	1	2
専 門 学 校 ＋ 就 職		2	1	0	0	0
進学準備・未定・他		13	12	10	6	5
卒 業 者 数		180	186	191	143	134
〈大学〉		埼玉県立、東京家政、東洋、大妻女子、女子栄養、白百合女子、文京学院、立正、大東文化、十文字学園女子、杉野服飾、聖学院、聖徳、目白、埼玉学園、東京成徳、淑徳、江戸川、人間総合科学、日本経済、帝京平成 他				
〈短大〉		国際学院埼玉、星美学園、埼玉純真、東京成徳、武蔵丘、山村学園、貞静学園、帝京、川口、戸板女子、埼玉女子、埼玉東萌、秋草学園、淑徳大短期、女子美術大短期、千葉経済大短期 他				

※進学就職を含むため卒業者数と他の合計は一致しない

3年（普通科）

	月	火	水	木	金
1	C 選 択	古典探究	英語コミュニケーションⅢ	A 選 択	A 選 択
2	論理国語	論理国語	数 学 A	C 選 択	論理・表現Ⅱ
3	D 選 択	体 育	芸術 Ⅲ	論理国語	C 選 択
4	D 選 択	数 学 A	芸術 Ⅲ	体 育	古典探究
5	数 学 A	B 選 択	論理・表現Ⅱ	総合的な探究の時間	英語コミュニケーションⅢ
6	B 選 択	英語コミュニケーションⅢ	A 選 択	LHR	B 選 択

＊A選択:政治・経済・数学理解・器楽アンサンブル・実用の書から選択
　B選択:国語表現・物理基礎・生物・英語理解から選択
　C選択:地理探究・日本史探究・世界史探究・化学から選択
　D選択:情報Ⅱ・スポーツⅡ・保育基礎・ファッション造形基礎・フードデザインから選択

そ の 他
※日程は必ず学校HP等でご確認ください。

学校説明会

第1回学校説明会	令和6年10月5日（土）	9：30～
第2回学校説明会	令和6年11月16日（土）	9：30～
第3回学校説明会	令和6年12月14日（土）	9：30～
第4回学校説明会	令和7年1月18日（土）	9：30～

体験入学

部活動体験	令和6年8月6日（火）	9：00～
専門学科体験入学	令和6年8月20日（火）	9：00～

地図　JR高崎線鴻巣駅東口より徒歩13分

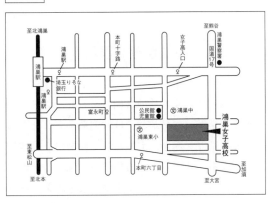

埼玉県立 児玉高等学校（全日制）

所在地　〒367-0216　本庄市児玉町金屋980番地　☎ 0495-72-1566

メールアドレス　u721566@pref.saitama.lg.jp

ホームページ　https://kodama-h.spec.ed.jp/

最寄駅からの順路　JR 八高線児玉駅下車徒歩22分

　　　　　　　　JR 高崎線本庄駅南口下車バス「赤城乳業千本さくら工場行き」「児玉高校」下車

校　　　長	中山　義治
創　　　立	令和5年4月1日
教職員数	87人

生徒募集人員

普通科	農業科		工業科	
	生物資源科	環境デザイン科	機 械 科	電子機械科
79人	39人	40人	40人	40人

農業科実習風景（植物バイオテクノロジー）

学校の歴史・概要

　児玉白楊高等学校123年と児玉高等学校100年の伝統校同士が統合し令和5年4月新たに開校した地域・課題探究型高校です。基礎的・基本的な知識・技術を身に付けた未来の地域産業を支える人材の育成を目指し、実学を重視する県内初の普通科、農業に関する学科、工業に関する学科の併置校として、開校しました。

多様な教育課程

1　普通科は2年次より両校のストロングポイントをベースとする「地域創造系」と「スポーツ健康科学系」に分かれ、地域創造系では「ものづくり基礎」など、実学として農業科、工業科の授業を、スポーツ健康科学系では、「スポーツ健康科学」、「スポーツ栄養」など、スポーツ

を幅広い視点で捉えた授業を行います。

2　農業科や工業科では、「実験・実習」による失敗や成功の経験により、知識・技術を確かなものにしていきます。

3　「総合的な探究の時間」では、「こだま学」として、地域の歴史・文化を学ぶことで地域への愛着、誇りを醸成します。

4　地域を学びの場として、身に付けた知識・技術を応用し、地域の課題解決に向けて探究します。

5　少人数による授業展開により、基礎・基本を徹底し、確かな学びを身に付けます。

魅力ある教育活動

1　学習活動

　県下唯一である生物資源科や環境デザイン科をはじめ、全ての学科において「わかる実験・実習」の授業を通して、「創造する喜び」、「ものづくりの達成感」を学習することができます。

　普通科では、2年次で「地域創造系」と「スポーツ健康科学系」に分かれて学習します。「地域創造系」では、普通科目に加え、農業科、工業科の科目を学習します。「スポーツ健康科学系」では、多くのスポーツに関する科目を設定し、スポーツアスリートやそれを支える人材等を育てます。

　生物資源科（農業系）では、「植物バイオテクノロジー」や「生物資源」など、資源生物の保護・保存や植物の栽培・動物の飼育などについて学び

ます。

　環境デザイン科(農業系)では、「グリーンデザイン」や「造園計画」など、植物(緑)を生かし、住環境や庭園空間をデザインする知識や技術を学びます。

　機械科(工業系)では、「機械設計・製図・工作」など、工作機械やITを活用し、CAD設計から生産までの一貫した操作技術を学びます。

　電子機械科(工業系)では、「プログラミング実習」や「シーケンス制御」など、ロボットの製作や基本的な自動化技術、エレクトロニクスを学びます。

2　学校生活

　「広大で緑豊かな学習環境」、「指導熱心な先生方」、「最先端の施設・設備」と、この3つが本校の魅力です。生徒は、学校のシンボルである「ポプラ」のようにまっすぐに、雄大に、そして落ち着いた学校生活を過ごしています。

3　進路指導

　生徒の第一希望の実現を目指し、きめ細やかな進路指導を実施しています。合計223年の伝統による地域からの厚い信頼をベースに、地域への100％の就職内定率を誇ります。また、大学等の進学希望者には、補習授業や小論文指導等、きめ細やかな指導を実施しています。生徒は、各種検定や国家資格など、数多く取得し、地元企業からは高く評価されています。

工業科授業風景(旋盤実習)

彩りある特別活動

　学校行事として、体育祭や球技大会、文化祭、ロードレース大会など、生徒会が中心となって行事内容を企画しています。また、近隣の保育園や小学生との交流、高齢者サロンの設置など、近隣住民との交流も盛んです。

　部活動については既存の運動部は残しつつ、文化部を統合しました。

その他

　詳しくはHPを御覧ください。
部活動体験会　7月～8月
学校見学会　7月27日(土)
体験入学　10月5日(土)
学校説明会　11月9日(土)
ナイト入試相談会　1月24日(金)
文化祭　11月16日(土)

卒業後の進路先(令和5年度実績)

主な進路先　関東学園大、国際武道大、埼玉工業大、城西大、上武大、聖学院大、高崎健康福祉大、東京農業大、日本工業大、立正大、アルスコンピュータ専門学校、大原スポーツ公務員専門学校、かんな福祉専門学校、大原簿記情報ビジネス医療福祉専門学校、高崎ビューティモード専門学校、高崎動物専門学校、埼玉県調理師専門学校、中央情報大学校、東日本デザイン&コンピュータ専門学校、東日本ブライダル・ホテル・トラベル専門学校、埼玉県農業大学校、埼玉県立熊谷高等技術専門校、埼玉県立高等看護学院、本庄児玉看護専門学校
主な就職先　アイ・テック関東支社、日信岡部二光、朝日工業埼玉事業所、日本梱包運輸倉庫、アドバネクス、フィグラ、市光工業藤岡製造所、フクレックス、エナジーウィズ埼玉事業所、医療法人福島会、MXモバイリング、フジアイタック美里工場、OKIジェイアイピー、社会福祉法人美里会、キヤノン電子、八栄工業、共立印刷、大和紙器埼玉工場、境野養鶏、山本製作所、賛光精機、ユニフロー埼玉工場、サンプラネット美里事業所、ユニポリマー群馬工場、シェリエ、リケンテクノス埼玉工場、シマダヤ関東埼玉工場、YKKAP埼玉窓工場、タツムテクノロジー、築野食品工業関東工場、防衛省自衛隊

地図　児玉駅下車　徒歩22分

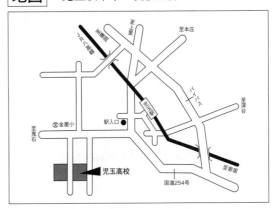

埼玉県立 進修館高等学校（全日制）

所在地 〒361-0023 行田市長野1320番地 ☎ 048-556-6291
ホームページ https://shinsyukan-h.spec.ed.jp/
最寄り駅からの順路 秩父鉄道東行田駅下車徒歩8分 JR吹上駅から総合教育センター・行田折返し場行きバス桜町下車徒歩10分

体育祭（毎年熊谷スポーツ文化公園陸上競技場で実施）

校　　　長	榎本　貴一
創　　　立	大正4年4月1日
教職員数	96人

生徒数

		工業系3科	総合学科	計
1年	男	94	73	167
	女	10	120	130
	計	104	193	297
2年	男	69	83	152
	女	8	104	112
	計	77	187	264
3年	男	89	76	165
	女	5	85	90
	計	94	161	255

進修館高校の取り組み

地域のニーズに応え、躍進する進修館

本校は総合学科、工業系3科（電気システム・情報メディア・ものづくり）を持つ、特色ある学校です。行田市唯一の高等学校として、総合的な探究の時間では「行田學」を実施しています。「行田學」では地域の様々な団体と連携しながら地域の観光大使として地元を活性化する取り組みを行っています。

進路指導においては、生徒一人一人の多様な進路希望に対応するため、進学向けガイダンス、就職向けガイダンスを多数実施しています。また、放課後や長期休業中の補習体制も充実しています。

工業系3科では、ものづくり教育を中心に実践的技術者の育成に取り組んでいます。エコカーやロボット競技の全国大会に出場しています。また、埼玉県高校生ものづくりコンテストでも上位入賞を果たしています。

総合学科

総合学科の特徴は、自分の進路希望にあわせて学びたい系列を自分で選択できることです。2年生から自分の進路に合わせて、文科探究系列、理科探究系列、総合教養系列、美術探究系列、商業探究系列の5系列に分かれます。文科探究系列、

理科探究系列は総合学科特有の少人数授業を活かし、大学進学に特化した系列になっています。総合教養系列は基礎科目を中心に学び、様々な進路に対応できる系列になっています。美術探究系列、商業探究系列は専門的なことを学べる系列になっています。総合学科は多様な進路希望に柔軟に対応できる学科です。

工業系3科

工業系3科はそれぞれの専門性の高い授業を行っています。将来、技能オリンピックで活躍する人材の育成を目標としています。また、資格試験にも力を入れ、社会で即戦力として活躍できる人材を育成しています。専門授業は実験・実習を中心に行い、少人数班編成にてきめ細やかな指導で高度な技術を身につけさせます。

総合学科美術探究系列

地学基礎	素描Ⅱ	ビジュアルデザイン	素描Ⅱ	英語コミュニケーション
素描Ⅱ	論理国語	文学国語	体育	素描Ⅱ
論理国語	情報メディアデザイン	情報メディアデザイン	構成	ビジュアルデザイン
美術概論	美術概論	情報Ⅰ	ビジュアルデザイン	文学国語
英語コミュニケーション	ビジュアルデザイン	構成	情報Ⅰ	体育
体育	英語コミュニケーション	英語コミュニケーション	地学基礎	LHR
総合的な探究の時間				

■ 選択科目

総合学科商業探究系列

地学基礎	ソフトウェア活用	財務会計	課題研究	体育
ソフトウェア活用	英語コミュニケーション	英語コミュニケーション	文学国語	課題研究
情報Ⅰ	総合実践	ソフトウェア活用	総合実践	総合実践
ビジネス法規	ビジネス法規	体育	ソフトウェア活用	英語コミュニケーション
論理国語	財務会計	総合実践	体育	文学国語
英語コミュニケーション	論理国語	情報Ⅰ	地学基礎	LHR
総合的な探究の時間				

■ 選択科目

3年次の時間割例

進 路 状 況

令和5年度卒業生

	4年制大学	短期大学	専門学校	就職	進学準備他	計
総合学科	44	4	85	38	5	176
工業系3科	9	0	33	52	2	96

〔大学〕埼玉大、亜細亜大、跡見学園女子大、駒澤大、埼玉工業大、順天堂大、城西大、女子栄養大、女子美術大、大東文化大、高崎健康福祉大、東京電機大、獨協大、日本工業大、目白大、ものつくり大、ヤマザキ動物看護大、立正大 など

〔短期大学〕埼玉純真短大

〔専門学校〕埼玉県立高等看護学院、葵メディカルアカデミー、アルスコンピュータ専門学校、太田医療技術専門学校、大原簿記情報ビジネス専門学校、大宮医療秘書専門学校、大宮ビューティー＆ブライダル専門学校、関東工業自動車大学校、埼玉県調理師専門学校、埼玉県理容美容専門学校、埼玉コンピュータ＆医療事務専門学校、デジタルアーツ東京、東京IT会計公務員専門学校、東洋美術学校、日本電子専門学校、華調理製菓専門学校、深谷大里看護専門学校、早稲田美容専門学校 など

〔就職〕アイリスオーヤマ㈱、㈱飛鳥薬局、㈱NTT-ME、㈱ENEOSウイング、㈱関電工、関東電気保安協会、キヤノン電子㈱、㈱ケンゾー、㈱コスメグローバル、サーパス工業㈱、㈱シード、㈱ジェイ・オー・シー羽生、ジェコー㈱、㈱SUBARU、生協コープみらい、住友電工オプティフロンティア㈱、東京電力パワーグリッド㈱、㈱東和銀行、㈱ニコン、日本精工㈱、日本光電富岡㈱、㈱梅林堂、日立Astemo㈱、富士電機エフテック㈱、富士電機機器制御㈱、本田技研工業㈱、㈱八木橋、㈱LIXILサンウエーブ製作所、埼玉県警察 など

主な部活動実績（令和5年度）

全国大会

陸上競技部　全国高等学校総合体育大会
　　　　　　男子ハンマー投げ　男子円盤投げ
　　　　　　女子ハンマー投　出場

電子機械研究部　全国高等学校ロボット競技大会出場

機械研究部　Ｈｏｎｄａエコマイレッジチャレンジ（全国大会）出場

写真部　全国高等学校総合文化祭
　　　　埼玉県代表として出展

関東大会

陸上競技部　関東高等学校陸上競技大会

電子機械研究部：全国高等学校ロボット競技大会出場

　　　　　女子ハンマー投げ　男子ハンマー投げ　男子円盤投げ　出場

写真部　関東地区高等学校写真展
　　　　埼玉県代表として出展

その他

柔道部、バレーボール部（男女）、ラグビー部、硬式テニス部、バドミントン部（男女）、空手道部、剣道部、水泳部、美術部が県大会に出場し、他の部活動も活発に活動しています。

学 校 説 明 会

・学校説明会

　学校概要説明、施設紹介、部活動見学を予定しています。
第3回は体験授業や体験実習を計画しています。
第4回は授業公開も計画しています。

第1回学校説明会	8／2（金）	10：00～
第2回学校説明会	8／21（水）	10：00～
第3回学校説明会	10／5（土）	9：00～
第4回学校説明会	11／16（土）	10：30～

・部活動体験（9：00～）

　各部の体験または見学ができます。

第1回部活動体験	7／24（水）	
第2回部活動体験	7／25（木）	
第3回部活動体験	8／6（火）	
第4回部活動体験	8／7（水）	
第5回部活動体験	8／26（月）	
第6回部活動体験	8／27（火）	

・入試相談会

　1組20分程度の個別相談会を行います。

入試相談会　12／14（土）9：30～

申込はホームページからお願いします。
また、日程内容等を変更する場合があります。

地図　**秩父鉄道東行田駅より徒歩8分**

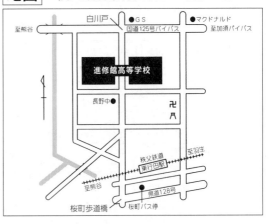

埼玉県立 秩父高等学校（全日制）

所在地　〒368-0035　秩父市上町 2 丁目23番45号　☎ 0494-22-3606
ホームページ　https://chichibu-highschool.com
メールアドレス　info@chichibu-h.spec.ed.jp
最寄り駅からの順路　秩父線　　　　御花畑駅下車　　徒歩10分
　　　　　　　　　　　　西武秩父線　西武秩父駅下車　徒歩13分

春、校門を彩る満開の桜

校　　長	守屋　和昭
創　　立	明治40年 5 月 7 日
教職員数	62人

生徒数

学科 \ 学年	1 年 (男)(女)	2 年 (男)(女)	3 年 (男)(女)	計 (男)(女)
普通科	190 (97)(93)	180 (85)(95)	189 (85)(104)	559 (267)(292)

学校の歴史・概要

　秩父高校は、創立117年を迎える伝統校です。これまでの実績を踏まえ、「特進Ｓクラス」、準特進クラスにあたる「特進Ａクラス」を設置し、進学指導の充実に取り組んでいます。

─秩高のモットー─

① 　学力向上で質の高い進路実現を目指します。
　・県立高校初の特別進学クラス（特進クラス）の編成（平成14年度入学生より）
　・平成22年度入学生より 1 年次から、国公立大学・難関私立大学進学を目指す進学アドバンスクラス（準特進クラス）を設定
　・令和 4 年度から 1 年次は特進Ｓ・Ａクラスを編成
② 　国際交流を推進します。
　国際交流事業として、オーストラリアのロビーナ高校との姉妹校交流。
③ 　探究学習で生徒の主体性や課題解決力を育てます。
④ 　部活動で心身の鍛錬を目指します。

教　育　課　程

　本校の教育課程は、生徒が興味・適性・進路希

データ

日　課　表

SHR	8 :35～ 8 :45
第 1 時	8 :50～ 9 :40
第 2 時	9 :50～10：40
第 3 時	10：50～11：40
第 4 時	11：50～12：40
第 5 時	1 :25～ 2 :15
第 6 時	2 :25～ 3 :15
第 7 時	3 :25～ 4 :15

※授業終了後に清掃

1 年　特進Ｓクラス　時間割表

	月	火	水	木	金
1	保　　　健	歴 史 総 合	現代の国語	体　　　育	言 語 文 化
2	英語コミュニケーションⅠ	数 学 　A	公　　共	生 物 基 礎	英語コミュニケーションⅠ
3	情　報　Ⅰ	言 語 文 化	数 学 　A	数 学 　A	化 学 基 礎
4	論 理・表 現 Ⅰ	数 学 　Ⅰ	情　報　Ⅰ	化 学 基 礎	数 学 　Ⅰ
5	現代の国語	生 物 基 礎	論 理・表 現 Ⅰ	総合的な探究の時間	音楽・美術・書道
6	歴 史 総 合	公　　共	体　　育	LHR	音楽・美術・書道
7	数 学 　Ⅰ	英語コミュニケーションⅠ	英語コミュニケーションⅠ		

※水曜日は特進クラス（A・S）のみ 7 限を実施し、総合進学クラスは 6 限で終了します。
※すべての生徒が 2 年次から「総合進学理系」「総合進学文系」「特別進学理系」「特別進学文系」の 4 類型に分かれ、その中で自分の進路に合わせた科目を選択します。
※特別進学クラスは国公立・難関私立大学を目指し、総合進学クラスは私立大学・短期大学・専門学校・就職・公務員を目指すコースです。

望に応じて授業が受けられるよう、30科目以上の選択科目を用意していますので、自分の伸ばしたい分野の勉強をさらに深めることができます。

また、令和5年度からは「県立高校学際的な学び推進事業」の指定校となりました。高校魅力化コーディネーターのサポートのもとで、地元をテーマとした教科横断的な探究活動を推進しています。

教育活動

1 学習活動

授業第一を旨として、授業時間の確保に努めています。また、自ら積極的に学ぶ姿勢を大切にしています。生徒もこのことをよく理解して、自発的、意欲的に学習に取り組んでいます。図書館には放課後自習できる学習室があります。

2 学校生活

自主性と礼節を重んじる校風の中で、生徒はのびのびと高校生活を送っています。体育祭、文化祭、遠足、修学旅行、球技大会などのさまざまな行事を行いますが、その多くは、生徒が委員会を作り、主体的に計画・運営しています。また、このような活動を通して友情や連帯感を深めていきます。

3 進路指導

本校は、百年を超える歴史と伝統を有し、これまでに2万9千人を超える卒業生を社会に送り出してきました。地域の進学校として、多くの生徒が大学への進学を希望しています。

進学指導には特に力を入れ、学習ガイダンス、

図書館の学習室

校内実力テスト、模擬試験、スタディサプリ、平日補習、長期休業中の補習、スプリングセミナーなど、生徒の意欲を高め、学力向上を図るよう、全教職員が一丸となって取り組んでいます。

また、国公立大学をはじめ、難関大学合格を目指して、1年次から特別進学クラスをS・Aに、2年次からは特進クラスを文系・理系にそれぞれ特化させるなど、質・量ともに充実した授業が行われています。

毎年旧帝大を含めた国公立大学への現役合格者を輩出しています。

特別活動

本校は運動部・文化部ともに活動が盛んです。令和3年度、陸上競技部が北関東大会に出場、令和4年度は放送部が関東大会・全国大会に出場し、弓道部も関東大会に出場しました。他にも、ソフトテニス部、柔道部、サッカー部、女子バレーボール部、音楽部、美術部、書道部などが県大会に出場しています。また、生徒会は中庭の活用や「ヒマワリの絆プロジェクト」など、新たな取り組みをしています。

国際感覚を養う

平成9年度よりオーストラリアのロビーナ高校と相互交流を始め、毎年夏季休業中の2週間、本校生10数名がオーストラリアのロビーナ高校を訪れています。また、ロビーナ高校生も来校し、授業・部活動・ホームステイ等で交流を深めています。令和5年度には20名の生徒を派遣し、18名のロビーナ生を受け入れました。

その他

※日程は必ず学校HP等でご確認ください。
○学校説明会　　　　7月20日（土）
○部活動見学週間　　7月29日（月）～8月2日（金）
○体験授業　　　　　10月12日（土）
○個別相談会　　　　1月11日（土）

卒業後の進路状況

令和6年3月卒業者の進路状況は、4年制大学70.4%、短期大学4.2%、看護系専門学校3.2%、その他専門学校12.7%、就職6.3%となっています。

大学合格者数（令和6年3月卒業）

国公立大学	合格	私立大学	合格
群馬大学	2	青山学院大学	1
埼玉大学	2	学習院大学	4
新潟大学	1	駒澤大学	5
広島大学	1	専修大学	9
山梨大学	1	中央大学	3
尾道市立大学	1	日本大学	12
埼玉県立大学	1	法政大学	8
高崎経済大学	1	明治大学	1
都留文科大学	1	立教大学	3
東京都立大学	1	その他	214

地図

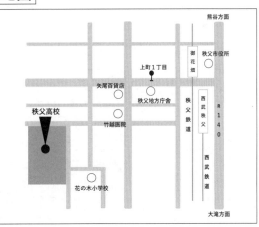

埼玉県立 深谷高等学校（全日制）

所在地 〒366-8515　深谷市宿根315　☎ 048-572-1215　FAX 048-570-1015
ホームページ https://fukaya-h.spec.ed.jp/　**メールアドレス** info@fukaya-h.spec.ed.jp
最寄り駅からの順路 深谷駅より徒歩25分　自転車10分

校　長	松本　英和
創　立	昭和49年4月1日
教職員数	59人

生徒数

学科＼学年	1年(男)(女)	2年(男)(女)	3年(男)(女)	計(男)(女)
普通科	199 (114)(85)	190 (108)(82)	169 (120)(49)	558 (342)(216)

夢への一歩を踏み出そう

深谷高校では、
1. 深高の生活で自分を高めたい！
2. 将来、何をしたいか探したい！
3. 部活動に打ち込みたい！
4. 得意科目を伸ばし不得意科目を克服したい！
5. 一生つきあえる友と出会いたい！
　といった中学生を募集します。
夢の実現に向け、一緒に頑張りましょう。

目指す学校像と重点目標

　『「文武両道」を目指し、心豊かな生徒を地域とともに育てる学校』を目指しています。
　そのための重点目標として次の4点を掲げています。
1. 確かな学力の向上を目指し、考える力を育てる。
2. 生徒の視野を広げ、地域社会に貢献できる人財を育成する。
3. 規範意識を醸成するとともに教育活動全般において、豊かな心を育む。
4. 保護者・地域との連携により、開かれた学校づくりを推進する。

教育課程

　生徒の進路希望は、進学から就職まで多岐に渡ります。
【1年】基礎学力の育成に重点を置き、全クラス共通の科目を学習します。
【2年】生徒個人の興味関心や進路希望に応じ文系・理系に分かれて学習します。
【3年】生徒個人の適性や具体的な進路希望に応じ選択科目を設けて学習します。

教育活動

1. 学習活動　－基礎学力と応用力の養成－
　1学年では少人数の学級編成や数学・英語科目での習熟度別授業を展開し、基礎的な学力の定着

データ

		1	2	3	4	5	6	7	8	9	10	11	12	13	14	15	16	17	18	19	20	21	22	23	24	25	26	27	28	29	30	31
1年	共通	現代の国語		言語文化		地理総合		数学Ⅰ				数学A		生物基礎		地学基礎		体育			保健	芸術		英語コミュニケーションⅠ			論理・表現Ⅰ		情報Ⅰ		総合的な探究	ホームルーム
2年	選択	文学国語		古典探究	芸術		歴史総合		公共		数学Ⅱ			化学基礎		体育				保健	英語コミュニケーションⅡ			論理・表現Ⅱ		家庭総合		総合的な探究		ホームルーム
				数学B	物理基礎																									
3年	文系・理系	論理国語		文学国語	日本史探究		政治・経済		選択A		選択B		選択C				体育				英語コミュニケーションⅢ			論理・表現Ⅲ		家庭総合		総合的な探究		ホームルーム
					世界史探究																									
					数学Ⅲ		数学C			物理																				
					数学理解					生物																				
										地学		化学																		

選択A・・・(学)ふかや学、数学C、物理基礎、(学)生物探究、(学)地学研究、音楽Ⅲ、美術Ⅲ、服飾手芸、情報の表現と管理、スポーツⅡ
選択B・・・(学)ふかや学、数学C、物理基礎、(学)生物探究、(学)地学研究、音楽Ⅲ、美術Ⅲ、服飾手芸、情報の表現と管理、スポーツⅡ
選択C・・・数学理解、化学、総合古典、(学)英語探究
※「ふかや学」は、深谷市の地理・歴史・産業等についての学びを目標とする本校独自の設定科目

を図ります。2・3学年では進路希望や興味・関心に応じて科目が選択できます。また、全学年で特進クラスを設置し、より高いレベルの進学目標の実現に向け、平日や土曜日に補習等を実施しています。

全教室にプロジェクターが配備され、外部講師による遠隔の授業や講演など、生徒の生きる力を育む学習を支援しています。また Google Classroom を活用し、学習課題や予定の確認など円滑な情報共有と学習支援に役立てています。

2. 進路指導 －計画的な進路指導－

⑴全学年で4月には二者面談、6月には三者面談が実施されます。さらに、生徒の現状に応じて学級担任、科目担当や進路担当による面談が随時実施されています。年間を通じて補習も実施されます。

⑵総合的な探究の時間において、計画的に進路を指導します。
【1年】文理選択講演、分野別進路ガイダンス等
【2年】分野別進路ガイダンス、卒業生との進路懇談会等
【3年】分野別進路学習、進路説明会(保護者を含む)等

特 別 活 動

1. 学校行事

文化祭、体育祭、球技大会、予餞会などの学校行事は、生徒会役員を中心に生徒が主体的に運営し実施します。遠足や芸術鑑賞会、2学年には修学旅行も実施されます。

2. 部活動

複数回の全国大会優勝を誇る男子バレーボール部、全国大会出場10回のラグビー部を筆頭に22部が活動しています。

【令和5年度県大会上位以上の実績】
ラグビー部
・第71回関東高等学校ラグビーフットボール大会 埼玉県予選 第4位、Fブロック 2位
・第10回全国高等学校7人制ラグビーフットボー

ル大会埼玉県予選 第3位
・第103回全国高等学校ラグビーフットボール大会埼玉県大会 第3位
・埼玉県高等学校ラグビーフットボール新人大会県大会 第3位
男子バレーボール部
・関東高等学校男子バレーボール大会 埼玉県予選会 第5位
・インターハイ 埼玉県予選会 第5位
・春高バレー 埼玉県予選会 ベスト16
・埼玉県新人大会 第5位
・国民体育大会ビーチバレーボール競技会 埼玉県予選会 優勝、国民体育大会(鹿児島県) 出場
・全日本ビーチバレーボールジュニア男子選手権大会 出場
・関東ビーチバレーボール選手権大会 出場
山岳部
・第67回関東高等学校登山大会 出場

学校説明会等

第1回 8/3(土) ※第1回のみ深谷市民文化会館で開催。他は本校
部活動体験 8/4(日)・17(土)・18(日)・24(土)・25(日) ※体験可能な部活動は本校HPで発表
深高祭 9/14(土)
第2回 9/21(土)、**第3回** 10/19(土)、
第4回 11/9(土)、**第5回** 12/14(土)、
第6回 1/11(土)
※詳細は本校HPで確認してください。

卒業後の進路状況

		3年度	4年度	5年度
進学	大 学・短 大	75	52	48
	専 門 学 校	86	67	80
就職	民 間 企 業	35	63	30
	公 務 員	5	1	1
その他(進学準備等)		12	4	10

【主な進学先・就職先】
埼玉県立大、国士舘大、武蔵大、大東文化大、高崎健康福祉大、東京電機大、日本大、日本工業大、東洋大、立正大、埼玉工業大、高崎商科大短大部、葵メディカルアカデミー、アルスコンピュータ専門学校、太田情報商科専門学校、太田医療技術専門学校、大宮呉竹医療専門学校、埼玉県栄養専門学校、埼玉県理容美容専門学校、深谷大里看護専門学校、本庄児玉看護専門学校、赤城乳業㈱、東日本旅客鉄道㈱、キヤノン電子㈱

地図 深谷駅より徒歩25分 自転車10分

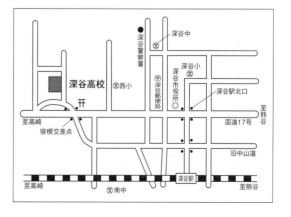

埼玉県立 深谷第一高等学校（全日制）

所在地 〒366-0034 深谷市常盤町21-1 ☎ 048-571-3381
ホームページ https://fukaya1-h.spec.ed.jp/ **メールアドレス** info@fukaya1-h.spec.ed.jp
最寄り駅からの順路 JR高崎線深谷駅下車 徒歩20分

緑に囲まれた校舎

校　　　長	鈴木　雅道
創　　　立	明治41年
教職員数	67人

生徒数

学科＼学年	1年(男)(女)	2年(男)(女)	3年(男)(女)	計(男)(女)
普通科	278 (140)(138)	270 (152)(118)	274 (147)(127)	822 (439)(383)

本 校 の 概 要

　1908年(明治41年)に創立し、本年で117年目を迎える伝統校です。戦後は、県立深谷女子高校として、県北女子中等教育の一端を担い、1976年(昭和51年)には男女共学の県立深谷第一高校と改称し、現在に至っております。生徒は意欲的に授業に取り組み、部活動も盛んで、緑あふれる恵まれた環境のもとで、充実した高校生活を謳歌しています。

　平成31年度より2学年にも進学に重点を置いた一般受験クラスを設置しました。

　令和7年度新入生より制服を男女共リニューアルします。

教 育 課 程

　特徴は、基礎基本を重視し広く学んだうえで、多様な進路選択にも対応できるよう、類型や選択科目に工夫しています。1年生は芸術科目のみ選択で、他は共通科目を学びます。2年生では選択科目が増え、進路や興味に合わせて選択できます。3年生では、文系・理系の2つの類型に分かれ、それぞれで多くの選択科目が設定されます。

教 育 活 動

1　学習活動

　本校では、家庭学習の習慣を確立し、基礎学力の充実と学習意欲の向上に努めています。定期的に生徒の学習時間の調査を実施し、また、4月当初に各学年で勉強法ガイダンスを行って、自ら学んで行く態度を培っています。英語や数学の一部科目で少人数授業を行い、ディベートや情報機器を活用した授業など多彩な授業を行っています。

2　学校生活

日　課　表	
ＳＨＲ	8：50〜8：55
1時限	9：00〜9：50
2時限	10：00〜10：50
3時限	11：00〜11：50
4時限	12：00〜12：50
昼休み	12：50〜13：35
5時限	13：35〜14：25
6時限	14：35〜15：25
7時限	15：35〜16：25
ＳＨＲ	16：25〜16：30

教育課程　令和6年度入学生用

1年次　＊1年生は全員共通履修で、学習習慣の確立を図り、高校学習の基礎力をつけ、上級学校進学への土台作りをします。

現代の国語	言語文化	地理総合	数学Ⅰ	数学A	化学基礎	生物基礎	体育	保健	芸術Ⅰ	英語コミュニケーションⅠ	論理・表現Ⅰ	家庭基礎	情報Ⅰ	総合的な探究	ＬＨＲ
2	2	2	3	2	2	2	3	2	2	3	2	2	2	1	1

○芸術は音楽Ⅰ、美術Ⅰ、書道Ⅰから1科目選択

主な学校行事は、5月の遠足、6月の体育祭、9月の文化祭、12月の芸術鑑賞会、そして球技大会など様々な行事があります。また、2年生の第2学期には、修学旅行を実施しています。

施設面では、特別教室を含め、各教室は冷暖房完備です。体育館、格技場のほかに、1階が食堂、2・3階が多目的教室兼合宿所の記念館や部室棟など充実した設備があり、平成29年度にはトレーニング室、自習室が設置され、令和4年度には体育館と格技場の冷房が完備されました。

3 進路指導

生徒の進路実現を目指し、希望校・希望分野ごとに3年間を通して系統的な指導を行っています。進路希望調査に始まり、各教科の勉強法ガイダンス、進路分野別説明会、卒業生の進路体験発表会などを実施しています。また、放課後や長期休業中の進学補習、模擬テスト、および、面接指導や小論文指導なども実施しています。2・3年生では、一般受験クラスを設定しています。スタディーサポートを導入し、自主的な学習習慣の確立に向けた取り組みをします。

多彩な種目で盛り上がる体育祭

を決定し、生徒会長を中心とした生徒会執行部が活動します。ときわ樹祭（文化祭）、球技大会や三年生を送る会などの行事は生徒会と生徒の各委員会が中心となって実施しています。

2 部活動

部活動はとても活発で、土曜日、日曜日も校内で生徒の声が響いています。17の運動部と10の文化部があり、1年生は必ずどこかの部活動に所属します。最近では、弓道部、剣道部、放送部、陸上競技部が全国大会や関東大会に出場しており、他にも多くの部活動が県大会に出場しております。

特 別 活 動

1 生徒会と学校行事

毎年5月に行う生徒総会で年間計画や予算など

卒業後の進路状況

本校では、約95％が進学を希望し、残りが就職（公務員を含む）を希望しています。

進　路		2年度	3年度	4年度	5年度
進学	大学・短大	166	176	184	167
	専修・各種	101	88	77	76
就　　職		5	4	5	7
そ　の　他		10	10	10	14
卒 業 生 総 数		282	278	276	264

（現役のみの実数）

〈主な合格先〉
埼玉大・宇都宮大・群馬大・茨城大・筑波大・新潟大・筑波技術大・信州大・前橋工科大・公立諏訪東京理科大・早稲田大・青山学院大・明治大・立教大・法政大・芝浦工業大・学習院大・成蹊大・東京理科大・日本大・獨協大・駒澤大・東洋大・大東文化大・東海大・城西大・東京電機大・日本体育大・國學院大・拓殖大・東京農業大・立正大・女子栄養大・文教大・武蔵大・専修大・東京薬科大・日本赤十字看護大　他
国際学院埼玉短大・育英短大・埼玉純真短大　他
県立高等看護・深谷大里看護・北里大学看護　など

学校説明会・体験入学

中学生対象の学校説明会を4回計画しています。
第1回　8月6日（火）説明会
第2回　8月22日（木）説明会
第3回　11月16日（土）校内＋部活動見学
第4回　12月7日（土）個別説明会
体験入部　夏季休業中
詳しくは本校ホームページで確認してください。

地図　JR 高崎線深谷駅下車　徒歩20分

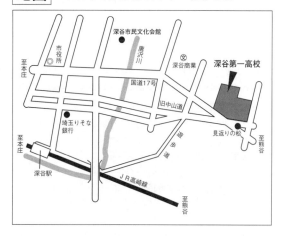

埼玉県立 本庄高等学校（全日制）

所在地 〒367-0045 本庄市柏1-4-1 ☎ 0495-21-1195 FAX 0495-25-1024

ホームページ https://honjo-h.spec.ed.jp

最寄り駅からの順路 JR本庄駅南口より徒歩15分

校　　　長	小林美奈子
創　　　立	大正11年4月8日
教職員数	91人

生徒数

学科＼学年	1年(男)(女)	2年(男)(女)	3年(男)(女)	計(男)(女)
普通科	324 (120)(204)	324 (153)(171)	314 (128)(186)	962 (401)(561)

目指す学校像

活力ある進学校

育てたい生徒像

○高い目標に向かってチャレンジする生徒
○文武両道を実践し、自ら考え、自ら行動できる生徒
○グローバルな視点を持ち、次世代のリーダーとして活躍できる生徒

本庄高校の特色

○本庄高校は、生徒一人一人が高い志を持ち、自分の夢を叶えることができる学校です。
　ア　本校は、進学重視型単位制です。2年次から、必修科目以外は自分の進路に合わせた科目を選択します。「本物の学力」をつけるために自ら学習をデザインし、進路希望を達成します。
　イ　「総合的な探究の時間」で、将来設計学習と探究学習を行います。
　ウ　国公立大学や難関大学をはじめ、一人一人の進路実現に向けた丁寧な指導が行われています。
　エ　また、37の部活動があり、全国大会(運動部)に出場や総合文化祭(文化部)に出品するなど活躍しています。

教育活動の特色

教科指導

　ア　進路実現をサポートする授業
　　基本を重視しながら、発展的な内容や応用力育成に向けた授業を行っています。高校での学習の仕方や希望進路実現に向けた計画を立てます。
　イ　進学重視型単位制高校
　　2年次から、必修科目以外は自分の進路に合わせた科目を選択します。大学一般受験に向けた演習や、さまざまなニーズに対応した実技科目も選択できます。

本庄高校のワンポイントアピール（受検生へのメッセージ）

進学重視型単位制
　本校は単位制です。多くの選択科目の中から自分の進路希望に合わせた科目を選択し、少人数で講座を受講できます。難関大学をはじめとした進路実現が可能になります。
「本物の学力」をつける指導
　総合的な探究の時間を中心として、思考力・判断力・表現力・協同して学ぶ力の育成を図ります。
進路実現のための多様なサポート体制
　放課後や長期休業中の補習、大学教授による模擬授業、分野別説明会、進路ガイダンスなど、進路実現を目指すためのサポート体制が充実しています。

<本庄>

ウ 授業の充実に向けて
　・日本薬科大学との高大連携
　・一人一台端末はiPadを採用。学力向上に向けて、授業や進路選択等で活用しています。

生徒指導

ア 毎日の生活を大切にして、基本的な生活習慣を身につけ習慣化することで、学習活動、部活動等どんなことにも「当たり前に」取り組める生徒を育てる。

イ 本校の制服は、男子は詰め襟学生服、女子はセーラー服です。スラックスも選択可。

進路指導

ア 早朝や放課後の補習、長期休業中の進学補習、模擬試験等を実施し、進路実現を強力にサポートしています。

イ 総合的な探究の時間では進路講演会や上級学校による分野別説明会などを実施しています。また履修指導にも力をいれ、大学入試に対応した科目選択ができるよう指導を行っています。

特別活動・部活動

ア 特別活動
　　自主・自律の校風の下、生徒会を中心に生徒が一丸となって取り組んでいます。柏樹祭(体育祭・文化祭)、球技大会等、生徒が自主的に企画し運営しています。

イ 部活動
　　各部とも毎日の練習に励み、日々切磋琢磨して技術の錬成に励んでいます。

卒業後の主な進路状況

本校ではほとんどの生徒が進学を希望しています。
〜おもな合格先〜
<国公立大学>
東京工業大学、筑波大学、電気通信大学、埼玉大学、群馬大学、埼玉県立大学、横浜市立大学、群馬県立女子大学、高崎経済大学、前橋工科大学
<私立大学>
早稲田大学、慶應義塾大学、明治大学、立教大学、青山学院大学、学習院大学、中央大学、法政大学、日本大学、駒澤大学、東洋大学、専修大学

その他、職業への専門性を高めるために、看護・医療や美容関係の専門学校への進学、公務員への就職など多様な進路がみられ、希望に応じて、丁寧な指導を行っています。一般選抜を受験する生徒には補習を行い、学校推薦型選抜や総合型選抜での受験を考える生徒には小論文や面接・プレゼンテーションの指導をしています。

文化祭　テント村

その他

ア 国際交流
　　グローバル人材を育成するため、国際理解教育に力を入れています。オーストラリアの高校と姉妹校提携を結び夏季休業中に10日間の交流プログラム(夏季研修)やターム留学(1〜3月)を行っています。

イ 同窓会による給付型奨学金制度
　　平成29年度からこの制度がスタートし、育英部門とグローバル(留学)部門合わせて10名の生徒が奨学金を受給しました。

学校説明会・体験入学等(予定)

第1回　8月23日(金)　第2回　8月24日(土)
第3回　10月5日(土)　第4回　11月9日(土)
第5回　12月14日(土)　　会場：セミナー棟
土曜公開授業も行っています。
詳しくは本校HPやInstagramを確認して下さい。

地図

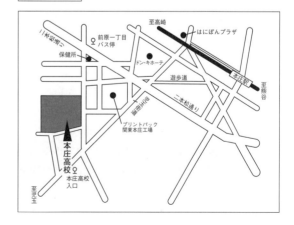

埼玉県立 妻沼高等学校（全日制）

所在地 〒360-0203　熊谷市弥藤吾480番地　☎ 048-588-6800　FAX 048-567-1005
ホームページ https://menuma-h.spec.ed.jp/
最寄り駅からの順路 熊谷駅から妻沼聖天、又は太田・西小泉行きバス、三ツ橋バス停下車3分

カルティベートタイムの授業風景

校　　長	有賀　弘一
創　　立	昭和54年4月1日
教職員数	40人

生徒数

学年＼学科	1年（男）（女）	2年（男）（女）	3年（男）（女）	計（男）（女）
普通科	119 (69)(50)	78 (44)(34)	80 (46)(34)	277 (159)(118)

●学校説明会
※日程は必ず学校HP等でご確認ください。

令和6年8月24日（土）
令和6年11月23日（土）
令和7年1月11日（土）

　本校は「母校を誇れる生徒を育てる学校」を目指す、地域に根ざした学校として知られています。「勤勉・努力」の校訓のもと、生徒一人一人の長所を伸ばし、能力を最大限に育てる取り組みをしています。

　「学び直しから大学進学まで」をスローガンに掲げ、平成20年度に学校設定教科「カルティベートタイム（CT）」を開設しました。基礎基本の徹底理解を目指すとともに、進学指導にも重点を置いています。わかる喜びを通して、今まで自分の力を発揮しきれなかった生徒も、本校で生き生きと活動しています。

　また、社会で活躍できる人材の育成にも力を入れています。そのほか、遠方通学者の利便性を考え、登下校時の通学バスを運行しています。

　妻沼高校は、やる気のある生徒をとことん面倒見る学校です。教職員一丸となって、皆さんの夢の実現を応援します。

教 育 活 動

1　学習活動

　1学年で、少人数学級編制（3クラス募集の4クラス展開）を行っています。少人数の利点を生

妻沼高校3つの約束

1　母校を誇れる生徒を育てる学校（目指す学校像）
　　母校となる妻沼高校をこよなく愛し、式典などで大きな声で校歌が歌える生徒を育てていきます。
2　学び直しから大学進学まで（スローガン）
　　カルティベートタイムを軸に、解らないことを、解るようにしていきます。
3　礼儀・身だしなみ・時間厳守（指導の大原則）
　　希望進路の実現のため、あいさつのできる生徒、しっかりとした身だしなみのできる生徒、時間を守れる生徒を育てていきます。

データ

● 1年生の時間割（例）

	月	火	水	木	金
第1時限	カルティベートタイム	カルティベートタイム	カルティベートタイム	カルティベートタイム	カルティベートタイム
第2時限	英語Ⅰ	現代の国語	地理総合	科学と人間生活	家庭総合
第3時限	家庭総合	芸術	芸術	言語文化	数学Ⅰ
第4時限	体育	科学と人間生活	英語Ⅰ	公共	公共
昼休み					
第5時限	数学Ⅰ	保健	現代の国語	体育	英語Ⅰ
第6時限	地理総合	体育	数学Ⅰ	LHR	総合探究

かし、生徒の意欲を引き出し、一人一人の個性を伸ばす魅力ある学習指導に努めています。

○学校設定教科「カルティベートタイム（CT）」

埼玉県の公立高校で初めて導入した、すべての教科に必要な基礎・基本を確実に身につける教科です。「CT」には、一人一人の学習をしっかりとサポートするための工夫がいっぱいです。

　☆毎日１時間目、１日のスタートはCT

　☆基礎の基礎(読み・書き・計算力)から高校レベルまでステップアップできる手作りの教材

　☆A４判のプリントを自分のペースで学習

　☆「できる楽しさ」「わかる喜び」を自信へ

　☆１クラスに２人の教員による丁寧な指導

○習熟度別授業

第１学年の数学と英語を習熟度別の少人数で、わかる授業・できる授業を行っています。

○各種検定

英語検定・漢字検定・情報処理検定・ビジネス文書実務検定など実施しています。

２　進路指導

個性や適性に応じたきめ細かい指導をモットーとして、生徒の希望を100％実現できるように、全職員が全力で取り組んでいます。

○進路意識を高める各種行事

進路講演会・進路見学会・分野別説明会など。

○希望者を対象に基礎学力・応用力を養うための補習を実施

○推薦入試や就職試験に向けた充実した小論文・作文・面接指導

特　別　活　動

○轍祭（文化祭）

10月末の金土に実施します。

○体育祭

10月初めに実施します。クラス対抗で盛り上がります。

○球技大会

例年７・12月に実施します。クラス対抗で盛り上がります。

○部活動

８の運動部・８の文化部があり、青春の汗を流しています。

文化祭オープニング

進路状況 （過去５年間の進路状況）

区分	年度	R1年度	R2年度	R3年度	R4年度	R5年度
進学	４年制大学	8	8	12	7	5
	短期大学	7	1	7	2	3
	専門学校	34	26	34	18	25
就職	民間就職	49	42	31	47	30
	公務員	2	0	0	0	0

主な進学先： 大東文化大、聖学院大、東都大、埼玉工業大、関東工業自動車大学校、アルスコンピュータ専門学校、埼玉県立熊谷高等技術専門校　等

主な就職先： シード、リード、リンテック、カネヨ石鹸、佐川急便、ジェコー、大東食研、馬車道、リケンテクノス　等

地図 熊谷駅から妻沼聖天、又は太田・西小泉行きバス、三ツ橋バス停下車３分

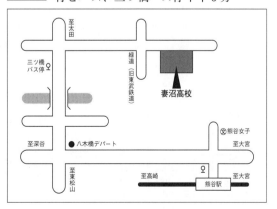

埼玉県立 寄居城北高等学校 (全日制)

所在地 〒369-1202 大里郡寄居町桜沢2601　☎ 048-581-3111　FAX 048-580-1011
ホームページ https://yjouhoku-h.spec.ed.jp
最寄り駅からの順路 秩父鉄道　桜沢駅下車徒歩3分
（JR八高線・東武東上線からは寄居駅下車、秩父鉄道乗り換え）

正門からのスナップ

校　　　長	新井　康之
創　　　立	平成20年4月1日
教職員数	81人

生徒数

学科＼学年	1年 男	1年 女	2年 男	2年 女	3年 男	3年 女	計 男	計 女
総合学科	71	124	73	119	59	104	203	347
計	195		192		163		550	

（令和6年4月8日現在）

目指す学校像

一人ひとりが　個性輝く　元気な学校

本校の特色

○秩父鉄道「桜沢駅」から徒歩3分の好立地です。
○総合学科実習棟を設置しており、多様な教室で多彩な学びに取り組むことができます。
○すべての普通教室に冷房を完備しており、快適な学習環境を提供しています。
○少人数クラス編成による、きめ細かな指導をおこなっています。
○3つの系列に幅広い選択科目を設定したカリキュラムで、生徒の学力向上を支援しています。
○計画的な進路指導により、キャリア意識を向上し、夢の実現を目指します。

教育課程

○寄居城北高等学校では、3つの系列と7つの学習プランを設定しています。

系列名	学習プラン
文理総合	文系
	看・医・理
	保育

系列名	学習プラン
情報ビジネス	情報
	ビジネス
健康教養	ウェルネス
	スポーツ

【文理総合系列】大学や短期大学、高等看護学校等への進学を目指します。大学入学共通テスト・一般受験を視野に入れ、学力の一層の向上を図ります。
【情報ビジネス系列】実務的な知識や技能を習得するため、情報処理や簿記をはじめ幅広く情報・商業系の資格を積極的に取得し、企業への就職や大学等への進

日　課　表	
SHR	8：40～8：50
1限	8：55～9：45
2限	9：55～10：45
3限	10：55～11：45
4限	11：55～12：45
昼休み	12：45～13：30
5限	13：30～14：20
6限	14：30～15：20
SHR・清掃	15：20～15：40
下　校	17：00

※予鈴…13：25

令和6年度文理総合系列保育プラン3年次時間割例

	月	火	水	木	金
1限	自由選択	文学国語	英語コミュニケーションⅡ	地学基礎	スポーツ・レクリエーション
2限	体育	演奏研究	論理国語	体育	論理・表現Ⅱ
3限	保育実践	体育	演奏研究	英語コミュニケーションⅡ	地学基礎
4限	課題研究	政治・経済	スポーツ・レクリエーション	数学理解	地理総合
5限	論理・表現Ⅱ	数学理解	自由選択	LHR	政治・経済
6限	論理国語	地理総合	課題研究	総探	保育実践

学を目指します。

【健康教養系列】社会人としての基礎的かつ基本的な教養を身につけ、心身の健康に関する理解を深めるため、福祉や生活、スポーツ等に関する内容を幅広く学習し、企業への就職や上級学校への進学を目指します。

○3年間で学習（履修）する時間（単位）数

学年	1年間で履修する単位数：30単位	
1年次	共通科目（29単位）	LHR（1単位）
2年次	共通科目（21単位）／選択科目（8単位）	LHR（1単位）
3年次	共通科目（13単位）／選択科目（16単位）	LHR（1単位）

教育活動の特色

1 学習活動
（1）全学年で少人数学年編制を実施し、きめ細かい学習指導を実現しています。（各クラスの平均生徒数は30名程度です。）
（2）1・2年次の主要教科、国語・数学・英語において、少人数習熟度別授業を展開し、「わかる授業」を実施しています。（1講座あたりの生徒数は20人前後です。）
（3）1年次生全員を対象とした「産業社会と人間」の授業を通して、早期に職業意識を向上させます。

2 生徒指導
（1）小中高連携事業や地元行事への参加等を通じて、地域社会への貢献意識を高め、身だしなみや挨拶、時間遵守など日常の基本的な生活態度を身につける指導を行っています。
（2）安心・安全な学校づくりのため、生命や人権を尊重する指導を充実しています。

3 進路指導
（1）資格取得指導や補習などの進路指導体制を充実し、進学や就職への生徒一人ひとりの希望進路実現を図ります。
（2）進路ガイダンス等を通じて、キャリア教育（職業観や勤労観の育成）を推進します。

特別活動

1 学校行事
体育祭や城北祭（文化祭）等、生徒会役員を中心に生徒全員が一丸となって積極的に取り組み、大いに盛り上がります。

2 部活動
運動部・文化部ともに日々の活動に切磋琢磨し、それぞれ良い成果を上げています。令和4年度には弓道部が東日本大会出場、剣道部が関東大会出場、写真部が関東大会に出展しました。

その他

1 施設・設備等の充実
総合学科高校として特色ある授業を展開する本校では、様々な施設・設備等を整備しています。
○総合学科実習棟、他
産社室、器楽室、陶芸室、マルチメディア室、保育室、介護実習室、トレーニングルームなど
○PTAによる冷房設備の設置

2 学校説明会・個別相談会等
参加希望の方は、本校のウェブサイトで直接お申し込みください。

名称	日時	主な内容
第1回学校説明会	7月20日（土）	学校概要説明
体験入部	7月28日（日）～31日（水）	部活動体験
第2回学校説明会	8月24日（土）	学校概要説明
第3回学校説明会	10月20日（日）	学校概要説明
第1回個別相談会	11月17日（日）	個別相談会
第2回個別相談会	12月12日（木）	個別相談会
	12月13日（金）	
	12月16日（月）	

令和5年度　3年生進路状況			
	男	女	計
大　　　　　学	8	16	24
短　期　大　学	0	9	9
専　門　学　校　等	22	51	73
就職（含公務員）	22	39	61
そ　の　他	3	5	8
計	55	120	175

地図　最寄り駅：秩父鉄道桜沢駅

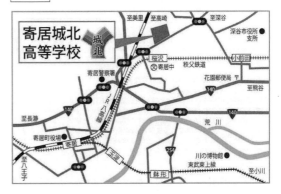

埼玉県立 熊谷農業高等学校（全日制）

所在地　〒360-0812　熊谷市大原3-3-1　☎ 048-521-0051　FAX 048-520-1060
ホームページ　https://kumanou-ah.spec.ed.jp
最寄り駅からの順路　ＪＲ高崎線熊谷駅下車　徒歩30分
　　　　　　　　　　朝日バス気象台入口下車　徒歩10分
　　　　　　　　　　秩父線石原駅下車　徒歩20分

正門の風景

	校　　　長	上田　毅一
	創　　　立	明治35年6月2日
	教職員数	84人

生徒数

学年 学科	1年 (男)(女)	2年 (男)(女)	3年 (男)(女)	計 (男)(女)
生物生産技術科	80 (47)(33)	70 (44)(26)	76 (40)(36)	226 (131)(95)
生物生産工学科	80 (35)(45)	75 (28)(47)	69 (31)(38)	224 (94)(130)
食品科学科	37 (15)(22)	39 (12)(27)	38 (10)(28)	114 (37)(77)
生活技術科	41 (3)(38)	35 (5)(30)	35 (4)(31)	111 (12)(99)
計	238 (100)(138)	219 (89)(130)	218 (85)(133)	675 (274)(401)

Ｒ3年度より、生活技術科は1クラスになりました。

学校の概要と歴史

　明治35年に開校以来、令和4年度に120周年を迎えた伝統校で、2万4千名を超える卒業生を送り出し、各方面で卒業生が活躍しています。

　動植物の生命を育む教育をとおして、時代の進展に対応できる豊かな教養と専門的な知識・技術を持つスペシャリストを育てます。

　21世紀の農業を考え、地域社会のリーダーの育成を目指し、きめこまやかな学習・進路指導を行い、専門性を生かした就職・大学進学のできる農業高校として実績を誇っています。

教育課程

　私達の生活に欠かせない食料の生産・加工・消費のほか、バイオ・環境・福祉などについて、科学的な学習が行われています。

　各学科（食品科学科を除く）とも進路や興味関心から2つのコース選択を行い、多彩な教育内容から多くの資格取得が可能です。

◎生物生産技術科

　食料生産に必要な栽培技術や利用方法、自然と調和した環境創造などの知識や技術を学習します。

　《植物生産コース》野菜や作物などの栽培や利

私の進路

久米　穂波（生物生産工学科卒業）　帯広畜産大学畜産学部畜産科学課程

　私は、熊谷農業高校で主に畜産の基礎知識や技術を学び、牛や豚の出荷・分娩に立ち会うことができました。これらの知識や経験をより深めていきたいと考え大学へ進学することを決めました。

　帯広畜産大学へ足を運んだ際に、自然豊かで広大な土地で酪農を学びたいという思いが強くなり、推薦で進学することを決め、小論文や面接の練習に力を入れて取り組みました。先生方や友人に支えていただき、合格することができました。帯広畜産大学畜産学部畜産科学課程では家畜の繁殖について研究していきたいと考えています。また、将来の夢である農業科の教師になるために努力していきたいです。

中島　碧（生活技術科卒業）　ふかや農業協同組合

　私は、ふかや農業協同組合へ就職することになりました。これまで、熊谷農業高校で野菜や草花についての基礎知識や実習をとおして様々な技術を学び、将来はこれらを活かせる職に就きたいと思うようになりました。進路指導の先生より話を聞いたり資料を読んだりした結果、気になったのがＪＡでした。地域の農業を支え、魅力を伝えるだけでなく、自分ももっと詳しくなれたらと思いました。職場見学の際、周り一面が畑でワクワクしました。仕事内容や環境が合っていると思ったので、入社できるよう、面接練習等を重ねました。身の回りの方に支えていただき、無事内定を貰うことができました。

　4月から学生生活を終え大人として働くことに不安もありますが、地域・農業に貢献出来るよう頑張ります。

学校説明会・体験入学・学科説明会

学校説明会　第1回　6月29日（土）、第2回　7月27日（土）、
　　　　　　第3回　8月24日（土）
体験入学　　第1回　10月19日（土）、第2回　11月30日（土）
学科説明会　第1回　12月14日（土）、第2回　1月18日（土）
※詳しくは熊農高ホームページをご覧ください。

＜その他関連行事＞
体験部活動　第1回　7月27日（土）、第2回　8月8日（木）
熊農祭（学科説明窓口開設）　11月2日（土）

「熊農高」で取得できる資格

毒物劇物取扱者、危険物取扱者、日本農業技術検定、ビジネス文書実務検定、小型特殊自動車免許、小型車両系建設機械特殊教育、アーク溶接特殊教育、ガス溶接技能講習、情報処理検定、実験動物技術者2級、フォークリフト運転技能講習、大型特殊自動車免許（農耕用）、フラワー装飾技能検定、造園技能検定、園芸装飾技能検定、家庭科技術検定（食物調理・被服製作）、日本漢字能力検定、実用英語技能検定など

用について学びます。
《ガーデニングコース》都市緑化や環境創造について学びます。
◎生物生産工学科
　動物や植物のバイオテクノロジーと動物の飼育、草花の栽培について学習します。
　《動物科学コース》家畜や実験動物などの飼育の基礎を学びます。
　《フラワーコース》植物の培養から生産、草花栽培や利用方法について学びます。
◎食品科学科
　食品の製造・保存・分析及び流通について学習します。
　《食品科学コース》近代的な機器を用いた食品製造、成分分析、有用微生物の培養などを学びます。
◎生活技術科
　生活を豊かに合理的に営む技術や福祉について学習します。
　《食と生活コース》「ファッションデザイン」「フードデザイン」などの科目があり、農業・被服・調理などの基礎的な知識や技術を学びます。
　《子どもと福祉コース》「保育基礎」や「介護福祉基礎」などの科目があり、農業・家庭・保育・福祉などの基礎的な知識や技術を学びます。

教 育 活 動

1　学習活動
　専門科目の学習は、体験をとおして学習します。各科の特徴を生かした、専攻学習・小グループ学習が行われ、実験・実習を中心に、考え、学び、実践する力を培います。
2　学校生活
　豊かな自然の中で、生徒達が協力して「ものづくり」に励み、作る喜び、完成する喜び、協力する喜びを味わっています。
　部活動も盛んで、運動部・文化部の他に農業高校独特の部活動もあります。

「第74回　日本学校農業クラブ全国大会」

3　進路指導
　生徒一人一人の個性や適性、専門性を生かした進路が選べます。将来農業を志す人、就職や進学をする人など多彩な進路選択に、きめこまやかな進路指導を行っています。

特 別 活 動

《農業クラブ》プロジェクト発表会
【県大会・最優秀賞　関東大会・優秀賞】
　Ⅰ類　埼玉の黒い宝「彩の国黒豚」
　　飼育プロジェクト PART 3
【県大会・優秀賞】
　Ⅱ類　1つの命から広がる幸せの輪
　　〜くまのうあいその新たな挑戦〜
農業鑑定競技会
【全国大会・優秀賞】
　造園の部1名・畜産の部1名
《運動部》
陸上部：関東高等学校選抜大会5000m 出場
サッカー部：北部支部3部リーグ4位
弓道部：北部支部高等学校弓道大会男子団体4位
バレーボール部：埼玉県高等学校新人大会北部地区予選7位
女子バスケットボール部：埼玉県高等学校新人大会北部支部3位・県大会出場
剣道部：全国高等学校総合体育大会　県予選会出場
卓球部：埼玉県高等学校新人卓球大会　県予選会出場
《文化部》
写真部：埼玉県高校写真展優秀賞・奨励賞
書道部：学芸書道全国展優秀団体賞・個人賞、書の甲子園入選

卒業後の進路状況

進路		2 年度	3 年度	4 年度	5 年度
進学	大学・短大	28	30	43	28
	専門学校等	86	102	95	88
就職		103	103	98	79
その他		20	12	9	9
卒業者総数		237	247	245	204

＜主な進学先＞
帯広畜産大、立正大、高崎健康福祉大、東洋大、東京農業大、日本大、酪農学園大、女子栄養大、ヤマザキ動物看護大、聖学院大、埼玉工業大、帝京科学大、東都大、城西大、国際学院埼玉短大、埼玉県農業大学校、埼玉県栄養専門、埼玉県調理師専門、埼玉県高等看護学院、深谷大里看護専門、埼玉理容美容専門、テクノ・ホルティ園芸専門、他
＜主な就職先＞
アイリスオーヤマ、シード、埼玉県農林公社、秩父神社、SUBARU 群馬製作所、ジェイ・オー・シー羽生、ベルク、自衛隊、ジェコー、ニッコー、アールディーシー、十万石ふくさや、ヤオコー、ふかや農協、東ハト、LIXIL サンウェーブ、埼玉ひびきの農協、境野養鶏、他

地図　JR 高崎線熊谷駅下車　徒歩30分
　　　秩父線石原駅下車　徒歩20分
　　　朝日バス気象台入口下車　徒歩10分

埼玉県立 秩父農工科学高等学校 (全日制)

所在地 〒368-0005 秩父市大野原2000 ☎ 0494-22-3017 FAX 0494-21-1040
ホームページ https://chichibunoko-bh.spec.ed.jp
メールアドレス webmaster@chichibunoko-bh.spec.ed.jp
最寄り駅からの順路 秩父鉄道大野原駅 徒歩7分

校　　長	服部　修
創　　立	明治33年6月7日
教職員数	106人

生徒数 （令和6年4月8日現在）

学科＼学年	1年	2年	3年	計
農 業 科	41	36	40	117
森 林 科 学 科	23	34	27	84
食 品 化 学 科	31	34	29	94
電気システム科	36	35	38	109
機械システム科	37	26	36	99
ライフデザイン科	33	36	37	106
フードデザイン科	40	39	33	112
生 徒 数	241	240	240	721

部活動盛んな秩父農工

学 校 の 概 要

　本校は、明治33年の創立以来、秩父地域の産業を支え、日本の未来を担う"スペシャリスト"を目指そうとする意欲を持った生徒が通う伝統校です。卒業生はすでに25,000名を超え、地域で活躍する名士の多くは本校の卒業生です。

　生徒は農業部（3科）・工業部（2科）・家庭部（2科）のいずれかに所属し、ものづくりの楽しさを味わいながら、確かな専門技術を身に付けることができます。

教 育 課 程

実験実習等の体験学習が充実した専門高校

　専門高校は中学校で学習する国数英などの普通教科以外に、例えば「農業機械」「自動車工学」「電気システム製図」「ファッション造形」「総合調理実習」等といった専門学科科目があります。

　1週間の授業は30時間（6時間×5日）となりますが、1年次にはそのうち10時間、上級生になるとさらに多くの時間が専門的な実験・実習となります。（下表参照）

データ

日 課 表

平 常 授 業	
SHR	8：40〜8：50
第1限	8：55〜9：45
第2限	9：55〜10：45
第3限	10：55〜11：45
第4限	11：55〜12：45
昼休み	12：45〜13：30
第5限	13：30〜14：20
第6限	14：30〜15：20
清掃	15：20〜15：40

時間割例（食品化学科2年）

時間	月	火	水	木	金
1	食品微生物	論理国語	英語コミュニケーションI	食品化学	L　H　R
2	食品微生物	食品製造	数 学 A	食品化学	食品流通
3	芸 術	生物基礎	論理国語	選択科目	食品製造
4	芸 術	体 育	歴史総合	選択科目	歴史総合
5	保 健	食品流通	総合実習	論理国語	生物基礎
6	数 学 A	数 学 A	総合実習	体 育	英語コミュニケーションI

▨ 専門教科・科目

選択科目：数学II、論理・表現I、環境科学2204、生態学基礎2208

教 育 活 動

1 学習活動

　将来の夢に向かって毎日の授業があります。専門学科の実験・実習はすべてが将来の職業に役立つものばかりです。特に「現場実習」は日頃の努力を感じることができる大切な授業となります。

2 学校生活

　生徒は学校行事を何よりも楽しみにしています。球技大会、遠足、修学旅行、体育祭に芸術鑑賞会、そして地域の方々が大勢訪れる「秩農工祭」は最大のイベントです。各学科が工夫を凝らしてお客様をお迎えします。

3 体育祭・授業風景

農業科

森林科学科

体育祭

食品化学科

電気システム科

機械システム科

ライフデザイン科　　フードデザイン科

特 別 活 動

部活動

【全国大会】
男子ソフトボール部：インハイ／選抜出場
演劇部：全国高校演劇大会(舞台美術賞)
弓道部：全国高校遠的大会

【県大会】
卓球女子：新人団体 Best 8、柔道：選手権女子個人無差別 3 位、新人女子団体 Best16、ソフトテニス女子：新人個人 Best16、バレー女子：インハイ予選 Best24、野球、剣道、ハンドボール男女、吹奏楽：コンクール県 B 銅賞、書道：県中央展入賞(硬筆・書きぞめ)

　その他運動部としてバレー男子、バスケ男女、サッカー、ソフトテニス男子、山岳、文化部として科学、美術、生茶部なども熱心に活動。また愛鳥部の巣箱無償提供や、秩父屋台囃子保存部は地域に貢献する活動を行っています。

そ の 他

※日程は必ず学校ＨＰ等でご確認ください
○学校説明会…① 7 ／13、②10／19
○体験入学… 8 ／20、 8 ／21、 8 ／22
○部活体験…夏季休業中に各部活動
○文化祭…11／16、11／17
○進学相談会…11／30、1 ／10,14,15

卒業後の進路状況

進　　　　路		3 年度	4 年度	5 年度
進学	大 学・短 大	46	35	42
	専 修・各 種	72	60	62
就　　　　職		145	128	131
そ　の　他		6	3	7
卒 業 者 総 数		269	226	242

大学 城西大、駿河台大、埼玉工業大、女子栄養大、東京電機大、東京農業大、東洋大、日本工業大
短大 武蔵野短大、秋草学園短大、埼玉純真短大、埼玉女子短大
専門学校 埼玉自動車大学校、日本工学院八王子専門学校、埼玉県立高等看護学院、埼玉医療福祉会看護専門学校、埼玉県栄養専門学校、埼玉県製菓専門学校、西武学園医学技術専門学校、葵メディカルアカデミー、エコール辻東京
就職 ㈱ロッテ、アイリスオーヤマ㈱、㈱オプナス秩父工場、㈱ベルク、キヤノン電子㈱、三菱電機ホーム機器㈱秩父富士、㈱和幸グリーン、(社福)清心会、㈱シェリエ、㈱SUBARU 群馬製作所

地図　秩父鉄道大野原駅　徒歩 7 分

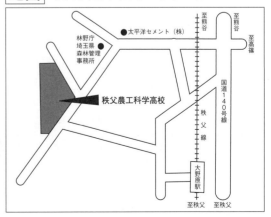

埼玉県立 熊谷工業高等学校 （全日制）

所在地 〒360-0832　熊谷市小島820番地　☎ 048-523-3354
ホームページ https://kumagaya-th.spec.ed.jp
メールアドレス info@kumagaya-th.spec.ed.jp
最寄り駅からの順路 秩父鉄道石原駅より徒歩20分、高崎線籠原駅より自転車20分

部活動も勉強もガンバル熊工生

校　　　長	荻原　康之
創　　　立	昭和41年4月1日
教職員数	78人

生徒数　（　）内は女子数

学科＼学年	1年	2年	3年	計
建 築 科	37(7)	32(5)	40(3)	109(15)
土 木 科	39(0)	31(0)	31(1)	101(1)
電 気 科	36(1)	40(2)	32(0)	108(3)
機 械 科	62(3)	75(1)	72(0)	209(4)
情報技術科	39(2)	39(5)	40(1)	118(8)
計	213(13)	217(13)	215(5)	645(31)

教 育 課 程

　本校では、3学年になると工業系の就職を目的とした専門技術コース（専門科目重視）と4年制大学等への進学を目的とした4大進学コース（数学・物理・英語等の科目を重視）に分かれます。

建築科　私たちの周りには、住宅・学校・商店・事務所・工場など、多くの建築物があります。これらは、使用目的や建てる場所に合わせてつくられています。人々が安全で快適に生活できるようにすることを学びます。

土木科　人々が快適で心豊かな生活を送るための環境づくりが使命であり、道路、橋、コンクリート、測量などの知識を修得し、実験・実習を通じて、土木技術者として活躍できる専門教育を行います。

電気科　あらゆる分野で利用されている電気や電子について学習し、電気工事、通信技術、プログラミング、マイコンによる制御、自動工作機械などの幅広い知識と技術を習得します。卒業後、電力・通信・機器製造・コンピュータ・鉄道・音響関係等、多様な職業への道が開かれています。

機械科　設計、工作、エンジン、製図などの学習をします。更に、旋盤やマシニングセンタを使用した製作実習、金属・熱機関・電子機械などの実習、コンピュータやロボットの取扱いを通じて、機械を中心とした幅広い知識と技術を身に付け、多方面の分野で活躍できる技術者の育成を目指します。

情報技術科　コンピュータのプログラミングを中心とし、ネットワーク、データベース、組み込み、ロボット等、21世紀を支えるエンジニアの育成を目指します。

教育課程

単 位 数		5		10		15		20		25		30	31
1　年	普通科目　21単位							専門科目　8単位				H R	インターンシップ
2　年	普通科目　17単位						専門科目　12単位					H R	
3年 専門技術コース	普通科目　11単位			普・専の中から 2科目選択　6単位			専門科目　12単位					H R	
4大進学コース	普通科目　22単位								専門科目　7単位			H R	

　※4大進学コースは、進学向けのクラスで定員は約40名

教 育 活 動

1 学習活動

本校では、工業に関わる知識と技術を学び、広い視野と活用力が身に付くよう、実験・実習等の体験的な学習に、特に力を入れています。また、全ての科で情報化社会に対応できる技術者を養成するため、パソコンによる情報処理技術の学習も行われています。さらに、CAD、産業用ロボット、マシニングセンタなどが導入され、先端技術関連の授業に活用されています。

在学中に取得できる資格は、電気工事士、工事担任者、危険物取扱者、情報処理技術者、ITパスポート、情報配線技能士、土木施工技術者、電気施工技術者、レタリング検定、機械加工技能士、機械検査技能士、ボイラー技士などがあります。

2 学校生活

のどかな田園風景の中で、熊工生は、勉強に、運動に生徒一人一人が励んでいます。1学年が全員実施するインターンシップ、全校あげての体育大会、文化祭、マラソン大会、工場見学等、工業高校ならではの行事も数多く設定されています。そして、実習や製図に取り組みながらも各種資格試験に挑み、充実した高校生活を送っています。

3 進路指導

本人の将来の目的や能力に合った親身な進学指導を行っており、進路意識を高めるためにインターンシップ、大学見学会等を行っています。就職は、卒業生が各分野で活躍しているおかげで、多くの企業から求人をいただき、自分の希望・能力に合った企業に就職をしています。進学では、指定校推薦で進学を希望する生徒が多いのが特徴です。

特 別 活 動

運動部、文化部とも多くの部活動が熱心に活動しています。ソフトボール部・水泳同好会がR5年度インターハイに出場、ラグビー部はR3・4

機械科実習風景

・6年度関東大会に出場しています。他多くの運動部が県大会に出場しています。文化部では、第17回若年者ものづくり競技大会全国大会（広島県）において、建築研究部が「建築大工」職種、「木材加工」職種で共に銅賞を受賞、機械研究部が「旋盤」部門で出場しました。また、情報技術科の生徒が、第60回技能五輪全国大会において「情報ネットワーク施工」職種で、2年連続出場。その他にも高校生ものづくりコンテストにおいて建築研究部が「木材加工」部門で、土木研究部が「測量」部門で、電気科の生徒が「電気工事」部門で関東大会に出場しています。

そ の 他

※日程は必ず学校ＨＰ等でご確認ください。

●**学校説明会　7月27日（土）・10月19日（土）**
　本校の教育内容や工業系5科の特徴と入試の説明を行います。作品展示も行います。

●**部活動体験会**
　8月1日〜6日のうち2日間で実施。日程はＨＰでご確認ください。

●**第1回体験入学**
　各科の実習体験を8月に実施します。日程はＨＰでご確認ください。

●**第2回体験入学　9月14日（土）**
　1回目と同様の内容で実習体験を実施します。

●**個別進学相談会　10月26日（土）・1月11日（土）**
　1回目は文化祭の一般公開に合わせて相談ブースを設けます。

令和5年度卒業生進路状況

進　　路	就　　職	大学・短大	専門学校	そ の 他	計
人数	122	38	38	7	205

【主な進学先】
東洋大学、日本大学、東京電機大学、日本工業大学、千葉工業大学、ものつくり大学、城西大学、大東文化大学、立正大学、東京福祉大学、国士舘大学、中京大学、県立熊谷高等技術専門校　等

【主な就職先】
東海旅客鉄道㈱、㈱LIXIL物流、UDトラックス㈱、三菱重工業㈱、本田技研工業㈱、㈱SUBARU、日立Astemo㈱、ボッシュ㈱、カヤバ㈱、赤城乳業㈱、キヤノン電子㈱、パナソニックAP空調・冷設機器㈱、（一財）関東電気保安協会、㈱LIXILサンウエーブ製作所、㈱OKIジェイアイピー、㈱関電工、関東建設マネジメント㈱、向井建設㈱、大和建設㈱、秩父コンクリート工業㈱、太平洋セメント㈱、日本道路㈱、富士見道路、㈱ニコン、能美防災㈱、サン電子工業㈱、サーパス工業㈱、ブリヂストンBRM㈱、武州製薬㈱、㈱カインズ、㈱コメリ、国土交通省、埼玉県庁、埼玉県警察、東京都庁、行田市役所、横浜市役所、荒川中部土地改良区　等

地図

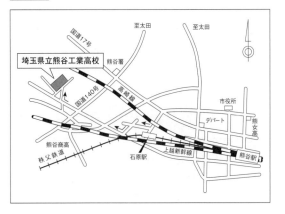

埼玉県立 熊谷商業高等学校 (全日制)

所在地 〒360-0833 熊谷市広瀬800-6 ☎ 048-523-4545
ホームページ https://kumagaya-ch.spec.ed.jp/
最寄り駅からの順路 熊谷駅より自転車15分、籠原駅より自転車20分、秩父鉄道ひろせ野鳥の森駅徒歩10分

正門からの風景

校　長	竹越　利之
創　立	大正9年4月2日
教職員数	60人

生徒数

学科 ＼ 学年	1年 (男)(女)	2年 (男)(女)	3年 (男)(女)	計 (男)(女)
総合ビジネス科	171 (83)(88)	196 (76)(120)	186 (89)(97)	553 (248)(305)

最先端の商業科「総合ビジネス科」

校　訓
「向上」

教育目標

1　個性の伸長と自主性の確立
2　社会的資質の育成
3　職業的能力の育成

教育課程の特徴

　令和2年度より新教育課程に変わり、今までの2学科が「総合ビジネス科」1学科になりました。1年生では商業高校生としての基本をすべての生徒が学びます。その後2年生より、進路・適性・興味に応じて「商業」「情報処理」「大学進学」の3群の選択になります。

　これにより、高校入学後に商業科目を勉強してから、よく考えたうえで進む方向を決めることができ、希望進路の実現・高い資格取得がしやすくなります。

進路状況

〈主な進学先〉

大学　埼玉県立大学、亜細亜大学、国士舘大学、跡見学園女子大学、大妻女子大学、埼玉工業大学、淑徳大学、城西大学、上武大学、駿河台大学、聖学院大学、大東文化大学、高崎商科大学、中央大学、東京電機大学、獨協大学、東洋大学、日本大学、文京学院大学、武蔵大学、武蔵野大学、明治大学、立正大学

短大　育英短期大学、大妻女子大学短期大学部、埼玉純真短期大学、埼玉女子短期大学

専門学校　県立高看、深谷大里看護、太田医療技術、国際理容美容、アルスコンピュータ、大原学園、駿台トラベル＆ホテル

〈主な就職先〉

就職　武蔵野銀行、東和銀行、足利銀行、くまがや農業協同組合、SUBARU、秩父鉄道、東京電力パワーグリッド、トヨタカローラ埼玉、トヨタモビリティパーツ、日産部品埼玉販売、日本郵便、アイリスオーヤマ、ベルーナ、LIXILサンウエーブ製作所、赤城乳業、アタゴ、キヤノン電子、太平洋セメント、日本精工、日本通運、能美防災、本田技研工業、リンテック、ベルク、公務員、陸上自衛隊

		R1	R2	R3	R4	R5
進学	大学・短大	51	45	35	43	55
	専修・各種	77	83	55	70	58
就職		100	107	82	68	52
その他		3	1	2	2	0
卒業者総数		231	236	174	183	165

教　育　活　動

1　学習活動

　本校に入学する生徒のほとんどは、しっかりとした将来の目標をもっています。この目標を実現するため積極的に授業に参加し、活気ある学習活動を行っています。

2　学校生活

　生徒会活動も盛んで、文化祭・体育祭・球技大会などにも積極的に取り組んでいます。

　また、校内での挨拶もよく交わされ、来校者からもマナーの良さをほめられます。

3　進路指導

　生徒一人一人の目標実現の一助として「進路の手引き」を作成し、就職や進学に関する多くの情報を提供しています。また、自己理解を深め進路適性を把握できるように、1年生よりガイダンスや懇談会などを行い、きめ細かい指導を展開しています。

特　別　活　動

　部活動がたいへん活発です。

　運動部は、関東大会に出場している柔道部、甲子園出場経験もある野球部をはじめとして、陸上、テニス、卓球、弓道などは県大会で活躍しています。文化部では、簿記部、ソフトウェア部、ワープロ部は何度も全国大会に出場、写真部も全国大会に出場しています。ほかにも吹奏楽部やバトン部は公の施設を借り切って定期演奏・発表会を行い、多くの人が来場しています。

取得目標検定

全国商業高等学校協会主催
　簿記、ビジネス文書（ワープロ）、情報処理、
　電卓、商業経済の各検定1級
日商簿記検定2級、ITパスポート試験、
英語検定、漢字検定

令和5年度
第70回 全国高等学校ビジネス計算競技大会埼玉県大会
主催 埼玉県商業教育研究会　後援 埼玉県教育委員会

簿記部

学　校　説　明　会

※日程・内容など、必ずHP等でご確認ください。

部活動体験　　　8/5(月)、9(金)、25(日)
第1回学校説明会　体験授業(簿記)　8/2(金)、21(水)
第2回学校説明会　体験授業(情報処理)　10/6(日)、12(土)
第3回学校説明会　熊商の特色・入試情報　11/16(土)
第4回学校説明会　熊商の進路・入試情報　1/12(日)

卒業後の進路

就職するなら熊商へ

　就職内定率100％には理由があります。入学時から、就職することを前提に言葉遣いや礼儀作法などを指導しています。3年生ではその積み重ねをもとにさらに丁寧で実践的な指導があります。高校からの就職は企業からの求人票が来ないとできません。昨年度、熊商には2000社を超える求人がありました。25の会社から1つの会社を選べるほどの求人数です。熊商の卒業生の離職率（会社を辞める率）が他校と比べて低いのは、多くの会社から自分に合ったところを選択できるからです。創立105年目を迎えた熊商には多くの卒業生がおり、地元からの厚い信頼も得ています。

取得した資格を活かして進学

　商業高校と聞くと「就職」を思い浮かべる人が多いと思います。しかし、熊商では半数以上の人が大学・短大・専門学校へと進学しています。商業科目を勉強し資格を取得しているうちに、興味を持ちもっと深く勉強したくなり、就職から進学に進路を変える生徒も多くいます。ほとんどの生徒が、推薦制度や資格を利用した総合型選抜等で入学しています。商業科目を勉強して将来役に立つ資格を取得し、さらにそれを利用して進学できるという、普通科高校にはない利点があります。

| 地図 | 熊谷駅より自転車15分、籠原駅より自転車20分、秩父鉄道ひろせ野鳥の森駅徒歩10分 |

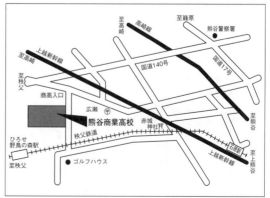

埼玉県立 深谷商業高等学校（全日制）

所在地 〒366-0035　深谷市原郷80　☎ 048-571-3321
ホームページ https://fukasyo-ch.spec.ed.jp/
最寄り駅からの順路 高崎線深谷駅下車　徒歩15分

リニューアルした大正時代の校舎「二層楼」

校　　　長	新井　秀明
創　　　立	大正10年 3 月22日
教職員数	81人

生徒数　学科ごと人数集計（5／1 在籍）

	商業科		会計科		情報処理科		合計	
	男	女	男	女	男	女	男	女
1 年	66	92	14	26	41	39	121	157
	158		40		80		278	
2 年	49	104	14	18	47	33	110	155
	153		32		80		265	
3 年	54	101	11	27	46	30	111	158
	155		38		76		269	
計	169	297	39	71	134	102	342	470
	466		110		236		812	

教 育 目 標

　渋沢栄一が大正11年に来校して残した「至誠」、「士魂商才」を校訓とし、自由闊達な実学の精神のもと、商業に関する専門教育をとおして心身共に健全な産業人の育成を図ることを目標としています。深谷生まれで一生涯で設立や経営にかかわった企業が500社以上におよび「日本資本主義の父」と称される渋沢栄一翁の教えに学び、確かな学力と人間力を兼ね備え、地域に貢献するとともに世界で活躍できる人財を育てる学校です。

　商業科　学習の65％が普通科目の学習で、残り35％がビジネス活動に必要な広い範囲の専門的な科目の学習です。具体的には、簿記会計・ビジネス基礎・情報処理、課題研究などの科目を学習し、簿記・情報処理・商業経済などの資格取得を目指します。これらの資格取得を利用し、大学への進学もできます。

　会計科　簿記会計を重点的に学習し、日本商工会議所の簿記検定 2 級等の高度な資格取得により、特別推薦による大学進学や将来、税理士などの専門家になることなどを目指します。

　情報処理科　ビジネスソフトやマルチメディア

データ

令和 5 年度卒業生高度資格取得状況

資　　　格	人　数
経済産業省主催	
応用情報	1
基本情報技術者試験	12
情報セキュリティマネジメント試験	5
IT パスポート試験	14
日本商工会議所主催	
簿記検定試験 2 級	26
全国商業高等学校協会主催	
検定試験 1 級 3 種目以上	131 ＊
内訳	7 種目以上	2
	6 種目	9
	5 種目	21
	4 種目	39
	3 種目	60

＊県内の高校中第 1 位
＊会員校約1,316校中全国15位

卒業後の進路状況

進　　　路		令和 3 年度	令和 4 年度	令和 5 年度
進学	大学・短大	54	80	73
	専修・各種	117	105	126
就　　　職		91	81	70
そ　の　他		1	5	3
卒 業 者 総 数		263	271	272

〈主な就職先〉
埼玉信用組合、アタゴ、赤城乳業、ふかや農協、新吉、JR 東日本ステーションサービス、キヤノン・コンポーネンツ、キヤノン電子、LIXIL サンウエーブ製作所、ニコン、日本郵便、ユニフロー、LIXIL 物流、日産化学、リケンテクノス、日立システムズパワーサービス、太平洋セメント、沖電気工業、OKI ジェイアイピー、埼玉スバル、UACJ、岡部新電元、シェリエ、原田、DIC プラスチック、エナジーウィズ、NX ワンビシアーカイブズ、ローヤル電機、梅林堂　他

の実習、プログラミング言語など、コンピュータに関する科目を中心に学習します。経済産業省の情報処理技術者試験や全国商業高等学校協会の情報処理検定1級等の資格取得を目指します。また、多くの全商主催の検定を多種目合格でき、資格取得を利用した推薦による大学進学もできます。

進路室の風景

教 育 活 動

1 学習活動

基礎基本の学習を重視するとともに、専門分野は基礎から学習し、段階的に高度な水準に達するように学習を進めています。平成14年度から、商業科と会計科は、少人数学級を導入し、1学級33人で、きめ細かな指導を実施しています。300台を超える情報機器を利用し、最新の専門的な知識・技術を習得し、多くの資格試験の合格を目指しています。大学卒業程度の経済産業省の情報処理技術者試験や日本商工会議所の簿記検定等の高度な資格取得にも挑戦し、数多くの合格者を出しています。

2 学校生活

4階建ての学習棟、食堂、格技場、弓道場、体育館、プール、情報処理棟などの施設が完備され、充実した学生生活を送っています。また、全教室にエアコンがあり、快適に学習できる環境が整っています。定期考査・各種検定の前には、自主的に放課後学習に取り組む生徒も多くいます。

3 進路指導

1年次から段階的・継続的に進路について学習を進めていきます。体験学習や卒業生を招いてのシンポジウムなどを通し、将来の職業を考える機会を多く持ち、多面的な角度から生徒自身の進路を考えていきます。高校3年間の学習成果を就職に結びつけることができます。また、在学中に取得した高度な資格を生かして難関大学へ進学することもできます。

特 別 活 動

保護者によるバザーや生徒による模擬店の販売などのアイデアあふれる企画で盛り上がる文化祭や、体育祭、遠足、球技大会、2年次での修学旅行など、多くの学校行事が行われます。

部活動の文化部では、コンピュータ部、簿記部、ビジネス部が全国大会に出場しました。また写真部がコンクール等で入賞しています。運動部では、陸上競技部・野球部・卓球部・女子バレーボール部・バドミントン部・弓道部・剣道部が地区大会を突破して県大会に出場しています。その他にも多くの部活動が盛んに活動しています。

そ の 他 ※日程は必ず学校HP等でご確認ください。

体験入学・学校説明会の御案内
体験入学
授業体験　8月1日(木)、部活体験　8月3日(土)、
部活体験　8月4日(日)、部活体験　8月6日(火)
学校説明会
授業体験　10月5日(土)、部活動見学　11月2日(土)、
授業体験　12月7日(土)、個別相談　1月11日(土)
申込方法は本校HPに掲載します

主な進学先

中央大、武蔵大、日本大、東洋大、専修大、拓殖大、大東文化大、文教大、東京経済大、城西大、高崎商科大、日本体育大、東都大、駿河台大、東京福祉大、育英短大、共愛学園前橋国際大短大部、埼玉純真短大、高崎商科大短大部、埼玉県立高等看護学院、深谷大里看護専門学校、葵メディカルアカデミー、上尾看護専門学校、上尾中央医療専門学校、東京IT会計公務員専門学校大宮校、大原ビジネス公務員専門学校高崎校、大原簿記情報ビジネス専門学校大宮校　他

地図　JR高崎線深谷駅下車　徒歩15分

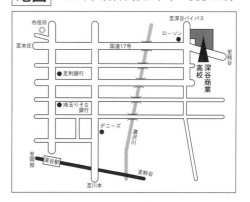

定時制・通信制

埼玉県立 上尾高等学校（定時制）

創立	昭和29年5月1日（浦和高等学校上尾分校）昭和36年4月1日（上尾高等学校に移管）
教職員数	24人

生徒数

学年学科	1年(男)(女)	2年(男)(女)	3年(男)(女)	4年(男)(女)	計(男)(女)
普通科	16 (11)(5)	19 (6)(13)	9 (7)(2)	15 (8)(7)	59 (32)(27)

住所　〒362-0073　上尾市浅間台1-6-1
　　　☎ 048-772-3322
最寄り駅からの順路　北上尾駅西口から徒歩1分
始業・終業時間　17時20分〜21時05分　給食有

教 育 課 程

　国・数・社・理・英の基礎・基本を大切にして、これらの教科・科目の学習がより多くできるように時間を設けています。
　保健体育、芸術（書道）、家庭科は実習を主に楽しく有意義に学べるようになっています。なお、週当たりの総時間数はホームルーム活動と総合的な探究の時間を含めて20時間です。

教 育 活 動

1　学習活動
　基礎・基本に重点を置いたわかりやすい授業を進めています。教科担当者がプリントや、教育機器を活用して、生徒が参加する、楽しく充実した授業の展開に工夫をしています。
2　学校生活
　友達や先生との交流で心身の疲れをいやす、いわば「心のオアシス」の場でもあります。家庭的な雰囲気の中で、毎日の授業や部活動、諸行事等をとおして、互いに理解し合い、磨き合って、友情が深められ、成長していきます。

そ の 他

　本校は、働きながら勉学に励む人はもちろん、生涯学習の一環として学びたい人、不登校等で悩み

を持っている人など、様々な人が入学して頑張っています。前もって電話をしていただければ学校見学は可能です。なお、学校見学は10月からとなります。

特 別 活 動

　生徒会活動の主なものとして、新入生歓迎会、文化祭、体育祭、生徒総会、予餞会、卒業記念文集「礎」発行等があり、生徒会本部役員が積極的に取り組んでいます。
　また部活動は、バスケットボールをはじめ、バレーボール、バドミントン、卓球、美術、JRCがあり、夜9時5分から10時まで活動しています。
　ホームルーム活動は毎日のショートホームルームの他、週一回のロングホームルームがあり生徒同士の交流を深める場になっています。

体育祭風景

卒 業 後 の 進 路

　大学進学を目指して頑張っている生徒や専門学校等へ進学する生徒、新たに就職する生徒、現在の職場を継続する生徒等様々ですが、生徒一人一人が「夢を希望に、希望を現実に」できるように進路指導を進めています。
（令和3・4・5年度卒業生進路状況）
大学…聖学院大学、大正大学
専門学校…高等技術専門校、埼玉医療福祉専門学校、埼玉県栄養専門学校、埼玉自動車大学校、埼玉福祉保育医療専門学校、ミス・パリ・ビューティ専門学校、東京スクール・オブ・ビジネス、日本電子専門学校
就職…㈱アースダンボール、㈱アールディーシー、㈱三月うさぎの森、㈱NAVIO、㈱ハイデイ日高、㈱マルミヤ、㈱丸和運輸機関、㈶松川会、㈲新井製作所

埼玉県立 朝霞高等学校（定時制）

創立　昭和41年4月1日
教職員数　23人
生徒数

学年\学科	1年 (男)(女)	2年 (男)(女)	3年 (男)(女)	4年 (男)(女)	計 (男)(女)
普通科	29 (20)(9)	25 (16)(9)	14 (9)(5)	20 (12)(8)	88 (57)(31)

住所　〒351-0015　朝霞市幸町3-13-65
☎ 048-465-1010
東武東上線朝霞駅から「大泉学園北口」行き、「幸町三丁目交差点」下車徒歩3分
始業・終業時刻　午後5：15・午後9：00
給食の有無　有

教 育 方 針

　教育基本法の精神に則り、平和的な民主社会の有為な形成者として必要な資質を養い、情操豊かにして勤労を尊ぶ健康な人間の育成を期する。

教 育 課 程

　普通科です。国語・地歴公民・数学・理科・英語・保健体育・家庭・情報・芸術を学習します。

教 育 活 動

1　学習活動

　夕方5時15分にHRが始まります。給食時間をはさんで、1日4時間の授業があり、午後9時に放課になります。教室での授業はもちろん、校庭での体育も照明の下で行われます。定時制には、18歳を過ぎて社会生活を立派に送っている人たちから、中学出たての人までいろいろな生徒がいます。勉強の方も、アルファベットや分数計算を忘れてしまった人から大学進学を目指す人まで、様々です。授業は、一人一人の力に応じて、分かりやすく、丁寧に、基礎学力の定着に力をおいた授業展開になっています。また、始業前や放課後には、補習も熱心に行われており、進学を目指して努力しています。

2　学校生活

　楽しみのひとつに給食があります。おいしくて安全な給食を提供しており、教員もいっしょに食べています。

特 別 活 動

　本校には、下のような部があります。活動日は顧問と部員が相談して決めます。授業が終わった後、22時まで各部とも熱心に活動しています。野球部は、令和元・2年度と2年連続で優勝しました。陸上競技部は、令和3・4・5年度と全国大会に出場しました。バスケットボール部は、令和4年度、2大会連続で県大会で優勝しました。バドミントン部は、令和5年度、県大会でシングルスベスト8、ダブルス3位の成績を収めました。

文化部	写真映像部
運動部	陸上、軟式野球、バスケット、バドミントン

　部活動の他、全校遠足、体育祭、文化祭、予餞会などの行事があり、生徒教員が一体となって盛り上げています。また定通生徒生活体験発表会では、全国大会で3年連続大臣賞を受賞したこともあります。令和3年度から、「朝霞就職EXPO」と題して、地元企業のご協力を得て、学校独自の就職相談会を始めました。

卒 業 後 の 進 路

　今年3月に卒業した生徒は、大学、専門学校、就職と様々な進路選択をしました。

　定時制においては、卒業の資格も大切ですが、働きながら4年間学び通して得た生きる力と自信こそが何よりも大切です。それがこれからの人生を支える力になることでしょう。

埼玉県立 浦和高等学校

（定時制）

創立　昭和16年4月1日　敬和中学校創立
　　　昭和23年4月1日　浦和高等学校定時制と改称
教職員数　21人
生徒数（男子のみ）

学年＼学科	1年（男）	2年（男）	3年（男）	4年（男）	計（男）
普通科	14	5	9	15	43

住所　〒330-9330　さいたま市浦和区領家5-3-3
　　　☎ 048-886-3000　FAX 048-885-4647
最寄り駅からの順路　JR京浜東北線北浦和駅下
　　　　　　　　　　車東口より徒歩10分
始業・終業時刻　17：20～21：05　給食有

教 育 目 標

　教育基本法、学校教育法の趣旨に則り、平和な国家及び社会の形成者としての資質を培うため、学力の向上と社会的自立を目指し、未来を拓く誠実な青年の育成を目指しています。

教 育 課 程

　本校は基礎学力の充実を目指し、国・社・数・理・英などの基礎・基本を大切にして、これらの教科・科目の勉強がたくさんできるような時間割を設けています。

教 育 活 動

1　学習活動　～手厚い指導と支援～

　校外の教育力を積極的に活用して、生徒への指導と支援を行います。個々の生徒に基礎・基本を定着させるために学習サポーターや日本語支援員を活用する等、丁寧な授業を行います。

　また、進路指導・キャリア教育の一環として、NPO法人等（「育て上げネット」他）の外部教育力の活用や、自立支援を行うための機関との連携にも力を入れています。

2　学校生活　～落ち着いた学習環境～

　定時制では県内唯一の男子校です。各人が目標に向かい頑張っています。生活指導もしっかりしており成人であっても喫煙は厳禁、原動機付自転車等の通学も許可制です。健康の保持・増進と共に食育の観点から、原則、全員給食です。とても落ち着いた学校です。

特 別 活 動

　部活動は、全国大会出場の実績をもつ軟式野球・サッカーその他、バスケットボール・硬式テニス等が盛んです。また、唯一の文化部、メディア研究部も活動しています。

卒 業 後 の 進 路

　生徒の希望に寄り添って個別指導を実施し、進路実現を目指しています。指定校推薦制度を活用し、大学や短大に進学することも可能です。令和5年度は卒業生6名のうち、1名が大学へ進学し、3名が就職しました。

給食の様子

進路行事

卒 業 生 の 声

　浦和高校定時制に入学する前は、どのような学校なのか少し不安に思っていました。しかし、そんな不安はすぐになくなりました。クラス内の仲が良いのはもちろんのこと、全体の生徒数が少ないため、他の学年の人とも仲良くなれました。また、先生方も良い意味で我々生徒との距離が近く、同年代の人には話せないような悩みを聞いてくれました。そして、学校が夜間なので、登校前にアルバイトをすることで、早いうちから社会経験を積むことができ、家計を助けることもできました。

　浦和高校定時制には、「浦定チャレンジ」という言葉があります。生徒がチャレンジすることに、先生方は賛同し、協力してくれます。また、チャレンジして失敗したとしても、次につながるということを教えてくれました。

埼玉県立 浦和第一女子高等学校（定時制）

創　立	昭和23年9月1日
教職員数	21人

生徒数

学科＼学年	1年(女)	2年(女)	3年(女)	4年(女)	計(女)
普通科	20	6	14	9	49

公開授業、学校説明会　11月1日(金)
他随時 TEL にて申し込んで下さい。

住所　〒330-0064　さいたま市浦和区岸町3-8-45
☎ 048-829-2031　https://urawaichijo-h.spec.ed.jp/teiji/
最寄り駅からの順路　JR浦和駅下車徒歩8分
始業・終業時刻　17：25～21：00　給食　有

目指す学校像

　一人一人が大切にされ、落ち着いて学べる教育を推進し、社会ではばたく力を育てる。

教育課程

　本校生徒として自覚と意識の高揚、個々の生徒の能力・適性に合った進路選択を目標に基礎学力の確実な定着と学力の向上を目指した教育課程を編成し実施しています。1、2年生で各教科の基礎を学び、3、4年で学習を深めます。選択科目は、1、2年で音楽か書道のどちらかを選択します。

教育活動

1　学習活動─「一人ひとりの個性を大切に」─
　本校では、「授業がいのち」を合い言葉に生徒「一人ひとり」を大切にした学習活動を展開し、基礎的・基本的な学力の充実に努めています。教職員が一人ひとりの生徒にきめ細かく対応し、生徒が学習に興味を持って取り組めるように個々の生徒の学力に応じた「わかる授業」の実践に努めています。理科、地歴・公民、家庭、英語では、生徒の興味や関心を持続させるための工夫として、

実習による体験的な学習やICTを積極的に活用した学習を展開しています。

2　学校生活─「夢の実現と友情を育む」─
　本校には、多様な生活環境の仲間たちが、自分の能力を伸ばそうと、仕事等を終えてから登校し、学校生活に意欲的に取り組んでいます。
　先生と生徒の信頼関係は緊密で、休み時間には学習の相談はもとより友達のことや仕事のことまで様々な相談が職員室で行われています。

4年　修学旅行（関西方面）

特別活動

　本校では、レクリエーション大会、薬物乱用防止教室、生徒総会、防災訓練、修学旅行（4年）、遠足（1・2・3年）、体育祭、校内生活体験発表会、文化祭、予餞会など様々な行事が行われます。生徒会活動の運営は生徒が主体的に行う伝統があり、手作りの心温まる行事を毎年実施します。

卒業後の進路状況

　卒業生は、全日制と同じ同窓会員として、広く社会で活躍しています。毎年、数名の生徒が大学等へ進学しています。残りの生徒はほとんど就職しています。令和5年度の進路状況は、進学3名（4年制大学、専門学校）、就職5名でした。

そ の 他

　全国でもめずらしい定時制の女子高です。同性しかいない、落ち着いた学習環境となっています。
　駅から近く、女子の通学には安全で便利な学校です。学校見学は随時受け付けています。

埼玉県立 大宮工業高等学校

（単位制による定時制の課程）

創立　　　大正14年5月1日
教職員数　37人
生徒数

学科 \ 学年	1年次 ( )内女子	2年次 ( )内女子	3年次 ( )内女子	4年次 ( )内女子	計 ( )内女子
工業技術科	11	15	12	19(1)	57(1)

住所　〒331-0802　さいたま市北区本郷町1970番地
　　　☎ 048-651-0445　FAX 048-660-1904
　　　URL https : //omiya-th.spec.ed.jp/
最寄り駅からの順路　ニューシャトル　今羽駅下車　徒歩10分
　　　　　　　　　　宇都宮線　　　東大宮駅下車　徒歩20分
　　　　　　　　　　高崎線　　　　宮原駅下車　　徒歩25分
給食　　　　　　　17：10～17：35
始業・終業時刻　　17：50～21：05
　　　　（1年次は「0時限目16：45～17：10」の
　　　　学校設定科目を選択できる）

教　育　目　標

心身ともに健康で、ねばり強く真実を追究し、心豊かな人間を育成する。

教　育　課　程

本校では、機械あるいは建築に関する知識と技能を身につけて進学や就職をすることを目標としています。そのため、1・2年次では基礎・基本を重視した学習、3・4年次では「機械コース」と「建築コース」に分かれて専門分野を中心とした学習ができるように教育課程を編成しています。さらに、中学校までの学習との接続を図るために2つの特色ある選択科目の授業を1年次で実施しています。

①　数学の基礎・基本を学ぶ「リスタート数学」で、小学校から中学校までの学習内容を復習し、工業高校で学習を進めるために必要な事項を整理します。

②　英語による基礎的な言語活動を行う「リスタート英語」で、高校英語に接続するために必要な中学校で学ぶ基礎的な単語や文法などを再度学習します。

いずれも、通常の始業前の16時45分から17時10分に「0時限目」として行います。一人一人の、自主的・積極的に学びたいという意欲をサポートする「学校設定科目」です。

教　育　活　動

1　学習活動

普通科目の基礎的な学習を土台として、専門科目を実験・実習を中心として実践的に学習します。各教科とも少人数での指導が行われています。そのため生徒一人一人へ費やすことのできる時間が多く、きめ細かな対応が可能です。校舎や施設・設備は全日制と定時制が共有しており、充実した学習環境が整っています。

先生方は、学ぶ意欲のある生徒が解るまで、補習授業や個別指導等も積極的に実施しています。

2　学校生活

高校生活を充実させる学校行事では、平成28年度から地域の方への公開を始めた宮工祭や、ナイター設備を使用してグラウンドで実施している体育祭をはじめ、生徒会レクや遠足などを行っています。生徒会の役員を中心に実行委員会が組織され、生徒全員で盛り上げます。

4年次の1学期には「修学旅行」を実施しています。近年は2泊3日で大阪府に行っています。

特　別　活　動

運動部　陸上競技、軟式野球、サッカー、バスケット、卓球、バドミントン
文化部　機械研究、軽音楽、ハンドメイド
同好会　アニメ、サイクリング

◎授業が終わる21時05分頃から、22時20分まで、部活動も盛んに行われています。運動部はナイター設備のあるグラウンドや体育館で練習に励んでいます。複数の部活動に所属して、広くスポーツに親しむ生徒もいます。令和4年度にはバスケットボール部、昨年度は陸上競技部が全国大会に出場するなど、活躍しています。

宮工祭（文化祭）での軽音部ステージ

卒業後の進路状況

99年の歴史があり、5,979名の卒業生が社会で活躍しています。令和5年度の卒業生は20名で、12名が進学し5名が就職しており、多くの生徒が希望の進路を実現しています。

そ　の　他

全日制の説明会と併せて行う個別での進学相談会をはじめとして、授業の様子を見ることができる「学校説明会」や、工業高校の授業を知ることができる「体験入学」も実施しています。
○学校説明会…11月12日(火)、1月14日(火)

埼玉県立 大宮商業高等学校（定時制）

創　　立	昭和19年4月1日
教職員数	31人

生徒数

学科＼学年	1年 (男)(女)	2年 (男)(女)	3年 (男)(女)	4年 (男)(女)	計 (男)(女)
普通科	5 (2)(3)	6 (2)(4)	9 (5)(4)	2 (0)(2)	22 (9)(13)
商業科	7 (4)(3)	6 (1)(5)	4 (0)(4)	7 (4)(3)	24 (9)(15)

住所　〒337-0053　さいたま市見沼区大和田町1-356
　　　☎ 048-683-0674　FAX 048-680-1901
最寄駅からの順路　東武アーバンパークライン大和田駅下車徒歩6分
始業・終業時刻　17時40分〜21時00分　給食　有

教 育 目 標

1　生涯にわたって、自ら学び自ら考える力を育てる。
2　豊かな知識と専門的な技能を身につけ、自ら進路を切り拓いていく力を育てる。
3　地域社会に貢献し、思いやりのある豊かな心と多様性を育てる。
4　ビジネス教育を通じて、協働して課題解決できる力を育てる。

教 育 課 程

　普通科は、基本的な知識の習得をめざし、社会人として必要な教養が身に付くカリキュラムを編成しています。また商業科は、簿記・情報処理・ビジネス実務などを重視し、各種の資格が取得できるように編成しています。

教 育 活 動

○学習活動
　各教科とも、基礎・基本を重視して、生徒の能力・個性を伸ばすきめ細かい指導を展開しています。プロジェクターなどICTも活用し、工夫したわかりやすい授業を行っています。
○学校生活
　10代から80代まで在籍しており、様々な人生経験をしてきた仲間とともに学ぶことができます。生徒数が少ないため、自身のペースで学校生活を送ることができる上、教職員のきめ細かいサポートを受けることができます。
○部活動（21時00分〜22時00分まで）
　運動部…ダンス、軟式野球、バスケットボール、バドミントン
　文化部…軽音楽、商業研究、ベジタブル、漫画研究
　他学年と交流を深めながら、目標に向かって意欲的に取り組んでいます。

修学旅行（北海道）　　　　　　部活動

卒業後の進路状況

令和5年度卒業生18名の進路実績
・**大学　2名**　埼玉大学経済学部（夜間主コース）、東洋大学社会学部社会学科（イブニングコース）
・**専門　1名**　青山製図専門学校建築学部建築設計デザイン科
・**高等技術専門校　2名**　川口高等技術専門校情報処理科
・**就職　8名**　(株)第四ソウビ、(株)はれコーポレーション、(株)ユーニック、加藤石油(株)、ダイワサイクル(株)、(株)ビックロジサービス、社会福祉法人潤青会こもれびの丘
・**その他　5名**　自己開拓等
　外部講師や卒業生を招いた進路講演会や適性検査等を行う進路LHRを実施し、生徒の進路実現の支援をしています。希望者には資格取得・進学のための補習を行っています。

そ の 他

○**資格取得（過去3年）**
　漢字検定2級、英語検定2級、日商簿記検定2級、全経簿記検定1級、全商簿記検定1級、日検日本語ワープロ検定準1級、日検情報処理技能検定（表計算）2級等

埼玉県立 大宮中央高等学校

所在地　〒331-0825　さいたま市北区櫛引町2-499-1
　　　　☎ 048-652-6481（通信制）　☎ 048-653-1010（単位制）
最寄り駅からの順路　ニューシャトル鉄道博物館駅から徒歩10分　JR日進駅から徒歩20分
　　　　バス　大宮駅西口バスターミナル⑥⑧番より乗車「櫛引（くしひき）」下車、
　　　　徒歩3分

校　　　長	末吉　幸人
創　　　立	通信制創立　昭和38年4月1日 単位制開設　平成元年4月1日
教職員数	119人

生徒数

課程 ＼ 学年		1年次	2年次	3年次	4年次	計
通　信　制		591	777	782	1,026	3,176
単位制による	通信制 連携生	0	0	1	0	254
	通信制 秋季生	253				
	定時制	405				405
合　　計		3,835				

教　育　目　標

　時代の発展に即応した通信制教育及び定時制教育の充実を図り、基本的人権を尊重する調和のとれた情操豊かな人間を育成する。

本　校　の　概　要

　本校は　通信制　・　単位制による通信制　・　単位制による定時制　の3つの課程を有する2期制普通科高等学校であり、埼玉県公立高等学校で唯一の通信制・定時制の独立校です。どの課程においても、生徒は履修する科目ごとに単位を認定されます。全日制の高等学校とは異なる多様な学習形態を設けています。自分に適した課程を選択してください。

通信制の課程

　通信制の課程の学習方法は家庭などにおける自学自習が中心で、毎日通学することのできない方も学習することができます。出願資格は義務教育修了で年齢制限はありません。修業年限は3年以上で、希望や状況に応じて、自分で学習計画を立てることができます。他の高等学校で修得した単位を生かすこともできます。通信制の学習には自らの「決意・計画・継続」が必要となります。仲間と一緒に卒業を目標に頑張りましょう。

教　育　課　程

1　通信制の課程は普通科です。普通科の教科・科目を中心に、商業科目を加えた魅力あふれる教育課程を編成しています。

2　卒業の要件は、各教科・科目及び総合的な探究の時間を74単位以上修得し、特別活動に30時間以上出席することです。

3　1年次は共通の必修科目を中心に、基礎・基本の徹底を図ります。高等学校での学習の導入部分を充実させ、自ら学ぶ意欲を育成します。

4　2年次以上は多様な選択科目から、個性に応じ選択履修します。コンピュータを使う科目や簿記等の職業科目も履修できます。

教　育　活　動

1　通信制の課程の学習活動とその特色

通信制の学習活動は以下の方法で行います。

(1) レポート作成

生徒は教科書・学習書で学習し、解答したレポートを学校に郵送し、添削指導を受けます。

(2) スクーリング(面接指導)

月に2〜3日程度登校し、科目担当の面接指導を受けます。

(3) テスト及び各科目の単位認定

年1回、テストを受けます。レポート・中間課題・スクーリング・テストの結果により、各科目の単位が認定されます。

日曜日のスクーリングは本校、吉川美南高、狭山緑陽高、吹上秋桜高、秩父農工科学高の5地区5会場で行います。月曜日・火曜日のスクーリングは本校で行います。スクーリング・テスト・学校行事等で年間30日程度登校します。他の日は仕事や家事など自分の生活や目標に合わせ、有効に活用できます。

2 学校生活

ホームルーム、学校行事を通し、様々な生活環境、幅広い年齢層の人々と触れ合い、文化的行事や体育的行事も活発に行われています。部活動は陸上・野球・剣道・サッカー・卓球・バドミントン・柔道等が定通大会に出場し、優秀な成績をおさめています。どの部活動も積極的に活動しています。

3 進路指導

生徒は職業に就いている方や家庭を持つ方など様々です。進学や就職の希望者に向けて、資料提供や進路相談などの支援体制を整えています。

4 創意工夫していること

(1) コンピュータ教室や託児室など、充実した施設設備を整えた就学環境を提供しています。

(2) Google Classroom を利用して各科目の学習支援を行っています。

(3) レポートの完成に向けて、きめ細かに応える質問日を年2回設定しています。

単位制による通信制の課程

単位制による通信制の課程では、本校と技能連携している専修学校で学ぶ生徒(連携生)と、他の高等学校から転編入学を希望して10月に入学した生徒(10月転編入学生)が学んでいます。

技能連携制度

1 本校と技能連携している専修学校の学習成果を、本校における学習の一部として認めます。

2 本校と専修学校で学び、条件が満たされると、両校を同時に卒業することが可能です。

3 令和5年度に技能連携をしている専修学校は、次の2校です。

(1) 川口文化服装専門学校

(2) 専門学校浜西ファッションアカデミー

教 育 課 程

1 技能連携生は二期制(前期、後期)で、修業年限は3年以上です。単位は1年ごとに認定されます。

10月転編入学生は二期制(前期、後期)で、修業年限は前籍校での在籍を含めて3年以上です。また、前籍校での修得単位や高校卒業程度認定試験の合格科目などを卒業単位に加算します。

2 卒業の要件は、必修を含む各教科・科目及び総合的な探究の時間を74単位以上修得し、特別活動に30時間以上出席することです。前籍校と合わせて高等学校を3年以上在籍することも必要です。

3 技能連携生は、専修学校における技能連携科目を、24単位まで本校卒業単位として認めます。

4 10月転編入学生は、10月から新たな学習が始まり、半期(半年)ごとに単位が認定されます。また、本校単位制による定時制の課程の授業を一部履修することもできます。

教　育　活　動

1　学習活動

(1)　スクーリング(面接指導)があり、科目担当が分かりやすく丁寧に教えます。スクーリングは、水曜日(技能連携生)、月・水・木曜日(10月転編入学生)に本校で行います。

(2)　スクーリングの行われない日には、それぞれの専修学校(技能連携生)や家庭(10月転編入学生)での学習計画に沿って学習します。

(3)　レポートの作成にあたり、教科書と学習書で学習し、作成したレポートを提出します。科目担当が添削して返送します。

(4)　テスト(試験)が、年間2回程度あります。

2　特別活動

(1)　学校行事として、大宮中央祭(文化祭)があります。

(2)　部活動には7つの運動部と5つの文化部があります。

3　進路指導と進路先

令和5年度卒業生78名のうち、進学は大学へ9名、専門学校等24名、就職4名でした。

単位制による定時制の課程

単位制による定時制の課程には、学年の区分はありません。自分の進路・適性・興味などに応じて、教科・科目等を選択して履修できます。

週に5日、昼間定時制の授業をとおして学習する他、通信科目を併修することもできます。1週間の時間割は、希望に合わせて、自分で作ります。半期認定制度を導入しており、9月転編入学や9月卒業も可能です。

社会人を対象に、特別講座の開講や一部科目を履修する科目履修生の受け入れも行っています。

教　育　課　程

1　二期制(前期・後期)の普通科です。普通科目を中心に、希望に応じて、専門教科・科目及び学校設定教科・科目の授業も選択できるように教育課程を編成しています。

2　高校卒業程度認定試験に合格した科目なども単位認定します。

教　育　活　動

1　卒業の条件

(1)　本校のみに在籍した者の場合

ア　3年以上在籍していること。

イ　各教科・科目及び総合的な探究の時間を74単位以上修得していること。

ウ　特別活動を履修していること。

(2)　他の高等学校に在籍していた場合

ア　本校に半年以上在籍し、他の高等学校在籍期間を含め、通算して3年以上在籍していること。

イ　本校で教科・科目及び総合的な探究の時間を8単位以上修得し、修得単位合計が74単位以上であること。

ウ　特別活動を履修していること。

2　学校生活

(1)　選択した科目により、登校する曜日や登下校の時間はそれぞれ異なります。

(2)　ホームルーム編成は修得単位数を基準にします。担任1人当たりの生徒数は約15名程度です。

3　特別活動

遠足や文化的行事などの学校行事もあります。

部活動には、7つの運動部と9つの文化部があります。

4　進路状況

「進路の手引」を作成して、進路指導に力を注いでいます。

令和5年度は63名の卒業生がありました。進路先は、大学14名、専門学校17名、就職10名でした。

地図

埼玉県立 小川高等学校（定時制）

創　　立　昭和24年4月1日
教職員数　18人
生徒数　41人

学科＼学年	1年 (男)(女)	2年 (男)(女)	3年 (男)(女)	4年 (男)(女)	計 (男)(女)
普通科	13 (5)(8)	7 (3)(4)	12 (6)(6)	9 (3)(6)	41 (17)(24)

住所　〒355-0328　比企郡小川町大塚1105
　　　☎ 0493-81-3840　FAX 0493-71-1045
最寄り駅からの順路　JR・東武東上線小川町駅
　　　　　　　　　　下車　徒歩5分
始業・終業時刻　17：05〜21：05　給食有

教育課程

　普通科の高校として、4年間で国語・地歴公民・数学・理科・英語・保健体育・家庭・情報・芸術などの教科・科目を学習し、基礎・基本を身に付けます。

教育活動

1　学習活動
(1)　基礎学力の向上を目指し、工夫したプリント教材やICT機器などを活用し、「わかる」授業を展開します。
(2)　個別指導や補習を通じて、苦手分野の克服に努めます。
(3)　「継続的な学習」と「学ぶことの楽しさ」を身に付けるため、授業に出席することの大切さを指導します。
(4)　総合的な探究の時間を活用し、自己理解、コミュニケーション力の向上を目指します。
(5)　始業前（「0時間目」）および夏季休業中の「サマースクール」を活用した、「学び直し」や就労に向けてのトレーニング等を行います。

2　学校生活
(1)　給食は、専用給食室で生徒・教員が一緒にとります。家庭的な雰囲気です。
(2)　生徒一人一人は将来の目標に向かって、仲間とともに意欲的に学校生活を送り、自分の力を伸ばしています。
(3)　教員と生徒、生徒同士の関係は良好で、適度な信頼関係が保たれています。
(4)　教育相談にも力を入れ、スクールカウンセラーやスクールソーシャルワーカーも定期的に来校し、様々な相談に対応しています。

特別活動

　体験活動に力を入れ、豊かな心を育てます。文化祭や体育祭、スポーツ大会などには、多くの保護者にも参加いただいています。
(1)　主な学校行事
　　文化祭・体育祭・スポーツ大会・修学旅行・校外学習(春秋遠足)・ボウリング大会・校内成人式　など
(2)　主な体験活動
　　体験活動として環境委員会と有志で花壇づくりや野菜づくりなどを行っています。
(3)　週3日間、放課後の約1時間、バドミントン同好会が体育館で活動しています。

卒業後の進路

　希望に応じて、進学(大学、短大、専門学校)、就職と様々な分野に進んでいます。就職先は、在学中の職場をそのまま継続する場合と、新たな就職先を開拓する場合があります。進路ガイダンスや在学中からの就労支援等を通じ、生徒の進路実現を目指します。

最近の卒業生の主な進路先
聖学院大、尚美学園大、城西大、埼玉県農業大学校、女子栄養大学短期大学部、大原ビジネス専門学校、東京電子専門学校、埼玉県理容美容専門学校、川越高等技術専門校、大宮スイーツ＆カフェ専門学校、(社福)かつみ会エンゼルの丘、㈱明星、津田工業㈱、みはし㈱、㈱大同精密工業、㈱ソーシン、アサヒロジスティクス㈱ など

地域に根ざした学校

　さまざまな植物の苗を植えたり、通学路の清掃活動をしたり、地域と連携しながら、緑豊かな自然と交通の便がよい環境のもとで、のびのびと充実した高校生活を送っています。

埼玉県立 春日部高等学校（定時制）

創　　立	昭和23年4月1日
教職員数	30人

生徒数

学年＼学科	1年(男)(女)	2年(男)(女)	3年(男)(女)	4年(男)(女)	計(男)(女)
普通科	45 (28)(17)	37 (22)(15)	26 (17)(9)	24 (15)(9)	132 (82)(50)

住所　〒344-0061　春日部市大字粕壁5539
　　　☎ 048-752-3141
最寄り駅からの順路
　　　東武野田線八木崎駅下車　徒歩1分
　　　駅前ですから大変便利で、夜間も安全です。
始業・終業時刻　午後5時45分〜9時10分　給食　有

教育課程

・基礎基本の力をつけることを重視しています。
・国語、数学、英語については標準時間より1〜2時間多く学習ができるようにしてあります。
・1〜4年生の数学や1年生の英語はティームティーチング、少人数授業で「わからない」をなくします。

教育活動

1　学習活動
・基礎からしっかり学んで就職・進学に必要な学力を身に付けることを目指します。

・少人数授業の展開や学習サポーターを活用して、生徒一人ひとりがよくわかる楽しい授業を目指しています。
・1年生は基礎学力をつけるために、非常にやさしい内容から始めます。

・やや進んだ内容の学習もできるよう習熟度別の授業や補習も行います。
・授業中は静かで落ち着いていますが、授業に関する質問は活発です。
・日本語での学習を支援する多文化共生推進員（日本語支援員）も在籍しています。

2　学校生活
・働きながら学ぶ者など、多様な生徒が楽しく生活しており、安心して学習できる雰囲気です。
・SHRが午後5時45分から始まり、午後9時10分に4時限目が終わります。
・原則として全員給食です。専任の栄養士が考えた、バランスの良い献立を提供しています。
・修学旅行は、3年生の秋に実施しています。

3　教育相談
・養護教員を中心に、全教員が連携して悩み事の相談ができる体制を整えています。
・スクールカウンセラー、福祉の専門家であるスクールソーシャルワーカーが常駐しています。また、相談できる日も設けており、外部の専門家に相談できる体制を整えています。

特別活動

1　生徒会活動
・文化祭・予餞会などの行事も生徒が自主的に計画をたて実施しています。

2　部活動
・夜間照明付きのグラウンドや体育館で、午後10時30分まで活動しています。
・5つの運動部と1つの文化部があります。令和3、4年度は陸上部が全国大会に出場しました。

卒業後の進路

　令和6年3月の卒業生は、大学3名、専門学校6名、就職14名となっています。その他は在学時からの職業を継続する生徒がほとんどです。

問い合わせ等

入学・転学に関する問い合わせ（学校説明会を含む）
受付時間　午後2時〜午後8時
・幅広い年齢の生徒が学んでいます。遠慮なくお問い合わせください。
・令和4年度より授業・給食時刻を変更しました。

埼玉県立 川口工業高等学校

（単位制による定時制の課程）

創立　昭和33年4月1日
教職員数　33人
生徒数

学科＼学年	1年（男女）	2年（男女）	3年（男女）	4年（男女）	計
工業技術科	32	22	13	11	78

住所　〒333-0846　川口市南前川1-10-1
☎ 048-251-3081　FAX 048-250-1252
最寄り駅からの順路　JR京浜東北線西川口駅下車徒歩20分
始業・終業時刻　17：10〜21：10　給食有

教 育 目 標

○日本国憲法の精神にのっとり、個人の尊厳を重んじ、真理と平和を希求し、民主的・文化的な国家を建設する人間を育成する。
○青年として、十分な教養と技術的知識の基礎を習得させる。

教 育 課 程

普通科目での学び直しと工業科目（機械・電気）での専門知識・技術の習得を目指す教育課程を編成しています。

普通教育に関する各教科・科目				専門教育に関する各教科・科目			
国語	現代の国語	4単位		工業	工業技術基礎	3
	言語文化	2			課題研究	3
	国語表現	3			実習	6
地理歴史	歴史総合	2			製図	0〜2
	地理総合	2			工業情報数理	2
公民	公共	2			生産技術	2
数学	数学Ⅰ	4			プログラミング技術	0〜2
	数学Ⅱ	0〜5			電気回路	0〜2
理科	科学と人間生活	2			機械工作	0〜4
	物理基礎	2			機械設計	0〜4
	物理	0〜5			電力技術	0〜2
保健体育	体育	7			ハードウェア技術	0〜2
	保健	2			電子技術	0〜2
芸術	音楽Ⅰ	2			電気機器	0〜2
外国語	英語コミュニケーションⅠ	3			自動車工学	0〜2
	論理・表現Ⅰ	2			電子機械	0〜2
家庭	家庭基礎	2			コンピュータシステム技術	0〜2

教 育 活 動

1　学習活動

「豊かな人間性を身につけ、地域産業を担う技術者を育成する。」ことを目指す学校像に掲げています。

授業ではICTを効果的に活用し、高校生として必要な学力を定着、向上させるよう取り組んでいます。

実習作品等

2　学校生活

本校は夜間開講の単位制による定時制工業高校です。給食の後、45分の授業を4時間実施します。

特 別 活 動

体育祭や文化祭、遠足・修学旅行等の学校行事を通して、心豊かな人間性を育んでいます。

活動中の部活動は7団体（バスケット部・サッカー部・軟式野球部・バドミントン部・ものつくり部・テニス同好会・PC同好会）あります。

卒業後の進路状況

生徒一人一人の希望・適性に応じた進路実現をサポートしています。現在、3000人を超える多くの卒業生が、工業のエキスパートとして社会で活躍しています。

そ の 他

地域連携として、公民館や市役所と協力して、小学生を対象とした体験講座等を開催しています。また、企業見学やインターンシップ（職場体験）を通し、職業観を養っています。

川口市立高等学校（定時制）

創立　平成30年4月1日
教職員数　17名
生徒数

	1年次 （男・女）	2年次 （男・女）	3年次 （男・女）	4年次 （男・女）
総合学科	53 (15・38)	47 (19・28)	41 (16・25)	43 (22・21)

所在地
　第1校地　〒333-0844　川口市上青木3-1-40
　　　　　　　　　　　（校舎・グラウンド等）
　第2校地　〒332-0001　川口市朝日5-9-18
　　　　　　　　　　　（第2グラウンド等）
電話　048-483-5917　　FAX　048-262-5081
ホームページ　https://kawaguchicity-hs.ed.jp/teiji/
最寄駅からの順路　JR西川口駅からバス8分、徒
歩25分、自転車13分/SR鳩ケ谷駅からバス7分、徒
歩20分、自転車12分/JR東川口駅からバス34分

学校教育目標

「未来を創る　しなやかでたくましい人材の育成」
　本校の生徒が、時代の変化や多様化する社会の
ニーズに柔軟に対応する『しなやかさ』をもち、
困難な課題にも協力し合いながら『たくましく』
臨んでいくことで、我が国をリードし未来を創造
していくことができる人材に成長させることを目
標とする。

目指す生徒像（ディプロマポリシー）

■自らの将来、社会の未来を切り拓く、夢と情熱
にあふれる生徒
■グローバルな視野を持ち、地域に貢献する意志
と行動力を持つ生徒
■常に課題意識を持ち、生涯にわたり学び続ける
生徒

教育課程・学科紹介

74以上の単位取得で卒業。1学年2クラス
授業は1日あたり45分の4コマ（午後5時25分か
ら午後8時50分まで）
　総合学科とは、自ら科目を選択しながらオリジ
ナルの時間割を作成し、自分自身の能力や可能性
を伸ばすことのできる学科です。
　1・2年次では、普通科と同様の科目を学んで
基礎力を身につけます。また、最先端施設を最大
限に活用して、ICT教育を進めていきます。
　3・4年次では、多様な選択科目群から、ひと
り一人の特性にあった科目を選択し、将来に進路
実現に向けた学習を効果的に行っていきます。

<定時制総合学科の魅力>
○生徒の興味や関心、進路希望などのさまざまな
　ニーズに応じた科目選択が可能
○進路実現に向けた3つの系列（教養系列、生活
　・情報系列、商業系列）
○少人数によるきめ細やかな学習指導や進路指導
○日本語指導員の配置による学びのサポート
『キャリア教育』の推進
　本校では、総合学科特有の科目である「産業社
会と人間」を活用し、『キャリア教育』を2年間か
けて取り組んでいきます。『生きる意味』や『学ぶ
理由』など、目的意識を持って物事に取り組む姿
勢を身につけることで、主体性を育てていきます。
　1年次では、「自己理解」・「他者理解」を目
標に、多くの仲間と語り合うような活動を通して、
自分自身を見つめ直します。仲間の意見を傾聴す
ることから、他人を理解し、尊敬し、共存する心
を育んでいきます。2年次では、「社会環境の理
解」を目標に、現代社会の仕組みや特色を理解し、
自らの個性とのマッチングを確認しながら、希望
する進路を明確化していきます。

学　校　生　活

伝統ある定時制教育の継承・発展
　昭和17年に設立した県陽高校の70年を超える伝
統を引き継ぎ、育んできた生徒一人一人を大切に
する教育を本校でも推進していきます。親身に
なって相談にのってくれる先生や、進学の不安を
サポートしてくれる仲間がいます。
資格取得
　IT系の検定や簿記検定などの資格試験が受検
でき、多くの生徒が資格を取得して卒業していき
ます。
多様な価値観を尊重する人間関係の構築
　国籍や年齢、性別、個性を認めるなど生徒同士
の「心の壁」がなく自分の居場所を見つけられ、
安心して学校生活を過ごせます。4年間という時
間をかけじっくりと学び直したり、多様な人と共
に学校生活を送る中で、将来の多様性が日常であ
る社会を力強く生き抜くための価値観やスキルを
身につけることができます。

部　活　動

野球部、バドミントン部、バスケットボール部、
卓球部、軽音楽部、文芸同好会

学　校　説　明　会

　学校説明会では、全体説明会、個別相談、校舎
見学などを予定しています。
日時：令和6年11月30日（土）　定時制説明会
会場：本校大ホール
※日程は必ず学校HP等でご確認ください。事前の申し込みが必
要です。

埼玉県立 川越工業高等学校（定時制）

（単位制による定時制）

創立　昭和33年4月1日
教職員数　48人
生徒数

学科＼学年	1年 (男)(女)	2年 (男)(女)	3年 (男)(女)	4年 (男)(女)	計 (男)(女)
普通科	21 (13)(8)	16 (7)(9)	18 (12)(6)	10 (3)(7)	65 (35)(30)
工業技術科	16 (16)(0)	8 (8)(0)	17 (15)(2)	16 (15)(1)	57 (54)(3)
合計	37 (29)(8)	24 (15)(9)	35 (27)(8)	26 (18)(8)	122 (89)(33)

住所　〒350-0035　川越市西小仙波町2-28-1
☎ 049-222-0206　FAX 049-229-1039
E-mail　r220206@pref.saitama.lg.jp
最寄駅からの順路
　JR・東武東上線川越駅下車　徒歩10分
　西武新宿線本川越駅下車　徒歩8分
始業・終業時刻　17：40〜21：10　給食　有

教育課程

　本校は、普通科と工業技術科の単位制高校です。修得した単位数を積み重ねて、必要な科目の単位数を修得すれば卒業できます。

　普通科では、基礎学力の充実を図り、個々の生徒の進路実現を目指していきます。各種検定等にも積極的に取り組む姿勢を育てます。工業技術科では、普通科目のほかに工業技術基礎、工業情報数理の専門科目を履修します。さらに年次が進むと、機械、電気の両方の専門的な学習を深めます。

学校生活

　家庭的な雰囲気のなかで、和やかな学校生活を過ごしています。授業は1日4時間ですが、働きながら学ぶ者にとって、学校生活が苦痛の場とならずに楽しく学べる場となるように工夫がこらされています。

　新年度は対面式や部活動紹介で始まります。年間を通して、様々な行事が行われます。

　球技大会、体育祭では、気持ち良い汗を流します。秋の工業祭では文化部やクラス参加による発表が行われます。また、1日旅行や修学旅行といった校外での行事も実施しています。部活動は運動部6つ、文化部4つがあり、放課後等に行われています。

学校行事

体育祭

4年次修学旅行・大阪USJ他

部活動

運動部…野球部、サッカー部、バドミントン部、
　　　　バスケットボール部、卓球部、陸上部
文化部…写真部、パソコン部、軽音部、
　　　　文芸創作部

本校の特色

　生徒一人一人を大切にし、個に応じた親身あふれる指導で基礎学力の向上に力を入れています。また工業技術科では、次のような資格取得を目指しています。

　ガス・アーク溶接取扱技能者、第一・二種電気工事士、計算技術検定、フォークリフト（1トン未満）、その他です。

　卒業を機会に、新たに就職したり、大学や専門学校へ進学する生徒もいます。

埼玉県立 久喜高等学校（定時制）

創立　昭和23年9月1日
教職員数　21人
生徒数

学科＼学年	1年 (男)(女)	2年 (男)(女)	3年 (男)(女)	4年 (男)(女)	計 (男)(女)
普通科	14 (8)(6)	14 (12)(2)	5 (5)(0)	6 (6)(0)	39 (31)(8)

所在地　〒346-0005　久喜市本町3-12-1
☎ 0480-21-0038
ホームページ　https://kuki-h.spec.ed.jp/
最寄り駅からの順路　JR、東武鉄道久喜駅下車
　　　徒歩約12分
始業・終業時刻　17：10〜21：00　給食有

教育課程

　基礎的・基本的科目を中心に編成され、働きながら学ぶ生徒が社会生活を送る上で必要な教養を高めることを重視しています。

教育活動

1　学習活動

　基礎的・基本的な事柄を重視し、「わかる授業」「魅力ある授業」の展開を目指しています。個別指導・補習指導も行われ、生徒一人ひとりが生き生きと自分の力に応じた学習ができるよう工夫しています。また生徒の自主性と積極性を伸ばすことにも配慮しています。

2　学校生活

　緑につつまれた静かな学校は、四季を通じて草花が楽しめ、とくに春の桜と秋の紅葉はみごとです。校庭は芝生で夜間照明のもと、存分に運動ができます。教室にはエアコンが整備され、施設・設備も充実しています。また給食は多彩なメニューで栄養面はもちろん、美味しさとまごころも満点の食事を提供しています。

特別活動

　LHR、スポーツ大会、生活体験発表会、各種生徒会行事等、学校生活が楽しく送れるように配慮されています。部活動は次の5つです。
（文化部）書道・軽音楽（同）
（運動部）陸上競技・卓球・バドミントン

卒業後の進路

　令和5年度の卒業生は6名です。進路は、大学1名・専門学校1名・就職4名です。

文化祭

在校生の声

　定時制では17時過ぎから授業が行われます。そのため、昼間はアルバイトなど好きなことが出来ます。先生方がしっかりサポートし、基礎から教えてくれるので学習面も心配ありません。

　部活動も盛んに行われています！　陸上部やバドミントン部は全国大会に出場しています‼　もちろん活動そのものをエンジョイするためにやっている人もいます‼　兼部して、活躍の場を広げている人もいます。

　生徒間の交流は、先輩・後輩関係なく仲良くしています！　自分から友達を作るのが苦手な人も楽しめるように、今年度は学年の壁を超える交流の場を作っていこうと取り組んでいます。

生徒会長

埼玉県立 熊谷高等学校（定時制）

創立　昭和23年4月1日
教職員数　18人
生徒数

学科＼学年	1年（男）（女）	2年（男）（女）	3年（男）（女）	4年（男）（女）	計（男）（女）
普通科	15 (7)(8)	12 (7)(5)	10 (5)(5)	14 (12)(2)	51 (31)(20)

所在地　〒360-0812　熊谷市大原1丁目9番1号
　　　☎ 048-521-0050　FAX 048-520-1057
ホームページ　https：//kumagaya-h.spec.ed.jp
メールアドレス　k210050t@pref.saitama.lg.jp
最寄り駅からの順路　JR熊谷駅⑤・⑥番から朝
　　　日バス太田・妻沼行き「円光」下車　徒
　　　歩4分

遠足（東京ディズニーランド　令和5年度）

目指す学校像

社会で「はたらく」生徒を育てる学校

教育課程

国語、数学、英語を中心に基礎学力の充実を図るための教科・科目を設定し、わかりやすい授業で生徒の日々の学習活動や意欲を引き出すように工夫しています。

総合的な探究の時間では、生徒の興味関心に応えられるようジャンルの違う講座を開講しています。

教育活動

本校は男女共学です。現在31名の男子生徒と20名の女子生徒が学んでいます。

生徒一人一人に応じた指導を心掛け、「わかる授業に徹し、基礎学力の充実を図る」「生徒理解を深め、学校生活への適応指導を充実する」こと等を重点目標とし教育活動を行っています。

昭和23年開設以来、今日まで5,000名を超える卒業生が地域社会で活躍しています。

学校は学業の場であると同時に〈青春を燃焼する場〉であり、若き日の〈友情を育てる〉場でもあります。本校はその意味で卒業生にとって、永遠に心の故郷であるといえます。

様々な事情を抱えた生徒が、苦心の末、晴れて卒業の日を迎える喜びは、一生ものと思います。やる気さえあれば、生徒にとって本校はすばらしい青春の舞台となるでしょう。

特別活動

始業前と放課後に部活動も行っています。1時間という短い時間ではありますが、限られた時間の中で大会や文化祭に向け、熱心に活動に取り組んでいます。令和4、5年度は陸上競技部が県大会で入賞し全国大会に出場しました。

運動部は、バスケット、バドミントン、卓球、フットサル、陸上競技、文化部は美術、科学部があります。仕事と学校の両立に向けて大きな"うるおい"になっています。

また例年、球技大会、文化祭、予餞会等の行事を通し生徒の自主的活動の場が広がっています。

在校生の声

熊谷高校定時制は、全校生徒51名、各学年1クラスの学校です。個性豊かな生徒が多く、毎日活気にあふれています。勉強面では、先生方にも気軽に話しかけることができるので、進んで取り組みやすく、とても良い環境です。また、日頃から全学年で活動することが多いため、学校行事等でも全員で一緒に盛り上がり楽しむことができます。

給食では、季節に合ったメニューや地方の郷土料理、そして、私たちのリクエストにも応えたメニューを作ってくれます。熊定給食は、とてもおいしく、毎日楽しみです。

様々なことにチャレンジできる学校なので、毎日楽しく通うことができています。

卒業後の進路

就職する生徒が多いですが、なかには専門学校や大学等に進学する生徒もおり、生徒の希望に応じて様々です。早い段階から、卒業後の進路目標を持ちながら、学業とともにアルバイト等をとおして働くことを学び、社会で自立していくための素地を養っています。

埼玉県立　越ヶ谷高等学校（定時制）

創立　昭和23年4月1日
教職員数　25人
生徒数

学科＼学年	1年(男)(女)	2年(男)(女)	3年(男)(女)	4年(男)(女)	計(男)(女)
普通科	45 (19)(26)	28 (18)(10)	22 (15)(7)	19 (11)(8)	114 (63)(51)

所在地　〒343-0024　越谷市越ヶ谷2788-1
　　　　☎ 048-965-3421
最寄り駅からの順路　東武スカイツリーライン
　　　　　　　　　　越谷駅下車　徒歩約15分
始業・終業時刻　17：20〜20：55　給食有

教 育 目 標

　教育基本法と学校教育法に基づき、定時制教育を充実させる。
1　社会に主体的に対応できる能力を育成する。
2　感性を磨き、思いやりの心を持った生徒を育成する。
3　健康で、いかなる困難にも負けない体力と精神を育成する。

教 育 課 程

　教育課程は、4年間で基礎学力を身につけられるように、各学年にバランスよく科目を配置しています。また、英語では個々の生徒の学力を伸ばすため、習熟度別学習を実施しています。

教 育 活 動

1　学習活動
　生徒一人一人を大切にし、基礎学力の定着をめざして教職員が工夫して取り組んでいます。とくに各教科とも基礎的な項目・内容に重点をおいて学習します。
2　学校生活
　働きながら学ぶということは、なかなか厳しい生活ですが、多くの生徒が勉学だけでなく、部活動や学校行事に参加して、高校生活を充実させています。また毎日の給食の時間が語らいの場ともなっており楽しいひとときです。

特 別 活 動

　文化祭、体育祭、球技大会、予餞会、対面式など生徒会主催で多彩な行事が行われます。文化祭、予餞会、対面式等では軽音楽部を中心に有志参加の出し物が披露され、大きな盛り上がりを見せています。部活動が7つ、同好会が1つあり、とても活発に活動しています。

卒 業 後 の 進 路

令和5年度進路状況（卒業生33名）
○進学9名　大学：埼玉学園、短期大学：川口短期、専門学校：埼玉コンピュータ＆医療事務、CAD製図、大宮国際動物
○就職21名：埼玉ダイハツ販売(株)、ぺんてる(株)、山崎製パン(株)、(株)カクヤス、(株)小野包装、(株)関根エンタープライズ、(株)コロンバン、(株)国分商会、ほか

そ の 他

○進路指導の充実
　4年生に対してきめ細かい進路指導を行い、特に正社員を希望する生徒の就職実現に実績を残しています。また、進学希望者に対して1年次から随時補習を実施しています。
○学校公開　11月
　学校説明会　1月
　（17：20から1時間程度、電話申込）
　文化祭一般公開　10／26（13：00〜15：00）
※日程は必ず学校HP等でご確認ください。

埼玉県立 狭山緑陽高等学校 （定時制・2部制・単位制・総合学科高校）

所在地 〒350-1320 狭山市広瀬東4-3-1
☎ 04-2952-5295　FAX 04-2969-1031

ホームページ https://sr-h.spec.ed.jp

最寄り駅からの順路 西武新宿線狭山市駅西口より徒歩20分、又は日生団地・智光山公園行バス10分　「狭山緑陽高校」下車
直通は「上広瀬郵便局前」下車

緑があふれるキャンパス、大きな校舎、広大な敷地

募集人員

総合学科240名（Ⅰ部160名、Ⅱ部80名）
Ⅰ部（午前〜午後）、Ⅱ部（午後〜夜）の二部制。
従来の定時制とは異なる単位制総合学科高校。

目指す学校像

生徒の多様な個性をみがき、自立した社会人に育てる二部制総合学科高校。

本校の概要

設置

平成20年4月、県立高校中期再編整備計画に基づき、昼夜開講2部制の単位制総合学科として開校。狭山高校（全・定）、川越高校（定）、豊岡高校（定）の統合により設置。新しいタイプの高校としては戸田翔陽高校に続く多部制定時制高校。

学科等

単位制総合学科

（系列）情報ビジネス系列　健康福祉系列
　　　　国際教養系列　　　総合サイエンス系列
系列に関係なく興味のある科目を選択可能。

求める生徒像

①マナーやルールを守って行動できる生徒
②学ぶ意欲を持ち続け、目標に向かって取り組める生徒
③他人を思いやり、お互いを高め合おうとする生徒

教育活動の特色

教科指導

自分だけの時間割…多様な選択科目の中から自分の進路・関心に合わせて科目を選び、自分だけの時間割をつくることができます。

本校のワンポイントアピール

Ⅰ　　　部（1〜4時限）	10：00〜14：35（含昼食）
共通選択科目（5・6時限）	14：35〜16：15
Ⅱ　　　部（7〜10時限）	17：05〜21：15（含給食）

　単位制総合学科の高校で、午前から始まるⅠ部・午後から始まるⅡ部の昼夜開講の2部制。Ⅰ部とⅡ部の間に共通の2時限を置いている。従来の定時制高校とは全く異なる単位制の高校で、自分のライフスタイルに合わせて74単位以上修得で3年または4年で卒業が可能。

　学科は総合学科で必履修科目の他に、フードデザイン・介護福祉基礎・バーチャル世界旅行・小説を書く・レクリエーション、他多くの魅力ある選択科目が用意されている。また、文科系・理科系の選択科目・補習体制の充実等、大学等進学希望者にも対応。高卒認定試験や指定検定試験、提携大学での授業受講、インターンシップも卒業単位に認定している。部活動、文化祭、体育祭等の学校行事も実施している。

　教育相談員、スクールソーシャルワーカー、スクールカウンセラーが配置され、生徒の悩みなどにも対応している。全館冷暖房完備、照明付き運動場、トレーニングルーム付き体育館、コンピュータ室・介護福祉実習室などの総合学科実習棟もあり設備も充実している。

<狭山緑陽>

少人数学級編制、英・数の習熟度別授業、補習授業などで生徒の学力をしっかり伸ばす。1時間は45分授業です。

【情報ビジネス系列】

インターネット・CGやパソコン・簿記会計などのビジネスの基礎を学ぶ。

ビジネス基礎／簿記／情報の表現と管理／財務会計Ⅰ／原価計算／情報デザイン／マーケティングなど

【健康福祉系列】

スポーツとフード・ファッション・リビングや介護・福祉の基礎を学ぶ。

スポーツⅠ・Ⅱ・Ⅲ／レクリエーション／保健理論／社会福祉基礎／介護福祉基礎／フードデザイン／リビングデザインなど

【国際教養系列】

国際社会で活躍することの出来る"人財"となるため、英会話や文科系の一般教養を学ぶ。

ディベート・ディスカッション／小説を書く／バーチャル世界旅行／倫理／英語コミュニケーションⅡ／政治・経済／異文化理解／エッセイライティングⅠなど

【総合サイエンス系列】

自然や科学の先端技術をビジュアル映像や体験学習をとおして学ぶ。

環境基礎／数学A／数学Ⅱ／数学探究など

生徒指導

一人一人の生徒を大切に、次のような生徒指導を展開する。

1　深い信頼関係に基づく指導を推進し、自律的な生活習慣を身に付けさせる。
2　生命の尊さを自覚でき、他者の心の痛みを共有できる豊かな人間性を育む。
3　親身に対応する教育相談体制を構築し、生徒の心の居場所づくりを支援する。

そのために、教育相談室を2室設け、悩みや相談に対応している。また、体験的な活動により社会性、協調性を育む。

制服は、男子は紺のスーツスタイル又はチャコールグレーのスラックスを選択。女子は、チェックのプリーツスカート又は紺のボックスプリーツスカート又はスラックスを選択。シャツは男女とも、ホワイト、グレー、ピンク、グリーンから選択。

進路指導

「産業社会と人間」「総合的な探究の時間」を中心として、基礎学力の定着を図りながら、進路実現のためのキャリア教育を実施している。

学校外の学修では、2年次においては各事業所の見学や就労体験等を実施し、進路意識の向上を図っている。

3年次においては、進路希望別に講座を展開し、分野ごとに適切な指導が受けられる。

学校説明会・体験入学等

学校説明会
①8月24日（土）　②9月28日（土）
③11月16日（土）　④12月26日（木）
⑤1月11日（土）

体験入学
⑥10月19日（土）
※時間は全て10：00〜12：30

学校説明会等に参加し、本校の特色をつかんでください。
申し込みはホームページで確認してください。

地図

西武新宿線狭山市駅西口より徒歩20分、又は日生団地・智光山公園行バス10分「狭山緑陽高校」下車
直通は「上広瀬郵便局前」下車

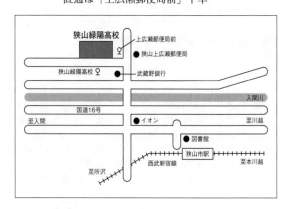

埼玉県立　秩父農工科学高等学校（定時制）

創立　昭和23年9月1日

教職員数　20人

秩父地区で唯一の普通科定時制高校です。

生徒数

学科＼学年	1年(男)(女)	2年(男)(女)	3年(男)(女)	4年(男)(女)	計(男)(女)
普通科	4 (0)(4)	5 (3)(2)	3 (0)(3)	4 (4)(0)	16 (7)(9)

住所　〒368-0005　秩父市大野原2000

☎ 0494-22-3017　FAX 0494-21-1040

https://chichibunoko-bh.spec.ed.jp/

最寄駅からの順路　秩父鉄道大野原駅下車　徒歩7分

始業・終業時刻　17：30～21：00　給食　有

教　育　課　程

1. 基礎学力を身に付けるため、国・数・社・理・英の科目を中心に学習します。
2. 芸術科目は、3年次には書道を学び、4年次には美術を学びます。
3. 4年次に、「社会と情報」でパソコンの基礎を学びます。

教　育　活　動

1　学習活動

　一人ひとりを大切にし、丁寧な学習指導を行います。各教科とも、基礎学力の向上を目指した授業を行います。

2　学校生活

　20歳以上の方も在籍しており、年齢の枠を越えた友人関係を作ることができ、充実した学校生活を送ることができます。

　給食は、本校自慢の一つです。おいしくて、栄養のバランスのとれた食事が用意されます。職員と生徒が感染症対策を取りつつ一堂に会して食事をし、楽しい一時を過ごしています。

在 校 生 の 声

　定時制は年齢もバラバラで、多くの人が仕事をしながら通っています。そのため、いろんな経験談も聞けるし、定時制ならではの良さがあります。先生方も優しく、丁寧に教えてくれます。行事も充実していて、有意義な学校生活が送れるでしょう。居心地のよい学校です。（生徒会長　3年生）

特 別 活 動

　学校行事は、文化祭・芸術鑑賞会・修学旅行・遠足・球技大会・予餞会等を実施しています。さらに、本校独自のものとして、事業主による進路ガイダンス・公開授業などがあります。

　部活動は、芸術部・バドミントン部があります。

球技大会（バドミントン）

卒業後の進路状況

　在学中から、多くの生徒は何らかのかたちで就労しています。在学中の勤務会社に継続して勤める者、他の企業に就職する者、卒業を機に大学や短期大学、専門学校等に進学する者等、様々です。

そ の 他

　本校では、学習指導・進路指導の一環として資格取得を奨励しています。事業所訪問を行うなど、地域の事業所等と連携をしています。

　総合的な探究の時間は、学年の枠を越えて決められたテーマで1年間かけて学習を進めます。

　現在、少人数ですが、生徒は仲よく毎日の学校生活を楽しく過ごしています。

創立　昭和41年4月1日

教職員数　24名

生徒数

学科＼学年	1年(男)(女)	2年(男)(女)	3年(男)(女)	4年(男)(女)	計(男)(女)
普通科	24 (15)(9)	20 (9)(11)	18 (11)(7)	16 (13)(3)	78 (48)(30)

住所　〒359-1131　所沢市久米1234

☎ 04-2922-2185

最寄駅からの順路　西武池袋線西所沢駅より徒歩
　　　　　　10分、西武新宿線所沢駅より徒歩15分

始業・終業時刻　17：45〜21：00　給食有

教 育 目 標

　憲法・教育基本法に則り、真理と平和を愛し、人権を尊重し、勤労と責任を重んじ、協調性、自主・自立の精神に充ちた心身ともに健康で調和のとれた社会人を育成する。

教 育 課 程

　本校では次のような科目を勉強します。

　現代の国語、言語文化、文学国語、現代文A、政治・経済、公共、地理総合、歴史総合、日本史探究、世界史探究、日本史B、数学Ⅰ・A、数学活用、物理基礎、化学基礎、生物基礎、地学基礎、体育、保健、美術Ⅰ・Ⅱ、英語コミュニケーションⅠ・Ⅱ、英語会話、家庭総合、情報Ⅰ、社会と情報。主要科目は標準単位より多くして学習しやすくしています。

教 育 活 動

1　学習活動

　各教科とも基礎・基本的な内容に重点を置き学習します。特に本校では、わかり易い授業を進めるために、副教材や視聴覚教材等を活用して楽しい授業を心がけています。じっくりと勉強に取組めるので、中学校の学習に遅れがあっても十分に

取り戻せます。2年生以上では、基礎学力の定着を図るとともに、キャリア教育も実践しています。

2　学校生活

　学校の授業は17：45に始まり、1日4時間(45分授業)です。給食は17：00〜17：45の時間帯になります。

　定時制は生徒数が少ないので、家庭的な雰囲気がいっぱいです。学校行事には球技大会、遠足、体育祭、文化祭、二十歳を祝う会、予餞会などがありますが、一人一人がみな主役です。それぞれの行事に定時制独自の工夫をし、学校生活を楽しく豊かにするとともに、活動を通じて、生徒と先生、生徒相互の好ましい人間関係の育成が期待されます。

卒業後の進路

令和5年度卒業生17名の進路状況

○大学　5名

　立教大学コミュニティ福祉学部、駒澤大学文学部、國學院大學神道文化学部、帝京大学理工学部、ヘルプ大学(マレーシア)

○専門学校　2名

　太陽歯科衛生士専門学校、埼玉県立川口高等技術専門校

○就職　6名

　大陽自動機製造株式会社、ウチノ看板株式会社、一番館、有限会社ウィッツコーポレーション、株式会社Youライフ、医療法人社団 医風会 ケアハウス狭山ヶ丘

○その他、進学準備及びアルバイト　4名

修学旅行(USJのホテル前)

（漫画家・森川ジョージ氏作）

埼玉県立　戸田翔陽高等学校

所在地　〒335-0021　戸田市新曽1093番地1
　　　　☎ 048-442-4963（代）　FAX 048-430-1372
ホームページ https://shoyo-h.spec.ed.jp
最寄り駅からの順路　JR 埼京線「戸田」駅から徒歩5分

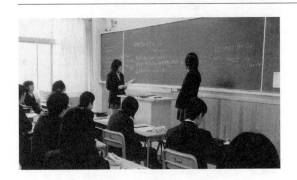

校　　　長	鈴木　　健
創　　　立	昭和39年4月1日に開校した戸田高校を平成17年に戸田翔陽高校として再編整備して、4月1日に開校
教職員数	70人

生徒数

学科＼学年		1年（男・女）	2年（男・女）	3年（男・女）	4年（男・女）
総合学科	I 部	79（30・49）	72（29・43）	66（32・34）	4（2・2）
	II 部	78（36・42）	74（30・44）	62（25・37）	7（6・1）
	III 部	77（48・29）	52（33・19）	33（18・15）	3（1・2）

生徒募集：I 部（午前部）・II 部（午後部）・III 部（夜間部）、各部80名（予定）。

特　　色

　学ぶ意欲と熱意のある者が、自らの学習スタイルに合わせて、いつでも学べる昼夜開講の三部制総合学科の高校。修業年限は4年ですが、他の部の科目履修により多くの生徒が3年で卒業します。幅広い選択科目の中から、進路希望、興味・関心などに応じた科目を選択できます。

目指す学校像

　基礎的な知識・技能の習得を基本に、主体的に取り組む意欲、多様性を尊重する態度、他者と協働するための資質・能力を身につけた「人財」の育成を目指す学校

日　課　表

部	時限	時間	備考
I 部	ふれあいタイム	8：40～8：50	II 部・III 部の生徒も、「他部履修」として授業が受けられます。
	1	8：50～9：35	
	2	9：40～10：25	
	3	10：35～11：20	
	4	11：25～12：10	
	ふれあいタイム	12：10～12：15	
	清　　掃	12：15～12：25	
II 部	ふれあいタイム	13：10～13：20	I 部・III 部の生徒も、「他部履修」として授業が受けられます。
	5	13：20～14：05	
	6	14：10～14：55	
	7	15：05～15：50	
	8	15：55～16：40	
	ふれあいタイム	16：40～16：45	
	清　　掃	16：45～16：55	
III 部	ふれあいタイム	17：15～17：25	I 部・II 部の生徒も、「他部履修」として授業が受けられます。
	9	17：25～18：10	
	給　　食	18：10～18：40	
	10	18：40～19：25	
	11	19：30～20：15	
	12	20：20～21：05	
	ふれあいタイム	21：05～21：10	
	清　　掃	21：10～21：15	

教　育　課　程

1　基礎・基本を重視し、少人数・習熟度別（1年次の国・数・英）指導を行っています。

2　個性や進路希望に対応するため、多様な選択科目を用意しています。

3　教科・科目の学習を通して、資格取得（簿記、英検、漢検、歴検等）を目指します。

4　柔軟な学習システムにより、修業年限の短縮（3年）が可能です。

5　学校外の教育活動の成果を単位認定します。

6　ボランティアやインターンシップ等の体験活動を取り入れています。

7　中国語や韓国朝鮮語など他校にはない講座も設置しています。

8　介護職員初任者研修修了認定も可能です。

9　ホームルーム活動や学校行事等の特別活動が充実しています。

10　県内トップクラスの ICT 環境を基盤とし、

<戸田翔陽>

全ての生徒が安心して学べる教育活動を実践しています。

一人一人の夢をかなえる柔軟な学びのシステム

1 総合学科

普通科と専門学科の長所を併せ持ち、自分の興味関心や進路希望等にあわせ、普通科目と4系列（福祉・ビジネス・国際教養・自然科学）の特色ある専門科目（総合選択科目）を選択し学ぶことができます。さらに、興味関心に応じて選べる多彩な科目（自由選択科目）を選択し学ぶことができます。

なお、生徒一人一人の科目選択及び時間割作成にあたっては、将来の進路を視野に入れたきめ細かな丁寧な指導をしています。

2 単位制・3学期制

各部とも1日4時間、週当たり20時間が基本の授業時間です。修業年限は4年ですが、自分の部の週20時間の他に、他の部の授業を受け（合計週32時間まで可能）、74単位取得すれば、3年で卒業できます。

特 別 活 動

1 ホームルーム活動

少人数クラス編制による「ふれあいタイム」やロングホームルームの時間等を通して、生徒同士、生徒と教員間のコミュニケーションを大事にしています。学校生活への適応を図り、健全で充実した生活が送れるよう支援しています。

2 生徒会活動

教員の適切な指導のもとに生徒の主体性や自主性などをはぐくみ、生徒一人一人に成就感・充足感・連帯感などが味わえるよう指導しています。

3 学校行事

ボランティア活動、介護実習、企業見学やインターンシップ、専修学校での実習、文化祭、体育祭、遠足、修学旅行等、さまざまな学校行事を通して、人・社会とかかわる力を育成し、社会に自信をもって自立していく力や心豊かにたくましく生きる力を育てています。

部 活 動

剣道、フットサル、テニス、卓球、バドミントン、バスケットボール、男子バレーボール、女子バレーボール、軟式野球、陸上、柔道、漫画・文芸、和太鼓、演劇、茶道、料理、美術、放送、被服、軽音楽、写真、奉仕活動（同好会）

過去5年間の主な進路先

大学・短大	浦和大、埼玉大、学習院大、杏林大、國學院大、駒澤大、専修大、埼玉学園大、埼玉工大、埼玉県立大、順天堂大、城西大、成蹊大、大東文化大、高千穂大、拓殖大、千葉工業大、帝京大、東海大、東京家政大、東京国際大、東京電機大、東京農業大、東洋大、獨協大、日本大、日本社会事業大、日本薬科大、文京学院大、文教大、法政大、立教大、立正大、早稲田大、川口短期大
専　門	ESPエンタテインメント東京、大原法律公務員専門学校大宮校、大原簿記情報ビジネス専門学校大宮校、大宮国際動物専門、神田外語学院、埼玉県立新座総合技術高等学校デザイン専攻科、中央工学校、専門学校デジタルアーツ東京、東京IT会計公務員専門学校大宮校、東京デザイン専門、東京電子専門、戸田中央看護専門、武蔵野調理師専門、早稲田美容専門
就　職	㈱イトーヨーカ堂、㈱ベルーナ、鎌倉花壇機㈱、㈱グレープストーン、埼玉トヨペット㈱、サミット㈱、㈱常盤堂雷おこし本舗、タカラスタンダード㈱東京支社、㈱DNPデータテクノ、東京リンテック加工㈱、戸田倉庫㈱、㈱東光会戸田中央総合病院、㈱万の万、日本ホテル㈱、㈱ベルク、㈱宗家源吉兆庵、㈱ヤマダデンキ、自衛官候補生

■3年間で卒業を目指す例

単位数	自分の部で履修（4時間×5日＝週20時間）		他の部の授業を履修（週に12時間まで）
	1 2 3 4 5 6 7 8 9 10 11 12 13 14 15 16 17 18 19 20	21 22 23 24 25 26 27 28 29 30 31 32
1年次	L H R　必履修科目	総合選択・自由選択
2年次	L H R　必履修科目　総合選択・自由選択	総合選択・自由選択
3年次	L H R　必履修科目　総合選択・自由選択	総合選択・自由選択

■4年間で卒業を目指す例

単位数	自分の部で履修（4時間×5日＝週20時間）
	1 2 3 4 5 6 7 8 9 10 11 12 13 14 15 16 17 18 19 20 21 22
1年次	L H R　必履修科目
2年次	L H R　必履修科目　総合選択・自由選択
3年次	L H R　必履修科目　総合選択・自由選択
4年次	L H R　総合選択・自由選択

※4年間で74単位以上の修得で卒業

■令和7年度入学生 教育課程表（予定）

単位数	1年次	2年次	3年次	4年次
1	LHR	LHR	LHR	LHR
2	現代の国語	歴史総合	地学基礎	〈4年次以降選択科目〉
3				理科課題研究(1)
4	言語文化	地理総合	体育	世界と日本(2)
5				ファッション造形基礎(2)
6	公共	生物基礎		美術総合研究(2)
7			情報Ⅰ	作曲家研究(2)
8	数学Ⅰ	体育		ビジネス・コミュニケーション(3)
9			総合的な	コミュニケーション技術(2)
10		保健	探究の時間	
11	化学基礎	家庭基礎	〈3年次以降選択科目〉	
12			日本史探究(4)	
13	体育	産業社会と人間	世界史探究(4)	
14		総合的な探究の時間	地理探究(4)	
15	保健	〈2年次以降選択科目〉	数学Ⅲ(4)、数学C(2)	
16	音楽Ⅰ｜美術Ⅰ｜書道Ⅰ	論理国語(4)、文学国語(4)	実用数学(2)	
17		国語表現(4)、古典探究(4)	生物(4)	
18	英語コミュニケーションⅠ	倫理(2)、政治・経済(4)	英語コミュニケーションⅢ(4)	
19		数学Ⅱ(4)、数学B(2)	論理・表現Ⅲ(4)	
20	産業社会と人間	物理(4)、化学(4)	保育基礎(2)	
21	〈1年次以降選択科目〉	音楽Ⅱ(2)、美術Ⅱ(2)、書道Ⅱ(2)	フードデザイン(2)	
22	数学A(2)	英語コミュニケーションⅡ(4)	陶芸(2)	
23	物理基礎(2)、科学と人間生活(2)	論理・表現Ⅱ(2)	総合実践(2)	
24	音楽Ⅰ(2)、美術Ⅰ(2)、書道Ⅰ(2)	チャレンジ英語(2)、中国語(2)	ビジネス法規(2)	
25	論理・表現Ⅰ(2)	韓国朝鮮語(2)	課題研究(2)	
26	スポーツⅠ(2)、スポーツⅢ(2)	スポーツⅡ(2)	こころとからだの理解(2)	
27	情報デザイン(2)	服飾手芸(2)	介護総合演習(2)	
28	ビジネス基礎(2)、簿記(2)	マーケティング(2)	介護福祉発展(2)	
29	社会福祉基礎(2)	財務会計Ⅰ(4)、情報処理(2)	生活支援技術(4)	
30	日本語基礎(2)	介護福祉基礎(2)	論理・表現日本語(2)	
31		生活支援の基本(2)		
32		児童・障害福祉制度(2)		
		日本語発展(2)		

*（ ）内の数字は単位数
*4年次のLHRは4年間で卒業を計画する者が履修する
*他部の授業の履修は年間12単位までとする

地図　JR埼京線「戸田」駅から徒歩5分

JR埼京線戸田駅下車徒歩5分
（戸田駅には、快速・通勤快速は停車しませんのでご注意ください。）

埼玉県立 羽生高等学校（単位制による定時制）

所在地 〒348-0031 羽生市加羽ヶ崎303-1 ☎ 048-561-0718 FAX 048-560-1052
ホームページ https://hanyu-h.spec.ed.jp/
最寄り駅からの順路 東武伊勢崎線「羽生駅」、秩父鉄道「羽生駅」下車 徒歩15分

校　　長	新井　昌也
創　　立	昭和23年11月8日
教職員数	50人

生徒数

学科	性別	(男)	(女)	計
普通科	昼間部	98	82	180
	夜間部	23	7	30
	計	121	89	210

学びのプランは、あなたがつくる。
あなたのリズムで、君のスタイルで。

羽生高校は、生徒に新たなチャレンジの機会を提供し、夢と希望を育む学校です。

Q 羽生高校とはどんな高校ですか？
① 昼間部と夜間部の二部制です。
② 1年、2年……という学年がありません。
（在籍年数を示す1年次、2年次という区分はあります）
③ 単位制による定時制の課程です。
④ 2学期制です。
⑤ 進路や適性に合わせて、自己のペースで学習することができます。

Q 単位とは何ですか？
ある科目を1週間に45分間、年間(35週)通して学習すれば1単位となります。1週間に90分間の学習をすれば2単位、1週間に180分間の学習をすれば4単位になります。

Q 単位制にはどういう特色があるのですか？
学年制の高校では、特定の科目が履修または修得できないと原級留置(留年)となり、再びその学年からやり直さなければなりません。
単位制の羽生高校では原級留置がありませんので、一度修得した科目の単位は認められ、再び履修する必要がありません。

日　課　表

昼間部	1 限	8:50～9:35
	2 限	9:40～10:25
	S H R	10:30～10:35
	清掃	10:35～10:45
	3 限	10:50～11:35
	4 限	11:40～12:25
	昼休み	12:25～13:10
	5 限	13:10～13:55
	6 限	14:00～14:45
	7 限	14:55～15:40
	8 限	15:45～16:30

夜間部	S H R	17:20～17:25
	9 限	17:25～18:10
	給食	18:10～18:35
	10 限	18:35～19:20
	11 限	19:25～20:10
	12 限	20:15～21:00

地図 東武伊勢崎線「羽生駅」、秩父鉄道「羽生駅」徒歩15分

<羽生>

Q「3年間で卒業できる」って、本当ですか？

① 高等学校の教育課程を修了するためには、
  (1) 3年以上在学すること
  (2) 74単位以上修得すること
  (3) 特別活動等において一定以上の成果が認められること
  (4) 必履修科目を全て履修すること
  の4つが必要です。

② 羽生高校では1年間で原則29単位まで履修することができます。このため、3年間で74単位以上の修得が可能です。

Q「自己のペースに合わせて学習することができる」とはどういうことですか？

① 昼間部も夜間部も卒業の年限を3年か4年か選択することができます。

② 自身の興味や進路等に応じて科目を選択し、1年間の時間割を決めます。

Q 授業はいつ行われますか？

① 羽生高校は第1限から第12限まであります。

② 昼間部は、第1限から第8限までの中で授業を受けます。

③ 夜間部は、基本的には第9限から第12限の中で授業を受けます。

④ 夜間部は、進路に合わせて第5限から第8限の中から授業を選択することもできます。

Q 2学期制とはどういうことですか？

  1～3学期に分けて授業を行う3学期制ではなく、羽生高校では、前期（4月から9月）、後期（10月から3月）に分けて授業を行います。

Q 既に修得した単位はどうなりますか？

  次のような学習の成果を、一定の基準のもとに卒業に必要な単位の一部として認めます。

① かつて在籍した高等学校で修得した科目

② 高等学校卒業程度認定試験の合格科目

Q 適切な科目が選択できるかどうか不安ですが、大丈夫ですか？

① 新入生には入学時に、将来の進路実現に向けた徹底した履修指導を、一人一人に行います。

② 在校生には、10月から学年末にかけて徹底した履修指導を行います。

Q 羽生高校の行事や部活動にはどんなものがありますか？

●行事

  球技大会、勾玉祭（文化祭）、予餞会、修学旅行、遠足、生活体験発表会、翔羽祭（体育祭）など

●部活動

  サッカー、陸上、テニス、卓球、柔道、バスケット、野球、剣道、バドミントン、弓道、バレーボール、ハイキング、音楽、写真、美術、文芸、家庭、パソコン、書道、ボランティア、演劇、軽音楽、ダンス、進学

学校説明会のご案内※日程は必ず学校ＨＰ等でご確認ください。

① 日時
  第1回　9月7日（土）　9：30～
  第2回　12月7日（土）　9：30～
  第3回　1月18日（土）　9：30～
  第4回　1月24日（金）　17：30～

② 内容
  学校概要説明、個別相談等

③ 申し込み方法
  インターネット（各回の2日前までに申し込みを。）

令和5年度進路決定状況 （令和6年3月31日現在）

〇大学・短大　6名
  日本工業大学、尚美学園大学、聖学院大学、埼玉純真短期大学、足利短期大学、埼玉女子短期大学

〇専門学校　11名
  関東工業自動車大学校（3名）、大宮こども専門学校（2名）、HAL東京、上尾中央医療専門学校、大宮ビューティー＆ブライダル専門学校、太田情報商科専門学校（2名）、埼玉県調理師専門学校

〇就職　17名
  ニッコー株式会社埼玉工場、株式会社沼尻電機、タイヨー株式会社埼玉営業所、株式会社タチバナ産業、株式会社AOS、株式会社井上運送、株式会社グリーンテック、小島紙器株式会社　等

  本校では進路指導部の計画の下、進路指導HR等のきめ細かな指導を継続的に実施し、進路希望の実現を目指しています。

少人数制の授業

埼玉県立 飯能高等学校（定時制）

創　　立	昭和23年9月1日
教職員数	16人

生徒数

学年　　学科	1年(男)(女)	2年(男)(女)	3年(男)(女)	4年(男)(女)	計(男)(女)
普通科	5 (3)(2)	6 (2)(4)	8 (4)(4)	10 (6)(4)	29 (15)(14)

住所　〒357-0032　飯能市本町17-13
　　　☎ 042-973-4191
最寄り駅からの順路　西武池袋線飯能駅から徒歩
　12分、JR八高線・西武池袋線東飯能駅から徒
　歩15分
始業・終業時刻　17：20〜21：00　給食有

教 育 目 標

1　心身ともに明朗健康で、人権を尊重し、勤労
と責任を重んじる自主・自立の精神に充ちた社
会人の育成に努める。
2　自己実現を目指して、生涯学習社会に対応で
きる力を身につける。

教 育 課 程

　基礎・基本を重視した教育課程を編成していま
す。芸術科目は、書道と美術を履修します。また、
1学年で情報の基礎、2・3学年で家庭科、4学
年で情報の応用を学習するなど、実生活・実社会
で役立つ授業を取り入れています。

教 育 活 動

1　学習活動　"わかる授業"を目指して

　各教科、科目とも基礎・基本を重視した、「わか
る授業」を心がけています。つまずきやすい数学
では、全学年で習熟度別少人数クラスによる授業
を実施しています。また、学習サポーターの配置

地図　西武池袋線飯能駅から徒歩12分

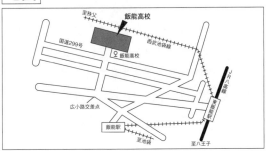

によるきめ細やかな指導を行っています。

2　学校生活　"一日一日を大切に"

　アットホームで落ち着いた雰囲気の学校です。
先生方と生徒が親密で、生徒は気軽に職員室や保
健室に相談に来ます。皆でおいしい給食を食べら
れるのも定時制ならではです。学校行事では6月
に体育祭が、11月に学芸祭が盛大に行われます。
学芸祭は学年対抗のビデオ制作発表会です。修学
旅行は4学年で行きます。日々の学校生活を大切
にすることで学校生活が充実します。

体育祭　　　　　　　修学旅行（京都、大阪）

特 別 活 動

　本校では生徒会活動が盛んで、体育祭や学芸祭
など全員参加行事が充実しています。部活動は運
動部と文化部があり、運動部ではバドミントン、
バスケットボール、フットサル、陸上競技を行っ
ています。バスケットボールは、令和元年度県大
会で三位に入賞しました。陸上は、令和元年度全
国大会に4名が出場、令和4年度は全国大会三段
跳び7位入賞の他1名が1500mに出場しました。
文化部ではピアノの演奏技術の向上や、ボードゲ
ームによる思考力とコミュニケーション能力の向
上を図っています。

卒 業 後 の 進 路

　多くの生徒が働きながら学んでいますが、卒業
後の進路は多様です。令和5年度3月の卒業生は、
大学への進学が2名、短期大学への進学が2名、専
門学校への進学が1名、企業への就職が6名でし
た。4年間働きながら学んだ自信が力となります。

そ の 他

1校時	17：20〜18：05
給　食	18：05〜18：35
2校時	18：35〜19：20
3校時	19：25〜20：10
4校時	20：15〜21：00

　働きながら学び、4
年間で卒業するには、
明確な目的意識と強い
意志が必要です。職場
で疲れても毎日登校し、
勉強するのは容易なことではありませんが、定時
制は意欲のある人を応援する学校です。定時制で
すばらしい学校生活を送ってみませんか。
　学校説明会を11／29(金)に実施します。

埼玉県立 吹上秋桜高等学校（定時制）

所在地 〒369-0132 鴻巣市前砂907-1 ☎ 048-548-5811 FAX 048-547-1043
ホームページ https://shuo-h.spec.ed.jp
最寄り駅からの順路 JR高崎線 北鴻巣駅西口より徒歩12分
鴻巣市コミュニティバス「フラワー号」で「吹上秋桜高校前」下車すぐ、または「龍昌寺」下車徒歩5分

校 長	秋山 佳子
創 立	平成22年4月1日
教職員数	71人

生徒数

	1年次			2年次			3年次			4年次			全体計
	I部計	II部計	年次計	I部計	II部計	年次計	I部計	II部計	年次計	I部計	II部計	年次計	
男	50	9	59	56	8	64	55	16	71	13	3	16	210
女	96	5	101	74	9	83	68	10	78	23	4	27	289
計	146	14	160	130	17	147	123	26	149	36	7	43	499

吹上秋桜高校は、吹上高校と近隣3校の夜間定時制課程を統合し、平成22年4月に開校した、多様な学習歴や生活環境、ライフスタイルをもった生徒の新たなチャレンジをとことん支援する定時制高校です。柔軟な学びのシステムで、学ぶ意欲のある生徒とチャレンジする生徒を応援します。

生徒がそれぞれ自分に合った形で学び、成長できる学校です。また、昼夜開講型の二部制で、いろいろな選択科目から自分で時間割をつくるなど、単位制総合学科の新しいタイプの学校です。歴史は、みなさん一人一人が創ります。みなさんも、吹上秋桜高校で、自分の可能性をいっぱいに伸ばしてみませんか。

教育活動の特色

学 習

◇昼夜開講二部制なので、自分のライフスタイルに合った時間に学べます。

◇3年以上の在籍、74単位以上の修得で卒業できる単位制なので、自分のペースで学べます。

◇総合学科の幅広い選択科目で、普通教科も専門教科も、自分の学びたいことを学べます。

◇県内で唯一春・秋2回の入学試験を実施する高校なので、学びたい時に学べます。

◇少人数学級編制、習熟度別・少人数授業を導入しており、落ち着いて学べます。

◇4つの系列があり、自分の興味・関心に応じて学ぶことができます。

○商業・情報（ビジネス関係）

○生活・福祉（調理・保育・福祉関係）

○文化・社会（文化・歴史・社会・芸術関係）

○科学・技術（理科・数学・ものつくり関係）

◇令和4年度から介護資格「介護職員初任者研修」を希望者は、取得できるようになりました。

◇ボランティア活動や学校外の学修、各種検定試験の成果も卒業単位として認定します。

進 路

◇教科指導とキャリア教育を結びつけたガイダンスで、生徒の希望する進路の実現を目指します。

◇提携する大学・専門学校などの授業を受けられます。学修の成果は卒業単位として認定します。

◇個々の進路希望に合わせた科目選択ができるよう、モデルプランを提示します。

Ⅱ部では給食を楽しく食べて授業に臨みます

◇標準服を着用しています。「社会のルールとマナー」を基本に、自律的な規範意識を育てます。
◇生徒談話室（ラウンジ）、学習支援室、3つの情報室（コンピュータ室）、バリアフリートイレ、エレベーター、福祉実習室、食堂（Ⅱ部は給食）などの充実した施設で、生徒の生活と学習を支援します。

生活

◇2つの相談室があり、教育相談員が常駐しています。また、SC、SSW が配置されています。また、年間5回以上の面談で、教員も生徒一人一人と向き合い、コミュニケーションに努めます。
◇地域や関係機関と連携し、ボランティアなど様々な体験活動を行い、社会に貢献する豊かな人間性や協調性を育てます。
◇Flex「フレックス」の時間にⅠ部Ⅱ部合同で部活動をやっています。令和5年度、卓球部、サッカー部、バレーボール部、陸上競技部が全国定通体育大会に出場しました。

日課表

部	時　間		部	時　間	
Ⅰ部	S　H　R	9：50～9：55	Ⅱ部	S　H　R	17：00～17：05
	1　限	10：00～10：45		7　限	17：10～17：55
	2　限	10：55～11：40		給　食	17：55～18：25
	3　限	11：50～12：35		8　限	18：25～19：10
	昼休み	12：35～13：20		9　限	19：15～20：00
	4　限	13：20～14：05		10　限	20：05～20：50
	S　H　R	14：10～14：15		S　H　R	20：50～20：55
	清　掃	14：15～14：25		清　掃	20：55～21：00
共通	5　限	14：30～15：15			
	6　限	15：20～16：05			
	FLEX	16：05～17：00			

◇Ⅰ部・Ⅱ部それぞれ、基本の1日4時間授業のほかに、1日2時間の共通選択科目を選択することで、3年間での卒業が可能です。

学校説明会・体験授業等

　吹上秋桜高校は、新しいタイプの学校です。本校を理解していただくために、ぜひ学校説明会にご参加ください。
（学校説明会） 7月26日（金）、12月14日（土）、1月18日（土）
　　　　　　　すべて10：00～12：30、受付9：30～、
　　　　　　　会場：吹上秋桜高校
（授業公開＆学校説明会） 11月22日（金）
　　　　　　　会場：吹上秋桜高校
　　　　　　　13：30～18：00
（体験授業＆学校説明会） 10月19日（土）
　　　　　　　受付：9：00～、体験授業　9：30～12：30
　　　　　　　会場：吹上秋桜高校
○学校説明会・体験授業は吹上秋桜高校ホームページから申し込み下さい。

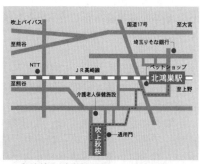

JR 高崎線北鴻巣駅西口から徒歩12分
鴻巣市コミュニティバス「フラワー号」で「吹上秋桜高校前」下車すぐ、または「龍昌寺」下車徒歩5分

埼玉県立 本庄高等学校（定時制）

創立　昭和23年9月1日

教職員　17人

生徒数

学科 \ 学年	1年 (男)(女)	2年 (男)(女)	3年 (男)(女)	4年 (男)(女)	計 (男)(女)
普通科	15 (8)(7)	13 (5)(8)	11 (7)(4)	7 (6)(1)	46 (26)(20)

所在地　〒367-0045　本庄市柏1丁目4番1号
　　　　☎ 0495-21-1195　FAX 0495-25-1024
　　　　URL https://honjo-h.spec.ed.jp
最寄駅からの順路　JR本庄駅下車徒歩15分
始業・終業時刻　17：25〜20：55　給食有

本年度の重点目標

1　授業改善を進めて「質の高い学び」を実現し、基礎学力の向上と主体的に学ぶ態度を育てる。
2　家庭との連携や生徒指導の充実を図るとともに、基本的生活習慣の確立に努める。
3　進路意識とともに社会を生き抜くための人間性や社会性を育て、希望する進路を実現する。

教育課程

国語・地歴公民・数学・理科・保健体育・芸術（音楽・書道）・外国語（英語）・家庭・情報を学びます。1〜3年生の英語では習熟度別授業を行っています。

教育活動

1　学習活動
　中学校卒業後、現役で入学してくる生徒が約8割を占めますが、中学校卒業後1〜5年経ってから、勉学の必要性を感じて入学してくる生徒もいます。特に年輩者の学習意欲は高く、現役で入ってくる生徒にとって良い刺激となっています。

2　学校生活
　17時25分から第1時限が始まり、1日4時間の授業です。（45分授業×4時間）
　年間の主な行事としては、文化祭（全定合同）、遠足、予餞会などを行い、職員と生徒及び生徒間での人間関係を深める機会となっています。
　また、第1時限終了後の給食は学校独自の献立で、「ボリューム」と「おいしさ」に定評があります。

卒業後の進路

卒業後は、在学中勤めていた職場を継続する者、新たに就職する者、進学する者に分かれますが、最近5年間の状況は以下のとおりです。（在学中勤めていた職場を継続する者は就職に含む）

進路 \ 年度	進　学	就職等
元年度（卒業生17名）	4名	6名
2年度（卒業生15名）	3名	8名
3年度（卒業生16名）	1名	8名
4年度（卒業生14名）	3名	9名
5年度（卒業生5名）	0名	5名

在学生の声

定時制に入学して一年以上がたち、夜に勉強することにも慣れてきました。定時制は良くも悪くも自由なことが多いため、学校生活をより良くするには自主性が大切です。つまり、卒業までの期間を意味あるものにするには、自分の意志で目標を明確に定め、そこに向かって努力する必要があると思います。定時制に入学して、異文化圏の人ともふれあい、自由な雰囲気にも程よく浸り、考え方も少し変わりました。空き時間も有効に使い、一日一日を大切にして、卒業に向け今できることを頑張りたいと思います。

そ　の　他

「働きながら学ぶ」…これを4年間続けるのは、誰にでもできることではありません。体も気持ちも疲れてしまうこともあるかもしれません。しかし、ここには、同じ道を歩む仲間がいます。支えてくれる教師がいます。少人数の学校ならではの絆を大切にしています。「学びたいときが学びどき」です。学びたいと思う心を大切にし、頑張り抜くことができる意志の強い人を本校では待っています。

埼玉県立 吉川美南高等学校
I部(昼間部)全日制・定時制
II部(夜間部)定時制

所在地 〒342-0035　吉川市高久600　☎ 048-982-3308　FAX 048-984-1180

ホームページ　https://yoshikawaminami-h.spec.ed.jp/

メールアドレス　yoshikawaminami-h@spec.ed.jp

最寄り駅からの順路　JR武蔵野線吉川美南駅から徒歩約12分

学校の概要

学科等　総合学科2部制
　　　　　I部(昼間部)　全日制
　　　　　I部(昼間部)　定時制
　　　　　II部(夜間部)　定時制

募集人員　I部全日制120名、I部定時制80名、
　　　　　II部定時制80名

目指す学校像

　校是「不屈の精神」を基に、知性と教養を身に付け、社会に貢献できる品格ある生徒を育成し、地域から愛され信頼され期待される学校を目指す。

1日の学校生活(I部昼間部の場合)

		8:35 8:40 8:50				12:40	13:25		15:15	18:30
全日制	ホームルーム	1限	2限	3限	4限	昼休み	5限	6限	ホームルーム	(部活動)
I部定時制	ホームルーム	1限	2限	3限	4限	昼休み	5限	6限	ホームルーム	(部活動)

1日の学校生活(II部夜間部の場合)

15:50		17:25	17:50	17:55			21:10		22:30	
科目自由選択	科目自由選択	給食	ホームルーム	1限	2限	3限	4限	ホームルーム	清掃	(部活動)

※教育課程は審議中で変更になる場合があります。

ワンポイントアピール(受検生へのメッセージ)

「昼間部にI部全日制とI部定時制、
夜間部にII部定時制を置き、多様な進路希望に対応します」

・I部全日制とI部定時制は、どちらも3年間で卒業できます。I部(昼間部)は、「制服も時間帯も部活動も学校行事も卒業証書も一緒」です。

・II部定時制は4年間での卒業を基本としますが、15時50分からの授業を選択すれば3年間で卒業することも可能です(約2/3の生徒が3年間で卒業)。

・I部・II部ともに単位制総合学科ですので、選択科目が多く配置され、「就職から進学まで」多様な進路希望に対応できます。

<吉川美南>

教育活動の特色

教科指導

　総合学科の特色を活かし、普通科目の他に商業科目などの専門科目も学習できます。少人数の学級編成による面倒見の良さが特徴です。

　令和7年度から教育課程が変更になります。(予定)4つの系列で多様な進路選択をサポートします。

＊I部全日制【人文科学系列・自然科学系列】
　5教科をバランスよく学べます。日々の授業で進学に向けた取り組みをサポートします。
　文系・理系大学への大学進学を目指します。

＊I部定時制【総合教養系列・社会情報系列】
　商業の選択科目が充実していて資格取得に有利です。日々の授業で基礎基本の徹底と学び直しもサポートします。進学・就職と多様な進路選択が可能です。

＊II部定時制は、「働きながら学ぶ」という従来の定時制課程でありながら、自由選択科目の積極的な選択(15時50分から授業開講)によって3年間で卒業することが可能です。

生徒指導

＊生活指導・身だしなみ指導等を基盤として、明るい挨拶、丁寧な言葉づかい等、基本的な生活習慣の確立に取り組んでいます。

＊落ち着いた学習環境・学校生活を通して、学校生活に思い切り取り組めるようにサポートします。

進路指導

＊充実したガイダンス機能により、進学・就職に関する幅広い情報を提供し、生徒一人一人の進

路選択・進路実現を全力で応援します。

＊総合学科の特色でもある教科「産業社会と人間」を十分活用し、将来の生き方や進路についての考察、各教科・科目の選択計画の作成をサポートします。

部　活　動

○運動部
(I部)バレーボール、ソフトテニス、サッカー、バスケットボール、陸上、剣道、卓球、バドミントン、ウエイトリフティング、空手道、ハンドボール、硬式野球、柔道(同好会)
(II部)硬式野球、卓球、バドミントン、バスケットボール、フットサル(同好会)、バレーボール(同好会)
○文化部
(I部)美術、家庭科、吹奏楽、放送、書道、JRC、創作研究、軽音楽、茶道、科学、ビジネスライセンス
(II部)美術創作(同好会)
※I部(昼間部)は全日制・定時制合同で部活動を行います。

そ　の　他

＊スクールカウンセラー、教育相談員、スクールソーシャルワーカーを配置するなど、教育相談機能が充実しています。

学校説明会・体験入学等

部活動体験会　7月24日(水)
第1回　8月1日(木)　10：00～(学校概要説明)
　　　　　　　　　　越谷サンシティ小ホール
あかね祭(一般公開)個別相談会　9月7日(土)
第2回　10月12日(土)　13：00～(公開授業10：00～)
第3回　11月30日(土)　10：00～(生徒による学校紹介)
第4回　1月18日(土)　10：00～(入試対策)

(II部)第1回　11月30日(土)　11：30～
　　　　第2回　1月18日(土)　11：30～
※すべて事前予約が必要です。詳しくは本校ホームページをご覧ください。

地図　JR武蔵野線吉川美南駅から徒歩約12分

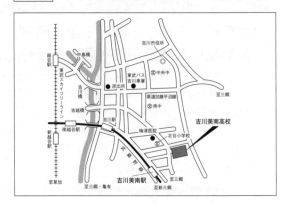

部活動等一覧

体育的部活動等一覧〔東部～西部（全日制）〕

学校名	全定通別	陸上競技	体操	新体操	水泳	硬式野球	軟式野球	弓道	山岳登山	ワンゲル	柔道	剣道	空手	サッカー	ラグビー	バレーボール	ハンドボール	バスケットボール	ソフトボール	卓球	バドミントン	テニス	ソフトテニス
【東部・全日制】																							
県立春日部高等学校	全	○	○		○	○		○			○	○		○		○	○	○		○	○	○	○
県立春日部女子高等学校	全	△		△	△			△	△			△				△	△	△	△	△	△	△	△
県立春日部東高等学校	全	◎	◎			○		◎			◎	○		○		◎	◎	◎		◎	◎	◎	◎
県立久喜高等学校	全	△		△	△			△	△			△		○		△		△	○	△	△	△	△
県立久喜北陽高等学校	全	◎				○		◎	◎			◎		○		◎	◎	◎	△	◎		◎	◎
県立栗橋北彩高等学校	全	◎				○		◎				◎		○		◎	○	○		◎		◎	◎
県立越ヶ谷高等学校	全	◎			○							◎		○		◎		◎		◎		◎	◎
県立越谷北高等学校	全	◎	◎			○						◎		○		◎		◎		◎		◎	◎
県立越谷西高等学校	全	◎				○						◎		○		◎		◎		◎		◎	◎
県立越谷東高等学校	全	◎	◎			○		◎				◎		○		◎		◎		◎		◎	◎
県立越谷南高等学校	全	◎				○						◎		○		◎		◎		◎		◎	◎
県立幸手桜高等学校	全	◎				○					◎	○		◎		△		○	△	◎		○	◎
県立庄和高等学校	全	◎				○						◎		○		△		○		◎	△	◎	
県立白岡高等学校	全	◎				○								○		◎		◎		◎		◎	◎
県立杉戸高等学校	全	◎				○						◎		○		◎		◎		◎		◎	◎
県立草加高等学校	全	◎			◎	○						◎		○	○	◎		◎		◎		◎	◎
県立草加西高等学校	全	◎			◎	○		◎				◎		○	○	◎		○		◎		◎	◎
県立草加東高等学校	全	◎			◎	○						◎	○	○		◎		◎		◎		◎	◎
県立草加南高等学校	全	◎				○						◎		○		△		◎	△	◎		◎	◎
県立蓮田松韻高等学校	全	◎				○		◎				◎		○		△	◎	◎		◎		◎	◎
県立羽生第一高等学校	全	◎				○		◎				◎		○		△	◎	◎		◎		◎	◎
県立不動岡高等学校	全	◎			◎	○		◎	◎			◎		○		◎		◎		◎		◎	◎
県立松伏高等学校	全	◎				○		◎				◎		○		△		◎		◎	△	◎	◎
県立三郷高等学校	全	◎				○						◎		○		◎		◎		◎		◎	◎
県立三郷北高等学校	全	◎				○		◎				◎		○		◎		◎		◎		◎	◎
県立宮代高等学校	全	◎				○						◎		◎		◎		◎		◎		◎	◎
県立八潮南高等学校	全	◎			◎	○						同		◎	○	◎		◎		◎		◎	△
県立鷲宮高等学校	全	◎				○					◎	◎		○	○	◎		◎	△	◎	△	△	◎
県立杉戸農業高等学校	全	◎				◎		◎	◎		◎			△		◎		◎				◎	◎
県立春日部工業高等学校	全	◎				○		◎	◎		◎	◎	○	◎		◎		◎		◎		◎	◎
県立久喜工業高等学校	全	◎				○			◎		◎	◎	○	○		◎		◎		◎		◎	◎
県立三郷工業技術高等学校	全	◎				○			◎	◎	◎	◎		○		◎		◎		◎		◎	◎
県立越谷総合技術高等学校	全	◎				○								○		◎		◎		△		◎	◎
県立羽生実業高等学校	全	◎				○								○		◎		◎		△		◎	◎
県立誠和福祉高等学校	全					◎										○	△					◎	
【西部・全日制】																							
県立朝霞高等学校	全	◎			◎	○		◎				◎		○	○	◎		◎	△	◎		◎	◎
県立朝霞西高等学校	全	◎				○						同		○	同	△		◎		◎		◎	◎
県立入間向陽高等学校	全	◎				○		◎				◎		○		△		◎		△		◎	◎
県立小川高等学校	全	◎				○						◎		○		△		◎		△		◎	◎

◎男女　○男　△女　同…同好会、愛…愛好会

ボート	自転車	バトン	チアダンス	ダンス	フットサル	少林寺	応援	スキー	アーチェリー	アウトドア	
											応援指導(○)
◎				△			◎			◎	
								△			パワーリフティング◎
								△			
											カヌー◎
			△								
				◎							
											パワーリフティング◎
				◎							
				◎							
			△	◎同			◎				
									◎		
	◎										
								◎			
				◎同							
		△								◎	
											ウエイトリフティング◎

ボート	自転車	バトン	チアダンス	ダンス	フットサル	少林寺	応援	スキー	アーチェリー	アウトドア	
		△									
				◎							
										◎	
						◎					

体育的部活動等一覧〔西部～南部（全日制）〕

学校名	全定通別	陸上競技	体操	新体操	水泳	硬式野球	軟式野球	弓道	山岳登山	ワンゲル	柔道	剣道	空手	サッカー	ラグビー	バレーボール	ハンドボール	バスケットボール	ソフトボール	卓球	バドミントン	テニス	ソフトテニス
県立越生高等学校	全	◎				○								○				◎		◎			
県立川越高等学校	全	○			○	○		○	○		○	○		○	○	○		○		○	○	○	○
川越市立川越高等学校	全		◎			○			◎		◎	○		○		△		◎	△	◎	△	◎	△
県立川越女子高等学校	全	△		△	△				△		△					△		△		△	△		
県立川越総合高等学校	全	◎				○			◎			○						◎		◎			
県立川越西高等学校	全					○				○			◎	◎				◎		◎			
県立川越初雁高等学校	全					○		◎	◎			○						◎		◎			
県立川越南高等学校	全	◎										◎	◎	◎		△		◎		◎			
県立坂戸高等学校	全	◎	◎									◎	◎	◎		△		◎		◎			△
県立坂戸西高等学校	全	◎		△	◎			◎				◎		◎		◎		◎		◎	◎		◎
県立狭山清陵高等学校	全	◎				○								◎				◎		◎			
県立志木高等学校	全	◎				○					◎	◎		◎				◎		◎			
県立鶴ヶ島清風高等学校	全	◎				○								◎				◎		◎	◎		
県立所沢高等学校	全	◎				○		◎	◎					○				○		○			
県立所沢北高等学校	全	◎				○				◎				◎	○	◎	◎	◎		◎	△	◎	
県立所沢中央高等学校	全	◎				○								○				◎		◎			
県立所沢西高等学校	全	◎				○				◎				○				◎		◎		△	
県立豊岡高等学校	全	◎			◎				◎					○				◎		◎			
県立滑川総合高等学校	全	◎				○		◎						○		△		◎		◎			
県立新座高等学校	全	◎				○			◎					○		△		◎		◎			
県立新座柳瀬高等学校	全						○					○		○		△		○		○	○		
県立飯能高等学校	全	◎				○			◎			○				△		◎		◎			
県立日高高等学校	全	◎				○								○				◎		◎		◎	
県立富士見高等学校	全	◎				○					◎	◎		○				◎		◎		◎	
県立ふじみ野高等学校	全	◎	◎		◎				◎					◎		◎	◎	◎		◎	△		
県立松山高等学校	全	◎			○				◎					○				◎		◎			
県立松山女子高等学校	全	△			△						△	△				△		△		△	△		
県立和光国際高等学校	全	◎								◎				○				◎		◎			
県立川越工業高等学校	全	◎				○		◎	◎		◎	◎		◎	◎			◎		◎			◎
県立狭山工業高等学校	全			◎	◎						○	○		○		○		○		○			
県立新座総合技術高等学校	全	◎			◎									○		△		◎		◎			◎
県立狭山経済高等学校	全	◎				○								○		◎		◎		◎			◎
県立所沢商業高等学校	全	◎				○		◎						○				◎		◎	◎	◎	◎
県立芸術総合高等学校	全	◎				同																◎	
【南部・全日制】																							
県立上尾高等学校	全	◎				○					◎	◎	◎	○				◎	○	◎	◎	◎	△
県立上尾鷹の台高等学校	全										◎	◎	◎	○				◎		◎	◎		
県立上尾橘高等学校	全		◎			○								○				◎		◎	○		
県立上尾南高等学校	全	◎			◎							○				◎		◎		○		◎	◎
県立伊奈学園総合高等学校	全	◎	◎	△	◎	○	○	◎	◎		◎			◎				◎		◎	◎	◎	◎
県立岩槻高等学校	全	◎				○			◎			◎		○			△	◎		◎	△	◎	△

体育的部活動等一覧　西部～南部

ボート	自転車	バトン	チアダンス	ダンス	フットサル	少林寺	応援	スキー	アーチェリー	アウトドア	
											ダンス同好会◎
							○				
			△								
				同							
				◎							
				◎							
				◎						◎	
							◎				
		△	△	◎							
			△								
				△							
		△		同					◎		
				◎							
											ホッケー◎
											チアリーディング(同)
							○	○			
							◎				
◎							同				
				◎							
				△							
				◎							チアリーダー部△
				◎							

ボート	自転車	バトン	チアダンス	ダンス	フットサル	少林寺	応援	スキー	アーチェリー	アウトドア	
			△								
				◎							
				◎							クライミング(同)
				同			◎	◎			ラクロス(△)　チアリーディング(△)　パワーリフティング(○)

体育的部活動等一覧〔南部～北部(全日制)〕

学校名	全定通別	陸上競技	体操	新体操	水泳	硬式野球	軟式野球	弓道	山岳登山	ワンゲル	柔道	剣道	空手	サッカー	ラグビー	バレーボール	ハンドボール	バスケットボール	ソフトボール	卓球	バドミントン	テニス	ソフトテニス
県立浦和高等学校	全	○	○		○	○		○	○		○	○		○	○	○		○		○	○	○	○
県立浦和北高等学校	全	◎		△		○		◎	○			◎		○		◎		◎	△	◎	◎	◎	△
県立浦和第一女子高等学校	全	△	△	△	△			△	△		△		同	△		△		△	△	△	△		△
県立浦和西高等学校	全		◎		○	◎		◎	○			◎	○	◎		◎		◎	○	◎	◎	◎	◎
県立浦和東高等学校	全	◎			◎	◎		◎			○	◎		◎		◎		◎		◎	◎	◎	◎
県立大宮高等学校	全	◎			○	◎		◎			◎	◎		◎		◎		◎		◎	◎	◎	◎
県立大宮光陵高等学校	全	◎			○	◎		◎				◎		◎		△		◎		◎		◎	◎
県立大宮東高等学校	全	◎	◎					◎				◎		◎		◎		◎	△	◎			
県立大宮南高等学校	全	◎			○	◎		◎				◎		◎		◎		◎		◎		◎	◎
県立大宮武蔵野高等学校	全	◎			○	◎		◎			◎	◎		◎		△		◎		◎		◎	◎
県立桶川高等学校	全	◎			○	◎		◎			○	◎		◎		◎		◎		◎		◎	◎
県立桶川西高等学校	全	◎				◎		◎				◎		◎		◎		◎		◎		◎	◎
川口市立高等学校	全	◎		△		◎		◎			◎	◎		◎		◎	○	◎		◎		◎	◎
県立川口高等学校	全	◎				◎			○		◎	◎		◎		◎		△		◎		◎	◎
県立川口北高等学校	全	◎			○			◎				◎		◎		◎		◎	△	◎		◎	◎
県立川口青陵高等学校	全	◎				◎				◎		◎		○		◎		◎		◎		◎	◎
県立川口東高等学校	全					◎	◎	同			◎			○				△				◎	
県立北本高等学校	全	◎			○									○		△						◎	
さいたま市立浦和高等学校	全	◎			○			◎			◎	◎		◎		◎		△		◎		◎	△
さいたま市立浦和南高等学校	全	◎				○	○	◎			◎	◎		◎		◎		◎		◎		◎	
さいたま市立大宮北高等学校	全	◎			◎			◎			◎	◎		◎		◎		◎		◎		◎	◎
県立南稜高等学校	全	◎			◎									◎		△		◎		◎		◎	△
県立鳩ヶ谷高等学校	全	◎		△				◎				◎		○		◎		◎		◎		◎	◎
県立与野高等学校	全	◎		△		◎						◎		○		◎		◎		◎		◎	◎
県立蕨高等学校	全	◎			◎	◎		◎			◎	◎		◎		◎		◎		◎		◎	◎
県立いずみ高等学校	全	◎				◎					◎	○		◎		△		◎		◎		◎	◎
県立大宮工業高等学校	全	◎				◎								○		○		◎	◎	◎		◎	
県立川口工業高等学校	全	◎			◎				◎		同	◎	◎			◎	同			◎		◎	
県立岩槻商業高等学校	全	◎			○			◎				◎		○		△				◎		△	△
県立浦和商業高等学校	全				○	◎								○		△	○	△	◎	△		◎	
県立大宮商業高等学校	全	◎			△	◎										△		△		△		◎	△
県立常盤高等学校	全													◎		◎				◎	◎	◎	

【北部・全日制】

学校名	全定通別	陸上競技	体操	新体操	水泳	硬式野球	軟式野球	弓道	山岳登山	ワンゲル	柔道	剣道	空手	サッカー	ラグビー	バレーボール	ハンドボール	バスケットボール	ソフトボール	卓球	バドミントン	テニス	ソフトテニス
県立小鹿野高等学校	全	○			○			◎			◎	○				△						○	
県立熊谷高等学校	全	○			○	○	○	○	○		○	○		○	○	○		○		○	○	○	○
県立熊谷女子高等学校	全	△			△			△	△			△		△		△	△	△	△	△	△	△	△
県立熊谷西高等学校	全	◎			○			◎	◎		◎			○		◎		◎		◎		◎	◎
県立鴻巣高等学校	全	◎			◎	○		◎			◎	○		◎		◎	○	◎		◎	◎	△	◎
県立鴻巣女子高等学校	全	△														△		△	△	△	△		△
県立児玉高等学校	全	◎			○			◎			◎	◎		◎		◎		◎		◎		◎	◎
県立進修館高等学校	全	◎			◎	○		◎	◎		◎	◎		◎		◎		◎		◎		◎	◎

体育的部活動等一覧　南部～北部

ボート	自転車	バトン	チアダンス	ダンス	フットサル	少林寺	応援	スキー	アーチェリー	アウトドア	
○							○				オリエンテーリング部、カヌー○
	◎	△		◎							
△				愛							サイクリング△
		◎									なぎなた◎
◎				◎							
				◎							
				◎			◎				ソングリーディング(△)
		△									
			△								
				◎							
				同							
◎				◎							ダンス(ストリート)、水泳(競泳・水球・飛び込み)
											ウエイトリフティング◎
											徒手武道(◎)
		△									
		△									
				◎							カヌー◎
◎		△									
		△									フェンシング◎
		△		◎							
	愛						◎				
	◎										
	◎										ボウリング(愛)
◎				◎						◎	
				◎							

ボート	自転車	バトン	チアダンス	ダンス	フットサル	少林寺	応援	スキー	アーチェリー	アウトドア	
				愛	愛		○	○			
				△							ラクロス(△)
				△							
			△	△							
			△	◎							ゴルフ(愛)

体育的部活動等一覧〔北部（全日制）〜定時制・通信制〕

学校名	全定通別	陸上競技	体操	新体操	水泳	硬式野球	軟式野球	弓道	山岳登山	ワンゲル	柔道	剣道	空手	サッカー	ラグビー	バレーボール	ハンドボール	バスケットボール	ソフトボール	卓球	バドミントン	テニス	ソフトテニス
県立秩父高等学校	全	◎			○	◎	◎				◎	◎		○		◎		◎		◎	◎		◎
県立深谷高等学校	全	◎				◎		◎			◎			○		◎		◎		◎		◎	○
県立深谷第一高等学校	全	◎			○		◎	◎						○		◎		◎		◎		◎	
県立本庄高等学校	全	◎	◎		○			◎	◎	◎				○		◎		◎		◎			
県立妻沼高等学校	全	◎			○									○		◎							
県立寄居城北高等学校	全	◎				◎					◎	◎					△	◎	◎	◎			◎
県立熊谷農業高等学校	全	◎			○		◎				◎			○	○		△	◎		◎		△	◎
県立秩父農工科学高等学校	全	◎			○		◎				◎			○		◎		◎		◎			
県立熊谷工業高等学校	全	◎			同	○		◎						○		◎		◎		○	○	○	○
県立熊谷商業高等学校	全	◎				○	◎	◎			◎			○			△	◎	△	◎		◎	◎
県立深谷商業高等学校	全	◎			同	○	◎	◎			◎			○		◎		◎		◎			◎

【定時制・通信制】

学校名	全定通別	陸上競技	体操	新体操	水泳	硬式野球	軟式野球	弓道	山岳登山	ワンゲル	柔道	剣道	空手	サッカー	ラグビー	バレーボール	ハンドボール	バスケットボール	ソフトボール	卓球	バドミントン	テニス	ソフトテニス
県立上尾高等学校	定															◎		◎		◎	◎		
県立朝霞高等学校	定	◎				◎												◎		◎		◎	
県立浦和高等学校	定													○				◎				○	
県立浦和第一女子高等学校	定																△				△	△	
県立大宮工業高等学校	定	◎				◎								◎				◎		◎			
県立大宮商業高等学校	定					◎												◎		◎			
県立大宮中央高等学校	通	◎				◎					◎	◎		○				◎		◎			
〃 単位制	通							◎			◎							◎		◎	◎		◎
〃 単位制	定	◎										◎		○				◎		◎	◎	◎	
県立小川高等学校	定																	◎					
県立春日部高等学校	定	◎												○				◎					
県立川口工業高等学校	定					◎								◎				◎				同	
川口市立高等学校	定					◎												◎		◎			
県立川越工業高等学校	定	◎				◎								◎				◎		◎			
県立久喜高等学校	定	◎																◎		◎		◎	
県立熊谷高等学校	定	◎																◎		◎			
県立越ヶ谷高等学校	定					◎								◎	同			◎		◎			◎
県立狭山緑陽高等学校	定	◎				◎	◎				◎			◎	同	◎		◎		◎			◎
県立秩父農工科学高等学校	定																			◎			
県立所沢高等学校	定																						
県立戸田翔陽高等学校	定	◎				◎					◎	◎				◎		◎		◎		◎	◎
県立羽生高等学校	定	◎																◎		◎			◎
県立飯能高等学校	定	◎																◎		◎			
県立吹上秋桜高等学校	定	◎					◎			◎同				◎		◎		◎	◎	◎		◎	
県立本庄高等学校	定																						
県立吉川美南高等学校	全・定	◎				◎					同	◎	◎	◎		◎		◎		◎	◎		◎

◎男女　○男　△女　同…同好会、愛…愛好会

ボート	自転車	バトン	チアダンス	ダンス	フットサル	少林寺	応援	スキー	アーチェリー	アウトドア	
						◎					
											総合運動◎
				同							
											相撲○
		△									
		△									

ボート	自転車	バトン	チアダンス	ダンス	フットサル	少林寺	応援	スキー	アーチェリー	アウトドア	
											希望に応じて設置する
											サイクリング(同)
				◎							
					◎						
					◎						
				◎							
					◎						
				同							ハイキング◎
					◎						
				◎							ウエイトトレーニング◎同
											ウエイトリフティング◎、硬式野球はⅠ部Ⅱ部合同、Ⅱ部定時制の部活動はP324をご覧下さい。

文化的部活動等一覧〔東部〜西部(全日制)〕

学校名	全定通別	放送	化学	物理	地学	生物	理科・科学	天文	吹奏楽	ギター	箏曲	音楽	合唱	映画研究	写真	ワープロ	将棋	囲碁	文芸・文学	英会話・ESS	英語	JRC・看護	演劇
【東部・全日制】																							
県立春日部高等学校	全	○	○	○		○			○			○			○		○	○	○		○	○	○
県立春日部女子高等学校	全	△	△		△	△	△	△	△			△	△		△				△			△	△
県立春日部東高等学校	全	◎	◎	◎	◎	◎			◎			◎			◎		◎	◎					◎
県立久喜高等学校	全	△						△	△		△	△							△	△		△	△
県立久喜北陽高等学校	全						◎		◎					◎	◎	◎			◎	◎			
県立栗橋北彩高等学校	全												◎										◎
県立越ヶ谷高等学校	全						◎		◎	◎									◎		◎		◎
県立越谷北高等学校	全		◎	◎		◎	◎	◎	◎														同
県立越谷西高等学校	全	◎					◎		◎					◎	◎		◎	◎					◎
県立越谷東高等学校	全	◎					◎		◎						◎						◎	◎	◎
県立越谷南高等学校	全	◎					◎		◎						◎					同			◎
県立幸手桜高等学校	全													◎	◎				◎		◎		◎
県立庄和高等学校	全								◎				◎										
県立白岡高等学校	全	◎							◎						◎								
県立杉戸高等学校	全						◎		◎						◎		◎	◎	◎				
県立草加高等学校	全						◎		◎						◎		◎	◎	◎	◎			
県立草加西高等学校	全	◎							◎						◎								◎
県立草加東高等学校	全						◎		◎						◎					◎		◎	◎
県立草加南高等学校	全						◎		◎						◎								◎
県立蓮田松韻高等学校	全								◎				◎		◎								◎
県立羽生第一高等学校	全		◎						◎						◎						◎		
県立不動岡高等学校	全	◎	◎			◎			◎		◎	◎			◎				◎	◎		同	◎
県立松伏高等学校	全						◎		◎						◎								
県立三郷高等学校	全	◎							◎														◎
県立三郷北高等学校	全	◎							◎														◎
県立宮代高等学校	全	◎					◎		◎		◎								◎				◎
県立八潮南高等学校	全								◎														◎
県立鷲宮高等学校	全								◎						◎							◎	同
県立杉戸農業高等学校	全	◎					◎		◎			◎		◎	◎				同			◎	
県立春日部工業高等学校	全						◎								◎		◎	◎					
県立久喜工業高等学校	全	◎					◎								◎		同	同					
県立三郷工業技術高等学校	全											◎			◎		◎	◎				◎	
県立越谷総合技術高等学校	全											◎			◎								◎
県立羽生実業高等学校	全	◎					◎		◎						◎	◎							
県立誠和福祉高等学校	全								◎	◎		◎										◎	
【西部・全日制】																							
県立朝霞高等学校	全	◎	◎	◎	◎				◎	◎					◎				◎		◎		◎
県立朝霞西高等学校	全	◎		◎					◎	◎					◎		◎					◎	
県立入間向陽高等学校	全								◎											◎			◎
県立小川高等学校	全	◎	◎	◎								◎			◎				◎				◎

◎男女　○男　△女　同…同好会、愛…愛好会

絵画・美術	家庭・保育	食物・調理	ボランティア	茶道	華道	無線・ラジオ	競技かるた・かるた	新聞	珠算	軽音楽	書道	園芸	手芸	歴史	パソコン・コンピュータ	機械	簿記	漫画・アニメ	インターアクト	
◎			◎	◎			◎			◎	◎								同	天象部(◎)　数学研究部(◎)　メディア研究部(◎)
△		△		△	△		△						△	△				△	△	マンドリン・ギター(△)
◎			◎	◎			◎						◎					◎		社会◎　生徒会本部◎
△	△			△	△			△					△	△				△		社会△
◎	◎		◎	◎			◎						◎				◎		◎	情報処理◎　社会◎　チア△
◎	◎		◎	◎									◎					◎		
◎	◎		◎					◎	◎						◎			◎		
◎	◎		◎	◎			◎								◎			◎		ＥＳＳ(◎)
◎		◎		◎	◎			◎					◎					◎		フラワーデザイン(◎)
◎		◎		◎	◎			◎					◎					◎	◎	
◎		◎		◎	◎			◎					◎					◎	◎	
◎		◎		◎				◎	◎	◎				◎			◎			
◎																				日本文化◎　家庭福祉◎　コミックアート◎
◎		◎		◎	◎								◎					◎		
◎		◎		◎	◎								◎					◎		手芸調理◎
◎	◎	◎	◎	◎									◎					◎		
◎		◎		◎	◎					◎					◎			◎		フラワーデザイン(◎)
◎	◎		◎	◎									◎				◎		◎	
◎		◎		◎	◎								◎		◎			◎		
◎	同◎		◎	◎		◎	◎		同◎	◎								同◎		図書◎
◎		◎		◎					同									◎		情報ビジネス◎
◎	◎		◎	◎					◎	◎				◎				◎		
◎	◎			◎					◎	◎				◎				◎		商業部◎
		◎		◎						◎								◎		アート部◎
◎		◎	◎	◎			◎						◎			◎		◎		商業研究部
◎		◎		◎	◎					◎	◎							◎		情報処理　漫画研究◎同　生徒会◎
	◎			◎									◎		◎			◎		フラワーアート◎、模型◎、食品研究(同)
◎	△									◎				◎	◎			◎		建築研究部◎　電気研究部◎　機械研究部◎
◎	同									◎				◎			同			機械研究部◎、模型◎、電気研究◎
◎						◎				◎		◎			○					電子技術、電子計算機、模型、映像技術
	◎		◎	◎									◎				◎	◎		IT部(◎)　放送映像技術部(◎)　簿記計算部(◎)　アート部(◎)　メカトロニクス部(◎)
◎	◎			◎						◎					◎		◎	◎		ユーリカ部(ボランティア等)◎

絵画・美術	家庭・保育	食物・調理	ボランティア	茶道	華道	無線・ラジオ	競技かるた・かるた	新聞	珠算	軽音楽	書道	園芸	手芸	歴史	パソコン・コンピュータ	機械	簿記	漫画・アニメ	インターアクト	
◎	◎		◎	◎						◎								◎		ジャズバンド部◎
◎		同								◎								◎		ハンドメイド◎
◎		◎								◎								◎		サイエンス◎、ホームメイキング◎、陶芸◎、ソングリーダー△
◎			◎							同◎					◎			◎		生活美学　社会研究◎

文化的部活動等一覧　東部〜西部

— 335 —

文化的部活動等一覧〔西部～南部（全日制）〕

学校名	全定通別	放送	化学	物理	地学	生物	理科・科学	天文	吹奏楽	ギター	箏曲	音楽	合唱	映画研究	写真	ワープロ	将棋	囲碁	文芸・文学	英会話・ESS	英語	JRC・看護	演劇
県立越生高等学校	全											◎											◎
県立川越高等学校	全	○	○	○	○	○			○	○		○			○		○	○	○		○		
川越市立川越高等学校	全	◎							◎			◎			◎				同		◎	◎	
県立川越女子高等学校	全	△		△	△	△	△	△	△			△			△				△		△		△
県立川越総合高等学校	全								◎			◎			◎				◎		◎		
県立川越西高等学校	全	◎							◎	◎				◎	◎								◎
県立川越初雁高等学校	全	同							◎						◎				◎				◎
県立川越南高等学校	全								◎			◎			◎						同		
県立坂戸高等学校	全	◎							◎						◎								
県立坂戸西高等学校	全	◎	◎		◎	◎			◎			◎			◎		◎	◎			◎	◎	
県立狭山清陵高等学校	全								◎			◎			◎								◎
県立志木高等学校	全				◎				◎						◎		◎	◎					
県立鶴ヶ島清風高等学校	全								◎					◎	◎								
県立所沢高等学校	全		◎						◎			◎			◎								
県立所沢北高等学校	全	◎	◎	◎		◎			◎			◎			◎				◎		◎		
県立所沢中央高等学校	全					◎			◎						◎								
県立所沢西高等学校	全	◎			◎	◎			◎						◎						◎		
県立豊岡高等学校	全	◎							◎		◎	◎			◎								
県立滑川総合高等学校	全	◎							◎							◎			◎	◎		◎	
県立新座高等学校	全								◎						◎								
県立新座柳瀬高等学校	全	◎							◎						◎								◎
県立飯能高等学校	全	◎				◎			◎		◎				◎								
県立日高高等学校	全								◎						◎								
県立富士見高等学校	全	◎							◎					◎	◎						◎		◎
県立ふじみ野高等学校	全								◎						◎								
県立松山高等学校	全		◎	◎					◎				◎								○		
県立松山女子高等学校	全	△		△					△		△	△			△				△		△		△
県立和光国際高等学校	全								◎											◎	◎		
県立川越工業高等学校	全						◎		◎	◎					◎		◎						同
県立狭山工業高等学校	全														◎		◎						
県立新座総合技術高等学校	全	◎							◎				◎		◎							◎	◎
県立狭山経済高等学校	全	◎					◎		◎						◎						◎		
県立所沢商業高等学校	全								◎						◎						◎		
県立芸術総合高等学校	全						同		◎				◎		◎				◎				◎

【南部・全日制】

学校名	全定通別	放送	化学	物理	地学	生物	理科・科学	天文	吹奏楽	ギター	箏曲	音楽	合唱	映画研究	写真	ワープロ	将棋	囲碁	文芸・文学	英会話・ESS	英語	JRC・看護	演劇
県立上尾高等学校	全							◎	◎		◎				◎								◎
県立上尾鷹の台高等学校	全	◎				◎			◎						◎		◎						
県立上尾橘高等学校	全					◎			◎											◎			
県立上尾南高等学校	全								◎		◎	◎											◎
県立伊奈学園総合高等学校	全	◎				◎	◎		◎		◎	◎			◎		◎		◎	◎	◎		◎
県立岩槻高等学校	全	◎							◎			◎			同				同				

絵画・美術	家庭・保育	食物・調理	ボランティア	茶道	華道	無線・ラジオ	競技かるた・かるた	新聞	珠算	軽音楽	書道	園芸	手芸	歴史	パソコン・コンピュータ	機械	簿記	漫画・アニメ	インターアクト	
◎	◎									◎	◎							◎		検定(◎)
○		○						○		○	○									弦楽合奏○　クイズ研究○　数学(同)
◎				◎	◎					◎	◎						◎	◎		技芸◎　ビジネス◎　科学研究◎　OA◎　情報処理◎
△	△		△	△	△			△		△	△	△						△		マンドリン、英語劇、弦楽オーケストラ、カラーガード、被服部
◎				◎	◎						◎	同						◎		FFJ(学校農業クラブ)
◎				◎	◎					◎	◎									自然科学(◎)　イラスト研究(◎)　手作り(◎)
◎		◎		◎	◎			同												
◎	△		△							◎					◎					
◎				◎	◎						◎									イラスト・デザイン部◎
◎				◎	◎						◎				◎			◎		メイキング部◎
◎				◎							◎							◎		児童文化研究部◎
◎				◎							◎							◎		
◎	◎			◎			◎								◎			◎		和太鼓(◎)
◎				◎	◎						◎							◎	同	弦楽部◎　料理部◎　服飾部◎　フォーク◎
◎				◎					◎									◎		地球科学部◎　数学同好会◎
◎	◎		同																	
◎				◎	◎					◎	◎							◎		国際交流(同)　科学◎
◎				◎	◎	◎					◎									生活◎、環境◎、自然科学◎
◎		◎		◎						◎	◎				◎			◎		
◎				◎	◎						◎		◎							チアダンス部△
◎	◎			◎	◎						◎				◎					チアダンス△、探究◎
	◎			◎		◎				◎	◎									イラスト◎
◎				◎							◎							◎		ジャグリング◎
				◎						◎	◎									
○							○		○	○										数学部○、映像制作○
△	△			△	△			△			△	△		△	△					自然科学部、陶芸部、ソーシャル・サポート部
◎				◎		◎				同					◎			◎		フランス語研究(同)◎
◎	同		◎													◎				電気(◎)　建築(同)　釣り(同)　漫画文芸研究(同)
		◎				ラジオ				◎					◎			◎		電気研究◎、模型◎、メカトロ研究◎
◎		◎		◎	◎															服飾デザイン、電子機械、情報技術研究、ビジネス、デザイン研究、映像技術研究(以上すべて◎)
	◎			◎	◎										◎		◎			囲碁・将棋◎、文芸・美術◎
◎	◎			◎							◎									簿記・情報処理◎
◎				◎	◎										◎			◎		映画、国際協力交流、古典芸能、ボイスアクト(以上すべて◎)

絵画・美術	家庭・保育	食物・調理	ボランティア	茶道	華道	無線・ラジオ	競技かるた・かるた	新聞	珠算	軽音楽	書道	園芸	手芸	歴史	パソコン・コンピュータ	機械	簿記	漫画・アニメ	インターアクト	
◎	同			△				◎			◎						同	同	同	IT部◎　フォークソング(同)
◎	◎			◎						◎	◎							◎		鉄道研究◎　電算◎
◎	◎				◎						◎									情報処理◎
◎		同		◎	同						◎				◎			同		
◎		◎		◎	◎	同			◎		◎			◎	同	◎		◎	同	電子オルガン(◎)、ドイツ語文化研究(◎)、工芸(◎)、室内楽(◎)、中国言語文化(同)、フランス語(同)、応援ブラスバンド(同)、数学(同)
◎				◎	◎					◎					◎			◎		社会部◎、生活研究◎、国際文化交流◎

文化的部活動等一覧　西部～南部

文化的部活動等一覧〔南部～北部（全日制）〕

学校名	全定通別	放送	化学	物理	地学	生物	理科・科学	天文	吹奏楽	ギター	箏曲	音楽	合唱	映画研究	写真	ワープロ	将棋	囲碁	文芸・文学	英会話・ESS	英語	JRC・看護	演劇
県立浦和高等学校	全	○	○	○	○	○		○					○		○		○	○	○		○	同	
県立浦和北高等学校	全	◎					同		◎		◎	◎			◎				◎		◎		◎
県立浦和第一女子高等学校	全		△	同	△	△			△		△	△			△				△		△	同	△
県立浦和西高等学校	全	◎			◎	◎				◎		◎			◎	愛					◎		◎
県立浦和東高等学校	全								◎		◎												◎
県立大宮高等学校	全		◎	◎		◎			◎			◎			◎						◎		
県立大宮光陵高等学校	全	◎			◎				◎					△	◎				◎		◎		
県立大宮東高等学校	全						◎		◎														
県立大宮南高等学校	全	◎							◎			◎										◎	
県立大宮武蔵野高等学校	全						同		◎										◎				◎
県立桶川高等学校	全	◎					◎		◎				◎		◎		◎	◎					
県立桶川西高等学校	全						◎		◎				◎										
川口市立高等学校	全	◎					◎		◎						◎								
県立川口高等学校	全	◎							◎						◎		同	同					
県立川口北高等学校	全		◎		◎				◎			◎			同		◎	◎			◎		
県立川口青陵高等学校	全	◎			◎				◎						◎								
県立川口東高等学校	全						◎		◎											同			
県立北本高等学校	全	◎					◎		◎								◎						◎
さいたま市立浦和高等学校	全	◎					◎		◎		◎				◎						◎	同	
さいたま市立浦和南高等学校	全				◎	◎			◎			◎			◎				同	愛			◎
さいたま市立大宮北高等学校	全								◎				◎							◎			◎
県立南稜高等学校	全				◎				◎		◎		◎							◎			◎
県立鳩ヶ谷高等学校	全	同							◎					同	◎								◎
県立与野高等学校	全	◎							◎						◎					◎			
県立蕨高等学校	全		◎		◎	◎			◎			◎			同						◎		
県立いずみ高等学校	全	◎			◎				◎						◎		同	同					◎
県立大宮工業高等学校	全											◎			◎					◎			
県立川口工業高等学校	全	同					◎																
県立岩槻商業高等学校	全						◎												◎				
県立浦和商業高等学校	全	◎							◎	◎	◎			◎									◎
県立大宮商業高等学校	全	◎							◎						◎		◎	◎		◎			
県立常盤高等学校	全								◎													◎	

【北部・全日制】

学校名	全定通別	放送	化学	物理	地学	生物	理科・科学	天文	吹奏楽	ギター	箏曲	音楽	合唱	映画研究	写真	ワープロ	将棋	囲碁	文芸・文学	英会話・ESS	英語	JRC・看護	演劇
県立小鹿野高等学校	全						◎		◎														
県立熊谷高等学校	全		○	○	○	○			○			○					○				○	愛	
県立熊谷女子高等学校	全	△					△	同	△			△			△				△				△
県立熊谷西高等学校	全	◎					◎		◎			◎			◎						◎		
県立鴻巣高等学校	全	◎					◎		◎						◎	◎	◎			◎			
県立鴻巣女子高等学校	全	△							△		△		△	同	△				△			同	△
県立児玉高等学校	全						◎																◎
県立進修館高等学校	全						◎		◎				◎		◎					愛			◎

◎男女　○男　△女　同…同好会、愛…愛好会

絵画・美術	家庭・保育	食物・調理	ボランティア	茶道	華道	無線・ラジオ	競技かるた・かるた	新聞	珠算	軽音楽	書道	園芸	手芸	歴史	パソコン・コンピュータ	機械	簿記	漫画・アニメ	インターアクト	
○								○		同				○						室内楽、工芸、雑誌、数学、落語研究、鉄道研究(同)、クイズ研究(同)、漢文素読(同)、哲学研究(同)
◎	◎			◎	◎					◎	◎									
△		△		△	△		△				△							同		長唄部、能楽部、マンドリン部、アナウンス部、日本舞踊(同)、数学研究(同)、クイズ(愛)、フォークソング(同)他
◎	◎			◎	◎			◎	○	◎	◎							◎		管弦楽◎
◎				◎	◎						◎				◎					総合科学◎　被服・食物◎　工芸◎
◎	◎			◎	◎			◎			◎								◎	クイズ◎
◎		◎		◎	◎						◎				◎					管弦楽◎
◎	◎			◎	◎					◎	◎							同		
◎	◎			◎	◎						◎									
◎	◎			◎	◎						◎				◎			◎	◎	
◎		◎		◎	◎						◎							◎		
◎		◎		◎	◎						◎									
◎			◎	◎							◎				◎			◎		映像研究部(◎)
◎		同	同	◎							◎									サイエンス(生物とコンピュータ◎)
◎				◎	◎		◎				◎									国際交流(同)　数学研究(同)　ハンドメイド(同)
◎	◎			◎							◎				同					
◎		◎		◎					◎		◎									
	◎			◎	◎				◎		◎							◎		和太鼓(◎)、アート(◎)
◎				◎	◎				◎		◎								◎	
愛				◎	◎						◎							◎		陶芸部、ハンドメイド
◎				◎	◎				◎									◎		
◎		◎		◎							◎				◎			◎	◎	
◎	◎		同	◎							◎				◎			同		放送局
◎	◎		同	◎					◎		◎				◎					
	◎	◎		◎							◎				◎			◎		放送委員会
	◎		◎								◎					同		同		土木クラブ、農業クラブ
◎		愛				◎				愛								愛	愛	電気研究(◎)　建築研究◎　内燃◎　模型(愛)　鉄道(愛)　釣り(◎)
		愛				◎					◎				◎	◎		同		電気研究(愛)、掃除(部)
◎	◎			◎						◎	◎									ビジネスクエスト部(◎)
	◎		◎	◎			◎	○							◎		◎	◎	◎	OA(◎)、太鼓部(◎)、箏曲部(◎)、電脳部(◎)
◎	◎	◎		◎							◎				◎		◎	◎		珠算・電卓(◎)
				◎							◎									ダンシング(◎)
◎			◎	◎							◎									竹あかり(◎)
○												愛		○						社会科研究(○)　鉄道(愛)　現代文化研究(愛)
△		△		△	△		同	△			△			△				同		ギターマンドリン(△)、英語劇(△)、チアリーディング(△)、フォークソング(同)
◎			◎	◎					◎	◎	◎				◎		◎		◎	生活クラブ
△		△		△	△						△				△				△	人形劇(△)
	◎										◎				◎	◎		◎		メカトロニクス研究同好会(◎)
◎	◎					◎					◎						◎		◎	電子機械研究◎　オーディオ(愛)　ビジネス◎

文化的部活動等一覧〔北部（全日制）～定時制・通信制〕

学校名	全定通別	放送	化学	物理	地学	生物	理科・科学	天文	吹奏楽	ギター	箏曲	音楽	合唱	映画研究	写真	ワープロ	将棋	囲碁	文芸・文学	英会話・ESS	英語	JRC・看護	演劇
県立秩父高等学校	全	◎					◎		◎	◎	◎				◎		同				◎		
県立深谷高等学校	全						◎		◎						◎					◎			
県立深谷第一高等学校	全	◎					◎		◎						◎				◎				◎
県立本庄高等学校	全	◎	◎	◎	◎	◎			◎						◎						◎		
県立妻沼高等学校	全						◎					◎											
県立寄居城北高等学校	全								◎				◎									◎	
県立熊谷農業高等学校	全						◎		◎						◎								◎
県立秩父農工科学高等学校	全	◎					◎						◎		◎				◎				◎
県立熊谷工業高等学校	全								◎						◎		同						
県立熊谷商業高等学校	全								◎						◎	◎							
県立深谷商業高等学校	全	◎							◎						◎						◎		◎

【定時制・通信制】

学校名	全定通別	放送	化学	物理	地学	生物	理科・科学	天文	吹奏楽	ギター	箏曲	音楽	合唱	映画研究	写真	ワープロ	将棋	囲碁	文芸・文学	英会話・ESS	英語	JRC・看護	演劇
県立上尾高等学校	定																					◎	
県立朝霞高等学校	定														◎								
県立浦和高等学校	定																						
県立浦和第一女子高等学校	定													△									
県立大宮工業高等学校	定																						
県立大宮商業高等学校	定																						
県立大宮中央高等学校	通														◎		同	同	◎			◎	◎
〃　単位制	通											◎											
〃　単位制	定											◎					◎	◎	◎	◎			
県立小川高等学校	定																						
県立春日部高等学校	定																						
県立川口工業高等学校	定																						
川口市立高等学校	定																	同					
県立川越工業高等学校	定														◎								
県立久喜高等学校	定																						
県立熊谷高等学校	定						◎																
県立越ヶ谷高等学校	定																						
県立狭山緑陽高等学校	定								◎				同	◎									
県立秩父農工科学高等学校	定																						
県立所沢高等学校	定																						
県立戸田翔陽高等学校	定	◎													◎					◎			◎
県立羽生高等学校	定											◎			◎					◎			同
県立飯能高等学校	定											◎											
県立吹上秋桜高等学校	定	◎同					◎						◎同							◎同	◎同		◎
県立本庄高等学校	定																						
県立吉川美南高等学校	全定	◎					◎		◎													◎	

◎男女　○男　△女　同…同好会、愛…愛好会

絵画・美術	家庭・保育	食物・調理	ボランティア	茶道	華道	無線・ラジオ	競技かるた・かるた	新聞	珠算	軽音楽	書道	園芸	手芸	歴史	パソコン・コンピュータ	機械	簿記	漫画・アニメ	インターアクト	
◎	◎		◎								◎								同	
◎	◎									◎									◎	手話ボランティア◎
◎	◎			◎	◎					◎	◎								◎	
◎	◎		◎						◎	◎	◎								◎	社会科研究(同)、考古学◎
◎	◎		◎	◎	◎						◎				◎					商業◎　総合文化◎
◎			◎							同	◎		◎						◎	ガーデニング部、食品加工部、フラワー部、野菜昆虫部（以上すべて◎）
◎	◎					◎					◎									愛鳥◎　屋台囃子保存◎
◎	◎																		同	建築研究◎、土木研究◎、電気研究◎、機械研究◎、情報技術研究◎
◎	◎									◎	◎				◎		◎			
◎	◎			◎	◎					◎		◎			◎		◎			ビジネス◎、文芸書道◎、新聞商暁◎

絵画・美術	家庭・保育	食物・調理	ボランティア	茶道	華道	無線・ラジオ	競技かるた・かるた	新聞	珠算	軽音楽	書道	園芸	手芸	歴史	パソコン・コンピュータ	機械	簿記	漫画・アニメ	インターアクト	
◎																				
																				メディア研究部
										△									△	希望に応じて設置する
										◎							◎		同	ハンドメイド◎
										◎									◎	ベジタブル◎、商業研究◎
◎																			◎	
◎											◎								◎	地質部◎
◎							◎				◎		◎							
			◎																	
															同					ものつくり◎
										◎										
										◎					◎					文芸創作(◎)
											◎									軽音楽(同)◎
◎																				
										◎										ぶんか部(◎)
◎	◎		◎							◎	同	◎			◎				◎	声優(同)
																				芸術部◎
◎		◎	◎							◎									◎	和太鼓(◎)、被服(◎)、奉仕活動(同)
◎	◎	同								◎	◎				◎					進学(同)
◎	◎同									◎同			◎同		◎同					太鼓◎
◎	◎			◎						◎	◎									創作研究◎、ビジネスライセンス◎(Ⅱ部はなし)

巻末資料

外国語に関する学科について

1　外国語科のねらい

外国語の学習を通じて、言語や文化に対する理解を深め、積極的にコミュニケーションできる態度を育成し、情報や相手の意向などを理解したり、自分の考えなどを表現したりする実践的なコミュニケーション能力を養うことをねらいとしています。

2　外国語科の学習内容

外国語科では、英語の「聞く・話す・読む・書く」の4つの技能についてバランスよく、総合的に学ぶために、普通科目以外に、外国語に関する専門科目を25単位以上学習します。専門科目には、「総合英語」「ディベートディスカッション」「エッセイライティング」などがあり、第二外国語として「フランス語」「ドイツ語」「中国語」「韓国語」なども選択できます。

外国語科独自の教材を使った授業や、LL・コンピュータを活用した授業、オンライン英会話の授業、日本人の英語科教員とALT(外国語指導助手)とのティームティーチングによる授業、英語でのプレゼンテーション、スピーチなどの授業もあります。また、少人数による授業もあり、きめ細かな指導を受けることができます。

3　入学者選抜について

外国語科と普通科との間で、相互に第二志望を認めている学校もありますので、各学校の「募集要項」で確認してください。

4　外国語科 Q&A　―疑問・質問にお答えします―

Q1　外国語科と普通科の教育課程(カリキュラム)の違いはどんなところですか。

A　各教科をまんべんなく学習しようとする普通科に比べ、外国語科では、英語関係の専門科目の授業が多い分、数学や理科などの授業が少なくなっています。

Q2　外国語科に入学するには、特別な英語の勉強をしておかなければならないのですか。

A　特別な資格を持っているとか、海外で勉強したことがあるとかという必要はありません。一人一人の生徒の能力や興味・関心に応じて、効果的に学習できるように、少人数の授業や選択科目が用意されていて、基礎からじっくり学ぶことができます。大切なのは、入学前の英語力ではなく、入学してからどれだけしっかり学習に取り組めるかという意欲です。

Q3　外国語科からは普通科などへの転科はできますか。

A　外国語科から普通科、普通科から外国語科への転科はできません。入学前によく考えて、慎重な進路選択をしてください。

Q4　外国語科から、語学系以外の大学への進学は不利なのでしょうか。

A　語学系の大学への進学者は多くいますが、国公立・私立大学文科系のすべての学部・学科への進学に対応できるような教育課程になっています。法学部・経済学部などへの進学者も多くいます。注意していただきたい点として、薬学部などへの進学はカリキュラム上極めて難しいということが挙げられます。

Q5　学校生活で外国語科ならではの行事・取組はありますか。

A　福島県にあるブリティッシュヒルズで英語漬けの宿泊研修を行っています。学校内外でのスピーチコンテストなどは日頃の英語学習の成果をアピールする良いチャンスです。また、多くの生徒が英検・GTEC受験をめざして努力を続けています。

5　外国語科設置校

ドイツ語の授業風景

外国語コースについて

1 外国語コースのねらい

英語の科目を多く履修し、実践的コミュニケーション能力を身につけることを大きな目標としています。また、外国語学習を通して、国際理解を図り、豊かな国際感覚を養うこともねらいとしています。

普通科の特色を生かし、一般教科もバランスよく履修します。

2 外国語コースの学習内容

外国語コースの専門科目では、少人数授業で行っており、クラスを半分に分けて活動をしています。2年次以降は、フランス語、ドイツ語、スペイン語の第二言語を選択できます。各言語の基礎会話や文化等を学びます。

3 入学者選抜について

学力検査において英語の傾斜配点を実施します。また、募集において普通科と相互に第二志望を認めます。

4 外国語コースを志望する人へ

外国語コースだけの様々な行事を通して英語で自己表現をする機会があります。イングリッシュオリエンテーション（1年生1学期）、イングリッシュキャンプ（1年生3学期）、スピーチコンテスト（1年生、2年生2学期）、国際講演会などがあります。また、隔年の夏休みに行われる姉妹校交換留学プログラムに参加する生徒も多くいます。

5 外国語コース設置校

大宮光陵高等学校（P.200）

姉妹校生徒との交流【姉妹校にて】

ディスカッションの様子【イングリッシュキャンプ】

活動中【イングリッシュオリエンテーション】

スピーチコンテスト

国際文化に関する学科について

毎日が国際交流。

国際文化に関する学習を通して、将来グローバルに活躍するための国際感覚を身につけることを目的とした学科です。充実した英語の授業、海外文化を体験しながら学ぶ異文化セミナー等の国際的な行事、留学生や外国にルーツをもつ生徒との交流などにより、コミュニケーション能力を高め、国際的視野を広げることができます。設置している学校は岩槻高校（P.186）だけとなっています。

国際交流

異文化セミナー、イングリッシュサマーキャンプ、普通科も含めたオーストラリアへの海外授業体験学習、各種スピーチコンテストやディベート大会、交流事業等への積極的参加を行い、留学生や外国にルーツをもつ生徒とともに多様な価値観を学んでいます。

主な進路実績

（令和4・5年度　50音順）
上智大学総合グローバル学部
昭和女子大学国際学部
専修大学国際コミュニケーション学部
中央大学国際経営学部
東洋大学文学部
獨協大学外国語学部
文教大学文学部
武蔵野大学グローバル学部　など

特色ある授業

英語の授業が充実し、少人数授業やALTとのTeam Teaching授業が行われています。また第二外国語として韓国語、スペイン語、中国語の学習ができるほか「Debate Discussion」「国際関係」等国際教養を身につけるための科目を学習することができます。

入学者選抜について

普通科と国際文化科との間で、相互に第二志望を認めています。また外国人特別選抜があります。

人文に関する学科について

1 人文科の教育目標

　人文科学に興味・関心を持ち、生涯にわたりより深く学習することを希望する生徒に対し、文科系に重点を置いた教育課程を履修しながら、自ら学ぶ力を育成し、個性と創造性を伸長させる。そして、将来、文学・歴史・政治・経済・外国語の分野において活躍し、新しい時代を創り、国際社会に主体的に貢献できる人材を育成する。

2 人文科カリキュラムの特徴

　人文科は、文系科目(国語・英語・社会)に重点を置いた教育課程を設定しています。それにより、難関私立文系大学(文・法・経済・商・教育・外国語・心理など)を目指す生徒の進路実現をサポートできる学科です。また教育課程内での国公立大学への受験にも対応します。

3 普通科＋αの教育活動
(1)＋αの行事
・スプリングセミナー(1年生4月・人文科の探究活動ガイダンス)
・サマースクール(1年生8月・校外の語学研修施設で英会話研修)
・エンパワーメントプログラム(1、2年生2月・校内にて外国人講師による英会話研修)
・海外研修(希望者2年生8月)
・キャリアガイダンス(3年生6月・人文科卒業生による受験アドバイス)
・人文科講演会(全学年9月・外部講師による講演会)

ポスター発表

(2)＋αの教育環境
・3階は、1年生から3年生までの教室がある人文科フロアです。
・入学から卒業までクラス替えがなく落ち着いた学校生活を送れます。
・少人数授業(全学年)が行われています。3年間、きめ細かな指導体制で学べます。
・選択科目が充実しています。特に3年生は受験科目に合わせて履修できます。
・1、2年生では、人文科探究の授業が行われています。SDGsの視点を導入し、入学時から2年かけて活動し、最後は論文を執筆します。
(3)人文科の「探究」活動とは
　身の回りの何気ないことに疑問を感じたら、それを言葉にします。それが「課題」です。そして、その疑問点について、まず自分で「きっとこういうことなんだろう」と自分なりの理由を考えます。それが「仮説」です。そうしたら、自分で考えた仮説が正しいと証明するために、書籍等で調べものをして、裏付けをとっていきます。それが「論証」という行為です。この流れ(研究)を、発表したり、論文書式で形にしたりします。
　2年間の一連の探究活動で、物事を多角的に見て、自分で気が付き考える力、問題解決に必要な情報を収集・取捨選択する力、自分の考えを発表し伝える力が身に付きます。

11／9(土)の学校説明会では、「人文科フェア」も開催します。人文科の学習内容の紹介、在校生との交流会などを予定しています。ご参加をお待ちしています！

春日部東高校HP人文科のページはこちらから！

4 人文科設置校　春日部東等学校(P.30)

理数に関する学科について

1 理数科のねらい

　理科・数学に関する専門的な学習を通して、自然科学における基本的な概念、原理、法則などについての系統的な理解を深め、科学的、数学的に考察し、処理する能力を養うことをねらいとしています。

2 理数科の学習内容

　普通科目以外に、理科・数学に関する専門科目を、卒業までに25単位以上学習します。

　専門科目には、「理数数学Ⅰ」「理数数学Ⅱ」「理数数学特論」「理数物理」「理数化学」「理数生物」「理数探究」等があり、普通科の理科・数学で学ぶ内容をさらに深く、系統的に理解するための授業展開が工夫されています。また、このために、問題演習や実習に多くの時間をとり、様々な実験、課題を設定した研究、コンピュータ実習や野外学習等があります。

　普通科では扱わない高度な内容を学習するため、理科、数学の授業時間数を多くしたり、進度を速めたりするところもあります。また、科目によって少人数授業展開を実施して、きめ細かい学習指導や充実した実験・演習を行っています。

　大学の先生方や一流の研究者を招いた講演会を実施したり、最先端の研究施設を見学したり、大学の研究室を訪問する学校もあります。

3 理数科の入学者選抜について

　理数科では、5教科の学力検査のうち理科・数学への興味・関心、能力・適性を重視し傾斜配点を行っている学校もあります。

　また、併設されている普通科への第二希望を認めている学校もあります。

4 理数科を志望する人へ

　理数科は、自然科学に興味・関心をもつ生徒の個性や能力をさらに高め伸ばす学科です。

　したがって、「将来は、理科系の研究職・専門職に就いて活躍したい」と考えている人が、その方面の大学等へ進学するのに向いている学科です。具体的には、理工系の研究職・技術職、医師・歯科医・薬剤師等の医療系専門職、農獣医生物系専門職、理科・数学の教育職等の進路を考える人にふさわしい学科です。

5 理数科設置校

　大宮高等学校（P.198）
　熊谷西高等学校（P.260）
　越谷北高等学校（P.40）
　所沢北高等学校（P.134）
　松山高等学校（P.156）
　川口市立高等学校（P.212）
　さいたま市立大宮北高等学校（P.228）

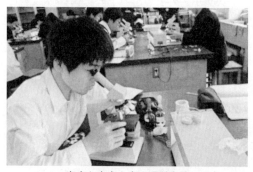

高度な内容を含む理科実験

少人数による充実した実験・演習

生物・環境系総合高校について

あなたは「生命の神秘」を探りますか
それとも「環境の創造」にトライしますか

いずみ高校創立50周年記念モニュメント

1　生物・環境系総合高校とは

　環境の保全や創造などの分野で広く活躍する人材を育成することを目的とした高校です。埼玉県が全国に先駆け、平成11年度に「いずみ高校」（P.238）を設置しました。

2　どんな勉強をしますか

```
┌──────────────┐  ┌──────────────┐
│ 生物系（3クラス） │  │ 環境系（3クラス） │
└──────┬───────┘  └───────┬──────┘
       └──────── 入 学 ────────┘
```

1年生	専門共通科目（生物・環境の基礎的な学習） 必修科目（普通教科の学習）
2・3年生	専門必修科目（学科の専門的な学習）／専門必修科目（学科の専門的な学習） 必修科目（普通教科の学習） 選択科目（幅広く選択できる科目）

○2つの「系」に分かれて入学します。

○1年生では、生物と環境に関する基礎的な学習を幅広く行います。また、普通教科の学習を多く行います。

○2年生からは、各系ごとに3つの「学科」、合計6学科に分かれて学習します。

○2年生・3年生では、生物・環境に関する学科の専門科目を学びます。また、選択科目を多く設定していますので、「系」や「学科」を超えて、一人ひとりの個性に合った学習を行えます。

○ビオトープなどの充実した校内施設を利用し、実験実習や体験学習を積極的に行います。

○校内外の自然や施設を有効に利用した学習を多く行います。

3　どんな学科がありますか

生物系「自然の恵みを、大切に使っていこう」

☆　生物生産科
　　バイオテクノロジーや栽培・飼育技術を活用し、自然の循環システムに基づいた生物生産について学習します。

☆　生物サイエンス科
　　一つの細胞から自然環境まで科学的な視点からとらえ、生命や生態系の仕組みを学習します。

☆　生物資源化学科
　　自然の恵みや微生物などを活用して、健康的で豊かな生活を実現するための学習をします。

総合実習授業風景（パン製造）

環境系「自然に優しく住みよい『まち』を創ろう」

☆　環境デザイン科
　　自然と調和したみどり豊かな生活環境をデザインし、住みよい環境を実現するための学習をします。

☆　環境サイエンス科
　　身近なところから地球規模までの環境問題を、科学的に解決するための学習をします。

☆　環境建設科
　　自然環境と調和した、住みよい都市づくりを実現するための知識と技術を学習します。

モニュメント制作（芝張り）

情報コースについて

1　情報コースのねらい

　コンピュータやビジネス活動に関する科目を多く履修し、コンピュータの効果的な運用方法について理解させるとともに、ビジネスの諸活動に関する情報を合理的に処理し、情報化社会で活躍できる能力を養うことをねらいとしています。

2　情報コースの学習内容

　～～豊富なコンピュータと資格取得～～

　情報コースに関する教科・科目を、卒業までに原則として20～25単位程度学習します。

　学校によって異なりますが、情報コースでは「情報処理」「情報Ⅰ」等のコンピュータを活用する知識や技術を習得する科目、「簿記」「ソフトウェア活用」等のビジネスの諸活動を計数的・合理的に処理する科目があります。

　また、情報処理検定や簿記検定などの各種検定試験を受験し、資格を取得することが可能です。

《取得可能な資格》

　情報処理検定　ビジネス文書実務検定

　簿記実務検定　ビジネス計算実務検定

　秘書検定　ビジネスコミュニケーション検定　など

3　入学者選抜について

　入試は1回のみ（共通）

　募集については、情報コースと普通科との間で、相互に第二志望を認めています。

4　情報コースを志望する人へ

　情報コースは、コンピュータを活用しながら、ビジネス関係に興味・関心を持つ生徒の個性や能力を一層伸ばすコースです。

　したがって、将来、情報コースで学んだことを生かして職業に就こうと考えている生徒や、商業・経済・情報系の大学や短期大学、または専門学校へ進学しようと考えている生徒に向いているコースです。

5　情報コース設置校

　日高高等学校（P.150）

情報ビジネスコースで学ぼう！

1　情報ビジネスコースのねらい

　国語、数学、英語などの基礎的な科目の他に、生徒の適性や興味・関心、進路希望等にあわせた商業に関する科目を学びます。コンピュータを活用した情報処理能力や事務能力、企業人として経営活動に役立てる能力などを養うことをねらいとしています。

2　情報ビジネスコースの学習内容

　主にコンピュータや会計に関する科目を学習します。学習する科目には、「ビジネス基礎」「財務会計Ⅰ」「総合実践」「簿記」「情報処理」「ビジネス法規」「マーケティング」「原価計算」「課題研究」等があります。また、ビジネス基礎、簿記、情報処理等に関する検定を受け、資格の取得を積極的に行っています。

3　情報ビジネスコースを志望する人へ

　情報ビジネスコースは、コンピュータやビジネスに関する学習に興味・関心を持つ生徒の個性や能力を一層伸ばすコースです。

　将来は、情報ビジネスコースで学んだことを生かして職業に就いたり、商業、経済、情報系の大学や短期大学、専門学校へ進学しようとする生徒に向いているコースです。

4　情報ビジネスコース設置校

　松伏高等学校（P.70）

家庭に関する学科について

社会の進展や生徒の多様なニーズに対応するために、本県では昭和58年度に全国で初めての総合技術高等学校（工業・商業・家庭に関する学校併設）を設置しました。その家庭に関する学科に、食物調理科と服飾デザイン科が設置されておりどちらも男女共学の学科です。

本県公立高等学校の家庭に関する学科としては家政科学科、保育科、食物調理科、服飾デザイン科があります。

家政科学科

この学科では、家庭に関する専門的・科学的な知識と技術を総合的に習得し、社会や家庭生活を充実発展させることのできる人材の育成を目指し、また家庭に関する職業に従事する人材を育てるための学習をします。

「家庭総合」「調理技術」「ファッション造形」「栄養」「食品」「課題研究」「生活産業基礎」等について学習します。
〈設置されている学校〉
　県立鴻巣女子高等学校（P.264）の1校です。
〈卒業後の進路〉大学、短大、専門学校、習得した技能を活かせる職業等

保育科

この学科では、子どもの発達、保育の方法などに関する専門的な知識と技術を習得し、保育に関する職業に従事するための人材を育てるための学習をします。

保育実習「ピアノ伴奏」　　保育実習「絵本の読み聞かせ」

「家庭総合」「保育基礎」「保育実践」「保育技術」「生活産業基礎」等について学習します。
〈設置されている学校〉
　県立鴻巣女子高等学校（P.264）の1校です。
〈卒業後の進路〉保育、福祉関係の大学、短大、専門学校

ライフデザイン科

この学科では、食物・被服・保育・福祉・情報技術など彩り豊かな生活環境を創造するための幅広い知識と技術をさまざまな実習や体験を通して学び、時代にふさわしい感覚を身につけた地域社会に貢献できる豊かな人材を育てます。

「課題研究」「生活産業基礎」「生活産業情報処理」「保育基礎」「生活と福祉」「ファッション造形基礎」「フードデザイン」「食文化」等の科目を学習します。
〈設置されている学校〉
　県立秩父農工科学高等学校（P.284）の1校です。
〈卒業後の進路〉保育・看護・医療系の大学、短大、専門学校

服飾デザイン科

この学科では、ファッションデザイン及び被服製作などに関する専門的な知識と技術を習得します。

美しく、着やすい服をつくるために造形や色彩などのデザインの基礎を学ぶ授業や社会人講師による専門性の高い授業が行われています。また、勤労観、職業観の育成のために企業実習が行われています。

「生活産業基礎」「ファッションデザイン」「ファッション造形」「生活産業情報」「課題研究」「服飾手芸」「家庭基礎」等の科目を学習します。
〈設置されている学校〉
　県立新座総合技術高等学校（P.166）
　県立越谷総合技術高等学校（P.90）の2校です。
〈卒業後の進路〉大学、短大、専門学校、アパレル産業、縫製会社等

食物調理科・フードデザイン科

この学科では、調理、栄養及び衛生に関して専門的な知識と技術を学び、食に関する職業に従事する人材を育成します。また、厚生労働大臣指定の調理師養成施設であり、必要科目の履修・修得により調理師免許が取得できます。

高い専門性が求められる調理・衛生については社会人講師による授業が実施されています。また、勤労観・職業観の育成のため、企業実習が行われています。

「生活産業基礎」「家庭基礎」「総合調理実習」「調理理論」「栄養」「食品」「食品衛生」「公衆衛生」「衛生法規」「課題研究」「生活産業情報」「食文化」等の科目を学習します。
〈設置されている高等学校〉
　県立新座総合技術高等学校（P.166）
　県立越谷総合技術高等学校（P.90）
　県立秩父農工科学高等学校（P.284）の3校です。
〈卒業後の進路〉大学、短大、専門学校、ホテル、専門料理店等

看護に関する学科について

1　看護に関する学科とは、どのような学科ですか。

　職業教育を主とする学科のうち標準的なものに、農業に関する学科、工業に関する学科、商業に関する学科、家庭に関する学科、看護に関する学科があります。この中の看護に関する学科の1つに看護科があります。

2　この学科には、どのような特徴がありますか。

　看護科と看護専攻科を合わせた5年一貫教育が行われており、看護科では看護に関する基礎的な知識・技術を学び、看護専攻科ではより専門的な知識・技術を学習します。豊かな人間性と確かな技術を兼ね備えた、看護職に就く人の育成を目指しています。

3　主な専門科目にはどのような科目がありますか。

　以下をはじめとする専門科目を看護科・看護専攻科の5年間で学習します。

○基礎看護

　看護の意義と保健医療における看護の役割について学習し、日常生活の援助及び診療における看護に関する基礎的な知識と技術について学びます。

○人体の構造と機能

　解剖生理、栄養について学びます。

○疾病の成り立ちと回復の促進

　疾病の成り立ちと回復の過程、薬物と薬理について学びます。

○健康支援と社会保障制度

　公衆衛生、社会保障制度について学びます。

○成人看護

　成人の生活、健康の特徴及び健康障害について学習し、成人の看護を行うために必要な基礎的な内容を学びます。

○老年看護

　高齢者の加齢、生活、健康及びその障害について学習し、高齢者の看護を行うために必要な基礎的な内容を学びます。

○地域・在宅看護

　地域や在宅での支援や看護を行うために必要な基礎的な内容を学びます。

○母性看護

　母性の特質、生活、保健及び疾病について学習し、妊娠、分娩、産褥期の母性の看護を行うために必要な基礎的な内容を学びます。

○小児看護

　小児の特質、生活、保健及び疾病について理解させ、小児の看護を行うために必要な基礎的な内容を学びます。

○看護臨地実習

　看護に関する各科目において学習した知識と技術を臨床(病院等)の場で活用し実践する経験を通して、臨床看護に携わる者として必要な知識・技術・態度を身につけます。

○看護情報

　情報活用と課題研究について、データの処理や、利用について学びます。

○その他

　精神看護や看護の統合と実践を学び、看護研究では、事例研究を行い、研究発表をします。

4　設置されている学校はどこですか。

　埼玉県立常盤高等学校(P.250)で、1学年2クラス、募集定員は80名(男女共学)です。

5　この学科で学習するとどのような資格が取得できますか。

　看護専攻科を修了すると、看護師の国家試験を受験する資格が取得できます。

6　どのような生徒を求めていますか。

　5年一貫による看護師養成教育を強く希望し、次のいずれにも該当する者を求めています。

　(1)　看護師を目指す強い意志のある者

　(2)　誠実で責任感が強く、基本的生活習慣が身についている者

　(3)　勉学に熱意があり、学校生活に前向きに取り組める者

　(4)　心身ともに健康で、病院等の長期の校外学習に積極的に取り組める者

7　卒業後の進路

　(1)　看護師として県内の病院への就職

　(2)　保健師・助産師学校への進学

　(3)　大学への編入学

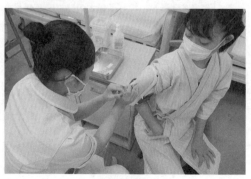

実習風景

福祉に関する学科について

1 福祉に関する学科は、新しいタイプの職業学科です。

我が国は、世界に例を見ない速さで少子高齢化が進行しています。

21世紀を全ての県民にとって、幸せな社会にするため、埼玉県では高齢社会対策を県政における重要な課題ととらえ、その対応を進めているところです。

寝たきりや認知症高齢者等の介護の需要が増大し、多様化する社会福祉ニーズに応えるために、新しいタイプの職業学科として「福祉に関する学科」を設けました。

平成3年4月から県立不動岡誠和高等学校に社会福祉科1学級（共学・定員40名）が開設され、平成12年4月からは、社会福祉科2学級（共学・定員80名）となりました。

さらに、平成20年4月には、新たに誠和福祉高等学校が開校し（P.94）、福祉科2学級（単位制・共学・定員80名）としてスタートしました。

2 福祉科では、ふれあいに満ちた、豊かな社会を目指して専門教科「福祉」の科目を総合的に学習します。また、2年次からは、医療・看護・保育・教育系の進学や就職を目指す「福祉総合コース」と介護福祉士資格取得を目指す「介護福祉士コース」に分かれます。

3 主な専門科目は、次のとおりです。

教科	科目
福祉	社会福祉基礎 こころとからだの理解 介護福祉基礎 生活支援技術（医療的ケアを含む） コミュニケーション技術 介護実習 介護過程 介護総合演習

☆ 「介護実習」とは

介護老人福祉施設等で、介護技術やサービスを利用されている方のニーズ等について実践的に学習する科目です。県内の施設に行き、実際の現場の技術やサービスについて学びます。

4 福祉科の「介護福祉士コース」では、3年生の終わりに「介護福祉士」の国家試験を受験することが可能です。また福祉に関する専門的な知識や技術を身に付けて上級学校への進学を目指すこともできます。

☆ 「介護福祉士」とは

要介護高齢者や障害者に介護を提供する専門職で、介護老人福祉施設などの介護職として要介護者の自立を目指した生活援助をします。そのためには、福祉等に関する知識と技術や利用される方の想いを理解することがとても大切な要素となります。

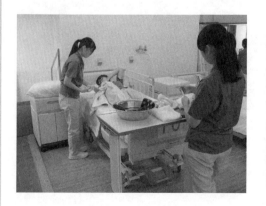
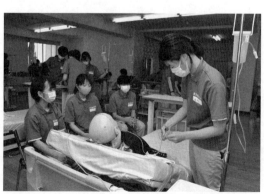

美術に関する学科について

1　美術科のねらい

　「少人数制による教育の実践」「創造性豊かな感性と心情を養い、美術文化の発展に寄与する態度や能力の育成」「進路希望を達成するために一般教育の学習を重視する」をねらいとしています。

2　美術科の学習内容

　普通科目以外に、美術に関する専門科目を、卒業までに30単位程学習します。

　専門科目には、「素描」「絵画（油絵・日本画）」「彫刻」「ビジュアルデザイン」「クラフトデザイン」「美術史」「版画」「構成」等があります。

3　入学者選抜について

　学力検査（5教科）と実技検査（素描）があります。選抜基準は、各校で異なります。

4　美術科を志望する人へ

　美術科は、美術に興味・関心をもつ生徒の個性や能力を伸ばす専門学科です。

　したがって、将来は美術科で学んだことを生かして、美術系の大学や短期大学、専門学校へ進学しようとする生徒に向いている学科です。

5　美術科設置校

　大宮光陵高等学校　（P.200）
　越生高等学校　（P.106）
　芸術総合高等学校　（P.172）

授業風景（素描）

作品展

書道に関する学科について

1 書道科のねらい

　書道科は全国で初めて開設された書道の専門学科です。心の時代、文化の時代にふさわしい生徒を育てることを目的としています。書道科では書道に関する専門的な学習を通して、豊かな感性を磨き、創造的な表現と鑑賞の能力を高め、書の文化の発展と創造に寄与する意欲と態度を身に付けることをねらいとしています。

紙漉き

2 書道科の学習内容

　普通科目以外に、書道に関する専門科目を、卒業までに30単位学習します。

　専門科目には「書道概論」「書道史」「鑑賞研究」「漢字仮名交じりの書」「漢字の書」「仮名の書」「篆刻・刻字」「実用の書」「応用の書」「硬筆」「レターデザイン」「文字環境表現」「和の伝統表現」「日本文化研究」「言語表現文化研究」があります。紙漉きや料紙の制作、表装、藍染など、日本の伝統文化や埼玉県の伝統工芸についても深く学ぶことができます。

日台友好親善訪問

3 入学者選抜について

　学力検査と実技検査があります。

4 書道科を希望する人へ

　書道科は、書道に興味・関心を持つ生徒の個性や能力を豊かに育む専門学科です。

　将来は、書道科で学んだことを生かした職業に就いたり、書道系の学部・学科を持つ大学や短期大学、文科系・社会福祉系の学部・学科を持つ大学や短期大学、専門学校へ進学するなど、幅広い分野に進もうとする生徒に適している学科です。

5 書道科設置校

　大宮光陵高等学校（P.200）

音楽に関する学科について

1 音楽科のねらい

音楽の専門家として活躍し、音楽文化の発展に貢献できる人材の育成を目指します。そのために、必要な知識や技術の習得とともに、普通科目の学習を充実させ、調和のとれた豊かな人間性を養う教育に力を注ぎます。

2 音楽科の学習内容

普通科目以外に、音楽に関する専門科目を、卒業までに25単位以上学習します。

専門科目には「音楽理論」「音楽史」「ソルフェージュ」「合唱・合奏」個人レッスンによる「専攻実技」(ピアノ、声楽、管楽器、弦楽器、打楽器)「副専攻実技」「演奏研究」「重唱・重奏」等があります。

3 入学者選抜について

学力検査と実技検査があります。

4 音楽科を志望する人へ

音楽科は、音楽に興味・関心をもつ生徒の個性や能力を一層伸ばす専門学科です。

したがって、将来は、音楽科で学んだことを生かした職業に就いたり、音楽系の大学や短期大学、専門学校へ進学しようとする生徒に向いている学科です。

5 音楽科設置校

大宮光陵高等学校 (P.200)
芸術総合高等学校 (P.172)
松伏高等学校 (P.70)

(音楽科定期演奏会より)

(音楽科ピアノレッスン)

映像芸術に関する学科について

映像芸術科のねらい

映像芸術科は、芸術としての映像に関する専門的な学習を通して、創造的な表現力を高め、豊かな感性を育てます。また、映像メディアに関する情報を正しく理解し、判断できる力を培うとともに、自らの考えを他者へ発信できる能力を育成することをねらいとしています。それは、様々なメディアが日常的に使われる現代社会の中で、映像と言葉との往復で磨かれるデザインとコミュニケーションの力が必要であると考えるからです。

ドラマ作品の制作

映像芸術科の学習内容

普通科と同様の国社数理体英家情の共通科目が2/3、映像芸術に関する専門科目が1/3です。専門科目は実習（作品制作や発表）を基本とする授業で、卒業までに25単位学習します。1年は、映像技術、映像鑑賞、CGで表現の基礎を、2年からはCG・メディア表現から専攻を選択します。映像概論、映像処理の必修に加え、アートアニメーション、素材研究、イメージ表現研究、シナリオ創作、映像媒体論、鑑賞研究の選択科目があります。

アニメーション作品の制作

入学者選抜について

県内どの学区からも受検することができます。実技検査は提示する言葉から発想したイメージを、絵と文章で表現する問題を予定しています。

コンピュータを道具に表現する

映像芸術科を志望する生徒へ

映像芸術科では、映像を学ぶことで芸術表現を軸に、社会で活躍する人物へと将来をつなげることを目指します。特別な技術や、経験はいりません。「文章で述べること」または「絵を描くこと」ができれば、映像芸術分野で表現することができます。

映像芸術科は、映像、デザイン関係の職業に就きたい生徒に適した授業内容を展開しています。美術大学の映像、メディア・デザイン系学科や、一般文系大学の社会情報、メディア・コミュニケーション系学科への進学を希望する生徒に向いている学科です。

校外での作品発表

映像芸術科設置校
芸術総合高等学校（P.172）

舞台芸術に関する学科について

舞台芸術科のねらい

　演劇・舞踊・舞台技術の幅広い学習を通して表現について学びます。自己表現能力を育成し、コミュニケーション能力を高めることを目標としています。豊かな感性と協調性を持った人間の育成を目指しています。

舞台芸術科の学習内容（予定）

　普通科目以外に、舞台芸術に関する専門科目を卒業までに25単位以上学習します。2年次後期からは「演劇専攻」「舞踊専攻」に分かれて学習します。

　主な科目としては、必修科目として演劇入門、劇表現、舞台技術入門、総合実習（演劇・舞踊）、クラシックバレエ・モダンダンス、日本舞踊があり、選択科目としては、音声表現、身体表現、戯曲研究、舞台技術研究Ｂ、ジャズダンス、狂言、民族舞踊、コミュニケーション研究、古典芸能、ムーヴメント、舞台美術デザイン、ミュージカル実習があります。この他に、劇表現発表会（1年）、ダンス発表会（2年）、学科公演（3年）などの発表会や観劇などの校外行事、舞台の世界で著名な方を招いての特別授業、劇場での校外学習、3年次生での公開実技試験など、多彩なプログラムを用意しています。

入学者選抜について

　舞台芸術科の入学者選抜は、学力検査・調査書・実技検査によって行われます。実技検査は、共通課題と「演劇表現」「舞踊表現」のどちらかを選択して行う選択課題で構成されています。

第22回公演演劇の部

舞台芸術科を志望する人へ

　舞台芸術科は、舞台表現に興味・関心をもつ生徒の個性や能力を一層伸ばす専門学科です。したがって、将来舞台関係の道に進みたい生徒や、演劇や舞踊の大学等に進学を希望する生徒に向いているのはもちろんですが、広く自己表現や教育・心理などの人間関係に興味のある生徒にも向いている学科です。

クラシックバレエの授業風景

第22回公演舞踊の部

舞台芸術科設置校

　芸術総合高等学校（P.172）

体育に関する学科について

1　ねらい

　体育に関する学科では、スポーツについての専門的な理解及び高度な技能習得を目指す生徒に、専門教育に関する科目を履修させ、主体的、合理的、計画的なスポーツ実践を通してスポーツの振興発展に寄与する資質や能力を育成することを目指しています。

2　学習内容

　平成30年度から体育に関する専門的な科目の名称と編成は以下の通りです。

（1）　スポーツ概論
　　①スポーツの文化的特性や現代におけるスポーツの発展　②スポーツの効果的な学習の仕方　③豊かなスポーツライフの設計の仕方　④スポーツの多様な指導法と健康・安全　⑤スポーツの企画と運営

（2）　スポーツⅠ
　　①採点競技への多様な関わり方　②測定競技への多様な関わり方

（3）　スポーツⅡ
　　①ゴール型球技への多様な関わり方　②ネット型球技への多様な関わり方　③ベースボール型球技への多様な関わり方　④ターゲット型球技への多様な関わり方

（4）　スポーツⅢ
　　①武道への多様な関わり方　②諸外国の対人競技への多様な関わり方

（5）　スポーツⅣ
　　①創作ダンスへの多様な関わり方　②伝承型ダンスへの多様な関わり方

（6）　スポーツⅤ
　　①自然体験型の野外の運動への多様な関わり方　②競技型の野外運動への多様な関わり方

（7）　スポーツⅥ
　　①体つくり運動への多様な関わり方　②目的に応じた心身の気付きや交流を深めるための運動の仕方　③ライフステージ及びライフスタイルに応じた体操や運動の計画の立て方

（8）　スポーツ総合演習
　　①スポーツの多様な理論や実践に関する課題研究　②スポーツの多様な指導や企画と運営に関する課題研究　③スポーツを通した多様な社会参画に関する課題研究

　上記の他、各学校ではそれぞれの特色に応じた教育活動を展開します。

3　入学者選抜について

　体育に関する学科では、学力検査の他に実技検査が実施されます。

4　体育に関する学科設置校

ふじみ野高等学校
　　　　　　　　…スポーツサイエンス科（P.154）
大宮東高等学校…体育科（P.202）

ダイビングの様子

マスゲームの様子

埼玉県立高等学校の授業料及び入学料について

1 授業料及び入学料について（令和6年度の場合）

●授業料
以下の金額を納入していただく必要があります。
- 全日制 118,800円（年額）
- 定時制（単位制課程を除く） 32,400円（年額）
- 定時制（単位制課程） 1,750円（1単位につき）
- 通信制 330円（1単位につき）
- 専攻科 118,800円（年額）

●入学料
以下の金額を納入していただく必要があります。
- 全日制 5,650円
- 定時制 2,100円
- 通信制 500円
- 専攻科 5,650円

2 高等学校等就学支援金について
保護者の市町村民税の課税所得をもとに算出した金額が一定未満の場合、国が高校の授業料を負担する制度です。入学してからオンラインで申請をしてください。（オンラインによる申請が難しい場合は申請書とマイナンバーカード（写）等による申請も可能です。）

3 授業料及び入学料の減免について
特別の事情がある者については、申請により納入が免除されます。入学してから各学校の担当者に申し出てください。

★減免の対象となる場合について
次の要件に該当し、かつ、納入が困難であると認められる場合
(1) 保護者が天災その他不慮の災害を受けた場合
(2) 保護者が死亡又は長期の傷病にかかった場合
(3) 保護者の失職、転職等により家計が急変した場合
(4) 保護者の当該年度の市町村民税所得割が非課税の場合
(5) その他授業料の納入が困難な者として別に定める状況の場合

ただし、授業料の減免については高等学校等就学支援金の受給資格を満たすと認められる者は除きます。

4 授業料及び入学料の納入について
あらかじめ定められた期日までに、口座振替等により納入することになります。

奨学のための給付金制度について

生活保護受給世帯又は都道府県民税・市町村民税所得割額が非課税の世帯（家計急変によって保護者等の収入が非課税相当まで落ち込んだ世帯を含む）を対象として、授業料以外の費用（教科書など）負担を軽減するため、返還不要の給付金を支給する制度です。

詳しくは、7月頃に各学校から案内があります。

PTA会費等について

授業料・入学料以外に、修学旅行などのための積立金や生徒会費、PTAや後援会等の団体の会費等を納入していただく場合があります。

会費等は各学校により異なりますので、詳細については、各学校にお問い合わせください。

埼玉県高等学校等奨学金制度について

令和6年6月現在

埼玉県高等学校等奨学金

1　対象者

次の(1)から(3)のすべてに該当する生徒が対象です。

(1)高等学校等*1に在学していること

(2)保護者が埼玉県内*2に居住していること

(3)品行方正で学習意欲があり*3、経済的理由により修学が困難であること*4

*1　中等教育学校の後期課程、特別支援学校の高等部、高等専門学校及び専修学校の高等課程(対象校のみ)を含む

*2　埼玉県外に所在する高等学校等に在学している場合であっても、保護者が埼玉県内に居住していれば貸与を受けることができます。

*3　学習活動その他生活の全般を通じて態度・行動が良好な者として在学する高等学校等の校長の推薦を受ける必要があります。

*4　生徒の属する世帯の保護者及びその配偶者の道府県民税・市町村民税所得割額の合算が基準額以下であること

2　貸与額

次の表の金額から選択して貸与を受けることができます。

学校区分	入学一時金 (入学時のみ)	月額奨学金
国公立高校等	①5万円 ②10万円	①1万5千円 ②2万円 ③2万5千円
私立高校等	①10万円 ②25万円	①2万円 ②3万円 ③4万円

3　貸与方法及び回数

方　法：

貸与資格の認定を受けた方は、埼玉りそな銀行で借入申込を行い、奨学金の貸与を受けます*1。

回　数：

月額奨学金12か月分及び入学一時金*2を一括して貸与を受けます*3。

なお、中学3年生時に申請した場合、月額奨学金は、前期6か月分と後期6か月分の2回に分けて貸与を行います。

※1　借入申込時は、親権者(全員)の同意を受け、本人が親権者のうち一人と共に銀行へ行く必要があります。

※2　入学一時金は、新入生のみが対象です。

※3　認定されていない種類の奨学金は、貸与を受けられません。

4　返還

高等学校等卒業後4年6か月経過後から、12年で返還していただきます。

ただし、大学に在学しているなど一定の要件を満たす場合には、申出により返還が猶予される制度があります。

貸与時に立てた返還計画に沿って返還する場合には、遅延損害金はかかりません。

また、いつでも奨学金の全部または一部を繰り上げて返還することができます。

5　申請方法

中学校3年生在学時に申請する方法と、高等学校等入学時に申請する方法があります。

申請時期は、中学校3年生時は11月～1月頃、高等学校等入学時は4月頃の予定です。

在学校から申請に必要な書類を受け取り、指定の締切日までに直接、県教育局財務課まで郵送してください。貸与を希望する場合は、お早めに在学する学校又は県教育局財務課へお問い合わせください。

6　その他

2年目以降も貸与を希望する場合は、改めて申請の手続きが必要となります。

県内国立・私立高等学校一覧

国　立   令和6年4月1日現在

学　校　名	学　科	男女別	生徒数	郵便番号	所　在　地	電　話
筑波大学附属坂戸高等学校	総合学科 （総合科学科）	共学	480	350-0214	坂戸市千代田1-24-1	049-281-1541

私　立（全日制）   令和6年4月1日現在

	学　校　名	学　科	男女別	総定員	郵便番号	所　在　地	電　話
1	浦和明の星女子高等学校	普	女子	480	336-0926	さいたま市緑区東浦和6-4-19	048-873-1160
2	浦和実業学園高等学校	普・商業	共学	2,280	336-0025	さいたま市南区文蔵3-9-1	048-861-6131
3	青山学院大学系属浦和ルーテル学院高等学校	普	共学	225	336-0974	さいたま市緑区大崎3642	048-711-8221
4	大妻嵐山高等学校	普	女子	540	355-0221	比企郡嵐山町菅谷558	0493-62-2281
5	大宮開成高等学校	普	共学	1,500	330-8567	さいたま市大宮区堀の内町1-615	048-641-7161
6	武蔵越生高等学校	普	共学	1,140	350-0417	入間郡越生町上野東1-3-10	049-292-3245
7	叡明高等学校	普	共学	1,560	343-0828	越谷市レイクタウン7-2-1	048-990-2211
8	浦和麗明高等学校	普	共学	960	330-0054	さいたま市浦和区東岸町10-36	048-885-8625
9	埼玉栄高等学校	普・保体	共学	2,160	331-0078	さいたま市西区西大宮3-11-1	048-624-6488
10	栄東高等学校	普	共学	1,200	337-0054	さいたま市見沼区砂町2-77	048-651-4050
11	花咲徳栄高等学校	普・食育実践	共学	1,560	347-8502	加須市花崎519	0480-65-7181
12	栄北高等学校	普	共学	960	362-0806	北足立郡伊奈町小室1123	048-723-7711
13	正智深谷高等学校	普	共学	1,200	366-0801	深谷市上野台369	048-571-1065
14	狭山ケ丘高等学校	普	共学	1,200	358-0011	入間市下藤沢981	04-2962-3844
15	淑徳与野高等学校	普	女子	1,040	338-0001	さいたま市中央区上落合5-19-18	048-840-1035
16	城西大学付属川越高等学校	普	男子	840	350-0822	川越市山田東町1042	049-224-5665
17	聖望学園高等学校	普	共学	900	357-0006	飯能市中山292	042-973-1500
18	東京成徳大学深谷高等学校	普	共学	1,050	366-0810	深谷市宿根559	048-571-1303
19	武南高等学校	普	共学	1,320	335-0002	蕨市塚越5-10-21	048-441-6948
20	星野高等学校	普	共学・女子	1,950	350-0064	川越市末広町3-9-1	049-222-4488
21	川越東高等学校	普	男子	1,200	350-0011	川越市久下戸6060	049-235-4811
22	細田学園高等学校	普	共学	1,320	353-0004	志木市本町2-7-1	048-471-3255
23	本庄第一高等学校	普	共学	1,350	367-0002	本庄市仁手1789	0495-24-1331
24	本庄東高等学校	普	共学	1,200	367-0022	本庄市日の出1-4-5	0495-22-6351
25	山村学園高等学校	普	共学	1,280	350-1113	川越市田町16-2	049-225-3565
26	山村国際高等学校	普	共学	800	350-0214	坂戸市千代田1-2-23	049-281-0221
27	東邦音楽大学附属東邦第二高等学校	音楽	共学	150	350-0015	川越市今泉84	049-235-2401
28	武蔵野音楽大学附属高等学校	音楽	共学	180	358-8521	入間市中神728	04-2932-3063
29	慶應義塾志木高等学校	普	男子	750	353-0004	志木市本町4-14-1	048-471-1361
30	立教新座高等学校	普	男子	840	352-8523	新座市北野1-2-25	048-471-2323
31	浦和学院高等学校	普	共学	2,400	336-0975	さいたま市緑区代山172	048-878-2101
32	秀明高等学校	普	共学	480	350-1175	川越市笠幡4792	049-232-6611
33	秀明英光高等学校	普	共学	1,200	362-0058	上尾市上野1012	048-781-8821
34	昌平高等学校	普	共学	1,470	345-0044	北葛飾郡杉戸町下野851	0480-34-3381
35	獨協埼玉高等学校	普	共学	960	343-0037	越谷市恩間新田寺前316	048-977-5441
36	春日部共栄高等学校	普	共学	1,500	344-0037	春日部市上大増新田213	048-737-7611
37	城北埼玉高等学校	普	男子	720	350-0014	川越市古市場585-1	049-235-3222
38	西武台高等学校	普	共学	1,500	352-8508	新座市中野2-9-1	048-481-1701
39	西武学園文理高等学校	普・理数	共学	1,140	350-1336	狭山市柏原新田311-1	04-2954-4080
40	秋草学園高等学校	普	女子	840	350-1312	狭山市堀兼2404	04-2958-4111
41	早稲田大学本庄高等学院	普	共学	960	367-0032	本庄市栗崎239-3	0495-21-2400
42	開智高等学校	普	共学	1,620	339-0004	さいたま市岩槻区徳力186	048-793-1370
43	開智未来高等学校	普	共学	600	349-1212	加須市麦倉1238	0280-61-2032
44	埼玉平成高等学校	普	共学	1,050	350-0434	入間郡毛呂山町市場333-1	049-295-1212
45	東野高等学校	普	共学	1,050	358-8558	入間市二本木112-1	04-2934-5292
46	自由の森学園高等学校	普	共学	630	357-8550	飯能市小岩井613	042-972-3131
47	東京農業大学第三高等学校	普	共学	1,200	355-0005	東松山市松山1400-1	0493-24-4611
48	国際学院高等学校	普・総合学科	共学	720	362-0806	北足立郡伊奈町小室10474	048-721-5931

※学科名…普：普通　保体：保健体育

学　校　名	学　科	男女別	総定員	郵便番号	所　在　地	電　話
志 学 会 高 等 学 校	普	共学	420	345-0015	北葛飾郡杉戸町並塚1643	0480-38-1810
武 蔵 野 星 城 高 等 学 校	普	共学	420	343-0857	越谷市新越谷2-18-6	048-987-1094
松 栄 学 園 高 等 学 校	普	共学	1,080	344-0038	春日部市大沼2-40	048-738-0378
松栄学園高等学校（大宮分校）				330-0844	さいたま市大宮区下町1-35	048-648-2550
松栄学園高等学校（越谷分校）				343-0828	越谷市レイクタウン6-18-1	048-971-5610
霞 ヶ 関 高 等 学 校	普・商業	共学	600	350-1101	川越市的場2797-24	049-233-3636
国 際 学 院 高 等 学 校	普	共学	240	362-0806	北足立郡伊奈町小室10474	048-721-5931
国際学院高等学校（大宮学習センター）	学科・男女別・総定員は本校と共通			330-8548	さいたま市大宮区吉敷町2-5	048-641-0345
清 和 学 園 高 等 学 校	普・自・調理	共学	480	350-0417	入間郡毛呂山町上野東1-3-2	049-292-2017
大 川 学 園 高 等 学 校	普・福祉	共学	1,080	357-0038	飯能市仲町16-8	042-971-1717
開 智 高 等 学 校	普	共学	240	339-0004	さいたま市岩槻区徳力186	048-794-4321
わ せ が く 夢 育 高 等 学 校	普	共学	630	357-0211	飯能市大字平戸130-2	042-980-7940
聖 望 学 園 高 等 学 校	普	共学	240	357-0006	飯能市中山292	042-973-1500

※学科名…普：普通　自：自動車

私立高等学校等における学費軽減の補助について

　埼玉県では、私立高等学校等に通われるご家庭の教育費負担の軽減を図るため、国の就学支援金に独自で上乗せし、学校と連携して学費軽減の補助を実施しています。

令和6年度の補助額（全日制高校の場合）

　申請書類等のご案内は高校入学後に学校から届きます。以下の補助は返済不要です。

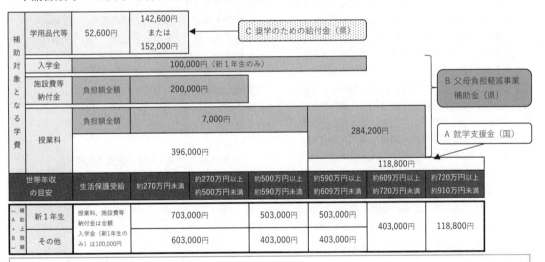

		世帯年収の目安	生活保護受給	約270万円未満	約270万円以上 約500万円未満	約500万円以上 約590万円未満	約590万円以上 約609万円未満	約609万円以上 約720万円未満	約720万円以上 約910万円未満
補助上限額（A+B）	新1年生	授業料、施設費等納付金は全額 入学金（新1年生のみ）は100,000円		703,000円	503,000円	503,000円	403,000円	118,800円
	その他			603,000円	403,000円	403,000円	403,000円	118,800円

　※　補助上限額は、学用品代等を除いた合計額です。
　※　年収は片働きの夫婦と高校生、中学生の4人世帯の場合の給与収入の目安です。実際の審査は、市町村民税の課税標準額等により
　　　行います。また、軽減措置（補助金支給）の時期は学校により異なります。

　【重要】補助の対象となる方（居住要件等）
　　上表のA就学支援金・・・・・・・・・私立高校に在学する生徒
　　　〃　　B父母負担軽減事業補助金・・・生徒と保護者が埼玉県内にお住まいで、埼玉県認可の私立高校に在学する生徒
　　　〃　　C奨学のための給付金・・・・・保護者が埼玉県内にお住まいで、私立高校に在学する生徒

お問い合わせ先

電話でのお問い合わせ先は、埼玉県総務部学事課「学費軽減ヘルプデスク」へどうぞ
ＴＥＬ：０４８－８３０－２７２５
ホームページはこちら
https：//www.pref.saitama.lg.jp/a0204/fubofutan2.html

QR コード

県内特別支援学校高等部の内容について

1 学校の種類

義務教育終了後の障害のある人の教育の場として、特別支援学校に高等部が設置されています。

各特別支援学校には普通科が設置されていますが、聴覚障害者を対象とした学校には職業学科(特別支援学校大宮ろう学園には産業工芸科と生活デザイン科、特別支援学校坂戸ろう学園には産業工芸科)があります。

知的障害のある生徒が通う特別支援学校として、平成19年4月に高等学園(職業学科)2校が開校し、さらに、平成20年には、高校内分校3校が開校しました。

平成28年4月に、入間わかくさ高等特別支援学校が開校し、普通科・職業学科(生産技術科、流通・サービス科の各学科)を設置しました。

令和3年4月に、戸田かけはし高等特別支援学校と越谷西特別支援学校松伏分校が開校し、令和4年4月に春日部特別支援学校宮代分校、上尾特別支援学校上尾南分校、騎西特別支援学校北本分校が開校、令和5年4月に岩槻はるかぜ特別支援学校、川口特別支援学校鳩ケ谷分校、狭山特別支援学校狭山清陵分校、久喜特別支援学校白岡分校が開校し、令和6年4月に所沢おおぞら特別支援学校新座柳瀬分校、三郷特別支援学校三郷北分校、上尾かしの木特別支援学校大宮商業分校が開校しました。

なお、視覚障害者と聴覚障害者を対象とした学校には、高等部卒業後の教育の場として専攻科があり、特別支援学校塙保己一学園には理療科と保健理療科が、大宮ろう学園には情報・デザイン科(情報・ビジネスコース、技能実習コース)が設置されています。

2 教育の内容等

特別支援学校の高等部では、高等学校に準ずる教育を行うとともに、併せて生徒の障害により学習上又は生活上の困難を改善・克服するために必要な知識、技能、態度及び習慣を養い、社会自立を目指した教育をしています。

3 資格取得等

高等部を卒業した人は、特別支援学校の高等部卒業の資格が得られます。また、視覚障害特別支援学校専攻科ではあん摩マッサージ指圧師、はり師、きゅう師の免許の国家試験受験資格が得られます。

4 就学奨励費

保護者の経済的負担を軽減し、特別支援学校への就学を奨励するため、就学奨励費の制度が設けられています。就学奨励費は、教科書購入費、通学費、学校給食費等について、保護者の所得状況等に応じてその全部又は一部が支給されます。

5 入学選考

例年、募集要項により募集人員・応募資格等を定め、各学校で選考しています。

選考内容は、学力・運動能力・作業能力等の諸検査、面接、その他当該学校の校長が必要と認めた事項です。

なお病弱者を対象とした学校の場合は、隣接する医療機関に入院又は通院する人に限ります。

6 卒業後の進路

本人の希望や適性等により、大学・短大・職業能力開発校等への進学、一般企業への就職、障害者支援施設への通所・入所など様々な進路を選択しています。

高等部を設置する特別支援学校数

(令和6年4月現在)

区　分		学校数
視　覚　障　害	県立	1
聴　覚　障　害	県立	2
病弱・肢体不自由併置	県立	1
肢　体　不　自　由	県立	6
	市立	1
肢体不自由・知的障害併置	県立	2
	市立	1
知　的　障　害	県立	20
	市立	2
	国立	1
	私立	1
高　校　内　分　校	県立	13
高　等　学　園	県立	2
合　　　計		40

※高校内分校は本校高等部と一部重複するため、合計数に計上しない。

県内特別支援学校高等部設置校一覧

(令和6年4月現在)

	障害種別	学 校 名	学校の電話	郵便番号	学校の所在地
県	視覚障害	特別支援学校塙保己一学園	049-231-2121	〒350-1175	川越市笠幡85-1
	聴覚障害	特別支援学校大宮ろう学園	048-663-7525	〒331-0813	さいたま市北区植竹町2-68
		特別支援学校坂戸ろう学園	049-281-0174	〒350-0221	坂戸市鎌倉町14-1
	病弱	蓮田特別支援学校※	048-769-3191	〒349-0101	蓮田市黒浜4088-4
	肢体不自由	熊谷特別支援学校	048-532-3689	〒360-0837	熊谷市川原明戸605
		越谷特別支援学校	048-975-2111	〒343-0003	越谷市船渡500
		和光特別支援学校	048-465-9770	〒351-0106	和光市広沢4-3
		日高特別支援学校	042-985-4391	〒350-1223	日高市高富59-1
		宮代特別支援学校	0480-35-2432	〒345-0816	宮代町金原636-1
		川島ひばりが丘特別支援学校	049-297-7753	〒350-0158	川島町伊草南向野780
立	知的障害	川越特別支援学校	049-235-0616	〒350-0001	川越市古谷上2690-1
		川越特別支援学校川越たかしな分校	049-238-8051	〒350-1137	川越市砂新田2564
		川口特別支援学校鳩ケ谷分校	048-452-4140	〒334-0005	川口市里225-1
		和光南特別支援学校	048-465-9780	〒351-0106	和光市広沢4-5
		行田特別支援学校	048-554-3302	〒361-0023	行田市長野4235
		春日部特別支援学校	048-761-1991	〒344-0006	春日部市八丁目776-1
		春日部特別支援学校宮代分校	0480-47-0033	〒345-0814	宮代町東611
		秩父特別支援学校※	0494-24-1361	〒368-0023	秩父市大宮5676-1
		三郷特別支援学校	048-952-1205	〒341-0008	三郷市駒形56
		三郷特別支援学校三郷北分校	048-948-7404	〒341-0022	三郷市大広戸808
		本庄特別支援学校	0495-24-3747	〒367-0032	本庄市栗崎828
		上尾特別支援学校	048-774-9331	〒362-0031	上尾市東町3-2009-3
		上尾特別支援学校上尾南分校	048-729-8828	〒362-0052	上尾市中新井585
		東松山特別支援学校	0493-24-2611	〒355-0007	東松山市野田1306-1
		狭山特別支援学校狭山清陵分校	04-2968-4663	〒350-1333	狭山市上奥富34-3
		浦和特別支援学校	048-878-1221	〒336-0974	さいたま市緑区大崎58
		久喜特別支援学校	0480-23-0081	〒346-0038	久喜市上清久1100
		久喜特別支援学校白岡分校	0480-53-3121	〒349-0213	白岡市高岩275-1
		大宮北特別支援学校	048-622-7111	〒331-0077	さいたま市西区中釘2290-1
		大宮北特別支援学校さいたま西分校	048-620-5251	〒331-0061	さいたま市西区西遊馬1601
		越谷西特別支援学校	048-962-0272	〒343-0855	越谷市西新井850-1
		越谷西特別支援学校松伏分校	048-940-5763	〒343-0114	松伏町ゆめみ野東2-7-1
		騎西特別支援学校	0480-73-3510	〒347-0115	加須市上種足4-888-1
		騎西特別支援学校北本分校	048-594-6679	〒364-0003	北本市古市場1-152

	障害種別	学　校　名	学校の電話	郵便番号	学校の所在地
県立	知的障害	毛呂山特別支援学校	049-294-7200	〒350-0436	毛呂山町川角1024-1
		特別支援学校さいたま桜高等学園	048-858-8815	〒338-0824	さいたま市桜区上大久保519-7
		特別支援学校羽生ふじ高等学園	048-560-2020	〒348-0026	羽生市下羽生320-1
		上尾かしの木特別支援学校	048-776-4601	〒362-0011	上尾市平塚1281-1
		上尾かしの木特別支援学校大宮商業分校	048-797-6704	〒337-0053	さいたま市見沼区大和田町1-356
		所沢おおぞら特別支援学校※	04-2951-1102	〒359-0011	所沢市南永井619-7
		所沢おおぞら特別支援学校新座柳瀬分校	048-423-2228	〒352-0004	新座市大和田4-12-1
		深谷はばたき特別支援学校	048-578-1701	〒369-1105	深谷市本田50
		草加かがやき特別支援学校	048-946-2131	〒340-0041	草加市松原4-6-1
		草加かがやき特別支援学校草加分校	048-946-6607	〒340-8524	草加市原町2-7-1
		入間わかくさ高等特別支援学校	04-2941-5771	〒358-0026	入間市小谷田745-1
		戸田かけはし高等特別支援学校	048-299-7919	〒335-0021	戸田市新曽1093-1
		岩槻はるかぜ特別支援学校	048-795-6450	〒339-0077	さいたま市岩槻区馬込2426-1
市立	肢体不自由	さいたま市立ひまわり特別支援学校※	048-622-5631	〒331-0052	さいたま市西区三橋6-1587
		さいたま市立さくら草特別支援学校	048-712-0395	〒336-0911	さいたま市緑区三室636-80
	知的障害	川越市立特別支援学校	049-222-2753	〒350-0052	川越市宮下町1-19-1
		富士見市立富士見特別支援学校	049-253-2820	〒354-0002	富士見市上南畑1317
国立	知的障害	埼玉大学教育学部附属特別支援学校	048-663-6803	〒331-0823	さいたま市北区日進町2-480
私立	知的障害	光の村養護学校秩父自然学園	0494-26-5617	〒369-1901	秩父市大滝4783

※　秩父特別支援学校、所沢おおぞら特別支援学校とひまわり特別支援学校には知的障害及び肢体不自由教育部門が、また蓮田特別支援学校には病弱及び肢体不自由教育部門が併置されています。

2025年度版 埼玉県公立高校紹介

令和 6 年 7 月 11 日発行

編集・発行 関東図書株式会社
〒336-0021 埼玉県さいたま市南区別所 3 - 1 -10
電話 048-862-2901　FAX　048-862-2908
印刷・製本 関東図書株式会社

ISBN978-4-86536-121-6 定価は裏表紙に表示してあります。

落丁・乱丁本はお取替えいたします。

表紙イラスト／Radical Design Office　　表紙デザイン／Coral-D